D1718813

Verstehen und Gestalten B 13

Arbeitsbuch für Gymnasien
Sprache und Literatur
Ausgabe B
Band 13 (13. Jahrgangsstufe)

Herausgegeben von Dieter Mayer,
und Gerhard Schoebe
Bearbeitet von Roland Jost, Dieter Mayer,
Maximilian Nutz

Oldenbourg

Das Papier ist aus chlorfrei gebleichtem Zellstoff hergestellt, ist säurefrei und recyclingfähig.

Das Verfasserteam wurde beraten von Gerhart Lippert, Horgau.

Die mit * gekennzeichneten Überschriften stammen nicht vom Autor des entsprechenden Textes, sondern sind von den Lehrbuchverfassern aus didaktischen Gründen geändert oder neu hinzugefügt worden.

© 1995 R. Oldenbourg Verlag GmbH, München

Das Werk und seine Teile sind urheberrechtlich geschützt. Jede Verwertung in anderen als den gesetzlich zugelassenen Fällen bedarf deshalb der vorherigen schriftlichen Einwilligung des Verlages.

1. Auflage 1995

Unveränderter Nachdruck   98   97   96
Die letzte Zahl bezeichnet das Jahr des Drucks.

Umschlagkonzept: Mendell & Oberer, München
Lektorat: Annette Herre
Herstellung: Eva Fink
Satz und Reproduktion: Franzis-Druck GmbH, München
Druck und Bindung: R. Oldenbourg Graph. Betriebe GmbH, München

ISBN 3-486-**88953**-2

Inhalt

Literatur und ihre Geschichte

1. Vom Naturalismus zum Expressionismus

Richard Riemerschmidt: Titelblatt der
Zeitschrift „Jugend" (1897)

Otto Dix: Der Krieg (1919)

Betrachtet man aus heutiger Distanz die Kunst des späten 19. Jahrhunderts, so fällt auf, daß die damals gefeierten und vom Staat geförderten bildenden Künstler und Schriftsteller sich vor allem verpflichtet sahen, Glanz und Bedeutung des neuen Staates zu dokumentieren, und sich dabei vom Aufschwung der Naturwissenschaften und ihren in die Zukunft gerichteten optimistischen Vorstellungen unterstützt glaubten.

Die offizielle Kunst des 1871 neugegründeten Zweiten Deutschen Reiches bemühte sich um einen **Detailrealismus**, der sich beispielsweise in den Historienbildern eines Anton *von Werner* (1843–1915), des wilhelminischen Staatsmalers, oder in den Denkmalsentwürfen der „Berliner Bildhauerschule" der Fotografie annäherte. Gesehene Wirklichkeit und künstlerische Darstellung sollten möglichst zur Deckung gebracht werden. Es kann daher nicht verwundern, daß viele Zeichner und Maler, vor allem die Porträtisten, sich fotografischer Vorlagen bedienten. Nach

ähnlichen Vorstellungen arbeitete ein damals hochberühmtes Theater, die Meinin-
15 ger Hofbühne, deren Inszenierungen in ganz Europa wegen der genauen Nachahmung der Wirklichkeit aus Geschichte und Gegenwart gefeiert wurden.

Diesem **wilhelminischen Repräsentationsstil**, der sein nationales, ja nationalisti-
sches Selbstbewußtsein in der Berliner „Siegesallee" ebenso feierte wie in den Vil-
lenbauten der Gründergeneration, stand eine breite intellektuelle Opposition ent-
20 gegen, die man heute mit dem Begriff **Moderne um 1900** bezeichnet. Sie bezog ihre
geistigen Grundlagen zum einen aus der Absage an das bürgerliche Denken in der
Philosophie Nietzsches, zum anderen aus der marxistischen Kapitalismuskritik. Am
deutlichsten auf den **bürgerlichen Realismus** in der zweiten Hälfte des 19. Jahrhunderts bezogen blieb dabei der **Naturalismus**. Seine Vertreter, die sich in Zeitschrif-
25 ten wie „Freie Bühne für modernes Leben" (seit 1890) oder „Die Gesellschaft" (seit
1885) äußerten, wollten eine „Revolution der Literatur" (Karl Bleibtreu, 1885).
Kritik der etablierten Literatur, Eintreten für demokratische Bestrebungen, für
Frauenemanzipation und Überwindung bürgerlicher Moralvorstellungen gehörten
ebenso zur Programmatik der Naturalisten wie die Entfaltung einer künstlerischen
30 Thematik, in der sich eine neue Ästhetik des Häßlichen und die ungeschminkte
Wirklichkeitsdarstellung mit sozialkritischem Ton artikulierte. In seinem program-
matischen Einleitungstext zu der von ihm herausgegebenen Zeitschrift „Die Gesellschaft" sprach Michael Georg *Conrad* dies deutlich aus:

„Unsere ‚Gesellschaft‘ wird keine Anstrengung scheuen, der herrschenden jammervollen Ver-
35 flachung und Verwässerung des literarischen, künstlerischen und sozialen Geistes starke, nam-
hafte Leistungen entgegenzusetzen, um die entsittlichende Verlogenheit, die romantische
Flunkerei und die entnervende Phantasterei durch das positive Gegenteil wirksam zu bekämpfen."

Eine jener „namhaften Leistungen", die Conrad ankündigte, stellte einige Jahre
40 später Gerhart *Hauptmanns* soziales Drama „Vor Sonnenaufgang" dar, dessen Berliner Uraufführung in einem privaten Zirkel einen veritablen Theaterskandal aus-
löste.

Obwohl der Naturalismus im engeren Sinne nur wenige Jahre die deutsche Literatur dominierte, und viele Vertreter des Naturalismus, auch Hauptmann, sich bereits
45 in den neunziger Jahren neu orientierten, war seine Wirkung auf die Literatur im
ersten Drittel des 20. Jahrhunderts nachhaltig. Hier setzte nicht nur eine massive
Opposition gegen Staat und Staatskunst des Wilhelminismus ein, die um 1900 mit
anderen Argumenten und künstlerischen Mitteln fortgesetzt wurde, sondern viele
Themen, die im Expressionismus und in der Literatur der Weimarer Republik eine
50 wichtige Rolle spielten – Generationskonflikt, Massenverhalten, Erscheinungsform
und Lebensformen der Großstadt, soziales Elend und Halbwelt – sind von den
Naturalisten für die Kunst entdeckt worden. Allerdings sind bestimmte Grundein-
stellungen und künstlerische Verfahrensweisen in der **Kunst der Jahrhundertwende**
denen des Naturalismus entgegengesetzt. Dort wurde noch ein objektiver Wahr-
55 heitsbegriff vertreten, der die Wirklichkeit nachahmende Kunstverfahren forderte.
In der nachnaturalistischen Literatur dagegen wurde die Fähigkeit zu objektiven
Erkenntnissen und damit auch zur Erfaßbarkeit der Welt mit den Mitteln der Sprache zunehmend bezweifelt; viele Künstler sahen sich in einer Endzeit und sprachen
pessimistisch vom **Fin de siècle**.

Die Gesamtszene der Literatur in Deutschland wird nach der Jahrhundertwende 60
zunehmend unübersichtlich: Neben die spätrealistischen und naturalistischen Autoren treten junge Schriftsteller, die in späterer Zeit Sammelbezeichnungen wie **Impressionismus, Symbolismus** und **Jugendstil** zugeordnet werden, und auch die zivilisationsfeindliche **Heimatkunst** begriff sich als Avantgarde einer nationalen, traditionsbewußten Literatur. Deswegen wurde in der Germanistik vorgeschlagen, 65
auf diese Bezeichnungen überhaupt zu verzichten und den Sammelbegriff **Stilkunst um 1900** an ihre Stelle zu setzen. Eine Grundtendenz der „Schulen" und Gruppierungen dieser Zeit läßt sich im Widerstand gegen eine Ableitung der Wirklichkeitsphänomene aus ihren biologischen und sozialen Bedingungen erkennen. Subjektive Sinneserfahrungen (Impressionismus) oder ästhetisch-formstrenge Stilisierung 70
(Symbolismus, Stilkunst) und Rückgriff der Kunst auf Naturformen (Jugendstil) sind typische Reaktionen auf die Versuche des späten 19. Jahrhunderts, mit naturwissenschaftlichen Methoden und hoher Abbildungsgenauigkeit die sich im Zeitalter der Hochindustrialisierung rasch verändernde Wirklichkeit künstlerisch zu verarbeiten. 75
Wenige Jahre vor dem Ersten Weltkrieg wurden zahlreiche Zeitschriften gegründet; besonders bekannt wurden „Der Sturm" (seit 1910) und „Die Aktion" (seit 1911). Ihre Titel sagen bereits einiges über die Programmatik aus. Diese Zeitschriften wurden Diskussionsforen und Publikationsorte für viele Schriftsteller, die man heute zum **Expressionismus** zählt. Im Rückblick sprach 1959 einer der Programmatiker 80
dieser Kunstrichtung, Kurt Pinthus, von dem Ziel, „trotz vieler Unterschiede in Gesinnung, Wollen und Ausdrucksform sich als eine Einheit, eine Gemeinschaft, eine Gemeinsamkeit (zu fühlen) – im Kampf gegen faulig absterbende Vergangenheit und zukunftshindernde Tradition, für neue Bewußtseinsinhalte, neue Ideen und Formen". 85
Die hier angesprochene „Gemeinschaft" der Expressionisten hat es in Wahrheit nie gegeben. Die Mehrzahl der Schriftsteller, Maler und Musiker, die meist in den siebziger und achtziger Jahren des 19. Jahrhunderts geboren worden waren und mit der Lebenswirklichkeit vertraut waren, waren Einzelgänger. Ihr gemeinsames Interesse bestand in der Auflehnung gegen eine als sinnentleert empfundene Wirklichkeit, 90
die Welt der „Bildungsphilister" (Nietzsche). Am Beispiel des Vater-Sohn-Konflikts demonstrierten viele expressionistische Dramatiker (die Aufführung ihrer Werke wurde durch die Staatszensur häufig verhindert) den Gegensatz von Alt und Neu, von erstarrter Tradition und der Suche nach dem „Geist" (programmatisch hierfür war Heinrich Manns Essay „Geist und Tat", 1910). Im Ausbruch des Ersten Welt- 95
kriegs sahen daher viele Expressionisten den verdienten Zusammenbruch des alten Systems. Die Anfangsbegeisterung für den erhofften Prozeß der Reinigung und Erneuerung verwandelte sich allerdings angesichts der Grausamkeit des Massenvernichtungskriegs bei den meisten in einen radikalen Pazifismus und in Vorstellungen eines übernationalen europäischen Völkerbundes nach dem Ende des Krieges. 100
Mit dem Untergang des wilhelminischen Staats in der Kapitulation und der Novemberrevolution endet, wie man aus der Distanz von nunmehr über sieben Jahrzehnten erkennen kann, das **expressionistische Jahrzehnt** (ca. 1910–1920).

Einen eigenwilligen Versuch, die Kunst wieder in die Lebenspraxis zurückzuführen
105 und sie dem Bildungsbürgertum zu entreißen, stellte der **Futurismus** dar. Aggressiv
gegen die Rückwärtsgewandtheit des bürgerlichen Bildungsbegriffs gerichtet, pries
der Programmatiker des Futurismus, der Italiener Marinetti, den Krieg als „Hygiene der Welt", zum einen, weil er die Machtmittel der modernen Technik eindrucks-
voll bewies, zum anderen, weil durch ihn das bestehende Gesellschaftssystem und
110 seine Wertewelt zerstört werden sollten.

Vom Ende des bürgerlichen Zeitalters sprachen auch die sogenannten **Dadaisten**,
die sich 1916 erstmals im „Cabaret Voltaire" in Zürich zusammenfanden. Sie spielten die Rolle des Bürgerschrecks, indem sie die Sprache zerstückelten und Versatz-
stücke des Alltagslebens zu grotesken, oft auch parodistischen Gebilden montier-
115 ten. Mit Vorliebe bedienten sie sich dabei neuer Formen der Darbietung, die in der
bisherigen Kunst ausgegrenzt gewesen waren, z. B. Plakaten, Fotomontagen, Laut-
gedichten, Kabarettvorführungen und Unsinnspoesie. Der Dadaismus forderte ein
alternatives Denken, das Widersinnige in der Kunst, die Nichtpoesie, die Bereitschaft zum Unvernünftigen. Er spielte besonders in den großen Städten (u. a. Ber-
120 lin, Wien, Paris, Zürich) eine Rolle.

Arbeits-
vorschlag Auftaktbild zu diesem Kapitel ist eine Montage aus dem Titelblatt einer Jugendstil-
zeitschrift und einem Gemälde von Otto Dix (1891–1969). Untersuchen Sie Gegenstand und Ausdruckswelt der beiden Darstellungen, die am Beginn bzw. am Ende
der hier dargestellten literaturgeschichtlichen Epoche einzuordnen sind.

1.1 Neue Wirklichkeiten in Lyrik und Epik der Jahrhundertwende

Text 1   THOMAS MANN: Buddenbrooks (1901)

Der in Lübeck geborene Schriftsteller (1875–1955) errang bereits mit 26 Jahren den größten
literarischen Erfolg seines Lebens, und zwar mit dem Roman „Buddenbrooks". Thomas Mann
schildert an vier Generationen einer Lübecker Kaufmannsfamilie den wirtschaftlichen und
gesellschaftlichen Wandel in der Mitte des 19. Jahrhunderts und zugleich den Abstieg der
Familie. Unter dem Einfluß der Philosophie Schopenhauers, aber auch der darwinistischen
Vererbungslehre führte der Schriftsteller aus, wie in einer Familie Vitalität, Realitätssinn und
damit auch Geschäftserfolg zunehmend verlorengehen, während körperliche Zartheit und
künstlerische Sensibilität von Generation zu Generation wachsen.
Tony Buddenbrook, eine junge Frau der 3. Generation, heiratet auf Rat ihrer Mutter und
ihres Bruders zunächst einen betrügerischen Getreidehändler, durch dessen Bankrott ihr Erb-
teil verlorengeht, und später den Hopfenhändler Permaneder, den sie in München kennengelernt hat. Der hier ausgewählte Textausschnitt schildert, wie Permaneder bei der alten Konsulin vorspricht, weil er um die Hand ihrer Tochter anhalten will.

„Guten Morgen!" sagte die Konsulin. „Wollen Sie nicht näher treten?" Dabei stützte sie sich leicht mit der Hand auf das Sofapolster und erhob sich ein wenig, denn sie
wußte noch nicht, ob es angezeigt sei, sich ganz zu erheben …

E. Weiner: Simplizissimus (1897)

„I bin so frei …", antwortete der Herr wiederum mit einer gemütlich singenden und
gedehnten Betonung, indem er, höflich gebückt, zwei Schritte vorwärts tat, worauf 5
er abermals stehenblieb und sich suchend umblickte: sei es nun nach einer Sitzgele-
genheit oder nach einem Aufbewahrungsort für Hut und Stock, denn beides, auch
den Stock, dessen klauenartig gebogene Hornkrücke gut und gern anderthalb Fuß
maß, hatte er mit ins Zimmer gebracht.
Es war ein Mann von vierzig Jahren. Kurzgliedrig und beleibt, trug er einen weit 10
offenstehenden Rock aus braunem Loden, eine helle und geblümte Weste, die in
weicher Wölbung seinen Bauch bedeckte und auf der eine goldene Uhrkette mit
einem wahren Bukett, einer ganzen Sammlung von Anhängseln aus Horn, Knochen, Silber und Korallen prangte, – ein Beinkleid ferner von unbestimmter grau-
grüner Farbe, welches zu kurz war und aus ungewöhnlich steifem Stoff gearbeitet 15
schien, denn seine Ränder umstanden unten kreisförmig und faltenlos die Schäfte
der kurzen und breiten Stiefel. – Der hellblonde, spärliche, fransenartig den Mund
überhängende Schnurrbart gab dem kugelrunden Kopfe mit seiner gedrungenen
Nase und seinem ziemlich dünnen und unfrisierten Haar etwas Seehundsartiges.
Die ‚Fliege', die der fremde Herr zwischen Kinn und Unterlippe trug, stand im 20
Gegensatz zum Schnurrbart ein wenig borstig empor. Die Wangen waren außerordentlich dick, fett, aufgetrieben und gleichsam hinaufgeschoben zu den Augen, die
sie zu zwei ganz schmalen, hellblauen Ritzen zusammenpreßten und in deren Win-
keln sie Fältchen bildeten. Dies gab dem solcherart verquollenen Gesicht einen
Mischausdruck von Ergrimmtheit und biederer, unbeholfener, rührender Gutmütig- 25
keit. Unterhalb des kleinen Kinnes lief eine steile Linie in die schmale weiße Hals-

binde hinein … die Linie eines kropfartigen Halses, der keine Vatermörder geduldet haben würde. Untergesicht und Hals, Hinterkopf und Nacken, Wangen und Nase, alles ging ein wenig formlos und gepolstert ineinander über … Die ganze
30 Gesichtshaut war infolge aller dieser Schwellungen über die Gebühr straff gespannt und zeigte an einzelnen Stellen, wie am Ansatz der Ohrläppchen und zu beiden Seiten der Nase, eine spröde Rötung … In der einen seiner kurzen, weißen und fetten Hände hielt der Herr seinen Stock, in der anderen ein grünes Tirolerhütchen, geschmückt mit einem Gemsbart.
35 Die Konsulin hatte die Brille abgenommen und stützte sich noch immer in halb stehender Haltung auf das Sofapolster.
„Wie kann ich Ihnen dienen", sagte sie höflich, aber bestimmt.
Da legte der Herr mit einer entschlossenen Bewegung Hut und Stock auf den Deckel des Harmoniums, rieb sich dann befriedigt die frei gewordenen Hände,
40 blickte die Konsulin treuherzig aus seinen hellen, verquollenen Äuglein an und sagte: „Ich bitt' die gnädige Frau um Verzeihung von wegen dem Kartl; i hob kei onderes zur Hand k'habt. Mei Name ist Permaneder; Alois Permaneder aus München. Vielleicht hat die gnädige Frau schon von der Frau Tochter meinen Namen k'hert."
Dies alles sagte er laut und mit ziemlich grober Betonung, in seinem knorrigen Dia-
45 lekt voller plötzlicher Zusammenziehungen, aber mit einem vertraulichen Blinzeln seiner Augenritzen, welches andeutet: ‚Wir verstehen uns schon …'
Die Konsulin hatte sich nun völlig erhoben und trat mit seitwärts geneigtem Kopfe und ausgestreckten Händen auf ihn zu …
„Herr Permaneder! Sie sind es? Gewiß hat meine Tochter uns von Ihnen erzählt.
50 Ich weiß, wie sehr Sie dazu beigetragen haben, ihr den Aufenthalt in München angenehm und unterhaltend zu machen … Und Sie sind in unsere Stadt verschlagen worden?"
„Geltn S', da schaun S'!" sagte Herr Permaneder, indem er sich bei der Konsulin in einem Lehnsessel niederließ, auf den sie mit vornehmer Bewegung gedeutet hatte,
55 und begann, mit beiden Händen behaglich seine kurzen und runden Oberschenkel zu reiben …
„Wie beliebt?" fragte die Konsulin …
„Geltn S', da spitzen S'!" antwortete Herr Permaneder, indem er aufhörte, seine Knie zu reiben.
60 „Nett!" sagte die Konsulin verständnislos und lehnte sich, die Hände im Schoß, mit erheuchelter Befriedigung zurück. Aber Herr Permaneder merkte das; er beugte sich vor, beschrieb, Gott weiß warum, mit der Hand Kreise in die Luft und sagte mit großer Kraftanstrengung: „Da tun sich die gnädige Frau halt … wundern!"
„Ja, ja, mein lieber Permaneder, das ist wahr!" erwiderte die Konsulin freudig, und
65 nachdem dies erledigt war, trat eine Pause ein. Um aber diese Pause auszufüllen, sagte Herr Permaneder mit einem ächzenden Seufzer: „Es is halt a Kreiz!"
„Hm … wie beliebt?" fragte die Konsulin, indem sie ihre hellen Augen ein wenig beiseite gleiten ließ …
„A Kreiz is'!" wiederholte Herr Permaneder außerordentlich laut und grob.
70 „Nett", sagte die Konsulin begütigend; und somit war auch dieser Punkt abgetan.

Aus: Thomas Mann: Buddenbrooks. Frankfurt 1965.

Text 2   Arthur Schnitzler: Leutnant Gustl (1900)

Der Facharzt für Nervenkrankheiten, Arthur Schnitzler (1862–1931), hat in seinen Dramen
und Erzählungen immer wieder Eindrucksbilder und Diagnosen der Wiener Großstadtgesell-
schaft an der Jahrhundertwende entworfen. Ähnlich wie Sigmund Freud interessierte sich
Schnitzler für die Triebwelt der Menschen, für ihre psychische Struktur, für ihre Ängste,
Sehnsüchte und Denkweisen und auch für die Sinnentleertheit ihrer Existenz.

Ja, was ist denn? Jetzt muß es doch bald aus sein? ... „Ihr, seine Engel, lobet den
Herrn" ... – Freilich, das ist der Schlußchor ... Wunderschön, da kann man gar
nichts sagen. Wunderschön! – Jetzt hab' ich ganz die aus der Loge vergessen, die
früher zu kokettieren angefangen hat. Wo ist sie denn? ... Schon fortgegangen ...
Die dort scheint auch sehr nett zu sein ... Zu dumm, daß ich keinen Operngucker 5
bei mir hab'! Der Brunnthaler ist ganz gescheit, der hat sein Glas immer im Kaffeehaus bei der Kassa liegen, da kann einem nichts g'scheh'n ... Wenn sich die Kleine
da vor mir nur einmal umdreh'n möcht'! So brav sitzt s' alleweil da. Das neben ihr
ist sicher die Mama. – Ob ich nicht doch einmal ernstlich ans Heiraten denken soll?
Der Willy war nicht älter als ich, wie er hineingesprungen ist. Hat schon was für sich, 10
so immer gleich ein hübsches Weiberl zu Hause vorrätig zu haben ... Zu dumm, daß
die Steffi grad heut keine Zeit hat! Wenn ich wenigstens wüßte, wo sie ist, möcht'
ich mich wieder vis-à-vis von ihr hinsetzen. Das wär' eine schöne G'schicht', wenn
ihr der draufkommen möcht', da hätt' ich sie am Hals ... Wenn ich so denk', was
dem Fließ sein Verhältnis mit der Winterfeld kostet! Und dabei betrügt sie ihn hin- 15
ten und vorn. Das nimmt noch einmal ein Ende mit Schrecken ... Bravo, bravo! Ah,
aus! ... So, das tut wohl, aufsteh'n können, sich rühren ... Na, vielleicht! Wie lang
wird der da noch brauchen, um sein Glas ins Futteral zu stecken?
„Pardon, pardon, wollen mich nicht hinauslassen?"
Ist das ein Gedränge! Lassen wir die Leut' lieber vorbeipassieren ... Elegante Per- 20
son ... ob das echte Brillanten sind? ... Die da ist nett ... Wie sie mich anschaut! ...
O ja, mein Fräulein, ich möcht' schon! ... Oh, die Nase! – Jüdin ... Noch eine ... Es
ist doch fabelhaft, da sind auch die Hälfte Juden ... nicht einmal ein Oratorium
kann man mehr in Ruhe genießen ... So, jetzt schließen wir uns an ... Warum drängt
denn der Idiot hinter mir? Das werd' ich ihm abgewöhnen ... Ah, ein älterer Herr! 25
... Wer grüßt mich denn dort von drüben? ... Habe die Ehre, habe die Ehre! Keine
Ahnung hab' ich, wer das ist ... das Einfachste wär', ich ging' gleich zum Leidinger
hinüber nachtmahlen ... oder soll ich in die Gartenbaugesellschaft? Am End' ist die
Steffi auch dort? Warum hat sie mir eigentlich nicht geschrieben, wohin sie mit ihm
geht? Sie wird's selber noch nicht gewußt haben. Eigentlich schrecklich, so eine 30
abhängige Existenz ... Armes Ding! – So, da ist der Ausgang ... Ah, die ist aber
bildschön! Ganz allein? Wie sie mich anlacht. Das wär' eine Idee, der geh' ich nach!
... So, jetzt die Treppen hinunter ... Oh, ein Major von Fünfundneunzig ... Sehr liebenswürdig hat er gedankt ... Bin doch nicht der einzige Offizier hier gewesen ...
Wo ist denn das hübsche Mädel? Ah, dort ... am Geländer steht sie ... So, jetzt 35
heißt's noch zur Garderobe ... Daß mir die Kleine nicht auskommt ... Hat ihm
schon! So ein elender Fratz! Läßt sich da von einem Herrn abholen, und jetzt lacht
sie noch auf mich herüber! – Es ist doch keine was wert ... Herrgott, ist das ein
Gedränge bei der Garderobe! ... Warten wir lieber noch ein bissel ... So! Ob der

40 Blödist meine Nummer nehmen möcht'? ...

„Sie, zweihundertvierundzwanzig! Da hängt er! Na, hab'n Sie keine Augen? Da hängt er! Na, Gott sei Dank! ... Also bitte!" ... Der Dicke da verstellt einem schier die ganze Garderobe ... „Bitte sehr!" ...

„Geduld, Geduld!"

45 Was sagt der Kerl?

„Nur ein bissel Geduld!"

Dem muß ich doch antworten ... „Machen Sie doch Platz!"

„Na, Sie werden's auch nicht versäumen!"

Was sagt er da? Sagt er das zu mir? Das ist doch stark! Das darf ich mir nicht gefal-

50 len lassen! „Ruhig!"

„Was meinen Sie?"

Ah, so ein Ton? Da hört sich doch alles auf!

„Stoßen Sie nicht!"

„Sie, halten Sie das Maul!" Das hätt' ich nicht sagen sollen, ich war zu grob ... Na,

55 jetzt ist's schon g'scheh'n! „Wie meinen?"

Jetzt dreht er sich um ... Den kenn' ich ja! – Donnerwetter, das ist ja der Bäcker-meister, der immer ins Kaffeehaus kommt ... Was macht denn der da? Hat sicher auch eine Tochter oder so was bei der Singakademie ... Ja, was ist denn das? Ja, was macht er denn? Mir scheint gar ... ja, meiner Seel', er hat den Griff von meinem

60 Säbel in der Hand ... Ja, ist der Kerl verrückt? ... „Sie Herr ..."

„Sie, Herr Leutnant, sein S' jetzt ganz stad."

Was sagt er da? Um Gottes willen, es hat's doch keiner gehört? Nein, er red't ganz leise ... Ja, warum laßt er denn meinen Säbel net aus? ... Herrgott noch einmal ... Ah, da heißt's rabiat sein ... ich bring' seine Hand vom Griff nicht weg ... nur kei-

65 nen Skandal jetzt! ... Ist nicht am End' der Major hinter mir? ... Bemerkt's nur nie-mand, daß er den Griff von meinem Säbel hält? Er red't ja zu mir! Was red't er denn?

„Herr Leutnant, wenn Sie das geringste Aufsehen machen, so zieh' ich den Säbel aus der Scheide, zerbrech' ihn und schick' die Stück' an Ihr Regimentskommando.

70 Versteh'n Sie mich, Sie dummer Bub?"

Was hat er g'sagt? Mir scheint, ich träum'! Red't er wirklich zu mir! Ich sollt' was antworten ... Aber der Kerl macht ja Ernst – der zieht wirklich den Säbel heraus. Herrgott – er tut's! ... Ich spür's, er reißt schon dran. Was red't er denn? ... Um Gottes willen, nur kein Skandal – – Was red't er denn noch immer!

75 „Aber ich will Ihnen die Karriere nicht verderben. Also, schön brav sein! ... So, hab'n S' keine Angst, 's hat niemand was gehört ... es ist schon alles gut ... so! Und damit keiner glaubt, daß wir uns gestritten haben, werd' ich jetzt sehr freundlich mit Ihnen sein! – Habe die Ehre, Herr Leutnant, hat mich sehr gefreut – habe die Ehre."

Um Gottes willen, hab' ich geträumt? ... Hat er das wirklich gesagt? ... Wo ist er

80 denn? ... Da geht er ... Ich müßt' ja den Säbel ziehen und ihn zusammenhauen – – Um Gottes willen, es hat's doch niemand gehört? ... Nein, er hat ja nur ganz leise geredet, mir ins Ohr ... Warum geh' ich denn nicht hin und hau' ihm den Schädel auseinander? ... Nein, es geht ja nicht, es geht ja nicht ... gleich hätt' ich's tun müs-sen ... Warum hab' ich's denn nicht gleich getan? ... Ich hab's ja nicht können ... er

hat ja den Griff nicht auslassen, und er ist zehnmal stärker als ich … Wenn ich noch 85
ein Wort gesagt hätt', hätt' er mir wirklich den Säbel zerbrochen … Ich muß ja noch
froh sein, daß er nicht so laut geredet hat! Wenn's ein Mensch gehört hätt', so müßt'
ich mich ja stante pede[1] erschießen …

Aus: Arthur Schnitzler: Leutnant Gustl. Frankfurt 1962.

**Arbeits-
vorschläge
zu den
Texten
1 und 2**

1. Aus welcher Perspektive werden die Personen bei Thomas Mann gesehen?
Welche Konsequenz für ihre Charakterisierung ergibt sich daraus?

2. Thomas Mann liebte es, Figuren nach persönlichen Bekannten oder nach bildlichen Darstellungen zu entwerfen. Suchen Sie Parallelen zwischen der in der Zeitschrift „Simplizissimus" des Jahres 1897 erschienenen Zeichnung von E. Weiner
und der literarischen Darstellung. Worin weicht der Schriftsteller von seiner Vorlage ab?

3. Herr Permaneder spielt im Leben der Familie Buddenbrook eine wichtige Rolle.
Informieren Sie sich in einem Literaturlexikon über den Handlungsverlauf des Ro-
mans. Lesen Sie im Roman die dazugehörigen Abschnitte (6. Teil des Romans).
Welche Kommunikationen werden dargestellt, welche Konsequenzen für den
Handlungsverlauf ergeben sich daraus?

4. Der Arzt Arthur Schnitzler wollte seine Figuren wie ein Wissenschaftler gleichsam unters Mikroskop legen. Welche Erzählperspektive und welches Erzählverhalten wählte er deshalb in seiner Novelle?

5. Vergleichen Sie die Charakterisierungsweise der Personen bei Schnitzler und
Thomas Mann. Wo finden Sie Anklänge an naturalistische Gestaltungsweisen?
Beschreiben Sie am Textausschnitt Technik und Funktion des „inneren Monologs".

6. Lesen Sie Schnitzlers Novelle, und referieren Sie zum Thema „Leutnant Gustl –
eine Diagnose bürgerlicher Denk- und Verhaltensweisen an der Jahrhundertwende".

Text 3

HUGO VON HOFMANNSTHAL:
Wir sind aus solchem Zeug (1894)

Wir sind aus solchem Zeug wie das zu Träumen,
Und Träume schlagen so die Augen auf
Wie kleine Kinder unter Kirschenbäumen,

Aus deren Krone den blaßgoldnen Lauf
Der Vollmond anhebt durch die große Nacht.   5
… Nicht anders tauchen unsre Träume auf,

Sind da und leben wie ein Kind, das lacht,
Nicht minder groß im Auf- und Niederschweben
Als Vollmond, aus Baumkronen aufgewacht.

1 stante pede (lat.): stehenden Fußes, sofort

Peter Behrens: Der Kuß (1818)

Das Innerste ist offen ihrem Weben;   10
Wie Geisterhände in versperrtem Raum
Sind sie in uns und haben immer Leben.

Und drei sind Eins: ein Mensch, ein Ding, ein Traum.

Aus: Hugo von Hofmannsthal: Gesammelte Werke in zehn Einzelbänden. Frankfurt 1979.

Text 4   STEFAN GEORGE: Wir schreiten auf und ab (1897)

Wir schreiten auf und ab im reichen flitter
Des buchenganges beinah bis zum tore
Und sehen aussen in dem feld vom gitter
Den mandelbaum zum zweitenmal im flore.

Wir suchen nach den schattenfreien bänken   5
Dort wo uns niemals fremde stimmen scheuchten.
In träumen unsre arme sich verschränken.
Wir laben uns am langen milden leuchten

Wir fühlen dankbar wie zu leisem brausen
Von wipfeln strahlenspuren auf uns tropfen   10
Und blicken nur und horchen wenn in pausen
Die reifen früchte an den boden klopfen.

Aus: Stefan George: Werke, Bd. 1. Düsseldorf 1968.

Text 5   RAINER MARIA RILKE: Abend (1904)

Der Abend wechselt langsam die Gewänder,
die ihm ein Rand von alten Bäumen hält;
du schaust: und von dir scheiden sich die Länder,
ein himmelfahrendes und eins, das fällt:

und lassen dich, zu keinem ganz gehörend,   5
nicht ganz so dunkel wie das Haus, das schweigt,
nicht ganz so sicher Ewiges beschwörend
wie das, was Stern wird jede Nacht und steigt –

und lassen dir (unsäglich zu entwirrn)
dein Leben bang und riesenhaft und reifend,   10
so daß es, bald begrenzt und bald begreifend,
abwechselnd Stein in dir wird und Gestirn.

Aus: Rainer Maria Rilke: Gesammelte Gedichte. Frankfurt 1962.

**Arbeits-
vorschläge**
zu den
Texten 3, 4
und 5

1. Welche Grunderfahrung wird bei Hofmannsthal gestaltet? Untersuchen Sie die Vergleiche, und erläutern Sie, welche Bedeutungsvarianten das Beiwort „Traum" hierdurch bekommt.

2. Hofmannsthals Gedicht entstammt dem dreiteiligen Zyklus „Terzinen" (von italienisch „terza rima" = Dreizeiler, Dreireimer). Wie wirkt die Form des Gedichts auf Sie? Untersuchen Sie die Bauelemente (Strophik, Rhythmus, Reim, Klang).

3. Lesen Sie in einer Anthologie den gesamten dreiteiligen Zyklus. Erläutern Sie Darstellungsgegenstand, Form und Metaphorik einzelner Teile. Wodurch erreicht Hofmannsthal die Geschlossenheit eines Zyklus?

4. Auf welche Weise wird vom „Wir" in Georges Gedicht die Natur erlebt? Welche Sprachbilder verwendet der Dichter zur Verdeutlichung dessen, was hier erfahren und empfunden wird?

5. Georges Gedicht findet sich auch in Anthologien zum Thema „Liebe". Nehmen Sie Stellung zu dieser Einordnung, berücksichtigen Sie dabei vor allem die Strophenanfänge und die Mittelstrophe.

6. Erklären Sie, wie die Stimmung dieses Gedichts auf Sie wirkt. Belegen Sie Ihre Ansicht durch die Analyse der Metaphorik und der Klanggestaltung des Textes.

7. Beschreiben Sie die Besonderheiten von Georges Schreibweise und Interpunktion, und versuchen Sie, deren Funktion zu klären.

8. Georges Gedicht steht im gleichen Zyklus „Das Jahr der Seele" wie das berühmte Gedicht „komm in den totgesagten park und schau". Vergleichen und interpretieren Sie die beiden frühen George-Gedichte, gehen Sie vor allem auf die Thematik und die Gestaltungselemente ein.

9. Der Komponist Arnold Schönberg hat die Stimmungswelt der Naturlyrik an der Jahrhundertwende in einem berühmten Streichsextett „Verklärte Nacht" (nach einem Gedicht von Richard Dehmel) musikalisch dargestellt. Stellen Sie in einer selbstgewählten literarischen Form dar, welche Empfindungen und Assoziationen diese Musik bei Ihnen auslöst.

10. Welchen Zusammenhang erkennen Sie zwischen der Erfahrung des Abends und dem Lebensgefühl des Sprechers in Rilkes Gedicht? Wie drückt sich dieser Zusammenhang im Aufbau und in der Syntax aus?

11. Vergleichen Sie, ausgehend von Rilkes „Abend", in den drei Gedichten dieser Sequenz die Wirklichkeitssicht und das Verhältnis Mensch-Natur.

12. Diese Gedichte werden im allgemeinen zur Lyrik des Jugendstils gezählt. Informieren Sie sich über diesen Epochenbegriff, und stellen Sie die Charakteristika dieser Zeitspanne in der deutschen Kunst in einem Referat dar.

13. Das Bild „Der Kuß" von Peter Behrens (1868–1940) gilt heute als besonders kennzeichnend für den sogenannten Jugendstil. Informieren Sie sich in einem kunsthistorischen Werk über diese Stilrichtung in der bildenden Kunst, und erläutern Sie in einem Referat deren Grundzüge. Ziehen Sie dabei zur Veranschaulichung dieses Bild heran.

1.2   Die Auseinandersetzung mit Bürgertum und Bürgerlichkeit

Text 1

JAKOB VAN HODDIS: Weltende (1910)

Dem Bürger fliegt vom spitzen Kopf der Hut,
In allen Lüften hallt es wie Geschrei,
Dachdecker stürzen ab und gehn entzwei
Und an den Küsten – liest man – steigt die Flut.

Der Sturm ist da, die wilden Meere hupfen   5
An Land, um dicke Dämme zu zerdrücken.
Die meisten Menschen haben einen Schnupfen.
Die Eisenbahnen fallen von den Brücken.

Aus: Jakob van Hoddis: Gesammelte Dichtungen. Zürich 1958.

**Arbeits-
vorschläge**

1. Welches existentielle Erlebnis spricht aus Hoddis' Gedicht? Untersuchen Sie die vom Autor eingesetzten Bilder, und beziehen Sie diese auf den Gedichttitel.

2. Franz Pfemfert, einer der theoretischen Väter des politisch engagierten Expressionismus, hat festgestellt, daß Hoddis hier erstmals den „neuen Stil" gefunden hat. Kennzeichnen Sie die Sprache dieses Gedichts, und untersuchen Sie die Zeichenhaftigkeit der Bilder. In welchem Verhältnis stehen diese zur erfahrbaren Wirklichkeit?

3. Der Maler und Zeichner Ludwig Meidner (1884–1966) hat etwa zeitgleich mit Hoddis Visionen vom Weltende entworfen. Stellen Sie eines der expressionistischen Bilder Meidners (vgl. S. 38) dem Gedicht von Hoddis in einer vergleichenden Interpretation gegenüber.

Text 2

GOTTFRIED BENN: Morgue (1913)

Die Vorstellung, daß im Gedicht vorzugsweise Naturgefühl und verfeinerte Lebensempfindungen der spätbürgerlichen Gesellschaft in erlesener Wortgestalt und Klangform dargestellt werden sollten, lehnte der junge Gottfried Benn (1886–1956) ebenso ab wie den Wissenschaftsbetrieb seiner Zeit, den er als Arzt aus eigener Anschauung kannte.
In einer Folge von Gedichten, der er nach dem Leichenschauhaus in Paris den Titel „Morgue" gab, begehrte er gegen die überkommenen Lyrikvorstellungen auf.

I
Plötzlich schreit eine Leiche in mittlerem
    Ernährungszustand:
Kinder, laßt euch das nicht gefallen!
Mit uns wird Schindluder getrieben.
Wer hat mir zum Beispiel das Gehirn   5
    in die Brusthöhle geworfen?
Soll ich damit atmen?
Soll da vielleicht der kleine Kreislauf durchgehn?
Alles was recht ist!
Das geht zu weit!   10

II
Na, und ich?
Wie bin ich hergekommen?
Wie aus dem Ei gepellt!
Und jetzt??
Waschen Sie mir gefälligst den Kot aus der   15
    Achselhöhle, Sie!!
Und das rechte Herzohr brauchte auch
    nicht gerade aus meinem After rauszusehn!
Das sieht ja wie Hämorrhoiden aus.

III
Eine Leiche singt: 20
Bald gehn durch mich die Felder und Gewürme.
Des Landes Lippe nagt: die Wand reißt ein.
Das Fleisch verfließt. Und in die dunklen Türme
Der Glieder jauchzt die ewige Erde ein.

Erlöst aus meinem tränenüberströmten Gitter.   25
Erlöst aus Hunger und aus Schwert.
Und wie die Möwen winters auf die süßen
Gewässer flüchten:
also: heimgekehrt.

IV
Merkwürdig – murmelt ein noch nicht wieder   30
    zugenähter Mann –
Wenn man so mit der Hand an sich runterfährt:
Wo hört die Brust auf?
Wo fängt der Bauch an?
Wo saß deine Kotfistel, fragt man sich?   35

Völlig verändertes System.
Der Nabel über Bord geworfen.
Vereinfachter Mechanismus.
Rückkehr zur Natur scheint die Devise.

V
Ein Selbstmörder: 40
Kläfft nicht, ihr Laffen! Pack. Pöbel.
Männer, behaart und brünstig, Frauentiere, feige
        und heimtückisch,
Aus eurem Kot-leben fortgeschlagen,
Umgreint von Menschenvieh.   45
Ich bin aufgestiegen wie ein junger Adler.
So stand ich: nackt, vom kalten Sternenlicht
Umbrandet Stirn und Blut.

Aus: Gottfried Benn: Morgue. In: Die Aktion (1913).

Arbeits-
vorschläge **1.** Worin sehen Sie die thematische und die ästhetische Provokation dieser Gedichte? Mit welchen Darstellungsmitteln erzeugt Benn (1886–1956) diese Wirkung?

2. Informieren Sie sich über den autobiographischen Hintergrund der Morgue-
Gedichte, referieren Sie über Benns Leben und Werk bis zum Beginn des Ersten
Weltkriegs (zur Information geeignet: Walter Lessing: Gottfried Benn. Reinbek
1962).

3. Zwischen den Gedichten von George, Hofmannsthal und Rilke (vgl. Sequenz
1.1) und diesem Gedicht Benns liegen, was die Entstehungszeit anbelangt, nur 10
bis 15 Jahre. Welche „Revolution der Lyrik" hat stattgefunden? Ziehen Sie zur
Klärung dieser Frage den Vortrag Benns „Probleme der Lyrik" (1951) heran.

Text 3   HUGO VON HOFMANNSTHAL: Ein Brief (1902)

Bereits als sechzehnjähriger Schüler erwarb sich Hofmannsthal (1874–1929) mit seinen
Gedichten (vgl. S. 13) wegen ihrer Klangschönheit und Musikalität literarischen Ruhm. In
ihnen drückt sich ein melancholisches Endzeitbewußtsein aus. Kurz nach der Jahrhundertwende steigerte sich dieses Empfinden zu einer Schaffenskrise, deren Phänomene Hofmannsthal
in einem fiktiven Brief des Philipp Lord Chandos an den Philosophen Francis Bacon beschrieben hat.

Mein Fall ist, in Kürze, dieser: Es ist mir völlig die Fähigkeit abhanden gekommen,
über irgend etwas zusammenhängend zu denken oder zu sprechen.
Zuerst wurde es mir allmählich unmöglich, ein höheres oder allgemeineres Thema
zu besprechen und dabei jene Worte in den Mund zu nehmen, deren sich doch alle
5 Menschen ohne Bedenken geläufig zu bedienen pflegen. Ich empfand ein unerklär-
liches Unbehagen, die Worte „Geist", „Seele" oder „Körper" nur auszusprechen.
Ich fand es innerlich unmöglich, über die Angelegenheiten des Hofes, die Vor-
kommnisse im Parlament oder was Sie sonst wollen, ein Urteil herauszubringen.
Und dies nicht etwa aus Rücksichten irgendwelcher Art, denn Sie kennen meinen
10 bis zur Leichtfertigkeit gehenden Freimut: sondern die abstrakten Worte, deren sich
doch die Zunge naturgemäß bedienen muß, um irgendwelches Urteil an den Tag zu
geben, zerfielen mir im Munde wie modrige Pilze.
(…)DFSAG

Allmählich aber breitete sich diese Anfechtung aus wie ein um sich fressender Rost. Es wurden mir auch im familiären und hausbackenen Gespräch alle die Urteile, die 15 leichthin und mit schlafwandelnder Sicherheit abgegeben zu werden pflegen, so bedenklich, daß ich aufhören mußte, an solchen Gesprächen irgend teilzunehmen. Mit einem unerklärlichen Zorn, den ich nur mit Mühe notdürftig verbarg, erfüllte es mich, dergleichen zu hören, wie: diese Sache ist für den oder jenen gut oder schlecht ausgegangen; Sheriff N. ist ein böser, Prediger T. ein guter Mensch; Pächter M. ist zu 20 bedauern, seine Söhne sind Verschwender; ein anderer ist zu beneiden, weil seine Töchter haushälterisch sind; eine Familie kommt in die Höhe, eine andere ist im Hinabsinken. Dies alles erschien mir so unbeweisbar, so lügenhaft, so löcherig wie nur möglich. Mein Geist zwang mich, alle Dinge, die in einem solchen Gespräch vorkamen, in einer unheimlichen Nähe zu sehen: so wie ich einmal in einem Ver- 25 größerungsglas ein Stück von der Haut meines kleinen Fingers gesehen hatte, das einem Blachfeld mit Furchen und Höhlen glich, so ging es mir nun mit den Menschen und ihren Handlungen. Es gelang mir nicht mehr, sie mit dem vereinfachenden Blick der Gewohnheit zu erfassen. Es zerfiel mir alles in Teile, die Teile wieder in Teile, und nichts mehr ließ sich mit einem Begriff umspannen. Die einzelnen 30 Worte schwammen um mich; sie gerannen zu Augen, die mich anstarrten und in die ich wieder hineinstarren muß: Wirbel sind sie, in die hinabzusehen mich schwindelt, die sich unaufhaltsam drehen und durch die hindurch man ins Leere kommt.

Aus: Hugo von Hofmannsthal: Gesammelte Werke. Frankfurt 1979.

Arbeitsvorschläge **1.** Der Briefschreiber bezeichnet seine Situation im ersten Teil des fiktiven Briefs als „Krankheit meines Geistes". Wie äußert sich diese Krankheit, welche Folgen hat sie für den Briefautor?

2. Den „Chandos-Brief" hat man als Ausdruck einer Schaffenskrise im Leben Hofmannsthals interpretiert. Informieren Sie sich in einer Biographie Hofmannsthals hierzu, und referieren Sie über das Frühwerk des Dichters bis etwa zum Beginn des 20. Jahrhunderts (geeignet zur Information: Werner Volke: Hugo von Hofmannsthal. Reinbek 1967).

Text 4   FRIEDRICH NIETZSCHE: Wahrheiten sind Illusionen (1873)

In seinen philosophischen Schriften unterzog der Philosoph Friedrich Nietzsche (1844–1900) Denken und Handeln der bürgerlichen Gesellschaft im wilhelminischen Zeitalter einer grundsätzlichen Kritik. In seinem Aufsatz „Über Wahrheit und Lüge im außermoralischen Sinn" behandelt er das menschliche Erkenntnisvermögen, die religiösen Vorstellungen und die Normen der Moral seiner Zeit.

In irgendeinem abgelegenen Winkel des in zahllosen Sonnensystemen flimmernd ausgegossenen Weltalls gab es einmal ein Gestirn, auf dem kluge Tiere das Erkennen erfanden. Es war die hochmütigste und verlogenste Minute der „Weltgeschichte": aber doch nur eine Minute. Nach wenigen Atemzügen der Natur erstarrte das Gestirn, und die klugen Tiere mußten sterben. – So könnte jemand eine Fabel erfin- 5 den und würde doch nicht genügend illustriert haben, wie kläglich, wie schattenhaft und flüchtig, wie zwecklos und beliebig sich der menschliche Intellekt innerhalb der

Natur ausnimmt. Es gab Ewigkeiten, in denen er nicht war; wenn es wieder mit ihm
vorbei ist, wird sich nichts begeben haben. Denn es gibt für jenen Intellekt keine
10 weitere Mission, die über das Menschenleben hinausführte. Sondern menschlich ist
er, und nur sein Besitzer und Erzeuger nimmt ihn so pathetisch, als ob die Angeln
der Welt sich in ihm drehten. Könnten wir uns aber mit der Mücke verständigen, so
würden wir vernehmen, daß auch sie mit diesem Pathos durch die Luft schwimmt
und in sich das fliegende Zentrum dieser Welt fühlt. Es ist nichts so verwerflich und
15 gering in der Natur, was nicht durch einen kleinen Anhauch jener Kraft des Erkennens sofort wie ein Schlauch aufgeschwellt würde; und wie jeder Lastträger seinen
Bewunderer haben will, so meint gar der stolzeste Mensch, der Philosoph, von allen
Seiten die Augen des Weltalls teleskopisch auf sein Handeln und Denken gerichtet
zu sehen.
20 Es ist merkwürdig, daß dies der Intellekt zustande bringt, er, der doch gerade nur
als Hilfsmittel den unglücklichsten, delikatesten, vergänglichsten Wesen beigegeben
ist, um sie eine Minute im Dasein festzuhalten, aus dem sie sonst, ohne jene Beiga-
be, so schnell wie Lessings Sohn zu flüchten allen Grund hätten. Jener mit dem
Erkennen und Empfinden verbundene Hochmut, verblendende Nebel über die
25 Augen und Sinne der Menschen legend, täuscht sich also über den Wert des Daseins
dadurch, daß er über das Erkennen selbst die schmeichelhafteste Wertschätzung in
sich trägt. Seine allgemeinste Wirkung ist Täuschung – aber auch die einzelnsten
Wirkungen tragen etwas von gleichem Charakter an sich.
Der Intellekt als Mittel zur Erhaltung des Individuums entfaltet seine Hauptkräfte
30 in der Verstellung; denn diese ist das Mittel, durch das die schwächeren, weniger
robusten Individuen sich erhalten, als welchen einen Kampf um die Existenz mit
Hörnern oder scharfem Raubtier-Gebiß zu führen versagt ist. Im Menschen kommt
diese Verstellungskunst auf ihren Gipfel: hier ist die Täuschung, das Schmeicheln,
Lügen und Trügen, das Hinter-dem-Rücken-Reden, das Repräsentieren, das im
35 erborgten Glanze leben, das Maskiertsein, die verhüllende Konvention, das Büh-
nenspiel vor anderen und vor sich selbst, kurz das fortwährende Herumflattern um
die eine Flamme Eitelkeit so sehr die Regel und das Gesetz, daß fast nichts unbegreiflicher ist, als wie unter den Menschen ein ehrlicher und reiner Trieb zur Wahrheit aufkommen konnte. Sie sind tief eingetaucht in Illusionen und Traumbilder, ihr
40 Auge gleitet nur auf der Oberfläche der Dinge herum und sieht „Formen", ihre
Empfindung führt nirgends in die Wahrheit, sondern begnügt sich, Reize zu empfangen und gleichsam ein tastendes Spiel auf dem Rücken der Dinge zu spielen.
(…)
Nur durch die Vergeßlichkeit kann der Mensch je dazu kommen zu wähnen, er
45 besitze eine „Wahrheit" in dem eben bezeichneten Grade. Wenn er sich nicht mit
der Wahrheit in der Form der Tautologie, das heißt mit leeren Hülsen begnügen will,
so wird er ewig Illusionen für Wahrheiten einhandeln. Was ist ein Wort? Die Abbildung eines Nervenreizes in Lauten. Von dem Nervenreiz aber weiterzuschließen auf
eine Ursache außer uns, ist bereits das Resultat einer falschen und unberechtigten
50 Anwendung des Satzes vom Grunde. Wie dürften wir, wenn die Wahrheit bei der
Genesis der Sprache, der Gesichtspunkt der Gewißheit bei den Bezeichnungen
allein entscheidend gewesen wäre, wie dürften wir doch sagen: der Stein ist hart: als

ob uns „hart" noch sonst bekannt wäre, und nicht nur als eine ganz subjektive Reizung! Wir teilen die Dinge nach Geschlechtern ein, wir bezeichnen den Baum als männlich, die Pflanze als weiblich: welche willkürlichen Übertragungen! Wie weit 55
hinausgeflogen über den Kanon der Gewißheit! Wir reden von einer „Schlange":
die Bezeichnung trifft nichts als das Sichwinden, könnte also auch dem Wurme
zukommen. Welche willkürlichen Abgrenzungen, welche einseitigen Bevorzugungen bald der, bald jener Eigenschaft eines Dinges! Die verschiedenen Sprachen,
nebeneinandergestellt, zeigen, daß es bei den Worten nie auf die Wahrheit, nie auf 60
einen adäquaten Ausdruck ankommt: denn sonst gäbe es nicht so viele Sprachen.
Das „Ding an sich" (das würde eben die reine folgenlose Wahrheit sein) ist auch
dem Sprachbildner ganz unfaßlich und ganz und gar nicht erstrebenswert. Er
bezeichnet nur die Relationen der Dinge zu den Menschen und nimmt zu deren
Ausdruck die kühnsten Metaphern zu Hilfe. Ein Nervenreiz, zuerst übertragen in 65
ein Bild! Erste Metapher. Das Bild wird nachgeformt in einem Laut! Zweite Metapher. Und jedesmal vollständiges Überspringen der Sphäre, mitten hinein in eine
ganz andre und neue. Man kann sich einen Menschen denken, der ganz taub ist und
nie eine Empfindung des Tones und der Musik gehabt hat: wie dieser etwa die
chladnischen Klangfiguren im Sande anstaunt, ihre Ursachen im Erzittern der Saite 70
findet und nun darauf schwören wird, jetzt müsse er wissen, was die Menschen den
„Ton" nennen, so geht es uns allen mit der Sprache. Wir glauben etwas von den
Dingen selbst zu wissen, wenn wir von Bäumen, Farben, Schnee und Blumen reden,
und besitzen doch nichts als Metaphern der Dinge, die den ursprünglichen Wesenheiten ganz und gar nicht entsprechen. Wie der Ton als Sandfigur, so nimmt sich das 75
rätselhafte X des Dings an sich einmal als Nervenreiz, dann als Bild, endlich als
Laut aus. Logisch geht es also jedenfalls nicht bei der Entstehung der Sprache zu,
und das ganze Material, wohin und womit später der Mensch der Wahrheit, der Forscher, der Philosoph arbeitet und baut, stammt, wenn nicht aus Wolkenkuckucksheim, so doch jedenfalls nicht aus dem Wesen der Dinge. 80
(...)
Was ist also Wahrheit? Ein bewegliches Heer von Metaphern, Metonymien,
Anthropomorphismen, kurz eine Summe von menschlichen Relationen, die, poetisch und rhetorisch gesteigert, übertragen, geschmückt wurden und die nach langem Gebrauch einem Volke fest, kanonisch und verbindlich dünken: die Wahrhei- 85
ten sind Illusionen, von denen man vergessen hat, daß sie welche sind, Metaphern,
die abgenutzt und sinnlos kraftlos geworden sind, Münzen, die ihr Bild verloren
haben und nun als Metall, nicht mehr als Münzen, in Betracht kommen.

Aus: Friedrich Nietzsche: Werke, Bd. III. Frankfurt 1972.

Arbeits-
vorschläge
1. Wie schätzt Nietzsche die Stellung des Menschen im Weltganzen und die Möglichkeiten seines Verstandes ein?

2. Klären Sie am Text, was für den Verfasser das „Ding an sich" ist.

3. Welche Illusionen hinsichtlich der „Wahrheit" machen sich nach Nietzsche die Menschen?

4. An einer Stelle seines Essays „Über Wahrheit und Lüge im außermoralischen Sinne" behauptet Nietzsche:

„Soweit das Individuum sich gegenüber anderen Individuen erhalten will, benutzt es in einem natürlichen Zustand der Dinge den Intellekt zumeist nur zur Verstellung."

Setzen Sie sich in einer Erörterung mit dem Menschenbild auseinander, das die Grundlage dieser Behauptung ist.

Text 5 und Text 6

FRANZ KAFKA: Der Proceß (1914, ersch. 1925) / Tagebücher (1911–1914)

Der Prager Versicherungsjurist und Schriftsteller Franz Kafka (1883–1924) spricht in seinen Tagebüchern immer wieder von den eigenen Lebensproblemen und Schuld, die sich zum Teil aus einem Unterlegenheitsgefühl dem Vater gegenüber und der Scheu vor einer Dauerbeziehung zu einer Frau (Kafka hat sich dreimal ver- und entlobt) erklären lassen. Immer wieder denkt Kafka über die Bedeutung des Schreibens als Akt der Selbstvergewisserung und der Selbstbefreiung nach.

Nach der Lösung des ersten Verlöbnisses mit Felice Bauer schrieb Kafka seit Sommer 1914 am Roman „Der Proceß", den später sein Freund Max Brod als Fragment veröffentlichte (1925). In diesem Roman wird Josef K. nach seiner plötzlichen Verhaftung ein Jahr lang mit Schuldvorwürfen und Anklagen konfrontiert und schließlich von Gerichtsdienern „wie ein Hund" mit einem Messer umgebracht.

Text 5

Der Proceß

1. Die Verhaftung

Jemand mußte Josef K. verleumdet haben, denn ohne daß er etwas Böses getan hätte, wurde er eines Morgens verhaftet. Die Köchin der Frau Grubach, seiner Zimmervermieterin, die ihm jeden Tag gegen acht Uhr früh das Frühstück brachte, kam diesmal nicht. Das war noch niemals geschehen. K. wartete noch ein Weilchen, sah

Handzeichnung
Franz Kafkas
zum „Proceß"

5 von seinem Kopfkissen aus die alte Frau, die ihm gegenüber wohnte und die ihn mit einer an ihr ganz ungewöhnlichen Neugierde beobachtete, dann aber, gleichzeitig befremdet und hungrig, läutete er. Sofort klopfte es und ein Mann, den er in dieser Wohnung noch niemals gesehen hatte, trat ein. Er war schlank und doch fest gebaut, er trug ein anliegendes schwarzes Kleid, das, ähnlich den Reiseanzügen, mit ver-
10 schiedenen Falten, Taschen, Schnallen, Knöpfen und einem Gürtel versehen war und infolgedessen, ohne daß man sich darüber klar wurde, wozu es dienen sollte, besonders praktisch erschien. „Wer sind Sie?" fragte K. und saß gleich halb aufrecht im Bett. Der Mann aber ging über die Frage hinweg, als müsse man seine Erscheinung hinnehmen, und sagte bloß seinerseits: „Sie haben geläutet?" „Anna soll mir
15 das Frühstück bringen", sagte K. und versuchte, zunächst stillschweigend, durch Aufmerksamkeit und Überlegung festzustellen, wer der Mann eigentlich war. Aber dieser setzte sich nicht allzulange seinen Blicken aus, sondern wandte sich zur Tür, die er ein wenig öffnete, um jemanden, der offenbar knapp hinter der Tür stand, zu sagen: „Er will, daß Anna ihm das Frühstück bringt." Ein kleines Gelächter im
20 Nebenzimmer folgte, es war nach dem Klang nicht sicher, ob nicht mehrere Personen daran beteiligt waren. Obwohl der fremde Mann dadurch nichts erfahren haben konnte, was er nicht schon früher gewußt hätte, sagte er nun doch zu K. im Tone einer Meldung: „Es ist unmöglich." „Das wäre neu", sagte K., sprang aus dem Bett

und zog rasch seine Hose an. „Ich will doch sehen, was für Leute im Nebenzimmer sind und wie Frau Grubach diese Störung mir gegenüber verantworten wird." Es fiel ihm zwar gleich ein, daß er das nicht hätte laut sagen müssen und daß er dadurch gewissermaßen ein Beaufsichtigungsrecht des Fremden anerkannte, aber es schien ihm jetzt nicht wichtig. Immerhin faßte es der Fremde so auf, denn er sagte: „Wollen Sie nicht lieber hierbleiben?" „Ich will weder hierbleiben, noch von Ihnen angesprochen werden, solange Sie sich mir nicht vorstellen." „Es war gut gemeint", sagte der Fremde und öffnete nun freiwillig die Tür. Im Nebenzimmer, in das K. langsamer eintrat, als er wollte, sah es auf den ersten Blick fast genau so aus wie am Abend vorher. Es war das Wohnzimmer der Frau Grubach, vielleicht war in diesem mit Möbeln, Decken, Porzellan und Photographien überfüllten Zimmer heute ein wenig mehr Raum als sonst, man erkannte das nicht gleich, um so weniger, als die Hauptveränderung in der Anwesenheit eines Mannes bestand, der beim offenen Fenster mit einem Buch saß, von dem er jetzt aufblickte. „Sie hätten in Ihrem Zimmer bleiben sollen! Hat es Ihnen denn Franz nicht gesagt?" „Ja, was wollen Sie denn?" sagte K. und sah von der neuen Bekanntschaft zu dem mit Franz Benannten, der in der Tür stehengeblieben war, und dann wieder zurück. Durch das offene Fenster erblickte man wieder die alte Frau, die mit wahrhaft greisenhafter Neugierde zu dem jetzt gegenüberliegenden Fenster getreten war, um auch weiterhin alles zu sehn. „Ich will doch Frau Grubach –", sagte K., machte eine Bewegung, als reiße er sich von den zwei Männern los, die aber weit von ihm entfernt standen, und wollte weitergehen. „Nein", sagte der Mann beim Fenster, warf das Buch auf ein Tischchen und stand auf. „Sie dürfen nicht weggehen, Sie sind ja verhaftet." „Es sieht so aus", sagte K. „Und warum denn?" fragte er dann. „Wir sind nicht dazu bestellt, Ihnen das zu sagen. Gehen Sie in Ihr Zimmer und warten Sie. Das Verfahren ist nun einmal eingeleitet, und Sie werden alles zur richtigen Zeit erfahren."

Aus: Franz Kafka: Der Proceß. Frankfurt 1946.

Text 6   Notate über das Schreiben. Aus Tagebüchern und Briefen (1911–1914)

[3.] Oktober 1911

Wieder war es die Kraft meiner Träume, die schon ins Wachsein vor dem Einschlafen strahlen, die mich nicht schlafen ließ. Das Bewußtsein meiner dichterischen Fähigkeiten ist am Abend und am Morgen unüberblickbar. Ich fühle mich gelockert bis auf den Boden meines Wesens und kann aus mir heben, was ich nur will.

8. Dezember 1911

Ich habe jetzt und hatte schon nachmittag ein großes Verlangen, meinen ganzen bangen Zustand ganz aus mir herauszuschreiben und ebenso wie er aus der Tiefe kommt, in die Tiefe des Papiers hinein, oder es so niederzuschreiben, daß ich das Geschriebene vollständig in mich einbeziehen könnte.

3. Januar 1912

In mir kann ganz gut eine Konzentration auf das Schreiben hin erkannt werden. Als es in meinem Organismus klar geworden war, daß das Schreiben die ergiebigste Richtung meines Wesens sei, drängte sich alles hin und ließ alle Fähigkeiten leer

15 stehn, die sich auf die Freuden des Geschlechtes, des Essens, des Trinkens, des philosophischen Nachdenkens, der Musik zuallererst, richteten. Ich magerte nach allen diesen Richtungen ab. Das war notwendig, weil meine Kräfte in ihrer Gesamtheit so gering waren, daß sie nur gesammelt dem Zweck des Schreibens halbwegs dienen konnten. Ich habe diesen Zweck natürlich nicht selbständig und bewußt gefunden,

20 er fand sich selbst und wird jetzt nur noch durch das Bureau, aber hier von Grund aus, gehindert.

Kafka an Felice   [Prag,] I. XI. 12

Mein Leben besteht und bestand im Grunde von jeher aus Versuchen zu schreiben und meist aus mißlungenen. Schrieb ich aber nicht, dann lag ich auch schon auf dem

25 Boden, wert hinausgekehrt zu werden. Nun waren meine Kräfte seit jeher jämmerlich klein und, wenn ich es auch nicht offen eingesehen habe, so ergab es sich doch von selbst, daß ich auf allen Seiten sparen, überall mir ein wenig entgehen lassen müsse, um für das, was mir mein Hauptzweck schien, eine zur Not ausreichende Kraft zu behalten.

30 (…)

Meine Lebensweise ist nur auf das Schreiben hin eingerichtet und wenn sie Veränderungen erfährt, so nur deshalb, um möglicher Weise dem Schreiben besser zu entsprechen, denn die Zeit ist kurz, die Kräfte sind klein, das Bureau ist ein Schrecken, die Wohnung ist laut und man muß sich mit Kunststücken durchzuwinden suchen,

35 wenn es mit einem schönen geraden Leben nicht geht. Die Befriedigung über ein derartiges Kunststück, das einem in der Zeiteinteilung gelungen ist, ist allerdings nichts gegenüber dem ewigen Jammern, daß jede Ermüdung sich in dem Geschriebenen viel besser und klarer aufzeichnet, als das, was man eigentlich aufschreiben wollte. Seit $1^{1}/_{2}$ Monaten ist meine Zeiteinteilung mit einigen in den letzten Tagen

40 infolge unerträglicher Schwäche eingetretenen Störungen die folgende: Von 8 bis 2 oder $2^{1}/_{3}$ Bureau, bis 3 oder $^{1}/_{2}$4 Mittagessen, von da ab Schlafen im Bett (meist nur Versuche, eine Woche lang habe ich in diesem Schlaf nur Montenegriner gesehn mit einer äußerst widerlichen, Kopfschmerzen verursachenden Deutlichkeit jedes Details ihrer komplizierten Kleidung) bis $^{1}/_{2}$8, dann 10 Minuten Turnen, nackt bei

45 offenem Fenster, dann eine Stunde Spazierengehn allein oder mit Max oder mit noch einem andern Freund, dann Nachtmahl innerhalb der Familie (ich habe 3 Schwestern, eine verheiratet, eine verlobt, die ledige ist mir, unbeschadet der Liebe zu den andern, die bei weitem liebste) dann um $^{1}/_{2}$11 (oft wird aber auch sogar $^{1}/_{2}$12) Niedersetzen zum Schreiben und dabeibleiben je nach Kraft, Lust und Glück

50 bis 1, 2, 3 Uhr, einmal auch schon bis 6 Uhr früh.

Kafka an Felice [Prag,] 26. VI. 13

Mein Verhältnis zum Schreiben und mein Verhältnis zu den Menschen ist unwandelbar und in meinem Wesen, nicht in den zeitweiligen Verhältnissen begründet. Ich brauche zu meinem Schreiben Abgeschiedenheit, nicht „wie ein Einsiedler", das wäre nicht genug, sondern wie ein Toter. Schreiben in diesem Sinne ist ein tieferer 55 Schlaf, also Tod, und so wie man einen Toten nicht aus seinem Grabe ziehen wird und kann, so auch mich nicht vom Schreibtisch in der Nacht. Das hat nichts Unmittelbares mit dem Verhältnis zu Menschen zu tun, ich kann eben nur auf diese systematische, zusammenhängende und strenge Art schreiben und infolgedessen auch nur so leben. 60

(...)

Das Bureau? Daß ich es einmal aufgeben kann, ist überhaupt ausgeschlossen. Ob ich es aber nicht einmal aufgeben muß, weil ich nicht mehr weiterkann, das ist durchaus nicht so ausgeschlossen. Meine innere Unsicherheit und Unruhe ist in dieser Hinsicht schrecklich, und auch hier ist das Schreiben der einzige und eigentliche 65 Grund.

Kafka an Ottla Kafka [Prag,] 10. VII. 14

Ich schreibe anders als ich rede, ich rede anders als ich denke, ich denke anders als ich denken soll und so geht es weiter bis ins tiefste Dunkel.

6. August 1914 70

Von der Literatur aus gesehen ist mein Schicksal sehr einfach. Der Sinn für die Darstellung meines traumhaften innern Lebens hat alles andere ins Nebensächliche gerückt und es ist in einer schrecklichen Weise verkümmert und hört nicht auf zu verkümmern. Nichts anderes kann mich jemals zufriedenstellen. Nun ist aber meine Kraft für jene Darstellung ganz unberechenbar, vielleicht ist sie schon für immer 75 verschwunden, vielleicht kommt sie doch noch einmal über mich, meine Lebensumstände sind ihr allerdings nicht günstig.

Aus: Franz Kafka: Tagebücher 1910–1923. Frankfurt 1964.

Arbeitsvorschläge

zu den Texten 5 und 6

1. Wie wirkt der Romanbeginn auf Sie? Erläutern Sie die dargestellte Situation, Einführung und Charakterisierung der Figuren, Erzählperspektive, Sprache und Stil.

2. Wie reagiert K. auf die überraschende Situation? Wie erklären Sie sich sein Verhalten?

3. Welches Erzählverhalten wählt der Autor, wo mischt sich der Erzähler in das dargestellte Geschehen ein? Diskutieren Sie über die Absicht des Autors.

4. Stellen Sie aus den Tagebuch- und Briefausschnitten systematisch zusammen, welche Bedeutung Kafka dem Schreiben für seine Existenz beimißt.

5. Nehmen Sie den Brief Kafkas an Felice vom 26. Juni 1913 (1. Abschnitt) als Ausgangspunkt für einen essayistischen Versuch, der vom Sinn des Schreibens in unserer von den technischen Medien beherrschten Zeit handelt.

1.3   Literatur im Umkreis des Massenvernichtungskrieges

Text 1   GEORG HEYM: Der Krieg (1911)

Aufgestanden ist er, welcher lange schlief,
Aufgestanden unten aus Gewölben tief.
In der Dämmerung steht er, groß und unbekannt,
Und den Mond zerdrückt er in der schwarzen Hand.

In den Abendlärm der Städte fällt es weit,   5
Frost und Schatten einer fremden Dunkelheit.
Und der Märkte runder Wirbel stockt zu Eis.
Es wird still. Sie sehn sich um. Und keiner weiß.

In den Gassen faßt es ihre Schulter leicht.
Eine Frage. Keine Antwort. Ein Gesicht erbleicht.   10
In der Ferne zittert ein Geläute dünn,
Und die Bärte zittern um ihr spitzes Kinn.

Auf den Bergen hebt er schon zu tanzen an
Und er schreit: Ihr Krieger alle, auf und an!
Und es schallet, wenn das schwarze Haupt er schwenkt,   15
Drum von tausend Schädeln laute Kette hängt.

In die Nacht er jagt das Feuer querfeldein,
Einen roten Hund mit wilder Mäuler Schrein.
Aus dem Dunkel springt der Nächte schwarze Welt,
Von Vulkanen furchtbar ist ihr Rand erhellt.   20

Und mit tausend hohen Zipfelmützen weit
Sind die finstren Ebnen flackend überstreut,
Und was unten auf den Straßen wimmelnd flieht,
Stößt er in die Feuerwälder, wo die Flamme brausend zieht.

Und die Flammen fressen brennend Wald um Wald,   25
Gelbe Fledermäuse, zackig in das Laub gekrallt,
Seine Stange haut er wie ein Köhlerknecht
In die Bäume, daß das Feuer brause recht.

Eine große Stadt versank in gelbem Rauch,
Warf sich lautlos in des Abgrunds Bauch.   30
Aber riesig über glühnden Trümmern steht.
Der in wilde Himmel dreimal seine Fackel dreht.

Über sturmzerfetzter Wolken Widerschein,
In des toten Dunkels kalten Wüstenein,
Daß er mit dem Brande weit die Nacht verdorr,   35
Pech und Feuer träufet unten auf Gomorrh.

Aus: Kurt Pinthus: Menschheitsdämmerung. Neuausgabe Hamburg 1959.

1. Wie wird bei Heym das Phänomen des Krieges aufgefaßt und dem Leser bildhaft vermittelt (Entstehung, Ausbreitung und Ende des Krieges)?

2. Untersuchen Sie, vom Thema „Krieg" ausgehend, Rhythmus, Syntax, Klanggestalt und Farbgebung dieses Gedichts. Sprechen Sie über die Symbolik der Farben. Schreiben Sie auf der Grundlage Ihrer Ergebnisse eine Interpretation des Gedichts.

3. Im Gegensatz zu vielen bekannten Kriegsgedichten des frühen 20. Jahrhunderts ist Heyms Werk bereits zwei Jahre vor dem Ausbruch des Ersten Weltkriegs entstanden. Wie wird am Text deutlich, daß hier nicht von konkreten Ereignissen die Rede ist? Welches Zeitgefühl wird darin erkennbar?

4. Welche Grundvorstellung von der Stadt hat der Autor? Ziehen Sie zur Vertiefung Ihrer Feststellungen Heyms berühmtes Gedicht „Der Gott der Stadt" (1910) heran. Fertigen Sie eine vergleichende Gedichtinterpretation an.

5. Ein Interpret hat dem Autor des Gedichts „Der Krieg" Willkür und „rhetorisches Flickwerk" vorgeworfen. Wie schätzen Sie selbst die Qualität dieses Textes ein? Begründen Sie Ihre Meinung.

Text 2 ERNST STADLER: Der Aufbruch (1914)

Einmal schon haben Fanfaren mein ungeduldiges Herz blutig gerissen,
Daß es, aufsteigend wie ein Pferd, sich wütend ins Gezäum verbissen.
Damals schlug Tamburmarsch den Sturm auf allen Wegen,
Und herrlichste Musik der Erde hieß uns Kugelregen.
Dann, plötzlich, stand Leben stille. Wege führten zwischen alten Bäumen.   5
Gemächer lockten. Es war süß, zu weilen und sich versäumen,
Von Wirklichkeit den Leib so wie von staubiger Rüstung zu entketten,
Wollüstig sich in Daunen weicher Traumstunden einzubetten.
Aber eines Morgens rollte durch Nebelluft das Echo von Signalen,
Hart, scharf, wie Schwerthieb pfeifend. Es war wie wenn im Dunkel plötzlich   10
    Lichter aufstrahlen.
Es war wie wenn durch Biwakfrühe Trompetenstöße klirren,
Die Schlafenden aufspringen und die Zelte abschlagen und die Pferde schirren.
Ich war in Reihen eingeschient, die in den Morgen stießen, Feuer über
    Helm und Bügel,   15
Vorwärts, in Blick und Blut die Schlacht, mit vorgehaltnem Zügel.
Vielleicht würden uns am Abend Siegesmärsche umstreichen,
Vielleicht lägen wir irgendwo ausgestreckt unter Leichen.
Aber vor dem Erraffen und vor dem Versinken
Würden unsre Augen sich an Welt und Sonne satt und glühend trinken.   20

Aus: Kurt Pinthus: Menschheitsdämmerung. Neuausgabe Hamburg 1959.

Text 3 AUGUST STRAMM: Patrouille (1915)

Die Steine feinden
Fenster grinst Verrat
Äste würgen
Berge Sträucher blättern raschlig
5 Gellen
Tod.

Aus: August Stramm: Das Werk. Wiesbaden 1963.

Text 4 GEORG TRAKL: Grodek (1914) [2. Fassung]

Conrad Felixmüller:
Soldat im Irrenhaus (1918)

Am Abend tönen die herbstlichen Wälder
Von tödlichen Waffen, die goldnen Ebenen
Und blauen Seen, darüber die Sonne
Düstrer hinrollt; umfängt die Nacht
5 Sterbende Krieger, die wilde Klage
Ihrer zerbrochenen Münder.

Doch stille sammelt im Weidengrund
Rotes Gewölk, darin ein zürnender Gott wohnt
Das vergoßne Blut sich, mondne Kühle;
10 Alle Straßen münden in schwarze Verwesung.
Unter goldnem Gezweig der Nacht und Sternen.

Es schwankt der Schwester Schatten durch den schweigen-
den Hain,
Zu grüßen die Geister der Helden, die blutenden Häupter;
15 Und leise tönen im Rohr die dunkeln Flöten des Herbstes.
O stolzere Trauer! ihr ehernen Altäre
Die heiße Flamme des Geistes nährt heute ein gewaltiger
Schmerz,
Die ungebornen Enkel.

Aus: Georg Trakl: Dichtungen und Briefe. Salzburg ²1987.

Arbeits-
vorschläge

zu den
Texten 2 - 4

1. Die Verfasser dieser Geschichte haben den Krieg als Soldaten unmittelbar erfahren. Welche Situation wird jeweils dargestellt, wie wird sie erfahren und bewertet? Welche poetischen Darstellungsmittel setzen Stadler, Stramm und Trakl zur Veranschaulichung ein?

2. Welche Kriegssituation wird in den Sprachbildern Stadlers dargestellt? Vergleichen Sie mit der historischen Wirklichkeitserfahrung der Soldaten im Ersten Weltkrieg.

3. Stramm hat Marinettis „Manifest des Futurismus" gekannt (vgl. S. 31) und ihm zugestimmt. Welche Forderungen des italienischen Theoretikers werden im vorliegenden Gedicht umgesetzt?

4. Benennen Sie die formalen und sprachlichen Besonderheiten seines Gedichts, und schreiben Sie eine Interpretation.

5. Der Titel des Trakl-Gedichts verweist auf ein Gefecht bei Grodek in Galizien (1914), bei dem der Autor als Militärsanitäter eine große Zahl Schwerverwundeter zu versorgen hatte. Versuchen Sie darzulegen, wie Trakl, der kurze Zeit nach dem Gefecht einen Selbstmordversuch unternahm, die Kriegserfahrung dichterisch verarbeitet hat.

6. Untersuchen Sie die Formensprache und den chiffrenhaften Einsatz von Naturbeobachtungen und Naturerscheinungen in diesem Gedicht, die Trakl als „traumhaftes Sprechen" gekennzeichnet hat.

7. „Dämmerung und Verfall" wollte Trakl seine erste Gedichtsammlung nennen. Stellen Sie in Ihrem Kurs einige weitere Gedichte des österreichischen Lyrikers vor, die in dieses Rahmenthema passen.

8. Neben vielen Schriftstellern dieser Zeit haben auch viele wichtige bildende Künstler die Erfahrungen des Massenvernichtungskriegs verarbeitet. Besonders bekanntgeworden sind Zyklen und Einzelbilder von Max Beckmann (1884–1950) und Otto Dix (1891–1969). Wählen Sie ein Kriegsbild dieser Künstler, und versuchen Sie in einer Bildinterpretation mitzuteilen, welche Wirkung die Darstellung auf Sie ausübt.

9. Conrad Felixmüller (1897–1977) weigerte sich 1917, der Einberufung zum Heer zu folgen. Er wurde daraufhin in ein Irrenhaus eingewiesen. Stellen Sie in einer Bildinterpretation dar, wie der Maler seine Situation und die seiner Zeit dargestellt hat.

Text 5   Kurt Pinthus: Vorwort zur Anthologie „Menschheitsdämmerung".
Symphonie jüngster Dichtung (1919)

Der Lektor, Theater- und Filmkritiker Kurt Pinthus (1886–1975) gab am Ende des expressionistischen Jahrzehnts eine Sammlung von Gedichten heraus, die bis heute, auch wegen der lesenswerten Einleitung des Herausgebers, als ein wichtiges Dokument des deutschen Expressionismus gilt.

(…) Die politische Kunst unserer Zeit darf nicht versifizierter Leitartikel sein, sondern sie will der Menschheit helfen, die Idee ihrer selbst zur Vervollkommnung, zur Verwirklichung zu bringen. Daß die Dichtung zugleich dabei mitwirkte, gegen realpolitischen Irrsinn und eine entartete Gesellschaftsordnung anzurennen, war nur ein selbstverständliches und kleines Verdienst. Ihre größere überpolitische Bedeu-   5
tung ist, daß sie mit glühendem Finger, mit weckender Stimme immer wieder auf den Menschen selbst wies, daß sie die verlorengegangene Bindung der Menschen untereinander, miteinander, das Verknüpftsein des einzelnen mit dem Unendlichen – zur Verwirklichung anfeuernd – in der Sphäre des Geistes wiederschuf.
Demgemäß ist es natürlich, daß dies die Worte sind, die sich am meisten in ihr fin-   10
den: Mensch, Welt, Bruder, Gott. Weil der Mensch so ganz und gar Ausgangspunkt, Mittelpunkt, Zielpunkt dieser Dichtung ist, deshalb hat die Landschaft wenig Platz in ihr. Die Landschaft wird niemals hingemalt, geschildert, besungen; sondern sie ist ganz vermenscht: sie ist Grauen, Melancholie, Verwirrung des Chaos, ist das schim-

15 mernde Labyrinth, dem Ahasver sehnsuchtsvoll sich entwinden will; und Wald und
Baum sind entweder Orte der Toten, oder Hände, die zu Gott, zur Unendlichkeit
hinsuchen. Mit rasender Schnelligkeit bewegt sich diese Dichtung vom fanatischen
Kampfruf zum Sentimentalen, vom anarchischen Toben zur Didaktik des Ethischen. Wenig nur ist Freude und Glück in ihr; Liebe ist Schmerz und Schuld –
20 Arbeit wird zu gefühlvernichtender Qual; noch das Trinklied ist dumpfes Schuldbe-
kenntnis; und lichtere, frohere Töne erklingen nur aus der Sehnsucht nach dem
Paradies, das verloren ist, und das doch vor uns liegt.
Niemals war das Ästhetische und das L'art pour l'art-Prinzip so mißachtet wie in
dieser Dichtung, die man die „jüngste" oder „expressionistische" nennt, weil sie
25 ganz Eruption, Explosion, Intensität ist – sein muß, um jene feindliche Kruste zu
sprengen. Deshalb meidet sie die naturalistische Schilderung der Realität als Darstellungsmittel, so handgreiflich auch diese verkommene Realität war; sondern sie
erzeugt sich mit gewaltiger und gewaltsamer Energie ihre Ausdrucksmittel aus der
Bewegungskraft des Geistes (und bemüht sich keineswegs, deren Mißbrauch zu
30 meiden). Sie entschleudert ihre Welt ... in ekstatischem Paroxismus, in quälender
Traurigkeit, in süßestem musikalischen Gesang, in der Simultaneität durcheinander-
stürzender Gefühle, in chaotischer Zerschmetterung der Sprache, grausigster Ver-
höhnung menschlichen Mißlebens, in flaggelantisch schreibender, verzückter Sehnsucht nach Gott und dem Guten, nach Liebe und Brüderlichkeit. So wird auch das
35 Soziale nicht als realistisches Detail, objektiv etwa als Elendsmalerei dargestellt
(wie von der Kunst um 1890), sondern es wird stets ganz ins Allgemeine, in die
großen Menschheitsideen hingeführt. Und selbst der Krieg, der viele dieser Dichter
zerschmetterte, wird nicht sachlich realistisch erzählt; – er ist stets als Vision da (und
zwar lange vor seinem Beginn), schwelt als allgemeines Grauen, dehnt sich als
40 unmenschlichstes Übel, das nur durch den Sieg der Idee vom brüderlichen Menschen aus der Welt zu schaffen ist.
Die bildende Kunst dieser Jahre zeigt dieselben Motive und Symptome, zeigt das
gleiche Zersprengen der alten Formen und das Durchlaufen aller formalen Möglichkeiten bis zur Konsequenz völliger Auflösung der Realität, zeigt den gleichen
45 Einbruch und Ausbruch des Menschlichen und den gleichen Glauben an die lösen-
de, bindende Macht des menschlichen Geistes, der Idee. Es geschah bereits, daß
manche Versuche und Entartungen für nachahmende Nichtkönner zur leeren Form,
zur Formel, zur geschäftsmäßigen Phrase wurden. Und Pathos, Ekstase, große
Gebärde brechen nicht nur hervor und empor, sondern stürzen oftmals zusammen
50 im Krampf, weil sie zur Form sich nicht verwesentlichen können. Immer wieder
aber bläst in die ungeheure Eruption des Gefühls klärend und reinigend der Geist;
erschallt aus dem Zerfallenden der Ruf nach der Gemeinsamkeit des Menschlichen;
schwebt über dem ziellosen Chaos der Gesang der Liebe.
Und immer wieder muß gesagt werden, daß die Qualität dieser Dichtung in ihrer
55 Intensität beruht. Niemals in der Weltdichtung scholl so laut, zerreißend und aufrüt-
telnd Schrei, Sturz und Sehnsucht einer Zeit, wie aus dem wilden Zuge dieser Vorläufer und Märtyrer, deren Herzen nicht von den romantischen Pfeilen des Amor
oder Eros, sondern von den Peinigungen verdammter Jugend, verhaßter Gesellschaft, aufgezwungener Mordjahre durchbohrt wurden. Aus irdischer Qual griffen

ihre Hände in den Himmel, dessen Blau sie nicht erreichten; sie warfen sich, sehn- 60
suchtsvoll die Arme ausbreitend, auf die Erde, die unter ihnen auseinanderbarst; sie
riefen zur Gemeinschaft auf und fanden noch nicht zueinander; sie posaunten in die
Tuben der Liebe, so daß diese Klänge den Himmel erbeben ließen, nicht aber durch
das Getöse der Schlachten, Fabriken und Reden zu den Herzen der Menschen drangen. 65

Aus: Kurt Pinthus: Vorwort zu „Menschheitsdämmerung". Neuausgabe Hamburg 1959.

**Arbeits-
vorschläge** **1.** Stellen Sie thesenartig zusammen, worin Pinthus die Eigenart expressionistischer
Dichtung sieht.

2. Welche Funktion weist Pinthus der Kunst des expressionistischen Jahrzehnts (ca.
1910–1920) zu? Untersuchen Sie an zwei der hier abgedruckten Gedichte von Hoddis und Benn (S. 16, 17), Heym, Stramm und Trakl (S. 26, 28) im Vergleich, ob und
auf welche Weise sie sich dieser Aufgabe stellen.

3. Pinthus weist auf die Malerei des Expressionismus hin. Zeigen Sie an einigen
ausgewählten Werken (etwa von Kokoschka, Meidner, Felixmüller, Schmidt-Rott-
luff), wie mit den Mitteln der bildenden Kunst expressionistische Themen und
Kunstforderungen gestaltet worden sind.

1.4 Futurismus und Dadaismus

Text 1 FILIPPO TOMMASO MARINETTI: Manifest des Futurismus (1909/1912)

Der Journalist und Maler Marinetti (1876–1944) gründete 1905 in Mailand die Zeitschrift
„Poesia", in der er die Prinzipien einer notwendigen Veränderung der Kunst hin zur Lebens-
praxis im 20. Jahrhundert entwickelte. Einige Jahre später veröffentlichte Marinetti im Pariser
„Figaro" ein Gründungsmanifest des sogenannten „Futurismus", das in seinen Thesen zum
radikalen Bruch mit der künstlerischen Tradition aufforderte. Wie die Forderungen der futuristischen Theorie in der Literatur verwirklicht werden sollten, erläuterte Marinetti später im
„Technischen Manifest der futuristischen Literatur" (1912). In Deuschland wirkten Marinettis
Vorstellungen besonders auf die „Wortkunst"-Schriftsteller, die vorzugsweise in der expressionistischen Zeitschrift „Der Sturm" veröffentlichten. Sie traten angesichts der zunehmenden
Unüberschaubarkeit der Wirklichkeit für die Auflösung der herkömmlichen Syntax zugunsten
neuartiger Wortzusammenstellungen ein (vgl. S. 28, Text 3).

1. Wir wollen die Liebe zur Gefahr besingen, die Vertrautheit mit Energie und
   Verwegenheit.
2. Mut, Kühnheit und Auflehnung werden die Wesenselemente unserer Dichtung
   sein.
3. Bis heute hat die Literatur die gedankenschwere Unbeweglichkeit, die Ekstase 5
   und den Schlaf gepriesen. Wir wollen preisen die angriffslustige Bewegung, die
   fiebrige Schlaflosigkeit, den Laufschritt, den Salto mortale, die Ohrfeige und
   den Faustschlag.

F.-T. MARINETTI
Futuristische Dichtungen
Autorisierte Übertragungen von Elfe Hadwiger
mit einführenden Worten von Rudolf Kurtz
und einem Titelporträt vom Futuristen Carrà

A. R. Meyer, Verlag, Berlin-Wilmersdorf

4. Wir erklären, daß sich die Herrlichkeit der Welt um eine neue Schönheit bereichert hat: die Schönheit der Geschwindigkeit. Ein Rennwagen, dessen Karosserie große Rohre schmücken, die Schlangen mit explosivem Atem gleichen … ein aufheulendes Auto, das auf Kartätschen zu laufen scheint, ist schöner als die Nike von Samothrake.

5. Wir wollen den Mann besingen, der das Steuer hält, dessen Idealachse die Erde durchquert, die selbst auf ihrer Bahn dahinjagt.

6. Der Dichter muß sich glühend, glanzvoll und freigebig verschwenden, um die leidenschaftliche Inbrunst der Urelemente zu vermehren.

7. Schönheit gibt es nur noch im Kampf. Ein Werk ohne aggressiven Charakter kann kein Meisterwerk sein. Die Dichtung muß aufgefaßt werden als ein heftiger Angriff auf die unbekannten Kräfte, um sie zu zwingen, sich vor dem Menschen zu beugen.

8. Wir stehen auf dem äußersten Vorgebirge der Jahrhunderte! … Warum sollten wir zurückblicken, wenn wir die geheimnisvollen Tore des Unmöglichen aufbrechen wollen? Zeit und Raum sind gestern gestorben. Wir leben bereits im Absoluten, denn wir haben schon die ewige, allgegenwärtige Geschwindigkeit erschaffen.

9. Wir wollen den Krieg verherrlichen – diese einzige Hygiene der Welt – den Militarismus, den Patriotismus, die Vernichtungstat der Anarchisten, die schönen Ideen, für die man stirbt, und die Verachtung des Weibes.

10. Wir wollen die Museen, die Bibliotheken und die Akademien jeder Art zerstören und gegen den Moralismus, den Feminismus und gegen jede Feigheit kämpfen, die auf Zweckmäßigkeit und Eigennutz beruht.

11. Wir werden die großen Menschenmengen besingen, die die Arbeit, das Vergnügen oder der Aufruhr erregt; besingen werden wir die vielfarbige, vielstimmige Flut der Revolutionen in den modernen Hauptstädten; besingen werden wir die nächtliche, vibrierende Glut der Arsenale und Werften, die von grellen elektrischen Monden erleuchtet werden; die gefräßigen Bahnhöfe, die rauchende Schlangen verzehren; die Fabriken, die mit ihren sich hochwindenden Rauchfäden an den Wolken hängen; die Brücken, die wie gigantische Athleten Flüsse überspannen, die in der Sonne wie Messer aufblitzen; die abenteuersuchenden Dampfer, die den Horizont wittern; die breitbrüstigen Lokomotiven, die auf den Schienen wie riesige, mit Rohren gezäumte Stahlrosse einherstampfen und den gleitenden Flug der Flugzeuge, deren Propeller wie eine Fahne im Winde knattert und Beifall zu klatschen scheint wie eine begeisterte Menge.

Von Italien aus schleudern wir unser Manifest voll mitreißender und zündender Heftigkeit in die Welt, mit dem wir heute den „Futurismus" gründen, denn wir wollen dieses Land von dem Krebsgeschwür der Professoren, Archäologen, Fremden- 55 führer und Antiquare befreien.

Schon zu lange ist Italien ein Markt von Trödlern. Wir wollen es von den unzähligen Museen befreien, die es wie zahllose Friedhöfe über und über bedecken.

Museen: Friedhöfe! ... Wahrlich identisch in dem unheilvollen Durcheinander von vielen Körpern, die einander nicht kennen. Museen: öffentliche Schlafsäle, in denen 60 man für immer neben verhaßten oder unbekannten Wesen schläft! Museen: absurde Schlachthöfe der Maler und Bildhauer, die sich gegenseitig wild mit Farben und Linien entlang der umkämpften Ausstellungswände abschlachten!

Einmal im Jahr mögt ihr dahin pilgern, wie man zu Allerseelen auf den Friedhof geht ... das gestatte ich euch. Einmal im Jahr mögt ihr einen Blumenstrauß vor der 65 Mona Lisa niederlegen, ... das gestatte ich euch ... Aber ich lasse nicht zu, daß man täglich in den Museen unser kümmerliches Dasein, unseren gebrechlichen Mut und unsere krankhafte Unruhe spazieren führt. Warum will man sich vergiften? Warum will man verfaulen?

Aus: Filippo Tommaso Marinetti: Manifest des Futurismus. In: Christa Baumgarth: Geschichte des Futurismus. Reinbek 1966.

Arbeits-vorschläge

1. Welches sind die zentralen Forderungen des Futurismus in Marinettis Programmschrift?

2. Was halten Sie von diesem Programm, das noch vor dem Ersten Weltkrieg entworfen worden ist? Diskutieren Sie Probleme, die heute schärfer sichtbar sind als vor siebzig Jahren.

3. In der Zeitschrift „Der Sturm" hat Marinetti 1912 eine weitere Programmschrift „Die futuristische Literatur. Technisches Manifest" veröffentlicht. Lesen Sie es in der Dokumentation „Expressionismus. Manifeste und Dokumente zur deutschen Literatur 1910–1920. Stuttgart 1982, S. 604–609" nach, stellen Sie es Ihrem Kurs vor, und erläutern Sie, wie Stramm (S. 28) diese Forderungen aufgenommen hat.

4. Untersuchen Sie, wie der Maler im Titelbild zu den Dichtungen Marinettis mit den Mitteln des bildenden Künstlers die Absichten des Futurismus umgesetzt hat.

Text 2 Dadaistisches Manifest (1918)

Ähnlich wie die Künstler des Futurismus wollte eine Reihe von bildenden Künstlern und Schriftstellern, die freilich nie eine einheitliche Gruppe bildeten, aber ein Kommunikationszentrum in dem 1916 in Zürich gegründeten „Cabaret Voltaire" hatten, eine dezidiert unbürgerliche Kunst, in der u. a. Primitivismen (z. B. Kindergestammel), Zufallszusammenstellungen von Wort- und Bildzeichen und auch der Einbezug von Umweltgeräuschen eine wichtige Rolle spielten. Auf die als sinnlos empfundene Wirklichkeit am Ende des Ersten Weltkriegs antworteten diese „Dadaisten" mit einem bewußten Antirationalismus, mit freien Assoziationsformen und der Absage an irgendwelche künstlerischen Gesetzmäßigkeiten.

Nach dem Ersten Weltkrieg bildeten sich an verschiedenen Orten Dada-Gruppen (u. a. in Berlin, Köln und Hannover, hier mit Kurt Schwitters). Wahrscheinlich hat der Arzt, Maler und Kunsthistoriker Richard Huelsenbeck (1892–1974) das „Dadaistische Manifest" nach seiner Rückkehr aus Zürich nach Berlin verfaßt; es wurde von zahlreichen Dadaisten in Zürich und Berlin gebilligt und unterzeichnet.

Die Kunst ist in ihrer Ausführung und Richtung von der Zeit abhängig, in der sie lebt, und die Künstler sind Kreaturen ihrer Epoche. Die höchste Kunst wird diejenige sein, die in ihren Bewußtseinsinhalten die tausendfachen Probleme der Zeit präsentiert, der man anmerkt, daß sie sich von den Explosionen der letzten Woche werfen ließ, die ihre Glieder immer wieder unter dem Stoß des letzten Tages zusammensucht. Die besten und unerhörtesten Künstler werden diejenigen sein, die stündlich die Fetzen ihres Leibes aus dem Wirrsal der Lebenskatarakte zusammenreißen, verbissen in den Intellekt der Zeit, blutend an Händen und Herzen.

Hat der Expressionismus unsere Erwartungen auf eine solche Kunst erfüllt, die eine
10 Ballotage unserer vitalsten Angelegenheiten ist?

Nein! Nein! Nein!

Haben die Expressionisten unsere Erwartungen auf eine Kunst erfüllt, die uns die Essenz des Lebens ins Fleisch brennt?

Nein! Nein! Nein!

15 Unter dem Vorwand der Verinnerlichung haben sich die Expressionisten in der Literatur und in der Malerei zu einer Generation zusammengeschlossen, die heute schon sehnsüchtig ihre literatur- und kunsthistorische Würdigung erwartet und für eine ehrenvolle Bürger-Anerkennung kandidiert. Unter dem Vorwand, die Seele zu propagieren, haben sie sich im Kampfe gegen den Naturalismus zu den abstrakt-
20 pathetischen Gesten zurückgefunden, die ein inhaltloses, bequemes und unbewegtes Leben zur Voraussetzung haben. Die Bühnen füllen sich mit Königen, Dichtern und faustischen Naturen jeder Art, die Theorie einer melioristischen Weltauffassung, deren kindliche, psychologisch-naivste Manier für eine kritische Ergänzung des Expressionismus signifikant bleiben muß, durchgeistert die tatenlosen Köpfe.
25 Der Haß gegen die Presse, der Haß gegen die Reklame, der Haß gegen die Sensation spricht für Menschen, denen ihr Sessel wichtiger ist als der Lärm der Straße und die sich einen Vorzug daraus machen, von jedem Winkelschieber übertölpelt zu werden. Jener sentimentale Widerstand gegen die Zeit, die nicht besser und nicht schlechter, nicht reaktionärer und nicht revolutionärer als alle anderen Zeiten ist,
30 jene matte Opposition, die nach Gebeten und Weihrauch schielt, wenn sie es nicht vorzieht, aus attischen Jamben ihre Pappgeschosse zu machen – sie sind Eigenschaften einer Jugend, die es niemals verstanden hat, jung zu sein. Der Expressionismus, der im Ausland gefunden, in Deutschland nach beliebter Manier eine fette Idylle und Erwartung guter Pension geworden ist, hat mit dem Streben tätiger Menschen
35 nichts mehr zu tun. Die Unterzeichner dieses Manifests haben sich unter dem Streitruf

DADA!!!!

zur Propaganda einer Kunst gesammelt, von der sie die Verwirklichung neuer Ideale erwarten. Was ist nun der DADAISMUS?
40 Das Wort Dada symbolisiert das primitivste Verhältnis zur umgebenden Wirklichkeit, mit dem Dadaismus tritt eine neue Realität in ihre Rechte. Das Leben erscheint als ein simultanes Gewirr von Geräuschen, Farben und geistigen Rhythmen, das in die dadaistische Kunst unbeirrt mit allen sensationellen Schreien und Fiebern seiner verwegenen Alltagspsyche und in seiner gesamten brutalen Realität

übernommen wird. Hier ist der scharf markierte Scheideweg, der den Dadaismus 45
von allen bisherigen Kunstrichtungen und vor allem von dem FUTURISMUS
trennt, den kürzlich Schwachköpfe als eine neue Auflage impressionistischer Realisierung aufgefaßt haben. Der Dadaismus steht zum erstenmal dem Leben nicht
mehr ästhetisch gegenüber, indem er alle Schlagworte von Ethik, Kultur und Innerlichkeit, die nur Mäntel für schwache Muskeln sind, in seine Bestandteile zerfetzt. 50

Aus: Dada. Eine literarische Dokumentation. Reinbek 1964.

Arbeits-
vorschläge

1. Wie wirkt der Ton auf Sie, in dem hier von der Kunst gesprochen wird?

2. Worin stimmen die Manifeste des Dadaismus und des Futurismus überein? Wo
sehen Sie gewichtige Differenzen? Sprechen Sie darüber, ob es in der Gegenwartskunst Ähnlichkeiten zu bestimmten Forderungen in diesen Programmen gibt.

Text 3   KURT SCHWITTERS: An Anna Blume, Merzgedicht 1 (1919)

O du, Geliebte meiner siebenundzwanzig Sinne, ich liebe dir! – Du deiner
    dich dir, ich dir, du mir. – Wir?
Das gehört [beiläufig] nicht hierher.
Wer bist du, ungezähltes Frauenzimmer? Du bist – – bist du? – Die Leute sagen,
    du wärest, – laß sie sagen, sie wissen nicht, wie der Kirchturm steht.   5
Du trägst den Hut auf deinen Füßen und wanderst auf die Hände, auf den Händen
    wanderst du.
Hallo, deine roten Kleider, in weiße Falten zersägt.
Rot liebe ich Anna Blume, rot liebe ich dir! – Du deiner dich dir, ich dir,
    du mir. – Wir?   10
Das gehört [beiläufig] in die kalte Glut.
Rote Blume, rote Anna Blume, wie sagen die Leute?
Preisfrage: 1. Anna Blume hat ein Vogel.
          2. Anna Blume ist rot.
          3. Welche Farbe hat der Vogel?   15
Blau ist die Farbe deines gelben Haares.
Rot ist das Girren deines grünen Vogels.
Du schlichtes Mädchen im Alltagskleid, du liebes grünes Tier, ich liebe dir! –
    Du deiner dich dir, ich dir, du mir, – Wir?
Das gehört [beiläufig] in die Glutenkiste.   20
Anna Blume! Anna, a-n-n-a, ich träufle deinen Namen. Dein Name tropft
    wie weiches Rindertalg.
Weißt du es, Anna, weißt du es schon?
Man kann dich auch von hinten lesen, und du, du Herrlichste von allen,
    du bist von hinten wie von vorne: „a-n-n-a".   25
Rindertalg träufelt streicheln über meinen Rücken.
Anna Blume, du tropfes Tier, ich liebe dir!

Aus: Kurt Schwitters: Anna Blume und ich. Zürich 1965.

1. Welche gängigen Darstellungselemente eines Liebesgedichts finden Sie in Schwitters' „An Anna Blume" wieder? Wie verwendet sie der Autor?

Kurt Schwitters: Kotsbild (1920).

2. Wenden Sie Schwitters' Eingeständnis „Ich werte Sinn gegen Unsinn. Den Unsinn bevorzuge ich" auf sein berühmtes Gedicht an. Kann man bei diesem Text von einer Parodie sprechen? Begründen Sie Ihre Meinung.

3. Berühmt wurden Schwitters' „Collagen", in denen er als wertlos angesehene Materialien zu Bildern zusammenmontierte, die er „Merzbilder" nannte (er hatte ein Inserat der Kommerz- und Privatbank zerschnitten und den Teil „merz" verwendet). Vergleichen Sie die Kompositionsweise in den Merzbildern mit der in diesem Merzgedicht. Verdeutlichen Sie dies am „Kotsbild" aus dem Jahre 1920.

4. Versuchen Sie selbst, in der Art von Kurt Schwitters, d. h. unter Verwendung häufig gebrauchter Darstellungselemente, ein Naturgedicht zu schreiben (Titelvorschläge beispielsweise „Auf eine Blume", „An den Herbst").

5. Ähnlich wie Schwitters hat sich auch Hans Arp (1887–1966) sowohl der literarischen wie der bildnerischen Aussagemöglichkeiten des Dadaismus bedient. Stellen Sie Ihrem Kurs Arp als Künstler des Dadaismus vor.

Text 4   CHRISTIAN MORGENSTERN: Das Mondschaf (1905/1921)

Das Mondschaf steht auf weiter Flur.
Es harrt und harrt der großen Schur.
 Das Mondschaf.

Das Mondschaf rupft sich einen Halm
5 und geht dann heim auf seine Alm.
 Das Mondschaf.

Das Mondschaf spricht zu sich im Traum:
‚Ich bin des Weltalls dunkler Raum.'
 Das Mondschaf.

10 Das Mondschaf liegt am Morgen tot.
Sein Leben ist weiß, die Sonn' ist rot.
 Das Mondschaf.

Das Mondschaf

Mondschaf = Mundschaf = etwa: Sancta Simplicitas.

steht – hier so viel wie ‚träumt'.

auf weiter Flur – bedeutet das unabsehbare Gefilde des Menschlichen.

harrt und harrt. Man beachte den unwillkürlichen Gleichklang mit hart (durus), wodurch die Unabwendbarkeit des Wartens phonisch illustriert erscheint.

Der großen Schur – Schur = Jour: Dies irae, dies illa.

rupft sich einen Halm – Der Mensch bescheidet sich in Resignation. Vgl. das klassische Wort von dem Jüngling, der mit tausend Masten in See sticht usw. Man könnte auch sagen: ‚Entsagen sollst du, sollst entsagen.'

Und geht dann heim auf seine Alm – Es ‚geht'. Es läuft nicht, noch springt es. Darin liegt wie in dem weichen innigen ‚heim' – ein Wort, das nur der Deutsche hat – eine wehmütige Ergebenheit ohne Groll. Alm weist darauf hin, daß die Heimat des Verzichtenden wohl und immerhin doch in einer mäßigen Höhe zu denken ist.

Das Mondschaf spricht. Es ‚spricht'. Zu singen hat es doch wohl die rechte Frische nicht mehr. ‚Spricht' ist feierlich, dumpf; aber noch immer stark und bewußt.

zu sich – Nicht zu andern. Es ist einsamen Geistes und verrät sich auch im Traum.

im Traum – Der Traum ist dem Mondschaf dasjenige Element, was dem Fisch die Flut.

Ich bin des Weltalls dunkler Raum – Das Mondschaf vergißt in seiner Schwermut ganz die Sterne. Sein Denken verschwägert sich schon langsam der andämmernden Todesnacht.

liegt – Es ist bereits umgesunken, vielleicht zwischen 2 und 5 Uhr morgens.

Sein Leib ist weiß. – Es ist unschuldig geblieben wie Schnee. Fromm und mild hat es sein Geschick getragen und geendet.

Die Sonn ist rot – Was kümmert den Sonnenball das Mondschaf? Er behält seine roten Backen. Seine freche brutale Gesundheit triumphiert in gleichgültiger Grausamkeit über das weiße Weh der geknickten Menschenseele. Vgl. auch Goethe: Seele des Menschen usw.

Aus: Die deutsche Literatur. Band VII. München ²1988.

Arbeits-
vorschläge

1. Christian Morgenstern (1871–1914) gehört mit seinen „Galgenliedern" zu den Vorläufern des Dadaismus. In seinen Gedichten kehrt er Lyrikformen und -aussagen immer wieder parodistisch gegen die ursprüngliche schriftstellerische Intention. Diskutieren Sie – ausgehend von den formalen, sprachlichen und thematischen Gegebenheiten dieses Gedichts –, wie es sich hier verhält.

2. Sieben Jahre nach dem Tode des Schriftstellers wurden Morgensterns Glossen zum „Mondschaf" veröffentlicht. Weisen Sie im einzelnen nach, wie hier die „bürgerliche" Textexegese aufs Korn genommen wird.

3. Wählen Sie ein bekanntes deutsches Gedicht, und fügen Sie einen ähnlich gearbeiteten Wortkommentar hinzu, der die Auslegepraxis im Deutschunterricht parodiert.

2.   Die Literatur in der Weimarer Republik

Ludwig Meidner:
Ich und die Stadt (1913)

Georg Grosz: Die Großstadt (…)

Arbeits-
vorschlag
Die hier zusammenmontierten Bilder von Ludwig Meidner und Georg Grosz entwerfen Vorstellungen der modernen Stadt und der in ihr lebenden Menschen. Fertigen Sie eine vergleichende Bildinterpretation. Ziehen Sie auch die literarischen
Stadtdarstellungen von Döblin (Sequenz 2.4, Text 1, S. 59) und Mehring (Sequenz
2.5, Text 2, S. 66 f.) heran.

Der wilhelminische Traum von der „Weltmacht Deutschland" hatte in die bedin-
gungslose Kapitulation und zum Sturz der Monarchie geführt. Europa im ganzen
und Deutschland im besonderen wurde in den folgenden Jahren klar, daß die Welt-
mächte USA und UdSSR Europas Politik nun wesentlich mitbestimmten, wobei vor
allem die Frage nach Deutschlands Verhältnis zur östlichen Großmacht zur heftigen
politischen und kulturpolitischen Auseinandersetzung führte. Dabei zeigten sich im
Bereich der künstlerischen Intelligenz die Folgen jener **Politisierung**, die der „Aufbruch" von 1914 bei der Mehrzahl der bis dahin an politischen und sozialen Fragen
wenig interessierten Schriftsteller, Musiker und bildenden Künstler bewirkt hatte.
Kriegsende, Revolution und die verschiedenen Phasen der Weimarer Republik
wurden von einer Vielzahl von Manifesten, Essays und kulturpolitischen Verlautba-
rungen begleitet, weil die Künstler sehr viel intensiver als noch an der Jahrhundertwende Anteil an den tiefgreifenden wirtschaftlichen, gesellschaftlichen und politischen Veränderungen nahmen, die der Versailler Vertrag und die Einrichtung der
parlamentarischen Republik in Deutschland bewirkt hatten. Die Ernüchterung, die
sich angesichts der Greuel des Massenvernichtungskriegs spätestens seit Verdun
(1916) bei vielen Schriftstellern eingestellt hatte und viele, die im August 1914 die

„nationale Sache" vertreten hatten, zu Pazifisten und erbitterten Gegnern des wilhelminischen Staatssystems hatte werden lassen, bewirkte nun übersteigerte Hoffnungen auf eine **Revolution**, die nicht nur das politische System grundlegend verändern, sondern auch den Künstlern neue gesellschaftliche Aufgaben und Wirkungsmöglichkeiten bringen sollte. Daß sich der spätere Reichspräsident Ebert gegen die sozialistische Revolution entschied und zu einem Zweckbündnis mit den alten Mächten aus Heer, Bürokratie und Justiz bereitfand, hat ihm die Feindschaft all jener eingetragen, die eine sehr viel weitergehende Veränderung der gesamtgesellschaftlichen Verhältnisse erwartet hatten. Dies führte – wie das Beispiel der Darstellung und Bewertung des Ersten Weltkriegs besonders deutlich zeigt – zu einer deutlichen **Polarisierung der Künstler**: Die einen sahen im Krieg die Enthüllung eines unmenschlichen Systems, welches das Staatsganze bedenkenlos gegen die Rechte des einzelnen ausspielte, es gab aber auch Intellektuelle, für die der Krieg eine Bewährungsprobe, ein „Stahlbad" der nationalen Elite darstellte.

Zu den auffallenden Veränderungen in Kunsttheorie und -praxis der zwanziger Jahre gehört die Bedeutung, die nun den **Massenmedien Film und Rundfunk** für die traditionellen Kunstformen und auch die hergebrachten Vermittlungsformen im Bereich der Literatur (u.a. Theater und Buch) gewannen. Nicht nur wurden die bisherigen Hofbühnen in staatliche und städtische Theater umgewandelt und mit der Aufgabe betraut, sich den bisher vom bürgerlichen Kunstbetrieb weitgehend ausgeschlossenen Schichten zu öffnen, sondern es setzte auch eine ausgedehnte Diskussion um die Bedeutung der technischen Massenmedien für die Gegenwartskunst ein. Vor allem linksbürgerliche und sozialistische Schriftsteller, Regisseure und Schauspieler interessierten sich für die deutlich ausgeweiteten Verbreitungsmöglichkeiten in diesen Medien sowie für neuartige Rezeptionsformen für ein Massenpublikum, dessen traditionelle Schwellenängste vor „Bildungsinstitutionen" weggeräumt werden sollten. Von besonderem Einfluß waren hier das technisch perfekte Illusionskino, wie es in den USA besonders beliebt war, aber auch der Proletkult-Film der UdSSR, der auf eine unmittelbare politische Beeinflussung der Massen abzielte. Spätestens seit der Berliner Erstaufführung von Eisensteins „Panzerkreuzer Potemkin" (1926) hatte der **Film** nicht mehr gegen das von der konservativen Kunstkritik lange Zeit behauptete Vorurteil anzukämpfen, mit seiner avancierten Technik und als ein kollektiv gefertigtes Produkt könne er keine Kunstform sein. Dennoch waren gerade jene Schriftsteller, die sich engagiert auf den Film einließen und filmische Techniken (Schnitt, Blende usw.) als neuartige literarische Darstellungsmittel gebrauchten (etwa Brecht, Döblin und Heinrich Mann), von den doch geringen Einflußmöglichkeiten der Autoren beim vorzugsweise auf wirtschaftliche Ziele gerichteten Herstellungsprozeß enttäuscht und zogen sich vorzeitig von Filmprojekten zurück (Döblin bei „Berlin Alexanderplatz", Brecht, der sogar gegen die Filmgesellschaft prozessierte, bei der „Dreigroschenoper"; beide 1931). Bessere Möglichkeiten versprach hier der **Rundfunk**, seit seiner Gründung staatlich kontrolliert und in wenigen Jahren millionenfach verbreitet. Doch auch hier gab es erhebliche Hindernisse, weil die Zuständigen in den politischen Entscheidungsgremien den Rundfunk als „Unterhaltungsfunk" definierten und ihm lange Zeit jede politische Einwirkungsmöglichkeit versagten.

Die außerordentlich tiefgreifenden gesellschaftlichen Veränderungen, die der verlorene Krieg, die Bedingungen des Versailler Vertrags, die Inflation von 1923, aber auch die Weimarer Verfassung selbst u. a. mit ihrer Einführung des Frauenwahlrechts für Deutschland mit sich brachten, hatten vielfältige Folgen für die Literatur der zwanziger Jahre. Ein Beispiel hierfür ist der Funktions-, Themen- und Formenwandel in der **Lyrik der nachexpressionistischen Zeit**. Selbst in dieser dichterischen Gattung, die gemeinhin als relativ gesellschaftsfern und esoterisch, subjektbezogen und in den Darstellungsmitteln wenig beweglich gilt, ist ein Paradigmenwechsel festzustellen, wenn man das lyrische Werk von Tucholsky und Brecht, Kästner und Kaléko seit etwa der Mitte der zwanziger Jahre auf ihre innovativen Aspekte befragt: Lyrik zum alltäglichen Gebrauch (Kästner, Kaléko), in parodistischer Verfremdung (Brecht), als Teil der großstädtischen Kabarettkultur (Mehring, Tucholsky, Kästner), als Möglichkeit, die Erfahrungen in der Großstadt und die neue Arbeitswelt von Frauen literarisch zu verarbeiten (Kaléko) –, dies alles, in deutlich erkennbarem Zusammenhang mit einer amerikanisierten Vergnügungsindustrie in den Großstädten, stand in schroffem Gegensatz zur Symbol- und Naturlyrik in der Tradition des Expressionismus. Im ganzen ist hier wie in allen literarischen Gattungen ein Zurückdrängen der **Erlebnisdichtung** zugunsten einer für die Öffentlichkeit bestimmten **Gesellschaftsdichtung** feststellbar, und auch der Rückgriff auf Kunstformen, die von der offiziellen Kulturpolitik ins Triviale abgedrängt worden waren (Ballade, Bänkelsang, Volks- und Lehrstück), ist ein wichtiges Kennzeichen der Literatur dieser Zeit.

2.1 Ortsbestimmungen

Text 1 BERNHARD KELLERMANN: Der Schriftsteller und die deutsche Republik (1919)

Bernhard Kellermann (1879–1951) wurde 1913 durch seinen technisch-utopischen Roman „Der Tunnel" bekannt. Wie eine Reihe von Malern, Schriftstellern und Politikern formulierte er in einer gemeinsam entworfenen Broschüre mit dem Titel „An alle Künstler!" seine hochgespannten Erwartungen an den neuen deutschen Staat.

Was der Schriftsteller und Dichter von einem Staatswesen, dem er Interesse entgegenbringen kann, zu fordern das Recht hat, läßt sich in drei Worten ausdrücken: Freiheit, Würdigung, Interessenschutz. Dies sind seine selbstverständlichen Forderungen. Läßt der Staat sie unbeachtet, so wird der Schriftsteller diesem Staat seine
5 Zuneigung versagen und dies um so entschiedener und vollständiger, als er seinem Wesen nach in Wahrheit staatsfeindlich, staatenlos und international ist und sein Vaterland, das Land der Vernunft und der Schönheit, weder Grenzpfähle noch Flaggen kennt.
Das niedergebrochene, kapitalistische und imperialistische Deutschland mit seiner
10 Beamten- und Polizeiverwaltung vermochte im Herzen des Schriftstellers keine Liebe zu erwecken. Ungeistig, steril, reaktionär, intolerant, dünkelhaft und unfehlbar

(die übrigen Großstaaten sind nicht viel besser!) widersprach es in allen seinen Zügen dem Wesen des Schriftstellers, das im Tiefsten revolutionär und anarchistisch, kritisch und schrankenlos ist, sobald es Größe besitzt. Mehr und mehr und immer verhängnisvoller wurde der Schriftsteller dem Staat entfremdet. Seine Ziele waren völlig andere. Der Geist, den das alte Deutschland und seine hohen und höchsten Funktionäre und Repräsentanten ausatmeten, dieser armselige Geist, gemischt aus Banalität, Unbildung und Brutalität, stieß zurück. Jene herrschende Kaste, die sich der Gewalt über Deutschland bemächtigt hatte, hatte längst jeden wahrhaften Zusammenhang mit dem kulturellen und geistigen Deutschland verloren. Eine Gesellschaftsklasse indessen, die sich die politische Führung eines Landes anmaßt, ohne auch seine kulturelle Führung auszuüben, trägt das Zeichen des Unterganges auf der Stirn. Und sie trug es – weithin sichtbar.

So wahr es ist, daß nur wenige Völker ähnliche Liebe und ähnliches Verständnis haben für Literatur, eigene und fremde, wie das deutsche Volk, so wahr ist es, daß in keinem Lande die Literatur und alles Geistige überhaupt mehr mißachtet wurden als im zusammengebrochenen deutschen Obrigkeitsstaat, der das Volk der „Dichter und Denker" repräsentierte.

Dieser alte Staat tat für Literatur und Schriftsteller – nichts! Weniger als das! Weit davon entfernt die Forderungen nach Freiheit, Würdigung und Interessenschutz zu erfüllen, bot er Unfreiheit, Mißachtung und geringen Schutz der Interessen.

Der Schriftsteller schrieb mit gebundener Hand. Broschüren, Novellen, Romane wurden kurzerhand verboten, die Aufführung von Dramen untersagt. Wer das „zulässige Maß" von Kritik überschritt, wanderte ins Gefängnis. Eine aufrichtige Kritik, die aus den heiligen Quellen der Leidenschaft entsprang, mußte, sollte sie ihrer Überzeugung Ausdruck geben und Wirkung gewährleisten, den engen „zulässigen" Rahmen sprengen. Jene Kritik aber, die mit eingeschüchterter Stimme auf die Schwächen des alten Systems hinwies, fand nicht die geringste Beachtung und prallte wirkungslos ab an der Unfehlbarkeit und dem vermessenen Dünkel, Krone und Militär waren dazu sakrosankt – so sah die berühmte Pressefreiheit im alten Deutschland aus. (…) Voll Zuversicht und Hoffnung, beseelt vom Wunsche zur Mitarbeit, betritt der Schriftsteller, frei nach jahrhundertelanger Knebelung, die Schwelle der deutschen Republik. Von ihr erwartet er die Erfüllung seiner Forderungen nach Freiheit, Achtung, Interessenschutz. Er fordert völlige Freiheit des Wortes und Werkes, Gewissen und Selbstkritik seien ein einziger Zensor; er fordert Würdigung seines Werkes und seines Wirkens seitens des Staates; er fordert weitgehenden Schutz seiner materiellen Interessen, gründliche Revision der Verlagsgesetze und Urheberrechte. Er fordert Bürgschaften für die Freiheit des Wortes auch in Zeiten politischer Krisen und für den Fall eventueller Kriege. Es muß betont werden, daß ihm mit einer Verfälschung seiner Forderungen nach dem Muster der westlichen Demokratien und der Vereinigten Staaten nicht gedient wäre!

Wie kein anderer ist er, der Schriftsteller, berufen zur Mitarbeit am Neuaufbau des Reiches und an seiner notwendigen geistigen Erneuerung. In allen Fragen, die Wohl und Wehe des Staates und des Volkes betreffen, soll seine Stimme gehört werden. Seine Kritik sei ebenso unerbittlich wie seine Inspiration fruchtbar.

Freudig wird er der neuen Republik und ihren Führern dienen, wenn sie Kraft und Willen haben, das deutsche Volk mit neuen Hoffnungen zu erfüllen, für neue Ideale zu entflammen und Zielen entgegen zu führen, die über das Wohl des deutschen Volkes hinaus das Wohl aller Völker bedeuten.

60 Revolutionär in seinem innersten Wesen, fordert der Schriftsteller die Verewigung der Revolution im geistigen Sinne.

Aus: Anton Kaes (Hg.): Manifeste und Dokumente zur deutschen Literatur 1918–1933. Stuttgart 1983.

Text 2   KURT TUCHOLSKY: Wir Negativen (1919)

Der Journalist, Essayist, Lyriker und Romancier Kurt Tucholsky (1890–1935) war der wichtigste Autor der linksbürgerlichen Zeitschrift „Die Weltbühne". Bereits im Frühjahr 1919 hatte Tucholsky erkannt, daß sich die junge Republik eine schwere Hypothek dadurch aufgeladen hatte, daß sie sich mit ihrer politischen Führung (Ebert, Scheidemann) zur Zusammenarbeit mit den alten und weitgehend demokratiefeindlichen Mächten aus Heer, Verwaltung und Justiz entschlossen hatte, um eine sozialistische Revolution nach sowjetischem Muster zu verhindern.

Es wird uns Mitarbeitern der Weltbühne der Vorwurf gemacht, wir sagten zu allem Nein und seien nicht positiv genug. Wir lehnten ab und kritisierten nur und beschmutzten gar das eigene deutsche Nest. Und bekämpften – und das sei das Schlimmste – Haß mit Haß, Gewalt mit Gewalt, Faust mit Faust. (…)

5 Wir sollen positive Vorschläge machen. Aber alle positiven Vorschläge nützen nichts, wenn nicht die rechte Redlichkeit das Land durchzieht. Die Reformen, die wir meinen, sind nicht mit Vorschriften zu erfüllen, und auch nicht mit neuen Reichsämtern, von denen sich heute jeder für sein Fach das Heil erhofft. Wir glauben nicht, daß es genügt, eine große Kartothek und ein vielköpfiges Personal aufzubau-

10 en und damit sein Gebiet zu bearbeiten. Wir glauben, daß das Wesentliche auf der Welt hinter den Dingen sitzt, und daß eine anständige Gesinnung mit jeder, auch mit der schlechtesten, Vorschrift fertig wird und sie gut handhabt. Ohne sie aber ist nichts getan.

Was wir brauchen, ist diese anständige Gesinnung.

15 Wir können noch nicht Ja sagen. Wir können nicht einen Sinn stärken, der über den Menschen die Menschlichkeit vergißt. Wir können nicht ein Volk darin bestärken, seine Pflicht nur dann zu tun, wenn jedem Arbeitenden ein Popanz von Ehre aufgebaut wird, der sachlicher Arbeit nur im Wege ist. Wir können nicht zu einem Volk Ja sagen, das, noch heute, in einer Verfassung ist, die, wäre der Krieg zufälligerweise

20 glücklich ausgegangen, das Schlimmste hätte befürchten lassen. Wir können nicht zu einem Land Ja sagen, das von Kollektivitäten besessen ist, und dem die Korporation weit über dem Individuum steht. Kollektivitäten sind nur ein Hilfsmittel für die Einzelnen. Wir können nicht Ja zu denen sagen, deren Früchte die junge Generation darstellt: ein laues und flaues Geschlecht, angesteckt von dem kindischen

25 Machthunger nach innen und der Gleichgültigkeit nach außen, den Bars mehr zugetan als der Bravour, von unsäglicher Verachtung für allen Sturm und Drang, den man zurzeit nicht mehr trägt, ohne Flamme und ohne Schwert, ohne Haß und ohne Liebe. Wir sollen laufen, aber unsere Schenkel sind mit Schnüren gefesselt. Wir können noch nicht Ja sagen (…)

Negativ? Viereinhalb Jahre haben wir das fürchterliche Ja gehört, das alles gut hieß, 30
was frecher Dünkel auszuführen befahl. Wie war die Welt so lieblich! Wie klappte
alles, wie waren alle d'accord[1], ein Herz und keine Seele, wie bewegte sich die
künstlich hergerichtete Landschaft mit den uniformierten Puppen darin zum Preise
unserer Herren! Es war das Thema des Anakreon[2]. Und mit donnerndem Krachen
ist das zusammengebrochen, was man früher für eisern gehalten hatte, und was 35
nicht einmal Gußeisen war, die Generale fangen an, sich zu rechtfertigen, obgleich
sie es garnicht nötig hätten, keiner will es gewesen sein, und die Revolutionäre, die
zu spät kamen und zu früh gebremst wurden, werden beschuldigt, das Elend herbeigeführt zu haben, an dem doch Generationen gewirkt hatten. Negativ? Blut und
Elend und Wunden und zertretenes Menschentum – es soll wenigstens nicht 40
umsonst gewesen sein. Laßt uns auch weiterhin Nein sagen, wenn es not tut! Es ist
das Thema des Aischylos.

Aus: Kurt Tucholsky: Gesammelte Werke, Bd. 2. Reinbek 1975.

**Arbeits-
vorschläge
zu Text 1
und 2**

1. Welche Vorwürfe erhebt Kellermann gegen den wilhelminischen Staat, welche
Hoffnungen richtet er auf die Republik?

2. Stellen Sie am Text der Weimarer Verfassung fest, welche Rahmenbedingungen
die Politik für Wissenschaft, Lehre und Kunst geschaffen hat.

3. Die „Weltbühne", für die Tucholsky diesen Text geschrieben hat, war 1918 als
eine kulturpolitische Zeitschrift aus der Theaterzeitschrift „Schaubühne" hervorge-
gangen. Fassen Sie thesenartig Tucholskys Kritik an der politisch-gesellschaftlichen
Situation zusammen.

4. Untersuchen Sie, auf welche Weise Tucholsky in seinem Essay rhetorische Stilmittel für seine Argumentation einsetzt.

5. Welche Aufgaben weist Tucholsky dem Schriftsteller in der Gesellschaft zu? Vergleichen Sie seine Aussagen mit denen Kellermanns.

1 d'accord (frz.): übereinstimmend, einer Meinung sein
2 Anakreon: gr. Lyriker des 6. Jh. v. Chr. Bevorzugte Themen seiner Gedichte waren Liebe und Wein.

2.2   Der Erste Weltkrieg in der Literatur

Text 1   ERNST JÜNGER: Mut (1922)

In seiner Schrift „Der Kampf als inneres Erlebnis" versucht Jünger, den Krieg, d. h. die hoch-
technisierte Vernichtungsmaschinerie des Ersten Weltkriegs, als einen Naturvorgang darzustellen, dessen Sinn nur noch von einer Elite erfaßt werden kann. Für sie ist der Krieg im
„inneren Erlebnis" Ausdruck echten „Lebens". Jünger sieht im Krieg eine Möglichkeit, die
Triebe des Menschen auszuleben.

Der Krieger setzt sich am schärfsten für seine Sache ein: das haben wir bewiesen,
wir Frontsoldaten des Erdballs, ein jeder an seinem Platz. Wir waren die Taglöhner
einer besseren Zeit, wir haben das erstarrte Gefäß einer Welt zerschlagen, auf daß
der Geist wieder flüssig werde. Wir haben das neue Gesicht der Erde gemeißelt,
5   mögen es auch noch wenige erkennen.
Vielen wird es noch unsichtbar sein unter dem Wolkenschatten des Geschehens:
Die ungeheure Summe der Leistung birgt ein Allgemeines, das uns alle verbindet.
Nicht einer ist umsonst gefallen.
Denn das kann der Kämpfer, der in seinen Zielen aufgeht, nicht übersehen, und die-
10 se Erkenntnis besitzt für den Kampf auch keinen Wert; sie schwächt eher seine
Wucht: Irgendwo müssen alle Ziele doch zusammenfallen. Der Kampf ist nicht nur
eine Vernichtung, sondern auch die männliche Form der Zeugung, und so kämpft
nicht einmal der umsonst, welcher für Irrtümer ficht. Die Feinde von heute und
morgen: sie sind in den Erscheinungen der Zukunft verbunden, das ist ihr gemeinsa-
15 mes Werk. Und es tut wohl, sich im Kreise jener harten europäischen Sittlichkeit zu
fühlen, die über das Geschrei und die Weichheit der Massen hinweg sich immer
schärfer in ihren Ideen bestärkt, jener Sittlichkeit, die nicht nach dem fragt, was eingesetzt werden muß, sondern nur nach dem Ziel. Das ist die erhabene Sprache der
Macht, die uns schöner und berauschender klingt als alles zuvor, eine Sprache, die
20 ihre eigenen Wertungen und ihre eigene Tiefe besitzt. Und daß diese Sprache nur
von wenigen verstanden wird, das macht sie vornehm, und es ist gewiß, daß nur die
Besten, das heißt die Mutigsten, sich in ihr werden verständigen können.
Wir aber haben in einer Zeit gelebt, in welcher der Mutige der Beste war, und sollte
aus dieser Zeit nichts weiter hervorgehen als die Erinnerung an ein Geschehen, bei
25 dem der Mensch nichts und seine Sache alles galt, so werden wir immer noch mit
Stolz auf sie zurückblicken. Wir haben in einer Zeit gelebt, in der man Mut haben
mußte, und Mut zu besitzen, das heißt jedem Schicksal gewachsen sein, das ist das
schönste und stolzeste Gefühl.
Immer wieder im flutenden Angriffswirbel riesiger Schlachten erstaunte man über
30 die Steigerung der Kräfte, deren der Mensch fähig ist. In den Minuten vorm Sturm,
wo einem seltsam veränderten Bewußtsein das Äußere schon im Rauch zerfloß,
überglitt der Blick noch einmal die Reihe der in graue Gräben geduckten Gestalten.
Da war der Knabe, der wieder und wieder am Sturmgepäck nestelte, der Mann, der
stumpf gegen die lehmigen Mauern stierte, der Landsknecht, der seine letzte Ziga-
35 rette verrauchte. Vor ihnen allen bäumte sich der Tod gierig auf. Sie standen vorm
Letzten und mußten in der kurzen Zeit noch einen Abschluß finden. Noch einmal

In Stahlgewittern

Ein Kriegstagebuch

52. bis 57.
Tausend / 14. Auflage von **Ernst Jünger**

Völlig neubearbeitet

Preis kartoniert RM 4,–, Ganzleinen RM 5,50

Verlag E.S. Mittler & Sohn, Berlin SW

drängte sich Allereigenstes in ihnen zusammen, noch einmal rollte die bunte Welt in sausendem Film durchs Hirn. Aber es hatte etwas Erhabenes, daß, wenn der Pfiff zum Angriff schrillte, kaum einer zurückblieb. Überwinder waren es, die sich über den Grabenrand schwangen, daher auch die gleichmäßige Ruhe, mit der sie durchs Feuer schritten.

Dann kam, nur dem Rassigsten vergönnt, der Rausch vor der eigenen Kühnheit. Es gibt nichts Tathafteres als den Sturmlauf auf Feldern, über denen des Todes Mantel flattert, den Gegner als Ziel. Das ist Leben im Katarakt. Da gibt es keine Kompromisse; es geht ums Ganze. Das Höchste ist Einsatz; fällt Schwarz, ist alles verloren. Und doch ist es kein Spiel mehr. Ein Spiel kann wiederholt werden, hier ist beim Fehlwurf unwiderruflich alles vorbei. Das gerade ist das Gewaltige.

So taumelten die Krieger im Rausche der Schlacht dahin, Pfeile, im Nebel vom Bogen geschnellt, Tänzer im Ungewissen. Doch hing über diesen klirrenden Schleiern, so oft, im Feuer zerrissen, weit mehr als der Rausch der Sekunde. Der Mut ist dem Tanz vergleichbar. Die Person des Tänzers ist Form, ist Nebensache, wichtig allein, was unterm Schleier seiner Bewegung sich hebt und senkt. So ist auch Mut ein Ausdruck tiefsten Bewußtseins, daß der Mensch ewige, unzerstörbare Werte umschließt. Wie könnte sonst auch nur ein einziger bewußt dem Tode entgegenschreiten?

So wie zu ausgeprägtem Tanze Rasse erforderlich ist, entspringt auch großer Mut sehr scharfer Rasse. Wenn breite Linien im Sturme zerbrachen, zersplitterte der Kampf in kleine Haufen. Zu denen schloß sich alles, was Rasse hatte: der zähe Bauernbursche mit kantigem Schädel, der geschulte Arbeiter mit intelligentem Gesicht, der Offizier, dem der Kampf seit Jahrhunderten im Blute steckte, der Fahnenjunker, dessen schmale Hände das Gewehr kaum schwingen konnten. Wo diese Männer sich trafen – und sie trafen sich stets – entragten Inseln den lang anrollenden Wogen der Vernichtung, klammerte sich eiserner Widerstand an Trümmer und Gebälk. Da ballte sich reinster Kriegergeist: es wurde gefochten, weil Fechten selbstverständlich war. Ein Wille lohte hinter bleichen Gesichtern, die Phrase vom Kampf bis zum letzten Mann wurde Wirklichkeit. Das war ein königliches Sterben, bedingt durch inneren Adel und unbeugsamen Stolz. Alle äußeren Gründe waren längst vergessen, der Überschwang männlichen Mutes allein trieb unerschütterte Herzen dem Ende zu. Wenn die Letzten eines zerschossenen Schiffes mit Hurra und wehender Flagge versinken, liegt eine Verklärung über den Wellen, so unendlich und ewig wie das Meer selbst. Und sänken sie für eine Sache, über die längst die Kinder spotten, man müßte doch weinen und stolz sein zugleich. Wohl dem, der das empfinden kann!

Aus: Ernst Jünger: Der Kampf als inneres Erlebnis. Werke, Bd. V. Stuttgart 1983.

Arbeits-
vorschläge

1. Inwiefern ist der Kampf für Jünger ein „inneres Erlebnis"? Diskutieren Sie die Vorstellung von Männlichkeit, die darin zum Ausdruck kommt.

2. Welche gesellschaftlichen Entwicklungsprozesse meint Jünger im Kriegsgeschehen erkennen zu können? Wie begründet er die Aussage „Nicht einer ist umsonst gefallen"?

3. Ernst Jünger gehört zur „Kriegsgeneration", die den schrecklichen Erfahrungen im Krieg einen Sinn für die zukünftige Gesellschaft zuerkennen wollte. Worin sehen Sie heute, aus der Distanz von mehreren Generationen und der Erfahrung von zwei Weltkriegen, das Problematische dieser Rechtfertigung?

4. Erläutern Sie an dem hier abgedruckten Textausschnitt, weshalb die Nationalsozialisten 1933 zunächst zu der Ansicht gelangen konnten, Jünger sei ihr Parteigänger. Worin unterscheidet sich Jüngers Menschenbild von dem des Nationalsozialismus?

5. Welche Vorstellungen von Soldatentum, Krieg und Kriegswirkung drückt sich im Titelblatt einer Jünger-Ausgabe aus?

Text 2   KARL KRAUS: Reklamefahrten zur Hölle (1921)

In meiner Hand ist ein Dokument, das, alle Schande dieses Zeitalters überflügelnd und besiegelnd, allein hinreichen würde, dem Valutenbrei, der sich Menschheit nennt, einen Ehrenplatz auf einem kosmischen Schindanger anzuweisen. Hat noch jeder Ausschnitt aus der Zeitung einen Einschnitt in die Schöpfung bedeutet, so
5 steht man diesmal vor der toten Gewißheit, daß einem Geschlecht, dem solches zugemutet werden konnte, kein edleres Gut mehr verletzt werden kann. Nach dem ungeheuren Zusammenbruch ihrer Kulturlüge und nachdem die Völker durch ihre Taten schlagend bewiesen haben, daß ihre Beziehung zu allem, was je des Geistes war, eine der schamlosesten Gaukeleien ist, vielleicht gut genug zur Hebung des
10 Fremdenverkehrs, aber niemals ausreichend zur Hebung des sittlichen Niveaus dieser Menschheit, ist ihr nichts geblieben als die hüllenlose Wahrheit ihres Zustands, so daß sie fast auf dem Punkt angelangt ist, nicht mehr lügen zu können und in keinem Abbild vermöchte sie sich so geradezu zu erkennen wie in diesem. (...)

Aus: Die deutsche Literatur, Bd. VII. München [2]1988.

Arbeits-
vorschläge

1. Mit welcher Begründung veranstalteten die Basler Nachrichten ihre Schlachtfelder-Rundfahrt? Aus welchen Überlegungen heraus greift Kraus diese Annonce so vehement an?

2. Sprechen Sie über Ihren Leseeindruck dieser Anzeige.

3. Karl Kraus hat sich in seinem Drama „Die letzten Tage der Menschheit" (1919) auch in dichterischer Form mit dem Ersten Weltkrieg auseinandergesetzt. Informieren Sie sich in einem Literaturlexikon über dieses umfangreiche Stück, und referieren Sie darüber im Kurs.

Schlachtfelder-Rundfahrten im Auto!

veranstaltet durch die Basler Nachrichten.

Reklamefahrten vom 25. Sept. bis 25. Okt. zum ermässigten Preis von Fr. 117.–

Unvergeßl. Eindrücke

Keine Paß-Formalitäten!

Anmeldung

bei uns und Ausfüllung eines Frage-bogens genügt.

Als Herbstfahrt besond. zu empfehlen!

Infolge sorgfältigster Organisation hat der Reisende von der Abfahrt von Basel bis zur Wiederankunft in Basel nicht mehr das Geringste auszugeben.

Sie fahren im Schnellzug II. Klasse abends von Basel ab.
Sie werden am Bahnhof in Metz abgeholt und im Auto ins Hotel geführt.
Sie übernachten in einem erstklassigen Hotel, Bedienung und Trinkgeld inbegriffen.
Sie erhalten am Morgen ein reichliches Frühstück.
Sie fahren in einem bequemen Personenauto in Metz ab und durch das Schlachtfeldergebiet von 1870/71 (Gravelotte).
Sie besichtigen in Etain unter erklärender Führung das hochinteressante Blockhaus (Quartier des Kronprinzen und Sitz eines grossen deutschen Hauptquartiers).
Sie fahren durch die zerstörten Dörfer ins riesige Festungsgebiet von Vaux mit den riesigen Friedhöfen mit hunderttausenden von Gefallenen.
Sie besichtigen unter Führung die unterirdischen Kasematten des Forts Vaux.
Sie besuchen das Ossuaire (Beinhaus) von Thiaumont, wo die Überreste der nicht agnoszierten Gefallenen fortwährend eingeliefert und aufbewahrt werden.
Sie haben freien Eintritt ins Fort Douaumont.

„... Eine Fahrt durch das Schlachtfeldergebiet von Verdun vermittelt dem Besucher den Inbegriff der Grauenhaftigkeit moderner Kriegführung. Es ist nicht nur für das französische Empfinden das Schlacht-feld „par excellence", auf dem sich letzten Endes der Riesenkampf zwischen Frankreich und Deutschland entschied. Wer immer diesen Abschnitt mit Fort Vaux und Fort Douaumont im Mittelpunkt gesehen hat, wird auf keinen Schlachtfeld des Westens mehr einen so tiefen Eindruck erhalten. Wenn der ganze Krieg Frankreich 1,400,000 Tote gekostet hat, so fiel fast ein Drittel von diesen in dem ein paar Quadrat-Kilometer umfassenden Sektor von Verdun, und mehr als doppelt so stark waren hier die Verluste der Deutschen. In dem kleinen Abschnitt, wo mehr als eine Million, vielleicht 1½ Millionen Menschen ver-bluteten, gibt es keinen Quadratzentimeter Oberfläche, der nicht von den Granaten durchwühlt wurde. Man durchfahre hernach das Gebiet der Argonnen- und Somme-Kämpfe, man durchwandere die Ruinen von Reims, man kehre zurück über St.-Mihiel und durch den Priesterwald: alles ist nur die kleinliche Wiederholung von Einzelheiten, die sich bei Verdun zu einem unerhört großartigen Gesamtbild von Grauen und Schrecken vereinigen ..."

Die Basler Nachrichten veranstalten diese Rundfahrt, um jedem Schweizer zum Preise von 117 Franken Gelegenheit zum Besuche der Schlachtfelder zu geben, in der Weise, dass den Teilnehmern alle Formalitäten und Reise-Schwierigkeiten abgenommen werden.

Sie besuchen die Tranchée des Baïonettes, oder des Ensevelis.
Sie fahren am Ravin de la Mort entlang, an den Carrières d'Haudromont und am Train Sauveur vorbei, am Fusse der Côte du Poivre nach Verdun.
Sie erhalten im besten Hotel von Verdun ein Mittagessen mit Wein und Kaffee, Trinkgeld inbe-griffen.
Sie haben nach dem Essen Zeit zur Besichtigung des zerschossenen Verdun, der Ville-Martyre.
Sie fahren am Nachmittag zurück durch das schrecklich verwüstete Gebiet von Haudiaumont und gelangen wieder durch das Kampfgebiet von 1870/71 (Mars-la-Tour, Vionville usw.) nach Grave-lotte und Metz.
Sie erhalten in Ihrem Hotel in Metz ein Diner mit Wein und Kaffee, Trinkgeld inbegriffen.
Sie werden nach dem Nachtessen im Auto zur Bahn gebracht.
Sie fahren im Nachtschnellzug II. Klasse zurück nach Basel.
Alles inbegriffen im Preise von 117 Franken bei reichlicher Verpflegung in erst-klassigen Gasthäusern.

---

600 km Bahnfahrt II. Klasse. Einen ganzen Tag im bequemen Personen-Auto über die Schlachtfelder, Über-nachten, erstklassige Verpflegung, Wein, Kaffee, Trinkgelder, Paßforma-litäten und Visum von Basel bis wieder zurück nach Basel alles inbegriffen im Preise von 117 Fr. Schweizerwährung.

Die Teilnehmer erhalten nach Einzahlung von Fr. 117 auf Postscheckkonto V/5616 Schlachtfelderfahrten der Basler Nachrichten, Basel, ein Ticket, durch das ohne jede weitere Auslage folgendes geboten wird:

Jeder Anfragende erhält einen gedruckten Führer mit genauem Reiseprogramm und allen nötigen Anweisungen. Die Fahrten werden jeden Tag ausgeführt. Jedem Teilnehmer ist ein bequemer Platz garantiert.

Anerkennungs- u. Dankschreiben von früheren Reiseteilnehmern liegen in grosser Zahl in unserm Bureau auf.

Text 3   ARNOLD ZWEIG: Der Streit um den Sergeanten Grischa (1927)

Der Russe Grischa flieht aus einem deutschen Gefangenenlager, wird aufgegriffen und soll als
Spion hingerichtet werden. General von Lychow, in dessen Division Grischa als Gefangener
lebt, will nicht dulden, daß sein Vorgesetzter, Generalmajor Schieffenzahn, den unschuldigen
Russen bewußt dem Tode preisgibt, um in der Auflösung der Ostfront am Ende des Ersten
Weltkriegs ein Exempel zu statuieren. Er fährt zu Schieffenzahn, um ihm seine Rechtsauffas-
sung darzulegen.

Pünktlich um halb fünf klingelten die leisen Sporen von Exzellenz von Lychow
durch die Tür des Schieffenzahnschen Zimmers. Fünf Minuten vor fünf verließ er es
wieder. Ihre Unterredung, denkwürdig in mancher Weise, verlief einfach und vorge-
schrieben. Lychow hatte seinen Mantel draußen lassen müssen, Schnees halber in
5 seinen Falten. Der alte Mann saß, die Mütze auf den Knien, den Handschuh auf der
linken Faust, die rechte höflicherweise für den Händedruck des Feindes entblößt.
Ihm fehlte etwas in dieser Stunde, der lange, gerade Degen nämlich, den man früher
so bequem zwischen die Knie legte, auf dessen Korb die Mütze so vorherbestimmt
baumelte, mit dem sich eine Menge Gemütsbewegungen ausdrücken ließen, wenn
10 einem nahezu vierzig Jahre das lange Messer an der Seite baumelte. Schieffenzahn
in seiner bequemen Litewka, die er womöglich mit offenen Knöpfen trug, um die
Hände in die Hosentaschen zu stecken, war bedeutend besser daran, dachte
Lychow. Er fragte einleitend, ob denn der Herr Generalquartiermeister von dem
Fall angemessen unterrichtet sei, daß hier auf unmögliche Weise in die Justizhoheit
15 der Division eingegriffen und ein Gerichtsverfahren von vorbildlicher Sachlichkeit
verhohnepipelt werde. Schon hier floß Schärfe in seinen Ton; aber Schieffenzahn,
mit dem milden, öligen Lächeln des verzeihenden Jüngeren, versicherte:
Er habe in den letzten Tagen die Akten selber nochmals durchgesehn, und er
begreife nur nicht, was Exzellenz an der Entscheidung auszusetzen habe, die sein
20 Kriegsgerichtsrat ihm nach genauer Überlegung vorgeschlagen und die er billige.
Zwischen den beiden Gegnern dehnte sich ein Schreibtisch: Tintenfaß im Gußstahl-
boden einer Feldgranate, Aschenbecher aus gequetschter messingner Kartusche,
Briefbeschwerer, aus kupfernen Führungsringen gearbeitet und einige große, ent-
setzlich zackige Sprengstücke, wie man sie „vorne" überall auflas. Rechts das Tele-
25 fon, ein Berg mit Gabel, links Akten des Falles Ukraine und in einer Schale aus
schwarzer Preßpappe mit goldenen Sternchen Füllhalter, die Kopierbleis, die
großen Buntstifte, rot, grün und blau, und die Bleistifte mit der berühmten groben
Spitze der Schieffenzahnschen Randbemerkungen. Von Lychow schien, der Tisch
werde immer breiter. Wie am Rande eines Erdteils saßen sie einander gegenüber,
30 einer flachen Steppe, bevölkert von Pygmäen, winzigen Stäubchen, Menschen
genannt, und er und Schieffenzahn, der da drüben, aufgebläht zur Wucht von Kolos-
sen, hockten oder ragten feindlich gegeneinander an den Rändern dieser Welt. Er
fühlte, er hätte nicht hierher kommen dürfen. Diesem feistbäckigen Jüngeren
gegenüber war er offenbar der Schwächere, vielleicht nur heute, wo er sich krank
35 fühlte, vielleicht gerade weil er das Recht auf seiner Seite wußte. Wer Recht anerkennt, erkennt Grenzen an, sann er, versunken schon, bevor er den Kampf noch
recht begonnen; wer Recht achtet, dem sind die Gartenbeete seines Nachbarn hei-
lig. Wer's nicht achtet, wohnt vielleicht drei Etagen tiefer, aber dickhäutig, stumpf-
stirnig tummelt er sich munter in Gebieten, die ihm längst verboten sind; und was

kümmert er sich um Verbote. Ich habe einen ungeheuren Fehler gemacht; aus der 40
Ferne kämpft man besser … Dann ärgerte er sich über diese „Abgespanntheit", und
indem er seine Zigarette festklopfte, die er seiner eigenen Dose entnahm, fragte er
fast nachlässig, wie sich denn im Kopfe des Herrn Generalmajors der Fall male; ob
er grundsätzlich die Gerichtsbarkeit selbständiger Kampfverbände aufzuheben und
vielleicht einen neuen Kriegskodex einzuführen gedenke, in welchem zwar Recht 45
gesucht, das gefundene aber dann nach dem Belieben übergeordneter oder neben-
geordneter Stellen in den Papierkorb geschmissen werden solle?
Schieffenzahn knurrte: niemand könne der Gerichtsbarkeit eines so erprobten und
von Majestät eingesetzten Truppenführers mehr Respekt entgegenbringen als er,
aber Politik sei nun mal nicht jedermanns Sache. Augenscheinlich sei den Richtern 50
des Divisionsgerichts die wichtigste Seite des Falles entgangen, die wahrzunehmen
er hier sitze.
Lychow fühlte: Ruhe halten! Schon hier klang die empfindlichste Mittelsaite ihres
Zwiespaltes an. Aber er wünschte nicht so unversehens ins Gefecht der Weltan-
schauungen einzutreten. Gemütlich: 55
„Wie soll denn, lieber Schieffenzahn, von nun an mein Kriegsgerichtsrat, der ja ein
tüchtiger Mann ist – aber doch, nicht wahr? –, ermitteln, wer nun zuständig ist für
ähnliche Fälle? Wenn ihr uns Weisheiten aufnötigt, kann man euch doch nie mehr
die Akten in die Finger geben."
Schieffenzahn ärgerte sich. Hielt der alte Hampelmann da ihn für ein Kind? 60
Er wurde gereizt. Wenn jemand, entgegnete er aber noch sehr sachlich, Aufklärung
erwarten dürfe, so doch er, Schieffenzahn. Er habe klar und unzweideutig seinen
Willen mitgeteilt, den unerträglichen Zustand zu beseitigen, daß da ein Mann, als
Aufwiegler verurteilt, als stinkender Bolschewik, immer noch lebe. Und statt einfach zu parieren, komme man ihm mit Zuständigkeiten, Juristerei, mit Rayonfim- 65
mel. Er, Schieffenzahn, sei verantwortlich dafür, daß der Sieg den deutschen Waffen
nicht entgleite, soweit es hier den Osten anging. Er habe das Heer straff zu halten.
Nichts sei gleichgültiger in einem so großen Zusammenhange als Haarspalterei über
Recht und Unrecht. Er werde der letzte sein, der den Herren Generalen die Autorität ruiniere. (Das klingt ja ganz fritzisch, dachte Lychow mit Spott.) Gerade von 70
Exzellenz von Lychow habe er zuallerletzt erwartet, so subalternen Kohl wie den
Streit um Zuständigkeiten ertragen zu müssen.
Lychow verneigte sich leicht: er danke für die gute Meinung. In der Tat, um Zustän-
digkeiten handle es sich schon lange nicht mehr. Es gehe ums Recht, gehe darum,
daß in Preußen gerechtes Gericht ausgewogen werde für jedermann und immer, wie 75
in der Bibel stehe: „Einerlei Waage, einerlei Maß, einerlei Gewicht sollst du haben
für dich und den Fremdling, der in deinen Toren weilt, ich, der Herr." Er zitierte ins
Ungewisse hinein, und ein Schauer lief ihm, ihm selbst, die Oberschenkel entlang.
Schieffenzahn öffnete höflich zustimmend die Hand. Gewiß einerlei Recht, also keine Ausnahme. Da jeden Tag durchschnittlich tausend Menschen dem Sieg der deut- 80
schen Sache geopfert wurden, durfte wohl auch ein russischer Deserteur, der seinen
Posten im Gefangenenlager schmählich verlassen habe, mit darunterfallen. Und er
lächelte verbindlich, gutgelaunt über die Arglist, mit der er den Alten da in eigener
Schlinge gefangenhielt.

85 Aber Otto Gerhard von Lychow lächelte auch: geschlagen, Schieffenzahn! Auf ein
Gebiet gelockt, auf dem der gründliche Arbeiter da drüben nicht gerade jagdge-
recht ritt … Herr Kamerad habe den Fall ganz richtiggestellt. In jedem Augenblick
dieses Krieges stolperten Tag und Nacht Unschuldige in ehrenvollen Untergang.
Die Verantwortung dafür aber trügen mit den Generationen, die den Staat gebaut
90 hatten, sie selbst. „Sie haben ins geschichtliche Spektakel eingewilligt, und ihre Kinder und Enkel sollen dafür auch die Früchte eines Opfers einheimsen, das, machen
wir uns nichts vor, dank der allgemeinen Wehrpflicht zwar nicht sehr ungezwungen
ist, das aber doch so lange für freiwillig gelten kann, als das Volk sich willig in die
Entscheidungen seiner verantwortlichen Führer einordnet." Nun aber bedaure er,
95 seinem Herrn Kameraden einen kleinen Denkfehler aufzeigen zu müssen. „Lassen
Sie mich ausreden", rief er, als Schieffenzahn die Lippen auseinandertat. „Schicke
ich meine Leute ins Feuer mit der Absicht, sie hinzumachen? Ginge es nach mir, es
sollten alle wiederkommen, alle, Herr! Und wenn dem anders ist, so unterwerf ich
mich mit Schmerz dem Weltlauf – solange nun mal Krieg das letzte Mittel ist, Völ-
100 kerschicksal an den Himmel zu projizieren. Sie dagegen opfern gegen seinen Willen
einen stadtbekannt unschuldigen Mann, weil Sie damit, Ihren menschlichen
Zwecken entsprechend, dem Staate zu dienen glauben. Der Soldat geht immer noch
mit einem gewissen Grade von Freiwilligkeit in die Schlacht, aus der er mit einem
letzten Schimmer von Wahrscheinlichkeit wiederkommen kann; für die Heimat,
105 sein Volk, seinen Kaiser stellt er am Ende sein Leben in Gottes Hand. Der Russe
aber, um den es sich hier handelt, soll mittels Rechtswegs ungerecht ermordet werden; und das wagen Sie in eins zu setzen?"
Schieffenzahn nickte. „Wage ich. Denn, realiter: Wie lange hält ihr Grad von Freiwilligkeit vor? Verweigert Muschko Meier dauernd Gehorsam, so wird er erschos-
110 sen. Und Ihr so schöner Schimmer, zurückzukommen? Glückt's ihm dieses Mal, so
fällt er beim nächsten. Sehen wir doch klar hin, Exzellenz. Phosgengranaten und
Winde voll Gas verringern den Spielraum Ihrer göttlichen Barmherzigkeit von
Monat zu Monat. Kriegführung scheint überhaupt technisch den Zweck zu haben,
Ihren lieben Gott in seine Schranken zurückzuweisen. Mir gefällt im Grunde der
115 krasse ruhige Fall, um den Sie sich so aufregen, Exzellenz, viel besser. Der Staat
schafft das Recht, der einzelne ist eine Laus."
Von Lychow lehnte sich in seinen Stuhl zurück und sagte leise: „Wenn ich so leben
müßte, käme ich mir wie ein Dackel vor. Schafft der Staat das Recht? Nee, aber
Rechttun erhält die Staaten, Herr. So hab ich's von Jugend auf gelernt, und das
120 allein gibt dem Leben Schmalz und Tunke. Weil gutes Recht die Staaten bescheint,
dürfen sich Menschengeschlechter für sie verpulvern. Wo aber der Staat anfängt,
unrecht zu tun, ist er selber verworfen und niedergelegt.

Aus: Arnold Zweig: Der Streit um den Sergeanten Grischa. Frankfurt 1972.

Arbeits-
vorschläge   **1.** Der Autor setzt in dieser Unterredung Menschenbild und Rechtsverständnis
eines Militärs der „altpreußischen" Tradition gegen die eines Verantwortlichen im
Ersten Weltkrieg. Stellen Sie in thesenartiger Aufzählung die Position Lychows und
Schieffenzahns einander gegenüber.

2. Wie schätzen die Gesprächspartner jeweils ihr Gegenüber ein? Welche Gesprächsstrategien leiten sie daraus ab?

3. Lesen Sie Zweigs Roman, und führen Sie aus, auf welche Weise der Autor auch Lychow und seine Gefolgsleute einer Kritik unterzieht.

4. Der Roman „Der Streit um den Sergeanten Grischa" löste eine Welle von Romanveröffentlichungen aus, in denen Krieg und das Verhalten des deutschen Militärs gerechtfertigt bzw. kritisiert wurden. Ein Weltbestseller wurde Erich Maria Remarques Roman „Im Westen nichts Neues" (1929). Stellen Sie in einem Referat diesen Roman Ihrem Kurs vor. Vergleichen Sie dabei Sujet und Darstellungstechniken der Romane Remarques und Zweigs.

2.3 Im Zeitalter der Massenmedien

Text 1 FRANZ PFEMFERT: Kino als Erzieher (1911)

Wir leben Vergangenheit und zehren Zukunft. Der Geschichtsschreiber kommender Generationen wird sich also mit uns und mit unserem Jahrhundert beschäftigen. Soll nun unser Zeitalter nicht als Krankenhausgeschichte der Kultur auf die Nachwelt kommen, wollen wir vor dem kritischen Auge des Historikers in sauberem Kulturgewande erscheinen, dann müssen wir beizeiten Hand anlegen und kulturelle   5
Arbeit verrichten. Dann müssen wir unermüdlich gegen jede Unkultur kämpfen.
Der Kampf ist schwer. Vergebens wird man in dem Kulturschutt verfallener Menschheitsgeschichte nach einer Erscheinung suchen, die an trostloser Öde unserer modernen Zeit gleichkommt. Gewiß: in der Geschichte eines jeden Volkes läßt sich eine Wellenbewegung, ein Auf und Ab feststellen. Wir aber scheinen von dem   10
Strudel Trivialität erfaßt zu sein, der uns zu verschlingen droht.
Die Trivialität beherrscht (seit Jahrzehnten) die Situation. Wohin wir den Blick auch wenden, sie nistet überall. Wir finden sie in der Kunst und im Kunstgewerbe, in der Technik wie in der Architektur. Sie schleicht durch Hütten und Paläste und zwingt den Menschengeist in ihren Bann. Aus dem Verworrenen gewinnt der erfindungs-   15
reiche Geist das Neue. Aber das Neue, das unsere erfindungsreichen Geister aus dem Durcheinander der Zeit gewinnen, die Trivialität macht es sich sofort dienstbar. Unsere großen Geister stehen (meist unbewußt und oft gegen ihren Willen) im Dienste der Unkultur. Ja, wir sind bereits so weit gekommen, daß wir bei jeder „epochemachenden" Entdeckung oder Erfindung sofort fragen: wie wird sie als   20
Kulturhindernis ausgebeutet werden? Denken wir nur an den „größten Mann des zwanzigsten Jahrhunderts"! Seit Jahrtausenden träumt die Kulturwelt den Traum von der „Eroberung der Luft". Nun wird der Traum Wirklichkeit. Und die erste (und wichtigste) Frage lautet jetzt: wie können wir diese Erfindung am vorteilhaftesten zum methodischen Menschenmord, im Kriege verwenden ...   25
Die Technik befindet sich im Schöpfungsrausche. Der Menschengeist hat sich die Naturkräfte in unerhörter Großartigkeit abgerichtet. Die gezähmte und dressierte

Fritz Lang: Metropolis (1926)

Elektrizität leistet uns Sklavendienste. Der Weg zu den Höhen der Kultur wäre frei, wenn nicht das Siebenmeilenstiefeltum der Trivialität jedem kulturellen Fortschritt entgegenstehen würde. 30

„Edison" heißt die Formel, auf die unsere Zeit zu bringen ist. „Edison" – die Paarung von Genialität und Trivialität. 35 Wir sollten das Wort in Riesenlettern auf die Ballonhülle unserer aufgeblasenen Kultur schreiben. Dabei brauchen wir nicht einmal an den Erfinder zu denken, der diesen Namen trägt. Er ist nur 40 ein Produkt seiner Zeit. (…)

Aus: Anton Kaes (Hg.): Kino-Debatte. Texte zum Verhältnis Literatur und Film 1909–1929. Tübingen 1978.

Text 2   ADOLF BEHNE: Buch und Film* (1926)

Der Film ist die einfache, grade und legitime Fortsetzung des Buches – Edison der neue Gutenberg. Jenen kleinen Heften, die wir als Schulbuben hatten, deren Seiten bei flinkem Anblättern ihre Figürchen zu Phasen eines primitiven Films werden ließen, kommt die Bedeutung eines wichtigen Überganges zu. Sobald die Folge der
5 Seiten im Buche nicht mehr nur räumlich, sondern auch zeitlich ausgenutzt wird, entsteht der Film. Es wird die Zeit kommen, da wir kaum noch Bücher schreiben – sobald wir erst erkannt haben, wieviel exakter jeder Beweis im Film zu führen ist. Zunächst aber wird der Film die Literatur beeinflussen im Sinne einer Reinigung. Man kann wohl schon jetzt etwas von solcher Wirkung spüren. Der alte Schriftstel-
10 ler, um „anschaulich" zu wirken, benutzte „Bilder". Heute wirkt eine bilderreiche Sprache verstaubt. Und woher kommt es, daß das Bild, wie von den Wänden der Bürger-Wohnung, so aus Leitartikeln, Aufsätzen und Kritiken verschwindet? Ich meine: weil wir im Film eine Sprache aus der Anschauung entwickelt haben, mit der eine aus der Sprache entwickelte Anschauung nicht mehr konkurrieren kann. End-
15 lich wird die Sprache sauber, klar, exakt, ohne daß wir die Fremdwort-Töter nötig hätten.
Für uns ist nun das Wichtigste, daß der Film von seiner Geburtsstunde an demokratisch ist. Feine Leute haben ihn mit sicherem Instinkt von Anfang an gemieden, und für die Ganz-Feinen existiert er heute noch nicht. Es gibt ja noch keine Vorzugs-
20 Kopien auf Edel-Celluloid mit Goldschnitt, die man sammeln könnte.
Der Film begann als Kunst der Masse, als Pöbel-Theater. Und eine Film-Produktion gegen die Masse ist immer ausgeschlossen. Der Film ist als individualistisches Kunstwerk im alten Sinne nicht lebensfähig.

Gegenüber der aristokratischen Buch-Dichtung tritt die demokratische Film-Dichtung – eine Kunst von unten her. Ihr gehört die Zukunft. Daß es in Deutschland 25 nicht an Tendenzen fehlt, den „exklusiven Film" zu kultivieren, ist für das Land, in dem das Buch, oder der Besitz des Buches, Attribut einer Klasse war, beinahe selbstverständlich. Die Masse aber hat sich längst für den amerikanischen Film entschieden (den wir ja nicht mit Haut und Haaren zu schlucken brauchen), der in Charly Chaplin den ersten großen Dichter der neuen Kunst hervorgebracht hat – in 30 Chaplin, der jeden seiner Filme immer wieder in Kinos aller Größen und Grade besucht, um zu studieren, wie die Masse auf diesen oder jenen Einfall reagiert. Denn ihm ist das Kunstwerk nicht dazu bestimmt, die Massen niederzuwerfen, sondern sie zu erheben. Erheben kann man aber nur den, den man richtig anfaßt. Indem Charly von der Masse immer wieder lernt, schafft er didaktische Dichtung. 35 Chaplins Werk genügt zum Beweise, daß das allgemein-verständliche populäre Kunstwerk nicht nur nicht Kitsch sein muß, sondern das Feinste, Menschlichste, Genialste sein kann.

Keine Angst um die Dichtung! Der Tod des Buches ist vorerst in weiter Ferne. Aber selbst wenn er eintritt, wäre das noch nicht der Tod der Dichtung! 40
Das Publikum hat kein Interesse mehr am Buch?
Aber es sitzt Abend für Abend vor dem modernen Buch und lernt sehen, denken, fühlen durch den Film – das Buch, das Millionen lesen und Keiner „besitzt".

Aus: Anton Kaes (Hg.): Manifeste und Dokumente zur deutschen Literatur 1918–1933. Stuttgart 1983.

Arbeits-
vorschläge
zu den
Texten 1
und 2

1. Während in der ersten Phase seiner Entwicklung (1895 bis etwa 1909) das Kino von der offiziellen Kulturkritik noch nicht beachtet wurde, begann dann eine ausführliche und heftig geführte Diskussion über das Konkurrenzverhältnis des Films zu den etablierten Kunstformen und um die Kunstfähigkeit des Films.
Wie beurteilt Pfemfert die gesamtkulturelle Lage? Welche Rolle spielt dabei das Kino?

2. Informieren Sie sich in einer Geschichte des Films (z. B. Ulrich Gregor und Enno Patalas: Geschichte des Films. Zwei Bände. Reinbek 1976) über die Entstehung und Entwicklung des Films bis 1918. Referieren Sie darüber in Ihrem Kurs.

3. Worin sieht Behne die entscheidenden Vorteile des Films gegenüber dem Buch? Wieso erklärt er die „Film-Dichtung" zur demokratischen Kunstform?

4. Erörtern Sie Behnes Aussage „Der Tod des Buches ist vorab in weiter Ferne. Aber selbst wenn er eintritt, wäre das noch nicht der Tod der Dichtung!" auf der Grundlage der heutigen Verhältnisse des literarischen Lebens.

5. Berühmte Filme von künstlerischem Rang aus der Zeit zwischen 1910 und 1930 waren z. B. „Der Golem" (1913; Regie: Paul Wegener), „Das Kabinett des Dr. Caligari" (1919; Regie: Robert Wiene), „Dr. Mabuse, der Spieler" (1922; Regie: Fritz Lang), „Faust" (1926; Regie: Friedrich Wilhelm Murnau) und „Metropolis" (1926; Regie: Fritz Lang; vgl. die Abbildung auf S. 52). Gelegentlich werden diese Filme im Fernsehen und in filmgeschichtlichen Instituten gezeigt. Wenn Sie einen Film dieser Zeit gesehen haben, stellen Sie ihn dem Kurs vor (Inhalt, Darstellungstechnik, Wirkung auf den heutigen Zuschauer).

Text 3   HERBERT IHERING: Film und Radio (1925)

Als die phänomenale technische Erfindung des Films sich durchsetzte, erkannte man bald, daß es nicht darauf ankam, Schauspielhandlungen zu photographieren. Daß es nicht darauf ankam, ein aus akustischen und optischen Elementen zusammengesetztes Werk einseitig zu machen, seiner akustischen Bedingungen zu berauben und die optischen übrigzulassen, sondern daß es gerade darauf ankam, die optischen Bedingungen als neue Gesetzmäßigkeit zu empfinden, als Zwang zur Umgruppierung des Stofflichen nach ausschließlich visuellen Regeln. Man ließ also nicht das Akustische einfach weg, sondern erzeugte es auf optischem Wege neu. Das heißt: Der gute Film ist so nach der ausschließlich optischen Logik, nach optischen Zusammenhängen, optischer Rhythmik komponiert, er schafft eine so gesetzmäßige Bildsprache, daß er durch die Augen – wieder gehört wird. Man braucht nur an die besten amerikanischen Filme zu denken, um diesen Eindruck bestätigt zu finden. Nicht dann hört man den Film, wenn der Darsteller die Mundbewegung des Sprechens macht, sondern wenn er durch seine Bewegungen das Sprechen vergessen macht.

Diese Erkenntnis hat sich im Film längst durchgesetzt. Nicht nur für die Gattung des Filmstücks überhaupt, sondern erst recht für das in den Film transponierte Wortdrama. Faust im Film bedeutet nicht: Goethes Werk zu photographieren, sondern den Stoff von Grund auf neu, nach andern Elementen umzugruppieren.

Jetzt ist eine zweite phänomenale Erfindung daran, Epoche zu machen: das Radio. 20
Das Radio arbeitet nur mit akustischen Mitteln, wie das Kino mit optischen. Auch
das Radio übermittelt Kunstwerke. Aber hier liegt schon der Unterschied. Das
Kino vermittelt nicht mehr Kunstwerke, sondern schafft aus seinen Möglichkeiten
heraus neue. Das Radio teilt noch Kunstwerke mit, wie Aktualitäten, wie Sport-,
wie Wahlresultate. Im Kino beginnt sich der berichtende, aktuelle Teil des Pro- 25
gramms vom künstlerischen, vom ausdrucksmäßigen zu trennen. Das Radio, dessen
Erfindung noch revolutionierender, noch umfassender ist, kann noch gar nicht über
die Mitteilung hinausgekommen sein, kann noch gar nicht wissen, daß, wenn es
überhaupt Kunstwerke geben will, diese Kunstwerke ebenso ausschließlich nach
akustischen Gesichtspunkten umgruppiert werden müßten wie die Filmstücke nach 30
optischen. Daß man also im Grunde Goethes Faust gar nicht durch das Radio mitteilen kann, daß ein Faust-Drama für das Radio neu, nach einer anderen Logik, in
einer anderen rhythmischen Zusammensetzung geschrieben werden müßte. Daß
man den Radio-Faust durch das Gehör sieht, wenn er nicht mehr mit Goethes sich
an alle Sinne wendenden Worten mitgeteilt, sondern in neuer Ausdrucksform, 35
deren Gesetzmäßigkeit noch zu finden ist, akustisch umgestaltet wird.
(…)
Das Radio, dieses ungeheure, unheimliche Mittel der Popularisierung, wird sich
erweitern und bei seinen Grenzen nicht beruhigen, wie sich der Film nicht beruhigt
hat. (…)   40
Die Popularisierung aus der Sache heraus, aus dem Stoff und aus den durch die
technische Erfindung gegebenen Mitteln ist, wie für den Film, der Weg für die Entwicklung des Radios.

Aus: Gerhard Hay (Hg.): Literatur und Rundfunk 1923–1933. Hildesheim 1975

Text 4   JOSEPH GOEBBELS: Der Rundfunk als politisches Lenkungsinstrument (1933)

Am 13. Mai 1933 wurde auf Betreiben des Reichskanzlers Adolf Hitler durch den Reichspräsi-
denten ein „Reichsministerium für Volksaufklärung und Propaganda" eingerichtet. Der hierfür Verantwortliche, Joseph Goebbels, unterstellte den Rundfunk seinem Ministerium. Vor
den „Reichsrundfunkwarten" der NSDAP führte er seine Absichten aus:

Wir Nationalsozialisten haben uns absolut durchgesetzt. Ich werde in den nächsten
Tagen Vertreter des Rundfunks, die die Schlüsselstellungen innehaben, zu mir kommen lassen und ihnen noch im besonderen sagen, daß der Rundfunk von der höch-
sten Spitze bis zum letzten Mann im Senderaum nun ganz eindeutig nationalsoziali-
stisch eingestellt zu sein hat.   5
Ich gebe hier der Hoffnung Ausdruck, daß der Rundfunk ein großes und modernes
Beeinflussungsmittel in der Hand der Reichsregierung werden wird, und daß von
keiner Seite mehr Störungen einsetzen können.
Der Rundfunk ist nicht mehr das Instrument der Männer im Kabinett, er ist das
Mittel, unser nationalsozialistisches Wollen ins Volk zu tragen.   10
Ich bin der Überzeugung, daß das, was wir heute machen, bahnbrechend für die
ganze Kulturwelt ist, für die nationalsozialistische Welt. Wenn sie auch heute noch

nicht besteht, so wird sie aber in zehn Jahren unsere Gesetze abschreiben, weil sie das Bahnbrechende erkennen wird.

15 Der Rundfunk ist vielleicht das Mittel, das am entscheidendsten das Volk beeinflußt. Und wenn es uns gelingt, ihm einen modernen Hauch einzuatmen, ein modernes Tempo und einen modernen Impuls zu geben, dann können wir an Aufgaben herangehen, wie es sie im nationalsozialistischen Deutschland zu erfüllen gibt.

Ich bin Ihnen, die daran mithelfen wollen, dankbar; den größten Dank werden

20 Ihnen jedoch die späteren Geschlechter abstatten.

Denn es wird für die Staatspolitik von bleibendem Wert sein, das ganze Volk hundertprozentig für das nationalsozialistische Regime zu erwerben. Wenn uns das gelingt, haben wir damit eine geschichtliche Aufgabe erfüllt, und können dann von uns mit Recht sagen, daß dies eine Arbeit gewesen ist, die des Schweißes der Besten

25 wert war.

Aus: Joseph Wulf (Hg.): Kultur im Dritten Reich. Bd. 1: Presse und Funk. Frankfurt 1989.

**Arbeits-
vorschläge**
zu den
Texten 3
und 4

1. Iherings Aufsatz ist zwei Jahre nach Einführung des „Unterhaltungsfunks" als staatlich kontrolliertes Medium in Deutschland geschrieben worden. Auf welchem Entwicklungsstand sieht der Verfasser den Rundfunk? Worin gleicht er dem Film, worin unterscheidet er sich von ihm?

2. Eine akustische Darbietungsform, wie sie Ihering fordert, war das Hörspiel. Verfolgen Sie in einer Darstellung der Geschichte des Hörspiels (z. B. Heinz Schwitzke: Das Hörspiel. Dramaturgie und Geschichte. Köln 1963) die frühe Entwicklung der neuen Kunstform bis 1933, und referieren Sie darüber in Ihrem Kurs.

3. Welche Aufgabe weist Goebbels dem Rundfunk im nationalsozialistischen Staat zu?

4. Wie beurteilen Sie in dieser Hinsicht die Wirkungsmöglichkeiten der Massenmedien in unserer Zeit? Berücksichtigen Sie dabei auch die technischen Möglichkeiten der Verbreitung (z. B. Kabel, Satellit).

5. Bereits in der Frühzeit des Rundfunks hat die Reklame den Markt für Rundfunkgeräte und Zubehör entdeckt. Wie wird hier (vgl. S. 54) um neue Rundfunkhörer und damit auch Käufer von Empfangsgeräten geworben?

6. Versuchen Sie mit einer zeitgemäßen Bildanzeige auf die neuen Möglichkeiten des Satellitenrundfunks werbend aufmerksam zu machen.

Literatur und technische Medien (19. Jahrhundert – 1933)		
Presse	**Fotografie/Film**	**Rundfunk**
1811 Schnellpresse 1843 Illustrierte Zeitschrift, Reisebuch, Feuilleton	um 1840 Erfindung der Fotografie	1905 erste Rundfunkversuche mit drahtloser Telegrafie
1844 Holzschliff-Zeitungspapier ~ 1850 Vorabdruck in Zeitschriften, Zeitungsroman	1895 erste Kurzfilme („laufende Bilder")	1914 Funkpressedienst (Heer) 1918 Sendeanlagen von Räten besetzt
1862 Drahtlose Telegrafie (1907 Bildübermittlung)	seit 1907 Kunstfilm mit „Filmsprache" (Schnitt, Blende, Montage)	1919 Reichspostministerium übernimmt Funkmonopol
1872 Rotationsdruck	1912 erstes deutsches Filmtheater Verein dt. Schriftstellerarbeit für den Film	1922 Wirtschaftsrundspruch
1880 Telefon im Pressebereich, Fotoreproduktion		1923 öffentlicher Rundfunk 1924 erste Sendespiele nach literarischen Vorlagen
1884 Setzmaschine 1891 Berliner Illustrierte Zeitung	1916 Dt. Lichtspiel GmbH 1917 UFA 1914 Kinobuch (mit Hasenclever, Benn)	1925 Reichsrundfunkgesellschaft 1925 erstes Hörspiel, Übernahme „filmischer" Techniken
1896 Vierfarbdruck	1913–1922 expressionistische Spielfilme (Mayer, Lang) literarische Filme (Murnau)	
1898 Presse-Konzern Ullstein 1904 erste Boulevard-Zeitung „BZ am Mittag" 1919 Kraus: „Die letzten Tage der Menschheit" (Textmontage) 1924 Dokumentartheater (Piscator) 1925: Kisch: „Der rasende Reporter" (literarische Reportage)	ab 1919 Fotomontage (Heartfield) 1922 474 Spielfilme in D. produziert; ab 1925 neusachlich-sozial kritische Filme, z. T. nach literarischen Vorlagen (Pabst): H. Mann, Döblin, Brecht Montagefilm (Ruttmann)	1926 1 Mio. Teilnehmer 1926 Sender Berlin: 13 Hörspiele, alle nach literarischen Vorlagen Rundfunk-Reportagen, Dokumentationen, Features, Interviews 1928 2 Mio. Teilnehmer 1929 Brechts Radiolehrstück „Lindberghflug" 1930 Benjamin: Hörmodelle 1930 Sender Berlin: 137 Hörspiele, davon 101 nach literarischen Vorlagen
1928 Fernschreiber 1929 Glaeser: „Fazit" (Anthologie von Feuilletons) 1929 Kracauer: „Die Angestellten" (soziale Reportage) um 1930 Reportage-Roman (Ottwalt-Bredel)	ab 1927 Tonfilm; Hugenberg kauft UFA auf 1932 Sozialistischer Film (Dudow, Brecht, Ottwalt) 1932 132 Spielfilme (51 nach literarischen Vorlagen)	1932 4 Mio. Teilnehmer
1933 Okkupation der Medien durch die Nationalsozialisten (Reichsministerium für Volksaufklärung und Propaganda)		

2.4   Ein Roman und seine mediale Vermittlung

Abb. oben: Berolina vor dem Alexanderhochhaus

Abb. links: Wochenmarkt auf dem
Alexanderplatz um 1885

Abb. unten: Alexanderplatz, Luftaufnahme um 1933

Text 1   ALFRED DÖBLIN: Berlin Alexanderplatz (1929)

In seinem Großstadtroman erzählt Döblin vom Leben des ehemaligen Transportarbeiters Franz Biberkopf nach der Entlassung aus dem Zuchthaus Tegel. Der Autor entwirft dabei ein vielfältiges Bild städtischen Lebens: Szenenfetzen von der Straße, aus Zeitungsausschnitten, verschiedene Schlachthofszenen, die Arbeit von Verbrecherbanden usw. werden zu einem Gesamtbild montiert, das den Hintergrund für Biberkopfs Weg durch Berlin darstellt.

Dieser erfolgreiche Roman wurde bereits 1930/31 verfilmt. Der Autor arbeitete zunächst am Drehbuch mit, lehnte jedoch später die Tendenz dieses Filmes ab, die vor allem auf das Verbrechermilieu abzielte. Der berühmte Schauspieler Heinrich George spielte die Titelrolle. Weiterhin richtete Döblin seinen Roman für ein Hörspiel der „Berliner Funkstunde" ein, das am 30. September 1930 erstmals gesendet werden sollte (aus polit. Gründen nach den Wahlen 1930 abgesetzt). Auch hier sprach Heinrich George den Franz. 1980 hat Rainer Werner Fassbinder für das Zweite Deutsche Fernsehen eine achtteilige Fernsehfassung des Romans gedreht, die – in gestraffter Form – auch als Kinofilm gezeigt wurde.

Mit der 41 in die Stadt

Er stand vor dem Tor des Tegeler Gefängnisses und war frei. Gestern hatte er noch hinten auf den Äckern Kartoffeln geharkt mit den andern, in Sträflingskleidung, jetzt ging er im gelben Sommermantel, sie harkten hinten, er war frei. Er ließ Elektrische auf Elektrische vorbeifahren, drückte den Rücken an die rote Mauer und ging nicht. Der Aufseher am Tor spazierte einige Male an ihm vorbei, zeigte ihm sei- 5 ne Bahn, er ging nicht. Der schreckliche Augenblick war gekommen [schrecklich, Franze, warum schrecklich?], die vier Jahre waren um. Die schwarzen eisernen Torflügel, die er seit einem Jahre mit wachsendem Widerwillen betrachtet hatte [Widerwillen, warum Widerwillen], waren hinter ihm geschlossen. Man setzte ihn wieder aus. Drin saßen die anderen, tischlerten, lackierten, sortierten, klebten, hatten noch 10 zwei Jahre, fünf Jahre. Er stand an der Haltestelle.

Die Strafe beginnt.

Er schüttelte sich, schluckte. Er trat sich auf den Fuß. Dann nahm er einen Anlauf und saß in der Elektrischen. Mitten unter den Leuten. Los. Das war zuerst, als wenn man beim Zahnarzt sitzt, der eine Wurzel mit der Zange gepackt hat und zieht, der 15 Schmerz wächst, der Kopf will platzen. Er drehte den Kopf zurück nach der roten Mauer, aber die Elektrische sauste mit ihm auf den Schienen weg, dann stand nur noch sein Kopf in der Richtung des Gefängnisses. Der Wagen machte eine Biegung, Bäume, Häuser traten dazwischen. Lebhafte Straßen tauchten auf, die Seestraße, Leute stiegen ein und aus. In ihm schrie es entsetzt: Achtung, Achtung, es geht los. 20 Seine Nasenspitze vereiste, über seine Backe schwirrte es. „Zwölf Uhr Mittagszeitung", „B.Z.", „Die neueste Illustrierte", „Die Funkstunde neu", „Noch jemand zugestiegen?" Die Schupos haben jetzt blaue Uniformen. Er stieg unbeachtet wieder aus dem Wagen, war unter Menschen. Was war denn? Nichts. Haltung, ausgehungertes Schwein, reiß dich zusammen, kriegst meine Faust zu riechen. Gewim- 25 mel, welch Gewimmel. Wie sich das bewegte. Mein Brägen hat wohl kein Schmalz mehr, der ist wohl ganz ausgetrocknet. Was war das alles. Schuhgeschäfte, Hutgeschäfte, Glühlampen, Destillen. Die Menschen müssen doch Schuhe haben, wenn sie so viel rumlaufen, wir hatten ja auch eine Schusterei, wollen das mal festhalten. Hundert blanke Scheiben, laß die doch blitzern, die werden dir doch nicht bange 30 machen, kannst sie ja kaputt schlagen, was ist denn mit die, sind eben blankgeputzt.

Man riß das Pflaster am Rosenthaler Platz auf, er ging zwischen den anderen auf Holzbohlen. Man mischt sich unter die andern, da vergeht alles, dann merkst du nichts, Kerl. Figuren standen in den Schaufenstern in Anzügen, Mänteln mit

35 Röcken, mit Strümpfen und Schuhen. Draußen bewegte sich alles, aber – dahinter – war nichts! Es – lebte – nicht! Es hatte fröhliche Gesichter, es lachte, wartete auf der Schutzinsel gegenüber Aschinger zu zweit oder zu dritt, rauchte Zigaretten, blätterte in Zeitungen. So stand das da wie die Laternen – und – wurde immer starrer. Sie gehörten zusammen mit den Häusern, alles weiß, alles Holz.

40 Schreck fuhr in ihn, als er die Rosenthaler Straße herunterging und in einer kleinen Kneipe ein Mann und eine Frau dicht am Fenster saßen: die gossen sich Bier aus Seideln in den Hals, ja was war dabei, sie tranken eben, sie hatten Gabeln und stachen sich damit Fleischstücke in den Mund, dann zogen sie die Gabeln wieder heraus und bluteten nicht. Oh, krampfte sich sein Leib zusammen, ich kriege es nicht

45 weg, wo soll ich hin? Es antwortete: Die Strafe.

Er konnte nicht zurück, er war mit der Elektrischen so weit hierher gefahren, er war aus dem Gefängnis entlassen und mußte hier hinein, noch tiefer hinein.

Das weiß ich, seufzte er in sich, daß ich hier rin muß und daß ich aus dem Gefängnis entlassen bin. Sie mußten mich ja entlassen, die Strafe war um, hat seine Ordnung, der Bürokrat tut seine Pflicht. Ich geh auch rin, aber ich möchte nicht, mein Gott, ich kann nicht.

Aus: Alfred Döblin: Berlin Alexanderplatz. Olten und Freiburg 1961.

Arbeits-vorschläge

1. Welche Situation stellt Döblins Romananfang dar? Inwiefern ist die gewählte Darstellungsperspektive „filmisch"?

2. „Berlin Alexanderplatz" gilt bis heute als Prototyp eines modernen Großstadt-Romans. Untersuchen Sie, welche Erzähltechniken Döblin verwendet. Was wirkt „modern" auf Sie?

3. Wie stellt sich der Alexanderplatz in Berlin auf diesen Fotografien aus den Jahren 1885 und 1933 auf S. 58 dar? Vergleichen Sie mit der Stadtsicht bei Döblin im Jahre 1928/29. Welche Veränderungen der Stadt und der Beziehung Stadt – Stadtbewohner werden deutlich?

Text 2   Aus dem Filmdrehbuch „Berlin Alexanderplatz" (1931)

Ton	Bild

Scharfer Einsatz des Berlin-Marsches, dessen Rhythmik und Gesamtanlage genommen wird aus dem später noch zu entwickelnden Ablauf der Geräusche und der Bewegung Berlins selber, die Franz Biberkopf auf seiner Fahrt nach Berlin erlebt. Nach Beendigung des Marsches zwei Sekunden absoluter Stille. Man hört fern einmal das Vorbeirattern eines Zuges und den langgezogenen Pfeifton einer Lokomotive.

Langsam aufblenden
5

I.
Vor Gefängnis Tegel.

Halbweit: schon in seitlich gleitender Bewegung: 10
Die eintönige, außergewöhnlich hohe Gefängnismauer von Tegel. Der Apparat gleitet weiter an der Mauer entlang. Weiter und weiter. Einmal huscht eine Laterne oder ein Bau vorbei. Kein 15 Mensch ist zu sehen. Jetzt fährt der Apparat vorbei an einem Amtsschild mit dem Preußenadler darauf.
Darunter sieht man undeutlich eine Inschrift. Und kurz danach hält der 20 Apparat vor einem kleinen Eisentor, das in die Mauer eingelassen ist. Bleibt eine Sekunde so stehen. Und jetzt hört man von einer nahen Turmuhr zehn blecherne Glockenschläge … 25
hört man von hinter dem Tor undeutlich Schritte und Stimmen. Ein Schlüsselbund klappert. Jetzt wird geschlossen.
Und während die Uhr noch schlägt: 30 Langsam öffnet sich das Tor, während der Apparat nähergleitet.
In dem geöffneten Tor stehen ein Beamter des Gefängnisses und Franz Biberkopf, der einen verschnürten 35 Pappkarton in der Hand trägt. Biberkopf hat einen abgetragenen, etwas zu engen, unmodernen Anzug an. Er steht in dem geöffneten Tor in gespannter Haltung. Stier geradeaus sehend. Der 40 Schließer sieht ihn an: Na, warum geht der noch nicht? Er tippt Franz an, schiebt ihn etwas vor, reicht ihm dann

45

„Also viel Glück, Biberkopf! Und da fährt Ihre Elektrische!"

50

„Nu gehen Sie!"

55

mit dumpfem Knall

60

65

70

75 Leise intoniert die Musik Bruchstücke des Gefangenenthemas.

80

die Hand. Biberkopf nimmt die Hand, immer mit dem gleichen Gesichtsausdruck, während der Schließer sagt Biberkopf nickt wie dankend. Der Beamte will seine Hand zurückziehen. Aber das ist nicht so leicht, denn Biberkopf hält sich an dieser Hand wie ein hilfloses Kind. Mit fragendem Ausdruck. Endlich macht sich auch der Beamte frei und sagt, nach der Haltestelle zeigend:
Dann geht er zurück ins Tor. Biberkopf sieht ihm nach. Die Tür fällt
zu. Biberkopf sackt zusammen, richtet sich dann aber wieder auf, wendet sich und geht
(Apparat fahrend)
einen Schritt weiter, den Karton immer eng an sich gepreßt. Dann versucht er noch einen Schritt. Und nach einer kurzen Pause geht er hastig drei Schritte. Und bleibt wieder stehen, mit unverändert gespanntem Ausdruck. Sein Kopf senkt sich. Er blickt zu Boden.
Der Apparat gleitet rasch vor ihm zurück über die Straße, so daß die Mauer über Biberkopf wächst und wächst ins Riesenhafte. Er ganz klein davor. An der unteren Bildkante.
Und jetzt wird über dem oberen Rand der Mauer sichtbar ein Teil eines Gebäudes mit vergitterten Fenstern: das Gefängnis!

II.
Weit (steil von oben). Der Gefängnishof in Tegel, auf dem die Gefangenen ihren Rundgang machen.

III.
Schräg von unten: (entgegengesetzt kreisende Kamera).
Panoptischer Bau im Gefängnis.

IV.   85
Halbnah:
Vor dem Gefängnis an der Mauer steht
Biberkopf, wie vorhin, unbeweglich, mit
gesenktem Kopf. Jetzt blickt er auf.
Kneift die Augen gleich wieder zu, als   90
blende ihn Licht.
hört man im Herannahen das Läuten   In diesem Augenblick
einer Straßenbahn.

Biberkopf sieht auf, löst sich von der
Mauer, macht vorsichtig ein paar   95
Schritte.
(Überblenden.)

Aus: Matthias Prangel (Hg.): Materialien zu Alfred Döblin „Berlin Alexanderplatz". Frankfurt 1975.

Text 3   RAINER WERNER FASSBINDER: Die Städte des Menschen und seine Seele (1980)

Einige ungeordnete Gedanken zu Alfred Döblins Roman
„BERLIN ALEXANDERPLATZ"

Im Ganzen nicht mehr als ein Dreigroschenroman, im Einzelnen nicht mehr als
eben eine Aneinanderreihung mehrerer Boulevard-Zeitungs-Anreißer. Was also
macht diesen Plot zu etwas so Großem? Es ist das Wie, versteht sich. In „Berlin
Alexanderplatz" wird auch den objektiv kleinsten und ganz einfach mittelmäßigen
Emotionen, Gefühlen, Glücksmomenten, Sehnsüchten, Befriedigungen, Schmer-   5
zen, Ängsten, Bewußtseinsdefiziten, usw. gerade der scheinbar unscheinbaren,
unwichtigen, unbedeutenden Individuen zugestanden, den sog. „Kleinen" wird hier
die gleiche Größe zugebilligt, wie sie in der Kunst gemeinhin nur den sog. „Großen"
zugebilligt wird. Den Menschen, von denen Döblin in „Berlin Alexanderplatz"
erzählt, besonders natürlich dem Protagonisten, dem ehemaligen Transportarbeiter   10
Franz Biberkopf, Zuhälter später, Totschläger, Dieb und wieder Zuhälter, wird ein
derartig differenziertes Unterbewußtsein zugestanden, gepaart mit einer kaum
glaublichen Phantasie und Leidensfähigkeit, wie es den meisten Figuren der Weltli-
teratur, natürlich immer nur soweit meine Kenntnisse hier reichen, so weitgehend
nicht gegönnt wird, und wären es noch so Gebildete, kluge Intellektuelle, große Lie-   15
bende, um nur auf einige Figuren hinzuweisen.
Döblins Haltung zu seinen Figuren, diesen objektiv gewiß armseligen und unbedeutenden Kreaturen, ist mit ziemlicher Sicherheit, so behaupte ich, auch wenn Döblin
das mehrfach bestritten hat, von Sigmund Freuds Entdeckungen beeinflußt. „Berlin
Alexanderplatz" wäre somit also wahrscheinlich der erste Versuch, Freudsche   20
Erkenntnisse in Kunst umzusetzen. Das zuerst. Zum Zweiten erzählt Döblin jeden
Handlungsfetzen, und wäre er noch so banal, als einen in sich bedeutungsvollen und
großartigen Vorgang, als Teil einer nur scheinbar geheimnisvollen Mythologie
zumeist, dann wieder als Übersetzung in religiöse Momente, seien es christliche, sei-
en es jüdische. (…)   25

Zum dritten dann, ist es die Erzähltechnik, die Döblin für „Berlin Alexanderplatz"
erfunden, vielleicht auch nur gewählt hat. (…)
Spannender als die Frage, ob Döblin den „Ulysses" kannte, finde ich die Idee, daß
die Sprache im „Berlin Alexanderplatz" vom Rhythmus der S-Bahnen beeinflußt
30 ist, die vor Alfred Döblins Arbeitszimmer vorbeifuhren und fahren. Von solchen
Dingen, Geräuschen der Großstadt meist, ihrem spezifischen Rhythmus eben,
ihrem stetigen Wahnsinn eines ewigen Hin- und Her ist die Sprache wohl geprägt.
Und vom bewußten Leben in einer Großstadt, einem ganz besonderen Wach-sein
für alles, was das eigentlich ist, in der Stadt leben, kommt mit Sicherheit auch die
35 Collage-Technik, die Döblin hier, in seinem, einem der wenigen Großstadt-Romane
überhaupt, die es gibt, verwendet. Leben in der Großstadt, das bedeutet ständigen
Wechsel in der Aufmerksamkeit für Töne, Bilder, Bewegungen. Und so wechseln
die Mittel der gewählten Erzählpartikel, ähnlich wie das Interesse eines wachen
Bewohners einer Großstadt wechseln mag, ohne daß dieser wie die Erzählung sich
40 selbst als ihren Mittelpunkt verlöre.

Aus: Rainer Werner Fassbinder/Harry Baer: Der Film „Berlin Alexanderplatz". Frankfurt 1980.

**Arbeits-
vorschläge**

**zu den
Texten 2
und 3**

1. Der Film „Berlin Alexanderplatz" ist ein früher Tonfilm (bis 1928 gab es nur
Stummfilme mit einer spezifischen Filmästhetik). Wie wurden im Filmdrehbuch
akustische Möglichkeiten für den Film genutzt?

2. Der Anfang des Filmdrehbuchs greift unmittelbar auf den Romananfang zurück.
Welche Einzelheiten werden übernommen, welche beiseite gelassen? Welche
Absicht vermuten Sie hinter diesem Verfahren?

3. Vergleichen Sie die Eingangssequenz des Films mit der des Romans. Welche „filmischen" Darstellungsprinzipien und -möglichkeiten werden eingesetzt?

4. Die Erstverfilmung von Döblins Roman (1931; Regie Phil Jutzi) wird häufig
gezeigt. Erläutern Sie, auf welche Weise dieser Film die Zeitumstände der Weltwirt-
schaftskrise in der Hauptstadt einbezogen und bewertet hat.

5. Fassbinders „ungeordnete Gedanken" liefern einige wichtige Hilfen zum Verständnis seiner filmischen Arbeit. Weshalb war „Berlin Alexanderplatz" für Fassbinder so wichtig, weshalb wollte er diesen Roman verfilmen?

2.5   Popularisierung und Politisierung der Lyrik

Text 4

KURT TUCHOLSKY: An den Deutschen Mond (1920)

Guter Mond, du gehst so stille
Durch die Abendwolken hin!
Siehst die lange Äppelzille
Und die Venuspriesterin.
5   Siehst Passanten und die Bummler
    Und die bösen Geldscheinschummler
        Bist das alles schon gewohnt,
        Guter Mond, guter Mond –!

Segelst langsam ob den Dächern,
10 Siehst in Fenster und Büros,
Wo die Akten in den Fächern
Flüstern: „Wir sind Nosken los!"
    Siehst in Fenster der Kasernen,
        Wo sie Schwarz-Rot-Gold entfernen …
15   Bist das alles schon gewohnt,
        Guter Mond, guter Mond –!

Kugelst dich am Firmamente
Über unsere große Stadt,
Siehst die dicke, schwere Rente,
20 Die der Ludendorff noch hat.
    Siehst auch nächstens, wenn es später,
        Manche freien Hochverräter …
        Bist das alles schon gewohnt,
        Guter Mond, guter Mond –!

Aber käme plötzlich einer,   25
Der trotz Lärmen und Gezisch
Schlüge – wie noch leider keiner –
Mit der Faust auf unseren Tisch –
Sagt der: „Militär kann gehen!"
    Ei, dann bleibst du sicher stehen!   30
    Denn das bist du nicht gewohnt,
    Guter Mond, guter Mond –!

Aus: Kurt Tucholsky: Gesammelte Werke,
Bd. 2. Reinbek 1975.

Titelblatt von Tucholskys erstem Gedichtband
(1919)

Arbeits-
vorschläge

1. Lieder, in denen der Mond besungen wird oder in denen er eine wichtige Rolle spielt, finden sich in der deutschen Lyrik seit dem 18. Jahrhundert häufig. Zeigen Sie, wie Tucholsky in seinem Chanson an den „deutschen Mond" Motive aufgreift und politisiert. Beziehen Sie in Ihre Untersuchung Tucholskys Essay „Wir Negativen" (S. 42) ein.

2. Wie der Gedichttitel „An den Deutschen Mond" anklingen läßt, gibt sich Tucholsky in seiner Gedichtsammlung „Fromme Gesänge" harmlos-konventionell. Untersuchen Sie das Titelblatt daraufhin, welche Bildinhalte und Darstellungselemente diesen Eindruck evozieren, wo der Betrachter dagegen auf die Hintergründigkeit der Titelwahl hingewiesen wird.

WALTER MEHRING: Heimat Berlin (1921)

> Im Rampenlicht der Rührung
> Immer mal wieder ...
> Am grünen Strand der Spree
> Die große Schlußapotheose

Die Linden lang! Galopp! Galopp!
Zu Fuß, zu Pferd, zu zweit!
Mit der Uhr in der Hand, mit'm Hut auf'm Kopp
Keine Zeit! Keine Zeit! Keine Zeit!
5 Man knutscht, man küßt, man boxt, man ringt,
Een Pneu zerplatzt, die Taxe springt!
Mit eenmal kracht das Mieder!
    Und wer in Halensee jeschwooft,
    Jeschwitzt, det ihm die Neese looft,
10   Der fährt
          immer mal wieder
    Mit der Hand über'n Alexanderplatz,
    Neuköllner und Kassube,
    Von Nepp zu Nepp een eenz'ger Satz,
15   'Rin in die jute Stube!
    Mach Kasse! Mensch! die Großstadt schreit:
    Keine Zeit! Keine Zeit! Keine Zeit!

Hier kläfft's Hurra! Hier äfft der Mob,
Daß Jift und Jalle speit!
20 Revolver in der Hand, mit'm Helm auf'm Kopp,
Keine Zeit! Keine Zeit! Keine Zeit!
Jedrillt! jeknufft, jeschleift, jehängt!
Minister sein?? Jeschenkt, jeschenkt!
Von hinten brüllst'n nieder!
25   Und wer sich 'ne Oase kooft
    Und zukiekt, wie der Hase looft,
    Der fährt
          immer mal wieder
    Mit der Hand über'n Alexanderplatz
30   Und Trumpf is Gassenbube;
    Von rechts bis links een eenz'ger Satz
    'Rin in die jute Stube!
    Der nächste Herr! die Großstadt schreit:
    Keine Zeit! Keine Zeit! Keine Zeit!

35 Im Globetrott mach stopp! mach stopp!
Und fährste noch so weit,
Billett in der Hand, mit'm Feez auf'm Kopp
Keine Zeit! Keine Zeit! Keine Zeit!

Der Mensch vaduft', die Panke stinkt!
Kehrt marsch! die Berolina winkt!   40
Da zuckt's durch alle Glieder!
   Denn wer nu mal mit Spree jetooft
   Durch alle Länder Weje looft,
   Der fährt
         immer mal wieder   45
   Mit der Hand über'n Alexanderplatz,
   Den Pharusplan im Schube!
New York – Berlin een eenz'ger Satz
'Rin in die jute Stube!
Da habt ihr mich! die Großstadt schreit: 50
Neue Zeit! Neue Zeit! Nein Zeit!

Aus: Walter Mehring: Die Chronik der Lustbarkeiten I. Frankfurt 1983.

**Arbeits-
vorschläge**

1. In der Weimarer Republik war Berlin das allgemein anerkannte kulturelle und politische Zentrum des Reiches; von vielen konservativen Volks- und Heimatdichtern allerdings wurde Berlin angefeindet und verurteilt. Zeigen Sie am Beispiel der Beobachtungen und Sinneseindrücke, die in Mehrings Gedicht Eingang gefunden haben, wie hier „Heimat" aufgefaßt und beurteilt wird.

2. Döblin hat in seinem Roman „Berlin Alexanderplatz" (vgl. S. 59) wenige Jahre nach Mehring ebenfalls ein Erfahrungs- und Erlebnisbild der Hauptstadt mit dichterischen Mitteln entworfen. Vergleichen Sie einen Romanabschnitt (z. B. den Beginn des 5. Buches „Wiedersehn auf dem Alex") und Mehrings Gedicht im Hinblick auf die Auswahl der Phänomene und die Art ihrer literarischen Gestaltung.

3. Das Chanson (frz. Lied) wurde in Musik gesetzt und dann in Kabaretts oder Revuetheatern der Großstädte dem Publikum dargeboten. Beim Chanson des 20. Jahrhunderts unterscheidet man das mondän-weltstädtische, das volkstümliche, das lyrische und das politische Chanson. Ordnen Sie die hier abgedruckten Texte von Tucholsky und Mehring diesen Teilgattungen zu, und begründen Sie jeweils Ihre Entscheidung.

4. Die Chansons von Tucholsky, Mehring und Kästner sind in vielen zeitgenössischen Schallplattenaufnahmen erhalten, sie werden aber auch heute häufig von Künstlern gesprochen oder gesungen. Beschaffen Sie sich entsprechende Aufnahmen, und vergleichen Sie, wie Sprecher und Sänger die Textvorlage interpretiert haben.

Text 3

MASCHA KALÉKO: Großstadtliebe (1933)

Man lernt sich irgendwo ganz flüchtig kennen
Und gibt sich irgendwann ein Rendezvous.
Ein Irgendwas, – 's ist nicht genau zu nennen –
Verführt dazu, sich gar nicht mehr zu trennen.
Beim zweiten Himbeereis sagt man sich „du".   5

Man hat sich lieb und ahnt im Grau der Tage
Das Leuchten froher Abendstunden schon.
Man teilt die Alltagssorgen und die Plage,
Man teilt die Freuden der Gehaltszulage,
10 ... Das übrige besorgt das Telephon.

Man trifft sich im Gewühl der Großstadtstraßen.
Zu Hause geht es nicht. Man wohnt möbliert.
– Durch das Gewirr von Lärm und Autorasen,
– Vorbei am Klatsch der Tanten und der Basen
15 Geht man zu zweien still und unberührt.

Man küßt sich dann und wann auf stillen Bänken,
– Beziehungsweise auf dem Paddelboot.
Erotik muß auf Sonntag sich beschränken.
... Wer denkt daran, an später noch zu denken?
20 Man spricht konkret und wird nur selten rot.

Man schenkt sich keine Rosen und Narzissen,
Und schickt auch keinen Pagen sich ins Haus.
– Hat man genug von Weekendfahrt und Küssen,
Läßt mans einander durch die Reichspost wissen
25 Per Stenographenschrift ein Wörtchen: „aus"!

Aus: Mascha Kaléko: Das lyrische Stenogrammheft. Verse vom Alltag. Reinbek 1990.

**Arbeits-
vorschläge**

1. Ähnlich wie Tucholsky (Text 1) mit seinem Mond-Gedicht nimmt Kaléko einen lyrischen Topos, den des Liebesgedichts, auf und gestaltet ihn aus der Erfahrung der Großstadtwelt der zwanziger Jahre. Wie wird hier die Liebesbeziehung gesehen, welche gestalterischen Mittel der Lyrik setzt die Autorin ein?

2. Neben Erich Kästner gilt Mascha Kaléko als wichtige Vertreterin der „Neuen Sachlichkeit". Informieren Sie sich in einer literaturgeschichtlichen Darstellung über diese Strömung der Literatur in der Weimarer Republik, und referieren Sie hierüber in Ihrem Kurs.

3. Mascha Kaléko hat immer wieder Situation und Rolle der Frau in der Massengesellschaft in ihren Gedichten verarbeitet. Stellen Sie ihren ersten Gedichtband „Das lyrische Stenogrammheft. Verse vom Alltag" (1933), dem das Textbeispiel entnommen ist, im Kurs vor, und interpretieren Sie genauer eines der Frauengedichte.

Text 4

ERICH KÄSTNER: Prosaische Zwischenbemerkung (1928)

Mitte der zwanziger Jahre traten – vorzugsweise in Berlin – eine Reihe von Malern und Schriftstellern hervor, die man nach der Sammelbezeichnung einer Mannheimer Kunstausstellung (1925) als Vertreter der „Neuen Sachlichkeit" bezeichnete. Mascha Kaléko (1912–1975, vgl. Text 3) und Erich Kästner (1899–1974) setzten in ihren Gedichten neusachliche Vorstellungen einer „Gebrauchslyrik" um. Mit dem hier abgedruckten Text leitete Kästner seinen zweiten Gedichtband „Lärm im Spiegel" (1928) ein.

Obwohl ich selber Verse mache, sind mir viele Lyriker noch unsympathischer als alle Tenöre. Sie verbreiten in ihrem Innern und mit ihrem Äußern (und noch immer) die Falschmeldung, die Fähigkeit des Gedichteschreibens sei eine göttliche Konzession; und dann gehen sie hin und blamieren ihr Gottesgnadentum nicht weniger als gewisse Herren aus einer anderen privilegierten Branche.   5

Es ist kaum glaublich, und doch ist es so: Die Mehrzahl der heutigen Lyriker singt und sagt noch immer von der „Herzliebsten mein" und von dem „Blümlein auf der Wiesen" und behauptet anschließend, von der Muse mitten auf den Mund geküßt worden zu sein. Das Sichherumküssen mit der Muse sollen sie den Kindern erzählen und noch die werden sich vor Lachen die kleinen Bäuche halten.   10

Wer gutsitzende Frackanzüge liefern will, muß fürs Schneidern begabt sein. Und wer Gedichte schreibt, muß es können. Talent ist eine Selbstverständlichkeit. Und über Selbstverständlichkeiten spricht man nicht, vor allem nicht selber. Talent ist die mindeste Voraussetzung für jeden Beruf und kein Selbstgesprächsthema für ernsthafte Leute. Früher trugen die Lyriker langes Haar, genau wie die Friseurgehil-   15 fen. Das war konsequent. Heute rollen sie nur noch mit den Augen und den Wörtern, bilden sich ein, bei der Ausgießung des Geistes doppelt bedient worden zu sein, und das ist eine ihrer Erfindungen. Leider gibt es das nicht: die Talentlosen auf operativem Wege literarisch zeugungsunfähig zu machen. Und so bevölkern sie das Schrifttum weiterhin mit ihren geistig zurückgebliebenen Produkten, die keinen   20 noch so gefälligen Hund vom Ofen locken. Günstigstenfalls klingen ihre Gedichte. Aber es steckt nichts drin. Was sollen sie anderes machen: sie klingen hohl!

Man entschuldige meinen Ärger. Er hat den Vorzug, berechtigt zu sein. Denn jene Lyriker mit dem lockig im Winde wallenden Gehirn diskreditieren die Lyrik persönlich. Sie sind an der irrigen Ansicht des Publikums schuld, Gedichtelesen sei eine   25 gegenwärtig unpassende Beschäftigung. Unpassend sind nur jene Lyriker. Man sollte sie schmerzlos beseitigen und einen von ihnen ins Museum bringen. Falls dort für so etwas Platz ist.

Zum Glück gibt es ein oder zwei Dutzend Lyriker – ich hoffe fast, mit dabei zu sein – die bemüht sind, das Gedicht am Leben zu erhalten. Ihre Verse kann das Publi-   30 kum lesen und hören, ohne einzuschlafen; denn sie sind seelisch verwendbar. Sie wurden im Umgang mit den Freuden und Schmerzen der Gegenwart notiert, und für jeden der mit der Gegenwart geschäftlich zu tun hat, sind sie bestimmt. Man hat für diese Art von Gedichten die Bezeichnung „Gebrauchslyrik" erfunden, und die Erfindung beweist, wie selten in der jüngsten Vergangenheit wirkliche Lyrik war.   35 Denn sonst wäre es jetzt überflüssig, auf ihre Gebrauchsfähigkeit wörtlich hinzudeuten. Verse, die von den Zeitgenossen nicht in irgendeiner Weise zu brauchen sind, sind Reimspielereien, nichts weiter. Es gibt freilich geschickte Reimereien und ungeschickte Gedichte, aber noch diese sind jenen vorzuziehen. Mit der Sprache seiltanzen, das gehört ins Varieté.   40

Es gibt wieder Verse, bei denen auch der literarisch unverdorbene Mensch Herzklopfen kriegt oder froh in die leere Stube lächelt. Es gibt wieder Lyriker, die wie natürliche Menschen empfinden und die Empfindungen und Ansichten und Wünsche in Stellvertretung ausdrücken. Und weil sie nicht nur für sich selber und um ihrer Sechseroriginalität willen schreiben, finden sie inneren Anschluß.   45

Daß jemand ausspricht, was ihn bewegt und bedrückt – und andere mit ihm – ist nützlich. Wem das zu einfach gesagt ist, der mag es sich von den Psychoanalytikern erklären lassen. Wahr bleibt es trotzdem.

Die Lyriker haben wieder einen Zweck. Ihre Beschäftigung ist wieder ein Beruf. Sie
50 sind wahrscheinlich nicht so notwendig, wie die Bäcker und die Zahnärzte, aber nur, weil Magenknurren und Zahnreißen deutlicher Abhilfe fordern, als nichtkörperliche Verstimmungen. Trotzdem dürften die Gebrauchspoeten ein bißchen froh sein, sie rangieren unmittelbar nach den Handwerkern.

Aus: Erich Kästner: Lärm im Spiegel. Zürich 1963.

**Arbeits-
vorschläge** **1.** Stellen Sie die unterschiedlichen Vorstellungen von Lyrik, die Erich Kästner hier beschreibt, in Thesenform einander gegenüber.

2. Diskutieren Sie, ob und in welcher Weise die in dieser Sequenz aufgenommenen Gedichte „Gebrauchslyrik" im Sinne Kästners sind.

3. Bertolt Brecht sprach 1927 ebenfalls vom „Gebrauchswert" der Lyrik und lieferte 1930 in seiner Sammlung „Aus einem Lesebuch für Städtebewohner" Beispiele für seine Vorstellungen. Interpretieren Sie Thematik und Gestaltungsweisen der Gedichte dieses Zyklus an einigen kennzeichnenden Beispielen.

3.   Die Literatur im 3. Reich

An die Stelle des demokratischen Verfassungsstaats der „Systemzeit" wollten die Nationalsozialisten eine „Volksgemeinschaft" und die „innere Erneuerung" der Deutschen setzen. In der Realität der Jahre 1933 bis 1945 erwiesen sich diese Verheißungen als militanter Rassismus und als brutale Unterdrückung aller Haltungen, die dem Blut-und-Boden-Mythos kritisch entgegenstanden. In der Bücherverbrennung (Februar 1933), der „Aktion wider den undeutschen Geist" (Mai 1933) und der Einrichtung einer Reichsschrifttumskammer als Aufsichts- und Zensurbehörde demonstrierte die nationalsozialistische Kunstpolitik, welche Aufgaben der Kunst im Dritten Reich zugedacht waren: Ihr war untersagt, ein kritisches Eigenleben zu führen, und sie hatte von nun an der Ritualisierung nationalsozialistischer Macht zu dienen, einer „Ästhetisierung der Politik", wie es Walter Benjamin 1936 bezeichnet hat.

Viele der nationalkonservativen und alle nationalsozialistischen Schriftsteller nahmen diese Aufgabe bereitwillig an und feierten in Preisliedern, Gemeinschaftslyrik, kriegsverherrlichenden und antisemitischen Romanen sowie der Kultform des „Thingspiels" den vermeintlichen Heroismus des „deutschen Zeitalters" und der „stählernen Romantik" (Goebbels).

Einige Schriftsteller, die diesen Zumutungen entgehen wollten, schwiegen von 1933 an und zogen sich in die „Innere Emigration" zurück, andere wählten neue, dem politischen Druck weniger stark ausgesetzte Genres (Erich Kästner und Hans Fallada beispielsweise die Kinder- und Jugendliteratur), oder sie übten auch subtile, schwer nachweisbare Kritik am NS-Herrschaftssystem und den dort propagierten „heldischen" Idealen in der Sympathie für christlich oder individualistisch-existenzialistisch unterlegte Lebensformen. Titel wie „Das stille Haus" (Hermann Lenz, 1938) oder „Das einfache Leben" (Ernst Wiechert, 1939) deuten an, welche Gegenbilder zu Gemeinschaftskultur, Technikverherrlichung und dem Lobpreis des Krieges hier entworfen wurden.

Eine besonders beliebte Form der Kritik in dieser „verdeckten Schreibweise" war die Parallelisierung der Gegenwart mit historischen Vorgängen, an denen Schreckensherrschaft, Ausbeutung, Unterdrückung und Vernichtung, aber auch Menschlichkeit und Toleranz beispielhaft gezeigt werden konnten.

Leni Riefenstahl: Triumph des Willens (1935)

Arbeits-vorschlag

In einem für die Ästhetik des Nationalsozialismus aufschlußreichen Film, „Triumph des Willens" (1935), hat die Regisseurin Leni Riefenstahl die „Formierung" der Menschen verherrlicht. Welche für den Faschismus typische politische Konstellation wird hier dargestellt, welche Darstellungsmittel des Films werden hierfür eingesetzt?

3.1   Die formierte Gesellschaft

Text 1   HORST WESSEL: Die Fahne hoch (1927)

Die Fahne hoch! Die Reihen dicht geschlossen!
SA marschiert mit mutig festem Schritt,
Kameraden, die Rotfront und Reaktion erschossen,
marschiern im Geist in unsern Reihen mit.

5 Die Straße frei den braunen Bataillonen,
die Straße frei dem Sturmabteilungsmann!
Es schaun aufs Hakenkreuz voll Hoffnung schon Millionen,
der Tag für Freiheit und für Brot bricht an!

Zum letztenmal wird nun Appell geblasen!
10 Zum Kampfe stehn wir alle schon bereit!
Bald flattern Hitlerfahnen über allen Straßen,
die Knechtschaft dauert nur noch kurze Zeit!

Die Fahne hoch! Die Reihen dicht geschlossen!
SA marschiert mit mutig festem Schritt,
15 Kameraden, die Rotfront und Reaktion erschossen,
marschiern im Geist in unsern Reihen mit.

Aus: Karl-Heinz Fingerhut/Norbert Hopster (Hg.): Politische Lyrik. Frankfurt 1981

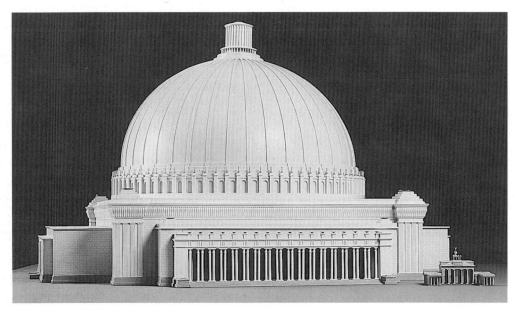

Albert Speer: Modell der Versammlungshalle auf dem „Großen Platz" in Berlin

Text 2 Hanns Johst: Dem Führer (1933)

Eine Faust zertrümmert Träume,
Unwürdig deines Schlafes, schlummerndes Deutschland!
Ein Wort sprang auf – stolz, klar und frei –
Wurde Sprache, Gesetz und Macht.
Sprengte der Bedenken verängstete Räume,   5
Und ein Volk, von deinem Gesicht überlichtet, erwacht!

Und aus der Tiefe steigt es empor,
Und immer höher treibt es der Chor
Dem Segen des Führers entgegen.
Und Führer und Himmel sind ein Gesetz.   10
Im Glockenstuhl schwingt das beseelte Erz,
Das deutsche Herz dröhnt im jungen Licht!

Und Volk und Führer sind vermählt.
Das Dritte Reich versteint, gestählt,
Steht festgefügt im Morgenglanz,   15
Umbaut als köstliche Monstranz,
Dein glücklichstes Lächeln, mein Führer!

Aus: Joseph Wulf (Hg.): Kultur im Dritten Reich. Bd. 2: Literatur und Dichtung. Frankfurt 1989.

Arbeits-
vorschläge
zu den
Texten 1
und 2

1. Diesen Text schrieb Horst Wessel für die SA. Wie drückt sich diese Absicht in Rhythmus und Satzbau, aber auch in den Aussagen aus?

2. Nachdem der Autor, Mitglied der NSDAP seit 1926, unter ungeklärten Umständen erschossen worden war, stilisierten ihn seine Parteifreunde zum Helden und erklärten dieses Lied zur zweiten Nationalhymne. Welche aktuelle Situation und welche Zukunftsvorstellungen werden beschworen?

3. Bertolt Brecht hat den Fahnenappell und die Ideologie des „Horst-Wessel-Liedes" in seinem „Kälbermarsch" parodiert. Untersuchen Sie Brechts Gedicht im Hinblick auf seinen parodistischen Charakter, aber auch auf die politische Aussage und die beabsichtigte Wirkung.

4. Hanns Johst bewegte sich in den zwanziger und frühen dreißiger Jahren noch in der Formensprache des Expressionismus. Wie wird sie in diesem Gedicht eingesetzt, welcher Aussage dient die religiöse Metaphorik des Gedichts?

5. Adolf Hitler wird hier als „Führer" unmittelbar angesprochen. Welche politische Rolle weist ihm Johst zu, wie hat sich ihm gegenüber das Volk zu verhalten?

6. Der Architekt Albert Speer (1905–1991) war beauftragt, Modelle für die umfassende Umgestaltung Berlins nach dem „Endsieg" zu entwickeln. Wie wirkt das hier entworfene Ensemble (S. 72) auf Sie?

Text 3   GOTTFRIED BENN: Der neue Staat und die Intellektuellen (1933)

Einige bekannte Schriftsteller der Weimarer Republik identifizierten sich 1933 aus unterschiedlichen Gründen mit dem nationalsozialistischen Staat. Gottfried Benn glaubte, daß seine Vorstellungen von der „Züchtung" eines neuen, zukunftszugewandten Menschentypus hier
verwirklicht werden könnten. Bereits ein Jahr später freilich sah er seinen Irrtum ein, ging in
Distanz zur Hitlerdidaktur und wurde aus Ärztekammer und Reichsschrifttumskammer ausgeschlossen. Der hier abgedruckte Text ist das Manuskript einer Rundfunkrede vom 24. April
1933.

Ich las kürzlich in einer Zeitung, im Besuchszimmer eines der neuen preußischen
Ministerien sei ein Schild folgenden Inhalts angeschlagen: „Man kommt nicht in
eigener Sache dorthin, wo ein neuer Staat aufgebaut wird." Ausgezeichnet! Das soll
heißen, wo die Geschichte spricht, haben die Personen zu schweigen. Es ist die kon-
5   krete Formel der neuen Staatsidee. Wendet man diese Formel auf unser Thema an,
kann man berechtigterweise fragen, wieso konfrontieren sich jetzt die Intellektuellen mit dem neuen Staat? Er ist gegen sie entstanden. Der neue Staat ist gegen die
Intellektuellen entstanden. Alles, was sich im letzten Jahrzehnt zu den Intellektuellen rechnete, bekämpfte das Entstehen dieses neuen Staates. Sie, die jeden revolu-
10   tionären Stoß von seiten des Marxismus begeistert begrüßten, ihm neue Offenba-
rungswerte zusprachen, ihm jeden inneren Kredit einzuräumen bereit waren,
betrachteten es als ihre intellektuelle Ehre, die Revolution vom Nationalen her als
unmoralisch, wüst, gegen den Sinn der Geschichte gerichtet anzusehen. Welch son-
derbarer Sinn und welche sonderbare Geschichte, Lohnfragen als den Inhalt aller
15   menschlichen Kämpfe anzusehen. Welch intellektueller Defekt, welch moralisches
Manko, kann man schon an dieser Stelle hinzufügen, nicht in dem Blick der Gegen-
seite über die kulturelle Leistung hinaus, nicht in ihrem großen Gefühl für Opferbe-
reitschaft und Verlust des Ich an das Totale, den Staat, die Rasse, das Immanente,
nicht in ihrer Wendung vom ökonomischen zum mythischen Kollektiv, in diesem
20   allem nicht das anthropologisch Tiefere zu sehen! Von diesen Intellektuellen und in
ihrem Namen spreche ich nicht.
Ich spreche im Namen des Gedankens und derer, die sich ihm beugen. (...)
Die Geschichte verfährt nicht demokratisch, sondern elementar, an ihren Wende-
punkten immer elementar. Sie läßt nicht abstimmen, sondern sie schickt den neuen
25   biologischen Typ vor, sie hat keine andere Methode, hier ist er, nun handele und leide, baue die Idee deiner Generation und deiner Art in den Stoff der Zeit, weiche
nicht, handele und leide, wie das Gesetz des Lebens es befiehlt. Und dann handelt
dieser neue biologische Typ, und natürlich werden dabei zunächst gewisse Gesell-
schaftsverhältnisse verschoben, gewisse erste Ränge leergefegt, gewisse Geistesgü-
30   ter weniger in Schwung gehalten; aber meistens richten sich derartige Bewegungen
doch auch gegen eine Gesellschaft, die überhaupt keine Maßstäbe mehr schafft,
kein transzendentes Recht mehr errichtet, und verdient denn eine solche Gesellschaft etwas anderes als Joch und neues Gesetz?
(...)
35   Und so erhob sich diese Jugend von den gepflegten Abgründen und den Fetischen
einer defaitistisch gewordenen Intelligenz und trieb in einem ungeheuren, den
Sechzigjährigen nicht mehr verständlichen neuen Generationsglück vorwärts in das
Wirkende, den Trieb, in das formal noch nicht Zerdachte, das Irrationale, und rüste-

te sich: „der gekrümmte Bogen ist meine Lust", und opfert sich, wie das innere Gesetz es befahl, und wenn das historische Symbol der liberalen Ära ein Schloß mit Nippessachen war, die Tuilerien, und ein Ballspielhaus, das sie stürmten, für diese wurde es ein Paß: Thermopylai. 40

Große, innerlich geführte Jugend, der Gedanke, der notwendige Gedanke, die überirdischste Macht der Welt, mächtiger als das Eisen, mächtiger als das Licht, gibt dir recht: die Intelligenz, die dir schmähend nachsieht, war am Ende; was sollte sie dir denn vererben; sie lebte ja nur noch von Bruchstücken und Erbrechen über sich selbst. Ermüdete Substanzen, ausdifferenzierte Formen, und darüber ein kläglicher, bürgerlich-kapitalistischer Behang. Eine Villa, damit endete für sie das Visionäre, ein Mercedes, das stillte ihren wertesetzenden Drang. Halte dich nicht auf mit Widerlegungen und Worten, habe Mangel an Versöhnung, schließe die Tore, baue den Staat! 45 50

Aus: Gottfried Benn: Gesammelte Werke, Bd. 4. Stuttgart 1992.

Arbeits-
vorschläge

1. Aus welchen Gründen bejaht der Schriftsteller den nationalsozialistischen Staat, wie begründet er seine Intellektuellenschelte?

2. Im Mai 1936 schreibt Benn in einem Brief über seine Situation im Dritten Reich: „Was daraus wird, ist noch nicht zu übersehen. Gutes kann nicht viel herauskommen (…) Ich bin ein öffentliches Ferkel." Informieren Sie sich in einer Benn-Biographie über Leben und politische Haltung des Schriftstellers zwischen 1933 und 1945, und referieren Sie hierüber im Kurs.

3. Welche Grundvorstellungen von der Kunst entwickelte der NS-Staat? Wie paßte das expressionistische Werk Benns (vgl. S. 16) in diese Programmatik?

4. „Wo die Geschichte spricht, haben die Personen zu schweigen." Erörtern Sie diese Aussage aus Benns Rundfunkrede im Hinblick auf das sich hieraus ergebende Geschichtsverständnis und seine Problematik. Ziehen Sie bei Ihrer Arbeit weitere Passagen der Rede heran.

3.2 Kritik in verdeckter Schreibweise

Text 1

WOLFGANG LANGHOFF: Die Entstehung des Lieds „Die Moorsoldaten"

Der Düsseldorfer Schauspieler Wolfgang Langhoff wurde nach dem Reichstagsbrand (28. 12. 1933) verhaftet und in das KZ Börgermoor im Emsland verschleppt. Dort inszenierte er mit anderen Gefangenen eine besondere Form eines Unterhaltungsabends, der einerseits der psychischen Stabilisierung der Häftlinge, andererseits aber auch einer versteckten Kritik am Unrechtsregime des Nationalsozialismus dienen sollte. Langhoff dichtete hierfür das „Börgermoorlied", später bekannt geworden unter dem Titel „Die Moorsoldaten". Nach der Entlassung aus dem KZ floh Langhoff in die Schweiz und schrieb seine KZ-Erfahrungen in dem Buch „Die Moorsoldaten" (1935) nieder. Dort berichtet Langhoff auch von der ersten öffentlichen Aufführung des Liedes.

Jetzt kam unser Gesangschor. Vierzig Mann hoch, eilten sie im Laufschritt in die Manege. Sie setzten sich auf den Sand, und ein Solosänger mit herrlicher Naturstimme sang aus einer sentimentalen Operette: „Es steht ein Soldat am Wolgastrand". Der Chor summte die Begleitung.

5 Alle waren gerührt. Zweimal mußte das Lied wiederholt werden. Und dann hörten die Lagerinsassen zum erstenmal das „Börgermoorlied", das inzwischen schon eine volksliedhafte Popularität erreicht hat. Einer sagte:

„Kameraden, wir singen euch jetzt das Lied vom Börgermoor, unser Lagerlied. Hört gut zu und singt dann den Refrain mit."

10 Schwer und dunkel, im Marschrhythmus, begann der Chor:

> „Wohin auch das Auge blicket,
> Moor und Heide nur ringsum.
> Vogelsang uns nicht erquicket,
> Eichen stehen kahl und krumm.
>> Wir sind die Moorsoldaten   5
>> Und ziehen mit dem Spaten
>> Ins Moor ..."

Tiefe Stille. Wie erstarrt saß alles da, unfähig mitzusingen, und hörte noch einmal den Refrain:

>> „Wir sind die Moorsoldaten
>> Und ziehen mit dem Spaten
>> Ins Moor ...

Hier in dieser öden Heide	Morgens ziehen die Kolonnen 15
Ist das Lager aufgebaut,	In das Moor zur Arbeit hin.
Wo wir ferne jeder Freude 10	Graben bei dem Brand der Sonnen,
Hinter Stacheldraht verstaut.	Doch zur Heimat steht der Sinn.
Wir sind die Moorsoldaten	Wir sind die Moorsoldaten
Und ziehen mit dem Spaten	Und ziehen mit dem Spaten 20
Ins Moor ...	Ins Moor ..."

Ich sah den Kommandanten. Er saß da, den Kopf nach unten, und scharrte mit dem Fuß im Sand. Die SS still und unbeweglich. – Ich sah die Kameraden. Viele weinten. –

„Heimwärts, heimwärts jeder sehnet,	Auf und nieder gehn die Posten,
Zu den Eltern, Weib und Kind.	Keiner, keiner kann hindurch.
Manche Brust ein Seufzer dehnet,	Flucht wird nur das Leben kosten, 30
Weil wir hier gefangen sind.	Vierfach ist umzäunt die Burg.
Wir sind die Moorsoldaten 25	Wir sind die Moorsoldaten
Und ziehen mit dem Spaten	Und ziehen mit dem Spaten
Ins Moor ...	Ins Moor ..."

Arbeits-
vorschläge

Leise und schwermütig begannen einige Kameraden mitzusummen. Sie blickten nicht nach rechts und nicht nach links. Ihre Augen sahen über den Stacheldraht weg – dorthin, wo der Himmel auf die endlose Heide stieß.

Diese Strophe hatten die Kameraden sehr leise gesungen und setzten plötzlich laut und hart mit der letzten Strophe ein:

„Doch für uns gibt es kein Klagen,   35
Ewig kann's nicht Winter sein,
Einmal werden froh wir sagen:
Heimat, du bist wieder mein!
   Dann ziehn die Moorsoldaten
   Nicht mehr mit dem Spaten   40
   Ins Moor …"

Und der letzte Refrain, das: „Nicht mehr mit dem Spaten", wurde laut und mächtig gesungen. Die Erstarrung löste sich. Bei der Wiederholung des Refrains sangen alle neunhundert Mann:

   „Dann ziehn die Moorsoldaten
   Nicht mehr mit dem Spaten
   Ins Moor …"

Damit schloß unsere Veranstaltung, und die einzelnen Baracken zogen diszipliniert und ruhig in ihre Quartiere zurück.

Börgermoorlied
Verfaßt und komponiert von Schutzhäftlingen des Staatlichen
Preussischen Konzentrationslagers I (Börgermoor/Papenburg, Emsland)
Melodie: Rudi Goguel, Text: Johann Esser; Refrain: Wolfgang Langhoff (1934)

Wo- hin auch das Au- ge blik-ket, Moor und Hei- de nur rings- um.

Vo- gel-sang uns nicht er- quik-ket, Ei-chen ste- hen kahl und krumm. Wir

sind die Moor-sol- da- ten und zie- hen mit dem Spa- - ten ins Moor.

Das Moorsoldatenlied wurde zwei Tage später vom Kommandanten verboten. Aber die SS-Leute kamen immer wieder und sagten: Habt ihr nicht das Lied? Wir haben es oft aufgeschrieben. In der Schreinerei haben wir Stämme schräg abgeschnitten und darauf die Verse geschrieben, auf diese Holzscheiben. Überhaupt hat uns das Lied viel geholfen. Wenn irgendeine Veranstaltung war, wenn ein Kamerad verabschiedet wurde, der entlassen wurde, dann haben wir für ihn die erste und meist auch die letzte Strophe gesungen. Und es war klar, daß dieses Lied in Verbindung stand mit den Gesprächen, die wir vorher geführt hatten, was der Kamerad draußen machen würde, daß er mit uns in Verbindung bleiben würde – das Lied war so ein Zeichen unserer Gemeinsamkeit, unserer Verbundenheit im Kampf gegen Hitler, gegen die Faschisten.

Aus: Erasmus Schöfer (Hg.): Der rote Großvater erzählt. Frankfurt 1974.

Arbeitsvorschläge

1. Als „Zeichen unserer Gemeinsamkeit, unserer Verbundenheit im Kampf gegen Hitler, gegen die Faschisten" charakterisiert Langhoff sein Lied im Rückblick. Untersuchen Sie Aussagen und Gestaltungsmittel des Textes; berücksichtigen Sie dabei die besonderen Umstände der Entstehung in einem Konzentrationslager.

2. Wie beim „Horst-Wessel-Lied" handelt es sich bei diesem Text um ein Marschlied zum gemeinsamen Vortrag. Untersuchen Sie vergleichend, wie sich die beiden Autoren bei der formalen Gestaltung von ihrem politischen Ziel und der Rezeptionsabsicht haben leiten lassen.

3. In den KZs und Todeslagern spielten Kunst und Kunstausübung für die Verhafteten angesichts ihrer verzweifelten Lage oft eine wichtige Rolle. Informieren Sie sich hierüber in einer literaturgeschichtlichen Darstellung (z. B. Horst Denkler/Karl Prümm (Hg.): Die deutsche Literatur im Dritten Reich. Stuttgart 1976), und stellen Sie schriftlich dar, welche Möglichkeiten Autoren und ausübende Künstler hatten und wie sie diese nutzten.

Hinweis: Eine besondere Rolle spielte in den Lagern (z. B. in Theresienstadt und Auschwitz) die Musik. Sprechen Sie darüber mit Ihrem Kursleiter im Fach Musik.

Text 2   REINHOLD SCHNEIDER: Las Casas von Karl V. (1938)

Unter dem Eindruck der Judenverfolgung schrieb Reinhold Schneider zwischen 1936 und 1938 eine historische Erzählung, in deren Mittelpunkt der spanische Dominikanermönch Fray Bartolomé de Las Casas (1474–1566) steht. Dieser, empört über die Ausbeutung und Massenvernichtung der Indios durch die spanischen Eroberer in Mittel- und Südamerika, suchte den Kaiser in Spanien auf, um gegen die Grausamkeiten des „Herrenvolkes" zu protestieren. Im 3. Kapitel seiner Erzählung gestaltet der Autor eine historisch verbürgte Disputation am Hofe Karls V., in der der Pater gegen die offizielle spanische Kolonialpolitik protestiert. Mit dem Beispiel aus dem Leben der Indios will Las Casas den Kaiser für eine Abkehr von der bisherigen Eroberungs- und Vernichtungspolitik gewinnen.

Wenn die Indios auf Kuba Papageien fangen wollen – von den grünen, die nur an der Stirn über dem Schnabel eine bunte Feder tragen und im Mai besser als Wachteln oder irgendein anderer Vogel schmecken –, so schicken sie einen Knaben mit einem lebenden Papageien auf einen Baum. Es braucht nur ein Knabe von zehn

oder zwölf Jahren zu sein; er birgt sich in den Ästen und legt sich ein Büschel Stroh   5
oder Gras auf das Haar; dann streicht er dem gefangenen Vogel über den Kopf, so
daß dieser einen klagenden Schrei ausstößt, und alsbald schwirren die Papageien
von allen Seiten heran und setzen sich auf die Zweige. Es sind deren so viel, daß der
Baum zu einem einzigen Vogelhaus wird: der Knabe nimmt sachte einen dünnen
Stab zur Hand, an dem eine leichte Schlinge befestigt ist, und schnellt diese dem   10
nächsten Vogel um den Hals, zieht ihn heran, dreht ihm den Hals um und wirft ihn
hinab: dann fängt er den nächsten auf die gleiche Weise, und der Schrei eines jeden
zieht neue Vögel herbei, wenn deren noch Platz haben in den Ästen; und wenn der
Knabe nicht müde wird, kann er in seiner Arbeit fortfahren, bis unter dem Baume
sich ein grüner Hügel von Tausenden von Vögeln auftürmt; denn die Papageien   15
weichen nicht von dem Baume, solange sie die klagende Stimme hören.
So habe ich die Bäume der Völker angetroffen auf den Inseln und dem Festlande; es
waren Bäume, die seit vielen hundert Jahren in ihrer Erde wurzelten; ihre Äste hatten sich mächtig entfaltet, und es wimmelte in ihnen von unzähligen Geschöpfen,
Volksstämmen, die alle ihre eigene Stimme hatten; denn sie sollten Gott den Herrn   20
preisen, der sie zu seiner Freude geschaffen hatte. Es waren königliche Vögel darunter, den langgeschweiften smaragdenen gleich, die vom Volk in Guatemala verehrt werden und deren Leben in der Tat auf eine geheimnisvolle Weise verbunden
war mit dem Leben der Könige; denn als der letzte König gegen Almagro um sein
Reich kämpfte, fiel erst der Vogel wie ein Blitz grünen Feuers tot vor ihm nieder,   25
und dann fiel der Fürst.
Ich habe noch das ungestörte Leben erblickt in den Bäumen des großen Gartens,
den unser Herr inmitten des Meeres als das Wunder aller Wunder angelegt hat.
Aber dann habe ich gesehen, wie die Äste leer wurden und wie der tückische Knabe
mit der Schlinge nicht aufhören konnte zu morden; ich habe Tag und Nacht und   30
Jahr um Jahr und wo immer ich ging und stand, ob ich arbeiten oder beten, ob ich
ruhen oder predigen wollte, den Klagelaut der Sterbenden und Gefangenen gehört,
der die Brüder in den Tod lockte oder doch den Tod der Brüder bedeutete, bis endlich die gewaltigen Bäume leer und stumm dastanden auf Haiti und Kuba und Puer-
to Rico, auf den Lucayischen Inseln und in Mexiko und Darien, an der Küste von   35
Paria und auf den Eilanden, die sie umgürten. (…)
Aber ich habe auch die Toten unter den Bäumen gesehn, Hügel und Berge von
Toten. Es waren viele tausend Kinder darunter, die auf Kuba in wenigen Jahren
Hungers starben, weil ihre Eltern nicht mehr Zeit haben durften, sie zu ernähren;
denn die Eltern mußten mit erstarrten Herzen das Gold aus der Erde wühlen für   40
ihre neuen Herren. Es lagen Könige unter den Bäumen, edel wie du, aber ohne ein
Zeichen ihrer geraubten Würde; Könige, denen man die Ohren abgeschnitten hatte
wie gemeinen Dieben: andere, deren steife Glieder noch von Fesseln umwunden
waren, und wieder andere, die samt ihrem gefangenen Volke mit dem Sklavenschiff
versanken und ertranken. Es lagen Greise darunter, die man wie Kehricht vor die   45
Haustür geworfen, weil sie nicht mehr taugten; edelgestaltete Mädchen, deren Leiber geschaffen waren, die Seelen einer Heiligen zu bewahren, und die einem spanischen Zuchthäusler gedient hatten für seine verworfene Lust. Und wie viele sterbende Frauen hielten tote Kinder an der versiegten Brust! (…)

50 Und welche Schreie habe ich gehört! Die Schreie derer, die unter Peitschenhieben
starben, und derer, die lebendig verbrannt wurden auf dem Kriegszug in Higuey,
und derer, die in der Folter hingen. Und die Schreie sind noch nicht das Furchtbar-
ste, viel schlimmer sind die Klagen und das Weinen und die stummen von Tränen
quellenden Augen; und das Schlimmste sind die Fragen in diesen Augen, die nicht
55 begreifen können und emporblicken zum Himmel und suchen und nicht wissen, wer
da oben wohnt. Oh, was habe ich gesehn! Ihr habt mich nach der Wahrheit gefragt:
das ist die Wahrheit, und es ist sie doch noch nicht. Viel, viel Schlimmeres habe ich
noch gesehn, was kein Gehirn zu denken wagt, keine Lippe nachspricht, was selbst
den Teufel mit Abscheu erfüllen müßte. Oh, was habe ich gesehn!" Er sank an dem
60 Tische nieder, die Hände vor die Augen pressend und von entsetzlichem Schluchzen
geschüttelt. (…)
Las Casas näherte sich dem Throne: „Herr, dein Volk ist krank, laß es gesunden.
Zerbrich das Unrecht, in dem es erstickt. Und was es immer kosten wolle, zögere
nicht; denn das will Gott von dir. Vielleicht ist jetzt die Stunde da, da Gott ein sehr
65 großes Opfer von dir fordert: bringe es, Herr; frage nicht, wie die Welt es dir entgel-
ten wird und ob deine Feinde es sich zunutze machen, sondern vertraue auf Gott.
Wir kennen seine Wege nicht; wir kennen nur sein Gesetz; dem müssen wir uns beugen. Und was den Menschen als Torheit erscheint, das ist vielleicht die letzte Weisheit. Du fürchtest die Folgen, Herr, wenn du das Unrecht ausrottest und das Recht
70 wieder herstellst; fürchte sie nicht, vertraue nur und stütze dich auf das Gebet. Wir
werden nicht aufhören zu beten: und wenn dein Volk wieder gesund wird, hast du
dann nicht Gewinnes genug? Gib die Indios frei; setze ihre Fürsten wieder ein,
deren Rechte ehrwürdig sind wie die deinen; laß dein Volk erkennen, daß sie Gottes
Ebenbild sind und Achtung verdienen! Das soll deine Tat sein, und sie wird nicht
75 vergessen werden und dir und Spanien ewigen Ruhm bringen; jetzt mußt du es tun
und zeigen, daß du allein Gottes, nicht der Menschen und deines Reiches Diener
bist und ein König, weil dein Sinn höher ist als der anderer Menschen. Frage niemanden, frage nur dich selbst; frage dein Leiden und deine Sorgen und deine Not,
frage deine Liebe und dein Gewissen. Menschenstimmen können dir nicht antwor-
80 ten; aber wenn du lauschen willst, Herr, so vernimmst du vielleicht die Stimme des
Lenkers der Geschichte, der dich und deine Krone und dein Land in diesem Augenblick als Werkzeug gebrauchen und sein Reich ausbreiten will durch dich."

Aus: Reinhold Schneider: Las Casas vor Karl V. Frankfurt 1990.

**Arbeits-
vorschläge**

1. Wie hängt die dargestellte geschichtliche Wirklichkeit mit den Verhältnissen im
Dritten Reich zusammen? Beschreiben Sie die Normen und Handlungsweisen, die
Schneider positiv benennt bzw. kritisiert.

2. Man spricht bei dieser Art Systemkritik während der nationalsozialistischen
Herrschaft von der „verdeckten Schreibweise der Inneren Emigration". Informieren Sie sich in einer literaturgeschichtlichen Darstellung (z. B. Erwin Roter-
mund/Heidrun Ehrke-Rotermund: Literatur im „Dritten Reich". In: Viktor
Žmegač (Hg.): Geschichte der deutschen Literatur vom 18. Jahrhundert bis zur
Gegenwart, Band III. Königstein 1984, S. 318–384) darüber, welche Möglichkeiten
christliche Autoren nutzten, um die Herrschenden zu kritisieren, und welche Chancen sie sahen, das NS-System zu beseitigen.

4. Die Literatur im Exil

Felix Nußbaum: Angst (1941)

Arbeits-
vorschlag Felix Nußbaum (1904–1944), der später in Auschwitz ermordete jüdische Maler, hat in seinem Bild „Angst" Sicht und Empfindungswelt der vom Nationalsozialismus Verfolgten dargestellt. Schreiben Sie eine Bildinterpretation.

Die Ernennung Hitlers zum Reichskanzler (30. 1. 1933), der Reichstagsbrand (27./28. 2. 1933) und schließlich die Bücherverbrennungen (Mai 1933) sowie die rasche Umfunktionierung des gesamten kulturellen Lebens zu einem Propagandainstrument der nationalsozialistischen Herrschaft, das dem „Reichsministerium für Volksaufklärung und Propaganda" (Joseph Goebbels) unterstand, sowie die „Säuberungen" und Gewaltakte gegen Künstler und Intellektuelle, die in Opposition zum Dritten Reich standen (allein in Berlin gab es über 1500 Verhaftungen), lösten eine in der Geschichte einmalige **Fluchtwelle** aus, bei der über 2000 Künstler Deutschland verließen, ein Exodus, der neben Schriftsteller auch zahlreiche Musiker, Schauspieler, Maler und Angehörige der politischen und wissenschaftlichen Intelligenz umfaßte.

Damit war es zu einer Spaltung der deutschen Literatur gekommen: Auf der einen Seite standen die Schriftsteller der **Inneren Emigration** bzw. der **nationalsozialistischen Literatur**, auf der anderen die **Exilschriftsteller**, die in verschiedenen Gruppierungen eine kritische Gegenöffentlichkeit zur offiziellen Literatur des Dritten Reiches bildeten. Heute unterscheidet man zwischen **Emigranten**, die Deutschland noch vor der „Endlösung" verlassen konnten und außerhalb Deutschlands eine neue Heimat suchten, und **Exilanten**, die – vor allem aus politischen Gründen – vor dem nationalsozialistischen System geflohen waren und ihre Aktivitäten gezielt auf den Sturz des Hitler-Regimes ausrichteten. Sie begriffen sich als „Antifaschisten", die ihre literarischen und publizistischen Möglichkeiten in den Dienst der Politik stellten. Sie gründeten Zeitschriften („Die Sammlung", Amsterdam, hg. von Klaus Mann; „Neue Deutsche Blätter", Prag, hg. von Anna Seghers u. a.; „Das Wort", Moskau, hg. von Bertolt Brecht u. a.), richteten Exilverlage ein, arbeiteten bei der antideutschen Propaganda mit (so Döblin in Paris) oder forderten über den Rundfunk das deutsche Volk zur Umkehr und zum Widerstand auf (Thomas Mann über die Londoner BBC).

Trotz ihres übergreifenden politischen Ziels bildete das literarische Exil keine geschlossene Gruppe, auch wenn die heftigen und polemischen Auseinandersetzungen zwischen linksbürgerlichen (Döblin, Heinrich Mann) und sozialistischen Autoren (Johannes R. Becher und seine Zeitschrift „Die Linkskurve") aus der Endphase der Weimarer Republik nun einem besseren Verständnis füreinander wichen und man seit 1934 unter dem Kampfbegriff **„Volksfront"** gemeinsame antifaschistische Aktionen plante. Mit dem Kriegsbeginn und den Eroberungen Deutschlands in ganz Europa setzte seit 1939 eine zweite Fluchtbewegung ein, die dann die USA zum wichtigsten Exilland bis 1945 werden ließen.

In den ersten Jahren nach Beginn der Hitlerherrschaft hofften viele Exilanten noch auf ein rasches Ende der Diktatur in Deutschland, später resignierten und verzweifelten viele angesichts der deutschen Erfolge im Zweiten Weltkrieg (so begingen u. a. Stefan Zweig und Ernst Toller Selbstmord), oder sie verstanden sich als Erbeverwalter der deutschen Kultur, die Literatur und Sprache der Deutschen im Bewußtsein der Welt bewahren wollten. Dies geschah durch Neuausgaben und Kommentierung berühmter Werke (z. B. durch Thomas Mann) oder durch die Zusammenstellung von Lesebüchern (Heinrich Mann), die das „andere", bessere Deutschland dokumentieren sollten.

Die deutsche Exilliteratur brachte, wie wir heute sehen können, eine erstaunliche Fülle an literarischen Formen und Themen hervor, wobei sich viele Autoren immer wieder von der Literatur der „Fluchtländer" anregen ließen. Doch es gibt auch häufig wiederkehrende Themen: die Fragen nach den Ursachen der nationalsozialistischen Herrschaft und nach den Möglichkeiten einer Überwindung der Hitlerdiktatur gehören ebenso dazu wie die Situation der Exilanten und ihres „Sprachverlusts", die Verarbeitung von Krieg und Verfolgung.

4.1 Positionen

Text 1

KARL KRAUS: Man frage nicht (1933)

Man frage nicht, was all die Zeit ich machte,
Ich bleibe stumm,
und sage nicht, warum.
Und Stille gibt es, da die Erde krachte.
Kein Wort, das traf: 5
man spricht nur aus dem Schlaf.
Und träumt von einer Sonne, welche lachte.
Es geht vorbei;
nachher war's einerlei.
Das Wort entschlief, als jene Welt erwachte.   10

Aus: Die Fackel (1933). Nr. 888.

Text 2

BERTOLT BRECHT: Über die Bedeutung des zehnzeiligen Gedichtes
in der 888. Nummer der Fackel (Oktober 1933)

Als Brecht 1934 gebeten wurde, für eine Publikation zum 60. Geburtstag von Karl Kraus einen Beitrag zu liefern, schrieb er ein Gedicht, in dem er zum Schweigen des Freundes dem Nazi-Terror gegenüber Stellung nahm.

Als das Dritte Reich gegründet war
Kam von dem Beredten nur eine kleine Botschaft.
In einem zehnzeiligen Gedicht
Erhob sich seine Stimme, einzig um zu klagen
Daß sie nicht ausreiche.   5

Wenn die Greuel ein bestimmtes Maß erreicht haben
gehen die Beispiele aus.
Die Untaten vermehren sich
Und die Weherufe verstummen.
Die Verbrechen gehen frech auf die Straße   10
Und spotten laut der Beschreibung.

Dem, der gewürgt wird
Bleibt das Wort im Halse stecken.
Stille breitet sich aus und von weitem
15 Erscheint sie als Bewilligung.
Der Sieg der Gewalt
Scheint vollständig.

Nur noch die verstümmelten Körper
Melden, daß da Verbrecher gehaust haben.
20 Nur noch über den verwüsteten Wohnstätten die Stille
Zeigt die Untat an.

Ist der Kampf also beendet?
Kann die Untat vergessen werden?
Können die Ermordeten verscharrt und die Zeugen geknebelt werden?
25 Kann das Unrecht siegen, obwohl es das Unrecht ist?
Die Untat kann vergessen werden.
Die Ermordeten können verscharrt und die Zeugen können geknebelt werden.
Das Unrecht kann siegen, obwohl es das Unrecht ist.
Die Unterdrückung setzt sich zu Tisch und greift nach dem Mahl
30 Mit den blutigen Händen
Aber die das Essen heranschleppen
Vergessen nicht das Gewicht der Brote; und ihr Hunger bohrt noch
Wenn das Wort Hunger verboten ist.

Wer Hunger gesagt hat, liegt erschlagen.
35 Wer Unterdrückung rief, liegt geknebelt.
Aber die Zinsenden vergessen den Wucher nicht.
Aber die Unterdrückten vergessen nicht den Fuß in ihrem Nacken.
Ehe die Gewalt ihr äußerstes Maß erreicht hat
Beginnt aufs neue der Widerstand.

40 Als der Beredte sich entschuldigte
Daß seine Stimme versage
Trat das Schweigen vor den Richtertisch
Nahm das Tuch vom Antlitz und
Gab sich zu erkennen als Zeuge.

Aus: Bertolt Brecht: Gesammelte Werke, Bd. 9. Frankfurt 1967.

1. Karl Kraus, der in seiner Zeitschrift „Die Fackel" 34 Jahre lang die Zeitereignisse kritisch kommentiert hatte, beschloß im Oktober 1933 angesichts der Nazi-Diktatur in Deutschland, sein Blatt mit der 888. Nummer einzustellen. Seine Gründe hierfür verschlüsselte er in dem kurzen Gedicht, das er ohne Überschrift und Kommentar auf der letzten Seite dieser Nummer publizierte. Welche Haltung nimmt Kraus ein, wie beurteilt er die Rolle der veröffentlichten Meinung und die Möglichkeiten der Sprache angesichts der neuen politischen Situation? Wie werden „Erwachen" und „Traum" hier sprachmetaphorisch eingesetzt?

2. Wie beurteilt Brecht die Handlungsweise des Freundes?

3. Vergleichen Sie, wie Kraus und Brecht jeweils das Verstummen darstellen und beurteilen. Welches Verständnis von Sprache drückt sich darin aus?

4. Welche Haltung scheint Brecht angemessen, wenn er das Sprachbild „etwas spottet der Beschreibung" aufnimmt und verfremdet?

5. Vergleichen Sie die Sprachskepsis bei Karl Kraus mit den Ausführungen Hofmannsthals am Beginn des Jahrhunderts (S. 13).

Text 3

KLAUS MANN: Brief an Gottfried Benn (1933)

Der engagierte Gegner des Nationalsozialismus Klaus Mann (1906–1949) floh 1933 aus Deutschland und gab in einem Exilverlag die Zeitschrift „Die Sammlung" heraus (1933–1935). Enttäuscht über die politische Haltung des von ihm als Künstler hochverehrten Benn (vgl. S. 74) wandte er sich aus Frankreich an den in Deutschland verbliebenen Schriftsteller.

Le Lavandou, 9. Mai 1933

Lieber und verehrter Herr Doktor BENN

erlauben Sie einem leidenschaftlichen und treuen Bewunderer Ihrer Schriften mit einer Frage zu Ihnen zu kommen, zu der ihn an sich nichts berechtigt, als eben seine starke Anteilnahme an ihrer geistigen Existenz? Ich schreibe diese Zeilen nur in der Hoffnung, daß Sie mich als verständnisvollen Leser Ihrer Arbeiten etwas legitimiert finden eine offene Frage an Sie zu richten. – In den letzten Wochen sind mir ver- 5
schiedentlich Gerüchte über Ihre Stellungnahme gegenüber den „deutschen Ereignissen" zu Ohren gekommen, die mich bestürzt hätten, wenn ich mich hätte entschließen können ihnen Glauben zu schenken. Das wollte ich keinesfalls tun. Eine gewisse Bestätigung erfahren diese Gerüchte durch die Tatsache, die mir bekannt wird, daß Sie – eigentlich als EINZIGER deutscher Autor, mit dem unsereins 10
gerechnet hatte – Ihren Austritt aus der Akademie[1] NICHT erklärt haben. Was mich bei der protestantischen Frau Ricarda Huch nicht verwundert und was ich von Gerhart Hauptmann, der seine Rolle als der Hindenburg der deutschen Literatur mit einer bemerkenswerten Konsequenz zu Ende spielt, nicht anders erwartet hatte, entsetzt mich in Ihrem Falle. In welcher Gesellschaft befinden Sie sich dort? Was 15

---

1 Aus der Sektion für Dichtkunst der Preußischen Akademie der Künste traten 1933 eine Reihe von antinationalsozialistischen Schriftstellern aus (u. a. Heinrich und Thomas Mann, Alfred Döblin), als man eine Ergebenheitsadresse an das Dritte Reich verlangte.

Exil-Zeitschriften

konnte Sie dahin bringen, Ihren Namen, der uns der Inbegriff des höchsten Niveaus und einer geradezu fanatischen Reinheit gewesen ist, denen zur Verfügung zu stellen, deren Niveaulosigkeit absolut beispiellos in der europäischen Geschichte ist und vor deren moralischer Unreinheit sich die Welt mit Abscheu abwendet? Wieviel Freunde müssen Sie verlieren, indem Sie solcherart gemeinsame Sache mit den 20 geistig Hassenswürdigen machen – und was für Freunde haben Sie am Ende auf dieser falschen Seite zu gewinnen? Wer versteht Sie denn dort? Wer hat denn dort nur Ohren für Ihre Sprache, deren radikales Pathos den Herren Johst und Vesper höchst befremdlich, wenn nicht als der purste Kulturbolschewismus in den Ohren klingen dürfte? Wo waren denn die, die Ihre Bewunderer sind? Doch nicht etwa im 25 Lager dieses erwachenden Deutschlands? Heute sitzen Ihre jungen Bewunderer, die ich kenne, in den kleinen Hotels von Paris, Zürich und Prag – und Sie, der ihr Abgott gewesen ist, spielen weiter den Akademiker DIESES Staates. Wenn Ihnen aber an Ihren Verehrern nichts liegt – sehen Sie doch hin, wo die sich aufhalten, die Sie Ihrerseits auf so hinreißende Art bewundert haben. Heinrich Mann, dem Sie wie 30 kein anderer gehuldigt haben, ist doch mit Schanden aus eben derselben Organisation geflogen, in der Sie nun bleiben; mein Vater, den Sie zu zitieren liebten, wird in dem Lande nur noch beschimpft, für dessen Ansehen er in der Welt allerlei geleistet hat – wenn auch nicht so viel, wie seine neuen Herren nun wieder zu zerstören wußten. Die Geister des Auslands, die doch auch Ihnen wichtig gewesen sind, überbie- 35 ten sich in den schärfsten Protesten – denken Sie doch an André Gide, der gewiß nie zu den platten „Marxisten" gehört hat, die Sie so schrecklich abstoßend fanden.
(...)
Ich habe zu Ihnen geredet, ohne daß Sie mich gefragt hatten; das ist ungehörig, ich muß noch einmal um Entschuldigung bitten. Aber Sie sollen wissen, daß Sie für 40 mich – und einige andere – zu den sehr Wenigen gehören, die wir keinesfalls an die „andere Seite" verlieren möchten. Wer sich aber in dieser Stunde zweideutig verhält, wird für heute und immer nicht mehr zu uns gehören. Aber freilich müssen Sie ja wissen, was Sie für unsere Liebe eintauschen und welchen großen Ersatz man Ihnen drüben dafür bietet; wenn ich kein schlechter Prophet bin, wird es zuletzt 45 Undank und Hohn sein. Denn, wenn einige Geister von Rang immer noch nicht wissen, wohin sie gehören –: die dort drüben wissen ja ganz genau, wer nicht zu ihnen gehört: nämlich der GEIST.
Ich wäre Ihnen dankbar für jede Antwort.

Aus: Walter Kißling: Deutsche Dichtung in Epochen. Stuttgart 1989.

**Arbeits-
vorschläge** **1.** Welche Haltung nimmt Klaus Mann in seinem Brief zu Benn ein, was beabsichtigt er mit seinem Schreiben?

2. Welche Argumente gebraucht der Briefschreiber, um eine grundlegende Differenz zwischen dem nationalsozialistischen Regime und Benn darzulegen? Wie realistisch erscheint seine Beweisführung aus heutiger Sicht?

3. Heinrich Mann, der Vorsitzende der „Sektion für Dichtkunst" in der Preußischen Akademie der Künste, war wegen seiner klaren politischen Gegnerschaft von den Nationalsozialisten unmittelbar nach dem 30.1.1933 zum Rücktritt gezwungen worden. Klaus Mann weist ausdrücklich auf sein Verhalten hin. Referieren Sie über Heinrich Manns publizistische und politische Tätigkeit im Exil der Jahre 1933 bis 1935 (als Informationsquelle geeignet: Heinz-Ludwig Arnold (Hg.): Deutsche Literatur im Exil 1933–1945. Zwei Bände. Frankfurt/M. 1974).

4. Neben dem Briefwechsel der Exilanten untereinander waren Exilzeitschriften wichtige und für das Selbstverständnis der Vertriebenen bedeutsame Publikationsmittel. Informieren Sie sich in einer literaturgeschichtlichen Darstellung über Intention und Geschichte einiger Zeitschriften, und referieren Sie darüber im Kurs.

Text 4   THOMAS MANN: Brief an den Dekan der Philosophischen
Fakultät der Universität Bonn

Im Jahre 1919 hatte die Philosophische Fakultät der Universität Bonn Thomas Mann für sein literarisches und essayistisches Werk den Doktor h.c. verliehen. Im Frühjahr 1933 blieb Thomas Mann, der auf einer Vortragsreise im Ausland war, im Exil. Zunächst hielt er sich mit politischen Stellungnahmen bewußt zurück, doch wurde ihm 1936 nach einem deutlichen Bekenntnis zur westlichen Demokratieform von den nationalsozialistischen Machthabern die deutsche Staatsbürgerschaft entzogen. Kurz danach erkannte ihm der Dekan der Philosophischen Universität der Universität Bonn das Ehrendoktorat ab.

Küsnacht am Zürichsee, Neujahr 1937

Sehr geehrter Herr Dekan,
ich habe die trübselige Mitteilung erhalten, die Sie unterm 19. Dezember an mich gerichtet haben. Erlauben Sie mir, Ihnen folgendes zu erwidern:
Die schwere Mitschuld an allem gegenwärtigen Unglück, welche die deutschen Uni-
5   versitäten auf sich geladen haben, indem sie aus schrecklichem Mißverstehen der historischen Stunde sich zum Nährboden der verworfenen Mächte machten, die Deutschland moralisch, kulturell und wirtschaftlich verwüsten – diese Mitschuld hatte mir die Freude an der mir einst verliehenen akademischen Würde längst verleidet und mich gehindert, noch irgendwelchen Gebrauch davon zu machen. (…)
10   So sonderbar der aktuellen deutschen Auffassung widersprechend malt sich meine Existenz in den Köpfen freier und gebildeter Männer jenseits des Meeres – und, ich darf es hinzufügen, nicht nur dort. Nie wäre es mir in den Sinn gekommen, mit den Worten jenes Schriftstücks zu prahlen; heute und hier aber darf, ja muß ich sie anführen; und wenn Sie, Herr Dekan (ich kenne die Gepflogenheiten nicht), die an
15   mich gerichtete Mitteilungen am Schwarzen Brett Ihrer Universität sollten haben anschlagen lassen, so müßte ich wahrhaftig wünschen, daß auch dieser meiner Entgegnung solche Ehre zuteil würde: vielleicht daß manchen akademischen Bürger, Student oder Professor, doch ein nachdenkliches Stutzen, ein rasch unterdrückter, ahnungsvoller Schrecken ankäme bei einer Lektüre, die einem flüchtigen Blick aus
20   bösartig erzwungener Abgeschlossenheit und Unwissenheit in die freie geistige Welt gleichkommen würde.
(…)
Ein deutscher Schriftsteller, an Verantwortung gewöhnt durch die Sprache; ein Deutscher, dessen Patriotismus sich – vielleicht naiverweise – in dem Glauben an

die unvergleichliche moralische Wichtigkeit dessen äußert, was in Deutschland 25
geschieht, – und sollte schweigen, ganz schweigen zu all dem unsühnbar Schlechten,
was in meinem Lande an Körpern, Seelen und Geistern, an Recht und Wahrheit, an
Menschen und an dem Menschen täglich begangen wurde und wird? Zu der furchtbaren Gefahr, die dies menschenverderberische, in unsäglicher Unwissenheit über
das, was die Weltglocke geschlagen hat, lebende Regime für den Erdteil bedeutet? 30
Es war nicht möglich. Und so kamen, gegen das Programm, die Äußerungen, die
unvermeidlich Stellung nehmenden Gesten zustande, die nun den absurden und
kläglichen Akt meiner nationalen Exkommunikation herbeigeführt haben.
Der einfache Gedanke daran, wer die Menschen sind, denen die erbärmlich-äußer-
liche Zufallsmacht gegeben ist, mir mein Deutschtum abzusprechen, reicht hin, die- 35
sen Akt in seiner ganzen Lächerlichkeit erscheinen zu lassen. Das Reich, Deutschland soll ich beschimpft haben, indem ich mich gegen sie bekannte! Sie haben die
unglaubwürdige Kühnheit, sich mit Deutschland zu verwechseln! Wo doch vielleicht
der Augenblick nicht fern ist, da dem deutschen Volke das Letzte daran gelegen
sein wird, nicht mit ihnen verwechselt zu werden. 40
Wohin haben sie, in noch nicht vier Jahren, Deutschland gebracht? Ruiniert, seelisch und physisch ausgesogen von einer Kriegsaufrüstung, mit der es die ganze Welt
bedroht, die ganze Welt aufhält und an der Erfüllung ihrer eigentlichen Aufgaben,
ungeheurer und dringender Aufgaben des Friedens, hindert: geliebt von nieman-
dem, mit Angst und kalter Abneigung betrachtet von allen, steht es am Rande der 45
wirtschaftlichen Katastrophe, und erschrocken strecken sich die Hände seiner
„Feinde" nach ihm aus, um ein so wichtiges Glied der zukünftigen Völkergemein-
schaft vom Abgrund zurückzureißen, ihm zu helfen, wenn anders es nur zur Vernunft kommen und sich in die wirklichen Notwendigkeiten der Weltstunde finden
will, statt sich irgendeine falschheilige Sagennot zu erträumen. 50

Aus: Thomas Mann: Briefe 1937–1947. Frankfurt 1963.

**Arbeits-
vorschläge** **1.** Wie beurteilt der Briefautor die Situation in Deutschland, auf welche Weise differenziert er zwischen dem deutschen Volk und den politischen Machthabern?

2. Untersuchen Sie am Text, wie der Exilautor seine jetzige Aufgabe als Schriftsteller begreift, welche Rolle er andererseits in einem nicht von den Nationalsozialisten
beherrschten Deutschland für sich beansprucht hätte.

3. Thomas Mann spricht von einer „schweren Mitschuld" der deutschen Universitäten an den deutschen Verhältnissen seit 1933. Unterrichten Sie sich anhand einer
historischen Darstellung über das politische Verhalten der Professoren und Studenten in der letzten Phase der Weimarer Republik und in den ersten Jahren des Dritten Reiches (1929–1934).

4.2   Auf der Flucht

Text 1   ANNA SEGHERS: Transit (spanisch 1944, deutsch 1948)

Der Ich-Erzähler, der aus einem Konzentrationslager nach Frankreich geflohen ist, schildert in diesem Roman seine erneute Flucht aus dem von den Deutschen im Jahr 1940 besetzten nördlichen Frankreich nach Marseille, von wo aus er auf einem Schiff Europa verlassen möchte.

Sie kennen ja selbst das unbesetzte Frankreich aus dem Herbst 1940. Die Bahnhöfe und die Asyle und selbst die Plätze und Kirchen der Städte voll Flüchtlingen aus dem Norden, aus dem besetzten Gebiet und der „verbotenen Zone" und den elsässischen und lothringischen und den Moseldepartements. Überreste von jenen
5   erbärmlichen Menschenhaufen, die ich schon auf der Flucht nach Paris für nichts andres als Überreste gehalten hatte. Viele waren inzwischen auf der Landstraße gestorben oder in einem Waggon, aber ich hatte nicht damit gerechnet, daß inzwischen auch viele geboren würden. Als ich mir einen Schlafplatz suchte im Bahnhof von Toulouse, kletterte ich über eine liegende Frau, die zwischen Koffern, Bündeln
10   und zusammengelegten Gewehren einem verschrumpften Kind die Brust gab. Wie war die Welt in diesem Jahr gealtert. Alt sah der Säugling aus, grau war das Haar der stillenden Mutter, und die Gesichter der beiden kleinen Brüder, die über die Schulter der Frau sahen, waren frech, alt und traurig. Alt war der Blick dieser Knaben, denen nichts verborgen geblieben war, das Geheimnis des Todes ebensowenig
15   wie das Geheimnis der Herkunft. Alle Züge waren noch vollgepfropft mit Soldaten in verkommenen Uniformen, offen ihre Vorgesetzten beschimpfend, fluchend ihrer Marschorder folgend, aber doch folgend, weiß der Teufel wohin, um in irgendeinem übriggebliebenen Teil des Landes ein Konzentrationslager zu bewachen oder einen Grenzübergang, der bestimmt morgen verschoben sein würde, oder sogar, um nach
20   Afrika eingeschifft zu werden, weil ein Kommandant in einer kleinen Bucht beschlossen hatte, den Deutschen die kalte Schulter zu zeigen, aber wahrscheinlich längst abgesetzt worden war, eh die Soldaten ankamen. Aber einstweilen fuhren sie los, vielleicht, weil diese unsinnige Marschorder wenigstens etwas war, woran man sich hielt, ein Ersatz für einen erhabenen Befehl oder eine große Parole oder für die
25   verlorengegangene Marseillaise. Einmal reichten sie uns den Rest eines Mannes herauf, Rumpf und Kopf, leere Uniformstücke hingen an ihm herunter statt Arme und Beine. Wir klemmten ihn zwischen uns, steckten ihm eine Zigarette zwischen die Lippen, da er keine Hände mehr hatte, er versengte sich seine Lippen, knurrte und fing plötzlich zu heulen an: „Wenn ich bloß wüßte wozu?" Uns war es allen
30   auch zum Heulen. – Wir fuhren in einem großen sinnlosen Bogen, bald in Asylen übernachtend, bald auf dem Felde, bald auf Camions¹ aufspringend, bald auf Waggons, nirgends auf eine Bleibe stoßend, geschweige denn auf ein Arbeitsangebot, in einem großen Bogen immer tiefer dem Süden zu, über die Loire, über die Garonne, bis zur Rhone. All diese alten, schönen Städte wimmelten von verwilderten Men-
35   schen. Doch es war eine andere Art von Verwilderung, als ich geträumt hatte. Eine

---

1 camion (frz.): Lastwagen

Art Stadtbann beherrschte diese Städte, eine Art mittelalterliches Stadtrecht, jede ein anderes. Eine unermüdliche Schar von Beamten war Tag und Nacht unterwegs wie Hundefänger, um verdächtige Menschen aus den durchziehenden Haufen herauszufangen, sie in Stadtgefängnisse einzusperren, woraus sie dann in ein Lager verschleppt wurden, sofern das Lösegeld nicht zur Stelle war oder ein fuchsschlauer 40 Rechtsgelehrter, der bisweilen seinen unmäßigen Lohn für die Befreiung mit dem Hundefänger selbst teilte. Daher gebärdeten sich die Menschen, zumal die ausländischen, um ihre Pässe und ihre Papiere wie um ihr Seelenheil. Ich begann sehr zu staunen, wie diese Obrigkeiten inmitten des vollkommenen Zusammenbruchs, immer langwierigere Prozeduren erfanden, um die Menschen, über deren Gefühle 45 sie schlechterdings jede Macht verloren hatten, einzuordnen, zu registrieren, zu stempeln. Man hätte ebenso bei der großen Völkerwanderung jeden Vandalen, jeden Goten, jeden Hunnen, jeden Langobarden einregistrieren können. Durch die Schlauheit meiner Kumpane entrann ich oftmals den Hundefängern. Denn ich hatte gar keine Papiere, ich war ja geflohen, meine Papiere waren im Lager zurückgeblie- 50 ben, in der Kommandantenbaracke. Ich hätte angenommen, daß sie inzwischen verbrannt seien, wenn mich nicht die Erfahrung belehrt hätte, daß Papier viel schwerer verbrennt als Metall und Stein. Einmal forderte man an einem Wirtshaustisch unsere Papiere. Meine vier Freunde hatte französische, ziemlich solide – allerdings war auch der ältere Binnet keineswegs ordentlich demobilisiert. Weil unser Hundefän- 55 ger betrunken war, merkte er nicht, daß mir Marcel seine bereits kontrollierten Papiere unter dem Tisch durchreichte. Gleich darauf führte derselbe Beamte aus derselben Wirtsstube ein sehr schönes Mädchen ab, unter den Flüchen und den Gejammer seiner Tanten und Oheime, aus Belgien geflüchteter Juden, die sie an Kindes Statt mitgenommen hatten mit viel Treue und ungenügenden Ausweisen. 60 Wahrscheinlich sollte sie jetzt in ein Frauenlager verschleppt werden, in einen Winkel der Pyrenäen. Sie ist mir im Gedächtnis geblieben durch ihre Schönheit und durch den Ausdruck ihres Gesichtes, als sie sich von den Ihren trennte und abgeführt wurde. Ich fragte meine Freunde, was wohl geschehen wäre, wenn sich einer von ihnen bereit erklärt hätte, das Mädchen auf der Stelle zu heiraten. Alle waren 65 sie minderjährig, aber sie fingen gleich furchtbar zu streiten an um das Mädchen, so daß es fast zum Prügeln kam. Wir waren damals schon alle erschöpft. Meine Freunde schämten sich auch für ihr Land. Von einer Niederlage steht man, wenn man gesund und jung ist, rasch wieder auf. Aber Verrat, das lähmt. Wir gestanden uns in der folgenden Nacht, daß wir Heimweh nach Paris hatten. Da war ein harter furcht- 70 barer Feind vor unseren Augen gewesen, kaum zu ertragen, wie wir damals geglaubt hatten; jetzt aber glaubten wir, daß dieser sichtbare Feind besser gewesen war als das unsichtbare, fast geheimnisvolle Übel, diese Gerüchte, diese Bestechungen, dieser Schwindel.

Alles war auf der Flucht, alles war nur vorübergehend, aber wir wußten noch nicht, 75 ob dieser Zustand bis morgen dauern würde oder noch ein paar Wochen oder Jahre oder gar unser ganzes Leben.

Aus: Anna Seghers: Transit. Berlin 1951.

1. Welche Situation der Exilanten wird bei Seghers dargestellt? Wie verhalten sich die Menschen zueinander?

2. Informieren Sie sich über die militärische und politische Situation in Frankreich im Jahre 1940. An welchen Stellen des Romanausschnittes wird darauf angespielt?

3. Lesen Sie Seghers' Roman, und referieren Sie über die Fortsetzung der Handlung und über die Erzählweise. Lesen Sie im Kurs eine Textpassage vor, die Sie besonders beeindruckt hat.

Text 2   LION FEUCHTWANGER: Der Schriftsteller im Exil (1943)

Der Schriftsteller, der den Leserkreis seines eigenen Landes verliert, verliert mit ihm sehr häufig das Zentrum seiner wirtschaftlichen Existenz. Sehr viele Schriftsteller, die in ihrem eigenen Lande marktfähig waren, sind trotz höchster Begabung im Ausland nicht verkaufbar, sei es, weil ihr Wert vor allem im Sprachlichen liegt und
5 dieses Sprachliche nicht übertragbar ist, sei es, weil ihre Stoffe den ausländischen Leser nicht interessieren. Den gutgemeinten Anregungen mancher Verleger, Konzessionen an den Geschmack des ausländischen Publikums zu machen, können und wollen viele exilierte Schriftsteller nicht nachkommen. Es ist erstaunlich, wie viele Autoren, deren Leistungen die ganze Welt anerkannt hat, jetzt im Exil trotz ernst-
10 haftester Bemühungen völlig hilf- und mittellos dastehen.
Dazu kommt, daß viele Schriftsteller mehr als andere Exilanten leiden unter den läppischen kleinen Miseren, aus denen der Alltag des Exils sich zusammensetzt. Es ist keine große Sache, in einem Hotel wohnen zu müssen und auf Schritt und Tritt bürokratischen Weisungen unterworfen zu sein. Aber einen weitgespannten Roman
15 in einem Hotelzimmer zu schreiben ist nicht jedem Schriftsteller gegeben, es reißt an den Nerven; es reißt doppelt an den Nerven, wenn der Autor nicht weiß, ob er morgen noch dieses Hotelzimmer wird zahlen können, wenn seine Kinder ihn um Essen bitten, und wenn die Polizei ihm mitteilt, daß binnen drei Tagen seine Aufenthaltsbewilligung abgelaufen ist.
20 Die Leiden der Verbannung sind nur in seltenen Augenblicken heroisch, sie bestehen zumeist in kleinen, albernen Mißlichkeiten, denen sehr oft etwas leise Lächerliches anhaftet. Aber die Überwindung dieser kleinen äußeren Schwierigkeiten kostet im günstigsten Fall viel Zeit und Geld. Von mir zum Beispiel verlangte man in verschiedenen Ländern, ich solle Papiere beibringen, die ich als Flüchtling nicht
25 haben konnte, ich solle mit Dokumenten aus meiner Heimat nachweisen, daß ich ich bin, daß ich geboren bin und daß ich Schriftsteller bin. Ich übertreibe nicht, wenn ich konstatiere, daß die Bemühungen, dies nachzuweisen, mich ebensoviel Zeit gekostet haben wie das Schreiben eines Romanes.
Die ökonomischen Schwierigkeiten und der aufreibende Kampf mit Nichtigkeiten,
30 die nicht aufhören, sind das äußere Kennzeichen des Exils. Viele Schriftsteller sind davon zermürbt worden. Viele zogen den Selbstmord dem tragikomischen Leben im Exil vor.
Wer Glück hat, wer um all das herumkommt, der sieht sich bei seiner Arbeit inneren Schwierigkeiten gegenüber, von denen er sich in der Heimat nichts träumen ließ.

Da ist zunächst die bittere Erfahrung, abgespalten zu sein vom lebendigen Strom 35
der Muttersprache. Die Sprache ändert sich von Jahr zu Jahr. In den zehn oder elf
Jahren unseres Exils ist das Leben sehr schnell weitergegangen, es hat für tausend
neue Erscheinungen tausend neue Worte und Klänge verlangt. Wir hören die neuen
Worte für diese neuen Erscheinungen zuerst in der fremden Sprache. Immer und
für alles haben wir den Klang der fremden Sprache im Ohr, ihre Zeichen dringen 40
täglich, stündlich auf uns ein, sie knabbern an unserem eigenen Ausdrucksvermö-
gen. Einem jeden unter uns kommt es vor, daß sich manchmal das fremde Wort, der
fremde Tonfall an die oberste Stelle drängt.
Einige von uns haben es mit einigem Erfolg versucht, in der fremden Sprache zu
schreiben: wirklich geglückt ist es keinem. Es kann keinem glücken. Gewiß, man 45
kann lernen, sich in einer fremden Sprache auszudrücken; die letzten Gefühlswerte
des fremden Tonfalls lernen kann man nicht. In einer fremden Sprache dichten, in
einer fremden Sprache gestalten kann man nicht. Einen Barbaren nannten die Griechen und Römer jeden, der sich nicht in ihrer Sprache ausdrücken konnte. Der
Dichter Ovid, zu solchen Barbaren verbannt, hat in ihrer barbarischen Sprache 50
gedichtet und wurde von ihnen hoch geehrt. Dennoch hat er geklagt: „Hier bin ich
der Barbar, denn keiner versteht mich."
Seltsam ist es, zu erfahren, wie die Wirkung unserer Werke nicht ausgeht von der
Fassung, in welcher wir sie geschrieben, sondern von einer Übersetzung. Der Widerhall, den wir hören, ist nicht der Widerhall des eigenen Worts. Denn auch die beste 55
Übersetzung bleibt ein Fremdes. Da haben wir etwa um einen Satz, um ein Wort
gerungen, und nach langem Suchen haben wir den Satz, das Wort gefunden, die
glückliche Wendung, die sich unserem Gedanken und Gefühl bis ins Letzte
anschmiegte. Und nun ist da das übersetzte Wort, der übersetzte Satz. Er stimmt, es
ist alles richtig, aber der Duft ist fort, das Leben ist fort. Sehr häufig verhält sich der 60
übersetzte Satz zu dem unsern wie eine Übertragung der Bibel in Basic English zum
Worte des Herrn.
Allmählich, ob wir es wollen oder nicht, werden wir selber verändert von der neuen
Umwelt, und mit uns verändert sich alles, war wir schaffen.

Aus: Lion Feuchtwanger: Ein Buch nur für meine Freunde. Frankfurt 1984.

Arbeits-
vorschläge **1.** Während viele Musiker und Komponisten, Maler und auch Schauspieler sich im
Exil relativ rasch wieder eine neue berufliche Existenz aufbauen konnten, brachte
für die meisten Schriftsteller die Flucht ins Ausland (z. B. nach Frankreich, in die
USA oder in die UdSSR) den Verlust der bisherigen wirtschaftlichen Existenz-
grundlage mit sich. Welche Situationsbeschreibung liefert Feuchtwanger
(1884–1958)?

2. Die Exilsituation veränderte, so Feuchtwanger, auch das Schreiben selbst. Welche Erfahrungen teilt er dazu mit? Was sagt sein Bericht über das Verhältnis zwischen Schriftsteller und gesamtkulturellem Leben aus?

3. Alfred Döblin hat in seinem autobiographischen Bericht „Schicksalsreise" (1949) mit großer Anschaulichkeit von seinen wirtschaftlichen, aber auch psychischen Problemen im Exil (Frankreich, USA) berichtet. Stellen Sie ausgewählte Kapitel dieser Schrift Ihrem Kurs vor (Kapitel 4, 6, 7, 15–20).

Text 3   HANS SAHL: Vom Brot der Sprache (1942)

7. April 1933: Dr. Hans Sahl
flieht mit dem Zug nach Prag.

Kein deutsches Wort hab ich so lang gesprochen.
Ich gehe schweigend durch das fremde Land.
Vom Brot der Sprache blieben nur die Brocken,
Die ich verstreut in meinen Taschen fand.

Verstummt sind sie, die mütterlichen Laute,   5
Die staunend ich von ihren Lippen las.
Milch, Baum und Bach, die Katze, die miaute,
Mond und Gestirn, das Einmaleins der Nacht.

Es hat der Wald noch nie so fremd gerochen.
Kein Märchen ruft mich, keine gute Fee.   10
Kein deutsches Wort hab ich so lange gesprochen.
Bald hüllt Vergessenheit mich ein wie Schnee.

Aus: Wolfgang Emmerich/Susanne Heil (Hg.):
Lyrik des Exils. Stuttgart 1985.

Text 4   BERTOLT BRECHT: Deutschland (1933)

Mögen andere von ihrer Schande sprechen,
ich spreche von der meinen.

O Deutschland, bleiche Mutter!
Wie sitzest du besudelt
Unter den Völkern.
Unter den Befleckten
5   Fällst du auf.

Von deinen Söhnen der ärmste
Liegt erschlagen.
Als sein Hunger groß war
Haben deine anderen Söhne
10   Die Hand gegen ihn erhoben.
Das ist ruchbar geworden.

Mit ihren so erhobenen Händen
Erhoben gegen ihren Bruder
Gehen sie jetzt frech herum
15   Und lachen in dein Gesicht.
Das weiß man.

In deinem Hause
Wird laut gebrüllt, was Lüge ist.
Aber die Wahrheit
Muß schweigen.   20
Ist es so?

Warum preisen dich ringsum die Unterdrücker, aber
Die Unterdrückten beschuldigen dich?
Die Ausgebeuteten
Zeigen mit Fingern auf dich, aber   25
Die Ausbeuter loben das System
Das in deinem Hause ersonnen wurde!

Und dabei sehen dich alle
Den Zipfel deines Rockes verbergen, der blutig ist
Vom Blut deines   30
Besten Sohnes.

Hörend die Reden, die aus deinem Hause dringen, lacht man.
Aber wer dich sieht, der greift nach dem Messer
Wie beim Anblick einer Räuberin.

O Deutschland, bleiche Mutter!   35
Wie haben deine Söhne dich zugerichtet
Daß du unter den Völkern sitzest
Ein Gespött oder eine Furcht!

Aus: Bertolt Brecht: Gesammelte Werke, Bd. 8. Frankfurt 1967.

Text 5   ELSE LASKER-SCHÜLER: Mein blaues Klavier (1943)

Ich habe zu Hause ein blaues Klavier   Zerbrochen ist die Klaviatür …
Und kenne doch keine Note.   Ich beweine die blaue Tote.

Es steht im Dunkel der Kellertür.   Ach liebe Engel öffnet mir   10
Seitdem die Welt verrohte.   – Ich aß vom bitteren Brote –
                                             Mir lebend schon die Himmelstür –
5 Es spielen Sternenhände vier   Auch wider dem Verbote.
   – Die Mondfrau sang im Boote –
   Nun tanzen die Ratten im Geklirr.

Aus: Else Lasker-Schüler: Sämtliche Gedichte. München 1977.

Arbeits-
vorschläge
zu den
Texten 3,
4 und 5

1. Was bedeutet dem lyrischen Ich in Sahls Gedicht das „Brot der Sprache"? Wie erfährt es die Fremde, welche Gefühle bewegen es?

2. Untersuchen Sie die Erinnerungsbilder in Sahls Gedicht. In welcher Weise sind sie von der Gegenwart des Exils geprägt?

3. Welche politischen und gesellschaftlichen Verhältnisse greift Brecht in seinem 1933 geschriebenen Gedicht „Deutschland" auf? Welche Haltung nimmt der Autor dazu ein?

4. Untersuchen Sie, in welcher Weise Brecht das Bild der Mutter verwendet, um die Lage Deutschlands zu charakterisieren. Wie wirkt die Bildlichkeit des Gedichts auf Sie?

5. Bei der Niederschrift dieses Gedichts war Brecht bereits aus Deutschland über die Schweiz nach Dänemark geflohen. Auf welche Weise wird die Exilperspektive im Text verarbeitet?

6. In seinen Exilgedichten hat Brecht immer wieder seine Liebe zu Deutschland und zugleich seine Abscheu vor der Situation im nationalsozialistisch regierten deutschen Staat thematisiert. Untersuchen Sie die Deutschland-Gedichte aus der Zeit nach 1933 (Deutschland 1942; Deutschland 1945; Deutschland 1952) im Hinblick auf politische Aussage, Adressatenkreis, Appellcharakter und lyrische Form. Sie finden diese Gedichte im Band 10 der Werkausgabe Brechts (Frankfurt/M. 1967).

7. Verfertigen Sie eine Interpretation jenes Deutschland-Gedichtes, das Sie besonders gefesselt hat.

8. Die jüdische Dichterin Else Lasker-Schüler emigrierte 1933 nach Palästina und veröffentlichte 1943 in Jerusalem den Gedichtband „Mein blaues Klavier", den sie den „unvergeßlichen Freunden und Freundinnen in den Städten Deutschlands und denen, die wie ich vertrieben und nun zerstreut in der Welt sind", gewidmet hat. Analysieren und interpretieren Sie das Gedicht als Form der Auseinandersetzung mit Vergangenheit und Gegenwart.

9. Wie wird die zeitliche Opposition von „einst" und „jetzt" in der Bildlichkeit und Symbolik des Gedichts aufgenommen? Wie gestaltet die Schriftstellerin das jüdische Schicksal?

10. Auch in einem anderen berühmten Gedicht, Paul Celans „Todesfuge", S. 129, (entstanden 1945), wird das Schicksal der Juden während der nationalsozialistischen Herrschaft in Deutschland thematisiert. Fertigen Sie eine vergleichende Interpretation der beiden Gedichte. Gehen Sie dabei von der Biographie der beiden Autoren aus.

5. Die Literatur nach 1945

Salvador Dali: Raffaelskopf, zerbrochen

Arbeits-
vorschläge

1. Dali hat dieses Bild nach dem Atombombenabwurf auf Hiroshima gemalt, der ihn erschüttert und zum Überdenken seiner Malerposition veranlaßt hat. Sprechen Sie im Kurs über die Wirkung des Bildes auf Sie als Betrachter, und untersuchen Sie Bildgegenstand und die Art der Darstellung.

2. Dieses Bild will Ihnen eine Einstimmung auf die folgenden literarischen Texte vermitteln. Notieren Sie thesenartig Ihre Erwartungen, die Sie an Inhalte und Formen der Literatur in diesem Kapitel auf Grund der von diesem Bild bei Ihnen ausgelösten Gedanken und Stimmungen hegen.

5.1   Nullpunktdiskussion und Spaltung: Zwei deutsche Literaturen

1945 standen die aus dem Exil zurückkehrenden Schriftsteller wie Alfred Döblin, Bertolt Brecht, Anna Seghers, aber auch der Kreis der inneren Emigranten wie Ernst Wiechert, Werner Bergengruen sowie die aus dem Krieg kommenden jungen Autoren, die erst zu publizieren begannen, vor der Frage: Welche Literatur ist angesichts der nicht nur äußerlichen Verwüstungen noch möglich? Die einen plädierten dafür, die literarischen Traditionen von der nationalsozialistischen Infiltration zu befreien und die künftige Poesie im Sinne zeitlos gültiger Werte und überzeitlich wirksamer Formen und Inhalte zu gestalten, d. h. der „reinen" (unpolitischen) Dichtersprache den Vorzug zu geben. Andere, vor allem die jungen Autoren, waren der Ansicht, man könne und müsse bei Null beginnen, man müsse die Hoffnung auf einen grundlegenden gesellschaftlichen Neuanfang literarisch artikulieren; gefragt sei Kritik, Auseinandersetzung, Bewegung, Unruhe, und Ausgangspunkt eines solchen Schreibens sei die krude Wirklichkeit der Kriegs-, Gefangenschafts- und Heimkehrererfahrung, einer Erfahrung, die beispielsweise Heinrich *Böll* zu seinem Plädoyer für eine „Trümmerliteratur" veranlaßte.

Die **Nullpunktdiskussion** mündete u.a., angeführt von Hans Werner *Richter* und Alfred *Andersch*, im September 1947 in die Gründung der **Gruppe 47**, die vor allem die jüngeren Autoren unter der Forderung nach radikaler Sprachkritik, nach „Kahlschlag" (so Wolfgang Weyrauch 1949), nach Neubeginn vereinte; diese Gruppe bestand als eine der wichtigsten literarischen Gruppierungen bis 1977, dem Jahr ihrer letzten Tagung, in einer Haltung, die allen herrschenden Ideologien mißtraute. Das Jahr 1949 markierte einen Einschnitt in der deutschen Literatur: Mit der Gründung der Bundesrepublik Deutschland und der Deutschen Demokratischen Republik führte der Weg in zwei deutsche Literaturen; noch 1947 tagte man gemeinsam beim ersten Schriftstellerkongreß in Berlin, dann sollte es bis 1981 dauern, bis sich deutsche Schriftsteller aus Ost und West zu einem Diskussionsforum wiedertrafen. In der Zwischenzeit war man sehr verschiedene Wege gegangen, und erst mit der Vereinigung der beiden deutschen Staaten im Jahr 1990 wurden die Voraussetzungen dafür geschaffen, die etwa 40 Jahre während Zweigleisigkeit allmählich zu überwinden.

In der DDR war in den 50er Jahren eine entscheidende Entwicklungsphase abgeschlossen – man sprach nun von der Entfaltung und Festigung des Sozialismus, man war im Sozialismus „angekommen". An diesem historischen Prozeß sollte auch die Literatur aktiv teilnehmen. So forderte Walter Ulbricht im April 1959 vor der Autorenkonferenz des Mitteldeutschen Verlages in Bitterfeld die Arbeiterklasse auf, alle Gipfel der Kultur zu „stürmen", sich die besten Errungenschaften der Kultur, vornehmlich das „klassische Erbe", anzueignen; mit den Losungen „Dichter in die Produktion" bzw. „Greif zur Feder, Kumpel, die sozialistische deutsche Nationalliteratur braucht dich!" sollte die traditionelle Trennung von Kunst und Arbeit, Künstler und Volk allmählich aufgehoben und eine zweite Phase der Kulturrevolution nach 1945 eingeleitet werden. In der Folgezeit entstanden zahlreiche Zirkel schreibender Arbeiter und Genossenschaftsbauern unter der (An-)Leitung von Berufsschriftstellern.

Auf der zweiten Bitterfelder Konferenz im April 1964 wurde das Konzept modifiziert und erweitert: Angesichts der Bedeutung der wissenschaftlich-technischen Revolution für die sozialistische Gesellschaft müsse der Schriftsteller von der Perspektive des „Planers und Leiters" aus die „konfliktreiche Darstellung des sozialistischen Menschen" literarisch umsetzen. In der Literatur sollte deutlich werden, wie sich der Mensch „zum allseitig gebildeten, geistig und moralisch hochstehenden Beherrscher von Natur und Gesellschaft, von Wissenschaft, Technik und Produktion" (Walter Ulbricht) entfalten kann. In diesen beiden Konferenzen war die Konzeption des „Bitterfelder Weges", der „Ankunftsliteratur", abgesteckt.

Die Gruppe 47 im Jahre 1949

Text 1   NELLY SACHS: Chor der Geretteten (1940/1944)

Wir Geretteten,
Aus deren hohlem Gebein der Tod schon seine Flöten schnitt,
An deren Sehnen der Tod schon seinen Bogen strich –
Unsere Leiber klagen noch nach
Mit ihrer verstümmelten Musik.   5
Wir Geretteten,
Immer noch hängen die Schlingen für unsere Hälse gedreht
Vor uns in der blauen Luft –
Immer noch füllen sich die Stundenuhren mit unserem tropfenden Blut.
Wir Geretteten,   10
Immer noch essen an uns die Würmer der Angst.
Unser Gestirn ist vergraben im Staub.
Wir Geretteten
Bitten euch:
Zeigt uns langsam eure Sonne.   15
Führt uns von Stern zu Stern im Schritt.

Laßt uns das Leben leise wieder lernen.
Es könnte sonst eines Vogels Lied,
Das Füllen des Eimers am Brunnen
20 Unseren schlecht versiegelten Schmerz aufbrechen lassen
Und uns wegschäumen –
Wir bitten euch:
Zeigt uns noch nicht einen beißenden Hund –
Es könnte sein, es könnte sein
25 Daß wir zu Staub zerfallen –
Vor euren Augen zerfallen in Staub.
Was hält denn unsere Webe zusammen?
Wir odemlos gewordene,
Deren Seele zu *Ihm* floh aus der Mitternacht
30 Lange bevor man unseren Leib rettete
In die Arche des Augenblicks.
Wir Geretteten,
Wir drücken eure Hand,
Wir erkennen euer Auge –
35 Aber zusammen hält uns nur noch der Abschied,
Der Abschied im Staub
Hält uns mit euch zusammen.

Aus: Nelly Sachs: Ausgewählte Gedichte. Frankfurt/Main [5]1972.

1. Wie wirkt dieses Gedicht auf Sie? Mit welchen stilistischen Mitteln und durch welche Inhalte wird diese Wirkung erzeugt?

2. Referieren Sie anhand einer geeigneten biographischen Darstellung (z. B. Metzler Autoren Lexikon) über Leben und Werk dieser jüdischen Autorin.

3. Auf welche persönlichen und allgemeinen historischen Erfahrungen bezieht sich dieses Gedicht?

4. Erarbeiten Sie sich (evtl. in Gruppen-, Partnerarbeit) eine Ihrer Meinung nach geeignete Vortragsweise dieses Gedichtes.

5. Fertigen Sie abschließend schriftlich eine detaillierte Erschließung und Interpretation des Gedichtes an.

Text 2   WOLFGANG BORCHERT: Generation ohne Abschied (1946)

Wir sind die Generation ohne Bindung und ohne Tiefe. Unsere Tiefe ist Abgrund. Wir sind die Generation ohne Glück, ohne Heimat und ohne Abschied. Unsere Sonne ist schmal, unsere Liebe grausam und unsere Jugend ist ohne Jugend. Und wir sind die Generation ohne Grenze, ohne Hemmung und Behütung – ausgestoßen
5 aus dem Laufgitter des Kindseins in eine Welt, die die uns bereiten, die uns darum verachten.

Aber sie gaben uns keinen Gott mit, der unser Herz hätte halten können, wenn die Winde dieser Welt es umwirbelten. So sind wir die Generation ohne Gott, denn wir sind die Generation ohne Bindung, ohne Vergangenheit, ohne Anerkennung.

Und die Winde der Welt, die unsere Füße und unsere Herzen zu Zigeunern auf ihren heißbrennenden und mannshoch verschneiten Straßen gemacht haben, machten uns zu einer Generation ohne Abschied.

Wir sind die Generation ohne Abschied. Wir können keinen Abschied leben, wir dürfen es nicht, denn unserm zigeunernden Herzen geschehen auf den Irrfahrten unserer Füße unendliche Abschiede. Oder soll sich unser Herz binden für eine Nacht, die doch einen Abschied zum Morgen hat? Ertrügen wir den Abschied? Und wollten wir die Abschiede leben wie ihr, die anders sind als wir und den Abschied auskosten mit allen Sekunden, dann könnte es geschehen, daß unsere Tränen zu einer Flut ansteigen würden, der keine Dämme, und wenn sie von Urvätern gebaut wären, widerstehen.

Nie werden wir die Kraft haben, den Abschied, der neben jedem Kilometer an den Straßen steht, zu leben, wie ihr ihn gelebt habt.

Sagt uns nicht, weil unser Herz schweigt, unser Herz hätte keine Stimme, denn es spräche keine Bindung und keinen Abschied. Wollte unser Herz jeden Abschied, der uns geschieht, durchbluten, innig, trauernd, tröstend, dann könnte es geschehen, denn unsere Abschiede sind eine Legion gegen die euren, daß der Schrei unserer empfindlichen Herzen so groß wird, daß ihr nachts in euren Betten sitzt und um einen Gott für uns bittet.

Darum sind wir eine Generation ohne Abschied. Wir verleugnen den Abschied, lassen ihn morgens schlafend, wenn wir gehen, verhindern ihn, sparen ihn – sparen ihn uns und den Verabschiedeten. Wir stehlen uns davon wie Diebe, undankbar und nehmen die Liebe mit und lassen den Abschied da.

Wir sind voller Begegnungen, Begegnungen ohne Dauer und ohne Abschied, wie die Sterne.

Sie nähern sich, stehen Lichtsekunden nebeneinander, entfernen sich wieder: ohne Spur, ohne Bindung, ohne Abschied.

Wir begegnen uns unter der Kathedrale von Smolensk, wir sind ein Mann und eine Frau – und dann stehlen wir uns davon.

Wir begegnen uns in der Normandie und sind wie Eltern und Kind – und dann stehlen wir uns davon.

Wir begegnen uns eine Nacht am finnischen See und sind Verliebte – und dann stehlen wir uns davon.

Wir begegnen uns auf einem Gut in Westfalen und sind Genießende und Genesende – und dann stehlen wir uns davon.

Wir begegnen uns in einem Keller der Stadt und sind Hungernde, Müde, und bekommen für nichts einen guten satten Schlaf – und dann stehlen wir uns davon.

Wir begegnen uns auf der Welt und sind Menschen mit Mensch – und dann stehlen wir uns davon, denn wir sind ohne Bindung, ohne Bleiben und ohne Abschied. Wir sind eine Generation ohne Abschied, die sich davonstiehlt wie Diebe, weil sie Angst hat vor dem Schrei ihres Herzens. Wir sind eine Generation ohne Heimkehr, denn wir haben nichts, zu dem wir heimkehren könnten, und wir haben keinen, bei dem unser Herz aufgehoben wäre – so sind wir eine Generation ohne Abschied geworden und ohne Heimkehr.

Aber wir sind eine Generation der Ankunft. Vielleicht sind wir eine Generation
55 voller Ankunft auf einem neuen Stern, in einem neuen Leben. Voller Ankunft unter einer neuen Sonne, zu neuen Herzen. Vielleicht sind wir voller Ankunft zu einem neuen Lieben, zu einem neuen Lachen, zu einem neuen Gott.

Aus: Wolfgang Borchert: Das Gesamtwerk. Hamburg 1959.

**Arbeits-
vorschläge**

1. Geben Sie die wesentlichen Gedanken des Textes mit Ihren eigenen Worten wieder.

2. Worauf gründet und wie gestaltet der Ich-Erzähler seine Auffassung, einer „Generation ohne Abschied" anzugehören?

3. Untersuchen Sie, wie der letzte Satz dieser Geschichte (Z. 56/57) in den Zusammenhang mit dem vorangegangenen Text zu stellen ist.

4. Untersuchen Sie die Metaphorik des Textes, und klären Sie anhand geeigneter Textstellen die verschiedenen Bedeutungen von „Abschied".

Text 3   GÜNTER EICH: Inventur (1945/1947)

Dies ist meine Mütze,
dies ist mein Mantel,
hier mein Rasierzeug
im Beutel aus Leinen.

5 Konservenbüchse:
Mein Teller, mein Becher,
ich hab in das Weißblech
den Namen geritzt.

Geritzt hier mit diesem
10 kostbaren Nagel,
den vor begehrlichen
Augen ich berge.

Im Brotbeutel sind
ein Paar wollene Socken

und einiges, was ich   15
niemand verrate,

so dient es als Kissen
nachts meinem Kopf.
Die Pappe hier liegt
zwischen mir und der Erde.   20

Die Bleistiftmine
lieb ich am meisten:
Tags schreibt sie mir Verse,
die nachts ich erdacht.

Dies ist mein Notizbuch,   25
dies meine Zeltbahn,
dies ist mein Handtuch,
dies ist mein Zwirn.

Aus: Günter Eich: Abgelegene Gehöfte. Gedichte. Frankfurt/Main 1968.

**Arbeits-
vorschläge**

1. Welche Erfahrungen gestaltet Eich in diesem Gedicht?

2. Erschließen Sie dieses Gedicht in einer genauen Formanalyse. Achten Sie dabei auf Rhythmus, Syntax, Strophenbau und -folge.

3. Fertigen Sie anschließend eine schriftliche Interpretation dieses Gedichtes an.

4. Diskutieren Sie in Ihrem Kurs darüber, warum der Schriftsteller Wolfgang Weyrauch dieses Gedicht zur „Kahlschlagliteratur" gezählt hat. Informieren Sie sich gegebenenfalls über diesen Begriff in einer Literaturgeschichte bzw. einem Sachwörterbuch der Literatur.

5. Schreiben Sie, vom Gedicht „Inventur" ausgehend, eine Kürzestgeschichte (vgl. dazu S. 145 und S. 149 f.) zur gleichen Überschrift.

Text 4   HEINRICH BÖLL: Bekenntnis zur Trümmerliteratur (1952)

Die ersten schriftstellerischen Versuche unserer Generation nach 1945 hat man als Trümmerliteratur bezeichnet, man hat sie damit abzutun versucht. Wir haben uns gegen diese Bezeichnung nicht gewehrt, weil sie zu Recht bestand: tatsächlich, die Menschen, von denen wir schrieben, lebten in Trümmern, sie kamen aus dem Krie- ge, Männer und Frauen in gleichem Maße verletzt, auch Kinder. Und sie waren   5
scharfäugig: sie sahen. Sie lebten keineswegs in völligem Frieden, ihre Umgebung, ihr Befinden, nichts an ihnen und um sie herum war idyllisch, und wir als Schreiben- de fühlten uns ihnen so nahe, daß wir uns mit ihnen identifizierten. Mit Schwarz- händlern und den Opfern der Schwarzhändler, mit Flüchtlingen und allen denen, die auf andere Weise heimatlos geworden waren; vor allem natürlich mit der Gene-   10
ration, der wir angehörten und die sich zu einem großen Teil in einer merk- und denkwürdigen Situation befand; sie kehrte heim. Es war die Heimkehr aus einem Krieg, an dessen Ende kaum noch jemand hatte glauben können.
Wir schrieben also vom Krieg, von der Heimkehr und dem, was wir im Krieg gese- hen hatten und bei der Heimkehr vorfanden: von Trümmern; das ergab drei Schlag-   15
wörter, die der jungen Literatur angehängt wurden: Kriegs-, Heimkehrer- und Trümmerliteratur.
Die Bezeichnungen als solche sind berechtigt: es war Krieg gewesen, sechs Jahre lang, wir kehrten heim aus diesem Krieg, wir fanden Trümmer und schrieben dar- über. Merkwürdig, fast verdächtig war nur der vorwurfsvolle, fast gekränkte Ton,   20
mit dem man sich dieser Bezeichnung bediente: man schien uns zwar nicht verant- wortlich zu machen dafür, daß Krieg gewesen, daß alles in Trümmern lag, nur nahm man uns offenbar übel, daß wir es gesehen hatten und sahen, aber wir hatten keine Binde vor den Augen und sahen es: ein gutes Auge gehört zum Handwerkszeug des Schriftstellers.   25
Die Zeitgenossen in die Idylle zu entführen würde uns allzu grausam erscheinen, das Erwachen daraus wäre schrecklich, oder sollen wir wirklich Blindekuh mitein- ander spielen?
(...)
Nehmen wir an, das Auge des Schriftstellers sieht in einen Keller hinein: dort steht   30
ein Mann an einem Tisch, der Teig knetet, ein Mann mit mehlbestaubtem Gesicht: der Bäcker. Er sieht ihn dort stehen, wie Homer ihn gesehen hat, wie er Balzacs und Dickens' Augen nicht entgangen ist – den Mann, der unser Brot backt, so alt wie die Welt, und seine Zukunft reicht bis ans Ende der Welt. Aber dieser Mann dort unten im Keller raucht Zigaretten, er geht ins Kino, sein Sohn ist in Rußland gefallen,   35
dreitausend Kilometer weit liegt er begraben am Rande eines Dorfes; aber das

Grab ist eingeebnet, kein Kreuz steht drauf, Traktoren ersetzen den Pflug, der diese Erde sonst gepflügt hat. Das alles gehört zu dem bleichen und sehr stillen Mann dort unten im Keller, der unser Brot backt – dieser Schmerz gehört zu ihm, wie auch
40 manche Freude dazugehört.

Und hinter den verstaubten Scheiben einer kleinen Fabrik sieht das Auge des Schriftstellers eine kleine Arbeiterin, die an einer Maschine steht und Knöpfe ausstanzt, Knöpfe, ohne die unsere Kleider keine Kleider mehr wären, sondern lose an uns herunterhängende Stoffetzen, die uns weder schmücken noch wärmen würden:
45 diese kleine Arbeiterin schminkt sich die Lippen, wenn sie Feierabend hat, auch sie geht ins Kino, raucht Zigaretten; sie geht mit einem jungen Mann spazieren, der Autos repariert oder die Straßenbahn fährt. Und es gehört zu diesem jungen Mädchen, daß ihre Mutter irgendwo unter einem Trümmerhaufen begraben liegt: unter einem Berg schmutziger Steinbrocken, die mit Mörtel gemengt sind, unten
50 tief irgendwo liegt die Mutter des Mädchens, und ihr Grab ist ebensowenig mit einem Kreuz geschmückt wie das Grab des Bäckersohnes. Nur hin und wieder – einmal im Jahr – geht das junge Mädchen hin und legt Blumen auf diesen schmutzigen Trümmerhaufen, unter dem seine Mutter begraben liegt.

Diese beiden, der Bäcker und das Mädchen, gehören unserer Zeit an, sie hängen in
55 der Zeit, Jahreszahlen sind um sie geschlungen wie ein Netz; sie aus dem Netz zu lösen hieße, ihnen ihr Leben zu nehmen, aber der Schriftsteller braucht Leben und wer anders könnte diesen beiden ihr Leben erhalten als die Trümmerliteratur? Der Blindekuh-Schriftsteller sieht nach innen, er baut sich eine Welt zurecht. Zu Anfang des 20. Jahrhunderts lebte in einem süddeutschen Gefängnis ein junger Mann, der
60 ein sehr dickes Buch schrieb; der junge Mann war kein Schriftsteller, er wurde auch nie einer, aber er schrieb ein sehr dickes Buch, das den Schutz der Unlesbarkeit genoß, aber in vielen Millionen Exemplaren verkauft wurde; es konkurrierte mit der Bibel! Es war das Buch eines Mannes, dessen Augen nichts gesehen hatten, der in seinem Innern nichts anderes hatte als Haß und Qual, Ekel und manch Wider-
65 wärtiges noch – er schrieb ein Buch, und wir brauchen nur die Augen aufzuschlagen: wohin wir blicken, sehen wir die Zerstörungen, die auf das Konto dieses Menschen gehen, der sich Adolf Hitler nannte und keine Augen gehabt hatte, um zu sehen: seine Bilder waren schief, sein Stil war unerträglich – er hatte die Welt nicht mit dem Auge eines Menschen gesehen, sondern in der Verzerrung, die sein Inneres
70 sich davon gebildet hatte.

Wer Augen hat zu sehen, der sehe! Und in unserer schönen Muttersprache hat Sehen eine Bedeutung, die nicht mit optischen Kategorien allein zu erschöpfen ist: wer Augen hat, zu sehen, für den werden die Dinge durchsichtig – und es müßte ihm möglich werden, sie zu durchschauen, und man kann versuchen, sie mittels der
75 Sprache zu durchschauen, in sie hineinzusehen. Das Auge des Schriftstellers sollte menschlich und unbestechlich sein: man braucht nicht gerade Blindekuh zu spielen, es gibt rosarote, blaue, schwarze Brillen – sie färben die Wirklichkeit jeweils so, wie man sie gerade braucht. Rosarot wird gut bezahlt, es ist meistens sehr beliebt – und der Möglichkeiten zur Bestechung gibt es viele –, aber auch Schwarz ist hin und wie-
80 der beliebt, und wenn es gerade beliebt ist, wird auch Schwarz gut bezahlt. Aber wir wollen es so sehen, wie es ist, mit einem menschlichen Auge, das normalerweise

nicht ganz trocken und nicht ganz naß ist, sondern feucht: – und wir wollen daran erinnern, daß das lateinische Wort für Feuchtigkeit Humor ist –, ohne zu vergessen, daß unsere Augen auch trocken werden können oder naß; daß es Dinge gibt, bei denen kein Anlaß für Humor besteht. Unsere Augen sehen täglich viel: sie sehen 85 den Bäcker, der unser Brot backt, sehen das Mädchen in der Fabrik – und unsere Augen erinnern sich der Friedhöfe; und unsere Augen sehen Trümmer: die Städte sind zerstört, die Städte sind Friedhöfe, und um sie herum sehen unsere Augen Gebäude entstehen, die uns an Kulissen erinnern, Gebäude, in denen keine Menschen wohnen, sondern Menschen verwaltet werden, verwaltet als Versicherte, als 90 Staatsbürger, Bürger einer Stadt, als solche, die Geld einzahlen oder Geld entleihen – es gibt unzählige Gründe, um derentwillen ein Mensch verwaltet werden kann. Es ist unsere Aufgabe, daran zu erinnern, daß der Mensch nicht nur existiert, um verwaltet zu werden – und daß die Zerstörungen in unserer Welt nicht nur äußerer Art sind und nicht so geringfügiger Natur, daß man sich anmaßen kann, sie in weni- 95 gen Jahren zu heilen. Der Name Homer ist der gesamten abendländischen Bildungswelt unverdächtig: Homer ist der Stammvater europäischer Epik, aber Homer erzählt vom Trojanischen Krieg, von der Zerstörung Trojas und von der Heimkehr des Odysseus – Kriegs-, Trümmer- und Heimkehrerliteratur –, wir haben keinen Grund, uns dieser 100 Bezeichnung zu schämen.

Aus: Heinrich Böll: Essayistische Schriften und Reden 1. 1952–1963. Hrsgg. v. Bernd Balzer, Köln 1979.

**Arbeits-
vorschläge** **1.** Welche Argumente und Beispiele zieht Böll für die Begründung seiner These heran, die „Trümmerliteratur" sei die zeitgemäße und folgerichtige Literatur jener Zeit?

2. Erläutern Sie, von Bölls Beschreibung der „Trümmerliteratur" ausgehend, Gemeinsamkeiten der Texte 1–3.

3. Schlagen Sie in einer Literaturgeschichte nach, welche Ausführungen sich unter den Stichwörtern „Trümmerliteratur" und „Nullpunktdiskussion" finden. Tragen Sie Ihre Ergebnisse in Ihrem Kurs vor.

Text 5 Werner Bräunig: Greif zur Feder, Kumpel! (1959)

Manchen Monat braucht der Tischlerlehring, bis ihm das erste festgefügte und wohlgeformte Möbelstück gelingt. Und wieviel Fleiß und Schweiß, wieviel Wissen, wieviel beharrliche und zielstrebige Arbeit braucht der Bergmann, bis der Berg ihm seine Schätze schenkt. Gebirge tauben Gesteins bedecken den fündigen Ort. Schreiben ist wie Bergmannsarbeit. Tief in die Stollen des Lebens eindringen muß der 5 Schriftsteller; im geringsten Querschlag schürfen und dabei das Ganze nicht aus dem Auge verlieren, zutage fördern, was verborgen keimt. Der sozialistische Schriftsteller ist seinem Volk, seiner Zeit, ist dem Leben verantwortlich; und Verantwortung ist kein leichtes Gepäck. Weil es aber, wie Maxim Gorki[1] sagt, noch nie einen Leser auf der Welt gab, der das Recht auf Liebe und Achtung so sehr verdient 10

1 Maxim Gorki (1868–1936): russischer Schriftsteller, Mitbegründer des sozialistischen Realismus

hätte wie unser Leser; weil die höchste Forderung an den Schriftsteller lautet, das Leben, die Arbeit und die Menschen
15 zu lieben – eben deshalb ist das Schreiben eine schöne, zutiefst menschliche Aufgabe. So mancher unter uns hat ein langes Arbeiterleben auf dem Buckel
20 und greift nun zur Feder; manch anderer trägt die Kerben der Vergangenheit nicht im Gesicht,

Willi Sitte: Arbeitertriptychon, 1960

doch auch er ertappt sich plötzlich über einem leeren Blatt Papier sitzend. Es ist noch nicht lange her, da ich noch täglich in die Grube einfuhr und mit dem Geiger-
25 zähler der Pechblende nachkroch. Manchmal, in meiner Freizeit, setzte ich mich hin und schrieb hier ein kleines Gedicht, da eine Prosaskizze. Ich war nicht der einzige. So mancher Kumpel ging den Weg vom lesenden zum schreibenden Arbeiter. Schon wahr, oft lächelten wir über unsere ungefügen Zeilen, versteckten sie in die tiefste Schublade. Und dann kauten wir doch wieder am Bleistift – und schrieben. Die
30 ersten Schritte sind schwer. Manchmal sitze ich über einem Manuskript, zerknülle alles, was ich in der Woche vorher geschrieben habe, und möchte am liebsten nie wieder eine Feder anrühren. Ja, es kommen Stunden des Verzagens. Da blätterst Du in den Büchern Goethes und Forsters[2], liest Weerth[3] oder Weinert[4]. Gorki und Majakowski[5], Becher[6] und Fürnberg[7] sprechen aus den Zeilen zu Dir, und Deine
35 Verwegenheit macht Dich schwindlig. Und später wird es nicht leichter. Aber verwirklicht die Arbeiterklasse nicht die kühnsten Träume der Menschheit? Dürfen wir da an unserer Kraft zweifeln? Der Maurerpolier baut das Haus nicht allein. Das große Haus unserer Literatur soll ein hohes, breites Dach haben; aber sind die Grundmauern darum weniger wichtig? Millionen Menschen sollen in dem Haus
40 wohnen, braucht es da nicht Vielfältigkeit und Gedankenreichtum, Fülle und Schönheit? Und ist es nicht Arbeiterart, das eigene Haus selbst mit zu zimmern? Im sozialistischen Staat werden die schöpferischen Kräfte des Volkes, die unter den Bedingungen der kapitalistischen Ausbeutung verkümmern mußten und von der herrschenden Klasse unterdrückt oder abgelenkt wurden, gepflegt und gefördert.
45 Wer mit wachen Augen durch unsere Republik geht, findet den schreibenden Arbeiter überall. Ich fand ihn in den Arbeitsgemeinschaften Junger Autoren, in den Literaturzirkeln der Leuna-Werke, der Steinkohlenschächte und der Wismut; in den Agitpropgruppen und unter den Volkskorrespondenten der sozialistischen Presse.

2 Georg Forster (1754–1794): Schriftsteller; Republikaner; Mitbegründer der künstlerischen Reisebeschreibung
3 Georg Weerth (1822–1856): Schriftsteller; sozialrevolutionäre Lyrik: Feuilletonist und Essayist
4 Erich Weinert (1890–1953): siedelte sich nach dem Exil von 1933–46 in Ost-Berlin an; galt als einer der wichtigsten deutschen kommunistischen Schriftsteller
5 Wladimir W. Majakowski (1893–1930): russischer Schriftsteller; trat nach der Oktoberrevolution von 1917 durch politische Agitationsdichtung und avantgardistische Neuerungen auf dem Gebiet des Versbaus und der Reimtechnik hervor
6 Johannes R. Becher (1891–1958): Schriftsteller; von 1954 bis zu seinem Tode Kultusminister der DDR
7 Louis Fürnberg (1909–1957): sozialistischer Schriftsteller

Viele Arbeitersöhne sind uns vorangegangen; Willi Bredel[8] und Hans Marchwitza, Gotsche und Apitz, Kuba und Max Zimmering, viele andere. Wir aber sind nicht 50 mehr, wie Erich Weinert, ständig den Polizei- und Zensurhäschern ausgesetzt. Heute gehören uns der Staat, die Verlage, die Kulturhäuser und die Zeitungen. Du bist Teil der herrschenden Klasse. Wo gab es je einen deutschen Staat, in dem sich – wie hier und heute auf dieser Konferenz des Mitteldeutschen Verlages – Arbeiter und Lektoren, Schriftsteller und Journalisten, Bauern und Staatsmänner zusammenge- 55 setzt hätten, um gemeinsam zu beraten, wie wir Arbeiter noch mehr und besser als bisher teilhaben können an der Entwicklung unserer Literatur?
Greif zur Feder, Kumpel! Laß Dich's nicht verdrießen, wenn sich das lebendige Wort Dir nicht sofort fügen will. Die Literatur besteht nicht nur aus Meisterwerken, und in keinem Beruf gelingen große Leistungen auf Anhieb. Schöpfe aus der Fülle 60 Deiner Umwelt, Deines Lebens.

Aus: Heinz Sachs (Hg.): Im Querschnitt Werner Bräunig. Ein Kranich am Himmel. Unbekanntes und Bekanntes. Halle und Leipzig 1981.

Arbeits-
vorschläge **1.** Auf welchen Überzeugungen beruht Bräunigs Vorstellung, daß es nur eine Frage der Zeit sei, bis die Arbeiterklasse der DDR die „Höhen der Kultur" erreicht hätte?

2. Untersuchen Sie Argumentationsweise und sprachliche Mittel, mit denen der Verfasser in diesem Text arbeitet, und bewerten Sie diese.

Text 6 ERWIN STRITTMATTER: Ole Bienkopp (1963)

Die Bodenreform des Jahres 1945 führte in der SBZ (zum damaligen Zeitpunkt: Sowjetische Besatzungszone) zur Enteignung der mitteldeutschen Großgrundbesitzer und zur Landverteilung an Klein- und Neubauern; daraus aber ergaben sich Schwierigkeiten: Die meisten Neubauern verfügten über keine landwirtschaftlichen Erfahrungen: Maschinen, Vieh und entsprechende Gebäude waren Mangelware.
Angesichts dieser Situation will Ole Hansen, genannt Bienkopp, neue Wege beschreiten und gründet gegen den Willen von SED-Funktionären und anderen Bewohnern des fiktiven DDR-Dorfes Blumenau eine Bauerngenossenschaft „Blühendes Feld"; diese Genossenschaft ist bereits eine Art Prototyp der ab 1960 auch von der SED geförderten Kollektivierung der Landwirtschaft zu LPGs (landwirtschaftlichen Produktionsgenossenschaften). Auf dem Weg dorthin hat Bienkopp die Widerstände z.B. der Bürgermeisterin Frieda Simson, des Stierzüchters Jan Bullert und des Kreisparteisekretärs Wunschgetreu zu überwinden.

72. Kapitel
(…)
„Der neue Weg führt durch Urwald. Was lauert auf dich im Dunkel? Was springt dir vom Baum herab in den Nacken? Und doch wird man fällen, lichten und blühende Wiesen anlegen. Die Tiere werden sich tummeln vom Morgen zum Abend. Die Menschenhand wird den Wildapfelbaum berühren. Die Grobfrüchte werden golden und groß sein!" 5
Die harte Emma wischt sich die Augen. An dieser Rede hätte Anton seine Freude gehabt. Auch dem Konsumfräulein, der Genossin Danke, ist in diesem Augenblick nicht mehr gleich, wie das Land bewirtschaftet wird.

8 Willi Bredel (1901–1964), Hans Marchwitza (1890–1965), Otto Gotsche (1904), Bruno Apitz (1900–1979), Kuba (Kurt Barthel 1914–1964), Max Zimmering (1909–1973) beeinflußten durch ihre Werke maßgeblich die Entwicklung der Literatur der DDR.

Die Erde reist durch den Weltenraum. Bienkopp hat ein Stück Weltraum in die
10 dumpfe Versammlung gerissen.
Der Kreissekretär ist beeindruckt. Etwas verflucht Wahres hinter diesen Bauern-
worten. Eigenwillige Ansichten. Wunschgetreu hat nichts dagegen, aber stiften sie
nicht Verwirrung, wenn sie in die Welt posaunt werden? Der Kreissekretär ist unsi-
cher. Um so sicherer fühlen sich Bullert und die Simson. Frieda genießt den großen
15 Augenblick ihres Auftritts. „Genossen, wenn wir als Partei nichts von Kolchosen
wissen wollen, womit haben wir es dann als Partei zu tun, Genossen? Dann haben
wir es offensichtlich mit einer nationalen Besonderheit zu tun. Ich frage den Genossen Bienkopp: Dulden wir nicht auch noch den Einzelhandel? Würden wir ihn dulden, wenn's ein Fehler wär? Antwort!" Bienkopp antwortet Frieda nicht. Bullert
20 erteilt sich das Wort: „Das Schlimmste, Bienkopp will, daß andere Genossen sich
seiner Sekte anschließen. Das Land zusammen? Vogt und Inspektor wie beim
Herrn Baron? Die Partei macht sich nicht lächerlich: Soll ein Mann wie Bullert seine Musterwirtschaft aufs Spiel setzen und verplempern? Was wird die Sekte auf den
übernommenen Brachländern ernten? Der Bankrott zieht herauf. Bienkopp spielt
25 mit dem Hunger."
Wunschgetreu lächelt. „Gestatte eine Frage, Genosse Bienkopp: Hätte die Partei
nicht längst zum Sammeln geblasen, wenn sie das wollte, was du tust?"
Emma Dürr meldet sich. „Bienkopps Sorgen sind nicht vom Himmel gefallen. Er
hat sie von Anton übernommen, das war mein Mann. Hat Bienkopp bisher Schaden
30 gemacht?"
Jan Bullert: „Das dicke Ende ist hinten!"
Emma: „Ist die Partei ein Versicherungsunternehmen? Der Kommunismus ist das
größte Experiment seit Adams Zeiten. Das ist von Anton."
Frieda Simson: „Du mit deinem Anton!"
35 Emma flink: „So einen such dir erst!"
Maurer Kelle, der Zweimetermann, haut auf den Tisch. „Neuer Kapitalismus darf
nicht durch! Ich bin für Anton und Bienkopp!"
„Es lebe der Kolchos!" Das war Wilm Holten. Frieda Simson gelang's nicht, ihn nie-
derzuhalten. „Es lebe Bienkopp!"
40 Bienkopp bleibt ruhig, obwohl ihn das große Zittern bis in die Stiefel hinein gepackt
hat. „Ich habe alles überdacht. Mir deucht, ich such nach vorwärts, nicht nach rückwärts!"
Wunschgetreu: „Was vorwärts und was rückwärts ist, bestimmt, dächt ich, noch
immer die Partei. Willst du sie belehren?"
45 Bienkopp zitternd: „Ich stell mir die Partei bescheidener vor, geneigter anzuhören,
was man liebt und fürchtet. Ist die Partei ein selbstgefälliger Gott? Auch ich bin die
Partei!"
Es zuckt in vielen Gesichtern; Köpfe werden eingezogen. Bienkopp bringt sich um!
Die Simson wird gelb und bissig. „Das geht zu weit!"
50 Wunschgetreu: „Das kann man klären. Schlimmer ist: Genosse Bienkopp hat dem
Gegner Fraß gegeben. Der Feind hetzt. Er besudelt unseren Kreis im Rundfunk!
Wie stehn wir beim Bezirk da?"

Bienkopp wühlt in seiner Rocktasche. Er legt sein Parteibuch mit zitternder Hand vor Wunschgetreu auf den Tisch. „Wenn du der Meinung bist, ich helf dem Gegner …" 55
Wunschgetreu springt auf und hält Bienkopp am Ärmel fest. Bienkopp reißt sich los. „Du hast mir nicht ein gutes Wort gesagt. Ist die Partei so?" Er geht zur Tür. Trotz seiner Gummistiefel hört man jeden seiner Tritte. Die Tür klappt. Die Genossen starren. Bienkopp stampft durch die Gaststube und sieht an den trunkgeröteten Gesichtern vorbei. Die Gespräche der Altbauern versiegen. Bienkopp ist's, als ob 60 Anton ihn wie früher bei der Schulter packte: Das Schwerste ist der Übergang! (…)
Aus: Erwin Strittmatter: Ole Bienkopp. Roman. Berlin/DDR 1963.

Arbeits-vorschläge

1. Zeigen Sie am Textausschnitt, wie die verschiedenen Personen das Verhältnis von Individuum und Partei sehen.

2. Der Roman „Ole Bienkopp" gilt als Beispiel für eine kritische Auseinandersetzung mit dem Thema „Ankunft im Sozialismus". Auf welche Weise spiegelt der Textausschnitt die Probleme dieser „Ankunft" wider?

3. Untersuchen Sie die Erzähltechnik des Textausschnitts. Was leistet sie im Hinblick auf die Vermittlung der inhaltlichen Aspekte?

4. Informieren Sie sich in einer Literaturgeschichte über die wichtigsten Etappen in der Entwicklung der DDR-Literatur bis zur zweiten Bitterfelder Konferenz 1964, und referieren Sie darüber in Ihrem Kurs.

Text 7   HANS-GÜNTER WALLRAFF: Hier und Dort (1966)

Hier	und	Dort
I hier freiheit		II hier gleichheit
dort knechtschaft		dort ausbeutung
hier wohlstand		hier aufbau
dort armut		dort zerfall 5
hier friedfertigkeit		hier friedensheer
dort kriegslüsternheit		dort kriegstreiber
hier liebe		hier leben
dort haß		dort tod
dort satan		dort böse 10
hier gott		hier gut

III jenseits von hier   und   fernab von dort
such ich mir
nen fetzen land
wo ich mich ansiedle 15
ohne feste begriffe

Aus: Kurt Morawitz (Hg.): Deutsche Teilung. Ein Lyrik-Lesebuch. Wiesbaden 1966.

1. Untersuchen Sie Wallraffs Haltung zum Thema „deutsche Teilung". Welche gängigen Schlagworte der politisch-ideologischen Auseinandersetzung zwischen der Bundesrepublik und der DDR greift dieses Gedicht auf?

2. Zeigen Sie, auf welche Weise die Form des Gedichtes dessen Inhalt sozusagen „einlöst", und diskutieren Sie über mögliche Vortragsmodi dieses Textes.

3. Vergleichen Sie das Wallraff-Gedicht mit Brechts „Deutschland 1952" (S. 204).

5.2 Vergangenheitsbewältigung – Gegenwartsprobleme – Zukunftsangst im Drama

Brecht hatte nach seiner Rückkehr aus dem Exil von 1949 bis zu seinem Tod 1956 mit dem „Berliner Ensemble" in Ost-Berlin die Möglichkeit, sein episches Theater in Modellinszenierungen immer wieder auf die Probe zu stellen, zu modifizieren, weiterzuentwickeln; seine Arbeit fand internationale Beachtung, und Brecht galt als Autorität in Sachen Theatertheorie und -praxis. Viele deutschsprachige Dramenautoren wurden in ihrer Arbeit von ihm beeinflußt, z. B. Peter Weiss (1916–1982) mit seinem dokumentarischen Theater, Franz Xaver Kroetz in seiner Konzeption des „Neuen Volksstückes" oder Volker Braun mit seinen Stücken, in denen die Widersprüche der neuen (sozialistischen) Gesellschaft als Konflikte von Individuen mit den Machtstrukturen und den Veränderungen zur Diskussion gestellt werden. Alle diese Formen waren Weiterentwicklungen, Modifikationen des Brechtschen Theaters. Dagegen entwarfen z. B. Max Frisch (1911–1991) und Friedrich Dürrenmatt (1921–1991) ihre Theaterkonzeptionen gerade in der Abgrenzung gegen Brecht.

So beherrschte die produktive Auseinandersetzung mit dem Stückeschreiber, Stückebearbeiter und Regisseur Brecht weite Teile des Theatergeschehens in den 50er, 60er und (an Intensität abnehmend) in den 70er Jahren.

Doch setzte das Drama in den 70er und verstärkt in den 80er Jahren auch andere Akzente. Das „Leiden" an der Zeit, an der (Industrie-)Gesellschaft der Gegenwart trat in den Vordergrund; gezeigt wurden gescheiterte Beziehungen, Orientierungslosigkeiten des Individuums, Absurditäten des Alltags, die Sinnlosigkeit menschlicher Existenz. Der realistische bzw. dokumentarische Stil rückte zugunsten surrealistischer Elemente in den Hintergrund. „Bewußtseinssituationen" und „-zustände" anstelle von Gesellschaft verändernden Haltungen wurden Leitthemen im dramatischen Schaffen einiger Autoren wie Thomas Bernhard (1931–1989) und Botho Strauß. Andererseits widmeten sich Dramatiker wie Tankred Dorst oder Harald Müller, jeder mit unterschiedlichen Stoffen bzw. unterschiedlichen dramaturgischen Techniken, konkreten Situationen, Ereignissen und Perspektiven der Gegenwartsgesellschaft; Dorst wählte dabei oft den Weg über Stoffe und Geschichten von historischen bzw. mythischen Figuren, während Müller häufig Themen dramatisch gestaltete, in denen aus der unmittelbaren Lebenswelt der Menschen heraus provozierende und bange Fragen nach der Zukunft der Menschheit formuliert werden.

Text 1 PETER WEISS: Die Ermittlung (1965)

Das Material zu diesem Stück entnahm Peter Weiss dem Auschwitz-Prozeß, der vom Dezember 1963 bis zum August 1965 in Frankfurt stattfand und an dem er als Beobachter immer wieder teilnahm.

Szenenfoto zu Peter Weiss: Die Ermittlung

	Gesang vom Zyklon B
	III
RICHTER	Angeklagter Mulka
	Als Lageradjutant unterstand Ihnen auch
	die Fahrbereitschaft
	Hatten Sie da Fahrbefehle auszuschreiben
ANGEKLAGTER 1	Ich habe keine solchen Befehle geschrieben
	Damit hatte ich nichts zu tun
RICHTER	Wußten Sie
	was Anforderungen von Material zur Umsiedlung
	bedeuteten
ANGEKLAGTER 1	Nein

5

10

	RICHTER	Angeklagter Mulka
		Das Gericht ist im Besitz von Fahrbefehlen
		zum Transport von Material zur Umsiedlung
		Diese Dokumente sind von Ihnen unterschrieben
15	ANGEKLAGTER 1	Es mag sein
		daß ich den einen oder den andern Befehl
		einmal abzeichnen mußte
	RICHTER	Haben Sie nicht erfahren
		daß Material zur Umsiedlung
20		aus dem Gas Zyklon B bestand
	ANGEKLAGTER 1	Wie ich bereits äußerte
		war mir dies nicht bekannt
	RICHTER	Von wem wurden die Anforderungen
		dieses Materials ausgegeben
25	ANGEKLAGTER 1	Sie liefen durch Fernschreiben ein
		und wurden an den Kommandanten
		oder den Schutzhaftlagerführer
		weitergeleitet
		Von dort gelangten sie an den Chef
30		der Fahrbereitschaft
	RICHTER	Unterstand der nicht Ihnen
	ANGEKLAGTER 1	Nur disziplinar
	RICHTER	Lag es nicht in Ihrem Interesse
		zu erfahren
35		wozu die Lastwagen der Fahrbereitschaft
		eingesetzt wurden
	ANGEKLAGTER 1	Es war mir ja bekannt
		daß sie zur Materialverfrachtung
		benötigt wurden
40	RICHTER	Wurden auch Häftlinge
		in den Lastwagen transportiert
	ANGEKLAGTER 1	Davon weiß ich nichts
		Zu meiner Zeit gingen die Häftlinge
		zu Fuß
45	RICHTER	Angeklagter Mulka
		Es befindet sich in unserer Hand ein Schriftstück
		in dem die Rede ist
		von der erforderlichen dringenden Fertigstellung
		der neuen Krematorien
50		mit dem Hinweis
		daß die damit beschäftigten Häftlinge
		auch sonntags zu arbeiten hätten
		Das Schreiben ist von Ihnen unterzeichnet
	ANGEKLAGTER 1	Ja
55		das muß ich wohl diktiert haben

RICHTER	Wollen Sie immer noch behaupten
	daß Sie von den Massentötungen
	nichts gewußt haben
ANGEKLAGTER 1	Alle meine Einlassungen
	entsprechen der Wahrheit 60
RICHTER	Wir haben als Zeugen einberufen
	den ehemaligen Werkstattleiter
	der Fahrbereitschaft des Lagers
	Herr Zeuge
	wieviele Wagen gab es da 65
ZEUGE 1	Die Lastwagenstaffel bestand aus
	10 schweren Fahrzeugen
RICHTER	Von wem erhielten Sie die Fahrbefehle
ZEUGE 1	Vom Fahrbereitschaftschef
RICHTER	Von wem waren die Fahrbefehle unterschrieben 70
ZEUGE 1	Das weiß ich nicht
RICHTER	Herr Zeuge
	Wozu wurden die Lastwagen eingesetzt
ZEUGE 1	Zum Abholen von Frachten
	und zum Häftlingstransport 75
RICHTER	Wohin wurden die Häftlinge transportiert
ZEUGE 1	Das kann ich nicht mit Bestimmtheit sagen
RICHTER	Haben Sie an diesen Transporten teilgenommen
ZEUGE 1	Ich mußte da mal mitfahren
	als Ersatz 80
RICHTER	Wohin fuhren Sie
ZEUGE 1	Ins Lager rein
	wo sie da ausgesucht wurden
	und was da so war
RICHTER	Wohin fuhren Sie dann mit den Menschen 85
ZEUGE 1	Bis zum Lagerende
	Da war ein Birkenwald
	Da wurden die Leute abgeladen
RICHTER	Wohin gingen die Menschen
ZEUGE 1	In ein Haus rein 90
	Dann habe ich nichts mehr gesehen
RICHTER	Was geschah mit den Menschen
ZEUGE 1	Das weiß ich nicht
	Ich war ja nicht dabei
RICHTER	Erfuhren Sie nicht 95
	was mit ihnen geschah
ZEUGE 1	Die wurden wohl verbrannt
	an Ort und Stelle

Aus: Peter Weiss: Die Ermittlung. Oratorium in 11 Gesängen. Reinbek 1986.

Text 2   PETER WEISS: Notizen zum dokumentarischen Theater (1968)

1

Das dokumentarische Theater ist ein Theater der Berichterstattung. Protokolle, Akten, Briefe, statistische Tabellen, Börsenmeldungen, Abschlußberichte von Bankunternehmen und Industriegesellschaften, Regierungserklärungen, Anspra-
5 chen, Interviews, Äußerungen bekannter Persönlichkeiten, Zeitungs- und Rund- funkreportagen, Fotos, Journalfilme und andere Zeugnisse der Gegenwart, bilden die Grundlage der Aufführung. Das dokumentarische Theater enthält sich jeder Erfindung, es übernimmt authentisches Material und gibt dies, im Inhalt unverän- dert, in der Form bearbeitet, von der Bühne aus wieder. Im Unterschied zum unge-
10 ordneten Charakter des Nachrichtenmaterials, das täglich von allen Seiten auf uns eindringt, wird auf der Bühne eine Auswahl gezeigt, die sich auf ein bestimmtes, zumeist soziales oder politisches Thema konzentriert. Diese kritische Auswahl, und das Prinzip, nach dem die Ausschnitte der Realität montiert werden, ergeben die Qualität der dokumentarischen Dramatik.

15 2

Das dokumentarische Theater ist Bestandteil des öffentlichen Lebens, wie es uns durch die Massenmedien nahe gebracht wird. Die Arbeit des dokumentarischen Theaters wird hierbei durch eine Kritik verschiedener Grade bestimmt.
a. Kritik an der Verschleierung. Werden die Meldungen in Presse, Rundfunk und
20 Fernsehen nach Gesichtspunkten dominierender Interessegruppen gelenkt? Was wird uns vorenthalten? Wem dienen die Ausschließungen? Welchen Kreisen gelangt es zum Vorteil, wenn bestimmte soziale Erscheinungen vertuscht, modifi- ziert, idealisiert werden?
b. Kritik an Wirklichkeitsfälschungen. Warum wird eine historische Person, eine
25 Periode oder Epoche aus dem Bewußtsein gestrichen? Wer stärkt seine eigene Posi- tion durch die Eliminierung historischer Fakten? Wer zieht Gewinn aus einer bewußten Verunstaltung einschneidender und bedeutungsvoller Vorgänge? Wel- chen Schichten in der Gesellschaft ist am Verbergen der Vergangenheit gelegen? Wie äußern sich die Fälschungen, die betrieben werden? Wie werden sie aufgenom-
30 men?
c. Kritik an Lügen. Welches sind die Auswirkungen eines geschichtlichen Betrugs? Wie zeigt sich eine gegenwärtige Situation, die auf Lügen aufgebaut ist? Mit wel- chen Schwierigkeiten muß bei der Wahrheitsfindung gerechnet werden? Welche einflußreichen Organe, welche Machtgruppen werden alles tun, um die Kenntnis
35 der Wahrheit zu verhindern? (...)

8

Die Stärke des dokumentarischen Theaters liegt darin, daß es aus den Fragmenten der Wirklichkeit ein verwendbares Muster, ein Modell der aktuellen Vorgänge, zusammenzustellen vermag. Es befindet sich nicht im Zentrum des Ereignisses, son-
40 dern nimmt die Stellung des Beobachtenden und Analysierenden ein. Mit seiner Schnittechnik hebt es deutliche Einzelheiten aus dem chaotischen Material der äußeren Realität hervor. Durch die Konfrontierung gegensätzlicher Details macht

es aufmerksam auf einen bestehenden Konflikt, den es dann, anhand seiner gesammelten Unterlagen, zu einem Lösungsvorschlag, einem Appell oder einer grundsätzlichen Frage bringt. Was bei der offenen Improvisation, beim politisch 45 gefärbten Happening[1], zur diffusen Spannung, zur emotionalen Anteilnahme und zur Illusion eines Engagements am Zeitgeschehen führt, wird im dokumentarischen Theater aufmerksam, bewußt und reflektierend behandelt.

Aus: Peter Weiss: Rapporte 2. Frankfurt/Main 1971.

Arbeits-vorschläge zu den Texten 1 und 2

1. Wie sprechen „Angeklagter 1" und „Zeuge 1" über ihre Tätigkeit im Vernichtungslager? Warum hat Weiss ihnen keine individualisierenden Namen gegeben?

2. Weiss nannte sein Stück im Untertitel „Oratorium in 11 Gesängen", die Literaturwissenschaft sprach von einer „szenischen Dokumentation". Wie erklären Sie sich diese Bezeichnungen? Nehmen Sie ein geeignetes Nachschlagewerk zur Klärung zu Hilfe.

3. Das gesamte Stück „Die Ermittlung" kommt ohne Bühnen- bzw. Regieanweisungen aus. Erarbeiten Sie in Gruppen zu dritt Anweisungen zur Mimik, Gestik, Körpersprache und Sprechweise der drei beteiligten Figuren, und spielen Sie diese Szene dann Ihrem Kurs vor.

4. Was sind nach Weiss' „Notizen" die Aufgaben des dokumentarischen Theaters?

5. Überprüfen Sie anhand mehrerer von Ihnen ausgewählter Szenen der „Ermittlung" die Aussage des Autors aus der 8. Notiz, das dokumentarische Theater nehme „die Stellung des Beobachtenden und Analysierenden ein. Mit seiner Schnitttechnik hebt es deutliche Einzelheiten aus dem chaotischen Material der äußeren Realität hervor" (Z. 39 ff.)

6. Erarbeiten Sie in einer vergleichenden Übersicht die Gemeinsamkeiten zwischen dem dokumentarischen Theater und dem epischen Theater Brechts.

Text 3

FRANZ XAVER KROETZ: Oberösterreich (1972)

Das Zwei-Personen-Volksstück zeigt in einer Art buntem Bilderbogen Szenen aus dem Alltag des Arbeiter-Ehepaares Anni und Heinz.

ERSTER AKT
ZWEITE SZENE

In der kleinen Küche am Abend. Anni macht das Abendessen. Heinz schaut einen Prospekt der Gartenfirma Versand GmbH an. Anni schaut Heinz über die Schulter in den Prospekt.

ANNI Wenn mir jetzt einen Gartn hättn, tät man sich einen schwimming-pool kaufn.

HEINZ Weil es ein Sonderangebot is. 5

ANNI Aber schön. – Das ladet richtig ein zu einem Bad.

HEINZ Genau. *Liest.* Dieses Schwimmbecken mit einem Durchmesser von vier

---

1 Happening (engl.): Geschehen, Ereignis; provokative, aktionsreiche, unkonventionelle (Kunst-)Veranstaltung vor allem der 60er Jahre, ausgehend von den USA; Wurzeln im Dadaismus und Surrealismus

Meter fünfzig liefern wir Ihnen einschließlich Filteranlage und Steigeleiter zu dem sensationellen Preis von DeMark neunhundertfünfzig. Im Karton verpackt. – Ein-
10 fachste Selbstmontage nach Anleitung. Die Filteranlage entspricht den deutschen Sicherheitsbestimmungen.

ANNI Schwimmbeckenheizungen gibt es auch.

HEINZ Genau. *Liest.* Lieferbar auf Anfrage.

ANNI Wenn mir uns ein Schwimmbeckn kaufn tätn, weil mir einen Gartn habn, tät
15 man auch eine Heizung brauchn.

HEINZ Die wird aber ned billig sein, die Heizung.

ANNI Na.

HEINZ Sonst tät nämlich ned dastehn: auf Anfrage. Sonst tät ein Bild und ein Preis drin sein.

20 ANNI Aber wenn es ein kalter Sommer sein tät, tät man angewiesn sein auf eine Heizung.

HEINZ Dann schon. Es gibt sogar einen Springbrunnen. Schau! *Er blättert um.*

ANNI Ein schwimming-pool wäre mir aber lieber.

HEINZ Nur als Beweis, was es alles gibt. *Liest.* Heißner-Springbrunnen, die Zierde
25 jedes Gartens. Ente aufrecht, einundvierzig Zentimeter, siebenunddreißig Mark. Ente gebückt, zweiundvierzig Zentimeter, auch siebenunddreißig Mark. Seehund dreiundvierzig mal vierunddreißig Zentimeter, dreiundneunzig Mark.

ANNI Einen Seehund tät man vielleicht wolln, aber eine Ente nicht.

HEINZ Nein. *Lacht.* Keine Ente.

30 ANNI Jetz tust den Prospekt weg, daß ich anrichtn kann.

HEINZ Genau. Lieber gut gegessn als schlecht geträumt.

ANNI Ein schwimming-pool is kein Traum, wo es so viele gibt, die ein habn.

HEINZ Einen Gartn braucht man dazu, das is es.

ANNI Ein Traum tät sein, wenn sich einer eine eigene Insel im Meer ausdenkt.

35 HEINZ Eine Lagune.

ANNI Genau. *Nimmt ihm den Prospekt weg.* Jetzt wird gessn, sonst is kalt und schmeckt nimmer. *Sie richtet an: Lauch, Rindfleisch und Bratkartoffeln.*

HEINZ Bore.

ANNI Schmeckt wie Spargl, wo er viel billiger is.

40 HEINZ *probiert:* Schmeckt!

ANNI Und nicht teuer.

HEINZ Weil mir uns keinen Spargel leistn können!

ANNI Wenn der Bore genauso schmeckt und billiger is.

HEINZ Weil du kochn kannst.

45 ANNI Eine gute Köchin spart der Familie Geld und beschert ihr höchste Genüsse.

HEINZ So ein Schmarrn.

ANNI Wenn es so heißt.

HEINZ Schmarrn.

Anni lacht. Heinz lächelt. Sie essen.

50 HEINZ Aber Eignlob stinkt.

ANNI Wenn man was hat, braucht man sich deswegn nicht zum Schämen.

HEINZ Der Johanser hat seinen neuen Manta.

ANNI Warum?

HEINZ Da hat er sich extra zwei Stundn freignommen, daß er ihn eignhändig abholn
kann. 55

ANNI Hast ihn schon gsehn?

HEINZ Wenn er gleich damit in die Firma is.

ANNI Welche Farb?

HEINZ Zitronengelb heißt das, obwohl ich es ihm ned glaubt hab.

ANNI Schön? 60

HEINZ Is ein Auto der Manta. Wo er den Sechzehnhunderter hat mit achtundachtzig
PeeS. Da tätn mir nimmer mitkommen, wenn es ein Wettrennen gebn tät. *Lacht.*

ANNI Weil unser Kadett kein schönes Auto is!

HEINZ Aber ein Massnauto und kein Vergleich. Da tät man schon einen Capri brauchn, daß man mitkommt. Der Zweitausender, der macht es. 65

ANNI Wo ein Auto ein Gebrauchsgegenstand is und sonst nix.

HEINZ Ned ganz.

ANNI Und was ich im Haushalt spar, weil ich Fähigkeiten hab, das gibst du für das
Auto wieder aus.

HEINZ Wo das Auto uns mitnander gehört. Jeder die Hälfte. 70

ANNI Sag eh nix, aber vorbaun will ich.

HEINZ Wenn der Kadett nicht so ein Massnauto wär, wär er richtig.

ANNI Das ist doch gleich, wo er uns gehört.

HEINZ Wenn mir morgn beim Kegeln sind, kannst ihn dir anschaun, den Manta,
wenn der Johanser auch kommt. Wo er das neue Auto hat, kommt er bestimmt. Das 75
is natürlich.

Arbeits-
vorschläge

ANNI Wenn ich dableibn tät, könntn die Vorhäng genäht sein.

HEINZ Die Kollegn ham auch die Fraun dabei, wo mir einmal im Monat kegln. Wie
das ausschaut.

ANNI Du kannst ja sagn, daß ich bloß daheim bin, weil ich die neuen Vorhäng näh. 80
Daß zu Ostern drauf sind. *Pause.*

HEINZ Magst ned mitgehn?

ANNI Das Zuschaun is fad auf die Dauer.

HEINZ Und wenn ich der Beste bin?

ANNI Weil du der Beste bist! *Nickt.* 85

HEINZ Es letzte Mal hab ich fünf Mark gewonnen!
Pause.

ANNI Willst es unbedingt habn, daß ich mitgeh?

HEINZ Man kann niemandn zu seinem Glück zwingen.

ANNI Wennst es mir versprichst, daß du ned mehr wie zwei Maß trinkst und mir um 90
zwölfe gehn.

HEINZ An etwas anderes is nicht gedacht.

ANNI Dann geh ich mit und näh die Vorhäng am Wochenende.

HEINZ Ebn, das lauft dir ned davon.

ANNI Is dein Fleisch ned weich? Meines schon. 95

HEINZ Freilich, warum denn nicht?

ANNI Weilst ned ißt.

HEINZ Ich iß schon.

ANNI Das muß auch weich sein, wo ich es extra beim Metzger kauft hab und nicht
100 beim Tenglmann.

HEINZ Genau.

Aus: Franz Xaver Kroetz: Oberösterreich u. a. Frankfurt/Main 1974.

Text 4   FRANZ XAVER KROETZ: Die Schwierigkeiten des einfachen Mannes (1975)

Gespräch von Lutz Volke für „Sonntag" mit Franz Xaver Kroetz

Franz Xaver
Kroetz

SONNTAG: Sie sagten eben, daß Sie aus einer Art Mitleidshaltung angefangen haben
zu schreiben. Und in diesen frühen Stücken stellten Sie Personen dar – so formulierte es die Kritik –, die an der Sprachlosigkeit leiden, die sich nicht artikulieren können. Sie sagten auch, daß Sie jetzt darüber hinausgehen wollen. Heißt das, daß Sie
5 jetzt die Leute mit dem, was sie eigentlich berührt, „zu Wort kommen lassen"?

KROETZ: Man kann sich an einer gewissen Gruppe von Menschen festbeißen. Und
das waren für mich diese absolut Sprachlosen. Der erste Vorwurf an die Gesellschaft: Enteignung von Sprache. Und wenn man das dann bewußter beobachtet und
sich sagt: Jetzt betrachte das einmal nicht als Fatalist, sondern versuche, mit dem
10 Optimismus eines Kommunisten in der Bundesrepublik einen Blick für die Leute zu
entwickeln – dann entdeckt man nämlich in jedem Betrieb mindestens einen, der
weiter ist und weiter kommt. Es gibt immer wieder Leute, die ausbrechen, die vor-
ankommen, die Arbeitskämpfe durchstehen, Leute die Courage haben. Und mich
mehr auf die zu kaprizieren, mich in diese Leute hineinzuversetzen, das ist jetzt
15 mein Vorsatz. Und ich hoffe, daß ich anderen damit Mut machen kann. Obwohl ich
sagen muß, daß mir die Gleichung: Stücke, die positiv ausgehen, Stücke, die mit
einem Sieg der Gerechtigkeit enden, rufen automatisch zur Nachahmung auf – zu
simpel ist. Meine Stücke gehen zum Teil wahnsinnig negativ aus. Und gerade dieses
negative Ausgehen hat von der Putzfrau bis zum Dramaturgen die Reaktion her-
20 vorgerufen, daß sie sagen: Nein, das würde ich mir nie gefallen lassen! Positives
Stück – positive Menschen, das ist mir zu simpel. Obwohl ich positiver schreiben
möchte.

SONNTAG: In der literarischen Tradition berufen Sie sich auf Ödön von Horváth und
Marieluise Fleißer.[1] Und darüber setzen wir einmal die Überschrift: Volksstücke. Nun
25 bezeichnen Sie die meisten Ihrer Stücke ebenfalls als Volksstücke. Wenn man irgend-
eines Ihrer Stücke liest, irgendeine Szene, dann ist man sofort „mitten drin". Aber
leicht nachzuerzählen sind Ihre Stücke nicht. Da geht keine Geschichte von vorn bis
hinten durch, sondern es werden Menschen in Situationen gezeigt. Und ich finde,
daß Sie die Sprache der von Ihnen dargestellten einfachen Leute sehr genau treffen.
30 Damit erfüllen Sie eine der wesentlichen Voraussetzungen für ein Volksstück.

KROETZ: Ich geh mit diesem etwas provokatorischen Titel „Volksstück" von der
Situation in der Theaterlandschaft bei uns in der Bundesrepublik 1970 etwa aus. Da
begann die Wiederentdeckung von Fleißer und Horváth, von Volksstücken. Zu die-

---

1 Ödön von Horváth (1901–1938), Marieluise Fleißer (1901–1974): Neben Brecht in den 20er Jahren
Erneuerer des Volksstückes; in ihrer Tradition sahen bzw. sehen sich außer Kroetz auch Martin Sperr
und Rainer Werner Fassbinder.

ser Zeit waren die Theater beherrscht – hier nenne ich immer den Begriff – von der „Urschleimtaucherei": Ionesco, Beckett ...[2] wir wollen die Kollegen jetzt nicht alle 35 aufzählen ... also dieses Weggehen von den Menschen, von der Gesellschaft, von den Realitäten hin zu philosophischen Schlamm- und Dreckbauten. Und da habe ich sozusagen meine Stücke kontrapunktisch verfaßt, realistische Stücke mit Leuten, die hier und heute leben, mit kleinen Leuten, mit den Leuten, die einen großen Teil der Bevölkerung ausmachen. 40

Aus: Franz Xaver Kroetz: Weitere Aussichten ... Ein Lesebuch. Köln 1976.

**Arbeits-
vorschläge**

zu den
Texten
3 und 4

1. Worüber und auf welche Weise unterhalten sich Anni und Heinz?

2. Was kennzeichnet die Figuren, die Kroetz in dieser Szene auf der Bühne agieren läßt? Welche Rolle übernimmt dabei die Sprache der beiden Protagonisten?

3. Informieren Sie sich in einem geeigneten Nachschlagewerk über die Tradition des „Volksstückes", und referieren Sie darüber in Ihrem Kurs.

4. Exzerpieren Sie die wichtigsten Thesen aus Text 4, die Kroetz als Ausgangspunkt bzw. Hintergrund dafür nimmt, Theaterstücke über die „kleinen Leute" (Z. 39) zu schreiben.

5. Diskutieren Sie, auch anhand möglicher eigener Beobachtungen und Erfahrungen, über Kroetz' Vorwurf an die Gesellschaft, „Enteignung von Sprache" (Z. 8) bei verschiedenen Gruppen von Menschen zu betreiben.

Text 5

VOLKER BRAUN: Schmitten (1969/78)

Dem Stück liegt ein wichtiges Thema der DDR-Gesellschaft zugrunde: die Weiterbildung und -qualifizierung der Arbeiter/innen als Voraussetzung für die Entwicklung von Wirtschaft und Staat. Die dreißigjährige Jutta Schmitten, Mutter von zwei unehelichen Kindern, wehrt sich gegen eine Qualifizierung, weil sie kein Selbstvertrauen hat. Dennoch überzeugt sie, die öffentlich gelobte Aktivistin, ihre Arbeitskolleginnen davon, den Lehrgang zu absolvieren. Die einzelnen Szenen zeigen nun, wie die Schmitten als „Vorbild" auf- bzw. abgebaut wird, wobei der Widerspruch zwischen gesamtgesellschaftlichen Erfordernissen und individuellen Verhaltensweisen von verschiedenen Seiten beleuchtet wird. In der folgenden Szene wird Schmitten in einem Propagandafilm eingesetzt, und dies, nachdem sie sich schon geweigert hat, den Lehrgang zu besuchen.

Halbtotale
Kaderleiterin. Schmitten. Regisseur. Kameraleute
REGISSEUR *stellt Schmitten in Positur* So, junge Frau, Sie brauchen nur zu lachen, *macht es vor* mithilfe des Gesichts. Hier unterschreiben.
KADERLEITERIN *nimmt einen Rosenstrauß* Der ist nicht echt, ist der.
REGISSEUR Das sieht man nicht. Damit was echt wirkt, darf es nicht echt sein. Der Realismus, das ist nämlich Kunst, da liegt der Haken. Erst muß es Film sein, dann 5 wird es Leben. Papier, dann Leben. Schminke.
KADERLEITERIN Richtig. Erst das Beispiel, dann der Mensch, das ist die Folge.
REGISSEUR Oder so. *Zur Schmitten* Ist Ihnen nicht gut? *Schmitten wird geschminkt.*
KADERLEITERIN Doch doch. *Konspirativ* Dazu ist es zu spät, Jutta. Du kannst den Film nicht platzen lassen. Du mußt den Kopf hinhalten. Du weißt, was für dich gut ist. 10

2 Eugène Ionesco (1912–1994), Samuel Beckett (1906): Vertreter des absurden Theaters

SCHMITTEN Ja.

KADERLEITERIN Gut ist, was allen nützt. Das ist die Wahrheit, die muß dir in Fleisch und Blut übergehn. *Greift sich in den Busen* Hier, hier, das ist vielleicht nicht jung und schön, aber die Wahrheit ist darin, das Bewußtsein. Das denkt den ganzen Tag
15   für euch und überlegt sich was, denn dazu leb ich, und was tut ihr? Ihr lebt euch aus. Du hängst in den Gebüschen, ich frage nicht mit wem, obwohl alles planiert ist vor der Stadt und jeder sieht es. Und hast eine Wohnung, und Krippenplatz, die Partei macht alles, und was ist der Dank?

SCHMITTEN Der Dank?

20   KADERLEITERIN Wir drücken beide Augen zu, obwohl du wieder keinen Vater weißt, weil du nicht durchsiehst, und das Kind soll in den Film, weil wir dich unterstützen Tag und Nacht. Aber was nützt das Kind, wenn du die Arbeit hinwirfst? Wir sind blamiert, Jutta. Keine gute Tat, die man dir vorschlägt, die du gern tust. Weil du dir nichts denkst!

25   REGISSEUR Nu lach mal, Mädchen.

SCHMITTEN Ja ich – was soll ich denn denken? Ich arbeite. Das is genug gemacht. Wenn ich nur hör: mach das, und das, und verpflichte dich – was denn dann noch? Dann müßt mir das was geben.

KADERLEITERIN Bist du stur. Wir sind wie Kinder. Die Zeit ist jung, und also sind
30   wir auch jung, wir müssen erzogen werden von heute bis als Veteran. Wir wachsen erst, ich glaub manchmal, ich bin noch nicht am Leben, es fängt erst irgendwann an! Wir sind nicht reif für die Zeit. Wenn wir den Staat nicht hätten, unsern Staat, wir wären wie dumm und hätten kein Bewußtsein.

SCHMITTEN Was soll denn anfang mit mir. Was verlangst du denn? Einmal muß doch
35   gut sein, und einmal aufhörn, immer wachsen, der Mensch. Das steht mir bis hier. Die, denens schwerfällt und kommen nich mit, für die is es bloß Mühe. Und sind doch bloß dann die Letzten, nach der Angst wieder, die im Dreck stehn.

KADERLEITERIN Das sagst du? Das, wo du all den Fortschritt siehst herum, wo jeder seine Chance hat, alle gleich!

40   SCHMITTEN Ja, jeder, wenn er die Chancen – wenn ers könnt! Der is für den Fortschritt, wo er nur vorankommt. Aber da unten, aufm Holzplatz die, da frag ein, ob er froh wird in seim Gemüt, bloß von dem Lern. Wir warn bei den Kapitalisten die Dummen, und jetzt in dem Fortschritt auch.

REGISSEUR Können wir?

45   KADERLEITERIN Jutta! du hast kein Bewußtsein, Jutta. Bewußtsein, das ist, wenn man bewußt lebt, das ist das Glück. Ich will doch dein Glück. Das ist dein Glück, wenn du unterschreibst. Bloß für den Film, du mußt nicht alles selbst lernen. Dann sehn wir weiter, hier das ist pro forma. Wir stehen hinter dir. Du bist das Beispiel, Jutta.

SCHMITTEN Ja. *Steht erschöpft.*

50   REGISSEUR Achtung Ruhe.

KADERLEITERIN *laut* Unser Beispiel Jutta Schmitten.

Schmitten unterschreibt. Kaderleiterin gibt ihr den Strauß.

REGISSEUR So, das war sehr schön.

Aus: Volker Braun: Stücke. Berlin/DDR 1983.

Text 6   VOLKER BRAUN: Die Schaubühne nicht als eine moralische Anstalt betrachtet
(1968)

1. Das Theater ist eine Verdopplung unserer Existenz, denn die einfache reicht uns
nicht aus.

2. Es war immer eine Aktion, das Leben zu erweitern, zu verändern – aber es wurde
oft zum Räsoneur[1], der mit dem Publikum eine Kumpanei von Räsoneuren einging.

3. Diese Gerichtsbarkeit der Bühne beginnt altmodisch zu werden. Die Bühne hat   5
nicht mehr Urteile zu sprechen, sondern Veränderungen vorzubereiten. Sie hat
nicht mehr Moral abzuliefern, sondern Moralisieren auszutreiben. Sie hat nicht
mehr Ergriffenheit zu lehren, sondern Ergreifen der Möglichkeiten.

4. Das Theater war ein Spiegel, der Spiegel schrie: so sind wir! werden wir andere!

5. Diese Abbildfunktion des Theaters wird erweitert, wenn es eigenständige, nicht-   10
kopierte Vorgänge herstellt, die die Möglichkeiten des Verhaltens auf ihre Brauchbarkeit untersuchen.

6. Auf diesem Theater können gesellschaftliche Experimente gemacht werden, die
im anderen Leben teuer und gewagt wären.

7. Die Experimente müssen denen des andern Lebens der Form nach nicht gleichen,   15
jedenfalls können sie drastischer, lebendiger und „wesentlicher" als jene sein und
sind

8. so zu organisieren, daß die Masse (der „Zuschauer") über sich selbst erregt wird.

9. Dabei wird dieses Theater wohl den exklusiven Vorspiel-Charakter verlieren.

10. Denn es wird sich nicht bescheiden, die Möglichkeiten des Verhaltens zu zeigen: 20
es kann eine öffentliche Szene ständigen Probens und Findens der nötigen Haltungen sein, allen zugänglich und gemäß.

11. Das wird ein Niederreißen der Rampe zwischen (heller) Bühne und (düsterem)
Saal nicht in dem einfachen Sinn, wie bei Brecht, die Handlung dem Zuschauer aus-
zuliefern (auch Brecht bediente sich ja der alten Theaterform, der interpretieren-   25
den: ein Widerspruch, dem er durch neue enorme Techniken – Abbau der Einfühlung, Verfremdung, Adressierung – abzuhelfen suchte. Seine Zuschauer kamen
nicht hinaus über eine kritische Haltung – des Außenstehenden: außerhalb des
Spiels); der Zuschauer wird der Handlung ausgeliefert, daß er sich zu ihr praktisch
verhält, indem er Mitspieler wird (nicht mit sich spielenlassender Happening-Kon-   30
sument, sondern Theaterproduzent). Dieses Theater wird ein auch der Form nach
konstruktives, und eines der Instrumente zur Leitung der Gesellschaft.

12. Dieses Theater wird durch das andere Leben geradezu gefordert, das die bewußten Produzenten ihres Lebens braucht, Leute, die sich verändern mit den Umständen, die ihre Rolle wählen und wechseln, die disponibel werden in der überraschend   35
veränderlichen Ökonomie.

13. Über die Form dieses Theaters (das das andere nicht ersetzt) läßt sich (nur) spekulieren.

14. Eine Summe Versuche der letzten fünfzig Jahre und der nächsten fünfzig wird
einen Blick ermöglichen auf diese merkwürdige Landschaft; jetzt müssen wir uns   40
durch ein Dickicht schlagen.

---

1 Räsoneur: jemand, der räsoniert, ein Nörgler

15. Die Brauchbarkeit jener Proben außerhalb der Szene, ihr demokratischer Charakter, den Antagonismus zwischen den Klassen der Zuschauer und Vorspieler aufzuheben, der neue Sinn des Theaters als Politikum ersten Ranges (und ohne erste
45 Ränge) – das ist eines Tages die Chance des Theaters.

16. Dieses Theater wird vergnüglicher sein als alles gewesene; das ist schon seinen Vorstufen abzusehn.

17. Ob sich die Form des Theaters wenig oder sehr verändern wird – seine Arbeit wird nicht ungefährlicher.

50 18. Es ist nicht mehr nur den guten Gefühlen verpflichtet (denen leicht gerecht zu werden ist): auch den stabilen Notwendigkeiten. Bei der Anklage der Miseren konnten nur Autor und Truppe verschwinden müssen; im Entwurf von Zukunft verflüchtigen sich womöglich die Miseren selbst.

19. Der exklusive Charakter des heutigen Theaters erschwert seine Arbeit: weil vie-
55 le durch die alte Form der Darbietung nicht auf die neue Funktion des Theaters hingewiesen sind und altes Theater erwarten, also den neuen Zustand behandelt sehn wollen und nicht seine innewohnende Veränderung (oder nur die Veränderung des ohnehin Zurückgebliebnen).

Aus: Volker Braun: Es genügt nicht die einfache Wahrheit. Notate. Frankfurt/Main 1976.

**Arbeits-
vorschläge**

zu den
Texten
5 und 6

1. Welche unterschiedlichen Ansichten vertreten die „Kaderleiterin" und „Schmitten" (Text 5)?

2. Wie deuten Sie die Aussage des „Regisseurs" in Zeile 4-6? Welche Funktion schreibt er dem Film und dem Aspekt der „Echtheit" zu?

3. Überlegen Sie, weshalb die Szene als Filmaufnahme angelegt ist. Welche Rückschlüsse ziehen Sie daraus auf die DDR-Wirklichkeit?

4. Informieren Sie sich über die wichtigsten Stationen in Volker Brauns dramatischem Schaffen unter dem Gesichtspunkt „Auseinandersetzung mit dem DDR-Sozialismus", und referieren Sie darüber in Ihrem Kurs.

5. Stellen Sie in einer Übersicht Brauns Thesen (Text 6) zum Theater in folgender Weise dar:

Theater als moralische Anstalt	Theater der Zukunft
oft Räsoneur	Leben erweitern, verändern
Urteile sprechen	Veränderungen vorbereiten
Theater als Spiegel	…
usw.	usw.

6. Untersuchen Sie These 11 (Z. 23 ff.) Was meint Braun, wenn er vom Zuschauer als „Theaterproduzenten" spricht? Wo will er über Brecht hinausgehen?

7. Schillers Schaubühnen-Aufsatz von 1784 erschien 1802 unter dem Titel „Die Schaubühne als eine moralische Anstalt betrachtet". Analysieren Sie vergleichend die beiden Aufsätze, und referieren Sie in Ihrem Kurs.

Text 7

HARALD MÜLLER: Totenfloß (1986)

Nach einem Atom- und Chemieunfall in Deutschland treffen vier Todgeweihte zusammen, „entdecken ihre Menschlichkeit, bilden eine Solidargemeinschaft. Gleichzeitig jedoch zerfallen sie körperlich, nähern sich mehr und mehr dem Tode", wie es in einer Bühnenanweisung an der Stelle formuliert wird, als die vier ein Floß besteigen und den Rhein hinuntertreiben.

Das Heimweh nach der Barbarei ist das letzte Wort einer jeden Zivilisation.

(Emile M. Cioran)

Personen:

Checker

Itai

Kuckuck

Bjuti

Im Zuschauerraum und auf der Bühne ist es dunkel. Das GROSSE TAMTAM *beginnt rhythmisch und skandiert zu dröhnen. Ein Spot fällt auf: Checker steht in der Mitte auf der Bühne und lauscht. Er trägt einen enganliegenden Gummianzug mit Kopfschutz und eine dunkle Schutzbrille. Checker – halb Mensch, halb Tier – ist eine reine Überlebensmaschine. Ihm fehlt der rechte Arm: eine genetische Entartung. Als das* 5
GROSSE TAMTAM *auf dem Höhepunkt ist, wird es schlagartig hell, und man sieht: vor der Mauer des bewohnbaren Areals (BA) Nordbaden drei (Heidelberg). Eine Mauer mit einem großen Loch, von dem aus eine Art Rutschbahn nach draußen führt: der* GROSSE AUSSPUCKER. *In seinem Umfeld Müll, halbverweste Leichen, Tier- und Menschengerippe: alles, was das BA an Abfall ausspuckt. Davor ein chemisch verseuchtes* 10
Feld mit Moosflechte und Steinen. Ein Schwall von Müll kommt mit dem Dröhnen des GROSSEN TAMTAMS *aus dem* GROSSEN AUSSPUCKER. *Checker sucht im Müll nach Eßbarem, das er in einem Lederbeutel, dem* CHECKSACK, *verstaut. Das* GROSSE TAMTAM *ist leiser geworden. Checker hat einen furchtbaren Hustenanfall. Er krümmt sich, wirft den Checksack zu Boden. Blut stürzt aus seinem Mund und färbt den Schutzan-* 15
zug über der Brust rot. Verzweifelt, aber erfolglos versucht er den Blutfleck zu beseitigen. Wieder nähert sich das GROSSE TAMTAM, *und in einem Schwall von Müll rutscht der Menschenmüll Itai aus dem* GROSSEN AUSSPUCKER, *überschlägt sich, bleibt liegen, zuckt bei jedem fünften Schlag des* GROSSEN TAMTAMS *zusammen. Checker entnimmt dem Checksack ein großes Fangnetz. Das* GROSSE TAMTAM *zieht ab. Itai erhebt sich,* 20
schaut sich um, prüft den Boden, wagt nicht zu gehen. Er hat Angst, etwas zu betreten, etwas anzufassen, ja, zu atmen. Schließlich macht er auffallend steif einige vorsichtige Schritte, wobei er das rechte Bein nachzieht, schaut in den GROSSEN AUSSPUCKER *hinein und schreit:*

Itai Ich habe doch nur Nullkommavier! Laßt mich wieder rein! Ihr dürft mich nicht 25
aus dem BA verjagen mit Nullkommavier PPM Cadmium! Das ist ungesetzlich! Ich werde dem Vorstand Meldung machen! Laßt mich rein! Sofort! Ihr braucht mich! Ich bin eine reine Retortengeburt! Hundert Percent clean! Allein damit macht ihr euch strafbar! Verstoß gegen das Gen-Gesetz! Ihr müßt mich noch mal neu durchchecken! – Ich habe auch die ZEHN GROSSEN GEBOTE gehalten! Hab nie in alten 30
Büchern gelesen, nie über mein Leben nachgedacht, nie einen andern Menschen berührt! Natürlich auch kein Tier und keine Pflanze! Auch nach der Vergangenheit hab ich nie gefragt! Und alles, was ich aß, hab ich mit dem Counter gecheckt! Ich

hab nie geliebt! Ich schwöre: nie, nie, nie! Ich war dem Vorstand treu ergeben!
35 Sechs kontamine Personen hab ich gemeldet! Und ihr verbannt mich jetzt ins UA?
Das ist Mord! Nackter Mord isses. Mord! Laßt mich wieder rein!
*(Itai bricht zusammen und schluchzt. Checker wirft das Netz über ihn, kniet sich auf
ihn und schnürt ihn zusammen:)*

THEATER HEUTE

Das Stück
zum Thema des Jahres:

Harald Mueller
«TOTENFLOSS»

Itai Was? Was willste?
Checker Cool. Body, cool.   40
Itai Das darfste nicht!
Checker Was?
Itai Mich berühren.
Checker Man darf ihn nich tatschen!
Itai Das zweite Gebot.   45
Checker Rotzandkotz!
Itai Oh, Boy, wenn das der Vorstand hört –
Checker Der Vorstand?
Itai Zentralinstanz von Nordbaden drei.
Checker Hier isser Vorstandn feuchter Shit. 50
Du bist im Unbewohnbaren, Body.
*(Checker setzt Itai einen Blutzapfer an die
Halsschlagader.)*
Itai Eh, was tuste?
Checker Blutcheck.   55
Itai Nein, ich will zurück. Sie habn mich irrtüm-
lich ausgewiesen. Da, in Heidelberg! Irrtümlicher
Regelverstoß.
Checker Regelverstoß –!

60 **Itai** Ich bin unterm Deathstrich.
Checker Sagt jeder.
Itai Ich hab *son* Genbonus!
Checker Okay, okay! Nurn Schnellcheck, komm!
Itai Erst ausm Shitnetz.
65 **Checker** Shitnetz. Bastard, sabbernder?!
Itai Okay, tut mir leid.
Checker Obacht, Body! – Da, Checkers Feitis: Netz, Waidneif, Kett and Bäng –
*(Checker zeigt stolz ein Messer, eine schwere Kette und eine Schleuder und schwingt
gekonnt die Kette überm Kopf.)*
70 Schöne Feitis, eh?
Itai Sehr schöne. Laß mich jetzt raus.
Checker Ständer her.
Itai Wozu?
Checker Dazu.
75 *(Checker bindet Itai die Füße zusammen und läßt ihn aus dem Netz. Itai meint den
Blutzapfer:)*
Itai Das Gerät ist nicht steril.
Checker Ratte!
(Checker tritt Itai, schleudert dann hektisch Geräte aus dem Checksack:)

Checker hält clean, totally clean! Zapfer, Blutchecker, Pißchecker, Sauger! Reagen- 80
zer, Magenschlauch, Kirr fürs Gehirn, Aderspangen! Counter, Kurzzeitdosimeter,
Langzeiter und Blasendraht! Und er selber is cleaner als clean! Ganzkörpergummi,
Globushaut, Glotzishelter: clean, very clean! Mann, Gerät, Geschirr und Shelter!
(Itai zeigt auf den Blutfleck auf Checkers Brust:)
(...) 85
(Itai zeigt Checker auf seinem nackten Körper mehrere Stempel:)
Itai Herzbank – Lungenbank – Leberbank – Milzbank – Sogar für die Genbank
vorgesehn.
Checker Eh, der Stempel Nierenbank?
(Beide schauen sich Itais Nierengegend an.) 90
Itai Kommission war kontrovers.
Checker Hund, spuck die Diagnose aus!
Itai Ohne Einzelbegründung verweigert.
Checker Willste die Kett?!
Itai Nierenversagen. 95
Checker Na also!
Itai *(rasch)* Temporäres!
Checker Und dann Genbank –
(Checker geht um Itai herum, drückt, beklopft und horcht ihn ab.)
Temporäres Nierenversagen, ha! 100
Itai Meine Nierenkontas sind dumping!
Checker Auch beginnende Zersetzung Knochengewebe?
Itai Nicht registriert.
Checker Ziehstn rechten Ständer nach –
Itai Nonsense! Das Leg ist positiv. 105
Checker Gehcheck!
*(Checker befreit Itai von der Fußfessel. Itai geht steif und grade, aber ohne das rechte
Bein nachzuziehen, vor Checker auf und ab.)*
Schon mal besser getrickst, eh? Body, dein rechtes Leg ism Arsch. Überhaupt das
ganze Body. Totally! Zuviel Cadmium drauf. Checker hatn Blick für das. Shit wird 110
inne Nieren gespeichert. Ab nullkommafünf PPM biste ex. Kalk haut ab ausm Kno-
chengewebe. Du wirst kleiner. Schrumpfung des Skeletts. Dazu Blutarmut, Atem-
not, Lunge kaputt. Da glotzte aber, hahaha! – Ah, die ZEHN GROSSEN GEBOTE!
(Checker liest von Itais Rücken ab:)
Du sollst nicht lieben. Du sollst keinen andern Menschen berühren. Du sollst kein 115
Tier berühren und keine Pflanze. Du sollst deine Nahrung mit dem Counter
checken. Du sollst jede chemisch verseuchte Person anzeigen. Du sollst nicht über
dein Leben nachdenken. Du sollst nicht fragen, was früher war. Du sollst keine
alten Bücher lesen. Du sollst nicht fragen, warum du etwas sollst. Du sollst dem
Vorstand gehorsam sein. – Ganz schön balla! Und jetzt komm! 120
(Checker jagt Itai den Blutzapfer in den Hals.)
Itai Nein!
Checker Checker muß checken.

Aus: Harald Müller: Totenfloß. Ein Stück. Abgedruckt in: Theater heute, 27, 1986, H. 7.

Text 8   HARALD MÜLLER: Grundstimmung Angst (1986)

Ein Gespräch der „Theater heute"-Redaktion mit Harald Müller

THEATER HEUTE *Die Wurzeln des Dramatikers Harald Mueller, die Sie erwähnten, die haben zu tun mit dem heute denkbar größten Thema: „Regression der Menschheit". „Reduktion der Menschlichkeit"* …

HARALD MÜLLER „Große Worte, Herr Rath". Leider stimmen sie nicht. Dieses Eti-
5 kett ist mir schon des öfteren angeklebt worden, und es ist Zeit, daß ich mich dagegen wehre. Sowohl „GROSSER WOLF"[1] als auch „TOTENFLOSS" – und dieses
besonders – sind positive, lebensbejahende Stücke. Natürlich, wenn man sich durch
die dunkle Verpackung täuschen läßt, kommt man schnell auf Begriffe wie „Reduktion der Menschlichkeit". Ich habe es im Falle „TOTENFLOSS" sehr bewußt dar-
10 auf angelegt, ein positives Stück zu schreiben. Natürlich nicht von dieser lächerli-
chen Positivität, die am Ende eines schrecklichen Geschehens die Liebenden Hand
in Hand in die aufgehende Sonne schreiten läßt. Genauso langweilig und verlogen
ist es aber auch, nur Menschen zu zeigen, die in weltschmerzlichem Wehgeschrei
und nihilistischen Posen den Sinn ihres Lebens finden. Gezeigt werden im Stück
15 nicht nur Angst, Aggressivität, Dunkelheit und Depression, sondern es wird auch
gezeigt, wo sie herkommen. Und immer auch der Versuch der Figuren, gegen die
Dunkelheit anzugehen, gegen die Angst sich zu behaupten und der Depression keine Chance zu geben. Jedes widerspruchlose Boulevardstück ist verglichen mit
„TOTENFLOSS" gegenüber ein Abgrund von Nihilismus.
20 Was mich an „TOTENFLOSS" besonders interessiert hat, ist, wie eine zerstörte
Umwelt im Psychischen auf den Menschen wirkt. Daß also nicht nur körperliche
Krankheiten, ein fehlender Arm z. B., als physische Entartung auftreten, sondern
Angst da ist. Und da, glaube ich, können wir aus der Erfahrung mit Tschernobyl
schon einiges im Stück entdecken. Angst ist eine unheimliche Grundstimmung, gra-
25 de wo es um atomare Verstrahlung geht. Diese Grundstimmung sagt: Es ist nichts
mehr sicher. Die Luft, die ich atme, ist nicht mehr sicher: der Boden, den ich betre-
te, ist nicht mehr sicher: das Wasser, das ich trinke, ist nicht mehr sicher. Ja, auch der
andere Mensch, mit dem ich umgehe, ist nicht mehr sicher. Ich könnte mir ja eine
Vergiftung holen, mich anstecken, wenn ich ihn berühre. Eine diffuse Angst, Radio-
30 aktivität ist nicht zu sehen, Radioaktivität passiert im Kopf. Alles changiert vor
Unsicherheit.
THEATER HEUTE *Das gilt auch für den Traum- oder Fluchtraum in Xanten. Dieser
alte ehrwürdige Ort am Niederrhein ist ja nur eine Chiffre für den Ort, zu dem man
sich hinzubewegen traut oder wo man überleben möchte. Ob dieses Xanten noch exi-*
35 *stiert, ist dabei nicht ganz klar.*
HARALD MÜLLER Ja, das stimmt. In TOTENFLOSS macht Hoffnung an Xanten
fest, in GROSSER WOLF an Klumpers Sanitäter. Beides sind Chiffren. Aber Xanten ist auch noch mehr. Siegfried ist in Xanten geboren. Simplicissimus wollte nach
Xanten; es ist eine sehr frühe Römerstadt, gegen die alten Germanen gebaut.

---

1 Großer Wolf: Müllers Stück von 1970, das die Bandenkämpfe von Jugendlichen in der Nachkriegszeit
zum Thema hat

Irgend so was Urdeutsches haust da. Außerdem klingt das Wort sehr schön: Xanten 40
… wie in einem alten, schrecklichen Märchen, schön idiotisch. „TOTENFLOSS" ist
auch der Versuch, vier verschiedene Arten der Bewältigung von Angst zu zeigen.
Jede Figur versucht auf die ihr gemäße, für sie charakteristische Weise, mit der
Angst fertigzuwerden. Das ist bei Checker der Tic, von sich in der dritten Person zu
sprechen, also seine Identität aufzugeben, eine Art schizoider Zustand, wie kleine 45
Kinder sich verhalten, eine kindliche Regression. „Er, der Checker", sagt er immer
von sich, nimmt damit Abstand von seiner Angst, von seinen Schmerzen, schützt
sich, sieht sich als Gegenstand. Erst, als er gezwungen wird, „ich" zu sagen und
damit seine Identität festzulegen, wird er schwach. Die zweite Art von Angstbewäl-
tigung finden wir bei der Bjuti. Sie erkennt die Realität nicht an, flüchtet sich in 50
Phantasien. Das sind sprachliche Phantasieräume einer reinen, heilen Empfindungswelt, des reinen, heilen, sauberen Körpers. Eine Art Autosuggestion, durch
die sich Bjuti zu schützen versucht. Der dritte Versuch ist der von Itai. Er hat die
„ZEHN GROSSEN GEBOTE" verinnerlicht, bewegt sich nur noch im Rahmen
dieses Ordnungsschemas, verbietet sich alles, was über diesen Rahmen hinausgeht, 55
bleibt dabei starr und unbeweglich. Ich stelle mir vor, daß schon der Gang der Figur
dieses ausdrückt, daß das Gesicht keine Emotionen zeigt, etwas Zombiehaftes ist
um ihn, seine Wörter der Bürokratie, der Verwaltungs- und Ordnungssprache. Alles
Anarchische, Wilde, Ungeordnete, alle über die Ordnung hinausgehenden Phantasi-
en lehnt er ab. 60

Aus: Theater heute, 27, 1986, H. 7.

Arbeits-
vorschläge
zu den
Texten 7
und 8

1. Welche gesellschaftlichen Verhältnisse und zwischenmenschlichen Beziehungen
werden im Dialog zwischen Checker und Itai sichtbar?

2. Untersuchen Sie die Sprache der beiden Protagonisten.

3. Wie werden die „Zehn Großen Gebote" (Z. 6 ff.) für Moral und Verhalten der
Beteiligten im Textausschnitt zu einem zentralen Aspekt?

4. Diskutieren Sie über die verschiedenen Ausführungen Müllers zu seiner Grund-
these (Text 8), er habe mit „Totenfloß" „ein positives Stück" schreiben wollen.

5. Überprüfen Sie nach der Lektüre des gesamten Stücks Müllers Charakterisierung Checkers und Itais (vgl. Z. 44 ff. bzw. 53 ff.), und stellen Sie Ihre Ergebnisse in
Ihrem Kurs vor.

6. Vergleichen Sie in einer zusammenfassenden schriftlichen Erschließung und
Interpretation die Texte von Weiss, Kroetz, Braun und Müller unter der Leitfrage:
Welche Gemeinsamkeiten bzw. grundlegenden Unterschiede sehen Sie bei diesen
Texten in der Gestaltung der Aspekte „Vergangenheitsbewältigung, Gegenwarts-
probleme, Zukunftsangst"?

5.3   Von der Chiffrensprache zum experimentellen Spiel – Kontinuität und Wandel in der Lyrik

Die westdeutsche Gesellschaft stand in den 50er Jahren im Zeichen des Wiederaufbaus und des einsetzenden „Wirtschaftswunders", des „Kalten Krieges" und der weitgehenden Verdrängung der Zeit des Nationalsozialismus. Die Literatur nahm, von wenigen Ausnahmen abgesehen, von der realen Politik wenig oder nur auf indirekte Weise Notiz, was am deutlichsten in der Lyrik sichtbar wird: Die **Poetisierung der Wirklichkeit** durch den Bau von „Bilderwelten" abseits des Politischen sind Stichworte zur Beschreibung jener lyrischen Dichtung, die aus der Feder der Autoren floß, die in der literarischen Öffentlichkeit eine herausragende Bedeutung besaßen.

Erst seit Beginn der 60er Jahre fand eine sich intensivierende Auseinandersetzung der Literatur, im besonderen der Lyrik, mit den konkreten politischen und gesellschaftlichen Bedingungen und Ereignissen statt; so wurden Vietnamkrieg, Notstandsgesetzgebung, Große Koalition aus SPD und CDU, erste (Nachkriegs-) Wirtschaftskrise 1966/67, Auschwitz-Prozeß 1963–1965 und die 68er Studentenbewegung zu Ausgangspunkten für eine Umorientierung in der Literatur: Bestimmend wurden nun Formen der **politischen Lyrik** bis hin zum Agitproplied, das sich auf bestimmte Ereignisse und Zustände bezog und zum (politischen) Handeln aufforderte. Die Lyrik-Autoren (und nicht nur sie) stellten sich offensiv gegen die „hermetische" und „autonome" Welt des Gedichtes, und die provozierende These vom „Tod der Literatur" richtete sich gegen die traditionelle Funktion von Literatur, die sich angesichts des politischen Aufbruchs als „privilegierte Ohnmächtigkeit" erwiesen habe.

Vereinzelt bereits am Ende der 60er Jahre, in größerem Ausmaß dann seit Mitte der 70er Jahre setzte eine erneute Orientierung ein: Die von vielen Intellektuellen der 68er Generation erhoffte soziale Revolution war ausgeblieben, der SPD-Slogan „Mehr Demokratie wagen" stieß angesichts der Terroristenszene auf die Gegenforderung nach dem „starken Staat". Die 1974 erneut einsetzende Wirtschaftskrise mit einer rasch wachsenden Arbeitslosigkeit zerstörte die Hoffnung auf eine Krisenfestigkeit der westlichen Marktwirtschaft. Die literarische Szene reagierte rasch und sensibel auf die Entwicklungen: Die privaten Töne fanden wieder Eingang in die Poesie, eigene Erfahrungen und Empfindungen wurden literarisch gestaltet. Dennoch ist diese **Neue Subjektivität** oder **Neue Innerlichkeit** mit der Literatur in den 50er Jahren nicht einfach gleichzusetzen; es ging nun vielmehr darum, die Identitätssuche des einzelnen als politisches Subjekt und Objekt zu thematisieren, wobei man die allgemeinen Erfahrungen mit dem Alltäglichen durchleuchtete. Dies schlug sich in der **Alltagslyrik**, im „einfachen Sprechen", in der Mundartdichtung nieder.

Die Lyrik der 80er Jahre wurde einerseits bereichert durch die schon in den 70er Jahren auflebende **Frauenliteratur**, und es erschien eine ganze Reihe von Gedichtanthologien, die sich auf unterschiedliche Weise dem Versuch widmeten, die traditionellen Rollen von Frau und Mann bewußtzumachen, sie in Frage zu stellen und neu zu definieren. Andererseits war eine Tendenz der Rückkehr zum Artifiziellen in der Formensprache und der Abwendung von Sprache und Inhalt des Alltäglichen zu beobachten. Vorgeführt wurde häufig eine kunstvoll gestaltete Welt der (persönlichen) Irritation und der objektiven Beschädigungen, ein Stillstand von Entwicklung und Geschichte, in dem angesichts der drohenden Klimakatastrophe, der Erfahrung von Tschernobyl und der ständigen Gefährdung des Weltfriedens (vor allem zu Beginn der 80er Jahre) Momente der Hoffnung recht spärlich aufscheinen. Neben diesen oben angeführten Entwicklungen gab es seit den 50er Jahren die aus sprachskeptizistischen und -kritischen Positionen heraus entstandenen Texte der **Konkreten Poesie** eines Eugen Gomringer und Helmut Heißenbüttel, die mit Hilfe der „Bauelemente" der Sprache, mit Hilfe von mitbeteiligten Flächen, Punkten, Linien und auch Farben „konkrete" Bilder schufen, die – so wollte es Gomringer verstanden wissen – nicht Wirklichkeit darstellen, sondern herstellen.

Zu nennen ist in diesem Zusammenhang noch die **Wiener Gruppe** um Ernst Jandl, die sich in der antibürgerlichen avantgardistischen Tradition des Dadaismus und des Surrealismus sah und mit ihren sprachexperimentellen Texten prononcierte gesellschaftskritische Positionen bezog.

Text 1   PAUL CELAN: Todesfuge (1945/48)

Schwarze Milch der Frühe wir trinken sie abends
wir trinken sie mittags und morgens wir trinken sie nachts
wir trinken und trinken
wir schaufeln ein Grab in den Lüften da liegt man nicht eng
Ein Mann wohnt im Haus der spielt mit den Schlangen der schreibt   5
der schreibt wenn es dunkelt nach Deutschland dein goldenes Haar Margarete
er schreibt es und tritt vor das Haus und es blitzen die Sterne er pfeift seine
                                                    Rüden herbei
er pfeift seine Juden hervor läßt schaufeln ein Grab in der Erde
er befiehlt uns spielt auf nun zum Tanz   10

Schwarze Milch der Frühe wir trinken dich nachts
wir trinken dich morgens und mittags wir trinken dich abends
wir trinken und trinken
Ein Mann wohnt im Haus der spielt mit den Schlangen der schreibt
der schreibt wenn es dunkelt nach Deutschland dein goldenes Haar Margarete   15
Dein aschenes Haar Sulamith wir schaufeln ein Grab in den Lüften da liegt man
nicht eng

Er ruft stecht tiefer ins Erdreich ihr einen ihr andern singet und spielt
er greift nach dem Eisen im Gurt er schwingts seine Augen sind blau
stecht tiefer die Spaten ihr einen ihr andern spielt weiter zum Tanz auf   20

Schwarze Milch der Frühe wir trinken dich nachts
wir trinken dich mittags und morgens wir trinken dich abends
wir trinken und trinken
ein Mann wohnt im Haus dein goldenes Haar Margarete

25 dein aschenes Haar Sulamith er spielt mit den Schlangen
Er ruft spielt süßer den Tod der Tod ist ein Meister aus Deutschland
er ruft streicht dunkler die Geigen dann steigt ihr als Rauch in die Luft
dann habt ihr ein Grab in den Wolken da liegt man nicht eng

Schwarze Milch der Frühe wir trinken dich nachts
30 wir trinken dich mittags der Tod ist ein Meister aus Deutschland
wir trinken dich abends und morgens wir trinken und trinken
der Tod ist ein Meister aus Deutschland sein Auge ist blau
er trifft dich mit bleierner Kugel er trifft dich genau
ein Mann wohnt im Haus dein goldenes Haar Margarete
35 er hetzt seine Rüden auf uns er schenkt uns ein Grab in der Luft
er spielt mit den Schlangen und träumet der Tod ist ein Meister aus Deutschland
dein goldenes Haar Margarete
dein aschenes Haar Sulamith

Aus: Paul Celan. Gedichte in zwei Bänden. Bd. 1. Frankfurt/Main 1977.

**Arbeits-
vorschläge**

1. Lesen Sie das Gedicht von Celan laut vor, und sprechen Sie anschließend in Ihrem Kurs darüber, welche Empfindungen dieser Text bei Ihnen auslöst.

2. Informieren Sie sich in einem geeigneten Nachschlagewerk über den Begriff „Fuge", und zeigen Sie am Gedicht, wie Celan den Titel des Gedichtes einlöst.

3. Ursula Jaspersen schreibt zu Celans „Todesfuge":
„Tatsächlich hat Celan im Gedicht alle Wirklichkeitselemente aufs strengste chiffriert, ohne dem ‚höllischen Zynismus' ein Tribunal zu schaffen, das ihn zu direkter Aussage zwänge und am Ende aburteilte. Er stellt weder an den Pranger, noch klagt er an. Vielmehr findet er für eine teuflische Mordmaschinerie das Gleichnis der vollkommen durchkomponierten kontrapunktischen Satzart. Müssen wir folgern, Celan habe absichtlich oder unbewußt die furchtbare Wirklichkeit ästhetisch verharmlost?" Diskutieren Sie diese Ansicht in Ihrem Kurs.

4. Erörtern Sie, welche kunsttheoretischen und politischen Probleme ein solches Gedicht über Auschwitz aufwirft.
Vergleichen Sie Celans Gedicht mit dem Text von Nelly Sachs (S. 99). Welche Gemeinsamkeiten bzw. Unterschiede finden Sie?

Text 2

GOTTFRIED BENN: Ein Wort (1946)

Ein Wort, ein Satz –: aus Chiffern[1] steigen
erkanntes Leben, jäher Sinn,
die Sonne steht, die Sphären schweigen
und alles ballt sich zu ihm hin.

Ein Wort – ein Glanz, ein Flug, ein Feuer,
ein Flammenwurf, ein Sternenstich –
und wieder Dunkel, ungeheuer,
im leeren Raum um Welt und Ich.

Aus: Gottfried Benn: Sämtliche Werke. Bd. 1. Hrsg. von Gerhard Schuster. Stuttgart 1986.

1 In früheren Fassungen des Gedichts heißt es auch Chiffren

Arbeits-
vorschläge
1. Welche Thematik behandelt das Gedicht Benns? Wie gestaltet er sie?

2. In welchen Erfahrungen und Vorstellungen bewegt sich das lyrische Ich? Beachten Sie bei Ihren Überlegungen auch Sprache und Syntax des Textes.

3. Vergleichen Sie dieses Gedicht mit „Untergrundbahn" (S. 195). Welche Gemeinsamkeiten bzw. Unterschiede können Sie finden?

Text 3   INGEBORG BACHMANN: Anrufung des Großen Bären (1956)

Großer Bär, komm herab, zottige Nacht,
Wolkenpelztier mit den alten Augen,
Sternenaugen,
durch das Dickicht brechen schimmernd
5 deine Pfoten mit den Krallen,
Sternenkrallen,
wachsam halten wir die Herden,
doch gebannt von dir, und mißtrauen
deinen müden Flanken und den scharfen
10 halbentblößten Zähnen,
alter Bär.

Ein Zapfen: eure Welt.
Ihr: die Schuppen dran.
Ich reib sie, roll sie
15 von den Tannen im Anfang
zu den Tannen am Ende,
schnaub sie an, prüf sie im Maul
und pack zu mit den Tatzen.

Fürchtet euch oder fürchtet euch nicht!
20 Zahlt in den Klingelbeutel und gebt
dem blinden Mann ein gutes Wort,
daß er den Bären an der Leine hält.
Und würzt die Lämmer gut.

's könnt sein, daß dieser Bär
25 sich losreißt, nicht mehr droht
und alle Zapfen jagt, die von den Tannen
gefallen sind, den großen, geflügelten,
die aus dem Paradiese stürzten.

Aus: Ingeborg Bachmann: Anrufung des Großen Bären. Gedichte. München 1961.

Arbeits-
vorschläge
1. Untersuchen Sie, aus welchen Perspektiven in den einzelnen Strophen gesprochen wird und wie diese Perspektiven aufeinander bezogen sind.

2. Erläutern Sie die Symbolik des Sternbildes „Großer Bär" und die daraus entwickelte Thematik dieses Gedichtes.

3. Bachmann empfand ihre Gegenwart als „kalte neue Zeit". Überprüfen Sie, wie diese Empfindung im vorliegenden Gedicht gestaltet wird.

Text 4   PETER HUCHEL: Chausseen (1963)

Erwürgte Abendröte
Stürzender Zeit!
Chausseen, Chausseen.
Kreuzwege der Flucht.
5 Wagenspuren über den Acker,
Der mit den Augen
Erschlagener Pferde
Den brennenden Himmel sah.

Tote,
Über die Gleise geschleudert,
Den erstickten Schrei
Wie einen Stein am Gaumen.   20
Ein schwarzes
Summendes Tuch aus Fliegen
Schloß ihre Wunden.

Nächte mit Lungen voll Rauch,
10 Mit hartem Atem der Fliehenden,
Wenn Schüsse
Auf die Dämmerung schlugen.
Aus zerbrochenem Tor
Trat lautlos Asche und Wind,
15 Ein Feuer,
Das mürrisch das Dunkel kaute.

Aus: Peter Huchel: Gesammelte Werke in zwei Bänden. Bd. 1. Frankfurt/Main 1984.

Arbeits-
vorschläge

1. Zeigen Sie am Gedicht von Huchel, wie der Autor die Natur in einen Zusammenhang mit Krieg und Zerstörung stellt.

2. Welche Bedeutung hat die Metaphorik der beiden ersten Verse („Erwürgte Abendröte/Stürzender Zeit") für das gesamte Gedicht?

3. Huchels „Chausseen" ist in die Nähe zu Georg Trakls lyrischem Werk gerückt worden. Lesen Sie einige Gedichte Trakls (z. B. „Grodek", S. 28), und nehmen Sie Stellung zu dieser Behauptung.

Text 5   GOTTFRIED BENN: Probleme der Lyrik (1951)

Das neue Gedicht, die Lyrik, ist ein Kunstprodukt. Damit verbindet sich die Vorstellung von Bewußtheit, kritischer Kontrolle, und, um gleich einen gefährlichen Ausdruck zu gebrauchen, auf den ich noch zurückkomme, die Vorstellung von „Artistik". Bei der Herstellung eines Gedichtes beobachtet man nicht nur das
5 Gedicht, sondern auch sich selber.
(…)
Ich gebrauchte vorhin zur Charakterisierung des modernen Gedichts den Ausdruck Artistik und sagte, das sei ein umstrittener Begriff – in der Tat, er wird in Deutschland nicht gern gehört. Der durchschnittliche Ästhet verbindet mit ihm die Vorstel-
10 lung von Oberflächlichkeit, Gaudium, leichter Muse, auch von Spielerei und Fehlen

jeder Transzendenz[1]. In Wirklichkeit ist es ein ungeheuer ernster Begriff und ein zentraler. Artistik ist der Versuch der Kunst, innerhalb des allgemeinen Verfalls der Inhalte sich selber als Inhalt zu erleben und aus diesem Erlebnis einen neuen Stil zu bilden, es ist der Versuch, gegen den allgemeinen Nihilismus der Werte eine neue Transzendenz zu setzen: die Transzendenz der schöpferischen Lust. So gesehen, umschließt dieser Begriff die ganze Problematik des Expressionismus, des Abstrakten, des Anti-Humanistischen, des Atheistischen, des Anti-Geschichtlichen, des Zyklizismus[2], des „hohlen Menschen" – mit einem Wort die ganze Problematik der Ausdruckswelt.

In unser Bewußtsein eingedrungen war dieser Begriff durch Nietzsche, der ihn aus Frankreich übernahm. Er sagte: die Delikatesse in allen fünf Kunstsinnen, die Finger für Nuancen, die psychologische Morbidität[3], der Ernst der Mise en scène[4], dieser Pariser Ernst par excellence – und: die Kunst als die eigentliche Aufgabe des Lebens, die Kunst als dessen metaphysische[5] Tätigkeit. Das alles nannte er Artistik. (...)

Ich verspreche mir nichts davon, tiefsinnig und langwierig über die Form zu sprechen. Form, isoliert, ist ein schwieriger Begriff. Aber die Form ist ja das Gedicht. Die Inhalte eines Gedichtes, sagen wir Trauer, panisches Gefühl, finale Strömungen, die hat ja jeder, das ist der menschliche Bestand, sein Besitz in mehr oder weniger vielfältigem und sublimem Ausmaß, aber Lyrik wird daraus nur, wenn es in eine Form gerät, die diesen Inhalt autochthon[6] macht, ihn trägt, aus ihm mit Worten Faszination macht. Eine isolierte Form, eine Form an sich, gibt es ja gar nicht. Sie ist das Sein, der existentielle Auftrag des Künstlers, sein Ziel. In diesem Sinne ist wohl auch der Satz von Staiger[7] aufzufassen: Form ist der höchste Inhalt. (...)

Man kann das Gedicht als das Unübersetzbare definieren. Das Bewußtsein wächst in die Worte hinein, das Bewußtsein transzendiert in die Worte. Vergessen – was heißen diese Buchstaben? Nichts, nicht zu verstehen. Aber mit ihnen ist das Bewußtsein in bestimmter Richtung verbunden, es schlägt in diesen Buchstaben an, und diese Buchstaben nebeneinander gesetzt schlagen akustisch und emotionell in unserem Bewußtsein an. Darum ist oublier nie Vergessen. Oder nevermore mit seinen zwei kurzen verschlossenen Anfangssilben und dann dem dunklen strömenden more, in dem für uns das Moor aufklingt und la mort, ist nicht nimmermehr – nevermore ist schöner. Worte schlagen mehr an als die Nachricht und den Inhalt, sie sind einerseits Geist, aber haben andererseits das Wesenhafte und Zweideutige der Dinge der Natur.

Aus: Gottfried Benn: Sämtliche Werke. Bd. 3. Hrsgg. v. Gerhard Schuster. Stuttgart 1986.

---

1 Transzendenz (lat.): das Überschreiten der Grenzen von Erfahrung und Bewußtsein ins Übersinnliche, Göttliche
2 Zyklizismus: Wortschöpfung Benns, etwa in der Bedeutung: die Lehre vom (Gedicht-)Zyklus
3 Morbidität (lat.): Sterblichkeit, Brüchigkeit, Morschheit
4 Mise en sènce (franz.): Ausdruck für die Inszenierung eines Films, also für Schauspielerführung, Lichtführung, Kamerabewegungen usw.; als Gegensatz zur Montage verstanden, die den Expressionisten zugeordnet wird, während die Mise en scène als Methode der Realisten angesehen wird
5 metaphysisch (griech.-lat.): jede mögliche Erfahrung (Empirie) überschreitend; die außerhalb der sinnlichen Wahrnehmung liegenden letzten Gründe und Zusammenhänge des Seins
6 autochthon (griech.): alteingesessen, bodenständig
7 Emil Steiger (1908–1987): Literaturwissenschaftler, einer der profiliertesten Vertreter der werkimmanenten Interpretationsmethode

Arbeits-
vorschläge

1. Welche verschiedenen Aspekte von „Artistik" führt Benn an? Welche Akzentu-
ierungen gegenüber dem gewöhnlichen Verständnis von Artistik können Sie finden?

2. Welche Überlegungen bringen Benn dazu, „Artistik" als Gipfelpunkt lyrischen
Schaffens zu bezeichnen?

3. „Form ist der höchste Inhalt" formuliert Benn in Zeile 34, Staiger zitierend. Wie
begründet er diese These? Diskutieren Sie über diese Aussage anhand Ihrer Auffassung von Dichtung.

4. Erläutern Sie die Formulierung Benns, das Gedicht sei „als das Unübersetzbare
(zu) definieren" (Z. 36). Diskutieren Sie in Ihrem Kurs, ob daraus die Verweigerung
einer analytisch-wissenschaftlichen Interpretation von Gedichten (oder gar Dichtung insgesamt) abgeleitet werden kann.

5. Alle vier Gedichte (Texte 1–4) stehen im Zusammenhang mit der Erfahrung von
Faschismus, Krieg und Sinnkrise. Welche Gemeinsamkeiten bzw. Unterschiede in
der lyrischen Verarbeitung dieser Erfahrung werden für Sie sichtbar?

Text 6   HANS MAGNUS ENZENSBERGER: an alle fernsprechteilnehmer (1960)

etwas, das keine farbe hat, etwas,
das nach nichts riecht, etwas zähes,
trieft aus den verstärkerämtern,
setzt sich fest in die nähte der zeit
5 und der schuhe, etwas gedunsenes,
kommt aus den kokereien, bläht
wie eine fahle brise die dividenden
und die blutigen segel der hospitäler,
mischt sich klebrig in das getuschel
10 um professuren und primgelder[1], rinnt,
etwas zähes, davon der salm stirbt,
in die flüsse, und sickert, farblos,
und tötet den butt auf den bänken.

die minderzahl hat die mehrheit,
15 die toten sind überstimmt.

in den staatsdruckereien
rüstet das tückische blei auf,
die ministerien mauscheln, nach phlox
und erloschenen resolutionen riecht
20 der august. das plenum ist leer.
an den himmel darüber schreibt
die radarspinne ihr zähes netz.

die tanker auf ihren helligen[2]
wissen es schon, eh der lotse kommt,
und der embryo weiß es dunkel   25
in seinem warmen, zuckenden sarg:
es ist etwas in der luft, klebrig
und zäh, etwas, das keine farbe hat
(nur die jungen aktiven spüren es
nicht):   30
gegen uns geht es, gegen den seestern
und das getreide. und wir essen davon
und verleiben uns ein etwas zähes,
und schlafen im blühenden boom,
im fünfjahresplan, arglos   35
schlafend im brennenden hemd,
wie geiseln umzingelt von einem zähen,
farblosen: einem gedunsenen schlund.

1 Primgeld: eigentlich „Primage" (franz.):
Prämie, die dem Kapitän eines Schiffes vom
Verlader gewährt wird; Frachtzuschlag
2 Helligen: Mehrzahl von Helling: Schiefe
Ebene zum Bau von Schiffen

Aus: Hans Magnus Enzensberger: Landessprache. Gedichte. Frankfurt/Main 1969.

**Arbeits-
vorschläge**
1. Welches Gesellschaftsbild entwirft Enzensberger im Gedicht „an alle fernsprechteilnehmer"?

2. Warum adressiert der Autor seine Botschaft an die Fernsprechteilnehmer?
Welchen Einfluß hat diese Kommunikationssituation auf die Form des Gedichts?

Text 7   ERICH FRIED: Gründe (1966)

Erich Fried

„Weil das alles nicht hilft
Sie tun ja doch was sie wollen

Weil ich mir nicht nochmals
die Finger verbrennen will

5 Weil man nur lachen wird:
Auf dich haben sie gewartet

Und warum immer ich?
Keiner wird es mir danken

Weil da niemand mehr durchsieht
10 sondern höchstens noch mehr kaputtgeht

Weil jedes Schlechte
vielleicht auch sein Gutes hat

Weil es Sache des Standpunktes ist
und überhaupt wem soll man glauben?

Weil auch bei den andern nur   15
mit Wasser gekocht wird

Weil ich das lieber
Berufeneren überlasse

Weil man nie weiß
wie einem das schaden kann   20

Weil sich die Mühe nicht lohnt
weil sie alle das gar nicht wert sind"

Das sind Todesursachen
zu schreiben auf unsere Gräber

die nicht mehr gegraben werden   25
wenn das die Ursachen sind

Aus: Erich Fried: und Vietnam und. Einundvierzig Gedichte. Berlin 1966.

**Arbeits-
vorschläge**
1. Worüber reflektiert das lyrische Ich in Frieds Gedicht „Gründe"?

2. Was verdeutlichen die beiden letzten Zweizeiler des Gedichtes?

3. Fried veröffentlichte dieses Gedicht in seiner Sammlung „und Vietnam und.
Einundvierzig Gedichte".
Lesen Sie diese Gedichte, informieren Sie sich in einer Literaturgeschichte über den
historischen Kontext dieser Sammlung, und referieren Sie in Ihrem Kurs darüber.

Text 8

Sarah Kirsch

SARAH KIRSCH: Besinnung (1974)

Was bin ich für ein vollkommener weißgesichtiger Clown
Am Anfang war meine Natur sorglos und fröhlich
Aber was ich gesehen habe zog mir den Mund
In Richtung der Füße

Erst glaubte ich das eine dann an das andere   5
Nun schneide ich mein Haar nicht mehr und horche
Wie dir und mir die Nägel wachsen, Hühnchen
Die Daunen ausgehn, sie Fett gewinnen

Ich sage was ich gesehen habe merkwürdig genug
Die Leute verkennen es geht um ernsthafte Dinge   10
Wie komisch sagen sie erzähl ich ein Unglück
Wenn sie lachen müßten, erschrecken sie

Nur Matrosen und Schofföre nicken bei meiner Rede
Die in den blauen Jacken können alles mit Beispielen belegen
Haben die Koordinaten im Kopf, und   15
Was man trank vorher und nachher und dann
Schweigen sie

Aus: Sarah Kirsch: Katzenkopfpflaster. Gedichte. München 1978.

**Arbeits-
vorschläge**

1. Sarah Kirschs Gedicht „Besinnung" ist in der DDR, also noch vor der Übersiedlung der Schriftstellerin nach Berlin (West) entstanden. Welche politischen Erfahrungen und gesellschaftlichen Zustände reflektiert das lyrische Ich?

2. Worin bestehen die Gemeinsamkeiten zwischen diesem Text und dem Gedicht Frieds in der Auseinandersetzung mit der gesellschaftlichen Wirklichkeit?

Text 9

HANS MAGNUS ENZENSBERGER: Scherenschleifer und Poeten (1961)

„Mein Gedicht ist mein Messer"[1]: das heißt, es kommt in der Natur nicht vor, wie die Heuschrecke oder der Granit. Es ist ein Artefakt, ein Kunstprodukt, ein technisches Erzeugnis im griechischen Sinn (Technik kommt von τεχνη), mithin ein Gebrauchsgegenstand. Aber warum ausgerechnet ein Messer? Warum kein Korb, kein Hut,
5   keine Werkzeugmaschine? Das ist nicht ohne weiteres einzusehen. Gedichte werden nicht in Solingen gemacht. Sie sind nicht rostfrei. Sie unterscheiden sich von Messern nach ihrem Material, ihrer Herstellungsweise und ihrer Funktion.
Gottfried Benn, dessen Ästhetik fünfundzwanzig Jahre nach ihrer Entstehung in Deutschland zur herrschenden Lehre, zum convenu geworden ist, hat in zwei seiner
10   zentralen Schriften, „Kunst und Macht" von 1934, „Ausdruckswelt" von 1949, die

1 So lautete der Titel einer von Hans Bender 1955 herausgegebenen Gedichtanthologie

Forderung erhoben, das künstlerische Material müsse „kalt gehalten werden". Von welchem Material ist die Rede? Das Material des Messerschmiedes ist das Eisen. Was mit „künstlerischem Material" gemeint ist, dürfte weniger klar sein. Bei Benn heißt es: „Der Kunstträger … lebt nur mit seinem inneren Material, für das sammelt er Eindrücke in sich hinein, d. h. zieht sie nach innen, so tief nach innen, bis es sein 15 Material berührt, unruhig macht, zu Entladungen treibt." Das ist alles. Zuwenig, so will es scheinen, um jeden Zweifel darüber zu beheben, was da auf dem Amboß des Verseschmiedes liegt.

Ich riskiere es, da ich keine Lust habe, eine neue Ästhetik zu begründen, da ich nur eine einfache Frage beantworten möchte, etwas deutlicher zu werden. Das Material 20 des Gedichteschreibers ist zunächst und zuletzt die Sprache. Aber ist die Sprache wirklich das einzige Material des Gedichts? Und an diesem Punkt erlaube ich mir, einen Begriff ins Spiel zu bringen, der mit allgemeinem Scharren, ja mit Hohngeheul begrüßt werden dürfte: den des Gegenstandes. (…)

Gedichte sind keine reinen Produkte. Sie zeigen Spuren ihrer Herstellung und Spu- 25 ren ihrer einstigen, gegenwärtigen oder zukünftigen Benutzung: Kratzer, Risse, Flecken. Wie Hüte oder Waffen können sie verrosten, sich abnutzen und verunreinigen, ohne ihre Brauchbarkeit einzubüßen. Im Gegenteil: sie werden dadurch ihren Benutzern vertrauter, lieber, ähnlicher. Die Vorstellung, daß Gedichte besonders edle oder schonungsbedürftige Gegenstände seien, ist schädlich. Sie gehören 30 nicht unter Glasstürze und Vitrinen. Wenn sie veraltet oder verschlissen sind, kann man sie wegwerfen und durch neue ersetzen, wie Kleidungsstücke. Gute Gedichte haben eine lange Lebensdauer und können einen gewissen Grad von Ehrwürdigkeit erlangen. Sie sind aber so wenig unsterblich oder ewig wie ein alter Baum oder ein Schälmesser aus der Steinzeit. 35

„Mein Gedicht ist mein Messer" – aber es eignet sich nicht zum Kartoffelschälen. Wozu eignet es sich, wozu ist es zu gebrauchen? Diese Frage kann der Hersteller des Gedichts nur vorläufig beantworten, indem er nämlich dem Benutzer vorgreift, der in jedem Fall das letzte Wort hat. Wenn es nach mir ginge – und soweit es nach mir geht –, ist es die Aufgabe des Gedichts, Sachverhalte vorzuzeigen, die mit 40 andern, bequemeren Mitteln nicht vorgezeigt werden können, zu deren Vorzeigung Bildschirme, Leitartikel, Industriemessen nicht genügen. Indem sie Sachverhalte vorzeigen, können Gedichte Sachverhalte ändern und neue hervorbringen. Gedichte sind also nicht Konsumgüter, sondern Produktionsmittel, mit deren Hilfe es dem Leser gelingen kann, Wahrheit zu produzieren. Da Gedichte endlich, beschränkt, 45 kontingent[2] sind, können mit ihrer Hilfe nur endliche, beschränkte, kontingente Wahrheiten produziert werden. Die Poesie ist daher ein Prozeß der Verständigung des Menschen mit und über ihn selbst, der nie zur Ruhe kommen kann.

Aus: Hans Magnus Enzensberger: Erinnerung an die Zukunft. Poesie und Poetik. Leipzig 1988.

Arbeits-
vorschläge **1.** Wie faßt Enzensberger den Herstellungsprozeß des „Verseschmiedens" auf, und worin sieht er die Funktion von Gedichten?

2. Warum und auf welche Weise bezieht sich Enzensberger auf Benn?

2 kontingent (lat.): zufällig; möglich und wirklich, aber nicht (lebens)notwendig

3. Lesen Sie in einer Literaturgeschichte die Darstellungen zum Schlagwort „Tod der Literatur" (1968/69) nach, und referieren Sie darüber in Ihrem Kurs.

4. Worin unterscheiden sich die Texte 6–8 von den Texten 1–4 in der Verarbeitung von „Wirklichkeit"? Welche Gemeinsamkeiten sowohl im Thema als auch in der Gestaltung lassen sich innerhalb der jeweiligen Gedichtgruppe finden?

5. Diskutieren Sie anhand der Gedichte von Enzensberger, Fried und Kirsch, ob diese Texte auf Bewußtseinsänderung zielen.

Text 10   ROLF DIETER BRINKMANN: Oh, friedlicher Mittag (1975)

mitten in der Stadt, mit den verschiedenen
Mittagsessengerüchen im Treppenhaus. Die Fahrräder
stehen im Hausflur, abgeschlossen, neben
dem Kinderwagen, kein Laut ist zu hören.

5   Die Prospekte sind aus den Briefkästen
genommen und weggeworfen worden. Die Briefkästen
sind leer. Sogar das Fernsehen hat die türkische
Familie abgestellt, deren Küchenfenster

zum Lichtschacht hin aufgeht. Ich höre
10 Porzellan, Teller und Bestecke, dahinter
liegen Gärten, klar und kühl, in einem blassen
Frühlingslicht. Es sind überall die seltsamen

Erzählungen von einem gewöhnlichen Leben ohne
Schrecken am Mittwoch, genau wie heute. Der Tag
15 ist regenhell, verwehte Laute: oh friedlicher
Mittwoch mit Zwiebeln auf dem Tisch,

mit Tomaten und Salat.
Die Vorhaben und Schindereien sind
zerfallen, und man denkt, wie friedlich
20 der Mittwoch ist

Wolken über dem Dach, blau, und
Stille in den Zimmern, friedlich und still und
genauso offen wie Porree, wie Petersilie grün ist
und die Erbsen heiß sind.

Aus: Rolf Dieter Brinkmann: Westwärts 1 & 2. Gedichte. Reinbek ³1976.

Arbeits-
vorschläge **1.** Welche Stimmung ruft das Gedicht von Brinkmann bei Ihnen hervor? Mit welchen Mitteln erreicht dies der Autor?

2. Welche Haltung nimmt das lyrische Ich gegenüber dem Wahrgenommenen ein?

3. Lesen Sie aus Brinkmanns Gedichtband „Westwärts 1 & 2" die beiden Gedichte „Einen jener klassischen" und „Gedicht". Stellen Sie fest, welche gemeinsamen oder ähnlichen Motive Sie in den drei Gedichten finden.

Text 11   Jürgen Becker: Vor dem weiteren Leben (1979)

In Wintermonaten weniger Mofas.
Der Wasserkessel auf der Ofenplatte summt.
Wir kennen die kälteren Zeiten.
Näher zwei Krähen, die plötzlich,
vor dem Fenster, verschwunden sind.   5
Wir schließen die Läden,
horchen noch
und halten die Uhr an.

Aus: Jürgen Becker: In der verbleibenden Zeit. Gedichte. Frankfurt/Main 1979.

Arbeits-
vorschläge **1.** Welchen Eindruck vermittelt das lyrische Ich („Wir") in Beckers Gedicht durch das Aneinanderreihen von Beobachtungen und Empfindungen? Welche Bedeutung hat dabei die letzte Verszeile?

2. Überlegen Sie, wie Überschrift und Inhalt des Gedichtes zusammengehören.

3. Schreiben Sie dieses Gedicht nach Ihren Vorstellungen um einige Verse weiter, und vergleichen Sie Ihre Ergebnisse untereinander.

Text 12   Sabrina Unger: Deux nuits entières (1987)

Nico singt
reckt, reckt ihr Gesicht ans Licht
dunkle Augenränder, dunkle Haarbäche erzählen
und Nico singt, Worte fallen entzwei
was zählt, zählt zuviel   5
Nico – Madonna
durchquert die nächtliche Zeit
schattenhaft findet sich
Hall-Hall Stimme bindet und löst
ersinnt-sinnt   10

Ha, meine Sonne
Tagfrau und dein ägyptischer Hals, wie du den
Mund rollst, er wölbt sich über dein Gesicht,
so ein Strahl-strahlen dein Gesicht zum Verlieren darin

15 Nachtmann mit den gefärbten Haaren. So kann nur
einer blicken. Blick. Der Stich und wie ein
Schwert. Fahre ich auf. Geschärft halte ich stand.
Zu stark der Saugblick. Harte Gedanken darüber gestreift.
Ich halte stand. Und da ist, ist plötzlich. Mein
20 Schrei fährt mir in die Beine. Stampfen.
Mich schleudert. Ein Sausen.
Einmal siegen.

Aus: Karin Ivancsics (Hg.): schräg eingespielt. Texte und Bildmaterial von Frauen. Wien 1987.

Arbeits-
vorschläge

1. Dieses Gedicht ist ein Beispiel von Frauenliteratur. Zeigen Sie, von dieser Prämisse ausgehend, welche Erlebnisse bzw. Erfahrungen das lyrische Ich beschreibt. Achten Sie dabei auch auf die Perspektive.

2. In welcher Spannung und in welchem inneren Kampf verharrt das lyrische Ich, und welche Bedeutung hat dabei die letzte Verszeile des Gedichtes?

3. Suchen Sie nach einer geeigneten rhythmisch-musikalischen Begleitung/Untermalung für dieses Gedicht. Stellen Sie Ihre Vortragsversion im Kurs vor.

Text 13   ROLF DIETER BRINKMANN: Notiz (1968)

Ich bin keineswegs der gängigen Ansicht, daß das Gedicht heute nur noch ein
Abfallprodukt sein kann, wenn es auch meiner Ansicht nach nur das an Material
aufnehmen kann, was wirklich alltäglich abfällt. Ich denke, daß das Gedicht die
geeignetste Form ist, spontan erfaßte Vorgänge und Bewegungen, eine nur in einem
5 Augenblick sich deutlich zeigende Empfindlichkeit konkret als snap-shot festzuhalten. Jeder kennt das, wenn zwischen Tür und Angel, wie man so sagt, das, was man
in dem Augenblick zufällig vor sich hat, zu einem sehr präzisen, festen, zugleich
aber auch sehr durchsichtigen Bild wird, hinter dem nichts steht, scheinbar isolierte
Schnittpunkte. Da geht es nicht mehr um die Quadratur des Kreises, da geht es um
10 das genaue Hinsehen, die richtige Einstellung zum Kaffeerest in der Tasse, während
jemand reinkommt ins Zimmer und fragt, gehen wir heute abend in die Spätvorstellung? Mir ist das Kaugummi ausgegangen! Eine Zeitung ist aufgeschlagen, und man
liest zufällig einen Satz, sieht dazu ein Bild und denkt, daß der Weltraum sich auch
jetzt gerade wieder ausdehnt. Die milde Witterung lockt Go-Go-Girls in den Kölner
15 Rheinpark. Das alte Rückporto-Verfahren. Die Unterhaltung geht weiter. Ein Bild
entsteht oder ein Vorgang, den es so nie gegeben hat, Stimmen, sehr direkt. Man
braucht nur skrupellos zu sein, das als Gedicht aufzuschreiben. Wenn es dieses Mal
nicht klappt, wirft man den Zettel weg, beim nächsten Mal packt man es dann eben,
etwas anderes. Sehen Sie hin, packen Sie das mal an, was fühlen Sie? Metall? Por-
20 zellan? Eine alte Kippe zwischen Zeigefinger und Mittelfinger! Und sonst geht es
Ihnen gut? Man muß vergessen, daß es so etwas wie Kunst gibt! Und einfach anfangen.
Formale Probleme haben mich bisher nie so stark interessiert, wie das noch immer
die Konvention ist. Sie können von mir aus auch ruhig weiterhin den berufsmäßigen

Ästheten und Dichterprofis, die ihre persönlichen Skrupel angesichts der Material- 25
fülle in feinziseliertem Hokuspokus sublimieren[1], als Beschäftigungsgegenstand
bleiben. Die Toten bewundern die Toten! Gibt es etwas, das gespenstischer wäre als
dieser deutsche Kulturbetrieb mit dem fortwährenden Ruf nach Stil etc.? Wo bleibt
Ihr Stil, wo bleibt Ihr Stil? Haben Sie denn keine guten Manieren? Haben Sie nicht
gelernt, mit Messer und Gabel zu essen, und falten Sie nie die Serviette auseinan- 30
der? Warum sollt ich mich ausdrücklich um Stil kümmern, wenn sowieso alles um
mich herum schon so stilvoll ist! Das wäre mir einfach zu langweilig. Wie sagte Warren Beatty[2] zu den deutschen Kinobesitzern beim Start von Bonnie und Clyde[3]:
„Bei der Schlußszene mit dem Maschinengewehrfeuer müßt ihr den Ton ganz auf-
drehen!"   35
Häufig höre ich von Leuten, denen ich meine Sachen zeige, daß dies nun eigentlich
keine Gedichte mehr seien, und sie glauben, damit das entscheidende Urteil ausgesprochen zu haben. Sie sagen, das hier sei ja alles einfach, man könne es ja verstehen, und das wiederum macht ihnen meine Gedichte unverständlich. Diesen Vorgang finde ich witzig. Was soll man da machen? Das Klischee, die ganze abstrakte 40
Vorstellung vom „eigentlichen" Gedicht noch einmal aufdecken? Es gibt kein anderes Material als das, was allen zugänglich ist und womit jeder alltäglich umgeht, was
man aufnimmt, wenn man aus dem Fenster guckt, auf der Straße steht, an einem
Schaufenster vorbeigeht, Knöpfe, Knöpfe, was man gebraucht, woran man denkt
und sich erinnert, alles ganz gewöhnlich, Filmbilder, Reklamebilder, Sätze aus 45
irgendeiner Lektüre oder aus zurückliegenden Gesprächen, Meinungen, Gefasel,
Gefasel, Ketchup, eine Schlagermelodie, die bestimmte Eindrücke neu in einem
entstehen läßt, z. B. wie jemand seinen Stock schwingt und dann zuschlägt, Zeilen,
Bilder, Vorgänge, die dicke Suppe, die wem auf das Hemd tropft. Man schnieft sie
durch die Nase hoch und spuckt sie dann wieder aus. Das alte Rezept und die neue 50
Konzeption, bevor das Licht ausgeht, der Vorspann im Kino, hier bin ich.

Aus: Rolf Dieter Brinkmann: Die Piloten. Neue Gedichte. Köln 1968.

Arbeits-
vorschläge

1. Welche Auffassung hat Brinkmann vom Gedicht bzw. vom Produktionsprozeß
von Gedichten?

2. Vergleichen Sie den Brinkmann-Text mit den Texten von Benn und Enzensberger (Texte 5 und 9), und fassen Sie die grundlegenden Unterschiede dieser drei
Konzeptionen von Lyrik thesenartig zusammen.

3. Welche Funktion haben die Beobachtungen des Alltäglichen in den Gedichten
Brinkmanns (Text 10) und Beckers (Text 11)?

4. Informieren Sie sich in einer Literaturgeschichte über die Begriffe „Neue Subjektivität" und „Neue Innerlichkeit". Diskutieren Sie anhand der drei Gedichte, ob
sie unter diese Schlagworte einzureihen sind.

---

1 sublimieren (lat.): auf eine höhere Ebene heben, ins Erhabene steigern; veredeln
2 Warren Beatty: Schauspieler und Darsteller des Bonnie (die Partnerin Clyde spielte Faye Dunaway)
3 Bonnie und Clyde: Amerikanischer Soziothriller von 1967; die Geschichte eines Bankräuberpärchens
während der Depressionszeit; Regie: Arthur Penn

5. Im Nachwort zur Anthologie „Und ich bewege mich doch …" (1977) schreibt der Herausgeber Jürgen Theobaldy:

„Die ‚kleinen Dinge' bei Brinkmann zum Beispiel, das sind nicht Wörter, die ein beschädigtes Leben beschönigen, indem sie diesen Zustand in herkömmlicher Sprache fassen, vielmehr geben diese ‚kleinen Dinge' Gesellschaft wieder, Welt, Leben, verdichtet zu einigen Zeilen. Sie drücken nicht Protest aus, sie sind Protest, Einspruch, Gegenbilder." Überprüfen Sie die Stichhaltigkeit dieser Aussage an den Texten.

6. Worin unterscheidet sich das Gedicht Ungers von den beiden anderen dieser Reihe?

7. Lesen Sie in einer Literaturgeschichte nach, was Sie zur Lyrik der 80er Jahre finden, und referieren Sie darüber in Ihrem Kurs.

8. Vergleichen Sie die Texte 10–12 mit den Texten 1–4, indem Sie untersuchen, worin Unterschiede bzw. Gemeinsamkeiten in der Auseinandersetzung mit der (gesellschaftlichen) Wirklichkeit bestehen.

Text 14

HELMUT HEISSENBÜTTEL:
ungerade (1955/1962)

ungerade
unberechenbar
ungelenk
nicht zu beurteilen
5 fraglich
authentisch

Tatsachen
Erfahrungen
Meinungen
10 Ansichten

Niedrigwasser
Geröll
Eisenbahngeräusche
Doppelfenster

15 Entfernungen
Richtungen

Richtungen
Berichtigungen

Aus: Helmut Heißen-
büttel: textbuch 3. Olten
und Freiburg/Br. 1962

Text 15

ERNST JANDL:
schtzngrmm (1957)

schtzngrmm	grrt
schtzngrmm	grrrrrt
t-t-t-t	grrrrrrrrrt
t-t-t-t	scht
grrrmmmmm	scht
t-t-t-t	t-t-t-t-t-t-t-t-t
s-c-h	scht
tzngrmm	tzngrmm
tzngrmm	tzngrmm
tzngrmm	t-t-t-t-t-t-t-t-t-t
grrrmmmmm	scht
schtzn	scht
schtzn	scht
t-t-t-t	scht
t-t-t-t	scht
schtzngrmm	grrrrrrrrrrrrrrrrrrrrrrrrrrrr
schtzngrmm	t-tt
tsssssssssssssss	

Aus: Ernst Jandl: Gesammelte Werke.
Bd. 1. Darmstadt und Neuwied 1985.

Text 16   BURCKHARD GARBE: statt planung (1978)

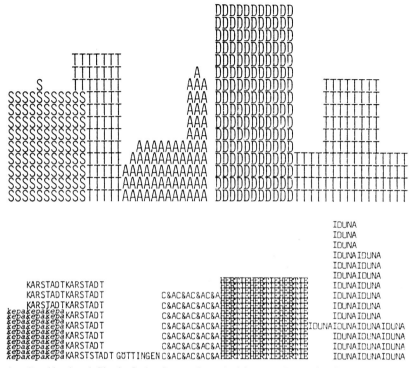

Aus: Burckhard und Giesela Garbe: STATUS QUO: Ansichten zur Lage. Visuelle texte und collagen. 1972–1982. Göttingen 1982.

**Arbeits-
vorschläge
zu den
Texten 14
15 und 16**

1. Lesen bzw. betrachten Sie die Gedichte von Heißenbüttel, Jandl, Garbe (Texte 14–16). Welche Gemeinsamkeiten bzw. Unterschiede fallen Ihnen nach einem ersten Lesen bzw. Betrachten auf?

2. Welche Assoziationen löst das Heißenbüttel-Gedicht bei Ihnen aus? Wofür sensibilisiert der Autor den Leser?

3. Lesen Sie das Jandl-Gedicht laut, und versuchen Sie dabei die Buchstabenketten rhythmisch zu ordnen. Welche Ereignisse/Vorgänge treten dadurch deutlicher hervor?

4. Welches Ziel verfolgt Jandl mit diesem Gedicht beim Leser/Hörer?

5. Vergleichen Sie die beiden „Sehtexte" von Garbe miteinander. Welche Absicht verfolgt der Autor mit dieser Form von Darstellung?

6. Wie erklären Sie sich den Titel „statt planung" für diese „visuellen Texte"?

7. Die „Konkrete Poesie" hat in den graphischen Gebilden der Barocklyrik, im Schaffen von Arno Holz und im Dadaismus ihre Vorläufer. Zeigen Sie dies an einigen von Ihnen selbst ausgewählten Beispielen.

EUGEN GOMRINGER: konkrete dichtung (1965)

sprachgebilde der konkreten dichtung unterscheiden sich in mehreren beziehungen von gedichten und texten, wie sie im strom der literarischen produktion unserer zeit entstehen.

der visuelle aspekt. konkrete sprachgebilde folgen entweder gar nicht der üblichen
5 vers- und zeilenanordnung oder sie folgen dieser in einer so reduzierten form, daß man dabei nicht an das übliche gedichtbild denkt (um nur vom gedicht zu sprechen. längere texte halten sich vernünftigerweise an die lesbarsten präsentationsformen). ihr anblick läßt von häufung, verteilung, analyse, synthese und rasterung von sprachlichen zeichen, von buchstaben und worten, sprechen. die bekannte konven-
10 tionelle anordnungsweise dieser zeichen wird als eine möglichkeit unter anderen berücksichtigt, jedoch nicht ungeprüft hingenommen und verwendet. die zeichenan-ordnung entsteht bei den meisten gebilden nach einem ihnen innewohnenden bau-gesetz, wobei sich gewisse systeme herausbilden können. es handelt sich also um nackte sprachliche struktur, und wie in der architektur gilt für die sichtbare form der
15 konkreten dichtung, daß sie gleich deren struktur ist.

um aber doch vom inhalt zu sprechen, die inhaltsfrage ist für den konkreten dichter eng verbunden mit einer solchen der lebenshaltung. in welche die kunst wirksam miteinbezogen ist. seine lebenshaltung ist positiv, synthetisch-rationalistisch. so auch seine dichtung. sie ist für ihn nicht ventil für allerlei gefühle und gedanken, sondern
20 ein sprachliches gestaltungsgebiet mit einem engen bezug zu modernen, naturwis-senschaftlich und soziologisch fundierten kommunikationsaufgaben. ein inhalt ist deshalb nur dann interessant für den konkreten dichter, wenn sich seine geistige und materielle struktur als interessant erweist und sprachlich bearbeitet werden kann.

information und kommunikation, konkrete sprachgebilde sind teils unreflektierte,
25 teils reflektierte informationen. unreflektierte sind sie, wenn ihr schriftlicher zei-chencharakter zugleich signal ist, auf das – ähnlich wie auf ein kommando – eine nur oder vorwiegend sensorische reaktion erfolgen kann. reflektierte (auch genannt ästhetische) informationen sind sie, wenn sie sich als schemata von zeichen präsen-tieren. in beiden fällen wird versucht, das konkrete sprachgebilde als eine auf knappe,
30 unverhüllte form gebrachte information zu verwenden, aus kommunikativen gründen.

Aus: Eugen Gomringer: konkrete poesie. deutschsprachige autoren. anthologie. Stuttgart 1972.

Arbeits-
vorschläge **1.** Zeigen Sie, auf welche Weise die Positionen Gomringers aus der Sprache der modernen Informationstechnologie abgeleitet sind.

2. Entwickeln Sie aus dem Text den Begriff der „Konkreten Poesie", und verglei-chen Sie Ihre Ergebnisse mit den entsprechenden Ausführungen in einem geeigne-ten Nachschlagewerk.

3. Diskutieren Sie, ob und auf welche Weise Gomringers Positionen in den Texten 14–16 wiederzufinden sind.

4. Entwerfen Sie selbst zu einem Begriff, Motto oder (Werbe-)Slogan ein „Sprach-gebilde der konkreten Dichtung".

5.4 Erkundung der Identität: Prosatexte

Obwohl ihre Vorformen bis ins 19. Jahrhundert zurückreichen (J. P. Hebel, H. v. Kleist, E. T. A. Hoffmann u. a.), erlebte die deutsche Kurzgeschichte, vor allem unter dem Einfluß der amerikanischen Short Stories von E. *Hemingway*, J. *Steinbeck*, W. *Faulkner*, O. *Henry* u. a., in den Jahren nach 1945 ihre Blütezeit.

Diese Texte sind in Form und Inhalt eng mit den modernen Distributions- und Rezeptionsweisen verknüpft bzw. durch sie bestimmt: Der Abdruck in Zeitungen, Zeitschriften und Magazinen – vor allem in der früh entwickelten „Mediengesellschaft" USA – und die heterogene, häufig „eilige" Leserschaft als Zielgruppe verlangten kurze Texte, die Themen, Motive und Erfahrungen behandelten, die in das Lebensumfeld des Rezipienten übertragbar waren und eine direktere Kommunikation zwischen Autor und Leser ermöglichten. In der jüngsten Zeit hat sich immer mehr die Form der „Kürzestgeschichte" als Antwort auf die im Zeitalter der flüchtigen Bilderwelt erfahrenen Wahrnehmungssplitter durchgesetzt: In einer Art „Spot-Blick" werden unterschiedliche Ereignisse und Situationen der Lebenswelt in Erzählsegmenten gestaltet, die im allgemeinen Wirrwarr des Unüberschaubaren und Fragmentarischen des gesellschaftlichen Prozesses noch als mittelbar bzw. mitteilenswert erscheinen. Aber es sind nicht nur die unmittelbaren, in ihrer Vielfalt realistisch dargestellten Lebenserfahrungen, die das Material für solche Geschichten abgaben und -geben, sondern auch (emotionale) Grenzbereiche wie Alpträume, Angstvisionen und Phantasiewelten, die im Bewußtseinsstrom des modernen Menschen sich ereignen (können) und keine „behäbig-verweilende" Erzählungen mehr zulassen: „Die Fabel ist daher oft verschoben, zerfetzt oder zerrüttet, mit Aussparungen durchsetzt und bis zum äußersten simplifiziert: eine Montage von Szenen" (Ruth Kilchenmann) oder, wie angesichts der „Kürzestgeschichten" zu ergänzen ist, nur die Montage von einzelnen Bildern, denen häufig die Fabel völlig „abhanden" gekommen ist.

Text 1 Gabriele Wohmann: Schöne Ferien (1965)

Schöne Ferien, zum ersten Mal wieder, seit ich mit Asmus zusammen bin. Die unveränderte Bucht gefiel mir neuerdings. Wie lange hatte ich nicht mehr etwas wie Waten im Wasser genossen. Alle Augenblicke fiel mir ein, daß ich aufatmen konnte, und ruhig sein, ruhig sein. Keine Zankereien mit den Cousinen, im Gegenteil. Vor dem Café Rose saßen friedlich die Großeltern, und mich machte es nicht nervös, 5
wenn sie uns unaufhörlich zu Tee und Wespennestern einluden: Spezialität der Rose. Auch mit Lutz legte Asmus sich nicht an. Lutz drehte sein Radio so laut wie es ihm paßte, und Asmus pfiff sogar mit. Natürlich badete Lutz wieder kein einziges Mal. Asmus aber äußerte sich einfach nicht dazu, womit ein Zustand erreicht wäre, den ich immer angestrebt habe. Asmus verhielt sich entweder aus Rücksicht auf 10
mich so, oder er war ausgeglichener geworden – jetzt irre ich mich gründlich. Asmus war ja diesen Sommer nicht mit.

Statt dessen Heinz Pfitzner. Der Zufall verschlug uns ins gleiche Hotel. Nach der ersten Woche sagten wir nicht mehr Sie, und er wollte Nelson genannt werden. Der
15 Familie gegenüber zeigt er sich zugänglich. Die ließ uns auf langen Spaziergängen allein. Ihre Großzügigkeit sah aber nicht nach Opfer aus, und zum ersten Mal freute ich mich ohne schlechtes Gewissen an dieser wirklichen Freiheit. Es machte mir Spaß, der Familie so einen netten Mann zu verschaffen, wenn auch nur für kurz. Oft forderte Nelson Lutz auf, sich uns anzuschließen. Weil Lutz, wie jedermann, Nelson
20 mochte, sagte er zu. So nahm Lutz am Ausflug zum Vogelschutzgebiet teil. Nelson redete gern mit Jüngeren, er bringt sie dazu, daß sie aus sich herausgehen. Bei Lutz ein Wunder, er hat nichts als seine Schlager und zwei Diskjockeys. Jetzt hatte er Nelson. Schön für ihn, schön für uns alle. Von Nelson geht Ruhe aus, daran liegt es. Ich werde mich im Verlauf dieser Ferien erholen. Sogar Nelson zu lieben, strengt
25 kaum an.

Die Fingernägel schneide ich mir häufig, damit erinnere ich mich an Asmus. Selbstverständlich denke ich oft an ihn, mein Frieden nimmt daraufhin zu. Asmus kann nicht über meine verkorksten Fingernägel schimpfen. Auch nicht über Barfußlaufen bei kaltem Wetter. Während ich meine rotgefrorenen Fußzehen begutachte, denke
30 ich daran, wie gern jetzt Asmus über sie in Wut geriete. Mein Haar kann er ebenfalls nicht überprüfen. Ich lasse es jeden Tag beim Baden in der Bucht naß werden. Schon nächsten Sommer werde ich wieder auf die Kommandos von Asmus Rücksicht nehmen müssen, also übertreibe ich es jetzt mit der Unvernunft. Überall fehlt Asmus, und seine erhobene, nicht hotelmäßige Stimme zürnt mir in meinem
35 Gedächtnis, nur da. Nelson ist liebenswürdig. Den Cousinen schnitt er vorgestern die Haare. Meinem Großvater rasierte er den flaumigen runzligen Nacken aus. Mit meiner Großmutter unterhielt er sich geduldig über die Triebwelt der Ameisen, wiedermal hatte sie sich einen Koffer voll Tierbücher mitgebracht, ihre Passion. Auf alles ging Nelson ein. Ich selber mußte mich dämpfen, damit meine Freude über
40 unsern allgemeinen Einklang mich nicht laut machte. So ruhig sein wie Nelson, das war mein Programm. Gelassen zuhören bei törichten Äußerungen über Wetterabhängigkeit vom Mondwechsel: Lieblingstheorie meines Großvaters. Lächeln zur Behauptung, P. Huber, der 1810 die Sitten der einheimischen Ameise untersucht hat, sei kein Franzose gewesen: die Großmutter will es so. Auch die Cousinen und
45 Lutz, alle stellten dauernd die üblichen Anlässe her, gegen die Asmus auf die Barrikaden ging.

Es kommt aber vor, daß ich aus heiterem Himmel erschrecke; dreh dich nicht um, sagte ich mir, Asmus steht hinter dir. Ich halte den Atem an und warte ab. Irgend jemand von der Familie ruft mir dann zu: Was ist los mit dir? Schläfst du am hellen
50 Tag? Und sie lachen miteinander – aber ohne Nelson. Sie hat die Augen zu, seht nur! Auch Asmus lacht nicht mit. Für Launen hat er nichts übrig. Jetzt rufen sie: Hallo, Asmus, kümmere dich gefälligst mal um deine Frau, weck sie auf, los! Ich lasse die Augen zu. Bei geschlossenen Lidern, ruhig, ruhig, verwöhnt mich Nelson, meine Erfindung.

Aus: Gabriele Wohmann: Ausgewählte Erzählungen aus zwanzig Jahren. Bd. II. Darmstadt 1979.

Text 2 HANS JOACHIM SCHÄDLICH: Apfel auf silberner Schale (1977)

Bine wollte raus am Sonntag. Ich? Hatte selber Frischluft nötig. Also wir los. Ich
kenn 'ne Obstplantage, um die Zeit is da keiner. So halb auf'm Berg, mit Fernblick
auf die LPG[1], da kannste stundenlang in der Sonne liegen. Haste Kohldampf, schüt-
telste 'n Baum. Brauchst die Vitamine bloß aufsammeln. Gras gibt's auch, schön
weich. Wir also 'n ganzen Tag Adam und Eva. So zwischen fünfe sind wir abgehau- 5
en. Bine wollte noch tanzen gehen. Bloß, es fuhr kein Bus. Wir stehen und stehen.
Lieber zelt ich hier als jetzt tippeln, sagt Bine.
Die braucht nich lange warten. Hält so 'n Typ mit 'm blauen Fiat, Marke Polski.
Bine sitzt schon halb, da komm ich.
Na schön, sagt der. 10
Bine vorn, ich hinten. Stellt sich raus, der Clown fährt gar nicht in die Stadt. Is
bestimmt 'ne Finte, denk ich, und siehste, der muß auf seine, sagt der doch tatsäch-
lich Datsche. Schönschön, Bine in der Laube von dem Onkel da, aber ich bin auch
noch hier, was hat sich denn die Halbglatze ausgedacht?
Die Zweitwohnung von dem hättste sehen sollen, Mensch. Ich dacht immer, so was 15
gibt's bloß hinter der Grenze, wo das andere Land wuchert. 'ne komplette Villa am
See. Ich erst mal rein und das ganze Ding abgeleuchtet. Ich mußt immer an Kutte
denken, wie der wohnt mit seinen Wurzeln.
Dieser aufgeschwemmte Komiker grinst bloß, schenkt uns was ein, Whisky, für
achtzig Mark die Flasche oder von drüben, und Bine, das Stück, tut glatt, als kotzt 20
sie der ganze Mist nich an. Aalt sich im Ledersessel, der Onkel schmeißt seine Anlage an, 'ne original Rhythmusmaschine, Platten hat er auch, viel zu schade für den,
und Bine hilft sich hoch, Zigarette zwischen den Zähnen, und tanzt, solo.
Öde. Ich geh auf die Terrasse, die Tür laß ich offen, bißchen atmen. Mal sehen, was
der Bootsschuppen macht, ich steig runter, vielleicht rudern, is aber alles dicht. Ich 25
steh so am Ufer, eine rauchen.
Wieder zurück. Musik is immer noch, ich komm rein, sitzt doch Bine auf dem Clown
sei'm Schoß. Wenn ich dadran denk, kommt mir wieder der Kaffee hoch.
Ich sag, Bine, laß den Sabbel, wir ziehen jetzt Leine.
Aber denkste. Die rotzfrech, sagt, Käs nich rum, gib mir lieber 'ne Zigarette. 30
Und jetzt auch der Komiker. Nimm dir was zu trinken, Junge, schieß doch nicht
quer, ihr könnt hier übernachten, undsoweiter.
Nach jedem zweiten Wort kullert der die ganz irre an.
Ich sag noch mal. Der geht mir auf 'n Senkel, was willst du denn mit so 'm verschim-
melten Affengesicht. 35
Aber Bine sagt bloß, Mensch, mir schießt gleich 's Wasser in de Augen. Laß mich
doch. Mir gefällt's hier. Noch drei Jahre, und ich seh aus wie 'n alter Apfel. Dann
kann ich immer noch unterm Baum liegen.
Ich steh so da und krieg 'ne unheimliche Wut. Bine links und rechts 'n paar kleben,
dem Onkel mit 'm Kaminhaken eins über die Rübe, die ganze Bude in Klump hau- 40
en, die Gläser, die Fensterscheiben, rumbrüllen, daß die Scherben klirren, das wär
jetzt fällig.

---

1 LPG: Landwirtschaftliche Produktionsgenossenschaft

Plötzlich denk ich, Mann, den ganzen Scheiß muß ich mal irgendwo im Kino gesehen haben. Lieber lauf ich die ganze Nacht als noch drei Sekunden bleiben.

45 Ich reiß die Tür auf und raus, raus hier.

Bine hab ich sofort vergessen. Und ihr neuer Typ, so was is für mich gestorben, aber das lebt.

Aus: Hans Joachim Schädlich: Versuchte Nähe. Reinbek 1977.

Arbeits-
vorschläge
zu den
Texten 1
und 2

1. Untersuchen Sie in der Kurzgeschichte von Gabriele Wohmann (Text 1) das Verhältnis von Traum und Wirklichkeit.

2. Was verrät die Tatsache, daß die Ich-Erzählerin eine fiktive Partnerschaft mit Nelson erlebt (Heinz Pfitzner), über ihre Gefühle und Beziehung zu Asmus?

3. H. J. Schädlich setzt sich in seinem Prosaband „Versuchte Nähe", aus dem die Erzählung „Apfel auf silberner Schale" (Text 2) stammt, kritisch mit der DDR-Wirklichkeit auseinander. Zeigen Sie dies am vorliegenden Text.

4. Welche Auswirkungen hat die gesellschaftliche Realität auf die Beziehung zwischen Bine und dem Erzähler?

5. Mit welchen formalen Elementen arbeitet Schädlich hier? Was bezweckt er damit?

6. Als Merkmale der modernen Kurzgeschichte gelten Offenheit der Struktur, Verkürzung des Darstellungsprinzips, Simultaneität, Punktualisierung, Alltäglichkeit und Mehrdeutigkeit (nach Winfried Ulrich: Deutsche Kurzgeschichte, Stuttgart, 1975). Untersuchen Sie Text 1 und 2 auf diese Merkmale hin.

7. Informieren Sie sich in Manfred Durzaks „Die deutsche Kurzgeschichte der Gegenwart", Stuttgart 1980, über Geschichte und Formvielfalt der Kurzgeschichte in Deutschland nach 1945, und referieren Sie darüber in Ihrem Kurs.

Text 3   Botho Strauss: Paare, Passanten (1981)

Der Autor greift Alltagsbeobachtungen aus der Gesellschaft der Gegenwart auf und durchsetzt sie mit Reflexionen philosophischer, politischer, kulturkritischer und kulturhistorischer Art. So enthält „Paare, Passanten" in lockerer Folge eine Aneinanderreihung von „Erzählbruchstücken", die eine Nähe des Autors zur Tradition des aphoristischen Erzählens bzw. Philosophierens anzeigen sollen.

Ein Trinker-Ehepaar im Kaufhaus Quelle steht in der Schlange vor der Kasse an. Der Mann hält sich grummelnd und zu Boden blickend an der Seite seiner Frau. Diese kneift mehrmals ohne äußere Veranlassung das rechte Auge kräftig zu, als teile sie mit einem Unsichtbaren ein frivoles Geheimnis. Die gestörten Nerven spie-
5 len ein kurzes, immer wiederkehrendes Programm. In geringen Abständen wirft sie, von einem automatischen Entsetzen angetrieben, knapp den Kopf herum und lächelt dann ebenso freundlich wie angstverzerrt in eine Richtung, wo gar niemand ist und woher auch kein Anruf an sie erging. Ein flatterhaftes Drama läuft über ihr gerötetes, gedunsenes, schuppiges Gesicht; ausgelöst allein durch das bedrängte

Schlangestehen, die enge Stellung unter fremden Menschen. Das Lächeln, die 10
Scherben eines Lächelns scheinen nach allen Seiten hin ein Zuviel der Bedrängung
freundlich abzuwehren. Der Mund mit strahlender Grimasse entblößt eine von
links nach rechts immer niedriger und löchriger werdende Zahnstummelreihe. Sie
hat einen sehr großen zitronengelben Wecker eingekauft. Wozu sich wecken? Zum
ersten Schluck? Ich stand vor dem Hauptausgang neben der Glastür und wartete 15
mit einem unhandlichen Gartenmöbel auf einen Freund, der die übrigen Stücke
brachte. Das Trinker-Paar kam eben heraus, als wir unsere Fracht zum Nachhause-
tragen uns aufluden. Da machte die Frau zu ihrem Mann die Bemerkung, daß es
freilich besonders geschickt von uns sei, so dicht beim Ausgang herumzupacken.
Obschon wir ihnen nicht unmittelbar im Weg waren, schien es ihr ausgesprochen 20
wohlzutun, sich selber in der Ordnung und uns als Störung zu empfinden und dies
auch festzustellen. Der Freund knurrte sie rüde an: „Halts Maul, alte Kuh." Als ich
dies hörte, war mir, als trete jemand einem Unfallopfer obendrein in den Bauch.
Denn ich hatte mir ihren Schicksalsstreifen ja eine Weile angesehen und konnte
nichts als Anteilnahme für sie empfinden. Als wir die beiden auf der Straße über- 25
holten, hielt die Frau ihren Mann an und sagte leise, als ginge da jemand Berühmtes
vorbei: „Sagt der einfach alte Kuh zu mir!" „Wer?" fragte der Mann. „Na der da",
sagte die Frau und nickte zu uns hin. Nun hatte sie mit soviel vorbeugendem
Lächeln und geisterhaften Verbindlichtun alles um sich herum zu bannen versucht,
was sie verletzen könnte, und dann hatte es sie am Ende doch noch schwer getrof- 30
fen. Wirklich beschwert, nicht aufgebracht blieb sie stehen und wiederholte sich den
Schimpf, und er kam ihr noch unerhörter vor.

Aus: Botho Strauß: Paare, Passanten. München [7]1984.

Text 4   ANNETTE RAUERT: Das Jahr „danach" (1987)

Er ist nicht da, schon wieder fort oder nicht gekommen. Sie ist müde, ihre Gedanken schwer, träge; Stunden konzentrierter Arbeit lasten in ihrem Geist. Sie wartet –
Schritt um Schritt springt der Minutenzeiger voran, fünf Sprünge – sie muß sich entscheiden. Sie zwingt sich, sie wird den Weg allein gehen, den sie oft gemeinsam
gegangen sind. „Hier", wird sie denken und „dort". Sie muß lernen allein zu sein, 5
die Weißt-du-Nochs mit sich selbst zu teilen.
Sie sucht den Weg blind, ohne Gefühlsaufwallungen. „Es wird weh tun", fürchtete
sie, doch sie ist stumpf geworden gegen den Schmerz. Kurz vor dem Kino trifft sie
ein Schneeball.
Der Mann steht vor ihr, er lacht. 10
Sie sitzen vor der Leinwand, in den immer noch zu engen Stuhlreihen, sie fühlt den
vertrauten Druck seiner großen, kräftigen Hand, sie entgleitet der Gegenwart … es
ist der Winter des vorigen Jahres. Sie werden gemeinsam nach Hause gehen durch
die schneeverwehten Straßen. Auf dem letzten Treppenabsatz vor der Wohnungstüre wird sie ihm den Schlüssel zuwerfen, eine leichte Drehung aus dem Handgelenk. 15
Er lächelt, fängt, schließt auf. Vielleicht holen sie den Schlitten aus dem Keller, bal-
gen sich im Schnee, schwarzes Geäst der nackten Bäume gegen den dunklen Him-

mel oder er stellt das Radio an, sie tanzen, trinken ein Glas Wein. Auf dem U-Bahn-
hof fragt er sie: „Es geht dir doch gut?" Sie versucht ein Lächeln: „Kein Thema!"
20 Sie findet ihren Weg alleine. Nun schmerzt es. Sie schließt die Wohnungstüre auf.

Aus: Ingeborg und Rodja Weigand (Hg.): Tee und Butterkekse. Prosa von Frauen. Schwifting (1987).

**Arbeits-
vorschläge
zu den
Texten
3 und 4**

1. Weshalb ist die Beobachtung einer solchen (alltäglichen) Begebenheit (Text 3)
dem Erzähler eine Reflexion bzw. Mitteilung wert?

2. Welche Bedeutung kommt dem vom Erzähler nachdrücklich erwähnten Lächeln
der Frau zu?

3. In welcher Situation und Stimmung läßt die Erzählerin (Text 4) die Protagonistin
der Geschichte erscheinen?

4. Welche verschiedenen Zeitebenen sind in dieser Kürzestgeschichte zu finden?
Was bedeuten sie für die „Heldin"?

5. Inwiefern kann diese Geschichte für Frauenliteratur zugeordnet werden? Was
sagt sie über die Situation der Frau in der Gegenwartsgesellschaft aus? Informieren
Sie sich gegebenenfalls in einem geeigneten Nachschlagewerk zum Aspekt „Frauenliteratur".

6. Worin unterscheiden sich diese beiden Texte von den beiden Kurzgeschichten
(Text 1 und 2)?

7. Diskutieren Sie darüber, ob und in welcher Hinsicht die Texte 1–4 unter dem
Titel „Erkundung der Identität" stehen können.

5.5   Die Schwierigkeit, wieder zusammenzuwachsen: Literatur nach 1989

In der DDR entwickelte sich etwa seit Mitte der 60er Jahre eine Literatur, die der
von den Kulturfunktionären geforderten Aufgabe, den Aufbau des Sozialismus und
seine Ausgestaltung vorbehaltlos und „parteilich" zu unterstützen, sichtlich entge-
genstand. Ihre politische Brisanz bestand darin, daß sie sich dem Prinzip des „Hero-
ischen" verweigerte, indem sie sich auf Themen und Probleme des Privaten, Alltäglichen in der sozialistischen Lebenspraxis und Gesellschaftsordnung einließ. In
dieser Literatur ging es auch um die Darstellung von „Entfremdungsprozessen", die
nach offizieller Sprachregelung in einer sozialistischen Gesellschaft nicht mehr
möglich sein sollten. Die Auseinandersetzungen zwischen Schriftstellern und Staat
spitzten sich im Laufe der 70er Jahre zu und kulminierten schließlich in der Ausbürgerung des Liedermachers Wolf *Biermann,* der sich gerade auf einer Tournee durch
die Bundesrepublik befand und mit dem sich daraufhin in einem offenen Brief über
hundert Schriftsteller und andere Intellektuelle der DDR solidarisierten. So war die
Literatur der 70er und 80er Jahre in der DDR weitgehend geprägt von der kritischen, dabei jedoch den Sozialismus grundsätzlich bejahenden Auseinandersetzung

mit der DDR-Wirklichkeit, denn: „Unsere Gesellschaft wird immer differenzierter. Differenzierter werden auch die Fragen, die ihre Mitglieder ihr stellen – auch in Form der Kunst", formulierte es Christa *Wolf* schon 1968. Mit dem unerwartet schnellen Zusammenbruch des DDR-Staates 1989 entluden sich dann in und mit der Literatur (teilweise stellvertretend für andere gesellschaftliche Felder und häufig akzentuierter als dort) lang unterdrückte oder aus taktischen Erwägungen heraus unterlassene Diskussionen über die Kumpanei von Schriftstellern und ihrer Werke mit Unrechtssituationen und -vorgängen eines Staates, über Rolle und Glaubwürdigkeit von Literatur in einer Aufbruchszeit wie der um 1989/90 sowie über das Warum der geschichtlichen Entwicklungen der DDR-Gesellschaft und über die Perspektive und Sinnträchtigkeit der „vereinigten" Literatur wie der „neuen" Zeit überhaupt.

Diese Auseinandersetzungen und Reflexionen über die jüngste deutsch-deutsche Geschichte werden die Literatur der 90er Jahre immer wieder in allen Formen und Gattungen bestimmen, und sicherlich ist '89/90 ein epochaler Abschnitt der deutschen Literaturgeschichte zu Ende gegangen, nämlich der der „zwei" deutschen Literaturen. Der schwierige Weg in eine neue Epoche, nämlich die der „einen" deutschen Literatur hat erst begonnen ...

Wiedervereinigungseuphorie

Text 1 CHRISTA WOLF: Nachdenken über Vergangenheit und Gegenwart* (1990)

Anläßlich der Verleihung der Ehrendoktorwürde der Universität Hildesheim hielt Christa Wolf eine Dankesrede.

Der 4. November (1989) auf dem Berliner Alexanderplatz – der Punkt der größtmöglichen Annäherung zwischen Künstlern, Intellektuellen und den anderen Volksschichten – war keineswegs, wie westliche Reporter es staunend sehen wollten, das Zufallsprodukt eines glücklichen Augenblicks. Es war der Kulminations-
5 und Höhepunkt einer Vorgeschichte, in der Literaten, Theaterleute, Friedens- und andere Gruppen unter dem Dach der Kirche miteinander in Kontakte und Gespräche gekommen waren, bei denen jeder vom anderen Impulse, Gedanken, Sprache und Ermutigung zu Aktionen erfuhr. Seit Jahren hatte die bewußt in Opposition stehende Literatur sich bestimmte Aufgaben gestellt: Durch Benennen von
10 Widersprüchen, die lange Zeit nirgendwo sonst artikuliert wurden, bei ihren Lesern kritisches Bewußtsein zu erzeugen oder zu stärken, sie zum Widerstand gegen Lüge, Heuchelei und Selbstaufgabe zu ermutigen, unsere Sprache und andere Traditionen aus der deutschen Literatur und Geschichte, die abgeschnitten werden sollten, lebendig zu halten und, nicht zuletzt, moralische Werte zu verteidigen, die der zyni-
15 schen Demagogie der herrschenden Ideologie geopfert werden sollten. Spätere, die vielleicht in weniger bedrängten Umständen leben werden, werden herausfinden, was an diesen Bemühungen zu oberflächlich, zu inkonsequent, zu wenig kühn war und was, als Literatur, Bestand hat. Jedenfalls wurden sie und diejenigen, die sie unternahmen, gebraucht, und unsere Erwartungen schienen gerechtfertigt, daß der
20 durch die Volksmassen erzwungene Sturz des alten Regimes zur revolutionären Erneuerung unseres Landes führen würde.
Darin scheinen wir uns getäuscht zu haben. Dieser Aufbruch kam wohl um Jahre zu spät, die Schäden in vielen Menschen und im Land gehen zu tief, der zügellose Machtmißbrauch hat die Werte, in deren Namen er geschah, diskreditiert und zer-
25 setzt, innerhalb weniger Wochen schwanden vor unseren Augen drei Chancen für einen neuen Ansatz zu einer alternativen Gesellschaft, damit auch für den Bestand unseres Landes. Eine Niederlage wird nicht dadurch weniger schmerzlich, daß man sie sich erklären kann; nicht weniger bedrückend, wenn es sich um einen Wiederholungsfall handelt. Linke Melancholie? Mit sehr nüchternen Augen lese ich in diesen
30 Wochen Hölderlin, Büchner, Tucholsky. Und ich vergewissere mich der Namen langjähriger Verbündeter: Böll, Fried, Grass, Walter Jens ... Eine „Vereinigung" im Geist radikaldemokratischen Denkens, vor der mir nicht bange ist. (...)
Aber was ist inzwischen mit der Kunst? Der Posten ist vakant, den sie so lange besetzt hielt. Diese Entlassung aus einer Dauerüberforderung erleichtert, aber ich
35 beobachte auch Irritationen: Die Arbeit der Presse muß die Literatur nicht mehr machen; manche Bücher, die noch vor Monaten auf Schwierigkeiten stießen, sind durch die radikale Kritik der Öffentlichkeit zu Makulatur geworden. Die Theater sind halb leer – auch jene Inszenierungen, die vor kurzem noch umlagert waren und aus denen die Zuschauer Bestätigung für eigenes Aufbegehren schöpften, scheinen
40 verwelkt zu sein. Hier und da schießen aus dem Gefühl, selbst zu kurz gekommen zu sein, kunst- und künstlerfeindliche Stimmungen auf, die bisher aus Partei- und

Staatsapparaten in Verfolgung der Sündenbockstrategie eher künstlich erzeugt werden mußten. Die deutsche Geschichte dieses Jahrhunderts steckt uns eben noch in den Knochen.

Klage und Selbstmitleid halte ich für verfehlt, angebracht finde ich die Frage, ob wir 45 nun etwa aus der Verantwortung entlassen sind oder wofür wir in Zukunft gebraucht werden – wenn auch sicherlich stärker marginalisiert als bisher.

Aus: Frankfurter Rundschau, Nr. 33, 8. 2. 1990 (Originaltitel: Zwischenbilanz. Rede in Hildesheim).

Arbeits-
vorschläge

1. Über welche Ereignisse von Vergangenheit und Gegenwart denkt Christa Wolf nach?

2. In welche historischen und literarhistorischen Zusammenhänge stellt die Rednerin die Ereignisse vom Herbst 1989, wenn sie „mit sehr nüchternen Augen (...) Hölderlin, Büchner, Tucholsky" (Z. 29/30) liest?

Text 2

Monika Maron: Stille Zeile Sechs (1991)

Die 42jährige Ich-Erzählerin, Rosalind Polkowski, die in der DDR 15 Jahre lang als Historikerin systemkonform gearbeitet hat, will aus dem „Denken für andere" aussteigen und lebt nun von Gelegenheitsschreibarbeiten. In dieser Situation trifft sie auf Professor Herbert Beerenbaum, der in Pankow, „Stille Zeile" Nr. 6, wohnt und ihr nun seine Memoiren diktiert. Beim Tippen dieser Lebensgeschichte erkennt Rosalind, daß Beerenbaum immer ein linientreuer Kommunist gewesen ist, der sogar die stalinistischen Säuberungen im Moskauer Exil überlebt hat und auch am Ende seines Lebens von keinerlei Schuldbewußtsein oder Selbstzweifel geplagt wird. Gerade hier wird die Ich-Erzählerin auf fatale Weise an ihre eigene Kindheit als Tochter eines ebenfalls kommunistischen Elternhauses erinnert ...

Ich verabschiedete Beerenbaum nicht einfach aus dem Leben, ich verabschiedete ihn aus meinem Leben, in dem er, lange, bevor wir uns begegnet waren, Platz genommen hatte, als wäre es sein eigenes.

Beerenbaum saß, nur als Silhouette erkennbar, hinter dem Schreibtisch und diktierte. Seit Wochen schwelgte er in seiner Kindheit, während ich mich herauszufinden 5 bemühte, warum er sie für mitteilenswert hielt. Er zelebrierte die Armut seiner Familie, als wollte er sich entschuldigen für seinen späteren Wohlstand, wie mir überhaupt schien, daß er jedes Detail aus seinem jungen Leben nur im Hinblick auf seine spätere Bestimmung erzählte: sein frühes Interesse an der Politik, seine Wißbegier, der Lehrer, der seine Begabung erkannte, sein Sinn für Gerechtigkeit und 10 natürlich der Klasseninstinkt, der einem Arbeiterjungen aus dem Ruhrgebiet, wie Beerenbaum sagte, in die Wiege gelegt worden war.

Das furchtbare Wort Klasseninstinkt, die todsichere Waffe meines Vaters, wenn er zu begründen versuchte, warum Kafkas Bücher, von denen er vermutlich keine Zeile gelesen hatte, dekadente und schädliche Literatur, wenn überhaupt Literatur sei- 15 en. Das sage ihm schon sein Klasseninstinkt. Sein Klasseninstinkt sagte ihm auch, daß Jazz eine dem sozialistischen Lebensgefühl unangemessene Musik, weil Sklavenmusik, war und daß mein Freund Josef, ein dünner, langer Junge mit großen Füßen und intelligenten Augen, deren zuweilen abwehrender Ausdruck von meinem Vater für arrogant gehalten wurde, nicht der richtige Umgang für mich war.

Mit dem Wort Instinkt beanspruchte mein Vater Unfehlbarkeit. Ein Instinkt bedurfte keines Arguments und war durch ein solches auch nicht zu widerlegen.

Meinem Vorsatz, Beerenbaums Memoirenwerk mit nichts anderem als meinen Händen zu dienen, wurde ich selbst zum größten Hindernis. Während Beerenbaum
25 meine intellektuelle Verweigerung gelassen hinnahm und es auch bald unterließ, mich in diese oder jene Wortwahl einzubeziehen, fiel es mir von einem Treffen zum anderen schwerer, ihm nicht zu widersprechen. Das mir selbst auferlegte Schweigen quälte mich derart, daß ich hin und wieder ein leichtes Stöhnen nicht unterdrücken konnte, was Beerenbaum sofort ermutigte zu fragen, ob mir seine Erzählung mißfie-
30 le. Ich entschuldigte mich mit Kreuzschmerzen oder schob Ärger über einen angeblichen Schreibfehler vor. Beerenbaum gab sich mit solchen Erklärungen zwar zufrieden, aber jedesmal, nachdem ich mich so unbeherrscht gebärdet hatte, diktierte er mir Sätze, die jene, um derentwillen ich gestöhnt hatte, an Scheußlichkeit noch übertrafen. Einmal war es der Satz: Schon als kleiner Knirps wußte ich, daß das
35 Herz links saß und der Feind rechts stand. Während ich ihn aufschrieb, begann mein Zwerchfell nervös und aufgeregt zu zucken. Zuerst, weil ich am liebsten gelacht hätte, dann aber, da ich mir auch das Lachen verboten hatte, zog sich das Zwerchfell in Intervallen krampfartig zusammen, bis ich einen heftigen Schluckauf bekam und Beerenbaum mir von Frau Karl, so hieß die Haushälterin, ein Glas Zuckerwasser
40 bringen ließ, von dem mir, als der Schluckauf sich endlich gelegt hatte, übel wurde. Natürlich war meine Reaktion übertrieben. Das Herz saß links, der Feind stand 1914 rechts, und Beerenbaum war damals ein kleiner Junge. Wahrscheinlich hätte ich, wäre Beerenbaum ein beliebiger alter Mann und nicht dieser Professor Beerenbaum gewesen, das ärmliche Pathos des Satzes nachsichtig hingenommen. Wenn
45 Beerenbaum sich rückblickend, mit süßlich gespitztem Mund, als kleinen Knirps bezeichnete, überkam mich Ekel. Ich konnte mir Beerenbaum als kleinen Jungen nicht vorstellen. Immer saß auf dem Knabenkörper Beerenbaums alter Kopf mit den schweren Tränensäcken unter den Augen und dem müden, rechthaberischen Zug um den Mund. Solange Beerenbaum über seine Kindheit sprach, erregten mich
50 selten die Tatsachen, von denen er berichtete und die entweder landläufig bekannt oder von harmloser Privatheit waren. Fast immer lag es an dem Ton, an der Selbstgewißheit seiner Sprache, in der Rührseligkeit und einfältige Metaphorik oft so dicht beieinanderlagen wie in dem Satz, der mein Zwerchfell außer Kontrolle hatte geraten lassen.
55 Mit dieser Sprache war ich aufgewachsen. Meine Eltern sprachen sie, sobald sie sich größeren Themen als der Haushaltsführung oder Kindererziehung widmeten. Die Grenze zwischen der privaten und der anderen Sprache verlief nicht exakt. Es konnte vorkommen, daß meine Mutter meinem Vater erzählte, ihre junge Kollegin B. habe einen neuen Freund, und während sie die Teller in den Schrank räumte, hin-
60 zufügte: Ein guter Genosse, wirklich, was klang, als hätte sie sagen wollen: Ein netter Junge, wirklich.

Oder mein Vater kam nach Hause und schimpfte, weil er sich über die dreckigen U-Bahnhöfe geärgert hatte, auf „unsere Menschen", die nicht begreifen wollten, daß der Kampf um den Kommunismus beim Bonbonpapier beginnt. (…)

Aus: Monika Maron: Stille Zeile Sechs. Roman. Frankfurt 1991.

Arbeits-
vorschläge **1.** Worin und wie erkennt die Ich-Erzählerin die Vergangenheit der eigenen Kindheit? Wie reagiert sie auf diese Erinnerungsarbeit?

2. Welches Gesellschaftsbild der (ehemaligen) DDR breitet die Erzählerin hier vor dem Leser aus, und wie beurteilt sie dieses?

Text 3   HANS MAGNUS ENZENSBERGER: Aufbruchstimmung (1991)

Hoch über den Vororten
tragen rosig bestrahlte Gase
ihren stillen Kampf aus.
Unter raschen Wolkenfetzen
5 bröselt, champagnergebadet,
Beton. Am Potsdamer Platz
Wermutsflaschen, die Penner
grübeln über „den Doppelsinn
von Sein und Seinsverständnis".
10 Einwände halten sich hier
in Grenzen. Pilgerscharen
in der Fußgängerzone
auf der Suche nach Identität
und Südfrüchten. Zuzügler
15 lassen valiumfarbene Scheine
auf der Zunge zergehn.

Auch links in der Beletage
finden Aufbrüche statt:
Gewissenhaft arbeiten Partner
an der Hinrichtung einer Ehe.   20
Haftschalen, tränenüberströmt,
im luxuriösen Smog. Blindgänger
fallen sich in die Arme.
Das Politbüro: ausgestorben.
Nur im Keller der Dichter   25
dichtet bei fünfzehn Watt
nach wie vor vor sich hin,
„um der Menschwerdung
aufzuhelfen". Gerührt
schweift das nasse Aug   30
über die frischen Sichtblenden.

Aus: Hans Magnus Enzensberger: Zukunftsmusik. Frankfurt/Main 1991.

Text 4   GÜNTER KUNERT: Achtzeiler (1991)

Auf toten Flüssen treiben wir dahin,
vom Leben und dergleichen Wahn besessen.
Was wir erfahren, zeigt sich ohne Sinn,
weil wir uns selber längst vergessen.
Vom Augenblick beherrscht und eingefangen, 5
zerfällt der Tag, der Monat und das Jahr.
Und jede Scherbe schafft Verlangen
nach Ganzheit: Wie sie niemals war.

Aus: Günter Kunert/Glyn Uzzell: Mondlandschaft.
Gedichte und Bilder. Göttingen 1991.

Abb. links: Dresden 1991

1. Wie erlebt der lyrische Beobachter die „Aufbruchstimmung"? Welche Haltung nimmt er gegenüber dem Beobachteten ein?

2. In welcher Rolle bzw. Funktion sieht der Beobachter den Dichter bzw. die Poesie?

3. Wie erfährt das lyrische Ich im Kunert-Gedicht (Text 4) das Dasein?

4. Wie gestaltet das lyrische Ich sprachlich und formal seine existentiellen Reflexionen?

5. Inwiefern läßt sich auch dieses Gedicht als Reaktion auf die Ereignisse in Deutschland 1989/90 verstehen? Beziehen Sie das Enzensberger-Gedicht (Text 3) vergleichend in Ihre Überlegungen mit ein.

6. Versuchen Sie ein Resümee des Teilkapitels unter der folgenden Fragestellung zu ziehen: Wie haben die verschiedenen Autoren auf die veränderte geschichtlich-gesellschaftliche Situation reagiert?

7. Interpretieren Sie das Foto (S. 155), indem Sie auf die einzelnen Bildelemente und ihr Kompositionsprinzip eingehen.

8. Dieses Foto zeigt *eine* bestimmte Seite der Vereinigung der beiden deutschen Staaten. Suchen Sie aus Ihnen zugänglichen Zeitungen, Zeitschriften oder einschlägigen Bilddokumentationen ein Ihrer Meinung nach geeignetes „Gegenbild" heraus, das andere Aspekte des Vereinigungsprozesses zeigt. Stellen Sie eine Collage aus beiden Bildern her, und schreiben Sie hierzu einen (kurzen) literarischen Text in einer selbstgewählten Form (Gedicht, Aphorismus, Kürzestgeschichte o.ä.).

Literatur in der Bundesrepublik nach 1945

	Trümmerliteratur	Traditionalisten/Innere Emigranten	Gruppe 47 / weitere	Gruppe 61	Werkkreis Literatur der Arbeitswelt	Neue Innerlichkeit / Neue Subjektivität	Frauenliteratur	Postmoderne / Posthistorie
1946 Militärregierung/Westzonen	Borchert, Weyrauch	Andres, Bergengruen						
1949 Bundesrepublik	**1947 Gruppe 47** Andersch							
1950 CDU/FDP-Koalition		Carossa, Gaiser, Hausmann, W. Lehmann, Wiechert	Aichinger, Bachmann, Böll, Eich, Enzensberger, Grass, Heißenbüttel					
1960			Johnson, Koeppen, S. Lenz, Rühmkorf, M. Walser, P. Weiss, Wohmann	**Gruppe 61** von der Grün				
1966 Große Koalition, APO Studentenbewegung, **1969** SPD/FDP-Koalition					**1969 Werkkreis Literatur der Arbeitswelt** Runge, Wallraf	Born, Bernhard, Handke, B. Strauß, Achternbusch, Brinkmann		**Postmoderne Posthistorie „Gegengeschichten"** Meckel, Duden, Dorst, Harald Müller, Heiner Müller, Braun, Hildesheimer, Süskind
1970							Mechtel, Stefan, Struck, Rasp, Drewitz, Ossowski	
1971 ff. Grundlagenvertrag mit der DDR, Ostverträge			**1977** letzte Tagung und Auflösung der Gruppe 47					
1980								
1982 „Wende" CDU/FDP-Koalition								
1989								
1990 Vereinigung der beiden deutschen Staaten								

6.   Der Roman

Abb. oben:
G. F. Kersting:
Der elegante Leser
(1812)

Abb. links:
Auguste Renoir:
Lesendes Mädchen
(1896)

Arbeits-
vorschläge

1. Welche unterschiedlichen Leseweisen bzw. -haltungen erkennen Sie aus dieser Collage? Berücksichtigen Sie in Ihren Überlegungen auch die Entstehungszeit der Bilder (Renoir: 1896; Kersting: 1812).

2. Fertigen Sie eine Skizze, Collage, Fotomontage o. ä. an, in der Sie darzustellen versuchen, wie heute gelesen wird.

„Wie ich jünger war, sagte sie, liebte ich nichts so sehr als Romane", schreibt Werther in einem Brief an Wilhelm, in dem er von Lottes wunderbarer Erscheinung und ihrem faszinierenden Wesen schwärmt, um danach, wieder Lotte zitierend, fortzufahren: „Und der Autor ist mir der liebste, in dem ich meine Welt wieder finde, bei dem es zugeht wie um mich, und dessen Geschichte mir doch so interessant und herzlich wird als mein eigen häuslich Leben." Die Gefühle und Erlebnisse beim Romanlesen, von denen Lotte spricht, sind Ausdruck der Faszination einer fiktionalen, „erzählten" Welt, die den Blick freigibt auf die eigene reale Welt, die so um eine neue Dimension erweitert wird. In solchen Lebensgefühlen und -erfahrungen wird ein ureigenes menschliches Bedürfnis sichtbar, das älter ist als die Literatur (im Sinne des schriftlich Festgehaltenen): nämlich das **Bedürfnis, Geschichten zu erzählen bzw. ihnen zuzuhören,** Vergangenes zu vergegenwärtigen und sich auf unterschiedliche Weise in eine **Welt der Fiktion** zu begeben, denn „der Mensch ist von Natur aus ein *animal fabulator*", wie es Umberto Eco einmal formulierte. So ist uns schon aus der Antike das Grundmodell des Erzählens überliefert: Es sind die singenden Göttinnen der Künste, die Musen, die vom Dichter, vom Erzähler angerufen und um Inspiration gebeten werden; sie ermöglichen dem Erzähler den Zugang zu den alten Geschichten über große (historische) Ereignisse und Persönlichkeiten und über die Auseinandersetzungen zwischen Menschen und Göttern, in denen der Zuhörer sein eigenes Leben, sein unspektakuläres alltägliches Dasein, seine nationale und kulturelle Identität erkennt bzw. wiederfindet. Es ist die Transformation des Alltäglichen ins Heroische und Mythische, es sind die „exemplarischen" Menschen bzw. Helden, und es ist die Bekanntheit der Fabeln, die das Gerüst des Epos bilden – dies alles fesselt den Zuhörer an das Erzählen und an das Erzählte; gleichwohl ist dem Zuhörer die Differenz zwischen Realität und Fiktion grundsätzlich bewußt, denn es ist keineswegs das Bestreben des Dichters, „zu berichten, was geschehen ist, sondern vielmehr, was geschehen könnte und was möglich wäre", wie es Aristoteles im 4. Jahrhundert v. Chr. formulierte. Gerade die (scheinbare) Unvereinbarkeit der beiden Aspekte, nämlich etwas im *Präteritum* zu erzählen, was geschehen *könnte*, erzeugt die eigentümliche Verknüpfung von Wirklichkeit und Möglichkeit, die den Zuhörer und später den Leser fesselt.

Es ist nicht verwunderlich, daß sich im Laufe der Kultur- und damit der Literaturgeschichte Wandlungen im Hinblick auf **Erzählanlässe** und **Erzählweisen** ergaben. In diesem Zusammenhang kommt dem **Erzählanfang** eine große Bedeutung zu, denn in den ersten Zeilen und Abschnitten – beim Epos sind es Verse und u.U. Strophen – führt der Erzähler in „seine" Welt der Fiktion ein und nimmt den Dialog mit dem Leser (Zuhörer) auf. Diese Einführung vermittelt eine bestimmte Atmosphäre des Erzählens, indem sie verschiedene Mosaiksteine der fiktionalen Welt dem Leser als

Orientierung anbietet: Jeder Leser hat, wenn er einen Roman beginnt, die Haltung des Neugierigen, Erwartungsvollen und sicher auch der Offenheit, in welche Welt er nun „eintauchen" werde, und der Erzähler kann ihm auf unterschiedliche Weise, mit einer Vorrede, einer ausführlichen Landschaftsbeschreibung, dem unmittelbaren Einstieg in eine Handlung usw., diesen Eintritt in die fiktionale Welt anbieten. Bei dieser Einführung in die fiktionale Welt zeigen sich in dem weitgespannten Bogen des Erzählens vom antiken Epos bis zum modernen Roman der Gegenwart Veränderungen, die Indiz dafür sind, daß sich das Menschen- und Weltbild, die Auffassung vom Erzählen und den Gegenständen des Erzählens und vom Verhältnis zwischen Fiktion und Wirklichkeit gewandelt haben. So stand und steht der Autor eines Romans, einer Erzählung am Beginn einer Geschichte vor verschiedenen Fragen bzw. Möglichkeiten, die zu unterschiedlichen Erzähltechniken und -strategien führen, damit der Leser (Zuhörer) auf der Reise in und durch die Fiktion folgen kann und will: Braucht der Erzähler einen „Gewährsmann" für seine Geschichte, bzw. muß er auf eine allgemein anerkannte, die Erzählung beglaubigende Autorität zurückgreifen? Wie kann bzw. muß er sich selbst einführen bzw. darstellen? Über welche Personen, Örtlichkeiten, Zeitverhältnisse oder Handlungsabläufe soll der Leser am Anfang der Erzählung informiert werden? Welche „Ansprache" benötigt der Leser (Zuhörer)? In welcher Nähe oder Distanz zur Realität, zu realen Fakten geographischer oder historischer Art kann oder muß die Fiktion angesiedelt werden? Muß sich der Leser möglicherweise darauf einstellen, daß sich der Erzähler des zu Erzählenden gar nicht so sicher ist, daß er den souveränen Überblick über das Geschehen und die Personen nicht immer behalten wird? Und schließlich: In welcher Sprechhaltung, Stilebene usw. muß die Geschichte begonnen werden (vgl. zu diesen Aspekten S. 308–311)?

Das **Nachdenken über das Erzählen**, eine Theorie des Epischen, beginnt mit Aristoteles' Werk „Poetik", in dem noch ausschließlich die Form des Epos Gegenstand des theoretischen Interesses war. Erst im 16. Jahrhundert, verstärkt dann im 18. Jahrhundert werden die Nachfolger des Epos, der Roman – er erhielt auch die Bezeichnung „bürgerliche Epopöe" – und andere epische Gattungen, die sich herausgebildet haben, in ihren Grundlagen bzw. stofflichen und sprachlichen Abgrenzungen zu anderen Gattungen reflektiert. So bildet Blanckenburgs „Versuch über den Roman" von 1774 als erste systematische deutschsprachige Abhandlung zur Theorie des Romans den Auftakt zu einer intensiven Diskussion und Forschung über die Poetik des Romans, die einhergingen mit einer Blütezeit der beiden epischen Großgattungen, Roman und Novelle, im 19. Jahrhundert. Aber schon an der Wende vom 19. zum 20. Jahrhundert gerät der Roman in eine Krise: Neue Erkenntnisse aus der Tiefenpsychologie, die das Bild vom Menschen um neue Dimensionen erweitern, Erfahrungen des Massenzeitalters in großen, unüberschaubar werdenden Metropolen, das Erlebnis eines alles individuell Heldische desillusionierenden Massenvernichtungskrieges, neue Techniken wie Rundfunk und Film und schließlich der Eintritt ins Medienzeitalter sensibilisieren die Autoren dafür, daß die „einfache" realistische Darstellung, wie sie noch bis gegen Ende des 19. Jahrhunderts im Roman die Regel war, nicht mehr ausreicht, sondern daß es verschiedene Realitätsebenen gibt, die divergieren und somit ein anderes Erzählen erfordern. Das

Bewußtsein einer Krise prägt im 20. Jahrhundert sowohl das Nachdenken über den Roman als auch die Entwicklung neuer Möglichkeiten des Erzählens. Die Bandbreite der Erzähltexte reicht dabei vom Großstadtroman der 20er Jahre über das Erzählen von der Unmöglichkeit des Erzählens bis zur Filmerzählung als Auseinandersetzung mit den Formen von Wahrnehmung im Medienzeitalter. Die hier nur angedeutete Vielfalt zeigt auch die Vitalität und **Wandelbarkeit des Romans,** der als jüngste aller literarischen Großformen und „spezifische Form des bürgerlichen Zeitalters" (Theodor Adorno) schon mehrmals totgesagt wurde. In der literarischen Praxis aber bleibt er sowohl quantitativ in der Lesergunst als auch qualitativ in seiner Wandlungsfähigkeit, basierend auf der früh einsetzenden Unternehmung, über die eigene Grundlage, Form, Funktion und Leistung zu reflektieren, eine herausragende Größe, und immer wieder gilt für Autor und Leser gleichermaßen die Warnung vor und zugleich Aufforderung zum Romanschreiben bzw. -lesen: „Der Eintritt in einen Roman ist wie der Aufbruch zu einer Bergtour: Man muß sich an einen Atem gewöhnen, an eine bestimmte Gangart, sonst kommt man bald aus der Puste und bleibt zurück" (Umberto Eco).

6.1 Wie Fiktionen entstehen: Romananfänge

Text 1

CHRISTIAN REUTER: Schelmuffsky (1696)

In der Tradition des Reise- und Abenteuerromans stehend, ist Reuters Text eine satirische Abrechnung mit seiner Zeit am Vorabend der Aufklärung. In sieben Kapiteln erzählt er die phantastische Lebens- und Reisegeschichte seines Helden Schelmuffsky und läßt dabei zwei wesentliche Positionen sichtbar werden: Es ist die Kritik an der höfisch-barocken Kultur, deren Zeitalter sich dem Ende zuneigt, und auf der anderen Seite die spöttische Abrechnung mit einer Haltung, die im (aufstrebenden) Bürgertum anzutreffen ist, nämlich die barocke Lebensweise und Kultur nachahmen zu wollen.

Dem Hochgeborenen
GROSSEN
MOGOL[1]
dem Älteren,
weltbekannten Könige oder vielmehr
KAISER
in
INDIEN
etc.,
meinem insonders vor diesen
auf meiner sehr gefährlichen Reise
freundlichsten Herrn

---

1 Großer Mogul: Großmogul; Bezeichnung für tatarische Herrscher, die von 1562–1761 in Indien herrschten.

Hochgeborner Potentate, geneigter Patron!

Ich wäre gewiß ein rechter undankbarer Kerl, wenn ich vor die angetane Ehre, welche mir vor diesem auf meiner sehr gefährlichen Reise der hochgeborne Große Mogol und König von Indien auf seinem vortrefflichen Schlosse Agra[2] ganzer vierzehn Tage lang erwiesen, nicht sollte bedacht sein, wie daß ich's wieder gleichma-
5 chen möchte[3]. Nun hätte ich solches auch schon längst getan, wenn ich nur gewußt, wodurch dem hochgebornen Großen Mogol etwan einiger Gefallen geschehen könnte. Ich hatte zwar erstlich willens, demselben aus hiesigem Lande ein Fäßchen gut Klebebier auf der geschwinden Post mit nach Indien zu schicken. Da ich mich aber besorgete, es möchte den weiten Weg dahin matt und sauer werden, so ließ
10 ich's bleiben. Nach diesem erinnerte ich mich, wie daß der hochgeborne Große Mogol, als er mir, wie ich bei ihm war, unter anderen auch seinen schönen Bücherschrank zeigte, sagte, ich sollte ihm doch mit der Zeit aus unsern Landen ein kurioses Buch schicken, er wollte mir's bezahlen, was es kostete. Weilen ich nun meine sehr gefährliche Reisbeschreibung auf Bitten etlicher guter Freunde unter der Bank
15 herfürgesucht und an den Tag gegeben, so habe dieselbe dem hochgebornen Großen Mogol zur Dankbarkeit vor die vormals mir angetane Ehre und Geschenke hierdurch nicht alleine zueigenen, sondern auch ein Exemplar mitschicken und verehren wollen. Ich verlange, der Tebel hol mer, nicht einen Dreier dafür, ob's gleich was Kurioses ist und niemand dergleichen Reisbeschreibungen zeitlebens herausge-
20 geben hat. Ich will zwar kein Rühmens und Prahlens davon machen; das Werk wird aber, der Tebel hol mer, den Meister schon selber loben. Im übrigen verharre ich des hochgebornen Großen Mogols in Indien reisfertigster, allzeit freundlichster
Schelmuffsky.

Vorrede an den kuriosen Leser

25 Ich bin, der Tebel hol mer, ein rechter Bärenhäuter, daß ich meine sehr gefährliche Reisbeschreibung, welche ich schon eine geraume Zeit verfertiget gehabt, so abscheulich lange unter der Bank steckenlassen und nicht längstens mit herfürgewischt bin. Aber was macht's? Es hat, der Tebel hol mer, mancher Kerl kaum eine Stadt oder Land nennen hören, so setzt er sich stracks hin und schreibet da ein Hau-
30 fen Prahlens und Aufschneidens wohl zehen Ellen lang davon her. Wenn man denn solch Zeug lieset (zumal wer nun wacker gereiset ist als wie ich), da kann man denn gleich sehen, daß er sein Lebtage nicht vor die Stubentür gekommen ist, geschweige daß er fremden Wind sich selbst sollte haben lassen unter die Nase gehen, wie ich getan habe. Ich kann, der Tebel hol mer, wohl sagen, ob ich gleich viel Jahr in
35 Schweden, so viel Jahr in Holland, so viel Jahr in Engelland, auch vierzehen ganzer Tage in Indien bei dem Großen Mogol gewesen und oftmals so gefährlichen Schiffbruch erlitten, daß, wenn ich alles erzählen sollte, einem die Ohren davon weh tun würden. Habe aber, der Tebel hol mer, niemals groß Gerühme davon gemacht, es wäre denn, daß ich's bisweilen auf der Bierbank[4] guten Freunden erzählt hätte.

2 Agra: Stadt in Nordwestindien
3 gleichmachen möchte: vergelten könnte
4 auf der Bierbank: im Wirtshaus

Damit aber nun alle Welt sehen und erfahren soll, daß ich nicht hinter dem Ofen 40
gesessen und meiner Frau Mutter die gebratenen Äpfel stets aus der Röhre genascht, so will ich doch nur auch von meiner sehr gefährlichen Reise zu Wasser und
Lande, wie auch von meiner Gefangenschaft zu St. Malo eine solche Beschreibung
an das Tagelicht geben, desgleichen kein Mensch noch nicht in öffentlichem Druck
wird gefunden haben; und werden sich diejenigen selbige erschröcklich zunutze 45
machen können, welche Lust haben, mit der Zeit fremde Länder zu besehen. Sollte
ich aber wissen, daß dasjenige, welches ich mit großer Mühe und Fleiß aufgezeich-
net, nicht möchte von jedermann geglaubet werden, wäre mir's, der Tebel hol mer,
höchst leid, daß ich einige Feder damit verderbet. Ich hoffe aber, der kuriose Leser
wird nicht aberglaubisch sein und meine gefährliche Reisbeschreibung vor eine 50
bloße Aufschneiderei und Lügen halten, da doch beim Sapperment[5] alles wahr und,
der Tebel hol mer, nicht ein einziges Wort erlogen ist. Sonsten werde ich gerne
hören, wenn man sagen wird: „Dergleichen sehr gefährliche Reisbeschreibung habe
ich noch niemal gelesen." Wird solches geschehen, so sei ein jedweder versichert,
daß ich nicht allein künftig den andern Teil meiner sehr gefährlichen Reise, welche 55
ich durch Persien, Italien, Türkei, Moskau, Polen und durch das ganze Gelobte
Land getan, auch hervorsuchen will, sondern ich werde mich auch lebenslang
nennen

des kuriosen Lesers allezeit reisfertigster

Schelmuffsky. 60

Das erste Kapitel

Teutschland ist mein Vaterland, in Schelmerode bin ich geborn, zu St. Malo habe ich
ein ganz halb Jahr gefangen gelegen, und in Holland und Engelland bin ich auch
gewesen. Damit ich aber meine gefährliche Reisebeschreibung fein ordentlich ein-
richte, so will ich von meiner wunderlichen Geburt und seltsamen Auferziehung den
Anfang machen.

Aus: Christian Reuters Werke in einem Band. Berlin 1965.

Arbeits-
vorschläge

1. Was erfährt der Leser vom Erzähler in diesem Romananfang? Welche Funktion
erhält dabei der Aufbau dieses Textabschnittes?

2. Der Erzähler versichert nachdrücklich die Wahrheit des Erzählten im Sinne von
Ereignissen, die real stattgefunden haben. Untersuchen Sie am Text, wie der
Erzähler diese Illusion erzeugt und warum es dem Leser dennoch klar sein mußte
bzw. muß, daß es sich hier um eine Lügengeschichte handelt.

3. Untersuchen Sie, wie der Erzähler die Kommunikation mit dem Leser aufnimmt
und führt und welches Erzählverhalten erkennbar wird.

4. An welchen Gesichtspunkten können Sie erkennen, daß es sich bei diesem Text
um eine satirische Darstellung handelt?

5. Lesen Sie den gesamten Roman, und referieren Sie über Inhalt, zentrale Motive
und die Gattungsbezeichnung „Schelmen-" bzw. „Pikaroroman" für dieses Werk.

---

5 beim Sapperment: Fluch, entstellt aus „Sakrament"

Text 2 NOVALIS: Heinrich von Ofterdingen (1802)

Der als Fragment vorliegende Roman spielt im von den Romantikern verklärten Hochmittelalter und zeigt seinen Helden, den 20jährigen Heinrich von Ofterdingen aus bürgerlichem Elternhaus, auf einer langen Erfahrungs- und Bildungsreise in und durch die Welt, ausgelöst durch den Traum von der „blauen Blume", von der ihm zuvor ein Reisender erzählte. Auf dieser später immer mehr ins Märchenhafte hinübergleitenden Reise reift Heinrich allmählich zum Dichter.

Die Eltern lagen schon und schliefen, die Wanduhr schlug ihren einförmigen Takt, vor den klappernden Fenstern sauste der Wind; abwechselnd wurde die Stube hell von dem Schimmer des Mondes. Der Jüngling lag unruhig auf seinem Lager, und gedachte des Fremden und seiner Erzählungen. „Nicht die Schätze sind es, die ein
5 so unaussprechliches Verlangen in mir geweckt haben", sagte er zu sich selbst; „fern ab liegt mir alle Habsucht: aber die blaue Blume sehn' ich mich zu erblicken. Sie liegt mir unaufhörlich im Sinn, und ich kann nichts anders dichten und denken. So ist mir noch nie zumute gewesen: es ist, als hätt' ich vorhin geträumt, oder ich wäre in eine andere Welt hinübergeschlummert; denn in der Welt, in der ich sonst lebte,
10 wer hätte da sich um Blumen bekümmert, und gar von einer so seltsamen Leidenschaft für eine Blume hab' ich damals nie gehört. Wo eigentlich nur der Fremde herkam? Keiner von uns hat je einen ähnlichen Menschen gesehn; doch weiß ich nicht, warum nur ich von seinen Reden so ergriffen worden bin; die andern haben ja das nämliche gehört, und keinem ist so etwas begegnet. Daß ich auch nicht einmal von
15 meinem wunderlichen Zustande reden kann! Es ist mir oft so entzückend wohl, und nur dann, wenn ich die Blume nicht recht gegenwärtig habe, befällt mich so ein tiefes, inniges Treiben: das kann und wird keiner verstehn. Ich glaubte, ich wäre wahnsinnig, wenn ich nicht so klar und hell sähe und dächte, mir ist seitdem alles viel bekannter. Ich hörte einst von alten Zeiten reden; wie da die Tiere und Bäume und
20 Felsen mit den Menschen gesprochen hätten. Mir ist grade so, als wollten sie allaugenblicklich anfangen, und als könnte ich es ihnen ansehen, was sie mir sagen wollten. Es muß noch viel Worte geben die ich nicht weiß: wüßte ich mehr, so könnte ich viel besser alles begreifen. Sonst tanzte ich gern; jetzt denke ich lieber nach der Musik." Der Jüngling verlor sich allmählich in süßen Phantasien und entschlum-
25 merte. Da träumte ihm erst von unabsehlichen Fernen, und wilden, unbekannten Gegenden. Er wanderte über Meere mit unbegreiflicher Leichtigkeit; wunderliche Tiere sah er; er lebte mit mannigfaltigen Menschen, bald im Kriege, in wildem Getümmel, in stillen Hütten. Er geriet in Gefangenschaft und die schmählichste Not. Alle Empfindungen stiegen bis zu einer niegekannten Höhe in ihm. Er durch-
30 lebte ein unendlich buntes Leben; starb und kam wieder, liebte bis zur höchsten Leidenschaft, und war dann wieder auf ewig von seiner Geliebten getrennt. Endlich gegen Morgen, wie draußen die Dämmerung anbrach, wurde es stiller in seiner Seele, klarer und bleibender wurden die Bilder.

Aus: Novalis: Schriften. Die Werke Friedrich von Hardenbergs. Hrsgg. v. Paul Kluckhohn/Richard Samuel. Erster Bd. Stuttgart 1960.

1. In welcher äußeren und inneren Situation bzw. Befindlichkeit erscheint der „Jüngling" (Heinrich) dem Leser? Inwiefern könnte dieser Zustand eine zentrale Ausgangssituation für die Entfaltung der Lebensgeschichte Heinrichs sein?

2. Untersuchen Sie, auch in der Abgrenzung zu Text 1, Erzählanlaß, Erzählstrategie und Verhalten des Erzählers in diesem Textausschnitt: Wie führt der Erzähler seinen Leser in die fiktionale Welt ein?

3. Untersuchen Sie diesen Romananfang daraufhin, welche Schlüsselbegriffe bzw. zentralen Motive der Romantik Sie finden können und wie diese für die Komposition der Textstelle vom Erzähler eingesetzt werden.

4. Informieren Sie sich anhand geeigneter Sekundärliteratur über den Entwicklungs- bzw. Bildungsroman, und referieren Sie darüber in Ihrem Kurs.

Text 3

THEODOR FONTANE: Der Stechlin (1897)

In diesem letzten Roman Fontanes, der nur wenig Handlung enthält und weitgehend aus Gesprächen besteht, rücken der See und die Familie Stechlin, deren Oberhaupt der alte Dubslav von Stechlin ist, in den Mittelpunkt allen Geschehens. Es geht um die Dimensionen der alten und neuen Zeit, des Alters und der Jugend, mit denen Fontane ein präzises Zeit- und Gesellschaftsbild entwirft. Dubslav von Stechlins Leitsatz: „Wenn ich das Gegenteil gesagt hätte, wäre es ebenso richtig", der die Gespräche des Romans gewissermaßen umspannt, verweist zugleich auf die sprach- und erkenntnisskeptische Sicht Fontanes, die Ausdruck eines Krisenbewußtseins am Ende des 19. Jahrhunderts ist.

Im Norden der Grafschaft Ruppin, hart an der mecklenburgischen Grenze, zieht sich von dem Städtchen Gransee bis nach Rheinsberg hin (und noch darüber hinaus) eine mehrere Meilen lange Seenkette durch eine menschenarme, nur hie und da mit ein paar alten Dörfern, sonst aber ausschließlich mit Förstereien, Glas- und Teeröfen besetzte Waldung. Einer der Seen, die diese Seenkette bilden, heißt „der 5 Stechlin". Zwischen flachen, nur an einer einzigen Stelle steil und kaiartig ansteigenden Ufern liegt er da, rundum von alten Buchen eingefaßt, deren Zweige, von ihrer eignen Schwere nach unten gezogen, den See mit ihrer Spitze berühren. Hie und da wächst ein weniges von Schilf und Binsen auf, aber kein Kahn zieht seine Furchen, kein Vogel singt, und nur selten, daß ein Habicht darüber hinfliegt und sei- 10 nen Schatten auf die Spiegelfläche wirft. Alles still hier. Und doch, von Zeit zu Zeit wird es an ebendieser Stelle lebendig. Das ist, wenn es weit draußen in der Welt, sei's auf Island, sei's auf Java zu rollen und zu grollen beginnt oder gar der Aschenregen der hawaiischen Vulkane bis weit auf die Südsee hinausgetrieben wird. Dann regt sich's auch *hier*, und ein Wasserstrahl springt auf und sinkt wieder in die Tiefe. 15 Das wissen alle, die den Stechlin umwohnen, und wenn sie davon sprechen, so setzen sie wohl auch hinzu: „Das mit dem Wasserstrahl, das ist nur das Kleine, das beinah Alltägliche; wenn's aber draußen was Großes gibt, wie vor hundert Jahren in Lissabon[1], dann brodelt's hier nicht bloß und sprudelt und strudelt, dann steigt statt des Wasserstrahls ein roter Hahn auf und kräht laut in die Lande hinein." 20 Das ist der Stechlin, der *See* Stechlin.

---

1 Lissabon: 1755 durch ein Erdbeben zu zwei Drittel zerstört

Aber nicht nur der See führt diesen Namen, auch der Wald, der ihn umschließt. Und Stechlin heißt ebenso das langgestreckte Dorf, das sich, den Windungen des Sees folgend, um seine Südspitze herumzieht. Etwa hundert Häuser und Hütten bil-

25 den hier eine lange, schmale Gasse, die sich nur da, wo eine von Kloster Wutz her heranführende Kastanienallee die Gasse durchschneidet, platzartig erweitert. An ebendieser Stelle findet sich denn auch die ganze Herrlichkeit von Dorf Stechlin zusammen; das Pfarrhaus, die Schule, das Schulzenamt, der Krug, dieser letztere zugleich ein Eck- und Kramladen mit einem kleinen Mohren und einer Girlande

30 von Schwefelfäden in seinem Schaufenster. Dieser Ecke schräg gegenüber, unmittelbar hinter dem Pfarrhause, steigt der Kirchhof lehnan, auf ihm, so ziemlich in seiner Mitte, die frühmittelalterliche Feldsteinkirche mit einem aus dem vorigen Jahrhundert stammenden Dachreiter[2] und einem zur Seite des alten Rundbogenportals angebrachten Holzarm, dran eine Glocke hängt. Neben diesem Kirchhof samt Kir-

35 che setzt sich dann die von Kloster Wutz her heranführende Kastanienallee noch eine kleine Strecke weiter fort, bis sie vor einer über einen sumpfigen Graben sich hinziehenden und von zwei riesigen Findlingsblöcken flankierten Bohlenbrücke haltmacht. Diese Brücke ist sehr primitiv. Jenseits derselben aber steigt das Herrenhaus auf, ein gelbgetünchter Bau mit hohem Dach und zwei Blitzableitern.

40 Auch dieses Herrenhaus heißt Stechlin, *Schloß* Stechlin.

Aus: Theodor Fontane: Werke, Schriften und Briefe. Abt. I. Fünfter Band. Sämtliche Romane, Erzählungen, Gedichte des Nachlasses. München ²1980.

Arbeitsvorschläge **1.** Untersuchen Sie, wie der Erzähler den Leser in die Örtlichkeit Stechlin einführt. Erläutern Sie das Erzählverhalten und dessen Funktion.

2. Wie macht der Erzähler seinem Leser deutlich, daß er trotz aller „realistischen" Details in eine Welt der Fiktion geführt wird?

3. Entwerfen Sie ein Drehbuch für einen (Kurz-)Film zu dieser Textstelle. Überlegen Sie dabei, welche Passagen Sie auf welche Weise in Bilder übersetzen wollen, welche Teile Sie weglassen und was Sie möglicherweise hinzufügen möchten (vgl. die Drehbuchausschnitte S. 61–63, S. 183–185). Vergleichen Sie anschließend Ihre Entwürfe untereinander, und diskutieren Sie über die jeweils unterschiedliche „Erzählweise" Ihrer Kamera.

Text 4 THOMAS MANN: Der Zauberberg (1924)

Der von 1912–1924 als zweibändiges Werk entstandene Roman zeigt seinen „Helden", den Hamburger Patriziersohn Hans Castorp, in der morbiden und dadurch auch faszinierenden Welt eines Lungensanatoriums in Davos. Ursprünglich wollte Castorp lediglich seinen kranken Vetter für etwa drei Wochen besuchen, aber dann werden aus diesem Besuch sieben Jahre Aufenthalt, während derer Castorp mit den verschiedensten geistigen Strömungen, verkörpert durch unterschiedlichste Personen, in Berührung kommt, bis der Ausbruch des Ersten Weltkrieges seinen Aufenthalt abrupt beendet – es ist auch das Ende eines Zeitalters.

2 Dachreiter: aus Holz oder Stein auf dem Dach errichteter Turm

Vorsatz

Die Geschichte Hans Castorps, die wir erzählen wollen – nicht um seinetwillen (denn der Leser wird einen einfachen, wenn auch ansprechenden jungen Menschen in ihm kennenlernen), sondern um der Geschichte willen, die uns in hohem Grade erzählenswert scheint (wobei zu Hans Castorps Gunsten denn doch erinnert werden sollte, daß es seine Geschichte ist, und daß nicht jedem jede Geschichte passiert): 5 diese Geschichte ist sehr lange her, sie ist sozusagen schon ganz mit historischem Edelrost überzogen und unbedingt in der Zeitform der tiefsten Vergangenheit vorzutragen.

Das wäre kein Nachteil für eine Geschichte, sondern eher ein Vorteil; denn Geschichten müssen vergangen sein, und je vergangener, könnte man sagen, desto 10 besser für sie in ihrer Eigenschaft als Geschichten und für den Erzähler, den raunenden Beschwörer des Imperfekts. Es steht jedoch so mit ihr, wie es heute auch mit den Menschen und unter diesen nicht zum wenigsten mit den Geschichtenerzählern steht: sie ist viel älter als ihre Jahre, ihre Betagtheit ist nicht nach Tagen, das Alter, das auf ihr liegt, nicht nach Sonnenumläufen zu berechnen; mit einem Worte: 15 sie verdankt den Grad ihres Vergangenseins nicht eigentlich der Zeit – eine Aussage, womit auf die Fragwürdigkeit und eigentümliche Zwienatur dieses geheimnisvollen Elementes im Vorbeigehen angespielt und hingewiesen sei.

Um aber einen klaren Sachverhalt nicht künstlich zu verdunkeln: die hochgradige Verflossenheit unserer Geschichte rührt daher, daß sie vor einer gewissen, Leben 20 und Bewußtsein tief zerklüftenden Wende und Grenze spielt … Sie spielt, oder, um jedes Präsens geflissentlich zu vermeiden, sie spielte und hat gespielt vormals, ehedem, in den alten Tagen, der Welt vor dem großen Kriege, mit dessen Beginn so vieles begann, was zu beginnen wohl kaum schon aufgehört hat. Vorher also spielt sie, wenn auch nicht lange vorher. Aber ist der Vergangenheitscharakter einer 25 Geschichte nicht desto tiefer, vollkommener und märchenhafter, je dichter „vorher" sie spielt? Zudem könnte es sein, daß die unsrige mit dem Märchen auch sonst, ihrer inneren Natur nach, das eine und andre zu schaffen hat.

Wir werden sie ausführlich erzählen, genau und gründlich – denn wann wäre je die Kurz- oder Langweiligkeit einer Geschichte abhängig gewesen von dem Raum und 30 der Zeit, die sie in Anspruch nahm? Ohne Furcht vor dem Odium[1] der Peinlichkeit, neigen wir vielmehr der Ansicht zu, daß nur das Gründliche wahrhaft unterhaltend sei.

Im Handumdrehen also wird der Erzähler mit Hansens Geschichte nicht fertig werden. Die sieben Tage einer Woche werden dazu nicht reichen und auch sieben 35 Monate nicht. Am besten ist es, er macht sich im voraus nicht klar, wieviel Erdenzeit ihm verstreichen wird, während sie ihn umsponnen hält. Es werden, in Gottes Namen, ja nicht geradezu sieben Jahre sein!

Aus: Thomas Mann: Der Zauberberg. Roman. Bd. 1. Frankfurt a. M. 1967.

---

1 Odium (lat.): Makel, übler Beigeschmack

Arbeits-
vorschläge

1. Welche Besonderheiten veranlassen den Erzähler dazu, die „Geschichte Hans Castorps" (Z. 1) zu erzählen? Beziehen Sie den Titel dieses Textabschnittes in Ihre Überlegungen mit ein.

2. Charakterisieren Sie den Erzähler, der hier dem Leser begegnet.

3. Eines der zentralen Motive des „Zauberbergs" ist die Thematik der „Zeit". Wie bereitet der Erzähler den Leser hier auf diese Thematik vor?

4. Wie unterscheidet sich die Einführung in die fiktionale Welt dieses Romans von der des „Stechlin"? Berücksichtigen Sie in Ihren Überlegungen auch den Sprachduktus der beiden Romananfänge.

Text 5   Christa Wolf: KASSANDRA (1983)

Vor den Mauern von Mykene, am Löwentor, wartet die trojanische Seherin Kassandra, die der griechische Heerführer Agamemnon als Gefangene aus Troja mitgebracht hat, auf die Vollstreckung des für sie gewissen Todesurteils. In einem großen Monolog, der zwischen Jetztzeit und Vergangenheit hin- und herwechselt, erinnert sie sich an viele Stationen ihres Lebens von der Kindheit bis zur Situation als Gefangene des griechischen Siegers über Troja und denkt über ihre Rolle als Frau und Priesterin bzw. Seherin innerhalb ihrer Lebensgeschichte nach.

Hier war es. Da stand sie. Diese steinernen Löwen, jetzt kopflos, haben sie angeblickt. Diese Festung, einst uneinnehmbar, ein Steinhaufen jetzt, war das letzte, was sie sah. Ein lange vergessener Feind und die Jahrhunderte, Sonne, Regen, Wind haben sie geschleift. Unverändert der Himmel, ein tiefblauer Block, hoch, weit. Nah
5 die zyklopisch gefügten Mauern, heute wie gestern, die dem Weg die Richtung geben: zum Tor hin, unter dem kein Blut hervorquillt. Ins Finstere. Ins Schlachthaus. Und allein.
Mit der Erzählung geh ich in den Tod.
Hier ende ich, ohnmächtig, und nichts, nichts was ich hätte tun oder lassen, wollen
10 oder denken können, hätte mich an ein andres Ziel geführt. Tiefer als von jeder andren Regung, tiefer selbst als von meiner Angst, bin ich durchtränkt, geätzt, vergiftet von der Gleichgültigkeit der Außerirdischen gegenüber uns Irdischen. Gescheitert das Wagnis, ihrer Eiseskälte unsere kleine Wärme entgegenzusetzen. Vergeblich versuchen wir, uns ihren Gewalttaten zu entziehen, ich weiß es seit lan-
15 gem. Doch neulich nachts, auf der Überfahrt[1], als aus jeder Himmelsrichtung die Wetter unser Schiff zu zerschmettern drohten; niemand sich hielt, der nicht festgezurrt war; als ich Marpessa[2] traf, wie sie heimlich die Knoten löste, die sie und die Zwillinge[3] aneinander und an den Mastbaum fesselten; als ich, an längerer Leine hängend als die anderen Verschleppten, bedenkenlos, gedankenlos mich auf sie
20 warf; sie also hinderte, ihr und meiner Kinder Leben den gleichgültigen Elementen zu lassen, und sie statt dessen wahnwitzigen Menschen überantwortete; als ich, vor ihrem Blick zurückweichend, wieder auf meinem Platz neben dem wimmernden,

1 Überfahrt: der gefangenen Besiegten nach Griechenland
2 Marpessa: Eine enge Vertraute und Dienerin Kassandras
3 Zwillinge: Die Kinder Kassandras

speienden Agamemnon hockte – da mußte ich mich fragen, aus was für dauerhaftem Stoff die Stricke sind, die uns ans Leben binden. Marpessa, sah ich, die, wie einmal schon, mit mir nicht sprechen wollte, war besser vorbereitet, auf was wir nun 25 erfahren, als ich, die Seherin; denn ich zog Lust aus allem, was ich sah – Lust; Hoffnung nicht! – und lebte weiter, um zu sehn.

Aus: Christa Wolf: Kassandra. Erzählung. Darmstadt und Neuwied 1986.

**Arbeits-
vorschläge
zu Text 5**
1. Welche Erzählebenen erkennen Sie in diesem Romananfang? In welchem Verhältnis stehen sie zueinander, und welche Bedeutung hat dies für die Einführung in die Welt der Fiktion?

2. Untersuchen Sie die Ausführungen der Ich-Erzählerin: In welchem Verhältnis stehen Erleben und Reflexion? Mit welchen sprachlichen Mitteln werden die Erinnerungen gestaltet (vgl. auch Wellershoff S. 171)?

**zur
Textreihe**
Der Eintritt in die Welt des Fiktionalen ist der Aufbruch in eine Welt der Spannung, der Unwägbarkeit und der Leichtigkeit, vor allem aber in eine Welt der nahen Ferne.

Erörtern Sie diese Auffassung anhand der in diesem Teilkapitel vorgestellten Texte und gegebenenfalls weiterer, Ihnen vertrauter Erzählanfänge (vgl. S. 179 ff. u. 304 ff.).

6.2 Nachdenken über das Erzählen

Text 1 LION FEUCHTWANGER: Erzählen von der Vielfalt der Welt* (1932)

Es ist wohl so: Was die wissenschaftlichen Bücher dem heutigen Menschen bieten, das klärt ihn über viele Einzelfragen auf, aber es verschafft ihm kein Weltbild. Dieses Weltbild sucht er im erzählenden Buch. Von ihm verlangt er, daß es die getrennten Erkenntnisse der Wissenschaft organisch in ein Bild zusammenfüge. Die große Masse der Bildungsempfänglichen sucht im Roman den Ersatz für Philosophie und 5 Religion. Hofft, im erzählenden Buch auf dem Weg über das Gefühl einen Standpunkt zu finden, von dem aus eine Orientierung in der verworrenen Welt möglich ist.

Will der moderne Roman dieses Verlangen befriedigen, dann muß er andere Inhalte und andere Formen wählen als der Vorkriegsroman. Selbstverständlich bleibt der 10 letzte Inhalt unseres Prosaepos der gleiche wie der aller früheren erzählenden Dichtung: das Lebensgefühl des Autors. Allein dieses Lebensgefühl überträgt sich auf den zeitgenössischen Leser nur dann, wenn er durchsetzt ist mit Elementen zeitgenössischen Denkens. Es ist kein Zufall, daß heute ein noch so spannendes Einzelschicksal mit tausend überraschenden Umschwüngen den Leser nicht mehr fesselt. 15 Der Roman von heute erkämpft sich den Weg zur Teilnahme des Lesers auf andere Art. Er sucht hinabzusteigen in jene tiefen Schächte, in denen die Gefühle entste-

hen; er stellt den Zusammenhang her zwischen den Handlungen der Menschen und
den ihm nicht bewußten Eigenschaften, die er aus der Urzeit ererbt hat (Joyce,
20 Döblin, Th. Mann, Maugham, Hemingway, Lawrence)[1]. Oder er tastet sich auf
anderem Wege vor: er gibt nicht einen Einzelmenschen, sondern eine ganze Schicht,
eine ganze Epoche, er zeigt die Verknüpfung des einzelnen mit der Zeit um ihn und
mit der Masse um ihn (Dreiser, Sinclair Lewis, Upton Sinclair, Galsworthy, Arnold
Zweig, Heinrich Mann, Reger, Fallada, Tynjanow, Ehrenburg, Tretjakow)[2].
25 In fast allen Romanen, die für das Gesicht der heutigen Literatur bestimmend wurden, sind zwei Grundthemen angeschlagen. Das erste ist: Wie weit wird ein Mensch
durch seine Urgefühle gezwungen, im Gegensatz zu seiner Erkenntnis und zu seinem bewußten Willen zu handeln? Das zweite ist: Wie weit ist der einzelne mit seinem Willen oder ohne ihn den Einflüssen der Masse unterworfen?
30 (…)
Um die weiter gewordene Welt darzustellen, benötigt der moderne Roman andere
Formen als der frühere. Der heutige Mensch ist durch den Film rascher in der Auffassung geworden, wendiger in der Aufnahme schnellwechselnder Bilder und Situationen. Das heutige Prosaepos macht sich das zunutze. Es hat vom Film gelernt. Es
35 wagt mit Erfolg, eine viel größere Fülle von Gesichten zwischen zwei Buchdeckel
zusammenzupressen als das frühere. Der heutige Roman wagt sich daran, die endlose Vielfalt der Welt in ihrer Gleichzeitigkeit darzustellen. Er gibt oft nicht eine oder
zwei oder drei Handlungen, sondern zwanzig oder fünfzig, ohne doch die Einheit-
lichkeit seiner Grundvision zu gefährden. Wie das Elisabethanische Drama die Ein-
40 heit des Ortes und der Zeit sprengte, so durchbricht das heutige Prosaepos, sehr oft
mit Erfolg, das Gesetz von der Einheit der Handlung.
Das zweite formale Mittel, zu dem der moderne Roman notwendig greifen mußte,
um seinen Zweck zu erfüllen, ist sachliche Darstellung. Der Autor von heute muß
damit rechnen, daß seine Leser aus eigener Anschauung oder durch Film und
45 Rundfunk die äußere Struktur der Welt ziemlich genau kennen. Er muß, will er die
Illusion nicht empfindlich gefährden, im Leser den Eindruck erwecken, daß er selber die Dinge kennt, von denen er spricht. Wenn der Leser dem Autor die äußere
Beschaffenheit seiner Welt nicht glaubt, dann glaubt er ihm bestimmt nicht ihre
innere. Es genügt nicht, wenn heute ein Autor zum Leser von seinen Gefühlen
50 spricht, mögen diese Gefühle noch so ehrlich sein. Er muß vielmehr die Dinge
gestalten, die in ihm diese Gefühle hervorgerufen haben. Nur so kann er im Leser
die gleichen Gefühle hervorrufen.
Wenn Sie diese letzten Sätze genau überlesen, dann bemerken Sie sogleich, daß in
ihnen von der sogenannten neuen Sachlichkeit die Rede ist. Sie bemerken aber
55 auch, daß ich in dieser berüchtigten neuen Sachlichkeit nicht etwa den Zweck des
heutigen Prosaepos sehe, sondern lediglich ein Darstellungsmittel. Es ist wichtig,
bei jedem Anlaß vor dem billigen Taschenspielertrick zu warnen, der die neue Sach-

---

1 James Joyce (1882–1941): irischer Schriftsteller, dessen bekanntestes Werk, der Roman „Ulysses“
(1914–1921, erschienen 1922), für den gesamten modernen Roman Maßstäbe gesetzt hat; William Maugham (1874–1965): englischer Schriftsteller; Ernest Hemingway (1899–1961): amerikanischer Schriftsteller; David Lawrence (1885–1930): englischer Schriftsteller.
2 Theodore Dreiser (1871–1945), Sinclair Lewis (1985–1951), Upton Sinclair (1878–1968): amerikanische Schriftsteller; John Galsworthy (1867–1933): englischer Schriftsteller; Jurij Tynjanov (1894–1943),
Ilja Ehrenburg (1891–1967), Sergej Tretjakov (1892–1939): russische Schriftsteller.

lichkeit als Selbstzweck hinzustellen sucht, während sie doch nichts anderes ist als ein legitimes Kunstmittel. Wer verkündet, der heutige Roman strebe an, den Leser über äußere Tatbestände, soziologische oder psychologische Fragen zu informieren, wer das verkündet, der ist ein Schwindler. Der heutige Roman überläßt das mit der gleichen Seelenruhe wie der frühere der Wissenschaft und dem Bericht des guten Reporters. Er will nicht auf die Wißbegierde, sondern auf das Gefühl des Lesers wirken, allerdings ohne mit der Logik und dem Wissen des Lesers in Konflikt zu kommen. Sein Ziel ist, was von jeher das Ziel der Kunst war, dem Empfangenden das Lebensgefühl des Autors zu übermitteln. Nur weiß der Autor von heute, daß er das nicht kann, wenn ihm nicht die Ergebnisse heutiger Forschung zu einem organischen Teil seines Selbst geworden sind.

Aus: Lion Feuchtwanger: Der Roman von heute ist international. In: Ders.: Ein Buch nur für meine Freunde. Frankfurt 1974.

**Arbeits-
vorschläge**

1. Was hat sich nach Ansicht Feuchtwangers im modernen Roman gegenüber dem „Vorkriegsroman" (Z. 10) verändert?

2. Worin sieht Feuchtwanger die Ursachen solcher Veränderungen?

3. Diskutieren Sie über die These Feuchtwangers, der moderne Roman müsse vor allem „auf das Gefühl des Lesers wirken, allerdings ohne mit der Logik und dem Wissen des Lesers in Konflikt zu kommen" (Z. 63 ff.).

Text 2

DIETER WELLERSHOFF: Unzuverlässige Wirklichkeit* (1969)

Ich verfahre natürlich idealtypisch, wenn ich sage, daß die moderne, die gegenwärtige Literatur die Veränderung zu ihrem Prinzip gemacht hat. Die alte Funktion der Verhaltenssteuerung im Sinne geltender Normen hat sie an den Trivialroman abgeschoben. Hier laufen noch Handlungen ab nach dem Muster einer Rollensuche zwischen alternativen Möglichkeiten, einer lockenden, aber schlechten und einer zunächst unauffälligeren, aber guten Welt, die im Happy-End gewählt und bestätigt wird. Aber das sind geistig abgestorbene, im Schematismus verkommene Formen, die nicht mehr durch Überzeugung gedeckt sind. Die authentische[1] Literatur richtet sich gegen die etablierten Schemata und ständig fortschreitend auch immer gegen sich selbst. Sie ist dauernd zur Veränderung gezwungen, weil alles Formulierte, jedes einmal gefundene Gestaltungsmuster einen heimlichen Authentizitätsverlust erleidet, der in der Nachahmung sofort kenntlich wird. Das heißt, hier ist ein antiplatonischer Wahrheitsbegriff am Werk, der Erkenntnis nicht als Erinnerung an vorgeordnete, unveränderliche Normgestalten versteht, sondern als fortschreitende Konkretisierung, als Entdeckung neuer Realitätsbereiche und neuer Hinsichten. Der frühe Lukács[2] hat deshalb den Roman auch als einen Ausdruck transzendentaler[3] Heimatlosigkeit interpretiert, aber angemessener scheint mir zu sein, von einer experimentellen Einstellung zu sprechen.

---

1 authentisch (griech.-lat.): zuverlässig, verbürgt, echt
2 Georg Lukács (1885–1971): ungarischer Philosoph und Literaturwissenschaftler
3 transzendental = transzendent (lat.): übersinnlich, übernatürlich, die Grenzen der Erfahrung und der sinnlich erkennbaren Welt überschreitend

Im modernen Roman sind Schreibweisen entwickelt worden, die an die subjektive
20 Optik der bewegten Filmkamera erinnern, also die konventionelle Ansicht eines
Gegenstandes oder Vorganges verzerren oder völlig auflösen durch extreme Einstellungen der Aufmerksamkeit. Es gibt beispielsweise bei Claude Simon[4] die zeit-
lupenhafte Darstellung eines Attentats, den Blick aus einem rasend fahrenden und
durch die Kurven schleudernden Auto, zerlegt in kaleidoskopisch[5] vorbeiruckende,
25 teils taumelnd bewegte, teils schnappschußartig erstarrte Bilder, es gibt weiche ver-
schwimmende Überblendungen, harte Schnitte, übereinanderprojizierte Bilder wie
bei einer Doppelbelichtung, es gibt die Fernsicht, in der das Herangaloppieren von
Rennpferden sich zu einer wogenden Bewegung verkürzt, die nicht von der Stelle
kommt, es gibt die gestochen scharfe Wahrnehmung isolierter Gegenstände bei
30 Robbe-Grillet[6], extrem langes Beharren auf unverständlichen Details, langsames
Wandern des Blicks über immer dieselben Einzelheiten, deren Umfeld nicht sichtbar wird, das man aus ihnen nur wie aus Indizien erschließen kann, unkontrollierba-
re Verschiebungen vom Realen ins Hypothetische, Imaginäre, Wiederholungen des
scheinbar gleichen Vorgangs, der sich jedesmal vertrackt verändert hat. Alles
35 scheint unzuverlässig zu werden, denn auch die Genauigkeit der Darstellung ist
Mittel einer irritierenden Regie, in der die gewohnten Sinneinheiten sich dissoziieren[7]. Der Blick subjektiviert sich, geht nach innen mit neuer Aufmerksamkeit für
die Dunkelzonen des Vorbewußten und der Körperreaktionen oder für die flüssi-
gen und flackernden Gestalten des Tagtraums. Und gegenüber diesen verwirrenden
40 Erfahrungen wird dem Leser nicht die Sicherheit einer übergreifenden rationalen
Orientierung gewährt. Er wird nicht wie im traditionellen Roman vom Erzähler
geführt und am Anfang mit den wichtigsten Informationen versorgt, sondern hin-
eingestoßen in einen Fiktionsraum, der sich erst allmählich und vielleicht nie richtig,
nie endgültig erschließt, der aber auch keine Fenster, keine Tür in ein sicheres
45 Außerhalb hat.
Das war der rationale Komfort, den die traditionelle Erzählerposition, zum Beispiel
die Rahmenerzählung, dem Leser bot: Er konnte den Konflikt, das Abenteuer, die
Verwirrung aus der überlegenen Distanz, nämlich vom Ende her, vom Standpunkt
der erreichten Problemlösung, der wiederhergestellten und bestätigten Ordnung,
50 also mit den Augen der Weisheit oder des Humors sehen. Vorgeführt wurde ihm ein
Realitätsausschnitt, der eingebettet blieb im größeren Horizont des Allgemeinen,
und der außerdem schon nach bedeutenden und unbedeutenden Elementen, also
konventionell, selektiert war, so wie er sich nach einiger Zeit dem Langzeitgedächt-
nis einprägt. In der literaturgeschichtlich jüngeren Erlebnisperspektive ist dagegen
55 die Subjektivität total gesetzt. Es gibt kein Außerhalb und keine zeitliche Distanz.
Alles erscheint so augenblickshaft, ungeordnet und subjektiv, wie die handelnde
Person es erfährt. Auch ihr Denken hat keine objektive Bedeutung, sondern ist
selbst Element des inneren und äußeren Geschehens, das dauernd den ganzen Fiktionsraum überschwemmt.

---

4 Claude Simon (geb. 1913): französischer Romancier
5 kaleidoskopisch (griech.): ständig wechselnd, in bunter Folge, im vielfachen Wechsel
6 Alain Robbe-Grillet (geb. 1922): französischer Romancier
7 dissoziieren (lat.): trennen, auflösen; (in Ionen) zerfallen

Die fingierte Unmittelbarkeit dieser Perspektive, die das Vorverständnis auflöst, 60
führt zu seltsam verfremdeten Erfahrungen. Die Welt kann diffus und leer erscheinen oder wie überwuchert von auffällig sinnlosen Einzelheiten.

Aus: Dieter Wellershoff: Fiktion und Praxis. In: Literatur und Veränderung. Versuche zu einer Metakritik der Literatur. Köln und Berlin 1969.

Arbeits-
vorschläge
zu Text 2

1. Aus welchen Überlegungen heraus spricht Wellershoff von einer „experimentellen Einstellung" (Z. 18) im Hinblick auf die moderne, „authentische" (Z. 8) Literatur?

2. Wie zeigt sich nach Wellershoff diese experimentelle Einstellung im modernen
Roman?

3. Erläutern Sie, wie sich durch die Erlebnisperspektive, in der „die Subjektivität
total gesetzt" (Z. 55 f.) ist, Rezeptionsweise und Leseerfahrung verändern.

4. Wellershoff nimmt in seinem Text ausdrücklich Bezug auf zwei Vertreter des
„Nouveau Roman", nämlich Robbe-Grillet und Simon. Informieren Sie sich
anhand eines geeigneten Nachschlagewerkes über diese Form des Romans, und
referieren Sie darüber in Ihrem Kurs.

zur
Textreihe

1. Was sind die gemeinsamen Ausgangspunkte der beiden Autoren, die sie dazu
bewegen, theoretische Überlegungen zum Erzählen im 20. Jahrhundert anzustel-
len? Auf welche unterschiedlichen Krisenerscheinungen reagieren sie?

2. Überprüfen Sie an einem von Ihnen gelesenen modernen Roman, welche der
erhobenen Forderungen bzw. herausgestellten Merkmale aus den Texten 1+2 Sie
dort finden können, und referieren Sie darüber in Ihrem Kurs.

6.3 Erzählen im 20. Jahrhundert

Erzählweisen als Antwort auf die moderne Gesellschaft

Text 1

JOHN DOS PASSOS: Manhattan Transfer (1925)

Der Journalist Jimmy Herf ist eine der vielen Figuren aus verschiedenen sozialen Schichten
und unterschiedlicher Herkunft, die John Dos Passos in seinem Roman in szenischen Hand-
lungsausschnitten und Momentaufnahmen des Umschlagplatzes Manhattan darstellt, um ein
perspektivenreiches Bild des Lebens einer modernen Großstadt zu zeichnen.

Wolkenkratzer

*Der junge Mann ohne Beine hat mitten auf dem südlichen Bürgersteig der 14. Straße
haltgemacht. Er trägt einen blauen, gestrickten Sweater und eine blaue Zwirnmütze.
Seine Augen starren nach oben und weiten sich, bis sie das kreideweiße Gesicht aus-
füllen. Über dem Himmel treibt ein lenkbares Luftschiff, schimmernde Stanniolzigar-
re, verschwommen in ferner Höhe, stößt sanft in den regenfeuchten Himmel und die
weichen Wolkenstreifen. Der junge Mann ohne Beine rührt sich nicht von der Stelle,*

auf die Arme gestützt, mitten auf dem südlichen Bürgersteig der 14. Straße. Zwischen ausschreitenden Beinen, mageren Beinen, Watschelbeinen, Beinen in Frauenröcken und Hosen und Knickerbockern verharrt er regungslos, auf seine Arme gestützt, und blickt zu dem Luftschiff hinauf.

Arbeitslos verließ Jimmy Herf das Pulitzer Building. Neben einem Stoß rosaroter Zeitungen auf dem Bordstein blieb er stehen, holte tief Atem, blickte zu dem glitzernden Schaft des Woolworth empor. Es war ein sonniger Tag, der Himmel war blau wie ein Rotkehlchenei. Er wandte sich nach Norden und marschierte los. Als

5 er sich von dem Woolworth entfernte, zog der Wolkenkratzer sich wie ein Teleskop in die Länge. Nordwärts spazierte er durch die Stadt der leuchtenden Fenster, durch die Stadt der zerwühlten Alphabete, durch die Stadt der vergoldeten Ladenschilder. *Kleberbrot – Frühlingssäfte … Proppevoll mit goldener Üppigkeit. – Jedes Bißchen ein Genüßchen –* DER KÖNIG DER ROTE – Kleberbrot voller Frühling. Nirgendwo

10 bekommst du besseres Brot zu kaufen, als PRINCE ALBERT. Getriebener Stahl, Aluminium, Kupfer, Nickel, getriebenes Eisen. *Jeder liebt natürliche Schönheit.* WIE GESCHENKT *– dieser Anzug bei Gumpel – billigste Bezugsquelle in ganz New York. Bewahren Sie sich Ihren Backfischteint …* JOE KISS *–* Anlasser, Scheinwerfer, Zündkerzen, Batterien …

15 Immer wieder fing er zu glucksen an vor unterdrücktem Gekicher. Es war elf. Er war nicht zu Bett gewesen. Das Leben stand kopf, er war eine Fliege, die über die Decke einer umgestülpten Stadt spaziert. Er hatte seine Stellung hingeworfen, er hatte heute, morgen, übermorgen und überübermorgen nichts zu tun. Was raufgeht, muß runter, aber noch wochenlang nicht, noch monatelang nicht. Kleberbrot –

20 Frühlingssäfte …

Er ging in eine Frühstücksstube, bestellte Schinken und Ei, Röstbrot und Kaffee, aß vergnügt, jeden Bissen gründlich auskostend. Seine Gedanken liefen wild durcheinander wie eine Weide voll einjähriger Fohlen, die der Sonnenuntergang verrückt macht. Am Nebentisch dozierte monoton eine Stimme:

25 „Sitzengelassen … Und ich sage Ihnen, wir mußten ordentlich aufräumen. Alle haben sie ihrer Kirche angehört, wir wußten Bescheid. Man hatte ihm geraten, sie unterzubringen. Er sagte: ‚Nein, ich werde es durchkämpfen …‘ "

Herf stand auf. Er mußte weiter. Er ging auf die Straße hinaus, den Speckgeschmack in den Zähnen.

30 *Unser Eildienst deckt den Bedarf des Frühlings.* Ach du lieber Gott, den Bedarf des Frühlings decken. Keine Dosen, nein, Sir, aber beste Qualität in jeder milden Pfeifenfüllung … SOCOMY … Eine Kostprobe sagt mehr als eine Million Worte. Der gelbe Bleistift mit dem roten Ring. Mehr als eine Million Worte, mehr als eine Million Worte. „Na, schön, her mit der Million … Nimm ihn aufs Korn, Ben"! – „Die Yon-

35 kersbande ließ ihn für tot auf einer Parkbank liegen. Sie hatten ihn überfallen, aber nichts bei ihm gefunden als eine Million Worte …" – „Aber Jimps, ich habe die Bücherweisheiten und das Proletariat so gründlich satt, kannst du das nicht verstehen? …"

Proppevoll von goldener Üppigkeit. Frühling.

40 Dick Snows Mutter besaß eine Schuhkartonfabrik. Sie machte bankrott, und er mußte die Schule verlassen und begann an den Straßenecken herumzulungern. Der

Verkäufer am Limonadenstand sagte ihm Bescheid. Er hatte zwei Anzahlungen geleistet, Perlohrringe für eine kleine schwarzhaarige Jüdin mit den Kurven einer Mandoline. In der Hochbahnstation lauerten sie dem Bankboten auf. Er fiel übers Drehkreuz und blieb dort hängen. In einem Ford-Sedan fuhren sie mit der Aktenta- 45 sche weg. Dick Snow blieb zurück und leerte seinen Revolver in den Bauch des Toten. In der Hinrichtungszelle deckte er den Bedarf des Frühlings, indem er ein Gedicht an seine Mutter schrieb, das im *Evening Graphic* abgedruckt wurde.

Mit jedem tiefen Atemzug schluckte Herf Gerumpel und Geratter und bunte Phrasen, bis er anzuschwellen begann, dick und wulstig dahinstolpernd wie eine Rauch- 50 säule über den Aprilstraßen, Blick in die Fenster der Werkstätten, Knopffabriken, Zinskasernen, er fühlte den Schmutz der Bettlaken und das glatte Schwirren der Drehbänke, schreibt Schimpfwörter auf den Schreibmaschinen zwischen den Fingern der Typistinnen, wirft die Preiszettel in den Kaufhäusern durcheinander. Zuinnerst sprudelt er wie Sodawasser in süßem Aprilsirup, Erdbeeren, Sarsaparilla[1], 55 Schokolade, Kirschen, Vanille, schaumtriefend durch die milde benzinblaue Luft. Vierundvierzig Stockwerke fällt er hinunter, daß es ihm den Magen umdreht, schmettert zu Boden. Gesetzt den Fall, ich kaufte mir einen Revolver und tötete Ellie, würde ich dann auch den Bedarf des April decken und in der Hinrichtungszelle ein Gedicht über meine Mutter schreiben, das im *Evening Graphic* abgedruckt 60 wird?

Er schrumpfte zusammen, bis er so klein war wie ein Staubkorn, suchte sich mühsam einen Weg über die Klippen und Felsblöcke in dem tosenden Rinnstein, kletterte an Strohhalmen hinauf, wich Motorölseen aus.

Er saß auf dem Washington Square, den der Mittag rosa färbte, und blickte durch 65 den Bogen der V. Avenue entlang. Das Fieber war versickert. Ihm war kühl, er war müde.

Aus: John Dos Passos: Manhattan Transfer. Roman. Hamburg 1966.

**Arbeits-
vorschläge** **1.** Wie wird Herf in dieser Episode in bezug auf seine Umgebung und auf andere Romanfiguren dargestellt? Was nimmt Herf wahr, was spielt sich in seinem Bewußtsein ab?

2. Wellershoff hat in seinen Reflexionen über den modernen Roman (vgl. Text 2, S. 171) auf filmische Verfahrensweisen im modernen Roman hingewiesen. Untersuchen Sie vor dem Hintergrund seiner Überlegungen den vorliegenden Dos-Passos-Text, mit welchen Mitteln der Erzähler ein Bild Manhattans und einiger Menschen entwirft. Beziehen Sie die unterschiedlichen Schrifttypen in Ihre Überlegungen mit ein.

3. Inwiefern spiegelt diese Episode die Erfahrungen und Reflexionen des modernen Großstadtmenschen wider? Beziehen Sie gegebenenfalls weitere Episoden dieses Romans in Ihre Überlegungen mit ein.

1 Sarsaparilla: (span.) Droge mit dem Wirkstoff Saponin

Text 2 ERIK REGER: Union der festen Hand (1931)

Unter dem Pseudonym Erik Reger schildert Hermann Dannenberger (1893–1954), bis 1927 selbst Pressereferent bei der Firma Krupp, die Entwicklung des rheinischen Industr1ereviers von 1918 bis 1928 am Beispiel der Stahlwerke Risch-Zander (d. i. Krupp). Teilweise im Stil einer Reportage entfaltet der Autor die sozialen Auseinandersetzungen jener Jahre und läßt dabei in kaum chiffrierter Weise Industrieführer, den „Pressezaren" Hugenberg und den Kulturphilosophen Oswald Spengler („Der Untergang des Abendlandes", 1918–1922) die „Union der festen Hand" gründen, die als Instrument dafür dient, soziale Maßnahmen, die von den Politikern und Gewerkschaftern der jungen Weimarer Republik geplant sind, zugunsten der Kapitalseite zu unterlaufen.

DEM DEUTSCHEN VOLKE †

GEBRAUCHSANWEISUNG

1. Man lasse sich nicht dadurch täuschen, daß dieses Buch auf dem Titelblatt als Roman bezeichnet wird.

2. Man beachte, daß in diesem Buche nicht die Wirklichkeit von Personen oder Begebenheiten wiedergegeben, sondern die Wirklichkeit einer Sache und eines gei-
5 stigen Zustandes dargestellt wird.

3. Wenn man in den Reden einzelner Personen Stellen findet, die besonders unwahrscheinlich klingen, so hat man es mit tatsächlichen Äußerungen führender Geister der Nation zu tun, oder wenigstens mit Gedankengängen, die auf solche zurückgehen. Der Verfasser hat sich überlegt, ob er diese Stellen im Druck kenn-
10 zeichnen solle. Er hielt es nicht für geraten, aus drei Gründen:

a) weil es das Auge stören würde;

b) weil der Leser sich angewöhnen würde, darüber hinwegzusehen;

c) weil der Leser sich vorzeitig einbilden würde, diese Stellen von selbst erkannt zu haben.

15 4. Man beachte, daß in diesem Buch fünf Stationen durchlaufen werden, und bemühe sich, die Zahnräder des Getriebes zu erkennen. Der jeweilige Haltepunkt wird auf den ersten vier Strecken durch den „Bericht des Generalanzeigers" kenntlich gemacht. Bei genauer Befolgung dieser Anleitung wird es dem Leser möglich sein, nach der fünften Strecke den „Bericht des Generalanzeigers" selbst zu
20 schreiben.

(...)

Man hatte also diesem Industriegebiet die Funktion einer „Waffenschmiede des Reiches" übertragen, und zumal nach Ausbruch des Krieges, seit August 1914, klang durch alle Gedichte, Reden und Zeitungsartikel dieses klirrende Wort wie die zit-
25 ternde Stimme eines Greises, der von der ewigen Seligkeit berichtet.

Gleichwohl geschah das alles aus ziemlicher Entfernung, und man hütete sich vor der näheren Berührung mit diesem Land wie vor einem Aussätzigen. Es war ein Gebrauchsgegenstand für Trinksprüche geworden, doch behielt es immer das rätselhafte, gefährliche Antlitz eines unerforschten Vulkans. Man hielt die Industrie für
30 ein Übel, wenngleich für ein notwendiges Übel. Man sagte, sie sei für das Wohlergehen des Vaterlandes dasselbe, was der Dünger für das Wachstum der Blumen im Garten sei. Auch die Misthaufen auf den Äckern seien häßlich, und man müsse sich im Vorbeigehen die Nase zuhalten, aber man ziehe eben den Nutzen daraus, und bei

gehöriger Anwendung bringe ihr Gehalt an Stickstoff, Phosphorsäure und Kali die
köstlichen Farben und Düfte der Rosen hervor. 35
So wurde das Steinkohlenrevier nur von weitem und etwas ängstlich beobachtet,
wie ein Kriegsschauplatz, dessen Verwesungsgeruch den Schönheitssinn abstößt,
dessen heroisierende Verherrlichung ihn aber entzückt. Der Handelsteil der Zeitungen
spiegelte bloß die börsenmäßig greifbaren Vorgänge, der politische Teil bloß die
Vorpostengefechte der Interessengegner. In den Lesebüchern standen etliche 40
Anekdoten von großen Unternehmern, die jetzt, wenn auch noch etwas befremdend,
als Industriekapitäne neben den Heerführern rangierten.
Wie das Land überhaupt aussah und wie die Menschen darin lebten, wußte man
nicht und wollte man nicht wissen. Man hatte die Vorstellung: Ruß und Asche und
Kohlenstaub und graues Straßenelend, verdorrende Wälder und Sonne immer hin- 45
ter Dunst. Jedoch man wußte: DIE WAFFENSCHMIEDE DES REICHES. Das war genug.
Ragende Schlote, feurige Essen, schwielige Hände, natürlich, das gehört dazu. Das
ist gewaltig, das ist unsere Überlegenheit, das macht uns keiner nach.
Fast ein Drittel des Bodens dieser Stadt gehörte dem Stahlwerk Risch-Zander, das
ihn mit Konsumfilialen bebaut hatte, mit Lesesälen, Badeanstalten, Denkmälern, 50
Biergärten, Kolonien, Lazaretten, Ledigenheimen, Beamtenkasinos und anderen
Wohlfahrtseinrichtungen und Bildungsstätten. Hier begannen soeben neue Kurse in
Hausschusterei und Kleidermachen, dort wurden Hauspflegerinnen abgegeben,
dort Holzsohlen zum Anschrauben, „wärmer, wasserdichter, haltbarer und gesün-
der als Ledersohlen", dort Kochrezepte für Kriegsküche, dort Molkeneiweiß – 55
„Molkeneiweiß ist stark eiweißhaltiger, nahrhafter, quarkartiger Brotaufstrich" –
hier wurden Wöchnerinnen unter Vorlage ihres Trauzeugnisses aufgenommen, dort
Plätterinnen, dort Serviermädchen für die Speisehallen; hier wurde Kaffeesatz
gesammelt, dort wurden Hausmütter und junge Mädchen zu Arbeitsstunden aufge-
rufen – „bei Mangel an Flicklappen und Nähgarnen wird nach Möglichkeit ausge- 60
holfen" –, dort erging Befehl an die Jugend zur militärischen Vorbereitung, „8.15
Uhr Antreten zum Exerzieren mit anschließender Abendübung" – und diese Fünf-
zehnjährigen hießen dann nicht mehr Lausejungen, wie sonst während ihrer Lehr-
zeit, sondern „Jungmannen", und bei Risch-Zander nannte sich ihr Klub sogar
„Jung-Roland". 65
Das zweite Drittel dieser Stadt war im Besitz der Kohlenzechen und der Nachkommen kleinerer Walzwerke, die längst das Zeitliche gesegnet hatten. In den Rest teil-
ten sich die Grundstückspekulanten, die Stadtverwaltung und die wenigen, die hier
noch ein wirkliches Privatleben zu führen vermochten.

Aus: Erik Reger: Union der festen Hand. Roman einer Entwicklung. Kronberg 1976. (Reihe Q. Quellentexte zur Literatur- und Kulturgeschichte. Bd. 3).

Arbeits-
vorschläge **1.** Die vom Autor vorangestellte Widmung und die „Gebrauchsanweisung" leiten
den Roman ein. Welche Bedeutung und Funktion haben diese beiden Teile?

2. Was erfährt der Leser über die Welt des Reviers? Mit welchen inhaltlichen und
sprachlichen Mitteln erreicht dies der Erzähler?

3. Welchem Romantypus ordnen Sie Regers Text zu? Begründen Sie Ihre Ansicht.

HERMANN HESSE: Der Steppenwolf (1927)

In den „Nur für Verrückte" betitelten Aufzeichnungen Harry Hallers, die von einem fiktiven „Vorwort des Herausgebers" eingeleitet werden, wird die immer wieder ins Phantastische, Übersinnliche, bisweilen ins Skurrile hinübergleitende Geschichte des Helden erzählt: Er, der Steppenwolf, lebt als Sonderling in der Spannung, ja „Gespaltenheit" zwischen alter, sich dem Untergang zuneigender europäischer Kultur und neuer, aufstrebender amerikanischer Technologiekultur, zwischen abendländischer Humanität und Animalischem. Er verharrt in der Ablehnung kleinbürgerlicher Existenz und sehnt sich zugleich nach ihr als dem Hort einer an die eigene Kindheit erinnernden Geborgenheit. Der Steppenwolf lebt an einer Epochenschwelle als letztlich Heimatloser.

So stieg ich denn die Treppen von meiner Mansarde hinab, diese schwer zu steigenden Treppen der Fremde, diese durch und durch bürgerlichen, gebürsteten, sauberen Treppen eines hochanständigen Dreifamilienmiethauses, in dessen Dach ich meine Klause habe. Ich weiß nicht, wie das zugeht, aber ich, der heimatlose Step-
5 penwolf und einsame Hasser der kleinbürgerlichen Welt, ich wohne immerzu in richtigen Bürgerhäusern, das ist eine alte Sentimentalität von mir. Ich wohne weder in Palästen noch in Proletarierhäusern, sondern ausgerechnet stets in diesen hochanständigen, hochlangweiligen, tadellos gehaltenen Kleinbürgernestern, wo es nach etwas Terpentin und etwas Seife riecht und wo man erschrickt, wenn man einmal
10 die Haustür laut ins Schloß hat fallen lassen oder mit schmutzigen Schuhen hereinkommt. Ich liebe diese Atmosphäre ohne Zweifel aus meinen Kinderzeiten her, und meine heimliche Sehnsucht nach so etwas wie Heimat führt mich, hoffnungslos, immer wieder diese alten dummen Wege. Nun ja, und ich habe auch den Kontrast gern, in dem mein Leben, mein einsames, liebloses und gehetztes, durch und durch
15 unordentliches Leben, zu diesem Familien- und Bürgermilieu steht. Ich habe das gern, auf der Treppe diesen Geruch von Stille, Ordnung, Sauberkeit, Anstand und Zahmheit zu atmen, der trotz meinem Bürgerhaß immer etwas Rührendes für mich hat, und habe es gern, dann über die Schwelle meines Zimmers zu treten, wo das alles aufhört, wo zwischen den Bücherhaufen die Zigarrenreste liegen und die
20 Weinflaschen stehen, wo alles unordentlich, unheimisch und verwahrlost ist und wo alles, Bücher, Manuskripte, Gedanken, gezeichnet und durchtränkt ist von der Not der Einsamen, von der Problematik des Menschseins, von der Sehnsucht nach einer neuen Sinngebung für das sinnlos gewordene Menschenleben.
Und nun kam ich an der Araukarie[1] vorbei. Nämlich im ersten Stockwerk dieses
25 Hauses führt die Treppe am kleinen Vorplatz einer Wohnung vorüber, die ist ohne Zweifel noch tadelloser, sauberer und gebürsteter als die andern, denn dieser kleine Vorplatz strahlt von einer übermenschlichen Gepflegtheit, er ist ein leuchtender kleiner Tempel der Ordnung. Auf einem Parkettboden, den zu betreten man sich scheut, stehen da zwei zierliche Schemel und auf jedem Schemel ein großer Pflan-
30 zentopf, im einen wächst eine Azalee, im andern eine ziemlich stattliche Araukarie, ein gesunder, strammer Kinderbaum von größter Vollkommenheit, und noch die letzte Nadel am letzten Zweig strahlt von frischester Abgewaschenheit. Zuweilen, wenn ich mich unbeobachtet weiß, benütze ich diese Stätte als Tempel, setze mich über der Araukarie auf eine Treppenstufe, ruhe ein wenig, falte die Hände und

---

1 Araukarie: kleiner Nadelbaum aus Südamerika

blicke andächtig hinab in diesen kleinen Garten der Ordnung, dessen rührende Hal- 35
tung und einsame Lächerlichkeit mich irgendwie in der Seele ergreift. Ich vermute
hinter diesem Vorplatz, gewissermaßen im heiligen Schatten der Araukarie, eine
Wohnung voll von strahlendem Mahagoni und ein Leben voll Anstand und Gesundheit, mit Frühaufstehen, Pflichterfüllung, gemäßigt heitern Familienfesten, sonntäg-
lichem Kirchgang und frühem Schlafengehen. 40

Aus: Hermann Hesse: Gesammelte Werke in 12 Bdn. Siebter Band. Kurgast. Die Nürnberger Reise. Der
Steppenwolf. Frankfurt 1987.

**Arbeits-
vorschläge**

1. Stellen Sie dar, in welchem Konflikt sich der Ich-Erzähler hier befindet.

2. Untersuchen Sie, wie Hallers Haß auf die kleinbürgerliche Welt einerseits und
seine Sehnsucht nach Heimat andererseits sprachlich sichtbar werden.

3. Der „Traktat vom Steppenwolf", ein wichtiger Abschnitt im Roman, thematisiert
den zentralen Konflikt Hallers vor dem Hintergrund einer zeitgeschichtlichen Analyse. Lesen Sie diesen Traktat, und erläutern Sie danach den historisch-gesellschaftlichen Kontext, in den sich der schon im Textausschnitt sichtbar werdende Grundkonflikt Hallers einordnen läßt.

Möglichkeiten des Erzählens nach 1945

Text 1

UWE JOHNSON: Mutmaßungen über Jakob

Der Tod des 28jährigen Reichsbahnbeamten Jakob Abs auf dem Gelände des Dresdner Bahn-
hofs am Tag, an dem er von einem Besuch bei seiner in den Westen übergesiedelten Freundin
Gesine Cresspahl zurückgekommen ist, führt zu allerlei Mutmaßungen. War es Selbstmord,
war es ein Unfall, wurde er gar liquidiert? In einem großangelegten Puzzle versuchen der
Erzähler und wichtige Personen aus dem Umfeld Jakobs ein Bild der Lebensumstände und
Todesursache des DDR-Bürgers zu entwerfen – und jeder vollführt dies auf eine ihm angemessen erscheinende Weise.

Aber Jakob ist immer quer über die Gleise gegangen.

– Aber er ist doch immer quer über die Rangiergleise und die Ausfahrt gegangen,
warum, aussen auf der anderen Seite um den ganzen Bahnhof bis zum Strassen-
übergang hätt er eine halbe Stunde länger gebraucht bis zur Strassenbahn. Und er 5
war sieben Jahre bei der Eisenbahn.
– Nun sieh dir mal das Wetter an, so ein November, kannst keine zehn Schritt weit
sehen vor Nebel, besonders am Morgen, und das war doch Morgen, und alles so
glatt. Da kann einer leicht ausrutschen. So ein Krümel Rangierlok ist dann beinah
gar nicht zu hören, sehen kannst sie noch weniger. 10
– Jakob war sieben Jahre bei der Eisenbahn will ich dir sagen, und wenn irgendwo
sich was gerührt hat was auf Schienen fahren konnte, dann hat er das wohl genau
gehört

unterhalb des hohen grossglasäugigen Stellwerkturms kam eine Gestalt quer über das trübe dunstige Gleisfeld gegangen, stieg sicher und achtlos über die Schienen eine Schiene nach der anderen, stand still unter einem grün leuchtenden Signalmast, wurde verdeckt von der Donnerwand eines ausfahrenden Schnellzuges, bewegte sich wieder. An der langsamen stetigen Aufrechtheit des Ganges war vielleicht Jakob zu erkennen, er hatte die Hände in den Manteltaschen und schien geraden Nackens die Fahrten auf den Gleisen zu beachten. Je mehr er unter seinen Turm kam verdunsteten seine Umrisse zwischen den finster massigen Ungeheuern von Güterzugwagen und kurzatmigen Lokomotiven, die träge ruckweise kriechend den dünnen schrillen Pfiffen der Rangierer gehorchten im Nebel des frühen Morgens auf den nass verschmierten Gleisen

– wenn einer dann er. Hat er mir doch selbst erklärt, so mit Physik und Formel, lernt einer ja tüchtig was zu in sieben Jahren, und er sagt zu mir: Bloss stehenbleiben, wenn du was kommen siehst, kann noch so weit wegsein. „Wenn der Zug im Kommen ist – ist er da" hat er gesagt. Wird er auch bei Nebel gewusst haben.
– Eine Stunde vorher haben sie aber einen Rangierer zerquetscht am Ablaufberg, der wird das auch gewusst haben.
– Deswegen waren sie ja so aufgeregt. Wenn sie auch gleich wieder Worte gefunden haben von tragischem Unglücksfall und Verdienste beim Aufbau des Sozialismus und ehrendes Andenken bewahren: der sich das aus den Fingern gesogen hat weiss es gewiss besser, wär schon einer. Frag doch mal auf diesem ganzen verdammten Bahnhof ob einer jetzt noch im November Ausreiseerlaubnis nach Westdeutschland gekriegt hat, und Jakob ist am selben Morgen erst mit einem Interzonenzug zurückgekommen. Denk dir mal bei wem er war.
– Cresspahl, wenn du den kennst. Der hat eine Tochter.

Mein Vater war achtundsechzig Jahre alt in diesem Herbst und lebte allein in dem Wind, der grau und rauh vom Meer ins Land einfiel hinweg über ihn und sein Haus

Heinrich Cresspahl war ein mächtiger breiter Mann von schweren langsamen Bewegungen, sein Kopf war ein verwitterter alter Turm unter kurzen grauen scheitellosen Haaren. Seine Frau war tot seit achtzehn Jahren, er entbehrte seine Tochter. In seiner Werkstatt stand wenig Arbeit an den Wänden, er hatte das Schild seines Handwerks schon lange von der Haustür genommen. Gelegentlich für das Landesmuseum besserte er kostbare Möbel aus und für Leute die sich seinen Namen weitersagten. Er ging viel über Land in Manchesterzeug und langen Stiefeln, da suchte er nach alten Truhen und Bauernschränken. Manchmal hielten Pferdefuhrwerke vor seinem Haus mit Stücken, die ihm hineingetragen wurden; später kamen Autos aus den grossen Städten und fuhren das sattbraune kunstreich gefügte Holz mit den stumpf glänzenden Zierbeschlägen davon in die Fremde. So erhielt er sein Leben. Steuererklärung in Ordnung. Bankkonto bescheiden passend zu den Ausgaben in einer abgelegenen kleinen Stadt, kein Verdacht auf ungesetzliche Einkünfte.

Aus: Uwe Johnson: Mutmaßungen über Jakob. Roman. Frankfurt 1974.

1. Was erfährt der Leser über den getöteten Jakob?

2. Untersuchen Sie die Erzähltechnik im Textausschnitt: Wer erzählt, und wie wird erzählt?

3. Man hat die Erzähltechnik Johnsons (auch im Hinblick auf andere Romane von ihm) als „parataktisches Erzählen" bezeichnet. Untersuchen Sie daraufhin den vorliegenden Textausschnitt, und zeigen Sie die formale und inhaltliche Dimension dieses parataktischen Erzählens.

4. Johnson hat in einem Interview folgendes angemerkt:

„Der Verfasser weiß die Geschichte von außen, und man könnte sagen, daß der Verfasser mit den Personen zusammenarbeitet; wo Gelegenheiten auftreten, in denen sie es eigentlich besser wissen müßten, weil sie zu dem fraglichen Gegenstand ein intimeres Verhältnis haben, oder: wenn sie dabei waren, dann sollen sie es eben sagen. Das ist eine Verteilung der Kompetenzen."

Interpretieren Sie, von diesen Bemerkungen Johnsons ausgehend, den Titel des Romans, und überlegen Sie, welche Erzählstrategie sich aus dem Titel und den zitierten Sätzen ergibt.

Text 2

Botho Strauss: Der junge Mann (1984)

In fünf großen Kapiteln werden die verschiedenen Lebenssituationen und „Reisen durch das Dasein" des Leon Pracht entfaltet, die sich aus allerlei phantastischen, realistischen oder Traumgeschichten zu einem bunten Mosaik ergänzen, das der Erzähler an einer Stelle einmal mit „Romantischer Reflexionsroman" benennt. Wie ein roter Faden durchziehen Gedanken über die Zeit und das Erzählen diesen nach seinem Erscheinen von der Literaturkritik sehr zwiespältig aufgenommenen Text, der sowohl mit dem Titel, mit seinem wichtigsten Protagonisten als auch mit verschiedenen Handlungsteilen an die Geschichte des Entwicklungs- und Bildungsromans anknüpfen will.

„Komm her! Erzähl uns was!" rufen die Büdchensteher, wenn ich morgens zum Kiosk komme, um mir die Zeitung zu holen. Da stehen sie von zehn Uhr früh bis weit nach Ladenschluß, draußen im Sommer und bei unfreundlichem Wetter auch drinnen im Warmen. Sie halten ihr buckliges Fläschchen in der Faust, junge Männer zum Teil, denen das Trinken und die Arbeitslosigkeit die Maske eines unkenntli-   5
chen Alters ins Gesicht gedrückt haben. Schmächtige, ausgezehrte Mittdreißiger, und mit ihrem dunklen, gefetteten Haar, der adrett gedrückten Fünfziger-Jahre-Tolle, aber auch mit ihren bevorzugten Scherz- und Schlagworten erinnern sie eigentümlich an eine ferne Borgward-Ära[1]. Ihnen, den Trinkern und aus der Zeit Gerutschten, diesen einsamen, geschüttelten Männlein, die gar nichts wissen und   10
stets behaupten, ihre besten Freunde seien alle bei Stalingrad gefallen, dreht sich ohnehin die Geschichte im Kopf herum, und sie sprechen einfach an einem deutschen Gemurmel mit, das weit älter als sie selbst, ungestört unterhalb der Zeit dahinrinnt. Untereinander sind sie nämlich nicht Freund und haben nur ihren Hund. Hundehalter sind wohl die meisten von ihnen und klagen beständig über zu   15

1 Borgward-Ära: Karl Friedrich Wilhelm Borgward (1890–1963) war Automobilindustrieller und Gründer der Borgward Automobilwerke in Bremen. Die Firma, deren bekannteste Automarken „Isabella", „Lloyd" und „Goliath" waren, ging 1961 in Konkurs.

hohe Steuern. Nur Schäferhunde halten sie, oft alte verzottelte Tiere mit lahmender
Pfote und schneeweißem Schnauzhaar.

Ihnen etwas erzählen? Aber sie können nicht eine Minute lang zuhören! Unablässig
fallen sie sich gegenseitig ins Wort, und eine haltlose Behauptung will die andere
20 übertrumpfen. Ihre Unterhaltungen irren dahin, sprunghaft und quer, voll fahriger
Schritte, wie ein Abend im TV. „Aber ihr seid ja schon genauso! Ihr, die ihr den
ganzen Tag Zeit habt, unterbrecht euch immerzu und laßt niemanden ausreden.
Könnt nicht einmal mehr einen einfachen Witz im Zusammenhang erzählen!"

Das große Medium und sein weltzerstückelndes Schalten und Walten hat es längst
25 geschafft, daß wir Ideenflucht und leichten Wahn für unsere ganz normale Wahrnehmung halten. Hier fällt sich das Geschehen dauernd ins Wort. Eben noch sehen
wir zwei Menschen ernstlich miteinander streiten, den jungen Professor für Agronomie[2] und den Beamten einer landwirtschaftlichen Behörde, über Betablocker[3] im
Schweinefleisch und die Östrogensau, live in einer Hamburger Messehalle. Kaum
30 haben wir sie näher ins Auge gefaßt und beginnen ihren Argumenten zu folgen, da
fährt auch schon eine Blaskapelle dazwischen; wir befinden uns, ohne daß wir nur
mit der Wimper hätten zucken können, in Soest, am Stammtisch eines Wirtshauses,
und werden in die Geheimnisse westfälischer Wurstzubereitung eingeweiht. Schon
vergessen der Betablocker, vorübergehuscht die vergiftete Nahrung. Ist das Infor-
35 mation? Ist es nicht vielmehr ein einziges, riesiges Pacman-Spiel, ein unablässiges
Aufleuchten und Abschießen von Menschen, Meinungen, Mentalitäten? Es ist
genau das Spiel, das unser weiteres Bewußtsein beherrscht: die Wahnzeit wird nun
bald zur Normalzeit werden.

Und das Gespräch, das wir über Jahre hin mit wenigen Menschen führen wollten,
40 wird nicht durchgehalten. Es befremdet uns, privat zu sein und lange auszusprechen. Das Intime selbst gehört nach draußen, und Heimlichkeiten sind der Stoff für
Talkshow oder Interview. Denn nur der helle Schein der Öffentlichkeit bringt uns
den anderen Menschen wirklich nah. Wollen wir dagegen im Stillen zu Haus jemandem etwas sagen, so fühlen wir uns plötzlich in einer engen Höhe befangen, an
45 einem Ort der Lähmung und der Dunkelheit. Man fürchtet sich vor dem anderen in
dieser finsteren Unöffentlichkeit. Man hört nicht zu, man läßt nicht ausreden.

Daher macht den Erzähler seine Gabe verlegen. Keineswegs weil er nichts erlebt
hätte – er kann schließlich aus dem Geringsten schöpfen –, sondern weil er die elementare Situation, jemandem etwas zu erzählen, nicht mehr vorfindet oder ihr nicht
50 mehr trauen kann. Weil er zu tief schon daran gewöhnt ist, daß ihm ohnehin gleich
das Wort abgeschnitten wird.

Was aber, wenn er dennoch ein empfindlicher Chronist bleiben möchte und dem
Regime des totalen öffentlichen Bewußtseins, unter dem er seine Tage verbringt,
weder entkommen noch gehorchen kann? Vielleicht wird er zunächst gut daran tun,
55 sich in Form und Blick zunutze zu machen, worin ihn die Epoche erzogen hat, zum
Beispiel in der Übung, die Dinge im Maß ihrer erhöhten Flüchtigkeit zu erwischen
und erst recht scharfumrandet wahrzunehmen. Statt in gerader Fortsetzung zu
erzählen, umschlossene Entwicklung anzustreben, wird er dem Diversen seine

---

2 Agronomie (griech.-lat.): Landwirtschaftswissenschaft
3 Betablocker (griech.-engl.): Kurzform für Betarezeptorenblocker: Arzneimittel zur Behandlung
bestimmter Herzkrankheiten (wie etwa Bluthochdruck).

Zonen schaffen, statt Geschichte wird er den geschichteten Augenblick erfassen, die
gleichzeitige Begebenheit. Er wird Schauplätze und Zeitwaben anlegen oder entste- 60
hen lassen anstelle von Epen und Novellen. Er wird sich also im Gegenteil der vorgegebenen Lage stärker noch anpassen, anstatt sich ihr verhalten entgegenzustellen.
Was nun das Element der Zeit betrifft, so muß uns auch hier eine weitere Wahrnehmung, ein mehrfaches Bewußtsein vor den einförmigen und zwanghaften Regimen
des Fortschritts, der Utopie, vor jeder sogenannten „Zukunft" schützen. Dazu brau- 65
chen wir andere Uhren, das ist wahr, Rückkoppelungswerke, welche uns befreien
von dem alten sturen Vorwärts-Zeiger-Sinn. Wir brauchen Schaltkreise, die zwischen dem Einst und Jetzt geschlossen sind, wir brauchen schließlich die lebendige
Eintracht von Tag und Traum, von adlergleichem Sachverstand und gefügigem
Schlafwandel. 70

Aus: Botho Strauß: Der junge Mann. München 1984.

Arbeits-
vorschläge
1. Welche Ausgangssituation veranlaßt den Ich-Erzähler, über das (Roman-)Er-
zählen nachzudenken?

2. Der Erzähler weist darauf hin, daß er die „elementare Situation" (Z. 48 f), etwas
zu erzählen, nicht mehr vorfinde bzw. ihr nicht mehr trauen könne (vgl. Z. 49 f.).
Warum will er dennoch am Erzählen festhalten? Welche Form des Erzählens
erscheint ihm dabei möglich?

3. Einer der Leitsätze des Erzählers im Roman lautet: „Alle Welt spielt auf Zeitge-
winn, ich aber verliere sie." Vergleichen Sie diese Äußerung und die Ausführungen
über die Zeit im Textausschnitt mit den Äußerungen des Erzählers im „Zauberberg" (S. 166) über den Begriff der Zeit.

Text 3 ALEXANDER KLUGE: Der Angriff der Gegenwart auf die übrige Zeit (1985)

Das als Drehbuch vorliegende Werk arbeitet mit den drei Themenbereichen „Elemen-
te des Kinos", „Illusion der Stadt" und „handelnde Personen in der Stadt, die in ihrem
Kopf mehrerlei bewegen: ihre persönliche Erfahrung, Vorstellungen des Kinos, die
Wirklichkeit der Stadt", wie Kluge einleitend bemerkt. Dabei geht es ihm darum, die
oft kaum merklichen Übergänge zwischen Illusion und realer Erfahrung zu artikulie-
ren, die – so Kluge – „von jeher die Thematik des Films gewesen" sind.

DREHBUCHAUSZUG
Die Illusion der Stadt
und das Ende jeder Illusion

Es gibt ein Versprechen, bestehend aus umbautem Raum. Dieses Versprechen ist
etwa 8000 Jahre alt: die Großstadt. Filme haben von jeher von der Stärke dieser Illusion gehandelt: ein Mensch kommt in die Stadt, auf Glückssuche, das Schicksal
schlägt zu …; in den letzten Jahren waren unsere Großstädte – dies sind die Groß- 5
städte, in denen die fünf Frauen des vorliegenden Films leben – im Umbau begriffen; U-Bahnen, B-Ebenen, neue Stadtzentren, Fußgängerzonen werden errichtet.
Dieser Umbau ist für viele Menschen von der Illusion begleitet, daß er immer wei-

ter führt, solange bis für unseren menschlichen Geschmack passende Städte dabei
herauskommen, die dem Idol der vielgeschäftigen, zugleich wohnlichen Stadt ent-
10 sprechen. Die wirklichen Verhältnisse zeigen in dieser Richtung keinen Ergeiz. Der
Umbau der Städte wird demnächst endgültig sein. Wir werden mit Städten, die so
ähnlich sind wie die, die wir vor Augen haben, ins 21. Jahrhundert eintreten. Das
Idol der Stadt, z. B. das Florenz der Renaissance, gehört zum Bestand der Illusion.
(…)

15 **5. Tit.:** Die Endgültigkeit unserer Städte
Nachtaufnahmen der Stadt, in Anknüpfung an Szene 2.[1] Junge Frau, in einem Zug.
Sie reist heran.

KOMMENTAR
Regine kommt aus Oberhessen. Sie will in die Stadt.

20 Aus dem Fenster heraus: Das Weichbild der nächtlichen Stadt.

Stadt tags. Straßenlärm. Bremsende Autos an einer Ampel. Nur die Räder sind zu
sehen. Anderes Bild: Fenster an einem Haus. Vorhang wird beiseite gezogen, ein
junger Mann, unscharf (der Prinz?). Der Vorhang schließt sich.

6. (Forts.) Montage: Wege, Straßen. Vom Feldweg über Zubringerstraßen bis in die
25 Einfahrt zur Metropole. Zentren unserer Städte: Essen, Frankfurt a. M. usf.

KOMMENTAR
Neulich sagte Schudlich: Unsere Städte sind endgültig. Haben Sie das eigentlich
noch nicht bemerkt? Mit diesen Städten gehen wir ins nächste Jahrhundert.

Details der Städte. Wie die Bundeshauptstadt funktioniert. Wie die Stadtausgänge
30 von München zu Ostern funktionieren. Wie funktioniert Frankfurt, Freitag 17 Uhr?

KOMMENTAR
Ich hatte tatsächlich gedacht, unsere Städte seien im permanenten Umbau.
Irgendwann wird so etwas entstehen wie die Stadt, aus der ich stamme. Schudlich dagegen sagt, der Umbau ist jetzt fast beendet. Schudlich ist Stadtplaner. Ich
35 halte ihn für betriebsblind.

Filmische Stichproben zum Umbau unserer Städte:
z. B. 1. März 1953, 5. Juli 1964, 6. November 1978, Herbst 1984.
Die Stadt als **Idol,** als **Illusion,** und die Stadt als **Irrtum.** Dies alles ist etwas Ver-
schiedenes. Beispiele von sich ins Land hineinziehenden Siedlungen ohne Zentrum,

---

1 In Szene 2 heißt es zur Einstellung: „Nächtliche Stadt. In der Entfernung, schattenhaft, ein Hochhaus.
In der Nachbarschaft andere Hochhäuser".

dies sind im Grunde gar keine Städte. Es sind weder Dörfer noch Städte. Darstel- 40
lung mittelalterlicher Städte. Vorstellung von Bauhaus-Architekten. Stadt-Utopien.
Himmlisches Jerusalem usf.

Aus: Alexander Kluge: Der Angriff der Gegenwart auf die übrige Zeit. Das Drehbuch zum Film. Frankfurt 1985.

Arbeits-
vorschläge

1. Welche verschiedenen Seiten und Aspekte des Themas „Stadt" werden im
Textausschnitt sichtbar?

2. Untersuchen Sie, auf welche Weise die verschiedenen Erzähl- bzw. Filmteile
zueinander gehören bzw. wie sie sich gegenseitig ergänzen. Erläutern Sie auch, welche Funktion die theoretisierenden Reflexionen, der gesprochene Kommentar und
die (vorgesehenen) Bilder jeweils übernehmen.

3. Welche andersartigen Wahrnehmungen sind mittels des filmischen Elementes
gegenüber „traditionellen" Erzählweisen möglich? Wie kann ein Film erzählen?

4. Entwerfen Sie ein kurzes Drehbuch über die Stadt, in der Sie leben bzw. die sich
in Ihrer Nähe befindet, zu dem Thema „Details der Städte" (Z. 29). Drehen Sie,
falls es die technische Ausstattung Ihrer Schule ermöglicht, gemeinsam mit Ihrem
Kurs einen ca. zweiminütigen Kurzfilm, nachdem Sie Ihren Entwurf zu einem
detaillierten Drehbuch ausgearbeitet haben.

5. Schauen Sie sich, falls es Ihnen möglich ist, Kluges „Angriff der Gegenwart auf
die übrige Zeit" gemeinsam an, und diskutieren Sie anschließend darüber, inwieweit es Kluge gelungen ist, die Übergänge zwischen Illusion und realer Erfahrung
filmisch zu artikulieren.

6. Botho Strauß schreibt in seinem 1981 erschienenen Band „Paare Passanten"
über die Kennzeichen des Zeitalters des Films und anderer visueller Medien:

> „Niemand ist der Wahrnehmung größer beraubt worden, nicht durch Kirche, nicht
> durch Krieg, als wir matt Bestrahlten, die wir jetzt noch denken wollen und sehen wol-
> len und können es nur im Aufschein-Abblitz, einsame Voyeure, deren Weltbild vom
> Schnitt beherrscht wird wie die Eine-Mark-Peep-Show von der Schlitzblende. Hätte
> Mörike einmal zwischen sechs TV-Kanälen hin- und hergeschaltet, immer auf der
> Suche nach was Neuem!, die Skala der Kurzwellensender auf- und abgefahren, nie
> wäre ihm eine *entwickelte* Form geglückt ... Dagegen mag sich, wer jetzt schreibt,
> künstlich abschließen und es anders haben wollen, die Wahrheit seiner Schreibbedin-
> gung bleibt es aber doch. Die Tüchtigkeit der Moden, der Blicke, der Räusche und wie
> es sich beschleunigt, wie's sich überschlägt, aussichtslos steht da der Wunschbeladene
> gegen Sucht und Sog und möchte den eiligen Nebeln noch einmal die *Gestalt* abrin-
> gen, die aller Sehnsucht wert ...“

Diskutieren Sie über die Straußschen Bemerkungen, und erörtern Sie schriftlich die
Frage, wie weit sich die Literatur auf die technischen Realitäten ihrer Zeit einlassen
darf und/oder muß.

7. Aspekte der Lyrik

Matthias Prechtl: Heinrich Heine, Loreley & Liberté

„Ich habe immer gern Gedichte geschrieben, wenn es auch lange gedauert hat, alle Vorurteile, was ein Gedicht darzustellen habe und wie es aussehen müsse, so ziemlich aus mir herauszuschreiben." Mit dieser provozierenden Feststellung grenzte sich der Schriftsteller Rolf Dieter Brinkmann 1968 in einem Vorwort zu einem Band seiner Gedichte nicht nur von tradierten Lyrikauffassungen ab, sondern auch von den Gedichten vieler zeitgenössischer Autoren. Er war einer der ersten, der die Wahrnehmung und Erfahrung der Alltagsrealität der modernen Gesellschaft zum Gegenstand von Lyrik machte und dabei auch das scheinbar Banale in subjektiv geprägten Momentaufnahmen darstellte. In solchen „Alltagsgedichten" wendeten sich Schriftsteller vor allem in den 70er Jahren oft von **tradierten Gestaltungsweisen** ab, welche die Lyrik lange Zeit geprägt hatten. „Reim und Strophe können nur noch als ironisches Zitat behandelt werden, ich habe keine Zeit, mich mit starren Formen aufzuhalten", formulierte der Schriftsteller Günter Herburger provozierend.

Themen und Darstellungsmittel dieser **Alltagslyrik** lösten Ende der 70er Jahre eine kontroverse Diskussion darüber aus, ob es sich bei vielen dieser Gedichte überhaupt noch um „echte" Lyrik handle. „Ein gut Teil dessen, was heute als Lyrik angeboten wird", schrieb der Literaturwissenschaftler Peter Wapnewski 1977, „ist steckengebliebene Prosa, ist Schwundform des Essays, ist Tagebuch im Stammelton". Und er insistierte auf einem Festhalten an den für ihn verbindlichen **Wesensmerkmalen der Gattung**, die er folgendermaßen charakterisierte: „Formal: knapp, konzentriert, streng stilisiert. Inhaltlich: nach innen gewandt. In der Haltung: ichbefangen, einnehmend, monologisch." Solche Merkmale gehörten für die Vertreter der Alltagslyrik gerade zu jenen tradierten „Vorurteilen", die sie überwinden wollten.

Die Frage nach den Wesensmerkmalen von Lyrik, die in dieser Diskussion aufgeworfen wurde, war im Grunde nicht neu. Sie wurde seit der Mitte des 18. Jahrhunderts immer wieder gestellt, als sich in der Poetik die **Einteilung der Dichtung** in Epik, Lyrik und Dramatik herausbildete. Unter dem Einfluß von Empfindsamkeit und Genieästhetik verstand man nun die Lyrik als jene Gattung, in der ein Ich seine subjektiven Gefühle, Stimmungen und Wahrnehmungsweisen in einer unmittelbaren, individuellen Darstellung zum Ausdruck bringt. Goethes **Erlebnislyrik** und die **Stimmungslyrik** der Romantik hat man dann vor allem im 19. Jahrhundert als Höhepunkte in der Entwicklung der Gattung aufgefaßt und aus diesen Maßstäbe der Bewertung von Gedichten abgeleitet. Solche Gattungsvorstellungen und Wertmaßstäbe trugen wesentlich dazu bei, daß man einer gesellschaftlich und politisch **engagierten Lyrik** eher skeptisch gegenüberstand.

Von der Antike bis zur Aufklärung aber drückten die Autoren in Gedichten nicht so sehr ihre Subjektivität in einer möglichst individuellen Formensprache aus, sondern waren eingebunden in einen **gesellschaftlichen Konsens** über Aufgaben, Themen und Gestaltungsweisen von Lyrik. In religiösen, lehrhaften, geselligen und politischen Liedern und Gedichten, aber auch in der Natur- und Liebeslyrik gestalteten sie repräsentative Situationen und Verhaltensweisen in der Fortführung und Variation **überlieferter Bilder und Formelemente**. Lyrik war nicht autonomer Gefühlsausdruck, sondern eine gesellschaftliche und gesellige Kunst, und die „Individualität" des Dichters bestand gerade im kenntnis- und kunstreichen Umgang mit der Tradition und den Erwartungen des Publikums. Je mehr sich der Blick der Literaturwissenschaft auf die Spannweite gattungsspezifischer Themen, Funktionen und Gestaltungsmittel vom antiken Chorlied bis zur Alltagslyrik richtete, desto skeptischer wurde man gegenüber den Versuchen, das Wesen der Gattung zu bestimmen: „Lyrik kann nicht definiert, sondern nur historisch beschrieben werden" (W. Preisendanz).

Formenvielfalt und **Funktionswandel** der Lyrik werden besonders deutlich, wenn man Gestaltungsweisen von Themen und Motiven in den verschiedenen Epochen vergleicht. Gerade die **Liebeslyrik** kann zeigen, daß dabei allerdings nicht scheinbar überzeitliche Grunderfahrungen der Menschen wie Sehnsucht, Begehren, Glücksgefühl und Trennungsschmerz in epochentypischer Form dargestellt werden, sondern daß solche Erfahrungen geprägt sind von gesellschaftlichen Verhältnissen, Rollenvorstellungen, Denkmustern und Empfindungsweisen. Eine zentrale Rolle spielen dabei auch die Bilder der Frau und des Weiblichen, in denen sich männliche Imaginationen, Sehnsüchte, Wünsche und Ängste spiegeln. Auch die Liebeslyrik von Frauen blieb zum Teil bis in die Gegenwart hinein im kulturell vorgegebenen Rahmen solcher Imaginationen, von denen sich erst die Frauenliteratur seit Ende der 60er Jahre in der Suche nach einer nicht von den Männern definierten weiblichen Identität abgrenzte.

Im Gegensatz zur Liebes- oder Naturlyrik galt das **politische Gedicht** in Deutschland oft als ein „garstig Lied", wie es in Goethes „Faust" heißt. Einem Dichtungsverständnis, das im zweckfreien Ausdruck von Gefühlen und Stimmungen das Wesen der Lyrik sah, mußten politische Gedichte als fragwürdig erscheinen, weil hier anscheinend die Poesie einem politischen Zweck untergeordnet wird. An Deutschland-Gedichten von Walther von der Vogelweide bis Biermann kann aber deutlich werden, daß politische Lyrik einen wesentlichen Beitrag zum kulturellen Selbstverständnis und zur politischen Identität leisten kann und daß sich politisches Engagement und poetische Qualität keineswegs ausschließen. Eine politische Lyrik, die nicht bloßes Instrument der ideologischen Auseinandersetzung und Beeinflussung ist, zeigt darüber hinaus, daß die Trennungen zwischen Autonomie und Engagement, Gefühl und Reflexion, Unmittelbarkeit und Distanz problematisch sind, die sich aus einem verengten Lyrikbegriff ergeben.

7.1 Bilder des Weiblichen in der Liebeslyrik

Text 1

WALTHER VON DER VOGELWEIDE

Si wunderwol gemachet wîp,
daz mir noch werdẹ ir habedanc!
Ich setzẹ ir minneclîchen lîp
vil werdẹ in mînen hôhen sanc.
Gernẹ ich in allen dienen sol:
doch hân ich mir disẹ ûz erkorn.
ein ander weiz die sînen wol:
die lobẹ er âne mînen zorn;
habe ime wîsẹ unde wort
mit mir gemeine:
lobẹ ich hie, sô lobẹ er dort.

Die wunderbar geschaffne Frau,
daß sie mir's einst noch danken möge!
Ich setze ihre liebliche Gestalt
herrlich in mein hohes Lied.
Gern will ich ihnen allen dienen;
doch habe ich mir diese auserwählt.
Ein andrer versteht sich wohl auf die seine:
die preise er, ich habe nichts dagegen.
Weise und Wort mag er
mit mir teilen:
Preis ich hier, so preis er dort!

Ir houbet ist sô wünnenrîch,
als ez mîn himel welle sîn.
Wem soldẹ ez anders sîn gelîch?
ez hât ouch himelischen schîn.
Dâ liuhtent zwêne sternen abe:
dâ müeze ich mich noch innẹ
ersehen,
daz si mir sị alsô nâhen habe!
sô mac ein wunder wol geschehen:
ich jungẹ, und tuot si daz,
und wirt mir gernden siechen
seneder sühte baz.

Ihr Haupt ist so lustreich,
wie wenn es mein Himmel sein wollte.
Wem sollte es sonst gleichen?
Es hat auch himmlischen Glanz.
Da leuchten zwei Sterne herab,
in denen möge ich mich einmal spiegeln
(indem sie mir sie so nahe hält)!
Dann kann leicht sich ein Wunder ereignen:
Ich werde wieder jung, wenn sie das tut,
und werde, ich Sehnsuchtskranker, von der
zehrenden Sucht befreit.

Got hâtẹ ir wengel hôhen vlîz:
er streich sô tiure varwe dar,
Sô reine rôt, sô reine wîz,
hie rœseloht, dort liljenvar.
Ob ichz vor sünden tar gesagen,
sô sæhẹ ich sị iemer gerner an
dan himel oder himelwagen.
ouwê waz lobẹ ich tumber man?
mache ich si mir ze hêr,
vil lîhte wirt mîns mundes lop
mîns herzen sêr.

Gott hat sich mit ihren Wangen hohe Müh
gegeben,
er malte so kostbare Farbe hin,
so reines Rot, so reines Weiß,
hier rosenhaft, dort lilienfarbig.
Wär's keine Sünde, es zu sagen:
ich möchte sie immer lieber ansehen
als den Himmel oder den Großen Wagen.
O weh, wie lob ich denn, ich Tor?
Mach ich sie mir allzu erhaben,
sehr leicht wird meines Mundes Lob zu
meines Herzens Schmerz.

Sie hât ein küssen, daz ist rôt:	Sie hat ein Kissen, das ist rot:
gewünne ich daz vür mînen munt,	Gewänn ich das für meinen Mund,
Sô stüende ich ûf von dirre nôt	so stünd ich auf aus dieser Not
und wære ouch iemer mê gesunt.	und wäre auch für immer gesund.
40 Swâ si daz an ir wengel leget,	Wo sie sich das an die Wange legt,
dâ wære ich gerne nâhen bî:	da wär ich gerne nah dabei:
ez smecket, sô manz iender reget,	es duftet, wenn man es nur berührt,
alsam ez vollez balsmen sî.	wie wenn es voller Balsam wäre:
daz sol si lîhen mir:	Das soll sie mir leihen:
45 swie dicke sô siz wider wil,	sooft sie es zurück will, geb ich's ihr.
sô gibe ichz ir.	
Ir kel, ir hende, ietweder vuoz,	Ihre Kehle, ihre Hände, jeder Fuß,
daz ist ze wunsche wol getân.	die sind vollkommen schön.
Ob ich dâ enzwischen loben muoz,	Wenn ich loben darf, was dazwischen ist,
50 sô wæne ich mê beschouwet hân.	so mein ich allerdings, noch mehr geschaut
	zu haben.
Ich hete ungerne 'decke blôz!'	Nicht gerne hätte ich: 'Bedecke dich!'
gerüefet, dô ich si nacket sach.	gerufen, als ich sie entblößt sah.
si sach mich niht, dô si mich schôz,	Sie sah mich nicht, als sie mich traf,
55 daz mich noch stichet als ez dô	was mich noch sticht, wie es mich damals
stach.	stach,
swanne ich der lieben stat	wenn ich des lieben Orts
gedenke, dâ si reine ûz einem	gedenke, da die Reine vom Bade
bade trat.	kam.

Aus: Walther von der Vogelweide: Gedichte. Hrsg. v. Hermann Paul. In der 10. Aufl. besorgt v. Hugo Kuhn. Tübingen 1965. Übersetzung von Max Wehrli. In: Die deutsche Lyrik des Mittelalters. 2. Aufl. Zürich 1962.

Arbeits-vorschläge

1. Untersuchen Sie, was der Autor im einzelnen an der Frau „lobt" und mit welchen Mitteln er sie preist.

2. Erläutern Sie die Rollenbeziehung zwischen Mann und Frau, die hier zum Ausdruck kommt. Informieren Sie sich in Literaturgeschichten und Nachschlagewerken über die Auffassung von „minne" in der höfischen Gesellschaft, und vergleichen Sie diese mit Walthers „lop".

3. Das Gedicht kann man auch als bewußtes Spiel mit den Erwartungshaltungen der höfischen Gesellschaft und ihrer Minneauffassung lesen. Zeigen Sie auf, wie Walther den Preis der Schönheit und das Aufzählen der Reize selbst zum Thema macht.

Text 2　　CHRISTIAN HOFMANN VON HOFMANNSWALDAU: Sonnet.
Vergänglichkeit der schönheit (1695):

　　　　　　　　　　Es wird der bleiche todt mit seiner kalten Hand
　　　　Dir endlich mit der zeit um deine brüste streichen /
　　　　Der liebliche corall der lippen wird verbleichen;
　　　　　　Der schultern warmer schnee wird werden kalter sand /
　　　　　　Der augen süsser blitz / die kräffte deiner hand /　　　5
　　　　Für welchen solches fällt / die werden zeitlich weichen /
　　　　Das haar / das itzund kan des goldes glantz erreichen /
　　　　　　Tilgt endlich tag und jahr als ein gemeines band.
　　　　Der wohlgesetzte fuß / die lieblichen gebärden /
　　　　Die werden theils zu staub / theils nichts und nichtig werden /　10
　　　　　　Denn opfert keiner mehr der gottheit deiner pracht.
　　　　Diß und noch mehr als diß muß endlich untergehen /
　　　　Dein hertze kan allein zu aller zeit bestehen /
　　　　　　Dieweil es die natur aus diamant gemacht.

<small>Aus: Deutsche Lyrik vom Barock bis zur Gegenwart. Hrsg. v. Gerhard Hey und Sibylle von Steinsdorff. München 1980.</small>

Hans Baldung Grien:
Der Tod und das Mädchen
(1515)

Arbeits-
vorschläge
1. Untersuchen Sie, wie die Beschreibung weiblicher Schönheit mit der Darstellung ihrer „Vergänglichkeit" verbunden ist. Welche epochentypischen Gestaltungsmittel werden dabei verwendet?

2. Hofmannswaldau greift in den ersten beiden Verszeilen ein Motiv auf, das auch in der bildenden Kunst des Mittelalters und der Neuzeit behandelt wurde. Vergleichen Sie die Gestaltung des Motivs bei Hofmannswaldau und Baldung Grien. Beschreiben Sie die Bildkomposition bei Baldung Grien. Auf welche Weise wird hier das Motiv des Todes zur Darstellung des weiblichen Körpers benutzt?

3. Die Botschaft der letzten beiden Verszeilen ist unterschiedlich gedeutet worden. Diskutieren Sie im Kurs verschiedene Verstehensmöglichkeiten.

4. Vergleichen Sie Sprechsituation und Adressatenbezug bei Walther und Hofmannswaldau. Welche unterschiedlichen Intentionen des (männlichen) Sprechers werden dabei deutlich?

Text 3　　JOHANN WOLFGANG GOETHE: Jägers Nachtlied (1776)

Im Felde schleich ich still und wild,　　　　Du wandelst jetzt wohl still und mild　5
Lausch mit dem Feuerrohr,　　　　　　　　Durch Feld und liebes Tal
Da schwebt so licht dein liebes Bild　　　　Und ach mein schnell verrauschend Bild,
Dein süßes Bild mir vor.　　　　　　　　　Stellt sich dirs nicht einmal?

Des Menschen der in aller Welt
10   Nie findet Ruh noch Rast;
Dem wie zu Hause, so im Feld
Sein Herze schwillt zur Last.

Mir ist es denk ich nur an dich
Als säh den Mond ich an;
Ein stiller Friede kommt auf mich   15
Weiß nicht wie mir getan.

Aus: Johann Wolfgang Goethe: Gedichte. München 1988.

Arbeits-
vorschläge

1. Welche Bedeutung hat das „Denken" an die Geliebte für das lyrische Ich? Wie hängt diese Bedeutung mit der Situation des Ich zusammen?

2. Vergleichen Sie Bild und Rolle der Frau bei Hoffmannswaldau und Goethe. Welcher Wandel in den Denkmustern und Vorstellungen wird hier deutlich?

3. Untersuchen Sie, auf welche Weise „Natur" und „Geliebte" hier miteinander verbunden sind.

4. Untersuchen Sie Goethes sprachliche Gestaltungsmittel, und erläutern Sie den Stilwandel im Vergleich zur Barocklyrik.

Text 4   HEINRICH HEINE (1822)

Ich lag und schlief, und schlief recht mild,
Verscheucht war Gram und Leid;
Da kam zu mir ein Traumgebild,
Die allerschönste Maid.

5   Sie war wie Marmelstein so bleich,
Und heimlich wunderbar;
Im Auge schwamm es perlengleich,
Gar seltsam wallt' ihr Haar.

Und leise, leise sich bewegt
10   Die marmorblasse Maid,
Und an mein Herz sich niederlegt
Die marmorblasse Maid.

Wie bebt und pocht vor Weh und Lust
Mein Herz, und brennet heiß!
15   Nicht bebt, nicht pocht der Schönen Brust,
Die ist so kalt wie Eis.

„Nicht bebt, nicht pocht wohl meine Brust,
Die ist wie Eis so kalt;
Doch kenn auch ich der Liebe Lust,
20   Der Liebe Allgewalt."

„Mir blüht kein Rot auf Mund und Wang,
Mein Herz durchströmt kein Blut;
Doch sträube dich nicht schaudernd bang,
Ich bin dir hold und gut."

Und wilder noch umschlang sie mich,   25
Und tat mir fast ein Leid;
Da kräht der Hahn – und stumm entwich
Die marmorblasse Maid.

Aus: Heinrich Heine. Werke. Bd. 1. Frankfurt a. M. 1968.

**Arbeits-
vorschläge**

1. Zeigen Sie auf, wie das „Traumgebild" dargestellt wird. Auf welche tradierten Vorstellungen von „Schönheit" greift der Autor dabei zurück?

2. Die Schönheit des toten bzw. leblosen weiblichen Körpers wurde in der bildenden Kunst und der Literatur immer wieder dargestellt, unter anderem in Eichendorffs „Marmorbild" und in E.T.A. Hoffmanns „Der Sandmann". Auf welche Weise sind in diesem „Traumgebild" Tod und Leben verbunden?

3. Klären Sie im Gespräch, welche Wünsche und Ängste dieses „Traumgebild" beim lyrischen Ich auslöst.

4. Untersuchen Sie, mit welchen Gestaltungsmitteln die Ambivalenz von Lust und Angst verdeutlicht wird.

Text 5

CHARLES BAUDELAIRE: A une passante (1861)

La rue assourdissante autour de moi hurlait.
Longue, mince, en grand deuil, douleur majestueuse,
Une femme passa, d'une main fastueuse
Soulevant, balançant le feston et l'ourlet;

Agile et noble, avec sa jambe de statue.   5
Moi, je buvais, crispé comme un extravagant,
Dans son œil, ciel livide où germe l'ouragan,
La douceur qui fascine et le plaisir qui tue.

Un éclair … puis la nuit! – Fugitive beauté
Dont le regard m'a fait soudainement renaître,   10
Ne te verrai-je plus que dans l'éternité?

Ailleurs, bien loin d'ici! trop tard! jamais peut-être!
Car j'ignore où tu fuis, tu ne sais où je vais,
O toi que j'eusse aimée, ô toi qui le savais!

Aus: Charles Baudelaire: Les Fleurs du Mal. Die Blumen des Bösen. Frankfurt und Hamburg 1962.

An Eine, die vorüberging

Betäubend heulte die Straße rings um mich. Hochge-
wachsen, schlank, in tiefer Trauer, hoheitsvoller Schmerz,
ging eine Frau vorüber; üppig hob und wiegte ihre Hand
des Kleides wellenhaften Saum;

5 Leicht und edel setzte sie wie eine Statue das Bein. Ich
aber trank, im Krampf wie ein Verzückter, aus ihrem
Auge, einem fahlen, unwetterschwangeren Himmel,
die Süße, die betört, die Lust, die tötet.

Ein Blitz ... und dann die Nacht! – Flüchtige Schönheit,
10 unter deren Blick ich plötzlich neu geboren war, soll ich
dich in der Ewigkeit erst wiedersehen?

Anderswo, sehr weit von hier! zu spät! niemals vielleicht!
Denn ich weiß nicht, wohin du enteilst, du kennst den
Weg nicht, den ich gehe, o du, die ich geliebt hätte, o du,
15 die es wußte!

(Übersetzung von Friedhelm Kemp) Aus: ebd.

Einer Vorübergehenden (1901)

Es tost betäubend in der strassen raum.
Gross schmal in tiefer trauer majestätisch
Erschien ein weib · ihr finger gravitätisch
Erhob und wiegte kleidbesatz und saum ·

5 Beschwingt und hehr mit einer statue knie.
Ich las · die hände ballend wie im wahne ·
Aus ihrem auge (heimat der orkane):
Mit anmut bannt mit liebe tötet sie.

Ein strahl ... dann nacht! o schöne wesenheit
10 Die mich mit EINEM blicke neu geboren ·
Kommst du erst wieder in der ewigkeit?

Verändert · fern · zu spät · auf stets verloren!
Du bist mir fremd · ich ward dir nie genannt ·
Dich hätte ich geliebt · dich die's erkannt.

(Umdichtung von Stefan George) Aus: Stefan George:
Werke. Bd. 2. Düsseldorf/München 1968.

René Magritte:
Der vollendete Frühling

Text 6   GOTTFRIED BENN: Untergrundbahn (1913)

Die weichen Schauer. Blütenfrühe. Wie
aus warmen Fellen kommt es aus den Wäldern.
Ein Rot schwärmt auf. Das große Blut steigt an.

Durch all den Frühling kommt die fremde Frau.
Der Strumpf am Spann ist da. Doch, wo er endet,   5
ist weit von mir. Ich schluchze auf der Schwelle:
laues Geblühe, fremde Feuchtigkeiten.

Oh, wie ihr Mund die laue Luft verpraßt!
Du Rosenhirn, Meer-Blut, du Götter-Zwielicht,
du Erdenbeet, wie strömen deine Hüften   10
so kühl den Gang hervor, in dem du gehst!

Dunkel: nun lebt es unter ihren Kleidern:
nur weißes Tier, gelöst und stummer Duft.

Ein armer Hirnhund, schwer mit Gott behangen.
Ich bin der Stirn so satt. Oh, ein Gerüste   15
von Blütenkolben löste sanft sie ab
und schwölle mit und schauerte und triefte.

So losgelöst. So müde. Ich will wandern.
Blutlos die Wege. Lieder aus den Gärten.
Schatten und Sintflut. Fernes Glück: ein Sterben   20
hin in des Meeres erlösend tiefes Blau.

Aus: Gottfried Benn: Gesammelte Werke Bd. 1. Stuttgart 1960.

Text 7   BERTOLT BRECHT: Entdeckung an einer jungen Frau (1926)

Des Morgens nüchterner Abschied von einer Frau
Kühl zwischen Tür und Angel, kühl besehn.
Da sah ich: eine Strähne in ihrem Haar war grau.
Ich konnt mich nicht entschließen mehr zu gehn.

Stumm nahm ich ihre Brust, und als sie fragte,   5
Warum ich Nachtgast nach Verlauf der Nacht
Nicht gehen wolle, denn so wars gedacht,
Sah ich sie unumwunden an und sagte:

Ists nur noch eine Nacht, will ich noch bleiben
Doch nütze deine Zeit; das ist das Schlimme,   10
Daß du so zwischen Tür und Angel stehst.

Und laß uns die Gespräche rascher treiben,
Denn wir vergaßen ganz, daß du vergehst.
Und es verschlug Begierde mir die Stimme.

Aus: Bertolt Brecht: Gesammelte Werke Bd. 8. Frankfurt/M. 1967.

**Arbeits-
vorschläge
zu Text 5**
1. Beschreiben Sie die Wirkung, welche die vorübergehende Frau bei Baudelaire auf das lyrische Ich ausübt. Berücksichtigen Sie dabei den Wechsel der Sprechsituation.

2. Vergleichen Sie die Situationen, in denen das lyrische Ich bei Heine und Baudelaire die Frau jeweils wahrnimmt. Welche zeitbedingten Vorstellungen und Wahrnehmungsweisen werden dabei deutlich?

3. Stefan George nannte seine Übertragung ins Deutsche eine „Umdichtung". Vergleichen Sie diese mit der Übersetzung von Friedhelm Kemp, und sprechen Sie über unterschiedliche Intentionen und Gestaltungsweisen der Verfasser.

zu Text 6 **1.** Analysieren Sie die Bildlichkeit, mit welcher das lyrische Ich die „fremde Frau" und sich selbst charakterisiert. Welche Gegensätze werden dabei deutlich?

2. Zeigen Sie auf, welche Rolle die „Natur" in den Wahrnehmungen und Phantasien des Ich spielt.

3. Beschreiben Sie den Aufbau des Gedichts. Wie hängt dieser mit der Wahrnehmung und der Vorstellung des Ich zusammen?

zu Text 7 **1.** Der Abschied von einer Geliebten nach einer gemeinsam verbrachten Nacht ist ein häufiges Motiv in der Liebeslyrik. Wie wird dieser Abschied bei Brecht dargestellt, wie hängt das mit der Beziehung zwischen dem lyrischen Ich und der jungen Frau zusammen?

2. Wie wirkt die „Entdeckung" an der jungen Frau auf das lyrische Ich? Welches Frauenbild wird hier deutlich?

3. Beschreiben Sie charakteristische Gestaltungsmittel, und ordnen Sie das Gedicht auf dieser Grundlage epochengeschichtlich ein.

4. Brechts berühmteste Gedichtsammlung ist die „Hauspostille" (1927). Stellen Sie für ein Referat einige Gedichte aus dieser Sammlung zusammen, in denen Bilder des Weiblichen deutlich werden, und charakterisieren Sie das Frauenbild des frühen Brecht.

zu den
Texten 4, 5
und 6
1. Erläutern Sie Gemeinsamkeiten und Unterschiede der Bilder des Weiblichen in den Gedichten von Heine, Baudelaire und Benn. Diskutieren Sie, inwieweit man hier von „Männerphantasien" sprechen kann.

2. Zu den (männlichen) Bildern des Weiblichen gehört auch die allegorische Darstellung der Frau, wie sie z. B. in Botticellis Gemälde „Der Frühling" deutlich wird. Eine der Figuren dieses Gemäldes hat René Magritte für sein Bild „Das vollendete

Bukett" verwendet (vgl. Abb. S. 194). Zeigen Sie auf, wie die Beziehung zwischen dem Mann und dem „Bild" der Frau durch die Komposition und die Darstellungstechnik gestaltet wird.

Arbeits-
vorschläge

zur
Textreihe

1. Stellen Sie in Gruppenarbeit eine Reihe von Darstellungen der Frau in der bildenden Kunst zusammen, in denen ähnliche oder auch gegensätzliche Aspekte und Blickweisen wie in dieser Textreihe deutlich werden. Bitten Sie dabei Ihren Lehrer/ Ihre Lehrerin im Fach Kunsterziehung um Hinweise und Informationen. Erläutern Sie Korrespondenzen und Kontraste zwischen Text- und Bildreihe.

2. Fertigen Sie eine Collage von „Frauenbildern" aus dieser Reihe, in denen Aspekte und Wandlungen deutlich werden.

3. Der männliche Blick auf die Frau könnte zu einem Perspektivenwechsel herausfordern. Schreiben Sie einen Text (Erzählung, Dialog), in dem Sie das bei Heine (Text 4) oder Brecht (Text 7) dargestellte Geschehen aus der Sicht der Frau gestalten.

Text 8   INGEBORG BACHMANN: Nebelland (1956)

Im Winter ist meine Geliebte
unter den Tieren des Waldes.
Daß ich vor Morgen zurückmuß,
weiß die Füchsin und lacht,
5 Wie die Wolken erzittern! Und mir
auf den Schneekragen fällt
eine Lage von brüchigem Eis.

Im Winter ist meine Geliebte
ein Baum unter Bäumen und lädt
10 die glückverlassenen Krähen
ein in ihr schönes Geäst. Sie weiß,
daß der Wind, wenn es dämmert,
ihr starres, mit Reif besetztes
Abendkleid hebt und mich heimjagt.

15 Im Winter ist meine Geliebte
unter den Fischen und stumm.
Hörig den Wassern, die der Strich
ihrer Flossen von innen bewegt,
steh ich am Ufer und seh,
20 bis mich Schollen vertreiben,
wie sie taucht und sich wendet.

Und wieder vom Jagdruf des Vogels
getroffen, der seine Schwingen
über mir steift, stürz ich
auf offenem Feld: sie entfiedert   25
die Hühner und wirft mir ein weißes
Schlüsselbein zu. Ich nehm's um den Hals
und geh fort durch den bitteren Flaum.

Treulos ist meine Geliebte,
ich weiß, sie schwebt manchmal   30
auf hohen Schuh'n nach der Stadt,
sie küßt in den Bars mit dem Strohhalm
die Gläser tief auf den Mund,
und es kommen ihr Worte für alle.
Doch diese Sprache verstehe ich nicht.   35

Nebelland hab ich gesehen,
Nebelherz hab ich gegessen.

Aus: Ingeborg Bachmann: Anrufung des Großen Bären. München 1956.

KARIN KIWUS: Lösung (1979)

Im Traum   In Wirklichkeit
nicht einmal mehr   10 will ich
suche ich   einfach nur leben
mein verlorenes Paradies   mit dir so gut
5 bei dir   es geht

ich erfinde es
besser allein
für mich

Aus: Karin Kiwus: Angenommen später. Gedichte. Frankfurt/M. 1979.

Arbeits-
vorschläge
zu Text 8   **1.** In welchen Gestalten begegnet die „Geliebte" dem lyrischen Ich, und wie verhält sie sich jeweils? Arbeiten Sie Gemeinsamkeiten und Unterschiede heraus.

2. Untersuchen Sie die Bildlichkeit, mit der die Beziehung zwischen dem lyrischen Ich und seiner „Geliebten" dargestellt wird.

3. Versuchen Sie, ausgehend von der Bildlichkeit der einzelnen Strophen, eine Deutung der Chiffren in der Überschrift und in der letzten Strophe.

4. Diskutieren Sie, inwieweit sich die Autorin in diesem Gedicht mit tradierten Bildern des Weiblichen auseinandersetzt.

zu Text 9   **1.** Welches weibliche Selbstverständnis kommt hier zum Ausdruck? Worin unterscheidet es sich von tradierten männlichen Vorstellungen und Bildern?

2. Beschreiben Sie die charakteristischen Gestaltungsmittel. Diskutieren Sie am Beispiel dieses Gedichts Wapnewskis Auffassung, die „Alltagslyrik" der 70er Jahre sei „steckengebliebene Prosa" und „Tagebuch im Stammelton".

zur
Textreihe   **1.** Stellen Sie aus einer Anthologie (z. B.: Nichts ist versprochen. Liebesgedichte der Gegenwart. Hrsgg. v. Hiltrud Gnüg. Stuttgart 1989) Liebesgedichte von Frauen zusammen, in denen sich Frauen bewußt gegen männliche Bilder des Weiblichen wenden, und stellen Sie Aspekte dieses neuen weiblichen Selbstverständnisses in einem Referat dar.

2. Wählen Sie aus den in dieser Sequenz abgedruckten Gedichten zwei Texte aus, deren Gegenüberstellung Sie für besonders interessant und lohnend halten, und schreiben Sie eine vergleichende Interpretation.

7.2 Liebe zu Deutschland – Leiden an Deutschland

Text 1   WALTHER VON DER VOGELWEIDE

Ir sult sprechen willekomen:	Ihr sollt mir ein Willkommen sagen:
der iu mære bringet, daz bin ich.	denn der Euch Neues bringt, das bin ich!
Allez daz ir habet vernomen.	Alles was Ihr bisher gehört
daz ist gar ein wint: nû vrâget mich.	ist ein Nichts: jetzt aber fragt mich!
Ich wil aber miete:	Freilich verlange ich Botenlohn. 5
wirt mîn lôn iht guot,	Fällt er einigermaßen reichlich aus,
ich gesage iu lîhte daz iu sanfte tuot.	werd ich Euch wohl verkünden, was Euch Freude macht.
seht waz man mir êren biete.	Seht zu was Ihr mir Ansehnliches zu bieten habt. 10
Ich wil tiuschen vrouwen sagen	Ich will deutschen Frauen
solhiu mære daz si deste baz	solches Loblied singen,
Al der werlte suln behagen:	daß sie um so strahlender vor aller Welt dastehen werden.
âne grôze miete tuon ich daz.	Und natürlich will ich nicht groß belohnt 15 werden.
Waz wolde ich ze lône?	Was denn könnte ich mir wünschen?
si sint mir ze hêr:	Sie stehen ja so hoch über mir.
sô bin ich gevüege und bitte sî nihtes mêr	So bin ich brav, und bitte sie um nicht mehr 20
wan daz si mich grüezen schône.	als daß sie mir freundlich entgegenkommen.
Ich hân lande vil gesehen	Ich habe viele Länder bereist
unde nam der besten gerne war:	und mich immer bemüht, die Besten kennenzulernen.
Übel müeze mir geschehen,	Alles Böse soll mich treffen, 25
kunde ich ie mîn herze bringen dar	könnte ich je mein Herz dazu bewegen,
Daz im wol gevallen	daß ihm ausländische Sitte und Art wohlge-
wolde vremeder site.	fielen.
nû waz hulfe mich, ob ich unrehte strite?	Was nützte es mir, für falsche Behauptungen zu streiten? 30
tiuschiu zuht gât vor in allen.	Deutsche Lebensart und Bildung übertrifft sie alle.
Von der Elbe unz an den Rîn	Von der Elbe bis zum Rhein
und her wider unz an Ungerlant	und wieder hierher bis an Ungarns Grenze,
Mugen wol die besten sîn,	da leben gewiß die Besten 35
die ich in der werlte hân erkant.	die ich je fand in der Welt.
Kan ich rehte schouwen	Versteh ich mich recht auf die Beurteilung

guot gelâz und lîp, sem mir got, sô swüerę ich wol 40 daz hie diu wîp bezzer sint dan ander frouwen.	von gutem Benehmen und Schönheit – bei Gott, ich möchte wohl schwören daß hier die Frauen besser sind als anderwärts.

Tiusche man sint wol gezogen,
rehtę als engel sint diu wîp getân.
Swer si schiltet, derst betrogen:
45 ich enkan sîn anders niht verstân.
Tugent und reine minne,
swer die suochen wil,
der sol komen in unser lant:
   dâ ist wünne vil:
50 lange müezę ich leben dar inne!
	Deutsche Männer sind wohlgebildet,
	und recht wie die Engel sehen die Frauen aus.
	Wer sie schmäht, der ist nicht bei Verstand –
	anders kann ich ihn nicht verstehen.
	Wer Reinheit des Wesens und der Liebe
	finden will,
	der möge in unser Land kommen: da ist alle
	   Herrlichkeit!
	Möchte ich ewig darin leben!

Der ich vil gedienet hân
 	
und iemer mêre gerne dienen wil,
Diust von mir vil unerlân:
55 iedoch sô tuot si leides mir sô vil.
Si kan mir versêren
herze und den muot.
nû vergebez ir got daz sį an mir
   missetuot.
60 her nâch mac si sichs bekêren.
	Sie, deren Dienst ich mich ganz hingegeben
	   habe
	und der ich mit Freuden immer dienen will,
	sie gebe ich durchaus nicht frei.
	Indessen, sie fügt mir nur Schmerz zu.
	Denn sie weiß mir zu verletzen
	Herz und Sinn.
	Vergebe es ihr Gott, was sie an mir gesündigt
	   hat.
	In der Zukunft kann sie ja drin anderen
	   Sinnes werden.

Aus: Walther von der Vogelweide: Gedichte. Hrsgg. v. Hermann Paul. In der 10. Aufl. besorgt v. Hugo Kuhn. Tübingen 1965.	(Übersetzung von Peter Wapnewski) Aus: Walter von der Vogelweide: Gedichte. Mittel- hochdeutscher Text und Übertragung. Frankfurt/M. u. Hamburg 1962.

Text 2   GEORG RODOLF WECKHERLIN: Sonnet. An das Teutschland. (1641)

Zerbrich das schwere Joch / darunder du gebunden /
   O Teutschland / wach doch auff / faß wider einen muht /
   Gebrauch dein altes hertz / vnd widersteh der wuht
   Die dich / vnd die Freyheit durch dich selbs vberwunden.

5 Straff nu die Tyranney / die dich schier gar geschunden /
   Vnd lösch doch endlich auß die (dich verzöhrend) glut /
   Nicht mit dein aignem schwaiß / sondern dem bösen blut
   Fliessend auß deiner feind vnd falschen brüder wunden.

Verlassend dich auff Got / folg denen Fürsten nach /
10   Die sein gerechte Hand will (so du wilt) bewahren /
   Zu der getrewen trost / zu der trewlosen raach:

So laß nu alle forcht / vnd nicht die zeit hinfahren /
  Vnd Got wird aller welt / daß nichts dan schand vnd schmach
  Des feinds meynaid vnd stoltz gezeuget / offenbahren.

Aus: Deutsche Lyrik vom Barock bis zur Gegenwart. Hrsg. v. Gerhard Hay und Sibylle von Steinsdorff. München 1980.

Text 3   THEODOR KÖRNER: Aufruf (1813)

Frisch auf, mein Volk! Die Flammenzeichen rauchen,
Hell aus dem Norden bricht der Freiheit Licht.
Du sollst den Stahl in Feindesherzen tauchen;
Frisch auf, mein Volk – Die Flammenzeichen rauchen,
Die Saat ist reif; ihr Schnitter, zaudert nicht!   5
Das höchste Heil, das letzte, liegt im Schwerte!
Drück' dir den Speer ins treue Herz hinein:
Der Freiheit eine Gasse! – Wasch' die Erde,
Dein deutsches Land, mit deinem Blute rein!

Es ist kein Krieg, von dem die Kronen wissen;   10
Es ist ein Kreuzzug, 's ist ein heil'ger Krieg!
Recht, Sitte, Tugend, Glauben und Gewissen
Hat der Tyrann aus deiner Brust gerissen;
Errette sie mit deiner Freiheit Sieg!
Das Winseln deiner Greise ruft: „Erwache!"   15
Der Hütte Schutt verflucht die Räuberbrut,
Die Schande deiner Töchter schreit um Rache,
Der Meuchelmord der Söhne schreit nach Blut.

Zerbrich die Pflugschar, laß den Meißel fallen,
Die Leier still, den Webstuhl ruhig stehn!   20
Verlasse deine Höfe, deine Hallen: –
Vor Dessen Antlitz deine Fahnen wallen,
Er will sein Volk in Waffenrüstung sehn.
Denn einen großen Altar sollst du bauen
In seiner Freiheit ew'gem Morgenrot;   25
Mit deinem Schwert sollst du die Steine hauen,
Der Tempel gründe sich auf Heldentod. –

Was weint ihr, Mädchen, warum klagt ihr, Weiber,
Für die der Herr die Schwerter nicht gestählt,
Wenn wir entzückt die jugendlichen Leiber   30
Hinwerfen in die Scharen eurer Räuber,
Daß euch des Kampfes kühne Wollust fehlt?
Ihr könnt ja froh zu Gottes Altar treten!
Für Wunden gab er zarte Sorgsamkeit,
Gab euch in euren herzlichen Gebeten   35
Den schönen reinen Sieg der Frömmigkeit.

So betet, daß die alte Kraft erwache,
Daß wir dastehn, das alte Volk des Siegs!
Die Märtyrer der heil'gen deutschen Sache,
40 O ruft sie an als Genien der Rache,
Als gute Engel des gerechten Kriegs!
Louise[1], schwebe segnend um den Gatten;
Geist unsers Ferdinand[2], voran dem Zug!
Und all ihr deutschen freien Heldenschatten,
45 Mit uns, mit uns, und unsrer Fahnen Flug!

Der Himmel hilft, die Hölle muß uns weichen!
Drauf, wackres Volk! Drauf, ruft die Freiheit, drauf!
Hoch schlägt dein Herz, hoch wachsen deine Eichen,
Was kümmern dich die Hügel deiner Leichen?
50 Hoch pflanze da die Freiheitsfahne auf! –
Doch stehst du dann, mein Volk, bekränzt vom Glücke,
In deiner Vorzeit heil'gem Siegerglanz:
Vergiß die treuen Toten nicht, und schmücke
Auch unsre Urne mit dem Eichenkranz!

Aus: Theodor Körner: Sämtliche Werke. Berlin 1834.

Text 4

HEINRICH HEINE: Anno 1839

O, Deutschland, meine ferne Liebe,
Gedenk ich deiner, wein ich fast!
Das muntre Frankreich scheint mir trübe,
Das leichte Volk wird mir zur Last.

5 Nur der Verstand, so kalt und trocken,
Herrscht in dem witzigen Paris –
O, Narrheitsglöcklein, Glaubensglocken,
Wie klingelt ihr daheim so süß!

Höfliche Männer! Doch verdrossen
10 Geb ich den artgen Gruß zurück. –
Die Grobheit, die ich einst genossen
Im Vaterland, das war mein Glück!

Lächelnde Weiber! Plappern immer,
Wie Mühlenräder stets bewegt!
Da lob ich Deutschlands Frauenzimmer, 15
Das schweigend sich zu Bette legt.

Und alles dreht sich hier im Kreise,
Mit Ungestüm, wie 'n toller Traum!
Bei uns bleibt alles hübsch im Gleise,
Wie angenagelt, rührt sich kaum. 20

Dem Dichter war so wohl daheime,
In Schildas teurem Eichenhain!
Dort wob ich meine zarten Reime
Aus Veilchenduft und Mondenschein.

25 Mir ist, als hört ich fern erklingen
Nachtwächterhörner, sanft und traut;
Nachtwächterlieder hör ich singen,
Dazwischen Nachtigallenlaut.

Aus: Heinrich Heine: Werke Bd. 1. Frankfurt/M. 1968.

1 Louise: Gemahlin des Königs Wilhelm III. von Preußen
2 Ferdinand: Louis Ferdinand, Prinz v. Preußen (1772–1806), fiel in der Schlacht bei Jena

Arbeits-
vorschläge

zu Text 1

1. Von einer national gesinnten Literaturwissenschaft wurde im 19. Jahrhundert Walthers Gedicht als Preislied auf Deutschland verstanden. Auf welche Aussagen des Textes und welche Sprechhaltung konnte sich eine solche Auffassung stützen?

2. Untersuchen Sie, welche Themen in den einzelnen Strophen angesprochen werden, und diskutieren Sie, inwieweit man hier von einem politischen Gedicht sprechen kann.

3. Das Gedicht entstand vermutlich im Zusammenhang einer Literaturfehde zwischen Walther und dem zeitgenössischen Minnesänger Reinmar über die Auffassung von Minnedienst und Frauenpreis. Informieren Sie sich in einer Literaturgeschichte über diese Auseinandersetzung, und klären Sie im Gespräch, welche Position Walther mit diesem Preislied bezieht.

zu Text 2

1. Zeigen Sie, wie hier die politische Situation in Deutschland zur Zeit der Entstehung des Gedichts gesehen wird, und erläutern Sie, wozu die Deutschen hier aufgefordert werden.

2. Untersuchen Sie den Aufbau und die sprachlich-rhetorischen Gestaltungsmittel des Textes.

3. In anderen politischen Gedichten Weckherlins wird deutlich, daß der Dichter ein engagierter Verfechter der protestantischen Sache war. Erläutern Sie, auf welche Weise Weckherlin in diesem Gedicht Partei ergreift.

zu Text 3

1. Zeigen Sie auf, wie Körner den Krieg charakterisiert, für den er seine Leser begeistern möchte. An welche Gefühle und Wertvorstellungen appelliert er dabei?

2. Mit welchen sprachlich-rhetorischen Mitteln möchte er den Haß auf den „Feind" schüren?

3. Diskutieren Sie die Rollenvorstellungen von Mann und Frau, die hier zum Ausdruck kommen.

4. Theodor Körner schrieb dieses Gedicht Anfang April 1813, wenige Wochen nach seinem Eintritt in das Freikorps des Majors v. Lützow, in dem sich Studenten und Bürger aus verschiedenen deutschen Staaten zusammengefunden hatten, um gegen die napoleonische Herrschaft zu kämpfen. Nach dem Tod Körners in einem unbedeutenden Gefecht im selben Jahr wurden die Gedichte unter dem Titel „Leier und Schwert" veröffentlicht. Welche Auffassung von politischer Lyrik wird in diesem Titel deutlich?

zu Text 4

1. Heine schrieb dieses Gedicht in seinem Pariser Exil. Beschreiben Sie die Unterschiede zwischen Frankreich und Deutschland, die Heine herausstellt. Wie kommt diese Gegenüberstellung im Aufbau des Gedichts zum Ausdruck?

2. Informieren Sie sich über die politisch-gesellschaftlichen Verhältnisse in den beiden Ländern zur Zeit der Entstehung des Gedichts. Wie nimmt das lyrische Ich die unterschiedlichen Verhältnisse wahr, wie beurteilt es diese?

3. Charakterisieren Sie Heines ambivalente „Liebe" zu Deutschland. An welchen Stilmitteln wird diese besonders deutlich?

4. Heine hat sich von der „Tendenzdichtung" seiner Zeitgenossen distanziert, die seiner Meinung nach zwar von politischer Gesinnung, aber weniger von poetischem Talent geprägt war. Worin sehen Sie die poetische Qualität von Heines Gedicht?

5. In der letzten Strophe thematisiert Heine seine eigene frühe Lyrik, zu der auch das berühmt gewordene Gedicht „Ich weiß nicht, was soll es bedeuten" gehört, das die Lorelei-Sage aufgreift. Klären Sie im Gespräch, welches Spannungsverhältnis durch die beiden Frauenfiguren in Prechtls Bild „Loreley & Liberté" (vgl. Abb. S. 186) zum Ausdruck gebracht wird.

Text 5   BERTOLT BRECHT: Deutschland 1952 (1952)

O Deutschland, wie bist du zerrissen
Und nicht mit dir allein!
In Kält' und Finsternissen
Läßt eins das andre sein.
5 Und hätt'st so schöne Auen
Und reger Sädte viel;
Tät'st du dir selbst vertrauen
Wär alles Kinderspiel.

Aus: Bertolt Brecht: Gesammelte Werke Bd. 10. Frankfurt/M. 1967.

Text 6   MARIE LUISE KASCHNITZ: Mein Land und Ihr (1965)

Ein Land zu lieben ist leicht.
Dieses wo immer
ansprechende mit der sicheren Zeichensprache
von Bäumen, Böschungen, Waldrand
5 Wiedererkennbar noch
unter dem Sturzregenvorhang
in der Verzerrung der Blitze
und selbst die herbstfeuchte Blatthand
eine Liebkosung.

10 Ihr aber, Euch
Bewohner meines Landes warum
kann ich euch nicht umarmen
mich von euch nicht belehren lassen
wie vom Schwan, der auffliegt
15 vom Regenbogen?

Zwischen meiner Sprache und eurer
die dieselbe ist, gibt es keine Verständigung.
In euren Augen seh ich meine Blutschuld
mein Schwanken, meinen Mangel an Liebe.
20 Ich zittre vor dem, was wir wieder anzetteln werden
Eh noch das Schwarzblatt meine Wange streift.

Aus: Deutsche Teilung. Ein Lyrik-Lesebuch. Hrsg. v. Kurt Marawietz. Wiesbaden 1966.

Text 7 WOLF BIERMANN: Das Hölderlin-Lied (1972)

„So kam ich unter die Deutschen"

In diesem Lande leben wir
wie Fremdlinge im eigenen Haus
 Die eigne Sprache, wie sie uns
 entgegenschlägt, verstehn wir nicht
 noch verstehen, was wir sagen   5
 die unsre Sprache sprechen
In diesem Lande leben wir wie Fremdlinge

In diesem Lande leben wir
wie Fremdlinge im eigenen Haus
 Durch die zugenagelten Fenster dringt nichts   10
 nicht wie gut das ist, wenn draußen regnet
 noch des Windes übertriebene Nachricht
 vom Sturm
In diesem Lande leben wir wie Fremdlinge

In diesem Lande leben wir   15
wie Fremdlinge im eigenen Haus
 Ausgebrannt sind die Öfen der Revolution
 früherer Feuer Asche liegt uns auf den Lippen
 kälter, immer kältre Kälten sinken in uns
Über uns ist hereingebrochen   20
       solcher Friede!
        solcher Friede
Solcher Friede.

Aus: Wolf Biermann: Für meine Genossen. Berlin 1972.

Arbeits-
vorschläge
zu Text 5

1. Wie beurteilt Brecht in diesem Gedicht die deutsche Teilung?

2. Informieren Sie sich in Nachschlagewerken genauer über die politischen Vorgänge im Jahre 1952 im geteilten Deutschland. Erläutern Sie Bezüge zwischen Brechts Gedicht und der politischen Wirklichkeit.

3. Zeigen Sie, wie Brecht in der Sprechsituation und in der Sprechhaltung an die Tradition (vgl. Weckherlin und Heine) anknüpft.

4. Diskutieren Sie über die Lösung der deutschen Frage, die Brecht hier vorschlägt.

zu Text 6

1. Zeigen Sie auf, welche Beziehungen das lyrische Ich zu seinem Land und dessen Bewohnern hat. Wie werden diese durch die Sprechsituation verdeutlicht?

2. Wie sind diese Beziehungen durch die Möglichkeiten und Grenzen der Sprache und Verständigung geprägt?

3. Klären Sie im Gespräch, wie das lyrische Ich die Zukunft sieht und welche Rolle dabei die Erfahrung der Vergangenheit spielt. Wie beurteilen Sie aus heutiger Sicht diesen Blick in die Zukunft?

zu Text 7

1. Warum fühlt sich das lyrische Ich wie ein „Fremdling" in seinem Land?

2. Untersuchen Sie die Gestaltungsmittel, mit denen hier die Verhältnisse „im eigenen Haus" bewußtgemacht werden.

3. Das Motto und die Verszeile „wie Fremdlinge im eigenen Haus" sind Zitate aus einem Brief in Hölderlins Roman „Hyperion", in dem das Leiden des Dichters an dem „zerrissenen" und „barbarischen" Deutschland zum Ausdruck kommt. Stellen Sie in Ihrem Kurs diesen Brief Hyperions an Bellarmin vor („So kam ich unter die Deutschen …"), und zeigen Sie auf, welche Kritik hier an den „Deutschen" geübt wird. Wie benutzt Biermann die Zitate? Was möchte er mit dem Titel verdeutlichen?

4. 1976 wurde Wolf Biermann, der seit 1965 seine kritischen Texte nicht mehr in der DDR publizieren durfte, aus seinem Staat ausgebürgert, in den er 1953 als „Wahlheimat" übergesiedelt war. In einem Interview 1979 sprach er von dem „Leiden an dieser Trennung". Auf welche Weise wird das Leiden an den Verhältnissen in der DDR im „Hölderlin-Lied" deutlich?

zur Textreihe

1. Wählen Sie aus dieser Sequenz von Deutschland-Gedichten zwei Texte aus, und schreiben Sie eine vergleichende Interpretation.

2. In diesem Arbeitsbuch finden Sie weitere Gedichte, in denen Schriftsteller ein Bild von Deutschland zeichnen: Johst: Dem Führer (S. 73), Brecht: Deutschland (S. 94), Wallraff: Hier und dort (S. 109), Enzensberger: Aufbruchstimmung (S. 155).

Schreiben Sie auf der Grundlage einer Analyse von Deutschland-Gedichten eine literarische Erörterung zum Thema: „Liebe zu Deutschland – Leiden an Deutschland". Schriftsteller und ihre Nation im Spiegel der politischen Lyrik.

7.3 Zur Lyrik-Diskussion

Text 1

JOHANN GOTTFRIED HERDER: Volkslieder (1779)

Herders Nachdenken über Wesensmerkmale der lyrischen Poesie entwickelte sich aus dem Interesse an anthropologischen und kulturgeschichtlichen Fragestellungen. Den „Ursprung der Poesie" sah der junge Herder in der Ode. Im Gegensatz zur Aufklärung fand er das Wesen der Dichtung nicht in dem Prinzip der Nachahmung, sondern führte es auf das Bedürfnis nach dem Ausdruck von „Empfindungen" zurück. In den „Volksliedern" sah er Zeugnisse einer „Urpoesie" mit ihren elementaren Ausdrucks- und Gestaltungsmöglichkeiten.

Es ist wohl nicht zu zweifeln, daß Poesie und insonderheit Lied im Anfang ganz volksartig, d. i. leicht, einfach, aus Gegenständen und in der Sprache der Menge sowie der reichen und für alle fühlbaren Natur gewesen. Gesang liebt Menge, die Zusammenstimmung vieler: er fordert das Ohr des Hörers und Chorus der Stimmen und Gemüter. Als Buchstaben- und Silbenkunst, als ein Gemälde der Zusammensetzung und Farben für Leser auf dem Polster wäre er gewiß nie entstanden oder nie, was er unter allen Völkern ist, worden. Alle Welt und Sprache, insonderheit der älteste, graue Orient, liefert von diesem Ursprunge Spuren die Menge, wenn es solche vorzuführen und aufzuzählen not wäre.

Die Namen[1] und Stimmen der ältesten griechischen Dichter bezeugen (…) was damals Poesie war, woraus sie entsprang, worin sie lebte. Sie lebte im Ohr des Volks, auf den Lippen und der Harfe lebendiger Sänger; sie sang Geschichte, Begebenheit, Geheimnis, Wunder und Zeichen; sie war die Blume der Eigenheit eines Volks, seiner Sprache und seines Landes, seiner Geschäfte und Vorurteile, seiner Leidenschaften und Anmaßungen, seiner Musik und Seele. Wir mögen von den αοιδοισ, den umherziehenden Sängern der Griechen, so viel der Fabel geben, als wir wollen: so bleibt am Boden des Gefäßes die Wahrheit übrig, die sich auch in andern Völkern und Zeitaltern gleichartig dargetan hat. Das Edelste und Lebendigste der griechischen Dichtkunst ist aus diesem Ursprung erwachsen.

(…)

Endlich kann ich nicht umhin, noch mit ein paar Worten merken zu lassen, was ich für das Wesen des Liedes halte. Nicht Zusammensetzung desselben als eines Gemäldes niedlicher Farben, auch glaube ich nicht, daß der Glanz und die Politur seine einzige und Hauptvollkommenheit sei; sie ist's nämlich nur von einer, weder der ersten noch einzigen Gattung von Liedern, die ich lieber Kabinett- und Toilettstück, Sonett, Madrigal[2] u. dgl. als ohne Einschränkung und Ausnahme Lied nennen möchte. Das Wesen des Liedes ist Gesang, nicht Gemälde; seine Vollkommenheit liegt im melodischen Sange der Leidenschaft oder Empfindung, den man mit dem alten treffenden Ausdruck „Weise" nennen könnte. Fehlt diese einem Liede, hat es keinen Ton, keine poetische Modulation, keinen gehaltenen Sang und Fortgang derselben – habe es Bild und Bilder und Zusammensetzung und Niedlichkeit der Farben, so viel es wolle: es ist kein Lied mehr. Oder wird jene Modulation durch irgend etwas zerstört, bringt ein fremder Verbesserer hier eine Parenthese von malerischer Komposition, dort eine niedliche Farbe von Beiwort usf. hinein, bei der wir den Augenblick aus dem Ton des Sängers, aus der Melodie des Gesanges hinaus sind und ein schönes, aber hartes und nahrungsloses Farbenkorn kauen: hinweg Gesang! hinweg Lied und Freude! Ist gegenteils in einem Liede Weise da, wohlangeklungne und wohlgehaltne lyrische Weise – wäre der Inhalt selbst auch nicht von Belange: das Lied bleibt und wird gesungen. Über kurz oder lang wird statt des schlechtern ein bessrer Inhalt genommen und draus gebauet werden; nur die Seele des Liedes, poetische Tonart, Melodie, ist geblieben. Hätte ein Lied von guter Weise einzelne merkliche Fehler: die Fehler verlieren sich, die schlechten Strophen werden nicht mit gesungen; aber der Geist des Liedes, der allein in die Seele wirkt und die Gemüter zum Chor regt, dieser Geist ist unsterblich und wirkt weiter. Lied muß gehört werden, nicht gesehen; gehört mit dem Ohr der Seele, das nicht einzelne Silben allein zählt und mißt und wäget, sondern auf Fortklang horcht und in ihm fortschwimmet.

Aus: Johann Gottfried Herder: Sämtliche Werke. Hrsg. v. Bernhard Suphan. Berlin 1877–1913.

1 Orpheus u. a.
2 Madrigal: ursprünglich Hirtenlied; im 16. u. 17. Jh. zur kunstvollen, polyphonen Liedform entwickelt

Arbeits-
vorschläge
zu Text 1

1. Erläutern Sie, inwiefern für Herder die Ursprünge der Poesie in den Volksliedern noch erkennbar sind.

2. Von welcher Auffassung von Lyrik grenzt Herder sein Verständnis vom „Wesen des Liedes" ab?

3. Klären Sie im Gespräch, welche Wertmaßstäbe für die Beurteilung von Gedichten sich aus Herders Lyrikauffassung ergeben.

Text 2

HUGO VON HOFMANNSTHAL: Das Gespräch über Gedichte (1903)

In der Bewußtseins- und Sprachkrise um die Jahrhundertwende sind zwei Grundauffassungen problematisch geworden, welche für die Lyrik seit Herder bestimmend waren: die Einheit des erlebenden und fühlenden Ich und die Macht der Sprache, innere und äußere Wirklichkeit im Wort Gestalt werden zu lassen. Vor dem Hintergrund solcher Veränderungen und seiner eigenen lyrischen Schaffenskrise reflektiert Hugo von Hofmannsthal in einem Gespräch zweier Freunde, das ein Jahr nach dem Chandos-Brief (vgl. S. 18) entstand, die Möglichkeit des Gedichts als Ausdruck von Ich- und Welterfahrung.

CLEMENS: [Die Poesie] ist vielleicht eine gesteigerte Sprache. Sie ist voll von Bildern und Symbolen. Sie setzt eine Sache für die andere.
GABRIEL: Welch ein häßlicher Gedanke! Sagst du das im Ernst? Niemals setzt die Poesie eine Sache für eine andere, denn es ist gerade die Poesie, welche fieberhaft
5 bestrebt ist, die Sache selbst zu setzen, mit einer ganz anderen Energie als die stumpfe Alltagssprache, mit einer ganz anderen Zauberkraft als die schwächliche Terminologie der Wissenschaft. Wenn die Poesie etwas tut, so ist es das: daß sie aus jedem Gebilde der Welt und des Traumes mit durstiger Gier sein Eigenstes, sein Wesenhaftestes herausschlürft, so wie jene Irrlichter in dem Märchen, die überall
10 das Gold herauslecken. Und sie tut es aus dem gleichen Grunde: weil sie sich von dem Mark der Dinge nährt, weil sie elend verlöschen würde, wenn sie dies nährende Gold nicht aus allen Fugen, allen Spalten in sich zöge.
CLEMENS: Es gibt also keine Vergleiche? Es gibt keine Symbole?
GABRIEL: Oh, vielmehr, es gibt nichts als das, nichts anderes. (…)
15 Da ist noch ein schönes Gedicht, aus denen des „Sommers".[1]

Gemahnt dich noch das schöne bildnis dessen
Der nach den schluchtenrosen kühn gehascht,
Der über seiner jagd den tag vergessen,
Der von der dolden vollem seim genascht?

20 Der nach dem parke sich zur ruhe wandte,
Trieb ihn ein flügelschillern allzuweit,
Der sinnend sass an jenes weihers kante
Und lauschte in die tiefe heimlichkeit …

---

1 „Sieg des Sommers": Gedichtzyklus aus Stefan Georges „Das Jahr der Seele" (1897)

Und von der insel moosgekrönter steine
Verliess der schwan das spiel des wasserfalls   25
Und legte in die kinderhand die feine
Die schmeichelnde den schlanken hals.

CLEMENS: Ja, das ist schön. Das ist der Zauberkreis der Kindheit, in dem reinen tiefen Spiegel unstillbarer Sehnsucht aufgefangen. Wie rein es ist! Es schwebt wie eine freie leichte kleine Wolke hoch über einem Berg. Wie rein es ist! Es drückt einen 30 grenzenlosen Zustand so einfach aus.
GABRIEL: Das tun alle Gedichte, alle guten zum mindesten. Alle drücken sie einen Zustand des Gemütes aus. Das ist die Berechtigung ihrer Existenz. Alles andere müssen sie anderen Formen überlassen: dem Drama, der Erzählung. Nur diese können Situationen schaffen. Nur diese können das Spiel der Gefühle zeigen.   35
CLEMENS: Ich meine, dieses Gedicht drückt einen Zustand so ganz einfach aus. Es bedient sich keines Symbols. Ich erinnere ein anderes, das du früher gerne hattest. Zwei Schwäne kamen vor. War es nicht von Hebbel?
GABRIEL: Es ist von Hebbel. Dieses ist es:

Von dunkelnden Wogen   40
Hinunter gezogen,
Zwei schimmernde Schwäne, sie gleiten daher:
Die Winde, sie schwellen
Allmählich die Wellen,
Die Nebel, sie senken sich finster und schwer.   45

Die Schwäne sie meiden
Einander und leiden,
Nun tun sie es nicht mehr: sie können die Glut
Nicht länger verschließen,
Sie wollen genießen,   50
Verhüllt von den Nebeln, gewiegt von der Flut.

Sie schmeicheln, sie kosen,
Sie trotzen dem Tosen
Der Wellen, die Zweie in Eines verschränkt:
Wie die sich auch bäumen,   55
Sie glühen und träumen,
In Liebe und Wonne zum Sterben versenkt.

Nach innigem Gatten
Ein süßes Ermatten.
Da trennt sie die Woge, bevor sies gedacht.   60
Laßt ruhn das Gefieder!
Ihr seht euch nicht wieder,
Der Tag ist vorüber, es dämmert die Nacht.

Mein Freund, auch dieses Gedicht drückt einen Zustand aus und nichts weiter,
65 einen tiefen Zustand des Gemüts, voll banger Wollust, voll trauervoller Kühnheit.
CLEMENS: Und diese Schwäne? Sie sind ein Symbol? Sie bedeuten –
GABRIEL: Laß mich dich unterbrechen. Ja, sie bedeuten, aber sprich es nicht aus,
was sie bedeuten: was immer du sagen wolltest, es wäre unrichtig. Sie bedeuten hier
nichts als sich selber: Schwäne. Schwäne, aber freilich gesehen mit den Augen der
70 Poesie, die jedes Ding jedesmal zum erstenmal sieht, die jedes Ding mit allen Wundern seines Daseins umgibt: dieses hier mit der Majestät seiner königlichen Flüge;
mit der lautlosen Einsamkeit seines strahlenden weißen Leibes, auf schwarzem
Wasser trauervoll, verachtungsvoll kreisend; mit der wunderbaren Fabel seiner Ster-
bestunde … Gesehen mit diesen Augen sind die Tiere die eigentlichen Hierogly-
75 phen, sind sie lebendige geheimnisvolle Chiffren, mit denen Gott unaussprechliche
Dinge in die Welt geschrieben hat. Glücklich der Dichter, daß auch er diese göttlichen Chiffren in seine Schrift verweben darf –
CLEMENS: Und dennoch glaubte ich dich sagen zu hören, daß die Poesie niemals
eine Sache für eine andere setzt.
80 GABRIEL: Niemals tut sie das. Wenn sie das täte, müßte man sie austreten wie ein
häßliches schwelendes Irrlicht. Was wollte sie dann neben der gemeinen Sprache?
Verwirrung stiften? Papierblüten an einen lebendigen Baum hängen?
CLEMENS: Und diese Schwäne? und alle deine anderen Chiffren?
GABRIEL: Es sind Chiffren, welche aufzulösen die Sprache ohnmächtig ist. Verstehst
85 du mich? Jener herbstliche Park, diese von der Nacht umhüllten Schwäne – du wirst
keine Gedankenworte, keine Gefühlsworte finden, in welchen sich die Seele jener,
gerade jener Regungen entladen könnte, deren hier ein Bild sie entbindet. Wie gern
wollte ich dir das Wort „Symbol" zugestehen, wäre es nicht schal geworden, daß
michs ekelt. Man müßte ein Gespräch wie dieses mit Kindern, mit Frommen oder
90 mit Dichtern führen können. Dem Kind ist alles ein Symbol, dem Frommen ist Symbol das einzig Wirkliche und der Dichter vermag nichts anderes zu erblicken.

Aus: Hugo von Hofmannsthal: Ausgewählte Werke in zwei Bänden. 2. Bd. Frankfurt/M. 1957.

Text 3 BERTOLT BRECHT: Die Lyrik als Ausdruck (1927)

Die Zeitschrift „Die literarische Welt" schrieb 1927 einen Lyrik-Wettbewerb aus, bei dem
Brecht als Gutachter mitwirkte. Die eingesandten Gedichte waren für ihn der Beweis für das
Fortwirken einer traditionellen Auffassung von Lyrik, die er für überholt hielt. „Das sind ja
wieder diese stillen, feinen, verträumten Menschen, empfindsamer Teil einer verbrauchten
Bourgeoisie, mit der ich nichts zu tun haben will", schrieb er 1927 in einem Gutachten. Gegen
die Auffassung von Lyrik als „Ausdruck" bezieht Brecht auch in dem folgenden, zur gleichen
Zeit entstandenen Text Stellung.

Wenn man die Lyrik als Ausdruck bezeichnet, muß man wissen, daß eine solche
Bezeichnung einseitig ist. Da drücken sich Individuen aus, da drücken sich Klassen
aus, da haben Zeitalter ihren Ausdruck gefunden und Leidenschaften, am Ende
drückt „der Mensch schlechthin" sich aus. Wenn die Bankleute sich zueinander aus-
5 drücken oder die Politiker, dann weiß man, daß sie dabei handeln; selbst wenn der
Kranke seinen Schmerz ausdrückt, gibt er dem Arzt oder den Umstehenden noch

Fingerzeige damit, handelt also auch, aber von den Lyrikern meint man, sie gäben nur noch den reinen Ausdruck, so, daß ihr Handeln eben nur im Ausdrücken besteht und ihre Absicht nur sein kann, sich auszudrücken. Stößt man auf Dokumente, die beweisen, daß der oder jener Lyriker gekämpft hat wie andere Leute, 10 wenn auch in seiner Weise, so sagt man, ja, in dieser Lyrik drücke sich eben der Kampf aus. Man sagt auch, der oder jener Dichter hat Schlimmes erlebt, aber sein Leiden hat einen schönen Ausdruck gefunden, insofern kann man sich bei seinen Leiden bedanken, sie haben etwas zuwege gebracht, sie haben ihn gut ausgedrückt. Als er sie formulierte, hat er seine Leiden verwertet, sie wohl auch zum Teil gemil- 15 dert. Die Leiden sind vergangen, die Gedichte sind geblieben, sagt man pfiffig und reibt sich die Hände. Aber wie, wenn die Leiden nicht vergangen sind? Wenn sie ebenfalls geblieben sind, wenn nicht für den Mann, der gesungen hat, so doch für die, welche nicht singen können? Aber dann gibt es noch andere Gedichte, die etwa einen Regentag schildern oder ein Tulpenfeld, und sie lesend oder hörend verfällt 20 man in die Stimmung, welche durch Regentage oder Tulpenfelder hervorgerufen wird, d. h., selbst wenn man Regentage und Tulpenfelder ohne Stimmung betrachtet, gerät man durch die Gedichte in diese Stimmungen. Damit ist man aber ein besserer Mensch geworden, ein genußfähigerer, feiner empfindender Mensch, und dies wird sich wohl irgendwie und irgendwann und irgendwo zeigen. 25

Aus: Bertolt Brecht: Gesammelte Werke. Bd. 18. Frankfurt/M. 1967.

Arbeitsvorschläge
zu Text 2

1. Worin besteht für Hofmannsthal die „Zauberkraft" der poetischen Sprache, was unterscheidet diese von der Alltagssprache und der wissenschaftlichen Terminologie? Zeigen Sie Parallelen und Unterschiede zum Chandos-Brief (S. 18) auf.

2. Erläutern Sie die Vorstellung vom Wesen der Lyrik, die in diesem Gespräch deutlich wird.

3. Zeigen Sie, wie hier die Begriffe „Symbol" und „Chiffre" verwendet werden. Worin unterscheidet sich diese Verwendung vom fachwissenschaftlichen Sprachgebrauch?

4. Gegen welche Art der Deutung von Lyrik wendet sich Hofmannsthal in diesem Gespräch? Setzen Sie sich mit der Art und Weise, wie hier über Gedichte gesprochen wird, auseinander. Gehen Sie dabei auch auf die Bildlichkeit der beiden zitierten Gedichte ein.

zu Text 3

1. Was kritisiert Brecht an der traditionellen Auffassung von „Lyrik als Ausdruck"? Welches Verständnis von Literatur und ihrer Funktion wird dabei deutlich?

2. Untersuchen Sie die Argumentationsweise und die Sprache Brechts, und vergleichen Sie diese mit der Darstellungsweise in Hofmannsthals „Gespräch".

3. „Lyrik muß zweifellos etwas sein, was man ohne weiteres auf den Gebrauchswert untersuchen können muß", schrieb Brecht in seinem Bericht über den Lyrik-Wettbewerb. Diskutieren Sie diese Auffassung in Ihrem Kurs.

zur
Textreihe

1. In der Lyrik-Diskussion nach 1945 ging es auch um die Auseinandersetzung mit tradierten Auffassungen vom Wesen der Lyrik. Untersuchen Sie, gegen welche Vorstellungen sich Benn (Text 3, S. 132), Enzensberger (Text 9, S. 136) und Brinkmann (Text 3, S. 140) wenden.

2. Benn, Enzensberger und Brinkmann formulieren jeweils programmatische Positionen, die für wichtige Phasen der Lyrik von 1945 bis zur Gegenwart bedeutsam wurden. Klären Sie im Gespräch, um welche Phasen es sich handelt und wie diese mit den politisch-gesellschaftlichen und kulturellen Entwicklungen zusammenhängen.

Text 4   SARAH KIRSCH: Ein Gespräch mit Schülern (1978)

Auf Einladung des Berliner Rundfunk-Senders RIAS führte Sarah Kirsch im April 1978 ein Gespräch mit Schülern, das von Rudolf Ossowski geleitet wurde. Zu Beginn des Gesprächs las Sarah Kirsch den Gedichtzyklus „Wiepersdorf" (1 bis 11).

Schülerin: Ich habe in verschiedenen Zeitungsartikeln auch gelesen, daß Ihre Gedichte politisch verstanden werden. Als ich sie das erste Mal gelesen habe, fiel es mir wirklich schwer, da irgendeinen politischen Sinn zu sehen. Erst nachdem ich mich einen Monat damit beschäftigt habe, komme ich so langsam dahinter, was Sie
5 mit manchen Zeilen meinen und daß die wirklich politisch verstanden werden können.
Ossowski: Einen Moment, Frau Kirsch, bevor Sie jetzt antworten. Ging es noch jemandem so wie der jungen Dame?
Schülerin. Ich finde, daß immer sehr die Gefahr gegeben ist, in diese Gedichte gera-
10 de wegen Ihrer Situation mehr Politisches reinzulesen und lesen zu wollen, als eigentlich vielleicht gemeint worden ist. Ich hab da immer etwas Angst, da irgend etwas Besonderes hinein zu interpretieren.
S. K.: Ich meine politisch in einem sehr weiten Sinn, indem ich eigentlich nur will, daß das Lebensgefühl einer bestimmten Zeit sich in diesen Gedichten widerspie-
15 gelt. Was Sie gesagt haben, daß oft etwas reingelesen werden kann, was vielleicht gar nicht da ist, das ist sehr interessant. Diese Nummer Neun habe ich so gemeint. Ich lese es noch mal ganz kurz.

Dieser Abend, Bettina, es ist
Alles beim alten. Immer
20 Sind wir allein, wenn wir den Königen schreiben
Denen des Herzens und jenen
Des Staats. Und noch
Erschrickt unser Herz
Wenn auf der anderen Seite des Hauses
25 Ein Wagen zu hören ist.

Das habe ich so geschrieben, als ob man da in einem Haus sitzt. Man hat sich von irgend jemand getrennt, lebt jetzt dort und erschrickt doch noch, wenn man das Auto hört und denkt, jetzt kommt er. Dann kam die ganze Biermann-Affäre und so weiter. Dann war dieses Gedicht im „Spiegel" abgedruckt, und es wurde so interpre-

tiert, daß da mit dem Wagen auf der anderen Seite des Hauses ein Stasi-Auto 30
gemeint sein könnte. Das ist sehr merkwürdig. Also ich hab beim Schreiben nicht
daran gedacht. Aber es ist eine Situation eingetreten, wo ich auch in der Art und
Weise auf ein Auto gehört hab und es auch so ein Auto gab. Gedichte verwandeln
sich manchmal. Das ist nicht die Hauptsache, das ist wieder vergessen nach einem
Jahr oder später. Aber man konnte es mal so interpretieren. Es war ein kleines 35
bißchen mit Gewalt. Das gebe ich schon zu. Aber es ist nicht ganz von der Hand zu
weisen. So seltsam ist das manchmal mit Gedichten (…)
Schülerin: Liegt Ihnen überhaupt etwas daran, daß die Leser Ihre Gedichte so verstehen, wie Sie sie wirklich gemeint haben? Es schien Sie nämlich gar nicht zu
stören, was im „Spiegel" so interpretiert wird. 40
S. K.: Das ist eine sehr gute Frage, weil ich eigentlich Gedichte schreiben möchte, in
denen für den Lesenden noch Spielraum ist, wo er selbst auch etwas machen kann.
Ich möchte meine Leser nicht völlig festlegen. Sie müssen nicht dasselbe empfinden,
was ich empfunden habe. Es sind nur kleine Anstöße, und jeder kann sich in den
Zeilen noch bewegen – und mehr will ich eigentlich gar nicht, als daß jemand sagt: 45
So ähnlich ist es mir auch schon mal gegangen, das habe ich auch schon mal gedacht.
So eine kleine Solidarisierung zwischen dem Schreibenden und dem Leser.
Schüler: Zum Beispiel hier in der „Frankfurter Rundschau" vom 28. April 1977 über
Ihren Dreizeiler; ich zitiere mal „Der Bauer", das ist auch in diesem Gedichtband[1]
drin. 50

> Ein Bauer mit schleifendem Bein
> Ging über das Kohlfeld, schwenkte den Hut
> Als wäre er fröhlich.

Da wird von einem geradezu gigantischen Dreizeiler gesprochen. Also ich konnte
mir darunter nichts vorstellen. Da habe ich mich wirklich gefragt, wenn Sie nun so 55
kompliziert schreiben …
S. K.: Das ist doch ganz einfach. Ist das kompliziert?
Schüler: Ja, würden Sie denn dies jetzt hier interpretieren – oder was hatten Sie sich
da eigentlich bei gedacht?
S. K.: Versuchen Sie mal einfach mitzumachen. Das steht so in der Mitte von mehre- 60
ren Landschaftsgedichten, die in Mecklenburg entstanden sind. Ein guter Trick mit
Gedichten etwas anfangen zu können ist, daß man nicht denkt: Was will der Dichter
damit sagen? Was soll dabei herauskommen? Was hat er sich Großes gedacht? –
sondern sich ganz locker läßt und einfach mitmacht und nicht irgend etwas ganz
Dolles erwartet, sondern nur das, was da steht. Nun kann man fast die Augen ein 65
bißchen zumachen und versuchen, dieses Bild zu sehen.

Aus: Sarah Kirsch. Erklärung einiger Dinge. München 1978.

Arbeits-
vorschläge
1. Auf welche Probleme beim Verstehen von Lyrik machen die Gesprächsbeiträge
der Schüler aufmerksam? Sprechen Sie darüber, wie Sie selbst diese Probleme
sehen.

1 „Rückenwind. Gedichte" (1977)

2. Welche unterschiedlichen Auffassungen vom politischen Gehalt eines Gedichts werden hier deutlich?

3. Vergleichen Sie die Anregung, die Sarah Kirsch am Ende des Gesprächs für das Verstehen von Lyrik gibt, mit der Auffassung Hofmannsthals von der Bedeutung lyrischer Bilder.

4. Stellen Sie den Gedichtzyklus „Wiepersdorf" in Ihrem Kurs vor.

5. Um das „Lebensgefühl" genauer zu erfassen, das sich „in diesen Gedichten widerspiegelt", kann man sich über „Wiepersdorf", die „Bettina" und ihr Schreiben an den König etwas genauer informieren. Stellen Sie für Ihren Kurs knappe Informationen zusammen, die zu einem besseren Verständnis des Gedichts „Wiepersdorf" 9 beitragen können. Vergleichen Sie den Umgang mit der literarischen Tradition in Biermanns „Hölderlin-Lied" und in diesem Gedicht.

6. Schreiben Sie eine Interpretation zu einem der Gedichte des Wiepersdorf-Zyklus, das Sie besonders angesprochen hat.

8. Literarisches Leben

Die wichtigste Einkaufsquelle für Kinder- und Volksbedarf:
Bücherbuden auf dem Markt (um 1790)

Probleme des Selbstverständnisses und der gesellschaftlichen Rolle der Schriftsteller, der Buchkäufer und -leser, des Theater- und Medienpublikums sowie der Institutionen, die mit der Vermittlung von Literatur befaßt sind (Verlag, Buchhandel, Bibliotheken, Schriftstellerverbände, Literaturkritik, aber auch Theater, Rundfunk, Fernsehen, Schule, Universität u.a.) gehören einem Bereich an, den man mit dem Sammelbegriff **Literarisches Leben** bezeichnet. Die Untersuchung dieser einzelnen Instanzen kann historisch angelegt sein (sie kann beispielsweise der Frage des Wandels im Autorenselbstverständnis vom 18. Jahrhundert bis zur Gegenwart nachgehen), sie kann sich aber auch auf das Beziehungsgefüge dieser Instanzen zu einem bestimmten Zeitpunkt konzentrieren (Schriftsteller, Buchhandel und Lesepublikum um 1800). Die Wissenschaft, die sich mit solchen Fragen beschäftigt, bezeichnet man als **Literatursoziologie**; wenn sie ihr Untersuchungsmaterial aus Statistiken oder genauen Zustandsbeschreibungen bezieht, spricht man von **empirischer Literatursoziologie**. In das Forschungsgebiet dieser Wissenschaft gehört auch die Untersuchung der sozialen Funktion der Literatur, ihrer Bedeutung für das kulturelle Selbstverständnis bestimmter Nationen, Klassen und Gruppen und ihrer Rolle und Bedeutung in der Auseinandersetzung mit den bestehenden gesellschaftlichen und politischen Verhältnissen. Hieraus wird deutlich, daß Fragen des **Literarischen Lebens** sowohl das Fachgebiet der **Literaturwissenschaft** wie das der **Sozialwissenschaften** berühren.

8.1 Kritik und Wertung

Text 1

HERMANN HESSE: Über gute und schlechte Kritiker (1930)

Wohl noch seltener als der geborne Dichter ist der geborne Kritiker: nämlich einer, der nicht aus Fleiß und Gelehrsamkeit, aus Emsigkeit und Bemühung, auch nicht aus Parteigeist oder aus Eitelkeit oder Bosheit den ersten Antrieb zu seiner kritischen Leistung nimmt, sondern aus Begnadung, aus angeborenem Scharfsinn, ange-
5 borener analytischer Denkkraft, aus ernster kultureller Verantwortung. Dieser begnadete Kritiker mag dann immer noch persönliche Eigenschaften haben, die seine Begabung schmücken oder entstellen, er kann dann immer noch gütig oder boshaft, eitel oder bescheiden sein, streberisch oder bequem, er kann sein Talent pflegen oder Raubbau damit treiben – immer wird er vor dem Nurfleißigen, dem Nurge-
10 lehrten die Gnade des Schöpfertums voraus haben.
(…)
Während nun der Dichter, nüchtern betrachtet, für sein Volk entbehrlich und eine Ausnahme und Seltenheit zu sein scheint, hat die Entwicklung der Presse dazu geführt, daß der Kritiker eine ständige Einrichtung, ein Beruf, ein unentbehrlicher
15 Faktor des öffentlichen Lebens ist. Mag ein Bedarf an dichterischer Produktion, ein Bedürfnis nach Dichtung vorhanden sein oder nicht – ein Bedarf an Kritik scheint in der Tat vorhanden zu sein, die Gesellschaft braucht Organe, welche als Spezialisten die intellektuelle Bewältigung der Zeiterscheinungen auf sich nehmen. Wir würden über die Vorstellung von Dichterämtern oder Dichterbüros lachen, aber wir
20 sind daran gewöhnt und finden es richtig, daß es viele Hunderte von ständigen, bezahlten Kritikerstellen bei der Presse gibt. Dagegen wäre nichts zu sagen. Da nun aber der echte, geborene Kritiker eine Seltenheit ist, da wohl die Technik der Kritik sich verfeinern, das Handwerk sich schulen kann, nicht aber eine Vermehrung der echten Begabungen möglich ist, sehen wir viele Hunderte von bestallten Kritikern
25 ihr Leben lang einen Beruf ausüben, dessen Technik sie zwar einigermaßen mögen erlernt haben, dessen innerster Sinn ihnen aber fremd bleibt – ebenso wie wir Hunderte von Ärzten oder Kaufleuten ohne innere Berufung schematisch ihren nun einmal notdürftig erlernten Beruf ausüben sehen.
(…)kdkdkdk

Für den Dichter jedoch ist das Angewiesensein auf einen sehr mangelhaften kriti- 30
schen Apparat ein großer Verlust. Es ist ein Irrtum, zu glauben, der Dichter scheue
die Kritik, er ziehe aus Künstlereitelkeit jede dumme Lobhudelei wirklicher, durch-
dringender Kritik vor. Im Gegenteil: wohl sucht der Dichter Liebe, wie jedes Wesen
Liebe sucht, ebenso sehr aber sucht er Verständnis und Erkanntwerden, und der
bekannte Spott der Durchschnittskritiker über den Dichter, der keine Kritik vertra- 35
gen kann, kommt aus trüben Quellen. Jeder wirkliche Dichter freut sich über jeden
wirklichen Kritiker – nicht weil er viel für seine Kunst bei ihm lernen könnte, denn
das kann er nicht, aber weil es ihm eine höchst wichtige Aufklärung und Korrektur
bedeutet, sich und seine Arbeit sachlich in die Bilanz seiner Nation und Kultur, in
den Austausch der Begabungen und Leistungen eingereiht zu sehen, statt mit sei- 40
nem Tun unverstanden (einerlei, ob über- oder unterschätzt) in einer lähmenden
Unwirklichkeit zu schweben.

Die unfähigen Kritiker (die aus Unsicherheit aggressiv sind, weil sie beständig über
Werte urteilen müssen, die sie nicht im Kern erfühlen, sondern nur von außen mit
schematischen Handgriffen abtasten können) werfen den Dichtern gern Eitelkeit 45
und Überempfindlichkeit gegen Kritik, ja Feindschaft gegen den Intellekt überhaupt vor, bis am Ende der harmlose Leser zwischen dem wirklichen Dichter und
dem langhaarigen idiotischen Dichterling der Fliegenden Blätter überhaupt nicht
mehr unterscheiden kann.

Aus: Hermann Hesse: Über gute und schlechte Kritiker. In: Die neue Rundschau 1930, H. 12.

Arbeits-
vorschläge **1.** Wie stellt sich der Verfasser einen Kritiker vor, der seiner Aufgabe gewachsen
ist? Welche Denkmuster und Vorstellungen Hesses liegen dieser Auffassung
zugrunde?

2. Klären Sie im Gespräch, welche Rolle im literarischen Leben des 20. Jahrhunderts dem Kritiker zugewiesen wird. Wie beurteilte Hesse die Entwicklung der Literaturkritik im 20. Jahrhundert? Vergleichen Sie hierzu die Ausführungen in Text 3.

3. Setzen Sie sich mit dem Gedanken erörternd auseinander, daß der Dichter für
die Gesellschaft eher entbehrlich sei als der Kritiker.

Text 2 Der Roman „Berlin Alexanderplatz" in der Kritik

ARMIN KESSER: Ein Berliner Roman (1929)

Der Stadt Berlin ist Ehre widerfahren. Sie wurde Anreiz, Stoff, Motor für einen
Roman, der im literarischen Leben Deutschlands als Sensation aufzutreten verdient. Im Untertitel heißt er *„Die Geschichte vom Franz Biberkopf"* und ist das
Werk Alfred Döblins, eines arbeitenden Schriftstellers, den sein künstlerischer Mut
und sein unablässig bohrender Zielwille mit Siebenmeilenstiefeln über die problem- 5
lose Produktion der Zunftgenossen hinweghebt. Döblin war von jeher ein Outsider-
Pionier der Literatur. Das kommt daher: sein Werk hat nichts gemein mit den

modisch gefälligen Schöpfungen literarischer Erfolgslakaien; es ist einsames, beinah barbarisches Breschenschlagen, Vorpostenarbeit eines Epikers, den eine Welt des Wissens und der Erfahrung von dem aufgeblasenen Freibeutertum heutiger Nur-Literaten trennt.

Man liest diesen *Alexanderplatz* mit wachsender Erregung, mit einem Gefühl zwischen Staunen und Widerspruch. Seine Form scheint mit allem zu brechen, was bisher in Deutschland epische Gestaltung hieß. Döblin hat für den deutschen Roman versucht, was der Irländer James Joyce in seinem Ulysses-Epos durchgeführt hat: die Auflösung der herkömmlichen Erzählungsform, ihre Um- und Weiterformung durch neue Stilelemente: Anwendung des konsequenten inneren Monologs (Gedankenflucht), plastische Mitsprache der Umwelt in Gestalt von Pressenotizen, Gassenhauern, politischen Schlagworten usw. Die Handlung wird nicht nach den stumpfsinnigen Rezeptmethoden moderner Romanautoren erzählt. Sie kümmert sich den Teufel um die sauber ausgetüftelte *epische Konzeption*, welche dem Leser mit Spannung, theatralischen Effekten und anderen Bedarfsartikeln kleinbürgerlicher Romantik aufwartet. Döblin ist kühn genug, die Einsinnigkeit des epischen Zeitcharakters immer wieder aufzuheben, z. B. antikes Schicksal gegen modernes zu setzen, indem er den Helden und Brautmörder Franz Biberkopf ungeniert mit der altgriechischen Gattenmörderin Klytemnästra vergleicht. Diese Synopsis der Zeiten, das Zugleich-Sehn zweier Menschheitsstadien: wir kennen es aus dem merkwürdigen Ulysses-Buch des James Joyce. Döblin hat also in der internationalen Epik eine Richtung vorgefunden, die ihn vorwärtstrieb, und in der er weiterarbeiten konnte. Die Frage allerdings, inwieweit diese Besonderheiten wesentlich zur Formbildung der neuen Epik beitragen werden, können wir getrost auf die nächsten zwanzig Jahre vertagen.

Die Fabel des Romans ist einfach: Franz Biberkopf, strafentlassener Häftling aus Tegel, beschließt, ein anständiger Mensch zu werden. Er hat einen Eifersuchtsmord an seiner Geliebten abgebüßt und sieht sich jetzt einem neuen Leben gegenüber. Er will von vorn anfangen. Mißtrauisch geht er an Menschen und Zustände heran: er ist gebrannt, die Finger will er sich reinhalten. Das Unglück mit dem Mord hat ihm eine unangenehme Überlegenheit, einen wissenden Hochmut über die Menschen und das irdische Getue eingebracht. Ein einsamer Faustkämpfer ist er gegen Millionen. Er ist der Mensch, der *zwischen den Klassen* lebt, ohne Anschluß an die Gemeinschaft, ein größenwahnsinniges Atom im eisigen Weltwind. Er glaubt sich festzuhalten an seiner Moral – und fällt ins Bodenlose. Mit Übermacht wird er aus seiner Bahn geschleudert. Erst sind es falsche Freunde, die ihn in das Treiben einer nächtlichen Einbrecherbande verwickeln, dann wird ihm die Braut erwürgt, schließlich wird er selbst des Mordes verdächtigt und als ein von Polizeihieben durchgewalkter Krüppel in die Irrenanstalt Buch verbracht. Ein stumpfer stierer Klotz ist er geworden, regt sich nicht, verweigert Nahrung, scheint erledigt. Aber noch einmal rappelt er sich auf, und vorher hat er die Erkenntnis: Mein Leben war falsch, ich habe gekämpft statt zu lieben, ich habe mich bewahrt, ängstlich in mir selbst verschlossen, statt mich an die Menschen hinzugeben. Im Gleichschritt mit den Millionen Nebenmenschen, in der Hingabe an den allgemeinen Strom wirst du eine Kraft finden, die dich trägt! Für Döblin fällt das Klassenproblem mit dem psychologi-

schen Problem des einzelnen zusammen. Wahrscheinlich würde er argumentieren:
Der Mensch ist ein individuelles Wesen, bevor er ein soziales ist. Diese Wahrheit
gilt aber nur für Franz Biberkopf. Biberkopf muß zuerst mit sich selbst fertig wer- 55
den, bevor er zu den anderen stößt und seinen sozialen Standort kennt. Denn Biberkopf ist ein Individualist mit seelischem Defekt, ein Ich-Mensch und Ich-Problema-
tiker. Für Millionen von Menschen aber gilt seine Fragestellung nicht. Ihr
Seelenproblem wird sich erst mit der Verwirklichung des sozialen Ausgleiches
lösen. Und dann ohne Moral und ohne Metaphysik. 60
Döblin macht in diesem Roman eine wahrhaft stupende Gestaltungskraft offenbar.
Die Sprache ist in jeder denkbaren Situation dem Stoff untertan. Döblin meistert
sie, wie er sie braucht: die Amtssprache wie das Rotwelsch der Ludenviertel, das
gefrorene Deutsch der Wissenschaft wie die blühende Hymnik der ergriffenen Seele. Wie Döblin die Stadt Berlin durch tausend Stimmen reden läßt, wie er ihr Klima 65
kennt und die sibirisch kahlen Weltende-Gegenden des Nordens, das ist unerhört
und beinahe einmalig. Dieser Roman verdient ein Publikum, das ebenso groß ist,
wie die Masse der Menschen, die in ihm lebt, leidet und ringend hofft.

Aus: Armin Kesser: Ein Berliner Roman. In: Die Welt am Abend 7 (1929) Nr. 242.

Klaus Neukrantz: Berlin Alexanderplatz (1929)

Warum nur soviel Aufregung um dieses neue Buch von Alfred Döblin! Dieser
zugegeben selten geschickte Autor – wäre das Schreiben ein Handwerk wie
Kuchenbacken, er bekäme ein Innungsdiplom – hat unglaublich mit einem Titel
provoziert. Tatsächlich aber hat das Buch weder mit Berlin noch mit dem Alexanderplatz auch nur das geringste zu tun. Kaschemmen gibt es nicht nur in der Münz- 5
straße, und das Zuhälter- und Prostituiertenmilieu sieht in allen Spelunken der Welt
genau so aus.
Der Autor hat eine Romanfigur erfunden, Franz Biberkopf, der aus dem Gefängnis
kommt und im Kampf gegen sein Schicksal sich bemüht, ein anständiger Mensch zu
werden. Was nach des Autors Vorstellung ein anständiger Mensch ist, wird nicht 10
gesagt. Dem Autor kommt es auch in diesem Buch auf etwas ganz anderes an. Und
an diesem entscheidenen Punkt – dem Willen des Verfassers – wollen wir ansetzen.
Döblin hat in diesem Buch seiner offen erklärten Feindschaft gegen den organisierten Klassenkampf des Proletariats unverhüllten Ausdruck gegeben. Soweit überhaupt bei ihm von politisierenden Arbeitern die Rede ist, sprechen sie nicht die 15
Sprache des klassenbewußten Arbeiters, sondern einen Kaschemmenjargon. Döblin
macht den bewußten Versuch, den Typus des Arbeiters unserer Zeit, der durch die
politischen und ökonomischen Auseinandersetzungen mit dem Kapital zu einer ausgeprägten scharf umrissenen Gestalt geformt wurde, mit einem Zynismus sonder-
gleichen zu verhöhnen und lächerlich zu machen. Er stellt diesem Massentypus, der 20
das politische und kulturelle Problem der gegenwärtigen Epoche darstellt, einen
erfundenen, mystischen, unaufgeklärten Franz Biberkopf, den guten Menschen,
gegenüber und isoliert ihn bewußt von den Klassenkampfaufgaben des Proletariats.
Unter einer geschickten Maske verbirgt dieses Buch einen reaktionären und kon-
terrevolutionären Angriff auf die These des organisierten Klassenkampfes. Es ist 25

nicht zufällig, wenn Döblin in einem Buch über den „Alexanderplatz" kein Wort über die blutigen Auseinandersetzungen mit der Schupo findet. Das Polizeipräsidium hat Döblin übersehen …

30 Das Buch erhärtet für uns nur den Beweis der Tatsache, daß die sogenannten linksbürgerlichen Schriftsteller eine politische Gefahr für das Proletariat bedeuten, der wir die schärfste Aufmerksamkeit zuwenden müssen.

Aus: Klaus Neukrantz: Berlin Alexanderplatz. In: Die Linkskurve 1 (1929). Nr. 5.

Arbeits-
vorschläge

1. Döblins Roman „Berlin Alexanderplatz" erregte als erster deutscher Großstadtroman von Rang außerordentliches Aufsehen bei der Kritik. Die beiden hier abgedruckten Besprechungen sind Beispiele dafür, wie unterschiedlich der Roman aufgenommen wurde. Sprechen Sie nach dem ersten Lesen darüber, welche Grundeinstellung Kesser und Neukrantz jeweils zu Autor und Werk einnehmen, welches Gesamturteil sie ihren Lesern mitteilen.

2. Untersuchen Sie Kessers Rezension im Detail: Welche Informationen über den Text gibt er, wie bewertet er die Gestaltung der gewählten Thematik, worin sieht er das Aufsehenerregende des Textes?

3. Neukrantz hat seine Rezension für die Zeitschrift der KPD „Die Linkskurve" geschrieben, die die Auseinandersetzung zwischen Kommunisten und Sozialdemokraten in der Weimarer Republik auch in den Bereich der Kulturpolitik hineingetragen hat. Informieren Sie sich in einer geschichtlichen Darstellung über die zentralen sozialen und politischen Meinungsverschiedenheiten der beiden Linksparteien, und referieren Sie darüber im Kurs. Zeigen Sie dabei am Text, wie der Kommunist Neukrantz Döblin und sein Werk beurteilt.

4. In Text 3 (S. 221) ist von drei Dimensionen der literarischen Wertung die Rede. Überprüfen Sie vergleichend an den beiden Rezensionen zu Döblins „Berlin Alexanderplatz", wie diese Wertungsaspekte im einzelnen verfolgt werden und zu welchem Urteil die Kritiker jeweils gelangen.

5. Eine besonders wichtige Rezension des Romans „Berlin Alexanderplatz" hat der Literatur- und Kulturwissenschaftler Walter Benjamin 1930 unter dem Titel „Krisis des Romans" veröffentlicht. Lesen Sie diese Ausführungen in einer Werkausgabe Benjamins nach, und erläutern Sie in Ihrem Kurs, worin er Bedeutung und Fragwürdigkeit des besprochenen Romans sieht.

6. Immer wieder wird im vorliegenden Band auf einen wichtigen Roman der deutschen Literatur im 20. Jahrhundert verwiesen, auf Döblins „Berlin Alexanderplatz" (vgl. S. 59, 61). Schreiben Sie eine Rezension über einen Großstadtroman aus der modernen deutschen oder nichtdeutschen Literatur. Beachten Sie dabei die Aufgaben eines Kritikers, die Text 3 (S. 221) benennt.

Text 3   Maximilian Nutz/Dieter Mayer: Literaturkritik (1994)

Der Literaturwissenschaftler Hans Mayer hat den Grundsatz der Gewaltenteilung, den Montesquieu in seiner Schrift „Vom Geist der Gesetze" (1748) für die Verfassung des Staates gefordert hat, auf das Gebiet der Ästhetik übertragen:

> „Im Bereich der Kunsttheorie aber meint die ‚Gewaltenteilung' den inneren Zusammenhang zwischen allgemeiner ästhetischer Gesetzlichkeit, konkretem Kunstschaffen und Kunstrichter-   5
> tum. Der Künstler gehört zur Exekutive, der Kritiker ist Richter. Beide aber unterstehen den Gesetzen des Schönen, einer Legislative, deren Gesetze ewige Geltung beanspruchen."

Literaturkritik als Institution der literarischen Öffentlichkeit, wie wir sie aus Zeitungen und Zeitschriften, Rundfunk- und Fernsehsendungen kennen, entstand im 18. Jahrhundert mit der Herausbildung einer **Literaturgesellschaft**, in der das auf-   10
strebende Bürgertum seine bisherige und zukünftige Rolle in der Adelsgesellschaft des späten Absolutismus diskutierte. Im Zeitalter der Aufklärung verstand man Literaturkritik als eine Instanz, die die Beachtung künstlerischer Normen und Regeln durch den schaffenden Künstler zu überprüfen und gegebenenfalls Verstöße kritisch anzumahnen hatte. Da vor Lessing und in Ansätzen auch noch bei ihm die   15
künstlerische Produktion als eine Tätigkeit verstanden wurde, die nach strengen Gesetzen zu erfolgen hatte, waren viele Künstler gleichzeitig Kritiker. Erst in der Epoche des Sturm und Drang entwickelte sich eine Vorstellung vom Künstler, nach der dieser ein **Schöpfer**, ein **Genie** zu sein hatte, das sich seine Gesetze selbst gibt. Damit entstand nun deutlicher eine Art Arbeitsteilung zwischen dem **Kunstprodu-**   20
zenten und dem **Kunstkritiker**.
Mit dem Begriff **Literaturkritik** bezeichnet man weiterhin die Besprechung eines literarischen Einzelwerks, die **Rezension**. Auch sie hat ihren Ursprung im 18. Jahrhundert. Literaturkritik als Rezension macht auf literarische Neuerscheinungen aufmerksam und erleichtert damit dem Lesepublikum zum einen die **Orientierung**   25
im breiten Buchangebot, zum anderen stellt sie durch die Bewertung der Neuerscheinungen eine **Entscheidungshilfe** für die Lektüreauswahl dar. Die Buchbesprechungen im Feuilleton unserer Zeitungen und Zeitschriften erfüllen noch heute diese beiden Aufgaben; allerdings kann die Hilfsfunktion bei der Orientierung des Lesers über das Gesamtangebot der Neuerscheinungen, z. B. bei der jährlichen   30
Frankfurter Buchmesse, nur noch unzureichend erfüllt werden, da nur ein kleiner Teil dessen rezensiert werden kann, was an Neuem auf dem Buchmarkt angeboten wird.
Die Trennung des **Literaturkritikers** vom **Schriftsteller** (Dichter), die im 20. Jahrhundert weit vorangeschritten ist, und zwar personell, institutionell und funktional,   35
hat sich schrittweise im 19. Jahrhundert vollzogen; bereits Theodor Fontane trennte sorgfältig zwischen seiner Tätigkeit als Romanautor und als Theaterkritiker der „Vossischen Zeitung" in Berlin, für die er jahrzehntelang das Theaterleben in Berlin beobachtete.
Im frühen 19. Jahrhundert begann eine weitere Aufteilung der „Richtertätigkeit" im   40
Bereich des literarischen Lebens, die in den **Literaturwissenschaftler** und den **Lite-**
raturkritiker. Die Literaturwissenschaft der Romantik war als „Germanistik" vorzugsweise eine Institution zur Erforschung der Werke der Vergangenheit als Aus-

druck der geistigen Entwicklung der eigenen Nation, und so bildete sich zunehmend
45 eine Differenz zwischen **Wissenschaft** und **Kritik, historischem Verstehen** und **Wertung** heraus. Man gelangte nun zur Einsicht, daß auch im wissenschaftlichen Umgang mit Literatur (vom Forschungsinteresse bis zu den Ergebnissen der Interpretation) Werturteile eine wichtige Rolle spielen. Daher stellte sich die grundsätzliche Frage nach den **Kriterien und Maßstäben der literarischen Wertung**. Auf den
50 ersten Blick könnte es scheinen, als seien Werturteile nur eine Form subjektiver Meinungen und Ausdruck des unterschiedlichen „Geschmacks", über den man eben nicht diskutieren könne. Jedes **Werturteil** enthält aber eine **Sachaussage** über Eigenschaften und Merkmale eines Textes, die überprüfbar ist, und eine **Beurteilung** dieser Eigenschaften anhand bestimmter Maßstäbe, über deren Berechtigung
55 man sich rational auseinandersetzen kann.
Solche Maßstäbe beziehen sich sowohl auf die ästhetische Form der Texte und ihren Gehalt als auch auf die Zusammenhänge zwischen den Texten und der außerliterarischen Wirklichkeit. Damit lassen sich folgende **Dimensionen literarischer Wertung** unterscheiden:
60 a) Die **ästhetische Wertung** beurteilt Texte nach der künstlerischen Qualität, wie sie in Komposition, gattungsspezifischen Darstellungsweisen, Motivverknüpfung, Symbolstruktur etc. zum Ausdruck kommt.
b) Die **funktionale Wertung** fragt nach dem Wahrheitsgehalt, der Erkenntnisbedeutsamkeit oder nach der politischen, moralischen etc. Wirkung eines Textes.
65 c) Die **historische Wertung** betrachtet das einzelne Werk im geschichtlichen Prozeß und nimmt die ästhetische Innovation oder den Einfluß auf literarische und gesellschaftliche Entwicklungen als Maßstab.
Im Unterschied zur Literaturkritik beurteilt die **Theaterkritik** neben der Qualität des aufgeführten Dramas auch die der **Inszenierung**. Wertungsaspekte sind dabei
70 vor allem Interpretationsansatz, dramaturgische Konzeption, Regieführung, Bühnentechnik und -bild, Schauspielerleistung u. a. Mit der Frage nach den Maßstäben ist dabei sowohl in der Literatur- als auch in der Theaterkritik das Problem der Darstellungsform verbunden: Je mehr sich solche Kritik selbst als **Kunstform** versteht, die durch pointierte, ironische oder auch parodistische Darstellung wirken will, um
75 so mehr kann die argumentative Rechtfertigung der Wertung ins Hintertreffen geraten.
Die Arbeit als Literatur- oder Theaterkritiker ist ihrer meinungsbildenden Wirkung wegen eine verantwortungsvolle Aufgabe und stellt an den Verfasser einer Rezension hohe Anforderungen. In einer „Enzyklopädie alles Wissenswerten für Büh-
80 nenkünstler, Dilettanten und Theaterfreunde" aus dem frühen 19. Jahrhundert wurden diese so beschrieben:

„Vier Haupteigenschaften müssen wir bei dem echten Kritiker voraussetzen oder von ihm fordern: zuvörderst eine natürliche Anlage, die durch bloßes Studium nicht gegeben werden kann, ein ursprüngliches Gefühl für Formenschönheit und deren Übereinstimmung mit dem
85 geistigen Inhalt, wie zugleich ein natürliches Talent für die feine und scharfsinnige Beobachtung von Seelen- und Lebenserscheinungen, weil diese, idealisiert und treu kopiert, aber den Inhalt eines Kunstwerkes mehr oder weniger bedingen; eine philosophisch-ästhetische Durchbildung, die gerade nicht auf dem Wege eines einseitigen philosophischen oder ästhetischen Systems erworben zu sein braucht, vielmehr ihren Nerv gerade der selbständigen Denkkraft

des Individuums verdanken muß, ferner ein unablässiges Studium, weil die genauere Kenntnis 90
der technischen Gesetze einer Kunst, die Bekanntschaft mit einer möglichst großen Menge
einzelner Kunstwerke, mit der Geschichte der Kunst, mit ihren neuesten Erweiterungen, wie
mit den Zeitentwicklungen überhaupt, mit allem was früher und später über Kunst und Kunstkritik gedacht und geschrieben ist, die Gründlichkeit eines Kritikers und einer Kritik bedingen; endlich ein Charakter voll Unerschrockenheit und edler Gesinnung, ohne den der blen- 95
dendste Scharfsinn nichts ist als eine klingende Schelle, einen Charakter, dem keine andere
Rücksicht gilt als die, auf Anerkennung, Würdigung und Förderung alles Schönen, Guten und
Wahren hinzuarbeiten."

**Arbeits-
vorschläge**

1. Wie hat sich das Berufsbild des Literaturkritikers herausgebildet, welche Grund-
forderungen werden an seine Tätigkeit gestellt?

2. Klären Sie im Gespräch, worin sich Literaturwissenschaft von Literaturkritik
unterscheidet. Schlagen Sie in einem Handbuch zur Literatur die Begriffe „Literaturwissenschaft", „Kritik" und „Wertung" nach, und stellen Sie auf der Grundlage
der dort gebotenen Informationen dar, wie diese sich zueinander verhalten.

3. Sammeln Sie nach einem Theaterbesuch einige Besprechungen der Aufführung,
und vergleichen Sie diese hinsichtlich des Gewichtes, das in ihnen Informations-
und Wertungsteil erhalten haben.

4. Schreiben Sie, ausgehend von Ihrem unmittelbaren Eindruck einer Theateraufführung, selbst eine Rezension, in der Sie denjenigen, die das Stück und seine Aufführung nicht kennen, die Ihnen notwendig erscheinenden Informationen mitteilen
und Ihre Wertungen ausführlich begründen.

8.2 Der deutsch-deutsche Literaturstreit

Nach der „Wende" und verstärkt nach der Wiedervereinigung der beiden deutschen Staaten
begann eine lange, emotionsgeladene Diskussion um die Rolle der Künstler in der DDR zwischen 1949 und 1990: Wie hatten sie sich jeweils zum Staatssozialismus verhalten, waren einzelne auch Nutznießer eines antidemokratischen Systems gewesen und hatten für ihr Wohl-
verhalten Privilegien (z.B. Reiseerlaubnis, Westeinkommen) genossen, waren sie ins
Unpolitische abgetaucht, aus der DDR geflohen oder wegen Widersetzlichkeit gefangenge-
nommen oder ausgewiesen worden?
Im Zentrum dieses deutsch-deutschen Literaturstreits stand Christa Wolf, die bekannteste
Gegenwartsautorin der DDR und eine Identifikationsfigur für viele Leser in Ost und West. In
den Rezensionen zu ihrer Erzählung „Was bleibt" ging es nur z.T. um das Werk selbst, vor
allem aber um die Bewertung der politischen Haltung Christa Wolfs in der DDR und damit
letztlich um ihre Bedeutung als Künstlerin und ihre menschliche Integrität.

ULRICH GREINER: Mangel an Feingefühl (1990)

Das ist ja ein Ding: Die Staatsdichterin der DDR soll vom Staatssicherheitsdienst
der DDR überwacht worden sein? Christa Wolf, die Nationalpreisträgerin, die pro-
minenteste Autorin ihres Landes, SED-Mitglied bis zum letzten Augenblick, ein
Opfer der Stasi? Sie berichtet es uns in ihrer neuen Erzählung. „Ende der siebziger
5 Jahre", so teilt der Verlag uns mit, sei sie „wochenlang" überwacht worden. Aufgeschrieben habe sie den Text 1979, überarbeitet „im Herbst 1989". Wann genau? In
diesem Herbst ist viel passiert, da kommt es auf das Datum an. Christa Wolf ist ein
bißchen genauer. Am Ende der Erzählung steht: Juni-Juli 1979/November 1989.
Nun gut. Was will die Dichterin uns damit sagen? Will sie sagen: Die Stasi war so
10 blöde, daß sie sogar eine Staatsdichterin bespitzelt hat? Oder will sie sagen: Seht
her, ihr armen, von der Stasi um Ansehen und Zukunft gebrachten Mitbürger und
ehemaligen Genossen, auch ich wurde überwacht, auch ich war ein Opfer, ich bin
keine Staatsdichterin, ich bin eine von euch?
Das Unglück will es, daß wir inzwischen sehr viel über die Stasi wissen, daß wir
15 sozusagen täglich mehr über diesen monströsen Apparat erfahren, über seine Rolle
als Staat im Staat und über die Opfer, manchmal waren es Leichen, über die er hin-
wegging. Daran gemessen ist die Nachricht, Christa Wolf sei „wochenlang" überwacht worden, einigermaßen komisch. Es mag zwar die Tatsache, daß damals ein
Wartburg mit drei jungen Staatssicherheitsbeamten vor ihrer Wohnung in der Ost-
20 berliner Friedrichstraße stand, durchaus lästig und vielleicht bedrückend gewesen
sein, aber wäre es nicht richtiger gewesen, eingedenk des wirklich lebensbedrohen-
den Terrors der Stasi, über diese Bagatelle stillschweigend hinwegzugehen? Vor
allem jetzt? Denn der 9. November ist doch mindestens in dieser Hinsicht eine
historische Wasserscheide. *Davor* wäre die Publikation dieses Textes eine Sensation
25 gewesen, die sicherlich das Ende der Staatsdichterin Christa Wolf und vermutlich
ihre Emigration zur Folge gehabt hätte. *Danach* ist die Veröffentlichung nur noch
peinlich. Peinlich wie ihr Parteiaustritt zu einem Zeitpunkt, der keine Risiken mehr
barg.
Christa Wolf erzählt uns, wie sie am Bahnhof Friedrichstraße vorbeigeht, „in dem
30 die Umwandlung von Bürgern verschiedener Staaten, auch meines Staates, in Tran-
sitäre, Touristen, Aus- und Einreisende vollzogen wurde". Sie sagt uns, sie habe
„den Argwohn" gegen diese „Objekte" lernen müssen (und meint offenbar die
Amtsgebäude staatlicher Kontrolle), sie habe begriffen (und nun bitte genau hin-
hören), „daß sie alle dem Herrn gehörten, der unangefochten meine Stadt
35 beherrschte: der rücksichtslose Augenblicksvorteil".
Ist das nicht schön gesagt? Ja, es ist dieser angenehme Christa-Wolf-Sound, diese
flaue Unverbindlichkeits-Melodie in der apart formulierten Sprache, es ist diese für
Christa Wolf typische Unschärfe-Relation zwischen der wirklichen Welt, die als ferne Ahnung herüberschimmert, und der poetischen Welt ihrer Texte. Aus dieser
40 Unschärfe-Relation hat sie schon immer ästhetischen Mehrwert geschlagen, nur
war der Mehrwert noch nie so gering und so schäbig erkauft wie in diesem Text.
Erkauft durch vorgebliches Nichtwissen, durch sträflich naives Erstauntsein. Denn
hat nicht, soweit müßte Christa Wolf doch ihren Brecht kennen, das Verbrechen
Namen und Anschrift? Der „Herr", der ihre Stadt beherrscht, hat einprägsame

Namen: Vopo, Stasi, SED. Sie weiß es, und sie schreibt „der rücksichtslose Augen- 45
blicksvorteil". Und was heißt „Umwandlung von Bürgern"? Sollen wir auch diese
Wendung als Mittel ironischer Distanzierung betrachten? Eine miese Ironie, die
von „Umwandlung" spricht, wo es die Wahl gab zwischen Ausbürgerung und Aus-
reiseverbot. (…)
Ach ja, diese anmutige Melancholie Christa Wolfs, diese zarte Entsagung! Der Tag 50
beginnt, sie tritt ans Erkerfenster, „durch das zwar keine Morgensonne hereinfiel,
denn es war ein sonnenarmes Frühjahr, aber doch Morgenlicht, das ich liebe, und
von dem ich mir einen gehörigen Vorrat anlegen wollte, um in finsteren Zeiten
davon zu zehren". Kennen wir das nicht? Wie klang es in der Erzählung „Sommerstück" (1989): „Ein Alleinsein würde kommen, gegen das wir einen Vorrat an 55
Gemeinsamkeiten anlegen wollten."
Hier begegnen wir der inneren Logik des Wolfschen Erzählens. Es ist die altbekann-
te machtgeschützte Innerlichkeit, die sich literarische Fluchtburgen baut. Das
erklärt zugleich den ungeheuren Erfolg Christa Wolfs: Sie ist die Malerin des Idylls.
Mit süßer Wehmut beschwört sie die Natur („Sommerstück") oder das unbeschä- 60
digte Leben („Störfall", 1987) oder die Wonnen eines leckeren Frühstücks („Was
bleibt"). Das Idyll aber gewinnt seine Leuchtkraft erst vor dem schwarzen Himmel.
Allgegenwärtig lauert eine dunkle Gefahr, die nirgends konkret und namhaft
gemacht wird. Dagegen stimmt Christa Wolf ihre trauten Gesänge an, und Lieder
im finsteren Wald klingen allemal eindrucksvoller als auf dem Marktplatz. Sie singt 65
ja immerzu: Volkslieder aller Art, auf der Wiese, unter der Dusche, im Garten. Märchen fallen ihr ein. Und das summt so schön und leuchtet so schön, wenn diese kleinen Inseln flüchtiger Glückseligkeit in einem Meer grauer Melancholie schwimmen.
Und insofern ist die Publikation dieses Textes doch nicht unbegreiflich. Sie entspricht dem literarischen Kalkül Christa Wolfs, einer Autorin, die sprachliche Intel- 70
ligenz mit schwermütiger Sentimentalität zu paaren weiß. Das kommt gut an. (…)
Ein trauriger Fall. Ein kleines Kapitel aus der langen Geschichte „Deutsche Dichter
und die Macht". Mut zu haben ist schön, aber niemand darf verurteilt werden, ihn
haben zu müssen. Daß Christa Wolf diesen Text in der Schublade behielt, ist ihr
gutes Recht. Daß sie ihn jetzt veröffentlicht, verrät einen Mangel nicht an Mut, 75
denn Gefahren drohen keine mehr, sondern an Aufrichtigkeit gegen sich selbst und
die eigene Geschichte, einen Mangel an Feingefühl gegenüber jenen, deren Leben
der SED-Staat zerstört hat.

Aus: Ulrich Greiner: Mangel an Feingefühl. In: Die Zeit 45 (1990). 1. 6. 1990.

Arbeits-
vorschläge

1. Welche Vorwürfe erhebt Greiner gegenüber der Schriftstellerin? Wie schätzt er
die künstlerischen Qualitäten ihres Erzählens ein, wie den Charakter der Schriftstellerin?

2. Diskutieren Sie, inwieweit der Verfasser die in Text 3 (S. 221) erhobenen Forderungen an einen Kritiker in seiner Rezension beachtet hat.

3. Untersuchen Sie das Gewicht, das der Information bzw. der Wertung in diesem
Text zukommt. Welche gestalterischen Mittel setzt der Autor bevorzugt ein, was
beabsichtigt er damit?

Text 2   KARL CORINO: Gegen eine Große unerbittlich? (1992)

Die Lektüre der beiden wichtigsten Attacken[1] auf Christa Wolf führt noch einmal
vor Augen, daß es von Anfang an um mehr als nur das schmale Buch „Was bleibt"
ging. Es ging ums Ganze, um das ganze literarische Œuvre, um die politisch-morali-
sche Existenz Christa Wolfs und, soweit sie typisch war, um die Haltung ihrer Gene-
5 ration. Leider zeigt sich unabweislich, daß die „Kindheitsmuster", die die Schriftstellerin beschrieben hat, mit der Beschreibung nicht gebannt waren. Sie wirkten
weiter bis zum Untergang des Staates DDR: die Fixierung auf die Obrigkeit, die
Angst, es sich mit dem Kollektiv zu verderben, zumal wenn sich jenes den Anstrich
gab, nach Überwindung „von meist vorübergehenden Dummheiten" (Wolf) die
10 Probleme der Menschheit endgültig zu lösen.
Selbst die Verteidiger Christa Wolfs müssen ihre Verwunderung zugeben, „warum
es bei ihr so lange dauerte, sich von der zweiten ideologischen Bindung (nach der an
den Nationalsozialismus) zu lösen, sich in deutlichere Distanz zu bringen. Eine Teil-
antwort kann ich", so Grass, „geben nach dem, was ich aus ihren Büchern erfahre.
15 Man erfährt da ihr Bedürfnis, es allen recht zu machen. Eine gewisse biedere Wohl-
erzogenheit und Konfliktscheu spricht aus ihren Texten." Mag Grass den Feuilletons von F.A.Z. und „Zeit" auch einen „inquisitorischen Ton", ja gar „Haßstim-
mung" und „ein Stück Anstandslosigkeit" vorwerfen, man kann nicht übersehen,
daß es darin auf manche Frage, die er bloß aufwirft, eine Antwort gibt. In der F.A.Z.
20 analysierte Schirrmacher die sozialpsychologischen Ursachen für die Autoritäts-
hörigkeit: „Sie hat die Gesellschaft, in der sie lebte, allem Anschein nach immer nur
als größere Variante der kleinbürgerlichen, autoritär aufgebauten Familie verstanden. Seine Familie kann man sich nicht aussuchen, man bleibt selbst dann ihr Mitglied, wenn man mit ihr bricht, und die Loyalitäten, die sie fordert, sind rational
25 nicht begründbar."
Bestand Christa Wolfs Problem darin, daß sie nicht erwachsen werden wollte?
Haben dagegen die, die aus der DDR weggingen, ihre politische Infantilität hinter
sich gelassen? Der Fall ist doch ein wenig komplizierter, und man muß sich hüten –
dies gegen Schirrmacher eingewandt –, die Gewißheiten des Sommers 1990 auf den
30 November 1989 zurückzuprojizieren. (...)
Vieles von den verbitterten Auseinandersetzungen der Folgezeit, die offiziell noch
immer um Christa Wolf kreisen, hat mit jener Konstellation zu tun. Im Grunde
wollte die deutsche Linke in Ost und West von Günter Grass bis Heiner Müller, von
Walter Jens bis Stefan Hermlin – keine Wiedervereinigung unter marktwirtschaftli-
35 chen Vorzeichen, viele auch nicht unter dem Signum der parlamentarischen Demokratie. Die für die Nichtprivilegierten in der DDR zynisch wirkende Forderung,
„noch eine Runde Sozialismus dranzuhängen", wie Martin Walser spottete, erhielt
in den Formulierungen Christa Wolfs und ihrer Kombattanten (etwa Volker
Brauns) den Klang, als gelte es, gut siebzig Jahre nach der Oktoberrevolution auf
40 dem armen, verseuchten Boden der kleinen DDR nun endlich die wahre sozialistische Demokratie zu verwirklichen.

1 Ulrich Greiner in „DIE ZEIT"; Frank Schirrmacher in „Frankfurter Allgemeine Zeitung"

Kein Zweifel, hier sollten die in der Politik verlorenen Schlachten auf dem Felde der Literatur noch einmal geschlagen werden. (…)

Aus: Karl Corino: Gegen eine Große unerbittlich? In: Frankfurter Allgemeine Zeitung, 13. Juni 1992.

**Arbeits-
vorschläge**
1. Zwei Jahre nach Greiners Wolf-Rezension versuchte Corino ein Resümee der Debatte zu ziehen. Welche Positionen und Argumentationen im Streit um Christa Wolf skizziert er, welche Haltung nimmt er selbst dazu ein?

2. Wie verstehen Sie Corinos Behauptung: „(…) hier sollten die in der Politik verlorenen Schlachten auf dem Felde der Literatur noch einmal geschlagen werden"?

3. Christa Wolfs Romane und Erzählungen sind wichtige literarische Dokumente für die deutsche Literatur der Nachkriegszeit. Lesen Sie ein Werk der Autorin, und würdigen Sie es in einer Ihnen angemessen erscheinenden, selbstgewählten Form der schriftlichen Darstellung.

Text 3

Schriftsteller in der DDR. Aus einer Umfrage (1990)

Die „Süddeutsche Zeitung" erbat 1990 von Schriftstellern und Literaturkritikern Stellungnahmen zu den folgenden Fragen:

1. War ein DDR-Autor, der Privilegien genoß, der publizieren konnte und dabei niemals grundsätzliche Systemkritik, sondern immer nur partielle Mängelrügen vorbrachte, eigentlich schon ein Mitläufer?
2. Wie sieht die bundesdeutsche Moralisiererei aus, die Ihnen mißfällt?
3. (nur in einigen Fällen gestellt): Auf welchen Schriftsteller unserer Zeit in West und Ost sind Sie stolz? Auf wen gar nicht?

Zwei Antworten aus dem östlichen und westlichen Deutschland:

a) Rainer Kirsch

1. Ihre Frage klingt merkwürdig; ist nicht ein Autor gemeinhin jemand, der publiziert? In der DDR freilich, lese ich, hätte er schweigen sollen. Denn je besser einer dichtete und je genauer er, hartnäckig auf Denkschärfe und Vernunft bestehend, ein Stück Welt beschrieb, desto mehr hat er das System gefestigt. Das schmückte sich dann mit ihm – und gewährte Privilegien. Welche? Einen Reisepaß, den er keines- 5
falls hätte nehmen dürfen. Ferner, es druckte seine Bücher, und die Leute kauften die freiwillig, so daß er auch ohne Nationalpreis von den Tantiemen sich ernähren konnte; das war natürlich verwerflich. Er hätte vielmehr, als Strauß den Milliarden-kredit gab und die Bundesregierung die Stabilisierung der DDR zwecks Friedenssicherung in Europa betrieb, mindestens einmal wöchentlich gegen das Politbüro put- 10
schen müssen. Womöglich meinte er, seine Kunst hülfe den Leuten leben und ihre Lage begreifen? Und hatte gelernt, seine Texte so dauerhaft abzufassen, daß ihn

dieses oder jenes Verbot zwar ärgerte, ihm aber nicht den Atem nahm? Und sah
sich gar in einer Chronistenpflicht auch gegenüber künftigen Generationen? Nichts
15 da – qui scribe, scribe pour le Roi de Prusse: Wer in der DDR veröffentlichte, liebte
insgeheim Ulbricht und Honecker.

Nun war ich mir mit aus der DDR weggetriebenen oder fortgegraulten Kollegen
jahrelang einig, wo einer für die deutsche Nationalliteratur wirke, sei insofern egal,
als es darauf ankomme, ob er arbeiten könne; da war ich aber im Irrtum. Denn hier
20 waltete die Zensur, und die ließ nur Unkunst durch. Es wäre dies die einzige Zensur
der Welt, der derlei gelungen wäre, ein niedagewesener Kraftakt. Der enthebt jetzt
die Kritiker der Mühe, die Texte überhaupt zu lesen; Kriterium bleibt, ob jemand
Widerständler war, und wer das war, bestimmen sie. Was ist denn ein Mitläufer?
Doch einer, der, aus Angst aufzufallen, sich der Denkfaulheit anheimgibt und alle
25 Ideale vom freundlichen Menschsein sausen läßt; sind jene Feuilletonchefs, die so
wacker auf Intellektualität schimpfen und das Wort Utopie zum Werkzeug des Teu-
fels erklären, nicht die rechten Mitläufer dessen, was sie für den Zeitgeist halten?
Und wovor haben sie eigentlich Angst? Etwa davor, daß hier ein paar Leute wohnen geblieben sind, die, was da in vierzig Jahren vor sich ging, mit dem gebotenen
30 Ernst und der gebotenen Heiterkeit zu beschreiben imstande wären?

2. Man gibt vor, ein Kunstwerk zu befragen danach, ob und inwieweit es eines sei;
man beurteilt aber dessen politische Aussage. Reicht das nicht, bewertet man politische Handlungen oder Unterlassungen des Verfassers. Das alles hatten wir hier ausgiebig, und hatten es schließlich vom Tisch; in der Literaturkritik galt hüben wie
35 drüben die Abrede, ob Fontane den preußischen Adel geliebt habe, sei für die Qualität seiner Romane ohne Belang; womöglich habe er den Adel gelegentlich so
geschildert, wie er seiner Meinung nach hätte sein sollen, und den realexistierenden
Itzenplitzen damit süffisant den Spiegel vorgehalten. Inzwischen scheinen Grundre-
geln europäischer Zivilisation beim Umgang mit DDR-Autoren außer Kraft; man
40 darf sie, ohne die guten Sitten zu verletzen, Zombies nennen und totwünschen
(„ihre realsozialistischen Seelen sollen bleiben, wo der Pfeffer wächst"). (…)

b) PETER HÄRTLING

Auf Ihre Fragen kann ich nur eine zusammenhängende Antwort geben. Sie hat mit
meiner Geschichte, mit meiner Erfahrung mit Deutschland zu tun.

Die ersten zwölf Jahre meines Lebens verbrachte ich im deutschen Reich Adolf Hitlers. Einem ungeteilten Land, das durch Größenwahn und eine mörderische Politik
5 zerrissen wurde. Ich bin mit zehn Jahren Pimpf geworden und habe den Parolen der
Erwachsenen geglaubt. Daß nicht wenige von ihnen, die uns angefeuert hatten, dem
Führer zu folgen, nach der Niederlage die besten Demokraten und gläubige Chri-
sten wurden, ist für mich zu einem Kindheitstrauma geworden, das mich vermutlich
zum Schreiben brachte. Seither gehe ich unserer elenden Geschichte nach, den Ver-
10 drängungen, den nachträglichen Anmaßungen und der gepflegten Geschichtslosig-
keit. Als ich 1955 im Studentenkurier darauf bestand, neben den Mordlagern Hitlers
auch die Lager Stalins zu nennen, wurde ich von vielen, denen ich mich politisch
nah fühlte, geschnitten; ebenso von den Konservativen, die mir nicht nachsehen

konnten, daß ich ihre Großzügigkeit in Sachen Globke, Vialon etc. angriff. Ich denke
nicht daran, jetzt, da zum zweitenmal deutsche Geschichte abreißen soll wie ein Faden 15
Zwirn, die Position dessen, der doppelseitig Backpfeifen bekommt, aufzugeben.
Mich erschreckt die Anmaßung, mit der gegenwärtig Intellektuelle in der Bundesrepublik, vor allem jüngere, mit Schriftstellern, Künstlern in der DDR abrechnen.
Wieder diese Selbstgerechtigkeit. Wieder diese vorgebliche Bereinigung, dieses partielle Vergessen. Nur gleichsam gewendet. Die Söhne und Enkel der Vergeßlichen 20
drängen nun darauf, daß die Deutschen jenseits auf keinen Fall vergessen dürfen
oder genauer, daß ihnen nichts vergessen werden darf. Dabei wird unterschlagen,
daß einige der Autoren bis jetzt sich zum Sozialismus bekennen. Das aber ist, da wir
Deutschen wieder mal aus der Geschichte fallen, ganz und gar unmöglich. Als
wären Marx, Rosa Luxemburg, Gramsci und auch jene, die entdeckten, daß mit Sta- 25
lin der sozialistische Weg ein Ende hatte, Koestler zum Beispiel oder Ignazio Silone,
Idioten gewesen. Als sei da nicht auch nachgedacht und gehofft worden.
Das Experiment des Sozialismus ist von Mördern, Gaunern und Privilegienschnei-
dern ohne Zweifel zerschlagen worden. Vermutlich für lange Zeit. Das kann für
mich nicht bedeuten, denen, die in der DDR lebten und schrieben, ohne Unter- 30
schied bedenkenlose Mitläuferschaft vorzuwerfen. Dies nicht, nachdem die ungezählten Mitläufer meiner Kindheit zu den Gründern und Bewahrern der Demokratie wurden, die sich jetzt geradezu für untadelig hält.
Sicher, es gab Autoren, die sich der SED verschrieben, die ihr, inquisitorisch
Andersdenkende verfolgend, dienten. Sie sollten es nicht wagen, sich nun falsch zu 35
rechtfertigen.
Das andere ist dies: Die einen waren mutig, nahmen Pressionen in Kauf, verließen,
wenn auch nicht alle, ihr Land. Die anderen gaben bisweilen ihrer Feigheit nach,
drückten sich, genossen Privilegien, hielten still, und manche meinten, dem Staat
unbedingt dienen zu müssen, und machten sich mit dem Unrecht gemein. Selbst in 40
den Demokratien werden jene, die sich nicht der gängigen Meinung fügen, oft rasch
und ungerecht attackiert. Nein, ich plädiere nicht für Barmherzigkeit und Vergessen. Im Gegenteil: Für historische Gewissenhaftigkeit.

Aus: Süddeutsche Zeitung, 25. Juni 1990.

Arbeits-
vorschläge

1. Aus welcher Haltung schreibt Kirsch? Wie läßt sich dies aus der Tatsache
erklären, daß er ein Schriftsteller der DDR war? Was bringt er zur ersten Frage vor?

2. Welche Vorwürfe erhebt Kirsch gegen die Kritik an den DDR-Autoren im
deutsch-deutschen Literaturstreit?

3. Zeigen Sie auf, wie Härtling die Auseinandersetzung bewertet und wie er seine
Haltung und sein Urteil begründet.

4. Worin stimmen Kirsch und Härtling überein, worin unterscheiden sich ihre
Ansichten?

8.3 Der Autor:
Selbstverständnis und gesellschaftliche Aufgabe

Text 1 JOHANN WOLFGANG GOETHE: Dichtergabe* (1813)

Ich war dazu gelangt das mir inwohnende dichterische Talent ganz als Natur zu betrachten, um so mehr als ich darauf gewiesen war, die äußere Natur als den Gegenstand desselben anzusehen. Die Ausübung dieser Dichtergabe konnte zwar durch Veranlassung erregt und bestimmt werden; aber am freudigsten und reich-

5 lichsten trat sie unwillkürlich, ja wider Willen hervor.

Durch Feld und Wald zu schweifen
Mein Liedchen weg zu pfeifen,
So ging's den ganzen Tag.[1]

Auch beim nächtlichen Erwachen trat derselbe Fall ein, und ich hatte oft Lust, wie

10 einer meiner Vorgänger, mir ein ledernes Wams machen zu lassen und mich zu gewöhnen im Finstern, durchs Gefühl, das was unvermutet hervorbrach, zu fixieren. Ich war so gewohnt mir ein Liedchen vorzusagen, ohne es wieder zusammen finden zu können, daß ich einigemal an den Pult rannte und mir nicht die Zeit nahm einen

Berggold. Tromlitz fe
Der Fabrikautor.

15 quer liegenden Bogen zurecht zu rücken, sondern das Gedicht von Anfang bis zu Ende, ohne mich von der Stelle zu rühren, in der Diagonale herunterschrieb. In eben diesem Sinne griff

20 ich weit lieber zu dem Bleistift, welcher williger die Züge hergab; denn es war mir einige Mal begegnet, daß das Schnarren und Spritzen der Feder mich aus meinem nachtwandlerischen Dich-

25 ten aufweckte, mich zerstreute und ein kleines Produkt in der Geburt erstickte. Für solche Poesien hatte ich eine besondere Ehrfurcht, weil ich mich doch ohngefähr gegen dieselben verhielt, wie die Henne gegen die Küchlein, die sie aus-

30 gebrütet um sich her piepsen sieht. Meine frühere Lust diese Dinge nur durch Vorlesungen mitzuteilen erneute sich wieder, sie aber gegen Geld umzutauschen schien mir abscheulich. (…)

35 Da jedoch eben die Natur, die dergleichen größere und kleinere Werke unaufgefordert in mir hervorbrachte, manchmal in großen Pausen ruhte und ich in einer großen Zeitstrecke selbst mit Willen nichts hervorzubringen im Stande war, und ich

---

1 Anfang des Goethe-Gedichtes „Der Musensohn" (1799)

daher öfters Langeweile empfand; so trat mir bei jenem strengen Gegensatz der Gedanke entgegen, ob ich nicht von der andern Seite das was Menschlich, Vernünftig und Verständig an mir sei, zu meinem und anderer Nutzen und Vorteil gebrau- 40 chen und die Zwischenzeit, wie ich es ja auch schon getan und wie ich immer stärker aufgefordert wurde, den Weltgeschäften widmen und dergestalt nichts von meinen Kräften ungebraucht lassen sollte? Ich fand dieses, was aus jenen allgemeinen Begriffen hervorzugehen schien, mit meinem Wesen, mit meiner Lage so übereinstimmend, daß ich den Entschluß faßte auf diese Weise zu handeln und mein bishe- 45 riges Schwanken und Zaudern dadurch zu bestimmen. Sehr angenehm war mir zu denken, daß ich für wirkliche Dienste von den Menschen auch reellen Lohn fordern; jene liebliche Naturgabe dagegen als ein Heiliges uneigennützig auszuspenden fortfahren dürfte. Durch diese Betrachtung rettete ich mich von der Bitterkeit, die sich in mir hätte erzeugen können, wenn ich bemerken mußte, daß gerade das so 50 sehr gesuchte und bewunderte Talent in Deutschland als außer dem Gesetz und vogelfrei behandelt werde.

Aus. Johann Wolfgang Goethe: Aus meinem Leben. Dichtung und Wahrheit. In: Sämtliche Werke, Band 16. München 1985.

**Arbeits-
vorschläge** **1.** Was meint Goethe damit, wenn er sein Dichtertum als „Natur" bezeichnet?

2. Untersuchen Sie, wie der Autor zwischen künstlerischer und nichtkünstlerischer Tätigkeit unterscheidet. Welche Vorstellungen vom kunstschaffenden Prozeß werden hier erkennbar?

3. In poetischer Form hat Goethe seine Einschätzung des Verhältnisses von Künstler und Gesellschaft in der Dichterballade „Der Sänger" dargestellt. Fertigen Sie eine Interpretation des Gedichts an. Untersuchen Sie dabei auch den gesellschaftlichen Hintergrund, vor dem Goethe das Geschehen spielen läßt, und vergleichen Sie diesen mit seiner eigenen Situation in der Zeit zwischen 1780 und 1790, in der diese Ballade entstanden ist.

4. Bereits im 18. Jahrhundert spottete man über Autoren, die auf Bestellung konfektionierte und leicht konsumierbare Buchware lieferten. Beschreiben Sie, wie im Kupferstich der „Fabrikautor" dargestellt und kommentiert wird.

5. Friedrich Schiller, der mit Goethe für ein klassisches Kunstideal eintrat und dabei gegen die meisten Autoren seiner Zeit polemisierte, lieferte in seiner Rezension „Über Bürgers Gedichte" (1791) eine Grundsatzkritik des populären Schreibens. Stellen Sie die Argumentation Schillers in einem Kurzreferat vor.

Text 2   ALFRED DÖBLIN: Staat und Schriftsteller (1921)

Wir werden vollkommen darüber klar sein, welche Rolle der deutsche Schriftsteller im Staat spielt, wenn wir zwei Daten nebeneinander halten. Bei der Niederwerfung des Boxeraufstandes marschierten die europäischen Truppen durch Tsingtau. Die chinesische Bevölkerung ließ sich die einzelnen Formationen und Rangstufen demonstrieren: es gab Grinsen und Achselzucken beim Anblick der Uniformen, der 5 Soldaten und der hohen Offiziere auf den schönen Pferden. Dann kam ein Mann

hinten beim Gepäck, er fuhr in einem kleinen zweirädrigen Wagen, ein gewöhnlicher Zivilist. Als man ihnen diesen wies und sagte, dies sei ein Schreiber, ein Schriftsteller, ein Literat, traten sie achtungsvoll zurück, schwangen grüßend die Hände,
10 verneigten sich. Dieses China hat seine ungeheure, eigentlich beispiellose und im Grunde auch jetzt noch unerschütterte Stabilität dadurch erlangt, daß in langen Jahrhunderten die Dynastien in großer Ehrfurcht vor dem Volk, den hundert Familien, an sich zogen, was an Geistigkeit im Volk lebte, und selber in dieser Geistigkeit lebten. Die literarische Allgemeinbildung, welche den Schriftsteller in höchster
15 Achtung erscheinen ließ, war der Ausgangspunkt und der Mutterboden für jede Fachbildung, sei sie politischer, verwaltungstechnischer, juristischer oder strategischer Art. Immer war der Geist, der sich in den besten maßgebenden Schriftstellern äußerte, zugleich der Geist des Staates, und er war lebendig in der Regierung.
Neben diese Beobachtung setze ich die zweite. Sie ist aus Deutschland! Ich brauche
20 keine Schilderung geben. Was ein Schriftsteller im deutschen Staat bedeutete, wie er geachtet wurde, dafür nenne ich nur Gerhart Hauptmann, einen wirklichen und menschlichen Dichter. Man erwäge, wie sein Geist lebendig war in der Regierung, unter der er die größte Zeit seines Lebens verbrachte, welches Ansehen er zur selben Zeit, wo das Ausland ihm den Nobelpreis gab, im offiziellen preußischen und
25 deutschen Staat genoß. Und so, als belanglos erachtet, mißachtet die nicht kleine Zahl anderer starker Schriftsteller und die große Menge tüchtiger Literaten.
Ich muß einen Blick auf den Weg werfen: wie das gekommen ist. Ein Schriftsteller, ein Dichter ist nichts Isoliertes im Staat. In Deutschland entstammen die Schriftsteller in ihrer überwiegenden Zahl der Mittelschicht des Bürgertums; die untere
30 Schicht, das Proletariat, war bisher durch seine wirtschaftliche Lage von der Teilnahme an der Bildung ausgeschlossen. Dieses Bürgertum hatte kräftige eigene lebensfähige Ideale, die ihm Würde und Selbstachtung gaben, bis um 1848. Nach den Schlägen von 1848 gab es eine jahrzehntelange schwere Übergangszeit für das deutsche Bürgertum. Die schwerste Verletzung erlitt es 1870/71. Damals wurde es
35 von allen Zweifeln und jeder Unsicherheit befreit. Die blendenden ästhetischen Ideale der höheren Schicht, der Siegerschicht, drangen machtvoll auf das Bürgertum ein. Plötzlich war man seelisch expropriiert. Man nahm, ohne zu ahnen, was man tat, die Herrenideale als eigene auf.
(…)
40 Jetzt steht Deutschland im Zeichen der bürgerlichen Republik. Ein gewaltiger Teil der Einflüsse ist gefallen, die zur Aushöhlung der Mittel- und Verkümmerung der Unterschichten des Volks führten.
(…)
Dies ist der Augenblick des Schriftstellers. Wenn in diesem Augenblick der Schrift-
45 steller nicht lebendig wird, wird er nie lebendig werden. Seine Degradation ist aufgehoben, die weitere Degradation ist seine eigene Schuld. Groß ist die Aufgabe, die der Schriftsteller in diesem sich neu gestaltenden Staat hat, ein Optimum von Wirkensbedingungen ist ihm gegeben. Wächst er an ihnen nicht hoch, erringt er jetzt nicht im Staat eine neue Würde, ist er zerschmettert, und wir werden nie einen deut-
50 schen Schriftsteller sehen.

Aus: Alfred Döblin: Staat und Schriftsteller. In: Aufsätze zur Literatur. Olten und Freiburg 1963.

Arbeits-
vorschläge **1.** Welches Bild zeichnet Döblin im Rückblick von der Kunstpolitik des in der Novemberrevolution untergegangenen Kaiserreichs?

2. Diskutieren Sie Döblins Auffassung, die veränderte politische und gesellschaftliche Situation in der Weimarer Republik habe der Literatur ein „Optimum von Wirkungsbedingungen" bieten können. Vergleichen Sie damit, wie 1919 Kellermann (S. 40) und Tucholsky (S. 42) die Wirklichkeit einschätzten.

Text 3   HEINRICH BÖLL: Ende der Bescheidenheit (1969)

Anläßlich der Gründung eines Gesamtverbandes Deutscher Schriftsteller möchte ich hier einige Überlegungen zur gesellschaftspolitischen Situation der Schriftsteller in der Bundesrepublik anstellen. Damit kein Mißverständnis aufkommt: es geht hier nicht um kulturelle Nuancierungen, nicht um die Fragen: Kunst, Antikunst, gibt es noch eine Literatur, gibt es keine mehr? Das gehört in die Feuilletons, in denen   5
wir uns ja ausgiebig tummeln. Es geht nicht um unseren Anteil an Erstellung von Kunst, Poesie und möglichen Ewigkeitswerten. Es soll hier öffentlich Tacheles geredet und unser Anteil an den merkwürdigen Sozialprodukten betrachtet werden, die wir erstellen.
Hin und wieder mögen wir ganz kluge Leute sein, als Vertreter unserer Interessen   10
in einer Gesellschaft, die von Interessenvertretern dirigiert wird, sind wir wie Schwachsinnige. Dieser Schwachsinn hat z. T. ehrenwerte Ursachen, etwa die, daß wir zu sehr mit unserer Arbeit, die eine öffentliche ist, beschäftigt sind, als daß uns finanzieller Kram sonderlich interessieren könnte, solange wir halbwegs zurecht kommen. Andere Ursachen mögen Bescheidenheit und Idealismus sein. Ich schlage   15
vor, daß wir die Bescheidenheit und den Idealismus einmal für eine Weile an unsere Sozialpartner delegieren: an Verleger, Chefredakteure und Intendanten.
Es mag manchen von uns trösten, daß er möglicherweise Ewigkeitswerte schafft, dieser Trost sei ihm unbenommen, wenn er uns nicht hindert, uns hier und heute, gestützt auf diesen Gesamtverband, Gedanken darüber zu machen und einmal   20
öffentlich darzulegen, wie wir unser Geld eigentlich verdienen. Vornehmerweise nennt man das Geld, das wir bekommen, Honorar. Das klingt, als wären wir sehr feine Leute. Ich fürchte, wir sind sehr feine Idioten. Wir lassen uns dirigieren, kujonieren, Prozente und Honorare diktieren, ohne je ernsthaft darüber nachzudenken, wer sie festgelegt hat und wie sie sich errechnen. Der geistige und politische Kredit,   25
den wir der Bundesrepublik einbringen, ist ohnehin honorarfrei: wir verlangen nichts dafür. Es geht auch nicht um unsere gesellschaftliche Ehre, die verschaffen wir uns selbst. Es geht um unsere gesellschafts- und finanzpolitische Stellung.
Und so muß ich mir auch eine verlockende Abschweifung verkneifen in die Gefilde einer Poetik des Geldes: etwa aufzuzählen, was ein Fünfmarkstück je nach Lebens-   30
lage für einen Menschen bedeuten kann. Ich muß mich hier auf die Volkswirtschaft beschränken, und wenn ich die Broschüre „Buchhandel in Zahlen" richtig entziffert habe, dann haben die Buchverlage in der Bundesrepublik allein in einem Jahr 2,5 Milliarden DM umgesetzt. Dieser stattliche Umsatz ist erschrieben worden, mag der Verfasser nun Helmut Heißenbüttel heißen, oder mag er unter dem Pseudonym   35
Josef K. für irgendeinen obskuren Verlag Schnulzen ausbrüten. Rechnen Sie noch

den Anteil an von Schriftstellern Geschriebenem für Film, Funk und Fernsehen hinzu, so wird Ihnen klar, daß wir Mitarbeiter einer Riesenindustrie sind, die uns bisher unsere Honorare einfach diktiert hat. Vergleiche ich das Interessengetümmel im
40 Wirtschaftswunderland mit einem Freiwildgehege, so sind wir darin die Karnickel, die zufrieden und freundlich in herkömmlicher Bescheidenheit ihr Gräschen fressen. Ich will die Chancen unserer Animalisierbarkeit nicht überschätzen und die Position des Tigers anstreben, aber die Position des Karnickels steht uns nicht mehr zu Gesicht. Ich muß mir eine weitere verlockende Meditation verkneifen: ob der
45 freie Schriftsteller nicht ein Fossil sei, lediglich von Museumswert.

In Wirklichkeit sind wir tarifgebundene Mitarbeiter einer Großindustrie, die hinter einer rational getarnten Kalkulationsmystik ihre Ausbeutung verschleiert. Ja, ich sagte Ausbeutung, und ich will gleich hinzufügen, daß ich den Begriff Ausbeutung nicht absolut, sondern relativ gesehen habe. Unter einem Ausgebeuteten stellen wir uns –
50 dieses Klischee ist uns eingehämmert worden – einen elend dahintaumelnden Kuli oder südamerikanischen Minenarbeiter vor. Zweifellos sind das Ausgebeutete. Und doch ist auch ein Star-Boxer, der im Rolls Royce zum Kampf fährt und um eine Kasse von 1 Million Dollar boxt und, wenn er Glück hat, 200 000 davon mit nach Hause nimmt, genauso ein Ausgebeuteter wie sein heruntergekommener Kollege,
55 der sich in muffigen Vorstadtsälen für 30 Mark pro Abend die Fresse einschlagen läßt.

(…)

Ich wiederhole ein Zitat aus dem Naturrecht: „Recht ist immer, wie wir ausgeführt haben, Herrschaftsgewalt." Verschaffen wir uns also erst einmal Herrschaftsgewalt
60 über die Sachen, die wir produzieren, anstatt sie zu Bedingungen herzugeben, die aus einer Zeit stammen, in der es in den Kochbüchern noch die Rubriken „Billige und schmackhafte Gerichte für Dienstboten" gab.

Verschaffen wir uns erst einmal Überblick über die volkswirtschaftliche Relevanz unserer merkwürdigen Sozialprodukte, bevor wir uns vom kulturellen Weihrauch
65 einnebeln lassen, dann erst kommen wir aus dem Resolutionsprovinzialismus heraus, der unsere wieder einmal erhobenen Zeigefinger golden schimmern macht, uns im Feuilleton als Gewissensfunktionäre und Korrektoren für das windschiefe Vokabularium der Politiker willkommen heißt, und hängen wir uns den hingestreuten Lorbeer nicht an die Wand, streuen wir ihn dorthin, wohin er gehört: in die Suppe.

Aus: Heinrich Böll: Werke. Essayistische Schriften und Reden 2. Köln o. J.

**Arbeits-
vorschläge** **1.** Wie beurteilt Böll die gesellschaftliche Situation der Schriftsteller, welche Forderungen erhebt er?

2. Untersuchen Sie am Text, wie sich Böll in seinem Sprachgebrauch auf den Anlaß und die Situation der Rede einstellt.

3. Vergleichen Sie, wie sich die Selbsteinschätzung der Dichter von der Goethezeit bis in die Gegenwart verändert hat. Benennen Sie politische, soziale und wirtschaftliche Gründe dafür.

4. Erörtern Sie, ausgehend von Bölls Resümee („Verschaffen wir uns …",
Z. 63–69), die Forderung nach einem „Ende der Bescheidenheit".

8.4 Rezeptionsveränderungen im Medienzeitalter

Text 1 DIETER MAYER: Vom Lesen und vom Leser (1994)

Die Geschichte des modernen Lesens beginnt im 18. Jahrhundert. Bis etwa 1740
dominierte in Deutschland, sieht man von der Fachlektüre der Gelehrten und dem
Leseverhalten einer sehr kleinen adeligen Oberschicht an den Höfen ab, eine Form
des **ritualisierten Lesens**, die man **intensive Wiederholungslektüre** genannt und im
einzelnen beschrieben hat. Ein kleiner Bestand von Büchern oder auch nur ein ein- 5
ziges Buch wurde lebenslang immer wieder gelesen, häufig in der Hausgemein-
schaft, und dort in einzelnen Abschnitten auch vorgelesen, eine Form der Wiederholung, in der sich Leser (und Zuhörer) eines im Gedächtnis bewahrten Inhalts
immer wieder versicherten. Dies gewährte bei der typischen Lektüre dieser Zeit –
Traktate, Katechismus, Erbauungsschriften, Bibel – einen klaren und unveränderli- 10
chen Orientierungsrahmen für Denken und Handeln der Menschen bis zum Zeitalter der Aufklärung. In bäuerlichen Gegenden Deutschlands existierte diese Form
des Lesens noch weit in das 19. Jahrhundert hinein.
Mit den Vorstellungen der aufklärerischen Philosophie und Gesellschaftstheorie
entwickelte sich im Bürgertum ein nichthöfisches Selbstbewußtsein, das den 15
geburtsständischen Vorstellungen des Adels die **Autonomie des Individuums** und
die **Gleichheit** aller Menschen entgegensetzte. Mit der neuen Hochschätzung der
Bildung bewegte man sich nicht nur in den Bahnen der aufklärerischen Nützlich-
keitsmoral, sondern man konnte sich selbstbewußt vom (oft weniger gebildeten)
Adel abgrenzen. Hierbei kam dem Lesen eine besondere Bedeutung zu, da man 20
zum einen seine ökonomischen Chancen in der merkantilistischen und frühkapitali-
stischen Gesellschaft durch Wissen verbessern konnte, zum anderen erweiterte man
durch die Lektüre den individuellen geistigen und moralischen Horizont. Das hohe
Ansehen, das Lesefähigkeit und die Mußestunden der Lektüre gerade in Deutschland in der zweiten Hälfte des 18. Jahrhunderts genossen haben, hängt ursächlich 25
mit der vergleichsweise geringen Einflußmöglichkeit des Bürgertums auf die politischen Verhältnisse zusammen:

„In England dominierte die Revolution in Außenhandel und Industrie, in Frankreich die politische Revolution, in Deutschland die Leserevolution (...) Die Leserevolution war der
eigentümliche Ausdruck dafür, daß in Deutschland die Spannungen zwischen den Antrieben 30
zur Spontaneität und Mobilität und ihrer Wirkung und Nutzung im öffentlichen Leben viel
größer als in England und Frankreich waren (...) All das Außerordentliche, was die englischen
Seefahrer und Entdecker, die Pioniere und Parteien in Nordamerika und die Wegbereiter und
Helden der französischen Revolution vollbrachten und erlitten, erlebte das deutsche Publikum in Nachvollzügen und Ersatzformen der Literatur. Vor allem in der spezifischen Form 35
der Lektüre wurde das Außerordentliche am Ende des 18. Jahrhunderts in Deutschland zu
einer neuen Dimension des bürgerlichen Lebens." (Rolf Engelsing)

Heute ist gesichert, daß von einer **allgemeinen Lesefähigkeit** der Menschen in
Deutschland noch lange nicht die Rede sein konnte, sie beschränkte sich besonders
auf die Städte und die industrialisierten Regionen – in Preußen war mit der allge- 40
meinen Schulpflicht (auch für Mädchen) die Lesefähigkeit sicher weiter fortge-

schritten als in den agrarischen Flächenstaaten Süddeutschlands. In den Landschu-
len des 19. Jahrhunderts ging die Leseschulung der in einem kleinen Raum zusam-
mengepferchten 50 oder auch 60 Schüler, die von unausgebildeten „Lehrern" oder
45   auch Handwerkern, die während des Unterrichts ihrem Gewerbe nachgingen,
unterwiesen wurden, oft kaum über die bloße **Alphabetisierung** hinaus; ein Lesepublikum im modernen Sinne stellten diese Schüler nur in Ausnahmefällen dar. So
schreibt 1793 ein Landpfarrer in Schwaben:

„Kaum lernt das Kind buchstabieren, nie etwas mit Verstand lesen, kaum seinen Namen
50   schreiben, niemals aus seinem Kopf etwas zu Papier bringen, es stammelt seinen Katechismus,
ohne etwas vom Inhalt zu wissen, her; dabei bleibts in seinem Leben."

So war im späten 18. und frühen 19. Jahrhundert der **Lektürekanon** der bäuerlichen
Bevölkerung mit Sicherheit noch sehr schmal, allerdings wurde er nun nicht mehr

so ausschließlich von kirchlichen Instanzen bestimmt wie im 17. Jahrhundert, sondern zunehmend von aufklärerischen Pädagogen, die in der Regel jedoch bei ihrer Textwahl darauf achteten, daß den ärmeren Bevölkerungsschichten die Hinnahme der sozialen Rolle des eigenen Lebensschicksals anempfohlen wurde. Adolph Freiherr von Knigge, ein wichtiger Pädagoge der Aufklärungszeit, sprach dies auch deutlich aus:

> „(…) daß man die Bauern gut schreiben, lesen und rechnen lehre, das ist löblich und nützlich. Ihnen aber allerlei Bücher, Geschichten und Fabeln in die Hände zu spielen, sie zu gewöhnen, sich in eine Ideenwelt zu versetzen, ihnen die Augen über ihren armseligen Zustand zu öffnen, den man nun einmal nicht verbessern kann (…), das taugt wahrlich nicht."

Trotz dieser Bewahrpädagogik (zum Schutze der Privilegierten) verbreitete sich im Gefolge der Französischen Revolution und des Aufschwungs der **Zeitungen** und **Leihbibliotheken** an der Wende zum 19. Jahrhundert das **extensive Leseverhalten** auch in den städtischen und höfischen Unterschichten rasch, weil sich das Dienstpersonal das Leseverhalten der bürgerlichen oder adeligen „Herrschaft" aneignete. Liebesromane, Briefsammlungen, Bearbeitungen von Erziehungsschriften, Abenteuerberichte – dies alles wurde im wirtschaftlich gesicherten Bürgertum (und zwar vor allem von den Frauen) ebenso verschlungen wie von den Bediensteten. Eine eigene Kinder- und Jugendliteratur mit pädagogischem Unterton spielte bei der Leseerziehung eine wichtige Rolle. Die Lesebedürfnisse weiteten sich so exzessiv aus, daß besorgte Kulturkritiker vor den Folgen der **Lesewut** warnten, vor allem, was die vermeintlich verhängnisvolle „Romanleserey" betraf. **Leseläden, Lesegesellschaften** und **Leihbibliotheken** bedienten diese Bedürfnisse, und bereits 1795 malte der Schweizer Buchhändler Johann Georg Heinzmann ein Schreckbild von der „Pest der deutschen Literatur":

> „Da wird die noch ungebildete Vernunft in alle Irrgänge der Phantasie geführt; da thut sich überall ein Feenpallast auf, reizendes Tugendbild, eine übermenschliche Vollkommenheit, eine bezaubernde Unschuld erscheint; und diese noch edlen Bildern verwöhnen sie gegen das wirkliche Leben, und versetzen sie in Mißlaune und Gleichgültigkeit (…) Die grosse Anzahl von Lesern greift nach den freygeisterischen schmuzigen und ärgerlichen Dingen, wodurch ihre schon elende Seele ihre noch tiefere Verwerflichkeit schaffet."

Heinzmanns Ängste waren weitgehend unbegründet: noch in der Mitte des 19. Jahrhunderts hatten nur Adels- und wohlhabende Bürgerfamilien umfangreichere Bibliotheken; wer sonst Lesestoff suchte, beschaffte ihn sich in den Leihbibliotheken oder auch in den **Volksschriftvereinen, Volksbüchereien** und den **kirchlichen Vereinen zur Förderung des Lesens**. Eine Besonderheit stellten die **Neuruppiner** und **Münchener Bilderbogen** dar, eine Vorstufe unseres Comics, von denen einzelne Nummern durchaus Millionenauflagen erreichten. Für das gebildete Bürgertum mit gesicherten Einkommensverhältnissen stellten die **Familienzeitschriften** im 19. Jahrhundert eine wichtige Lesequelle dar (z. B. „Die Gartenlaube", „Daheim", „Westermanns Monatshefte"), und viele Autoren dieser Zeit (beispielsweise Storm und Fontane) überließen ihre Novellen und Romane den Zeitschriften zum Vorabdruck, bevor sie in Buchform erschienen. Seit der Gründerzeit galt es als stilvoll, die Wohnstube oder das „Herrenzimmer" mit einem **Konversationslexikon** (Meyer, Brockhaus) und einer gewissen Anzahl schön gebundener **Klassikerausgaben** auszustatten (freilich wurden diese kaum gelesen). Für das breite Publikum richteten

100 die Verleger billige **Reihen** ein (die bekannte Universalbibliothek des Verlages
Reclam gehörte seit 1867 zu ihnen), die, industriell gefertigt, zu niedrigen Preisen
verkauft wurden und eine breite Angebotspalette aus der schöngeistigen Literatur,
aus Jugendschriften, aber auch aus popularisierten Wissensbüchern bereithielten.
Diese Zweiteilung des Buchmarkts – ästhetisch ansprechende und oft kostbare
105 Drucke auf der einen Seite, Billighefte auf der anderen – hat sich, bedingt durch das
Kaufverhalten des Lesepublikums, im 20. Jahrhundert fortgesetzt und noch verstärkt; bereits um 1910 sprach man vom **Kulturbuch** und vom **Massenbuch**. Der Ver-
kauf preiswerter Bücher wurde durch die nun allgemeine Lesefähigkeit, durch die
Notwendigkeit einer Wissensaktualisierung in der Industriegesellschaft, aber auch
110 durch die Entwicklung der Petroleumlampe und später des Gasglühlichts und des
elektrischen Stroms gefördert. Freilich ließen die Einkommensverhältnisse der
Unterschichten nach wie vor kaum den Besitz von Büchern zu, man lieh sie sich in
der Gemeinde- oder Pfarrbibliothek, oder man beschränkte sich auf die preiswerte-
ren Lesestoffe in der **Massenpresse** und den **Illustrierten Zeitungen**. Wenn über-
115 haupt Bücher von Industrie- und Landarbeitern gekauft wurden, dann kaum im
Laden des Buchhändlers, sondern beim **Kolportagehändler** an der Haustür oder im
Schreibwarenkiosk.
In der Weimarer Republik hatte sich neben der politischen auch die Demokratisie-
rung der Lesefähigkeit endgültig durchgesetzt, allerdings blieben die Kauf- und
120 Lesemöglichkeiten wegen des reduzierten Lebensstandards (Inflation von 1923)
nach wie vor schichtenbezogen unterschiedlich. Hinzu kam, daß das „Freizeitbud-
get" der Menschen, aus dem die Ausgaben für die Lektüre bestritten wurden, nun
zunehmend zusätzlich für Film und Rundfunk, für Sport und großstädtische Ver-
gnügungen gebraucht wurde, ja man sprach am Ende der zwanziger Jahre von einer
125 Augen-, Ohren- und Körperkultur, die zunehmend weniger Zeit und Geld für
Bücher und Lesen beließ. Was die Wahl der Sujets anbetraf, so war die Auseinandersetzung mit dem Ersten Weltkrieg besonders beliebt (Remarques „Im Westen
nichts Neues" erzielte den größten Verkaufserfolg in der Republik mit über 1 Million verkaufter Exemplare in einem Jahr). Beim Lesepublikum im Arbeiter- und
130 Angestelltenmilieu waren Courths-Mahler und Karl May unangefochtene Spitzen-
reiter der Lesepräferenz. Auffallend an der literarischen Kultur dieser Zeit war die
dominante Stellung Berlins: hier waren die wichtigsten Verlage angesiedelt (u. a.
S. Fischer, Kiepenheuer, Rowohlt, Ullstein), hier erschienen die wichtigsten Rezensionszeitschriften, und viele Autoren zog es in die Hauptstadt (z. B. Brecht, Feucht-
135 wanger, Heinrich Mann, Erich Kästner).
Nach 1945, also nach einer Phase der Spaltung der deutschen Literatur in die Exilliteratur und die Literatur des Nationalsozialismus bzw. der Inneren Emigration dauerte es Jahre, bevor sich wieder ein selbststeuernder **literarischer Markt** herausbilden konnte, weil die Kontrollrechte für Veröffentlichungen durch die Alliierten und
140 ihre „Reeducation"-Programme alle Publikationen einer scharfen Zensur unter-
warfen; selbst eine Verlagsgründung war bis 1948 nur mit einer Lizenz möglich.
Dabei wies die Literaturpolitik in den einzelnen Zonen erhebliche Unterschiede
auf, in der sowjetischen Besatzungszone beispielsweise steuerte sie rasch auf den
staatlich gelenkten **Volksbuchhandel** zu. Die Kultur des **Leselands DDR** freilich,

von den politischen Führern oft gerühmt, war eine Kultur des Mangels, weil die 145
Lesebedürfnisse durch ein schmales Angebot nie befriedigt werden konnten und
viele Titel bereits beim Erscheinen vergriffen waren. In den westlichen Zonen richtete sich das Interesse der Leser bevorzugt auf die im Dritten Reich verdrängte oder
verbotene Literatur der westlichen Nachbarn und der USA – so unterschiedliche
Autoren wie Hemingway oder Sartre wurden zu Kultschriftstellern der fünfziger 150
Jahre. Aber auch deutsche Schriftsteller des Exils (z. B. Tucholsky) und einige Nach-
kriegsautoren (Borchert, Böll) waren sehr beliebt, u. a. durch die Angebote des
Taschenbuchs, mit dem Rowohlt 1950 einen neuen Markt eröffnete. Die wirtschaftliche Situation nach der Währungsreform stellte für die **Buchgemeinschaften** günstige Voraussetzungen dar, weil für viele Leser die niedrigeren Buchpreise (bei einem 155
relativ schmalen Angebot in hohen Auflagen) einen wichtigen Entscheidungsgrund
für den Buchkauf darstellten. Trotz der zunehmenden **Medienkonkurrenz**, vor
allem durch das Fernsehen, stieg die jährliche Titelproduktion rasch an (von ca.
14 000 im Jahr 1951 auf ca. 67 000 im Jahr 1992 in der Bundesrepublik Deutschland).
Dennoch besaßen auch am Ende der fünfziger Jahre noch etwa ein Drittel der 160
Erwachsenen in unserem Land kein Buch, und nur 10 % hatten einen nennenswer-
ten Buchbestand. Bücher blieben viel weniger verbreitet als **Krimihefte** („Jerry Cot-
ton"), **Science-fiction-Broschüren** („Perry Rhodan") und später die **Comics**. In der
multimedialen Freizeitkultur unserer Zeit hat sich wegen der deutlich verringerten
Arbeitszeit das Buch als ein **Unterhaltungsmedium** neben Rundfunk und Fernsehen 165
zwar behaupten können, im durchschnittlich sechsstündigen Medienkonsum der
heutigen Erwachsenen nimmt das Lesen noch 20 % der verfügbaren Zeit ein. Die
immer wieder vorgetragene Ansicht vom Tode des Buches durch die elektronischen
Medien ist eine unbewiesene Behauptung geblieben, denn der Buchbesitz ist heute
deutlich verbreiteter als noch in den fünfziger Jahren. Die Zahl der Nicht-Buchleser 170
wird derzeit auf etwa ein Viertel der erwachsenen Bevölkerung in Deutschland
geschätzt, die Zahl der **regelmäßigen Leser** auf etwa 30 %. Umstritten bleibt, ob
durch **Leseerziehung** und **Leseförderung** – vor allem in den Schulen, aber auch
durch die „Stiftung Lesen" (gegr. 1985) – die Lesebereitschaft nennenswert gesteigert werden und ob das Buch bei künftigen Generationen noch als **kulturelles Leit-** 175
medium gelten kann. Obwohl das **Lesen** im traditionellen Sinne für das Sozialpre-
stige des einzelnen auch heute eine wichtige Rolle spielt, wird es in der Zukunft
wieder eine Angelegenheit für relativ kleine Bevölkerungsgruppen sein, die Mehrzahl der Menschen benutzt es dann lediglich als einfache und rasche **Informations-**
aufnahme aus Annoncen, Verkehrshinweisen, Rezepten und den Headlines der 180
Zeitungen.

Originalbeitrag unter Verwendung der Untersuchung von Reinhard Wittmann: Geschichte des deutschen Buchhandels. München 1991.

Arbeits-
vorschläge **1.** Was kennzeichnet den Wandel vom Wiederholungsleser zum extensiven Leser
im 18. Jahrhundert? Welche gesellschaftlichen und kulturellen Grundlagen hatte
diese „Leserevolution"?

2. Zeigen Sie auf, welche technischen Erfindungen, gesellschaftlichen Entwicklungen und Initiativen des Verlagswesens das literarische Leben von der Mitte des 19. Jahrhunderts an bis zur Gegenwart verändert haben.

3. Während Theologen und Pädagogen im 18. Jahrhundert vor der „Lesewut" der Menschen warnten, gibt es heute viele Stimmen, die ein Verkümmern des Lesens in der audiovisuellen Medienwelt befürchten. Diskutieren Sie im Kurs, welchen Beitrag der gymnasiale Deutschunterricht zur Leseerziehung leisten kann. Halten Sie Ihre eigenen Ansichten hierzu in einem essayistischen Versuch fest.

4. Karl Philipp Moritz hat in seinem autobiographisch gefärbten Roman „Anton Reiser" die Bedeutung des Lesens für den Seelenhaushalt seines Romanprotagonisten ausführlich dargestellt. Lesen Sie Teil 1 und 2 des Romans, und referieren Sie darüber im Kurs.

Text 2   JOHANN MICHAEL MÖLLER: Eines Sommers Blüte.
Beobachtungen auf dem Buchmarkt (1989)

Die Verlage produzieren, die Themen wechseln und der Handel klagt. Es ist das gewohnte Bild. Manchmal ein wenig heller, manchmal dunkler, aber immer ein bißchen größer. Eine halbe Million Titel hält das Sortiment heute schon parat, und fast siebzigtausend sind im letzten Jahr dazugekommen. Ein Rekordergebnis, wie
5 der Börsenverein wieder meldet, das uns hinter der Sowjetunion den zweiten Platz auf einer Weltrangliste beschert.
Mit den Lesern freilich hat das immer weniger zu tun. Die Branche funktioniert nach eigenen Gesetzen und hat im letzten Jahr einen Umsatz von fast elf Milliarden Mark erwirtschaftet. Allen Unkenrufen zum Trotz ist das ein Plus von fünf Prozent.
10 Die alte Klage, daß es viel zu viele Bücher gebe, scheint nicht überall zu stimmen. Ein wachsendes Angebot, so die Faustregel der Ökonomen, schafft sich die Nachfrage eben selber. Für den expansiven Markt der Ratgeber und der Lebenshilfebücher gilt das allemal. In keiner anderen Sparte ist das Angebot so beliebig und der Erfolg so hartnäckig, wie bei diesen Büchern von der Stange, die sich in einem
15 bestimmten Milieu einnisten, wo das besondere Verhältnis von Leser und Autor kaum eine Rolle mehr spielt. Diese Bücher gehören heute zum häuslichen Inventar, und der Bedarf ist kaum zu decken. Auch das hundertste Buch über Ehe und Partnerschaft wird noch seine Leser finden. (…)
Sichtbares Opfer der wachsenden Abhängigkeit von einem außengesteuerten
20 Buchmarkt waren in diesem Jahr aber die Buchgemeinschaften, deren Auszehrung seit langem unvermindert anhält. Erst vor kurzem wechselten zwei der traditionsreichsten Unternehmen den Besitzer. Der Deutsche Bücherbund ging an den Filmgroßhändler Leo Kirch, den vor allem das Vertriebssystem für seine non-book-Geschäfte interessierte, und schon im Frühjahr stieg Hoffmann und Campe bei der
25 Büchergilde Gutenberg ein, wodurch das Adressen- und Mitgliederpotential des Gewerkschaftsunternehmens mit der Markterfahrung eines erfolgreichen Verlags zusammenkam.

Überhaupt scheint sich der Strukturwandel im Buchgeschäft immer mehr auf die Marketingseite zu verlagern. Der Sortimentsbuchhandel weist seit Jahren negative Bilanzen auf. 80 Prozent der Buchhandlungen sind, will man Unternehmensbera- 30 tern wie Johannes Immken glauben, im Grunde gar nicht existenzfähig, da sie weit unter der rentablen Größe liegen. Zwar hat sich der Vormarsch der Warenhausketten deutlich verlangsamt, und das traditionelle Sortiment behauptet noch immer zwei Drittel des gesamten Buchumsatzes. Aber der Trend zu großen Betriebsformen in den Hauptverkehrslagen größerer Städte geht weiter. Auf 28 Prozent der 35 Buchhandlungen entfallen heute 72 Prozent des Umsatzes. „Das dicht geknüpfte Netz vorwiegend kleiner und mittlerer Buchhandlungen", so fürchtet der Frankfurter Börsenverein, „droht durch einen immer schärferen Wettbewerb rissig zu werden."

Dem Konzentrationsprozeß im Buchhandel stehen deutliche Verschiebungen in der 40 Verlagsproduktion gegenüber, von denen vor allem die Belletristik betroffen ist, die weit weniger an der Umsatzsteigerung beteiligt war als das Sach- und Fachbuch. Immer mehr literarische Titel tragen sich heute nicht mehr selbst. Auflagen mit 10 000 Exemplaren gelten bereits als hoch. Der in der Branche lange belächelte Rowohlteffekt, mit wenigen Bestsellern das übrige Programm finanzieren zu müs- 45 sen, hat jetzt auch jene Verlage erreicht, die sich lange Zeit auf ein mittleres Spektrum knapp kalkulierter Titel verlassen konnten. Früher, so klagten die Verleger, hätten die guten Bücher den schlechten Konkurrenz gemacht. Heute würden sich zu viele gute Bücher gegenseitig bekämpfen. Immer mehr Verlage bringen immer mehr Titel auf den Markt. Doch den Bärenanteil unter den Lesern okkupieren auf 50 Jahre hinaus einige wenige Bestseller.

(...)

Wirtschaftlicher Erfolg scheint nicht allein vom Genre abzuhängen, sondern auch davon, ob es überhaupt gelingt, die Linie eines Verlags in seinen Büchern sichtbar zu machen. Vieles spricht immer noch gegen die verbreitete Annahme, Geld ließe 55 sich heute nur noch mit Sachbüchern verdienen. Aber man kann es auch fast zur Regel machen, daß gerade jene Verlage in Schwierigkeiten stecken, die ein unschlüssiges Programm besitzen. Nicht die Kaufleute, sondern die Lektoren sind also in Zukunft gefordert. Mehr denn je, so hört man in diesem Herbst, hänge eben vom Konzept ab. Oder um es in den Worten eines Verlegers zu sagen: „Wo man ent- 60 schlossen bei der Sache ist, sehen die Leute auch wieder hin."

Aus: Johann Michael Möller: Eines Sommers Blüte. Beobachtungen auf dem Buchmarkt. In: Frankfurter Allgemeine Zeitung, 9. 10. 1989.

Arbeits-
vorschläge

1. Möllers „Beobachtungen" kommentieren die Frankfurter Buchmesse des Jahres 1989. Welche Veränderungen des literarischen Marktes stellt Möller fest, wie beurteilt er diese?

2. Sammeln Sie Zeitungsberichte und -kommentare zur neuesten Frankfurter oder Leipziger Buchmesse in den großen Tageszeitungen, und untersuchen Sie das Material im Hinblick auf die gebotenen Sachinformationen, die Bewertung der Messe und die jeweilige Zukunftsperspektive für das Buch.

NEIL POSTMAN: Wir informieren uns zu Tode (1992)

Von der Telegraphie und der Photographie im 19. Jahrhundert bis zum Silikon-Chip im 20. Jahrhundert hat alles zur Verstärkung des Informationsgetöses beigetragen, bis es so weit gekommen ist, daß die Information für den gewöhnlichen Menschen keinerlei Beziehung mehr zur Lösung von Problemen besitzt. Die Verbindung zwi-
5   schen Information und Handeln ist gekappt. Information ist heutzutage eine Ware, die man kaufen und verkaufen kann, die man als eine Form von Unterhaltung nutzen oder sich anziehen kann wie ein Kleidungsstück, mit dem man den eigenen Status erhöht. Aus Millionen von Quellen auf dem ganzen Erdball, aus jedem erdenklichen Kanal und jedem erdenklichen Medium – Lichtwellen, Ätherwellen,
10   Telexstreifen, Datenbanken, Telephondrähte, Fernsehkabel, Satelliten, Druckmaschinen – sickert Information hervor. Dahinter hält sich in jeder erdenklichen Form von Speicher – auf Papier, auf Video- und Audiobändern, auf Platten, Film und Silikon-Chips – eine noch viel größere Masse abrufbarer Information bereit. Die Information ist zu einer Art Abfall geworden. Sie trifft uns wahllos, richtet sich
15   an niemand Bestimmten und hat sich von jeglicher Nützlichkeit gelöst; wir werden von Information überschwemmt, sind nicht mehr imstande, sie zu beherrschen, wissen nicht, was wir mit ihr tun sollen. Und zwar deshalb nicht, weil wir keine kohärente Vorstellung von uns selbst, von unserem Universum und von unserer Beziehung zueinander und zu unserer Welt besitzen. Wir wissen nicht mehr, woher
20   wir kommen und wohin wir gehen und warum. Wir verfügen über keinen kohärenten Rahmen, an dem wir uns orientieren können, wenn wir unsere Probleme definieren oder nach Lösungen für sie suchen wollen, und haben deshalb auch keine Maßstäbe, mit denen wir beurteilen könnten, was sinnvolle, nützliche oder relevante Information ist. Unsere Abwehrmechanismen gegen die Informationsschwemme
25   sind zusammengebrochen; unser Immunsystem gegen Informationen funktioniert nicht mehr. Wir leiden unter einer Art von kulturellem Aids. Die Informationstechnologien des 20. Jahrhunderts haben das alte Problem der Information auf den Kopf gestellt: Während die Menschen früher nach Informationen suchten, um die Zusammenhänge ihres wirklichen Lebens zu bewältigen, erfin-
30   den sie heute Kontexte, in denen ansonsten nutzlose Informationen scheinbar nutzbringend angewendet werden können.
(…)
Die Informationsschwemme führt auch zu einem wachsenden Gefühl von Ohnmacht. Die Nachrichtenmedien berichten uns über die Probleme im Nahen Osten,
35   in Nordirland, in Jugoslawien. Wir hören von der Zerstörung der Ozonschicht und der Vernichtung der Regenwälder. Wird nun von uns erwartet, daß wir selber etwas unternehmen? Die meisten von uns können bei der Lösung solcher Probleme nicht aktiv werden. Und so wächst bei den Menschen ein Gefühl der Passivität und Unfähigkeit, das unweigerlich in ein verstärktes Interesse an der eigenen Person mündet.
40   Wenn man in der Welt nichts auszurichten vermag, kann man doch zumindest sich selbst verändern. Man kann abnehmen, man kann sich die Haare anders färben, man kann die Form der eigenen Nase oder die Größe der eigenen Brüste verändern. Daraus, daß man tausend Dinge kennt und weiß und nicht imstande ist, Einfluß auf

sie zu nehmen, erwächst ein eigenartiger Egoismus. Schlimmer: Die meisten Menschen glauben immer noch, Information und immer mehr Information sei das, was die Menschen vor allem benötigen. Die Information bilde die Grundlage all unserer Bemühungen um die Lösung von Problemen. 45

Aber unsere wirklich ernsten Probleme erwachsen nicht daraus, daß die Menschen über unzureichende Informationen verfügen. Wenn es zu einer Nuklearkatastrophe kommt, dann nicht wegen unzulänglicher Information. Wo Menschen verhungern, geschieht das nicht wegen unzureichender Information. Wenn Familien zerbrechen, wenn Kinder mißhandelt werden, wenn zunehmende Kriminalität eine Stadt terrorisiert, wenn sich das Erziehungswesen als ohnmächtig erweist, so nicht wegen mangelnder Information, sondern weil wir kein zureichendes Bewußtsein davon entwickeln, was sinnvoll und bedeutsam ist. 50

Um dieses Bewußtsein zu entwickeln, brauchen die Menschen eine glaubwürdige „Erzählung". Unter „Erzählung" verstehe ich hier eine Geschichte über die Geschichte der Menschheit, die der Vergangenheit Bedeutung zuschreibt, die Gegenwart erklärt und für die Zukunft Orientierung liefert. Eine Geschichte, deren Prinzipien einer Kultur helfen, ihre Institutionen zu organisieren, Ideale zu entwickeln und ihrem Handeln Autorität zu verleihen. Die Information als solche ist keine Erzählung, und sie verdeckt in der gegenwärtigen Situation nur die Tatsache, daß die meisten Menschen nicht mehr an eine Erzählung glauben. 55

Aus: Neil Postman: Wir informieren uns zu Tode. In: DIE ZEIT, 2. 10. 1992.

**Arbeits-
vorschläge** **1.** Wie ist das „Informationsgetöse" entstanden, welche Folgen sind daraus erwachsen, welche Defizite der heutigen menschlichen Gesellschaft stellt Postman fest?

2. Nehmen Sie selbst zu der Ansicht des Verfassers Stellung, daß die Menschheit „unter einer Art von kulturellem Aids" leidet.

Text 4 GÜNTER KUNERT: Warum lesen wir? (1984)

Warum lesen wir?

Wir lesen ganz gewiß nicht Proust oder Kafka, um über den Salon der „Belle epoque" unterrichtet zu werden oder aus philologischem Interesse am Prager Kanzleistil. Sobald wir uns lesend einem Buch hinzufügen oder beigesellen, erleben wir eine Unio mystica, ein Einswerden mit dem Text, indem wir ihn aus seinem Zustand zeichenhafter Abstraktion erlösen und in unserem Kopf zu Bildern verwandeln, in denen wir persönlich auf nicht ganz geheure Art anwesend sind. Wer diesen Vorgang für trivial hält, ist durch „Wissenschaftlichkeit" erblindet. Ich jedenfalls finde für diesen Vorgang nur eine Analogie: die Initiation. Es ist wie eine Einweihung in ein und Teilnahme an einem Mysterium. 5

Schillers Sentenz über die Geschichte, sie sei das, was sich nie begeben habe und immer begibt, trifft auch auf die Literatur zu. Und wir, als Leser, nehmen teil an dem, was sich niemals begab und dennoch immer begibt. Und unsere inständige, innige Teilhaberschaft daran beweist unsere Mythengebundenheit: weil wir an 10

etwas teilnehmen, das weder Progreß noch Evolution kennt, da es sich ja nie und
15 nimmer begeben hat.

Unser tägliches und recht alltägliches Leben wird dadurch erst erträglich, daß wir es
zu unserer Lektüre in Beziehung setzen. Nicht allein, daß die Figuren der Literatur
unser Leid teilen, wir teilen auch das ihre in einem reziproken Prozeß, der uns die
Illusion vermittelt, wir hätten „mehr" gelebt. Wir glauben, wir hätten an Lebensfül-
20 le gewonnen, wir seien reicher oder tiefer oder sensibler geworden, ja, wir glauben
sogar, wir hätten an Erfahrung zugenommen, obschon wir diese Erfahrungen selber
gar nicht gemacht haben. Durch den Focus der Literatur erleben wir unsere
Umwelt, unsere Umgebung. Unsere Vorstellungen von Glück, von Freundschaft,
von Liebe, von Menschlichkeit sind geprägt von Literatur. Wir werten, messen und
25 wägen auch, ich betone das „auch", nach unbewußt gewordenen Leitbildern, nach
Leitmotiven, von denen unser Wissen nichts mehr weiß. Insofern steht unsere individuelle Existenz unter einem mythischen Aspekt. Denn der Mechanismus, der
unser Erfahrungsvermögen bestimmt, ist seit Urzeiten kaum verändert. Wir haben
die Welt zwar entgöttert und um ihr Geheimnis gebracht, stellen wir fest, aber unse-
30 re Unterwerfung unter scheinrationale Fiktionen und unsere Sehnsucht nach
Geheimnis sind erhalten geblieben. Ja, alle Naturwissenschaft, welche uns die sogenannten Welträtsel erklärt hat, vermochte nicht, uns unser Dasein als Menschen
und das Universum, in dem wir uns aufhalten, wirklich begreiflicher zu machen. Im
Gegenteil: Je mehr Hypothesen, je mehr Zahlen wir anhäufen, je mehr Forschungs-
35 ergebnisse vorliegen, um so mysteriöser wird unser Sein und das der Natur.

Literatur versetzt uns in die Lage, unseren eigenen Lebenskreis fiktiv und doch
glaubwürdig zu überschreiten, ein Geschehen, das, obschon enorm abgeschwächt,
noch etwas von den urtümlichen Mysterien birgt: Was einst die Mimesis von Tod
und Wiedergeburt war, besteht nun für den Lesenden darin, daß er mit den Figuren
40 seiner Lektüre stirbt und doch am Leben bleibt. Doch der Sinn der Sache ist nicht,
sich durch Lesen auf das Unausdenkbare vorzubereiten. Zu diesem Zweck kaufte
niemand ein Buch. Der Sinn, wie ich denke, liegt einfach darin, daß die völlige Sinnlosigkeit und Grundlosigkeit des eigenen Lebens aufgehoben wird in der Schlüssigkeit des durch ästhetische Ordnung stringenten und teleologisch gewordenen Seins.

Aus: Günter Kunert: Warum lesen wir? In: Frankfurter Allgemeine Zeitung, 5. 5. 1984.

1. Beschreiben Sie mit Ihren Worten, worin Kunert die Bedeutung des Lesens fiktionaler Literatur sieht.

2. Wenn Sie die Lektüre eines Gedichts, einer Erzählung, eines Romans oder eines
Dramas in besonderer Weise beeindruckt hat: Versuchen Sie, sich in selbstgewählter
mündlicher oder schriftlicher Form (z. B. Referat, Rezension, Tagebucheintragung,
Essay) darüber zu äußern.

Arbeits-
vorschläge
zum
Gesamt-
kapitel

1. Eine beim Fernsehpublikum besonders beliebte Sendereihe ist die Kriminalserie „Tatort". Schreiben Sie, nachdem Sie eine Folge gesehen haben, eine Fernsehkritik. Berücksichtigen Sie dabei die verschiedenen Aufgaben eines Kritikers und auch die Wertungsaspekte (vgl. Text 3, S. 221).

2. Bitten Sie den Geschäftsführer/die Geschäftsführerin einer örtlichen Buchhandlung um ein Gespräch. Fragen Sie sowohl nach den aktuellen wirtschaftlichen Problemen des Buchhandels als auch nach Beobachtungen zur Klientel dieser Buchhandlung (Gruppen der Bücherkäufer, Veränderungen der Kauf- und Lesegewohnheiten in den letzten Jahren). Referieren Sie über die Ergebnisse Ihres Gesprächs im Kurs.

3. Hilmar Hoffmann, der Geschäftsführer der „Stiftung Lesen" benennt die Aufgabe der von ihm geleiteten Institution auf folgende Weise: „(...) die vom pausenlosen Bildschirmgeflimmer geistig verödeten Nichtleser sollen nach Möglichkeit fürs Lesen zurückgewonnen werden" (Frankfurter Allgemeine Zeitung, 6. 10. 1993).
Erörtern Sie auf der Grundlage der gelesenen und besprochenen Texte dieses Kapitels, aber auch Ihrer eigenen Beobachtungen, diese Zielvorstellung und deren Chancen auf Realisation.

4. Nehmen Sie selbst zu Ihrem persönlichen Leseverhalten in essayistischer Form Stellung. Gehen Sie dabei auch auf Institutionen ein (z. B. Elternhaus, Freunde, Schule), die Ihre Lektürewahl und Ihre Art des Lesens mitgeprägt haben.

Nachdenken über Sprache

Carlo Carrà: Manifestazione interventista (1914)

In dem satirischen Roman „Gulliver's Travels" (1726) von Jonathan Swift berichtet der Ich-Erzähler von seinem Besuch bei der Akademie von Lagado auf einer seiner „Reisen zu mehreren entlegenen Völkern der Erde", wo „Projektemacher" sich mit verschiedenen Erfindungen beschäftigen. Eines dieser Projekte besteht darin, zur Verbesserung der Sprache die Wörter ganz abzuschaffen, da diese ja „nur Bezeichnungen für Dinge sind", und statt dessen sich direkt „mittels Dingen zu äußern". Swift persifliert damit aufklärerische Bestrebungen, Sprache und Kommunikation zu versachlichen, aber hinter dem Vorschlag einer Abschaffung der Wörter wird zugleich eines der zentralen Probleme sichtbar, auf welches das Nachdenken über Sprache gestoßen ist: die Frage nach dem **Zusammenhang zwischen Wort und Wirklichkeit**, verba und res, Begriff und Sache.

In Swifts Satire wird eine Auffassung deutlich, die Sprache auf ihre bloße Benennungsfunktion reduziert und damit von allem „entzaubert" hat, was **Religion und Mythos** in ihr gesehen haben. Im biblischen Schöpfungsbericht ist das Wort Gottes zugleich auch ein Wirklichkeit schaffender Akt, ist Sprache also eine Ausdrucksform des göttlichen Logos. Der Mensch wird als sprachliches Wesen geschaffen, der den Geschöpfen Gottes ihre Namen gibt und damit zugleich deren Wesen erkennt: Mit dem Schöpfungsakt entsteht eine menschliche Sprache, die die Wirklichkeit „richtig" benennt. Auch in dem Glauben an die magische Kraft der Namen, die in den Zaubersprüchen und Tabus sichtbar ist, wie auch in dem jüdischen Verbot, den Namen Gottes auszusprechen, zeigt sich die Vorstellung einer Wesenverbindung von Wort und Wirklichkeit, die das Denken der Menschen in ihrer kulturellen Entwicklung lange bestimmt hat.

Mit dem Zweifel an einem göttlich bestimmten oder naturgegebenen Zusammenhang zwischen Wort und Wirklichkeit setzt bei den Griechen das **philosophische Nachdenken** über Sprache ein. Für die Sophisten sind die Wörter nur konventionell, durch Übereinkunft festgelegte Zeichen, die der Verständigung dienen. Plato hat in seinem „Kratylos" dieser Position die Auffassung gegenübergestellt, daß es einen Zusammenhang zwischen dem „richtigen" Benennen und der Erkenntnis des Wesens der Wirklichkeit gibt, und damit die Sprachverwendung zugleich der Aufgabe der Wahrheitsfindung untergeordnet.

Warum spricht die Menschheit aber **verschiedene Sprachen**, wenn sie doch nach mythischen und religiösen Vorstellungen einen gemeinsamen **Ursprung** hat und auch Philosophen wie Plato an der Idee einer natürlichen Verbindung von Wort und Wirklichkeit festhalten? Die Antworten reichen von der biblischen Erzählung über die Verwirrung der Sprache als Strafe für die Hybris des Turmbaus zu Babel über die schon von Epikur vertretene Auffassung von den unterschiedlichen Eindrücken und Vorstellungen der verschiedenen Völker von der Wirklichkeit, die im Benennen zum Ausdruck kommen, bis zu modernen Untersuchungen über die Zusammenhänge zwischen **Sprachstrukturen und Weltbildern**. Zu den Versuchen, eine gemeinsame „Ursprache" der Menschheit zu entdecken, gehören auch jene Experimente, Kinder ohne Sprachkontakt aufwachsen zu lassen, wie sie nach dem Bericht des griechischen Geschichtsschreibers Herodot der ägyptische König Psammetich I. und nach der Darstellung eines mittelalterlichen Chronisten der Stauferkaiser Friedrich II. durchführen ließen.

Im Unterschied zu solchen Experimenten fragte das philosophische Denken der Aufklärung weniger nach der „Ursprache" der Menschheit als vielmehr nach der Erklärung ihrer Entstehung, ihrem Ursprung. Herder sah in seiner berühmten Abhandlung den Grund für das Entstehen der Sprache in der „Besonnenheit" des Menschen, seiner Fähigkeit, Eindrücke der Wirklichkeit festzuhalten und seiner inneren Vorstellung im Wort Ausdruck zu geben. Die Frage nach dem Ursprung der Sprache ist damit zugleich eine nach dem **Wesen des Menschen**, seiner geistig-seelischen Natur und seiner Beziehung zur Außenwelt. Wie faszinierend diese Frage aber auch heute noch ist, zeigen Versuche, durch Verbindung evolutionsgeschichtlicher, sprachpsychologischer und -soziologischer Erkenntnisse die Entstehung menschlicher Sprache zu rekonstruieren.

Bereits in der griechischen Antike war die Sprache aber nicht nur Gegenstand philosophischer Reflexion, sondern auch einer an der Verwendung orientierten Untersuchung und Beschreibung. Bauformen und Regeln der Sprache wurden in **Grammatiken** beschrieben, die eine Grundlage für eine Kategorisierung und Klassifizierung geschaffen haben, welche über die lateinische Terminologie bis in die heutige Zeit nachgewirkt hat. Unter dem Einfluß der Romantik entstand zu Beginn des 19. Jahrhunderts eine **Sprachwissenschaft**, die ihr Interesse vor allem auf die Erforschung der **geschichtlichen Entwicklung der Nationalsprachen** richtete. Im Gegensatz zu dieser **diachronen** Betrachtung von Sprache richtete sich das Interesse der Sprachwissenschaft seit Beginn des 20. Jahrhunderts vor allem auf die Beschreibung von Sprache als **Zeichensystem**, dessen Strukturen man erforschen wollte. Bahnbrechend war dabei die von dem Genfer Sprachwissenschaftler Ferdinand de Saussure verwendete **strukturale Methode**, die von den verschiedenen Richtungen der modernen Linguistik ausgebaut und weiterentwickelt wurde. Die Fortschritte in der Beschreibung des Sprachsystems auf der Laut-, Wort- und Satzebene lieferten allerdings noch keine Antwort auf die Frage, wie man die Fähigkeit eines Sprechers **(Kompetenz)** erklären kann, Sätze zu bilden und zu verstehen. Von großem Einfluß war deshalb der Versuch des amerikanischen Linguisten Noam Chomsky, der **syntaktische Strukturen** als Regeln der Sprachproduktion untersuchte **(generative Grammatik)**.

Mit der Verschiebung der Blickrichtung vom Sprachsystem (langue) auf die Sprachkompetenz wurde allerdings deutlich, daß die **Sprachverwendung** (parole) nicht nur durch Strukturen und Regeln des Zeichensystems erklärt werden kann, sondern nur durch eine Erforschung der vielfältigen Zusammenhänge zwischen der **Sprache und der Lebenswelt**. Unter Einbeziehung biologischer, psychologischer, soziologischer und kommunikationswissenschaftlicher Erkenntnisse und Methoden entstanden Teildisziplinen der Linguistik, welche die komplexen Dimensionen der Sprache sichtbar machten: Psycholinguisten untersuchten die physisch-psychischen Voraussetzungen des Spracherwerbs, Soziolinguisten zeigten die Bedeutung der sozialen Herkunft für die Entwicklung von Sprachkompetenz auf, und Pragmalinguisten beschrieben Regeln des sprachlichen Handelns.

Sprache und Sprachgebrauch sind nicht nur Gegenstand wissenschaftlicher Forschung, sondern auch kritischer Auseinandersetzungen in der öffentlichen Diskussion. **Sprachkritik** ist dabei oft Teil einer Ideologie-, Kultur- und Gesellschaftskritik, die in der Sprache einen Spiegel für die Veränderungen des politisch-gesellschaftlichen und kulturellen Lebens sieht. Der Bewertung von Entwicklungstendenzen der Sprache und des Sprachgebrauchs liegen aber oft Normen und Denkmuster zugrunde, die wiederum kritisch diskutiert werden sollten.

1. Wesen und Ursprung

Text 1 DORIS F. JONAS/A. DAVID JONAS: Das erste Wort (1979)

Bei der Erklärung geschlechtsspezifischer Unterschiede in der Lese- und Rechtschreibschwäche gelangten die Anthropologin Doris F. Jonas und der Psychologe A. David Jonas zu Hypothesen über den evolutionsgeschichtlichen Ursprung der Sprache. Durch die Haarlosigkeit der Haut sei die Frühmenschenfrau gezwungen gewesen, ihr Baby auf dem Arm zu tragen. Da der menschliche Herzschlag eine beruhigende Wirkung auf Säuglinge hat, dürften die Frühmenschenfrauen ihre Kinder überwiegend links getragen haben. Die daraus resultierende Asymmetrie in der Geschicklichkeit der Hände habe durch Rückkopplungsprozesse zu einer Asymmetrie der beiden Gehirnhemisphären geführt, die durch Störungen der Sprachfähigkeit bei Schlaganfällen nachgewiesen ist.

Was geschieht nun, wenn eine Primatenabart das für soziale Belange so wichtige Fell im Laufe vieler Generationen verliert? Die beim Menschen auftretende Haarlosigkeit (…) erforderte eine Umstellung des für alle Primaten so wichtigen sozialen Austauschs. Ähnlich wie das Modell der gegenseitigen Bindung zwischen Mutter und Kind bei den Primaten das spätere soziale Verhältnis der erwachsenen Indivi- 5 duen bestimmt, könnten sich neue Verhaltensweisen herausgebildet haben: Beispielsweise könnten die Frauen dieselben beruhigenden Laute, die Mutter und Kind austauschten, allmählich auch gegenüber Erwachsenen gebraucht haben. In dieser Weise könnte der sozial gefärbte Lallaustausch die Bindungstendenzen des Frühmenschen kanalisiert haben. Ein Informationsaustausch war in dieser Phase nicht 10 notwendig, da Primatengesten diesen Notwendigkeiten vollauf gerecht wurden. Aber als Intonationskonturen dem Lallen eine größere Variationsbreite vermittelten, war es nur ein kleiner Schritt, Aufforderungen, Drohungen, Bejahen, Verneinen u. v. a. mit Veränderungen des Tones anzudeuten. Wenn wir uns noch Emphase und begleitende Gestik und Mimik hinzudenken, haben wir den Beginn einer Spra- 15 che, noch bevor der Stimmapparat den Entwicklungsgrad des modernen Menschen erreicht hat.
Den frühmenschlichen Männern standen dieselben vokalen Ausdrucksmöglichkeiten zur Verfügung, aber es fehlte ihnen die durch Hormone in Gang gesetzte, vorprogrammierte Einprägung, Laute zu produzieren. Dieser geschlechtsbedingte 20 Unterschied im Spracherwerb dürfte auch eine Parallele in einem gegenüber Mädchen und Jungen differenzierten Verhalten der Mutter gehabt haben, wie das ähnlich auch bei den Menschenaffen der Fall ist. Die Schimpansenmädchen bleiben länger bei ihrer Mutter als die Jungen; sie helfen bei der Pflege später geborener Kinder; auch wenn sie erwachsen sind, wahren sie ihre Bindung an die Mutter. Eine 25 Kontinuität dieser unterschiedlichen Haltung kann bis zum modernen Menschen

verfolgt werden, wenn auch die Erklärung dafür im allgemeinen auf kulturelle Ver-
stärker bezogen wird. Im Gegensatz dazu dürften sich die Jungen auch von der
Frühmenschenmutter früher gelöst haben: Das Verhalten von Knaben war der
30 Umwelt angepaßt.

Könnten wir eine solche frühmenschliche Gruppe besuchen, so würden wir vielleicht Ähnlichkeiten mit Indianern feststellen können, die sich mit Hilfe von Gesten
unterhalten und nur selten den bekannten „ugh"-Laut von sich geben. Ihre Männlichkeit ist durch Schweigen gekennzeichnet. Geschwätzigkeit ist Sache der Frauen
35 und Kinder. Es könnte sehr wohl so gewesen sein, daß der frühmenschliche Mann
eine Tugend aus seiner Sprachuntüchtigkeit machte, zumal seine Hauptaufgabe, die
Jagd, sowieso komplette Stille erforderte.

Diese frühgeschichtliche Differenzierung hinsichtlich der Lautbildung mag ihren
eigenen Selektionsdruck auf die Frühmenschen ausgeübt haben: Für die Frauen
40 ging er in Richtung auf eine sich stetig verbessernde Lautgestaltung, für die Männer
hingegen in Richtung auf eine stetig sich verbessernde Raumorientierung. (…)

All das bestärkt uns in der sich aus der Stammesgeschichte ergebenden Sicht, daß
der Ursprung der Sprache noch vor der rapiden Expansion des Großhirns anzuset-
zen ist. Die von der Neurinde bewirkte Förderung der Denkfähigkeit erfolgte, als
45 die Sprachfähigkeit schon einen gewissen Grad der Entwicklung erreicht hatte. Die
sich neu eröffnenden Möglichkeiten, Gesten durch Lautgebilde zu ersetzen, hatten
vielmehr einen stimulierenden Einfluß auf das zentrale Nervensystem, das seinerseits durch positive Rückkopplung die Weiterentwicklung der Sprache förderte. In
dieser Weise schaukelten sich beide Systeme auf einer exponentialen Kurve höher
50 und höher, bis sie in historischer Zeit ein Höchstmaß erreichten.

Aus: Doris F. und A. David Jonas: Das erste Wort. Wie die Menschen sprechen lernten. Hamburg 1979.

Text 2   HELMUTH PLESSNER: Conditio humana (1961)

Im Einleitungskapitel zur „Propyläen Weltgeschichte" hat der Philosoph Helmuth Plessner
(1892–1985) seine Vorstellungen von der „conditio humana" zusammengefaßt. Im Unterschied zum Tier, das durch instinktgesteuerte Wahrnehmungen und Verhaltensweisen fest in
seiner Umwelt zentriert sei, habe der Mensch eine „exzentrische Position", die durch Welt-
Offenheit und Distanz zu sich selbst gekennzeichnet sei. Im Verhältnis des Menschen zur Welt
und zu sich selbst hat für Plessner die Sprache eine zentrale „vermittelnde" Bedeutung.

Wir gehören zu den lautproduzierenden Wesen, aber unser Lautschatz übertrifft die
anderen an Reichtum und Modulationsfähigkeit. Alles, was Tiere stimmlich von
sich geben, ist artspezifisch festgelegt und situationsgebunden, auch wenn es dem
ungeschulten Hörer nicht so vorkommt. Die Echolalie[1] bei manchen Vögeln, die
5 dann gern als Verstellung und Nachahmung gedeutet wird, begründet keinerlei
Ausnahme von dieser Regel. Jede Lautgebung hat einen im wahrsten Wortsinne
expressiven Charakter, das Tier macht seiner Erregung Luft und teilt sie dadurch
anderen mit, Artgenossen wie Fremden, Freunden wie Feinden. Ihr Effekt ist also
immer eine Kundgabe, deren biologische Funktion je nach Lage verschieden sein
10 kann: Lockruf, Warnlaut, Angstlaut, Nestruf, vielleicht auch Drohung und Impo-

1 Echolalie: (mechanische) Wiederholung von Wörtern und Sätzen

niergehabe. Der ausgestoßene Laut kehrt zum Ohr zurück. Schon Herder hat es für nötig befunden, auf diese Selbstverständlichkeit hinzuweisen, denn hier liegt ein Ansatz für die Entwicklung der stimmlichen Artikulation. Produktion erscheint unmittelbar als Produkt. Für Tiere hat dieser Kreisprozeß offenbar eine Grenze. Er erregt sich selber, wie er andere erregt. Durch die Lautäußerung wird eine mit- 15 schwingende Gemeinsamkeit erzeugt, die Impulse direkt überträgt. Es läßt sich vermuten, daß zwischen lautlosen Wesen andere Übertragungsweisen bestehen, durch Farben, durch Fühler„sprache" und Bewegungen (Schwänzeltänze etwa bei Bienen).

Es kann nur Verwirrung stiften, wenn derartige Kontaktformen Sprachen genannt 20 werden. Sprache sagt aus und stellt dar. Sie ist also immer auf Sachverhalte bezogen, denen Worte und Wortverbindungen zugeordnet sind. Als Träger von Bedeutungen von diesen ablösbar und durch andere Träger wie Schriftzeichen, aber auch andere Zeichensysteme zu ersetzen, haben sie für die Bedeutungen verkörpernde Funktion. Worte meinen, während Laute allenfalls einen Zustand auszudrücken 25 und dadurch zu signalisieren vermögen. Ein Schrei, ein Juchzer, Schluchzen und Stöhnen, Gurgeln und Grunzen gehören zu Zuständen und Situationen, haben also von daher Sinn, aber sie tragen ihn nicht. Ihre Ansteckungskraft (man denke an Lachen, Weinen, Gähnen, Husten) übermittelt nichts. Demgegenüber figuriert das Signal als bloße Anzeige. Auf Grund einer getroffenen Regelung ist ihm eine festge- 30 legte Bedeutung zugeordnet: Strecke blockiert, Eisenbahnübergang. Die Zuordnung geschieht dann aber gerade unter Beiseitelassen sprachlicher Mittel, das Signal vermeidet das Wort. Immerhin signalisiert auch das Wort selbst eine Bedeutung, vermag aber durch seine Einfügung in variationsfähige Wortzusammenhänge (Sätze) seine Bedeutung vom Ganzen her zu ändern, zu verschärfen und 35 Sachverhalte zu besagen. Sprechen bezieht sich auf die Entfaltung solcher Sachverhalte im Wege situationsunabhängiger und in fixierten Lautgebilden verkörperter Äußerungen, die dem Sprechenden als Zeichen zur Verfügung stehen.

Sprachliche Mitteilung läuft somit über eine Darstellung. Diese setzt die Fähigkeit voraus, das Gemeinte und das Mittel, mit dem man es meint, voneinander abzuhe- 40 ben, das heißt, das Wovon der Rede und das Womit der Rede als zueinander passende oder nicht passende, adäquate oder inadäquate Sachbereiche zu behandeln. Ohne das Vermögen der Versachlichung gibt es ebensowenig Sprache und Sprechen wie Werkzeugerfindung. In beiden Richtungen des Umgehens mit Dingen und Wesen seinesgleichen ist der Sinn für Instrumentalität eine conditio sine qua non, 45 handelt es sich nun um die eigene Hand oder um die Laute, die ich willkürlich produzieren kann.

(...)

Im Mittel sprachlichen Ausdrucks wird die Sache vergegenwärtigt, gefunden wie erfunden, gemacht wie entdeckt. Er hebt sich von ihr ab, da er in seiner Gliederung 50 immer zugleich das an ihr Ungesagte als Hintergrund mitvermittelt. Darin unterscheidet sich das verbale Bedeuten und Meinen von der Anzeige durch Signale oder von bloßer Etikettierung. Für einen streng ritualisierten, konventionell festgelegten und überwachten Sprachgebrauch, dem wir in altertümlichen sakralen Hochkulturen als privilegierten Hochsprachen, aber auch in primitiven und starren Verhältnis- 55

sen begegnen, ist dieser Zug vermittelter Unmittelbarkeit an der Sprache dem Sprechenden verdeckt. In unserer offenen, vielen umwandelnden Einflüssen ausgesetz-
ten Sprachwelt verrät er sich dagegen bei jeder Gelegenheit, in der Suche nach dem
treffenden Ausdruck, in der ständigen Bemühung um Klarheit und Korrektheit,
60   beim Erlernen einer Fremdsprache, bei Übersetzungen. Sprache verdeckt die Sache
wie ein Kleid und bildet zugleich ihr Skelett, das ihr zur Aussagbarkeit und Figur
verhilft. Sprache artikuliert, zerstückelt und tut der ungeteilten Sache, dem Gegenstand „selbst", Gewalt an und folgt ihr doch nur, schmiegt sich ihr an, läßt sie
erscheinen, entbirgt sie.

65   Sprache wahrt als Ausdruck vermittelter Unmittelbarkeit die Mitte zwischen der
zupackenden, greifenden und gestaltenden Hand, dem Organ der Distanz und ihrer
Überbrückung, und dem Auge als dem Organ unmittelbarer Vergegenwärtigung.
Sprache steht aber nicht etwa nur zwischen diesen Funktionen, sondern verschmilzt
sie auf eine neue, in ihnen beiden nicht vorgegebene Weise. Ihr packender Zugriff
70   macht sichtbar und evident, ist Hand und Auge in einem. Die Metapher selbst ist
ihre spezifische Leistung: Sprache überträgt, schiebt sich an Stelle von etwas, ist das
repräsentierende Zwischenmedium in dem labil-ambivalenten Verhältnis zwischen
Mensch und Welt.

Aus: Helmuth Plessner: Conditio humana. In: Golo Mann u. Alfred Heuß (Hrsg.): Propyläen Weltgeschichte. 1. Bd. Frankfurt/M. u. Berlin 1961.

Arbeits-
vorschläge

zu Text 1   **1.** Wie erklären die beiden Forscher die Entstehung der Sprache?

2. Auf welche Beobachtungen stützen sie sich dabei, welche Folgerungen ziehen sie
daraus? Diskutieren Sie über die Überzeugungskraft dieser Methode.

zu Text 2   **1.** Worin unterscheidet sich das „Wort" von tierischen Lauten und den von Menschen vereinbarten Signalen?

2. Untersuchen Sie, mit welchen Bildern und Vergleichen Plessner Wesen und Leistungen der menschlichen Sprache sichtbar machen möchte.

3. Klären Sie im Gespräch, was Sprache als „Instrument" in der Beziehung des
Menschen zur „Welt" leisten kann.

2. Sprache – Denken – Wirklichkeit

Text 1 UMBERTO ECO: Die Welt als Buch* (1984)

William von Baskerville, ein gelehrter Franziskanermönch, kommt mit seinem Schüler Adson als Sonderbeauftragter des Kaisers in eine Benediktinerabtei, um ein vermittelndes Gespräch zwischen den Abgesandten des Papstes und Franziskanermönchen zu führen, das den Verdacht der Ketzerei abwenden soll. Auf dem Weg zur Abtei begegnen ihnen aufgeregt gestikulierende Mönche, denen William erklärt, wo sie das Pferd des Abtes finden werden. Die Mönche sind völlig verwundert, daß William nicht nur weiß, daß sie das Pferd suchen, sondern daß er ihnen auch noch dessen Aussehen beschreibt, ohne es gesehen zu haben, und den Namen des Tiers kennt. William klärt seinen Schüler auf, wie er zu diesem Wissen gelangt ist.

„Mein lieber Adson", antwortete er, „schon während unserer ganzen Reise lehre ich dich, die Zeichen zu lesen, mit denen die Welt zu uns spricht wie ein großes Buch. Meister Alanus ab Insulis[1] sagte: *omnis mundi creatura/quasi liber et pictura/nobis est et speculum[2]*, und dabei dachte er an den unerschöpflichen Schatz von Symbolen, mit welchen Gott durch seine Geschöpfe zu uns vom ewigen Leben   5 spricht. Aber das Universum ist noch viel gesprächiger, als Meister Alanus ahnte, es spricht nicht nur von den letzten Dingen (und dann stets sehr dunkel), sondern auch von den nächstliegenden, und dann überaus deutlich. Ich schäme mich fast, dir zu wiederholen, was du doch wissen müßtest: Am Kreuzweg zeichneten sich im frischen Schnee sehr klar die Hufspuren eines Pferdes ab, die auf den Seitenpfad zu 10 unserer Linken wiesen. Schön geformt und in gleichen Abständen voneinander, lehrten sie uns, daß der Huf klein und rund war und der Galopp von großer Regelmäßigkeit, woraus sich auf die Natur des Pferdes schließen ließ und daß es nicht aufgeregt rannte wie ein scheuendes Tier. An der Stelle, wo die Pinien eine Art natürliches Dach bildeten, waren einige Zweige frisch abgeknickt, genau in fünf 15 Fuß Höhe. An einem der Maulbeersträucher – dort, wo das Tier kehrtgemacht haben mußte, um den rechten Seitenpfad einzuschlagen mit stolzem Schwung seines prächtigen Schweifes – befanden sich zwischen den Dornen noch ein paar tiefschwarze Strähnen … Und du wirst mir doch wohl nicht weismachen wollen, du habest nicht gewußt, daß dieser Seitenpfad zur Müllhalde führt; schließlich hatten 20 wir bereits von der unteren Wegbiegung aus den breiten Strom der Abfälle steil am Hang zu Füßen des Ostturms gesehen, der eine häßliche Spur im Schnee hinterließ. Und wie die Kreuzung lag, konnte der Pfad nur in diese Richtung führen."
„Gewiß", sagte ich, „aber der schmale Kopf, die feinen Ohren, die großen Augen …?"   25
„Ich weiß nicht, ob der Rappe sie wirklich hat, aber ich bin überzeugt, daß die Mönche es glauben. Meister Isidor von Sevilla[3] lehrt, die Schönheit eines Pferdes verlange, *ut sit exiguum caput, et siccum, pelle prope ossibus adhaerente, aures breves et argutae, oculi magni, nares patulae, erecta cervix, coma densa et cauda, ungularum*

1 Alanus ab Insulis (1120–1202): scholastischer Philosoph und Theologe
2 omnis mundi creatura …: Jedes Geschöpf der Welt ist für uns gleichsam ein Buch und Gemälde und Spiegel
3 Isidor von Sevilla (um 560–636): Erzbischof, letzter abendländischer Kirchenvater; faßte das gesamte Wissen seiner Zeit in dem Werk „Etymologiae" enzyklopädisch zusammen

30 *soliditate fixa rotunditas'*.[4] Wenn also das Pferd, dessen Spur ich gesehen, nicht wirklich das beste wäre im Stall der Abtei, wie erklärst du dir dann, daß nicht nur die Stallburschen nach ihm suchten, sondern der Bruder Cellerar höchstpersönlich? Und ein Mönch, der ein Pferd für hervorragend hält, kann gar nicht anders, als es – ungeachtet seiner natürlichen Formen – so zu sehen, wie es ihm die Auctoritates

35 beschrieben. Zumal!" – und hierbei lächelte er maliziös in meine Richtung – „wenn er ein belesener Benediktiner ist ..." – „Gut, gut", sagte ich, „aber wieso ‚Brunellus'?"

„Möge der Heilige Geist dir etwas mehr Grips in den Kürbis geben, mein Sohn!" rief der Meister aus. „Welchen Namen hättest du ihm denn sonst gegeben, wenn

40 selbst der große Buridan[5], der nun bald Rektor in Paris werden wird, keinen natürlicheren wußte, als er von einem schönen Pferd reden sollte?"

Aus: Umberto Eco: Der Name der Rose. München 1984.

Text 2   BENJAMIN L. WHORF: Bestimmt die Sprache unser Weltbild?* (1940)

Bei der Untersuchung von Schadensfällen einer Feuerversicherungsgesellschaft machte der Ingenieur Benjamin Lee Whorf eine interessante Entdeckung: Leere Benzinfässer wurden für ungefährlich gehalten, weil die alltagssprachliche Bedeutung des Begriffs „leer" („null und nichtig, kraftlos") eine solche Vorstellung nahelegte. Er fand dadurch die These des Sprachwissenschaftlers Edward Sapir (1884–1939) bestätigt, daß ein enger Zusammenhang zwischen einer bestimmten Sprache und dem Weltbild ihrer Benützer besteht. Um diesen Zusammenhang genauer zu erforschen, untersuchte Whorf vor allem die Sprache der Hopi, eines nordamerikanischen Stamms der Puebloindianer, und stieß dabei auf grammatikalische Strukturen, in denen seiner Meinung nach eine Wirklichkeitsauffassung zum Ausdruck kommt, die von der europäischen völlig verschieden ist. Whorfs Untersuchungen und seine sprachtheoretischen Folgerungen, die man als „Sapir-Whorf-Hypothese" bezeichnet hat, lösten eine kontroverse wissenschaftliche Diskussion aus.

Wir gliedern die Natur an Linien auf, die uns durch unsere Muttersprachen vorgegeben sind. Die Kategorien und Typen, die wir aus der phänomenalen Welt herausheben, finden wir nicht einfach in ihr – etwa weil sie jedem Beobachter in die Augen springen; ganz im Gegenteil präsentiert sich die Welt in einem kaleidoskopartigen

5 Strom von Eindrücken, der durch unseren Geist organisiert werden muß – das aber heißt weitgehend: von dem linguistischen System in unserem Geist. Wie wir die Natur aufgliedern, sie in Begriffen organisieren und ihnen Bedeutungen zuschreiben, das ist weitgehend davon bestimmt, daß wir an einem Abkommen beteiligt sind, sie in dieser Weise zu organisieren – einem Abkommen, das für unsere ganze

10 Sprachgemeinschaft gilt und in den Strukturen unserer Sprache kodifiziert ist. Dieses Übereinkommen ist natürlich nur ein implizites und unausgesprochenes, aber sein Inhalt ist absolut obligatorisch; wir können überhaupt nicht sprechen, ohne uns der Ordnung und Klassifikation des Gegebenen zu unterwerfen, die dieses Übereinkommen vorschreibt. (...)

---

4 ut sit exiguum ...: daß der Kopf schmal sei und trocken bei dicht auf den Knochen liegendem Fell, die Ohren kurz und spitz, die Augen groß, die Nüstern geöffnet, der Nacken aufgerichtet, Mähne und Schweif dicht, die Rundung der Hufe solide und fest
5 Buridan, Johannes (1300–1358): scholastischer Philosoph; wurde 1328 Rektor der Universität Paris

Diese Tatsache ist für die moderne Naturwissenschaft von großer Bedeutung. Sie 15
besagt, daß kein Individuum Freiheit hat, die Natur mit völliger Unparteilichkeit zu
beschreiben, sondern eben, während es sich am freiesten glaubt, auf bestimmte
Interpretationsweisen beschränkt ist. Die relativ größte Freiheit hätte in dieser
Beziehung ein Linguist, der mit sehr vielen äußerst verschiedenen Sprachsystemen
vertraut ist. Bis heute findet sich noch kein Linguist in einer solchen Position. Wir 20
gelangen daher zu einem neuen Relativitätsprinzip, das besagt, daß nicht alle Beobachter durch die gleichen physikalischen Sachverhalte zu einem gleichen Weltbild
geführt werden, es sei denn, ihre linguistischen Hintergründe sind ähnlich oder können in irgendeiner Weise auf einen gemeinsamen Nenner gebracht werden. (…)
Dieser ziemlich überraschende Schluß wird nicht so deutlich, wenn wir nur unsere 25
modernen europäischen Sprachen miteinander vergleichen und vielleicht zur
Sicherheit noch Latein und Griechisch dazunehmen. Unter diesen Sprachen
herrscht eine Einstimmigkeit der Grundstrukturen, die auf den ersten Blick der
natürlichen Logik recht zu geben scheint. Die Einhelligkeit besteht jedoch nur, weil
diese Sprachen alle indoeuropäische Dialekte sind, nach dem gleichen Grundriß 30
zugeschnitten und historisch überkommen aus dem, was vor sehr langer Zeit eine
Sprachgemeinschaft war; weil die modernen Dialekte seit langem am Bau einer
gemeinsamen Kultur beteiligt sind; und weil viele der intellektuelleren Züge dieser
Kultur sich aus dem linguistischen Hintergrund des Lateinischen und des Griechischen herleiten. Diese Sprachgruppe erfüllt daher die spezielle Bedingung des mit 35
„es sei denn" beginnenden Nebensatzes in der Formel des linguistischen Relati-
vitätsprinzips am Ende des vorhergehenden Absatzes. Aus dieser Sachlage ergibt
sich auch die Einstimmigkeit der Weltbeschreibung in der Gemeinschaft der modernen Naturwissenschaftler. Es muß aber betont werden, daß „alle modernen indoeu-
ropäisch sprechenden Beobachter" nicht das gleiche ist wie „alle Beobachter". 40
Wenn moderne chinesische oder türkische Naturwissenschaftler die Welt in den
gleichen Termini wie die westlichen Wissenschaftler beschreiben, so bedeutet dies
natürlich nur, daß sie das westliche System der Rationalisierung in toto übernommen haben, nicht aber, daß sie dieses System von ihrem eigenen muttersprachlichen
Gesichtspunkt aus mitaufgebaut haben. 45
Deutlicher wird die Divergenz in der Analyse der Welt, wenn wir das Semitische,
Chinesische, Tibetanische oder afrikanische Sprachen unseren eigenen gegenüber-
stellen. Bringen wir gar die Eingeborenensprachen Amerikas hinzu, wo sich einige
tausend Jahre lang Sprachgemeinschaften unabhängig voneinander und von der
Alten Welt entwickelt haben, dann wird die Tatsache, daß Sprachen die Natur in 50
vielen verschiedenen Weisen aufgliedern, unabweisbar. Die Relativität aller begriff-
lichen Systeme, das unsere eingeschlossen, und ihre Abhängigkeit von der Sprache
werden offenbar. (…)
Betrachten wir einige Beispiele. Im Englischen teilen wir die meisten Wörter in
zwei Klassen mit verschiedenen grammatikalischen und logischen Eigenschaften. 55
Die Klasse 1 nennen wir Substantive, z. B. „house, man"; die Klasse 2 Verben, z. B.
„hit, run" (schlagen, rennen). Viele Wörter der einen Klasse können sekundär als
solche der anderen dienen, z. B. „a hit, a run" (ein Schlag, ein Lauf) oder „to man
(the boat)" (das Boot bemannen), primär aber ist die Verteilung unter die Klassen

60 absolut. Unsere Sprache gibt uns eine bipolare Aufteilung der Natur. Die Natur
selbst ist jedoch nicht so polarisiert. Wenn man behauptet, „schlagen, drehen, rennen" seien Verben, weil sie zeitlich kurzdauernde Vorgänge, d. h. Aktionen bezeichnen, warum ist dann „Faust" ein Substantiv? Sie ist auch nur ein zeitlich kurzdauerndes Ereignis. Warum sind „Blitz, Funke, Welle, Wirbel, Puls, Flamme, Sturm,
65 Phase, Zyklus, Spasmus, Geräusch, Gefühl" Substantive? Sie sind zeitlich kurze
Ereignisse. (…)
In der Hopisprache sind „Blitz, Welle, Flamme, Meteor, Rauchwolke und Puls"
Verben – Vorgänge von notwendig kurzer Dauer können dort nichts anderes als
Verben sein. „Wolke" und „Sturm" stehen etwa an der unteren Grenze der Dauer
70 für Substantive. Hopi hat also, wie man sieht, tatsächlich eine Klassifikation der
Ereignisse (oder linguistischen Isolate) nach dem Typus der Dauer, etwas, das unserer Denkweise fremd ist. Andererseits scheinen uns im Nootka, einer Sprache auf
der Insel Vancouver, alle Wörter Verben zu sein. Tatsächlich gibt es dort jedoch keine Klassen 1 und 2; die Sprache gibt sozusagen eine monistische Ansicht der Natur,
75 mit nur einer Wortklasse für alle Ereignisse. Man sagt „ein Haus erscheint" oder „es
haust", genau wie „eine Flamme erscheint" oder „es brennt". Die entsprechenden
Worte sehen für uns wie Verben aus, weil sie nach Dauer- und Zeit-Nuancen flek-
tiert werden, so daß die Suffixe des Wortes für Haus-Ereignis es als langdauerndes
Haus, kurzdauerndes Haus, zukünftiges Haus, gewesenes Haus etc. bestimmen.
80 Die Hopisprache hat nur ein Substantiv für alles, was fliegt, mit Ausnahme der
Vögel, deren Klasse durch ein anderes Hauptwort bezeichnet wird. Das erste Substantiv, so können wir sagen, bezeichnet die Klasse (FK-V) – Klasse alles Fliegenden abzüglich der Vögel. Die Hopis nennen Insekten, Flugzeuge und Flieger alle
mit dem gleichen Wort und sehen darin keine Schwierigkeit. Natürlich entscheidet
85 bei sehr verschiedenen Gliedern einer so breiten linguistischen Klasse wie dieser
(FK-V) immer die Situation. Uns erscheint diese Klasse zu groß und umfassend,
aber nicht anders erscheint den Eskimos unsere Klasse „Schnee". Wir haben nur ein
Wort für fallenden Schnee, Schnee auf dem Boden, Schnee, der zu eisartiger Masse
zusammengedrückt ist, wässerigen Schnee, windgetriebenen, fliegenden Schnee
90 usw. Für einen Eskimo wäre dieses allumfassende Wort nahezu undenkbar. Er würde sagen, fallender Schnee, wässeriger Schnee etc. sind wahrnehmungsmäßig und
verhaltensmäßig verschieden, d. h. sie stellen verschiedene Anforderungen an unser
Umgehen mit ihnen. Er benützt daher für sie und andere Arten von Schnee verschiedene Wörter. Die Azteken wiederum gehen in der entgegengesetzten Rich-
95 tung noch weiter als wir. „Kalt", „Eis" und „Schnee" werden alle durch den gleichen Stamm mit verschiedenen Endungen repräsentiert. „Eis" ist die nominale
Form, „kalt" die adjektivische und für „Schnee" steht „Eis-Nebel".

Aus: Benjamin L. Whorf: Sprache, Denken, Wirklichkeit. Reinbek 1963.

Text 3   WERNER HEISENBERG: Sprache und Wirklichkeit in der modernen Physik (1960)

Der Physiker Werner Heisenberg ging davon aus, „daß sich unsere natürliche Sprache aus dem Umgang mit der sinnlich erfahrbaren Welt gebildet hat, daß aber die moderne Naturwissenschaft mit den Mitteln einer höchst entwickelten Technik, mit äußerst feinen und komplizierten Apparaturen in Gebiete der Welt eingedrungen ist, die unseren Sinnen verschlossen sind". Dadurch genügt es nicht mehr, die natürliche Sprache durch präzise Definitionen, logische Analyse und Einführung von Kunstwörtern zu einem geeigneten Beschreibungsinstrument zu machen; der Naturwissenschaftler muß vielmehr grundsätzlich über die Sprache nachdenken, in der er über seine Erkenntnisse sprechen kann.

An dieser Stelle kann auch die Frage aufgeworfen werden, woher es eigentlich kommt, daß man in der Naturwissenschaft die äußerste Eindeutigkeit und Präzision des Sprechens fordern muß, während man die anderen reicheren Ausdrucksmöglichkeiten der Sprache kaum auszunützen vermag. Der Grund dafür liegt in der gestellten Aufgabe. Wir müssen in der Naturwissenschaft versuchen, in der unendli-   5 chen Fülle verschiedenartiger Erscheinungen der uns umgebenden Welt gewisse Ordnungen zu erkennen, diese verschiedenartigen Erscheinungen also dadurch zu verstehen, daß wir sie auf einfache Prinzipien zurückführen. Wir müssen uns darum bemühen, das Spezielle aus dem Allgemeinen herzuleiten, das einzelne Phänomen als Folge einfacher allgemeiner Gesetze zu verstehen. Die allgemeinen Gesetze   10 können, wenn sie sprachlich formuliert werden, nur einige wenige Begriffe enthalten, denn sonst wäre das Gesetz nicht einfach und allgemein. Aus diesen Begriffen muß nun eine unendliche Vielfalt von möglichen Erscheinungen hergeleitet werden, und zwar nicht nur qualitativ und ungenau, sondern mit größter Genauigkeit hinsichtlich jeder Einzelfrage. Es ist unmittelbar einzusehen, daß die Begriffe der   15 gewöhnlichen Sprache, ungenau und unscharf definiert, wie sie sind, niemals solche Ableitung zulassen können. Wenn aus gegebenen Voraussetzungen eine Kette von Schlüssen hergeleitet werden soll, so hängt die Anzahl der möglichen Glieder in der Kette von der Genauigkeit der Voraussetzungen ab. In der Naturwissenschaft müssen daher die Grundbegriffe in den allgemeinen Gesetzen mit äußerster Präzision   20 definiert werden, und das ist nur im Rahmen einer exakten Logik und schließlich nur mit Hilfe der mathematischen Abstraktion möglich.
In der theoretischen Physik ergänzen und verschärfen wir daher die natürliche Sprache, indem wir den für den betreffenden Erfahrungsbereich grundlegenden Begriffen mathematische Symbole zuordnen, die zu den Tatsachen, d. h. zu den   25 gemessenen Beobachtungsergebnissen, in Beziehung gesetzt werden können. Seit Isaac Newton vor dreihundert Jahren sein berühmtes Werk, die „Philosophiae naturalis principia mathematica" geschrieben hat, ist diese Ergänzung und Präzisierung der gewöhnlichen Sprache durch ein mathematisches Schema immer als Grundlage für eine exakte Naturwissenschaft im eigentlichen Sinn angesehen worden. Man   30 kann dieses Schema als eine mathematische Kunstsprache bezeichnen. Die Grundbegriffe und die ihm zugeordneten mathematischen Symbole werden durch ein System von Definitionen und Axiomen in ihrer Bedeutung festgelegt. Die Symbole werden durch mathematische Gleichungen verbunden, die dann als der exakte Ausdruck von sogenannten Naturgesetzen gelten können. Die Richtigkeit dieser Glei-   35 chungen und der durch sie ausgedrückten Naturgesetze erweist sich schließlich dadurch, daß es gelingt, eine unendliche Fülle einzelner Erscheinungen als mögliche

Lösungen der Gleichungen aus den Naturgesetzen herzuleiten, also z. B. den Zeitpunkt einer Mondfinsternis oder die Bahn eines in den Raum geschossenen Satelli-
40 ten aus den Anfangsbedingungen mit größter Genauigkeit vorherzuberechnen.
In der Folgezeit hat es sich als zweckmäßig erwiesen, Teile dieser mathematischen
Kunstsprache wieder in die gewöhnliche Sprache zu übernehmen, indem man etwa
Namen für bestimmte mathematische Symbole einführt, denen man auch in gewissem Umfang einen anschaulichen Inhalt in den Erscheinungen geben kann. So sind
45 Begriffe wie Energie, Impuls, Entropie, elektrisches Feld als Fachausdrücke in die
gewöhnliche Sprache eingegangen. Aber mehr als eine derartige Ergänzung schien
auch nicht notwendig. Wenn diese Erweiterung der Sprache vorgenommen wurde,
so schien die so erweiterte Sprache völlig ausreichend, um die Vorgänge in der
Natur zu beschreiben und zu verstehen.
50 Erst in der modernen Physik hat sich hier ein in gewissem Sinne unheimlicher Wandel vollzogen. Mit dem Vordringen in Bereiche der Natur, die unseren Sinnen nicht
mehr unmittelbar zugänglich sind, beginnt auch unsere Sprache an einigen Stellen
zu versagen. Ihre Begriffe erweisen sich teilweise als stumpfe Werkzeuge, die in
dem neuen Erfahrungsbereich nicht mehr richtig zu gebrauchen sind, die in ihm
55 nicht mehr angreifen. Daß so etwas passieren kann, ist im Grunde schon vor Jahrhunderten bemerkt worden. Im täglichen Leben z. B. weiß jeder, was mit den
Begriffen „oben" und „unten" gemeint ist. Die Körper fallen nach unten, und oben
ist der blaue Himmel. Aber als man sich von der Kugelgestalt der Erde überzeugt
hatte, bemerkte man, daß die Bewohner von Neuseeland offenbar im Raume umge-
60 kehrt stehen wie wir, daß sie von uns aus gesehen also gewissermaßen mit dem Kopf
nach unten hängen. Freilich konnte man sich schnell damit trösten, daß mit „unten"
und „oben" eben einfach die Richtungen zum Erdmittelpunkt hin oder von ihm weg
bezeichnet werden, und damit schien die Schwierigkeit beseitigt. In unserer Zeit
jedoch können Raketen von der Erde weg in den Raum geschossen werden, und es
65 ist durchaus möglich, daß in einigen Jahren auch Menschen in solchen Raumschif-
fen für kürzere oder längere Zeit die Erde verlassen. Man kann einsehen, daß für
die Besatzung eines Raumschiffes die Begriffe „oben" und „unten" überhaupt keinen Sinn mehr haben können. Aber es ist doch anschaulich schwer vorzustellen, mit
welchen Gefühlen man sich in einer Welt bewegen und wie man über diese Welt
70 sprechen oder denken würde, in der Begriffe wie „oben" und „unten" gar nicht
mehr existieren. Daß es äußerst unangenehm wäre, in einer solchen Welt auch nur
für kurze Zeit zu leben, versteht sich von selbst. Wenn wir einen Zustand äußerster
Verwirrung bezeichnen wollen, sagen wir etwa: „Ich weiß nicht mehr, wo mir der
Kopf steht." Das wissen die Weltraumfahrer sicher nicht mehr.
75 Man kann also begreifen, daß das Vordringen in neue Bereiche der Natur unter
Umständen auch Veränderungen in der Sprache zur Folge hat. Aber es war doch in
den ersten Jahrzehnten unseres Jahrhunderts eine große und bestürzende Überra-
schung zu erkennen, daß in den Bereichen der Natur, in die die Menschen erst durch
die Hilfsmittel der modernen Technik eingedrungen sind, selbst die einfachsten und
80 grundlegenden Begriffe der bisherigen Naturwissenschaften, wie Raum, Zeit, Ort,
Geschwindigkeit, problematisch werden und neu durchdacht werden müssen.

Aus: Werner Heisenberg: Sprache und Wirklichkeit. Essays. München 1967.

1. Welche Art von „Zeichen" liefern William die Informationen, mit denen er die Mönche und Adson so verblüfft?

2. Worin unterscheidet sich das Lesen dieser Zeichen von dem Verstehen von Sprachzeichen?

3. Warum glauben die Mönche, daß die Beschreibung Williams genau auf das Pferd des Abtes zutrifft? Welcher Zusammenhang zwischen Wahrnehmung und Denken wird hier angesprochen?

4. Referieren Sie über die philosophischen Vorstellungen vom Zusammenhang zwischen Namen und Ding (Literatur: W. Porzig: Das Wunder der Sprache. Bern und München 1967. S. 13 ff.), und diskutieren Sie, ob es einen „natürlichen" Namen für ein Ding oder ein Lebewesen geben kann.

1. Worin unterscheiden sich nach Whorfs Auffassung die Hopi- und die Nootka-Sprache von den europäischen Sprachen?

2. Erläutern Sie mit eigenen Worten, was Whorf unter dem „linguistischen Relativitätsprinzip" versteht.

3. Warum ist für Whorf das einheitliche naturwissenschaftliche Weltbild kein Einwand gegen seine These?

4. Formulieren Sie, ausgehend von Whorfs Beispielen, grundsätzliche Einwände gegen seine These.

1. Erläutern Sie, inwiefern die „natürliche Sprache" für die Darstellung naturwissenschaftlicher Erkenntnisse unzureichend ist.

2. Was kann eine „mathematische Kunstsprache" bei der Darstellung von „Naturgesetzen" leisten? Welcher Zusammenhang besteht zwischen dieser Kunstsprache und der natürlichen Sprache?

3. Erläutern Sie den grundlegenden Wandel in der Beziehung zwischen Sprache und Wirklichkeit, der durch die Erkenntnisse der modernen Naturwissenschaften eingetreten ist. Welche Probleme der Versprachlichung solcher Erkenntnisse haben sich ergeben?

1. Im Zusammenhang mit dem „geistigen Umsturz" (Musil) um die Jahrhundertwende kommt es auch zu einer Sprachkrise, wie sie z. B. in Hofmannsthals berühmtem Chandos-Brief (S. 18) zum Ausdruck kommt. Zwei Jahrzehnte vorher hatte Nietzsche bereits Zweifel an der Sprache als einem Instrument des Erkennens geäußert (S. 19). Klären Sie im Gespräch Gemeinsamkeiten und Unterschiede in den Auffassungen vom Zusammenhang zwischen Sprache, Denken und Wirklichkeit bei Nietzsche und Hofmannsthal.

2. Setzen Sie sich in einem Antwortbrief mit der Sprachskepsis des Lord Chandos auseinander.

3. Fragen und Methoden der Sprachwissenschaft

Text 1   MANFRED BIERWISCH: Historische und strukturale Sprachwissenschaft* (1966)

Fast ein Jahrhundert lang war die Sprachforschung von der Frage nach den historischen Abstammungsverhältnissen zwischen einzelnen Sprachen beherrscht, und
ihre Erfolge waren dabei so suggestiv, daß kein anderer Gesichtspunkt Anspruch
auf wissenschaftliches Interesse erheben konnte. Sprachen, zwischen denen
5 zunächst keinerlei Beziehung erkennbar war, nämlich Sanskrit, Griechisch, Latein,
Englisch, Litauisch, Russisch und eine Reihe anderer, konnten als verwandt ausgewiesen, ihre Abstammungsverhältnisse exakt beschrieben werden. Nahm man
gewisse Veränderungen im Lautbestand und in den Wortbedeutungen an, so ergaben sich Form und Bedeutung der Wörter einer jüngeren aus denen einer älteren
10 Sprache. Systematisch ließen sich vor allem Lautverschiebungen erfassen, die zu
einer bestimmten Zeit vorgegangen waren und eine Sprache als Ganzes verändert
hatten, so daß zum Beispiel aus dem Germanischen die skandinavischen Sprachen,
das Englische und die deutschen Dialekte hervorgingen. Zwischenstufen solcher
Entwicklungen, die Lautform von Sprachen, die durch keinerlei Zeugnisse überlie-
15 fert waren, konnten rekonstruiert werden. Das Urgermanische und sogar die
indoeuropäische Ursprache wurden in bestimmten Aspekten erschlossen, bis
schließlich die ganze Genealogie der indoeuropäischen Tochtersprachen zusam-
mengesetzt war. Den Vertretern dieser Fragestellung galt eine Erscheinung dann als
erklärt, wenn sie in den historischen Prozeß eingeordnet, ihr Verhältnis zu entspre-
20 chenden Erscheinungen in Mutter- und Tochtersprachen bestimmt war, wenn also
etwa die englischen, lateinischen und russischen Wörter für 100, *hundred, centrum*
und *sto*, durch regelmäßige Lautveränderungen auf eine gemeinsame Urform
zurückgeführt werden konnten. (…)
Über Ursache und Art der historischen Prozesse ließ sich zunächst nur spekulieren.
25 Im Grunde begriff man sie als organisches Wachstum oder Verfall, man hielt die
Sprachen für Organismen mit geheimnisvollem Eigenleben. Ausnahmen und Unre-
gelmäßigkeiten bei den Veränderungen nahmen sich für dieses der Romantik ver-
pflichtete Verständnis der Sprache nicht widersinnig aus.
In den siebziger Jahren (d. 19. Jhs.) fand sich eine Gruppe junger Forscher zusam-
30 men, die diese Vorstellungen heftig angriffen. Statt die Sprachveränderung als organischen Vorgang aufzufassen, nahmen sie die Existenz von Lautgesetzen an, deren
Wirkung nicht in vor- und frühgeschichtlichem Dunkel verborgen lag, sondern an
jeder lebenden Sprache unmittelbar zu beobachten war als die allmähliche Veränderung der Sprache im Gebrauch. Von den Lautgesetzen, die die *Junggrammatiker*
35 postulierten, durfte es keine Ausnahmen geben; jeder scheinbaren Unregelmäßig-
keit mußte ein noch unbekanntes Gesetz zugrunde liegen. So konnten kritische
Lücken in der Gültigkeit der Lautverschiebungen geschlossen, der genealogische
Stammbaum der Sprachen vervollständigt werden.
(…)

Die positivistischen Grundgedanken stellten jedoch die Basis der gesamten Sprach- 40
wissenschaft in Frage: Wenn man die Geschichte einer Sprache nur anhand der
direkt wahrnehmbaren oder mindestens unterstellten individuellen Äußerungen
erforschen konnte, was war dann die Sprache als Ganzes? Ist eine Sprache nichts
anderes als die Gesamtheit aller Sätze, die von einer bestimmten Gruppe von Menschen zufällig hervorgebracht werden? 45
Diese Frage ist historisch und methodologisch die Wurzel des Strukturalismus. Der
Genfer Linguist Ferdinand de Saussure (...) begriff die Geschichte einer Sprache als
Folge von Zuständen eines zusammenwirkenden Systems. Ins Zentrum des praktischen und theoretischen Interesses rückte damit eine Frage, die man bis dahin für
trivial gehalten hatte: Wie ist eine einzelne Sprache aufgebaut, wie muß sie 50
beschrieben werden?
Als Voraussetzung für alle weiteren Schritte wies Saussure die Erscheinungen, mit
denen die Sprachwissenschaft sich beschäftigt, drei klar unterschiedenen Bereichen
zu, für die er die Begriffe *Langue, Parole* und *(Faculté de) Langage* einführte, ins
Deutsche übernommen als *Sprache, Sprechen* und *Sprachfähigkeit*. Die einzelnen 55
konkreten Sprechakte, in denen die Junggrammatiker das eigentlich Objektive
gesehen hatten, stellte Saussure als *Parole*, nämlich als Sprachverwendung, der
Sprache selbst, der *Langue* gegenüber, die zwar auf andere Weise, aber nicht weniger objektiv ist. Die Sprache zerfällt somit nicht mehr in eine zufällige Ansammlung
einzelner Äußerungen, sondern sie besteht aus dem System von Elementen und 60
Beziehungen, das diesen zugrundeliegt. Sie ist also die Gesamtheit der Mittel, die
die Struktur der einzelnen Sprechakte bestimmen. Man kann das Verhältnis von
Sprache und Sprechen in Analogie zur Partitur einer Symphonie und ihren vielen
möglichen Aufführungen verstehen, die von der kompositorisch fixierten Struktur
determiniert, aber nicht mit ihr identisch sind: Jede Aufführung hat eine eigene aku- 65
stische Existenzform, sie kann mehr oder weniger von der Partitur abweichen, sie
enthält Varianten und Fehler und stellt eine spezielle Interpretation der Partitur
dar.
(...)
Wenn die Sprache nicht aus aktuellen Äußerungen besteht, sondern aus den Struk- 70
turen, die diesen zugrundeliegen, dann lassen sich ihre Elemente nicht physikalisch
beschreiben. Sie sind vielmehr Relationen und abstrakte Einheiten, die mit einer
beträchtlichen Variationsbreite in der Laut- und Bedeutungssubstanz realisiert werden können. Saussure macht das am Schachspiel deutlich. Die einzelnen Elemente
des Spiels, das Brett, die Figuren, sind nicht durch ihre konkrete Form und ihr Mate- 75
rial bestimmt, sondern ausschließlich durch die Funktion, den Wert, den sie vermöge der Spielregeln haben. (...)
Die Sprache unterscheidet sich von anderen Systemen und Strukturen – etwa dem
als Beispiel gewählten Schachspiel – durch die Art ihrer Elemente. Sie ist ein
System von Zeichen, das heißt von untrennbaren Verbindungen aus zwei Kompo- 80
nenten, die Saussure *Signifiant* und *Signifié* nennt: Ausdruck und Inhalt. (...)
Bezeichnung und Bezeichnetes konstituieren sich als Struktur wechselweise, sie
sind mit einem Bild Saussures voneinander abhängig wie die beiden Seiten eines
Blattes Papier. (...) Eine Lautvorstellung ist mit einer Bedeutungsvorstellung ver-

Arbeits-
vorschläge

85 bunden, und weder die artikulatorische Realisierung noch die bezeichneten Objekte oder Beziehungen sind Bestandteil der Sprache. Die Beziehung zwischen Signans
und Signatum ist konstitutiv für das Sprachzeichen und zugleich konventionell, das
heißt: nicht naturgegeben, sondern vereinbart. Auch diese Einsicht reicht zurück bis
zum Disput der Antike, ob die Zeichen *physei* oder *thesei*, das heißt von Natur gege-
90 ben oder frei gesetzt seien. Nur soweit die Zeichen konventionell sind, können sie
sich historisch ändern und verschiedene natürliche Sprachen bilden. Als Zeichensysteme teilen die natürlichen Sprachen nun wesentliche Aspekte mit anderen Zei-
chensystemen, mit den Verkehrszeichen und der Gestensprache, mit den Flaggen-
codes und den formalen Sprachen der Mathematik oder der Chemie. Saussure wies
95 deshalb der Linguistik ihren Platz als Spezialgebiet innerhalb einer umfassenden
Zeichentheorie an, die er *Sémiologie* nannte.

Aus: Manfred Bierwisch: Strukturalismus. Geschichte, Probleme und Methoden. In: Kursbuch 5, 1966.

Text 2   MARIO WANDRUSZKA: Vielfalt und Gemeinsamkeiten der Sprachen* (1971)

Im Zeitalter der Atomphysik und der Astronautik werden die Bewohner dieses Pla-
neten immer mehr zu einer einzigen Menschheit: auf Gedeih oder Verderb miteinander verbunden, voneinander abhängig, aufeinander angewiesen, ob wir es wollen
oder nicht. Wir sind eine einzige Menschheit. Aber wir verstehen einander nicht, in
5 des Wortes schlichtester Bedeutung, weil wir dreitausend verschiedene Sprachen
sprechen, weil wir uns in ungezählten, zahllosen Mundarten und Gruppensprachen
voneinander absondern. Was sagt die Linguistik zu unserer babylonischen Sprach-
verwirrung? Was weiß sie von den sprachlichen Schranken und Mauern zwischen
den Menschen, was weiß sie über den Abbau und die Beseitigung dieser Schranken,
10 dieser Mauern?
(…) Der Mensch besitzt die Fähigkeit zur Mehrsprachigkeit. Es ist noch keine
lebende Sprache bekannt geworden, die man nicht zusätzlich zu der eigenen Muttersprache hätte lernen können. Der unabsehbaren Vielfalt der Sprachen steht die
grundsätzliche Lernbarkeit aller Sprachen für jeden Menschen gegenüber. Der
15 Vielsprachigkeit der Menschheit entspricht zutiefst die Anlage des einzelnen Menschen zur Mehrsprachigkeit.
Mehrsprachig sind wir schon in unserer Muttersprache. Die Sprache, die wir in der
Schule lernen, ist bereits unsere erste Zweitsprache, nach einer regional, sozial, kulturell begrenzten Sprache der Kindheit eine transregionale, transsoziale Kulturspra-
20 che. Wir lernen sehr schnell mehrere gesellschaftliche Gruppensprachen zu verstehen und zu gebrauchen, Schülersprachen, Studentensprachen, Sportsprachen,
Fachsprachen. Wir sprechen zu Hause eine andere Sprache als im Beruf oder in der
Öffentlichkeit. Wir wechseln von der Alltagssprache zur Sonn- und Feiertagsspra-
che, von der Kultursprache zur Vulgärsprache. Wir sind mehrsprachig in allen
25 Regenbogenfarben des soziokulturellen Spektrums. Unsere Sprachen sind keine
Monosysteme. Jede Sprache ist eigentlich ein Konglomerat von Sprachen; jede
Sprache ist ein Polysystem.

Wir lernen die Sprache anderer Völker, anderer Kulturen, in der Schule, in der Fremde, in einer neuen Heimat. Ein großer Teil der Menschheit ist heute unvollkommen zweisprachig oder mehrsprachig. Bilinguismus, Plurilinguismus der Individuen, der Familien, ganzer Bevölkerungsgruppen gehören zu den großen soziolinguistischen Problemen unserer Zeit. (...)

Was ist allen menschlichen Sprachen gemeinsam? Was finden wir immer und überall in jeder Sprache wieder, die aus Lauten der menschlichen Stimme gebildet ist? Gibt es in jeder Sprache Vokale und Konsonanten, „Mundöffner" und „Mundschließer"? Entsteht immer und überall die Lautgestalt der sprachlichen Zeichen aus dem Wechselspiel von Vokalen und Konsonanten, aus der Artikulation, das heißt aus der Gliederung des Luftstroms der menschlichen Lunge durch Bewegungen des Kehlkopfes, des Gaumensegels, des Unterkiefers, der Zunge, der Lippen? Welche Vokale, welche Konsonanten gibt es in jeder menschlichen Sprache? Welche materiellen und formalen Elemente finden wir in der Lautgestalt jeder Sprache wieder?

Das allen menschlichen Sprachen Gemeinsame nennt man die sprachlichen *Universalien*. Dazu gehören nicht nur die für die Lautgestalt jeder Sprache konstitutiven materiellen und formalen Elemente. Universalen Charakter hat offenbar auch das entscheidende geistige Bildungsgesetz unserer Sprachen, das Ineinandergreifen des Nennens und des Sagens. Das *Nennen* ist den Wörtern anvertraut, das *Sagen* den Sätzen. Wenn auch vielfältig abgewandelt, finden sich diese beiden Ebenen in allen menschlichen Sprachen wieder. Wahrscheinlich gibt es auch immer und überall besondere Formen und Formeln des Grüßens, besondere sprachliche Zeichen, um zu befehlen, zu verweigern, einzuwilligen, um zu fragen, zu bejahen, zu verneinen; besondere Rollenwörter für die beiden Personen des Gesprächs, für „Ich" und „Du"; besondere Zeichen zum Ausdruck von Beziehungen im Raum und in der Zeit, für „oben" und „unten", „rechts" und „links", „vorn" und „hinten", „morgen" und „gestern", zur Quantifikation, „eins", „zwei", „drei", „viele", zur Qualifikation, „gut" und „schlecht", „schön" und „häßlich" (...).

Noch fehlt uns eine umfassende Bestandsaufnahme der für jede menschliche Sprache notwendigen lexikalischen Universalien. Wofür muß in jeder Sprache ein Wort, eine Bezeichnung vorhanden sein? Immer und überall brauchen wir Sprachzeichen für die Grundtatsachen unserer menschlichen Erlebniswelt: für Vater und Mutter, Mann, Frau und Kind, Freund und Feind, für die wichtigsten menschlichen Körperteile, für die allgemeinsten menschlichen Lebenserfahrungen: Hunger und Durst, Angst und Wut, Liebe und Haß, Krankheit und Tod, Gut und Böse, für Feuer und Wasser, Himmel und Erde, Tag und Nacht, Sonne, Mond und Sterne ...

Ein solches Inventar der für alle menschlichen Sprachen gültigen Universalien wird uns eines Tages die groben, aber verläßlichen Umrisse der uns allen gemeinsamen menschlichen Erlebniswelt erkennen lassen.

Von hier aus, von dem, was allen menschlichen Sprachen gemeinsam ist, von den sprachlichen Universalien aus werden wir erst ganz ermessen können, wie groß die Verschiedenartigkeit der Sprachen ist, die auf dieser Erde gesprochen werden.

Aus: Mario Wandruszka: Interlinguistik. Umrisse einer neuen Sprachwissenschaft. München 1971.

**Arbeits-
vorschläge**

zu Text 1

1. Skizzieren Sie den Wandel der Auffassungen vom Wesen der Sprache, der in den verschiedenen Richtungen der Sprachwissenschaft sichtbar wird. Von welchen zeitbedingten Denkweisen sind diese Auffassungen beeinflußt?

2. Klären Sie im Gespräch, worin der neue Ansatz Saussures bei der Erforschung von Sprache besteht.

3. Erläutern Sie mit Hilfe geeigneter Nachschlagewerke (z. B. Enzyklopädien, Fachlexika) die Begriffe „Struktur" und „System". Diskutieren Sie, was diese Denkmodelle für die Beschreibung von Sprache leisten können.

zu Text 2   **1.** Was versteht Wandruszka unter „Mehrsprachigkeit"?

2. Inwiefern kann man die Hochsprache als Zweitsprache auffassen? Was unterscheidet sie von einer Fremdsprache?

3. Sprechen Sie in Ihrem Kurs über die Erfahrungen von Mitschülern, die zweisprachig (bilingual) aufgewachsen sind. Diskutieren Sie über Vor- und Nachteile eines solchen Spracherwerbs.

4. Stellen Sie, soweit die Vielsprachigkeit in Ihrem Kurs es ermöglicht, sprachliche Universalien zusammen (z. B. Sprachhandlungen wie bitten, befehlen, sich entschuldigen etc.).

5. Inwieweit werden in diesen Universalien nicht nur Gemeinsamkeiten, sondern auch Unterschiede in der Erlebniswelt deutlich?

4.   Aspekte der Sprachkritik

Text 1   MARTIN WALSER: Der Dialekt als Prüfstein* (1967)

Anläßlich der Verleihung des Bodensee-Literaturpreises hielt der Schriftsteller Martin Walser eine Rede, in der er auf die Bedeutung des Dialekts für das Sprachbewußtsein einging. Der folgende Text ist ein Ausschnitt aus dieser Rede.

Der Ableger des Alemannischen, den ich als meine wirkliche Muttersprache bezeichnen muß, ist gerade jetzt im Erlöschen begriffen.
Dieser Prozeß ist unumkehrbar. Falls einer aber hängt an so einem Dialekt, den er nach einigen unausbleiblichen Umzügen und Todesfällen nur noch für sich hat, muß
5 er ihn pflegen im Monolog. Mit der Zeit verliert man dann auch den Mut und die Unbefangenheit, man verläßt sich nicht mehr darauf, daß man diese lautempfindlichste Sprache noch kann. Man denkt sie nur noch. Hört sie nur noch mit einem Ohr, das tief im Kopf versteckt ist. Das soll nicht heißen, daß es etwa Mühe mache, so einen Dialekt inzüchtig am Leben zu erhalten. Das überhaupt nicht. Dieser Dia-
10 lekt, als die erste Sprache, hat sich offenbar auf alle Sinne ausgewirkt, er ist, selbst wenn man ihn nie mehr sprechen kann, das äußerste Gegenteil einer toten Sprache.

Alle Sprachen, die man nach ihm noch lernt und kennenlernt, werden durch ihn gerichtet: er als die erste Sprache besitzt Ohr und Zunge und alle willkürlich und unwillkürlich zusammenarbeitenden Muskulaturen des Ausdrucks und des Schweigens. Da man diese Muttersprache also keinesfalls loswird, beginnt man sich zu fragen, ob sie eine Hemmung sei, eine andauernde Ausdrucksbeschwernis und Langsamkeit, oder ob man ihr auch etwas zu verdanken habe.

Ich will einen Versuch machen. In der Zeitung steht gerade eine Erklärung der Bundesregierung zu dem Brief, den Bundeskanzler Kiesinger an den „Vorsitzenden Stoph" geschrieben hat. Der erste Satz dieser Erklärung lautet so: *Das deutsche Volk ist gegen seinen Willen heute noch geteilt.* Was sich sonst von selbst vollzieht, will ich jetzt einmal mit Bewußtsein tun; ich will diesen Satz dem Dialekt aussetzen: Heißt er dann etwa so: *S'ditsche Volk isch gega sin Willa huot no doald.*

Würde jemand, der noch alemannisch spricht, den Satz so sagen? Ich glaube nicht. Das ist nicht Dialekt, sondern allenfalls die dialektgefärbte Aussprache eines sonst unverändert hochdeutschen Satzes. *Das deutsche Volk,* so spricht nicht der Dialekt. Im Dialekt würde man eher sagen: *dia Ditsche,* oder: *iser Volk,* oder am ehesten: *mir.* Ebenso zuckt der Dialekt zusammen vor dem Ausdruck: *gegen seinen Willen.* Der Dialekt ist immer gern konkret. Also wäre der Dialektsatz bis hierher: *Mir sind dagega …* Jetzt: *Heute noch geteilt.* Es gibt zwar *huot* für *heute,* und *no* für *noch.* Aber dieses emotionalisierende *noch* macht im Dialekt das *heute* unbrauchbar. *Huot no,* das klingt nicht so sehr nach unzumutbarer Dauer und Länge, sondern nach Beeilung, da hört man: *noch heute* muß das und das geschehen. Der Dialekt bietet das Wörtchen *all* an. Also heißt der Satz: *Mir sind dagega, daß mir all no doald sin.* Weil wir hier von uns sprechen, also wissen, wogegen wir sind, können wir das so in der festen Wirklichkeitsform aussprechen. Wenn wir aber für das ganze Volk sprechen, heißt der Satz streng im Dialekt: *Iser Volk isch dagega, daß as all no doald sei.* Aber ist der Satz jetzt auch noch wahr? Stimmt er so konkret noch mit unserer Meinung überein? *Das deutsche Volk,* das ist ein schwer Vorstellbares, von dem kann man dann auch gleich noch behaupten, es habe einen Willen und der sei nicht mit der Teilung einverstanden. Das sagt sich leicht hin. Das kann man sagen, wenn man's gesagt haben will. Man muß dazu nicht genau wissen, wie es sich wirklich verhält. *Iser Volk isch dagega …* das konkretisiert schon. Und wenn man sagt: *Mir sind dagega, daß mir all no doald sin,* dann kann man das nur noch sagen, wenn man wirklich dagegen ist, andernfalls lügt man. Den hochdeutschen Satz kann man aber unter fast allen Umständen sagen: Das heißt: der Dialekt ist abhängiger von Sachverhalten als die hochdeutsche Sprache.

Aus: Martin Walser: Heimatkunde. Aufsätze und Reden. Frankfurt/M. 1968.

**Arbeits-
vorschläge** **1.** Erläutern Sie Walsers Aussage, der Dialekt sei seine „wirkliche Muttersprache". Sprechen Sie über Ihre eigenen Erfahrungen mit Dialekten, in denen Sie aufgewachsen sind.

2. Zeigen Sie, wie Walser den Dialekt als Mittel der Sprachkritik verwendet. Diskutieren Sie die Überzeugungskraft seines Vorgehens und seiner Ergebnisse.

3. Schreiben Sie eine Erörterung zu folgendem Thema:

„Die Verwendung von Hochsprache und Dialekt wird zuweilen sehr unterschiedlich beurteilt. Entwickeln Sie Gesichtspunkte, die für eine vorurteilsfreie Einschätzung dieser beiden Sprachformen nötig wären! Berücksichtigen Sie dabei kommunikative, soziale, historische und literarische Aspekte."

(Leistungskurs-Abitur 1982)

Text 2   LUISE F. PUSCH: Die Zukunft ist weiblich? (1982)

Seit Anfang der siebziger Jahre haben, zunächst in Amerika, Sprachwissenschaftlerinnen Sprache und Sprechen als Ausdruck der Benachteiligung von Frauen in einer von Männern dominierten Gesellschaft untersucht. Bei der Frage, wie Frauen überhaupt im Sprachsystem vorkommen, nahmen sie auch das Genus genauer unter die Lupe. Die Linguistin Luise F. Pusch hat sich in einer Reihe von Aufsätzen und Glossen mit dem Deutschen als „Männersprache" auseinandergesetzt.

Ein Professor der Psychologie schickte mir neulich folgenden Kommentar zu meinen „Aktivitäten in Sachen Sprache und Geschlecht": Gegen diesen ausgesprochenen Feminismus und die von ihm propagierte Umwandlung der Sprache habe er doch einiges einzuwenden. Und außerdem heiße es immerhin *die* Sonne und *der*
5   Mond. Das Hauptgestirn sei also im Deutschen – im Gegensatz zu den meisten anderen Sprachen – ein Femininum. Was doch wohl dafür spreche, daß das Weibliche durchaus nicht zweitrangig sei.

Viele Männer argumentieren so kindlich bis verworren, wie es dieser Professor tut. Unsere liebe Frau Sonne, Spenderin der Wärme, des Lichtes, ja des Lebens, sie ist
10 weiblich – also gib dich schon endlich zufrieden, zänkisches Weib! Meist werden noch andere holde Weiblichkeiten mit angeführt: Mutter Erde, Mutter Natur, die Liebe, die Treue, die Freiheit, die Gerechtigkeit, die Weisheit, die Klugheit, die Stärke, die Kraft, die Kühnheit, die Kunst, die Musik, die Malerei und die Literatur. In den romanischen Sprachen ist sogar das Leben selbst weiblich: *La vie, la vita, la vida.*
15 Und die Dummheit? Die Schwäche? Die Falschheit? Die Verderbtheit? Die Niedertracht und die Heimtücke? Die Sünde, die Sucht und die Krankheit? Die Bosheit und die Gemeinheit? Klar, die sind auch alle weiblich, typisch weiblich sogar! Die Frau ist nun mal ein schillerndes, widersprüchliches, unergründliches Wesen.

Was nun den Mann betrifft – männlich sind der Mut, der Verstand, der Geist, der
20 Genius (deutsch leider *das Genie*), der Kampf – und der Tod. Der Staat ist Vater Staat, und der Krieg ist der Vater aller Dinge. Und die Polizei? Sie ist nur aus Versehen weiblich. Das sehen wir schon daran, daß sie unser Freund und Helfer ist, nicht unsere Freundin etwa. Oder gar Helferin.

Wenn gilt „Die Zukunft ist weiblich", so muß auch gelten „Die Vergangenheit und
25 die Gegenwart sind weiblich". Wollen wir das wirklich? **Diese** Gegenwart und **jene** Vergangenheit sollen auch noch weiblich sein?!

Es ist – natürlich – alles nicht ganz so simpel. Die Sprache, ebenfalls weiblich (?), ist viel zu kompliziert und komplex für so schlichte Zuschreibungen und Erklärungsversuche.
30 Die Menschen sind **nicht** herumgegangen und haben die „weiblichen" Dinge und Begriffe wie *Nadel* und *Liebe* mit einem Femininum belegt und die „männlichen"

wie *Speer* und *Kampf* mit einem Maskulinum. Diese These vertrat die Sprachwissenschaft zwar noch im 19. Jahrhundert, aber sie ist inzwischen widerlegt, seit wir wissen, daß „der primitive Mensch", der solcherart naiv benennend herumspaziert sein soll, nur in unserer überheblichen Einbildung existiert. Unhaltbar ist diese These auch, weil sie nicht erklärt, warum der „naiv personifizierende Mensch" Sprachen ausgebildet hat, die überhaupt kein grammatisches Geschlecht haben (z. B. Chinesisch, Türkisch, Mongolisch, Finnisch, Ungarisch). 35

Tatsache ist, daß in denjenigen Sprachen, die grammatisches Geschlecht haben, Frauen meist mit femininen und Männer mit maskulinen Wörtern bezeichnet werden. Tatsache ist weiterhin, daß die Genera (Geschlechter) auf den (gewaltigen!) „Rest"wortschatz **beliebig** verteilt sind und dort nichts, aber auch rein gar nichts, mit „weiblich" oder „männlich" im biologischen oder mythologischen oder irgendeinem sonstwie „einleuchtenden" Sinn zu tun haben. Im Deutschen ist der Tod „männlich", im Französischen und Italienischen „weiblich": *la mort, la morte*. Im Deutschen ist die Liebe „weiblich", im Französischen und Italienischen ist sie „männlich". Im Deutschen und Italienischen ist der Tisch „männlich", im Französischen „weiblich". Im Deutschen ist das Messer „sächlich", im Französischen und Italienischen „männlich". 40 45

Tatsache ist schließlich, daß wir alle (einschließlich jenes Psycho-Profs) dazu neigen, bei der Personifikation von Gegenständen und abstrakten Begriffen uns erst mal an das grammatische Geschlecht zu halten. Der Staat wird zu „Vater Staat", weil es zufällig *der* Staat heißt (und auch sonst nicht ganz unpassend scheint!). In Cocteaus Film „Orphée" tritt der Tod als Frau auf, weil es im Französischen *la mort* heißt. Wir Deutsche hingegen kennen den „Gevatter Tod", den Sensen*mann*. Und wir kennen Frau Sonne, die für den Hl. Franziskus, „natürlich", Bruder Sonne war. 50 55

Übersetzen wir mal „Die Zukunft ist weiblich" ins Französische und Italienische: „Le futur est masculin." – „Il futuro è maschile." Klingt toll, nicht? Fast so schön wie: „Die Atombombe ist weiblich, und der Frieden männlich."

Aus: Luise F. Pusch: Das Deutsche als Männersprache. Frankfurt/M. 1984.

Arbeits-
vorschläge
1. Welche Position vertritt Pusch in der Diskussion über den Zusammenhang zwischen dem grammatikalischen Genus/Geschlecht und den Vorstellungen von „männlich" und „weiblich"?

2. Zeigen Sie an der Überschrift und an ähnlichen Beispielsätzen des Textes, wie Pusch verschiedene Bedeutungsaspekte des Genus für ihre Sprachkritik verwendet.

3. Referieren Sie in Ihrem Kurs über Aspekte und Methoden feministischer Sprachkritik (Materialien z. B. bei Hilde Schramm (Hg.): Frauensprache – Männersprache. Ein Arbeitsbuch zur geschlechtsspezifischen Sprachverwendung. Frankfurt/M. 1981).

Umgang mit Texten

1. Analysieren und Erörtern von Texten

Unsere differenzierte, kulturell und technologisch hoch entwickelte pluralistische Gesellschaft funktioniert nur dann weitgehend störungsfrei, wenn u. a. Informationen mit Hilfe unterschiedlichster Texte ohne Hindernisse und schnell ausgetauscht werden können. Der einzelne wiederum ist nur dann imstande, an den verschiedenen Diskurswelten, d. h. am (aktuellen) wissenschaftlichen Gedankenaustausch innerhalb einzelner Systeme bzw. Disziplinen teilzunehmen, wenn er die Zeichenwelten der jeweiligen Textsorten versteht und die darüber vermittelten Erkenntnisse und Erfahrungen, sozusagen das Erleben und Verstehen der Welt aus „zweiter Hand", nachvollziehen kann. Je differenzierter eine Gesellschaft strukturiert ist, desto vielschichtiger und umfangreicher ist diese „Textwelt", und desto schwieriger ist es für den einzelnen, wenigstens in Teilbereichen einen Überblick oder auch nur einen Einblick zu gewinnen und zu behalten. Hinzu kommt, daß Texte immer von Verstehensvoraussetzungen ausgehen, die nicht auf den einzelnen Leser individuell zugeschnitten sind, sondern gewissermaßen überindividuell ansetzen müssen, und daß der Leser daher den Verstehensprozeß nicht mittels Nachfragen an den (die) Dialogpartner, sondern mittels Analyse bzw. Erschließung des Textes vorantreiben und vertiefen muß. Er wird dabei im Hinblick auf die verschiedenen Textsorten Entstehungsbedingungen, Kontext, Publikationsmedium, Wirkungsabsicht und Zielgruppenbezug jeweils betrachten und berücksichtigen müssen, um zu einem umfassenden Verständnis der Bedeutung dessen zu gelangen, was in den Texten an Problem- bzw. Sachaspekten enthalten ist. Dieses Verstehen ist von den individuellen Erfahrungen, dem Wissen, den Interessen und Erwartungen des Lesers abhängig, so daß eine Reihe von Faktoren und Bedingungen zusammenspielen, wenn der Einzelne anspruchsvolle Texte analysiert, zu verstehen versucht und die in den Texten enthaltenen Gedanken und Sachverhalte selbständig weiterdenken will.

Um Ihnen einen Einblick in die verschiedenen Möglichkeiten von Textformen bzw. Schreib- und Darstellungsweisen zu einem anspruchsvollen Thema geben zu können, werden Sie in diesem Kapitel mit verschiedenen Textformen zum Thema **Wertediskussion und Wertewandel in der modernen Gesellschaft** konfrontiert. Im ersten Teilkapitel geht es darum, verschiedene Aspekte der Themenbasis mit Hilfe unterschiedlicher Textsorten und Materialien zu verdeutlichen und die Bedeutung des Kontextes für ein solches Thema bzw. die unterschiedlichen Darstellungsformen hervorzuheben. Im zweiten Teilkapitel steht dann die eigene produktive Schreibarbeit, das Erörtern anhand anspruchsvoller Prosatexte, im Zusammenhang mit dem Werte-Thema im Vordergrund. Es geht dabei auch darum, mögliche Differenzierungen in der Themenstellung bzw. Ausarbeitung von **Erörterungen im Anschluß an Texte** aufzuzeigen, um auf diese Weise über das Ihnen schon Bekannte hinaus neue Aspekte des Erörterns sichtbar zu machen.

1.1 Analysieren von Texten

Darstellungsweisen und Schreibmuster

Text 1

Aus: Gerd Gerhardt (Hg.): Grundkurs Philosophie. Bd. 2. Ethik Politik. München 1992.

Arbeits-vorschläge

1. Formulieren Sie mit Ihren Worten die „Geschichte" der Werte, die dieser Cartoon visuell darstellt.

2. Welche Absicht verfolgt der Cartoonist mit dieser Form der Darstellung? Welchen Stellenwert kann eine solche Darstellungsweise im Zusammenhang mit dem Thema „Wertediskussion und Wertewandel in der modernen Gesellschaft" haben?

3. Diskutieren Sie, vom Cartoon ausgehend, was Sie unter den Begriffen „Wert" bzw. „Werte" verstehen. Informieren Sie sich dazu in einem philosophischen Nachschlagewerk über diese Begriffe.

4. Ergänzen Sie diesen Cartoon, indem Sie, vom letzten Bild ausgehend, einen „Wertemann"/eine „Wertefrau" für das Jahr 2000 entwerfen und zeichnen. Stellen Sie Ihr Ergebnis Ihrem Kurs vor.

Seit 1953 werden in Abständen von einigen Jahren große Jugendstudien als Beitrag zur Jugendforschung veröffentlicht. So wurden jüngst in einer Jugendstudie von 1991 4005 Jugendliche und junge Erwachsene der Geburtsjahrgänge 1961–1978 stellvertretend für etwa 18 Millionen Personen dieser Jahrgänge mittels eines standardisierten Fragebogens interviewt. Die Skala der Fragen war sehr breit angelegt und umfaßte die Felder Familie, Schule, Beruf, Politik, Interesse, persönliche Lebensentwürfe und Wertvorstellungen. Die Studie von 1991 ist zwar die erste gesamtdeutsche Studie, trennt aber in vielen Tabellen auf Grund entsprechender Ergebnisse nach alten und neuen Bundesländern. Im folgenden sind einige Graphiken und Tabellen, u. a. auch im Vergleich zu einer Studie von 1981, abgedruckt, an denen einiges an Lebensperspektiven und Veränderungen in der Werteauffassung innerhalb der deutschen Jugendlichen zu ersehen ist:

Text 2   Aus der „Shell-Jugendstudie" von 1991:

Optimistisch sehen die gesellschaftliche Zukunft in den alten Bundesländern:

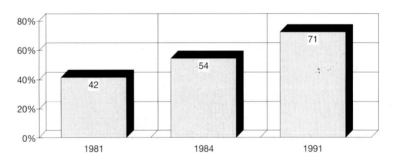

Eher düster sehen die gesellschaftliche Zukunft (Angaben in Prozent):

	Jugend '81 West	Jugend '91 West
15–19jährige	57	31
20–24jährige	59	29
25–29jährige	(nicht befragt)	29
(Antwortvorgaben: „eher düster" – „eher zuversichtlich")		

Einstellungen zu Demonstrationen:

Es befürworten	15–20jährige			21–24jährige		
(Angaben in Prozent)	1980	1991		1980	1991	
	West	West	Ost	West	West	Ost
Genehmigte Demonstration	65	72	78	59	76	84
Aufhalten des Verkehrs bei einer Demonstration	21	31	29	26	30	32

Einstellung zu Hausbesetzern unter 15–19jährigen (in Prozent)			
	1981	1991	1991
	West	West	Ost
Rechne mich dazu	3	3	2
Finde Leute gut	42	15	18
Ziemlich egal	29	36	40
Kann ich nicht leiden	21	38	29
Gegner von mir	4	6	9
Kenne ich nicht	1	2	2
	100	100	100

Disco-Fans unter 15–19jährigen (in Prozent)			
	1981	1991	1991
	West	West	Ost
Rechne mich dazu	21	32	44
Finde Leute gut	20	26	30
Ziemlich egal	31	32	17
Kann ich nicht leiden	22	8	7
Gegner von mir	6	1	1
Kenne ich nicht	–	1	1
	100	100	100

Mit den Antwortmöglichkeiten „Ich rechne mich selbst dazu" und „Ich gehöre nicht dazu, finde solche Leute aber ganz gut" wurden folgende **Hitlisten der Gruppenstile** erstellt:

1981	1991
1. Umweltschützer (81 %)	1. Umweltschützer (77 %)
2. Fans von Musikgruppen (66 %)	2. Friedensbewegung (71 %)
3. Alternative Lebensweise (62 %)	3. Fans von Musikgruppen (63 %)
4. Motorradfans (56 %)	4. Jogging (61 %)
5. Kernkraftgegner (53 %)	5. Kernkraftgegner (58 %)
6. Hausbesetzer (47 %)	6. Motorradfans (49 %)
	7. Discofans (48 %)
	8. Computerfans (47 %)
	9. Body-Building/Fitness (44 %)

Mit den Antwortmöglichkeiten „Die Gruppe kann ich nicht so gut leiden" und „Das sind Gegner von mir, ich bekämpfe sie" wurden folgende **Maßlisten der Gruppenstile** erstellt:

1981	1991
1. RAF/Terror-Gewalt (86 %)	1. Fußball-Hooligans (89 %)
2. Nationale Gruppen (74 %)	2. Skinheads (82 %)
3. Rocker (69 %)	3. Okkulte Gruppen (59 %)
4. Neue Jugendreligionen (59 %)	4.–5. Punks (46 %)
5.–6. Popper (49 %)	4.–5. Rocker (46 %)
5.–6. Bundeswehrfans (49 %)	6. Grufties (44 %)
7. Punker (38 %)	7. Hausbesetzer (43 %)

Aus: Jugend '92. Lebenslagen, Orientierungen und Entwicklungsperspektiven im vereinigten Deutschland. Hrsgg. v. Jugendwerk der Deutschen Shell. Bd. 1. Opladen 1992.

Arbeits-
vorschläge

1. Welche Veränderungen in den Lebensauffassungen und Werteskalen können Sie anhand der Tabellen formulieren?

2. Suchen und benennen Sie wichtige politisch-gesellschaftliche Ereignisse und Vorgänge bzw. dominante Lebensgefühle, die für diese Veränderungen mit verantwortlich sind.

3. Diskutieren Sie in Ihrem Kurs darüber, welchen Aussagewert und welche Verwendungsmöglichkeit Sie dieser Textform (Tabelle, Statistik) im Zusammenhang mit dem Thema *„Wertediskussion und Wertewandel in der modernen Gesellschaft"* zubilligen.

Text 3

Die Jugendstudie stellt folgende **Hierarchieliste der Werte** heraus:

Den Jugendlichen ist äußerst wichtig für das eigene Leben:

	Westdeutsche		Ostdeutsche	
	Rang	Prozent	Rang	Prozent
Eine Welt in Frieden (frei von Krieg und Konflikt)	1.	77 %	1.	84 %
Wahre Freundschaft (enge unterstützende Freunde)	2.	68 %	3.	73 %
Freiheit (Freiheit des Handelns und des Denkens)	3.	66 %	4.	62 %
Familiäre Sicherheit (Sicherheit für die geliebten Personen)	4.	57 %	2.	79 %
Innere Harmonie (in Frieden mit mir selbst)	5.	55 %	6.	49 %
Ein abwechslungsreiches Leben (erfüllt mit Herausforderungen, Neuem, Veränderungen)	6.	39 %	5.	50 %

Den Jugendlichen ist nicht wichtig für das eigene Leben:

Soziale Macht (Kontrolle über andere, Dominanz)	1.	37 %	1.	52 %
Loslösung (von weltlichen Belangen)	2.	29 %	2.	45 %
Autorität (ein Recht, zu führen und zu bestimmen)	3.	24 %	3.	25 %

Aus: ebd.

Arbeits-
vorschläge

1. Welches Bild der Jugend '91 gewinnen Sie aus diesen beiden Hierarchielisten?

2. Vergleichen Sie die einzelnen Werte im Hinblick auf die Ost-West-Unterschiede: Mit welchen Vorgängen, Situationen bzw. Lebensweisen und -gefühlen in der früheren DDR erklären Sie sich diese z.T. erheblichen Differenzen in den Prozentzahlen?

3. Erstellen Sie Ihre persönliche Hierarchieliste der Werte, und ergänzen Sie dabei, wenn es Ihnen notwendig erscheint, die Liste um andere Werte. Vergleichen Sie anschließend Ihre Ergebnisse untereinander.

Text 4   HERBERT RIEHL-HEYSE: Optimistisch, aber kaum belastbar. Die Shell-Jugendstudie warnt vor den Folgen der Desillusionierung besonders im Osten (1992)

Nachrichten aus der geheimnisvollen Welt der Jugend haben einen traurigen Sensationswert, seit ein paar hundert wild gewordene Glatzköpfe berühmt zu werden hoffen mit Hilfe von Steinen und Brandbomben. Nur zu verständlich, daß die Erwachsenen wissen wollen, was in solchen Köpfen vor sich geht, wie repräsentativ diese Sorte Jugend ist und wie groß die Gefahr, daß immer mehr junge Leute   5
gewalttätig werden. Weil das so ist, gibt es eine Menge bedrohlicher Vermutungen, auch Meinungsumfragen (IBM-Studie) mit dramatischen Auskünften. Allerdings kann man nicht sagen, daß sie deshalb schon immer seriös sind.
Die Autoren der Shell-Jugendstudie, deren jüngste Ausgabe soeben in Berlin vorgestellt worden ist, haben in der Bundesrepublik zweifellos am meisten Zeit und wis-   10
senschaftliche Mühe in die Erforschung der politischen, gesellschaftlichen und kulturellen Vorstellungen von Jugendlichen investiert. Gerade wegen ihrer Erfahrungen seit mehr als zehn Jahren ist es unmöglich, sie auf eine Prozentzahl für das jugendliche Gewaltpotential festzulegen, wodurch ihre auf Langzeitbeobachtung basierende Feststellung zu diesem Thema eher beunruhigender wird: Die   15
Bereitschaft zur Gewalt wächst, im Osten mehr als im Westen.
Die Studie ist spannend, weil sie keine Klischeevorstellungen bedient: Erst einmal überrascht die Erkenntnis, daß westdeutsche Jugendliche zu Beginn der 90er Jahre erheblich optimistischer in die Zukunft schauen als das die Gleichaltrigen vor zehn Jahren getan haben, und daß sich darin die Jugendlichen aus den neuen Bundeslän-   20
dern nicht von den anderen unterscheiden. Für die Frage, warum dies so ist, haben die Autoren eine These: Die Jungen im Westen seien in den relativ krisenfreien 80er Jahren groß geworden und bezögen aus dieser Erfahrung jenes Urvertrauen, das die ostdeutschen jungen Leute aus ganz anderen Gründen hätten; die haben den Staat als etwas erlebt, das einen nur allzu heftig „betütelt" – und wenn dieser Staat nun   25
der reiche, freie und liberale der Westdeutschen ist, fühlen sie sich erst einmal in den besten Händen.
Freilich könnte gerade aus diesem Urvertrauen eine der größeren Gefahren der nächsten Jahre entstehen: Je größer der Optimismus (bei gleichzeitig deutlich größerer Unlust, sich politisch zu betätigen), desto gewaltiger die Enttäuschung,   30
wenn die Realität den hochgespannten Erwartungen nicht standhält. Es ist mit Händen zu greifen (und die Studie hat dafür interessante Belege), daß der Prozeß der Desillusionierung schon voll im Gange ist, besonders im Osten, wo sich junge Leute an die alte DDR „mit 60 zu 40 Prozent" inzwischen eher positiv erinnern, sich als „Deutsche zweiter oder dritter Klasse" fühlen und Ausländer vor allem brau-   35
chen, um ihrerseits auf jemanden herunterschauen zu können. Das Image der Ausländer ist „dramatisch schlechter geworden", sagt Arthur Fischer, einer der beiden Autoren der Studie, der im übrigen die „finstere Vermutung" hegt, im Osten gingen auch deshalb manche Jugendliche – die in der Mehrzahl keineswegs aus der Unterschicht kommen – auf die Straße, weil sie ja noch unter dem Eindruck lebten, daß   40
beim letztenmal mit Protesten eine ganze Regierung verjagt worden ist.

Westliche Jugendliche können gewiß besser beurteilen, wie abwegig ein solcher Schluß aus der jüngsten Vergangenheit ist, sind auch sonst weit besser angepaßt an das System mit seinen Chancen und Tücken. Wie sich überhaupt bei genauerem
45 Hinsehen zeigt, daß eben doch gewaltige Unterschiede bestehen zwischen Ost und West, selbst wenn in Jena dieselben Rockstars verehrt werden wie in Köln. Der wichtigste ist, daß Jugend im Westen lang und teuer ist (etwa weil Eltern ihren Kindern ein langes Studium finanzieren), während sie im Osten kurz und billig zu sein hat: vor allem bei Mädchen, die nach Ansicht Fischers „die eigentlichen Verlierer
50 der Wende sind".

Wenn man bedenkt, daß die teuren Studienplätze Geld kosten, könnte man die Theorie vertreten, der viel erörterte Finanztransfer gehe in einigen Bereichen von Ost nach West. Und hätte schon wieder einen Grund für die Annahme, daß die Debatten demnächst auch unter jungen Leuten härter werden.

Aus: Süddeutsche Zeitung, 4. 11. 1992.

Arbeits-
vorschläge

1. Fassen Sie die wesentlichen Gedanken des Textes thesenartig zusammen.

2. Untersuchen Sie die Argumentationsstrukturen (Differenzierung des Themas, Themabezug, Zusammenhang der einzelnen Teile) und Sprechhandlungen des Textes, und beurteilen Sie beides. Überprüfen Sie anschließend den Zusammenhang zwischen Titel bzw. Untertitel des Textes und den nachfolgenden Ausführungen.

3. Welches Bild von der Jugend '91 entwirft Riehl-Heyse? Vergleichen Sie es mit dem Bild, das Sie aus den Texten 2 und 3 bzw. aus Ihrer eigenen Anschauung gewonnen haben.

4. Diskutieren Sie über die Funktion und den Zielgruppenbezug des Riehl-Heyse-Textes.

Der Text im Kontext

Themen, Sachverhalte und Probleme, welche die Menschen bewegen, können in schriftlicher Form auf unterschiedliche Weise verarbeitet werden: zum einen in fiktionalen, also dichterischen Texten, zum anderen in nicht-fiktionalen (Gebrauchs-) Texten. Während die Auseinandersetzung mit der realen Welt und ihrer Geschichte in fiktionalen Texten auf eine mehr oder weniger verschlüsselte und indirekte Weise geschieht, versuchen die Autoren argumentativer Texte, unter unmittelbarem Bezug auf die reale Welt direkt Stellung zu Ereignissen, Handlungen und (Welt-) Anschauungen zu beziehen und dadurch den öffentlich-gesellschaftlichen **Meinungsbildungsprozeß** zu beeinflussen. Solche Texte sind daher deutlicher als die fiktionalen Texte Teil der **öffentlichen Kommunikation**, die als komplexer und vielschichtiger Prozeß in unterschiedlichen Teilbereichen mit unterschiedlichen Schwerpunkten in bezug auf Normen und Regeln verläuft.

Texte können je nach These und Darstellungsform – es sei hier an den **expressiven**, den **appellativen** und an den **informativen** Texttyp erinnert – als unterschiedliche Textsorten bzw. in unterschiedlichen (Kommunikations-)Situationen erscheinen: als Zeitungstext, als philosophisch-wissenschaftliche Abhandlung, als (Fest-, Gerichts- oder politische) Rede, als Werbetext, als Glosse, als Tabelle (mit statistisch relevanten Daten), als Predigt …

In welcher Sorte, Form bzw. Situation ein Text auch „vorliegt", immer steht er in einem größeren und unterschiedliche Faktoren umfassenden **Kontext**.

Ein Text ist demnach eingebettet in die einzelnen Lebens- und Diskurs-Welten der Philosophie, Geschichte, Religion, Politik, Ökonomie, der ethischen und moralischen Normen der Entstehungszeit usw., und er ist eingebettet in den Kontext von Biographie, Bildung, Wissen und (Welt-)Anschauung des Verfassers bzw. der Verfasserin. Der Rezipient solcher Texte muß sich daher auch auf das einlassen, was in einem Text nicht unmittelbar enthalten ist, sondern häufig als gedankliche Welt, als Definition von Begriffen, als subjektive Wertvorstellungen einer Verfasserin bzw. eines Verfassers erst aus dem Text erschlossen werden muß und u. U. dann im Mittelpunkt einer (erörternden) Auseinandersetzung stehen kann.

Das nachfolgende Schaubild ist ein Versuch, argumentative Texte in ihren Entstehungs- und Rezeptionsbedingungen schematisch darzustellen:

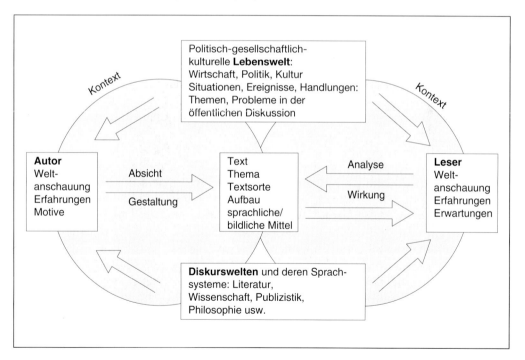

**Arbeits-
vorschlag** Erläutern Sie mit Ihren Worten das obige Schaubild. Achten Sie dabei auf Vollständigkeit der angeführten Aspekte und auf die Zusammenhänge zwischen den einzelnen Punkten.

Text 5   PETER KÖNIG: Wir Unfaßbaren* (1993)

Versucht nicht, uns zu verstehen.

Ihr könnt uns untersuchen, befragen, interviewen, Statistiken über uns aufstellen,
sie auswerten, interpretieren, verwerfen, Theorien entwickeln und diskutieren, Vermutungen anstellen, Schlüsse ziehen, Sachverhalte klären, Ergebnisse verkünden,
5 sogar daran glauben. Unseretwegen. Aber ihr werdet uns nicht verstehen.

Wir sind anders als ihr.

Wir kopieren eure Moden und Utopien, wir haben von euch gelernt, wie man sich
durchwindet, durchfrißt, wir sind alle kleine Schmarotzer in euren Häusern, behütet
durch dicke Polster aus Wohlstand, die angelegt wurden, weil wir es einmal besser
10 haben sollten. Wir nehmen eure Wohnungen und euren Besitz in Anspruch, warum
sollten wir nicht noch mehr wollen, wenn wir schon alles haben; unsere Ansprüche
sind groß und selbstverständlich und einer Konsumgesellschaft angemessen. Wir
nutzen eure Welt, aber wir verweigern das Nacheifern, wir funktionieren anders, wir
sind anders konstruiert, sozialisiert, domestiziert, angeschmiert. Früher war alles
15 anders, und deshalb kann man uns nicht mit früher vergleichen. Unsere Jugend ist
anders, als eure war.

Wir sind anders als wir.

Wir sind zu viele, zu verschieden, zu zersplittert, zu schillernd, zu gegensätzlich, zu
unlogisch und zu abgeschottet und sektiererisch, als daß es ein großes, umfassendes
20 Wir geben könnte. Wir benutzen es trotzdem.

Wir, das wechselt.

Ein Wir kann aus verschiedenen Gruppen bestehen, die sich normalerweise nur
abschätzig mißachten würden. Ein Haufen von Autonomen und Normalos zum Beispiel wird zum Wir durch die Konfrontation mit einem andern Wir, das uns in einen
25 Topf schmeißt, der die Aufschrift Ihr trägt. Wir hier drinnen, ihr hier draußen, wir
hier unten und ihr da oben.

(…)

Wir sind unfaßbar, das ist unser Geheimnis. Wir kommen mit dieser falschen Welt
besser zurecht als eure Psychologengeneration, die die Welt der Werbung als das
30 Reich des Bösen enttarnt hat. Und die endlos über Konzepte diskutiert, pädago-
gisch darauf einzugehen. Wir dagegen schalten einfach um. Oder gerade deswegen
ein. Die Werbung ist Teil unserer Sozialisation. Wir sind sie gewöhnt und weitgehend immun gegen sie. „Werbewirkung endet im Geldbeutel.“

Wir verhalten uns anders, als wir eigentlich müßten oder sollten. Aber wer will
35 Berechenbarkeit, Logik und Konsequenz von uns erwarten, von den Kindern des
Pluralismus?

Wir plündern eure alten Klamottenkisten, wir tragen eure alten Kordhosen mit
Schlag, die Klumpstiefel mit Plateausohlen, die Pullunder aus Glitzerwolle, die
braun-orangen Hemden mit den langen Kragenspitzen. Wir leben im Zeitalter des
40 Recyclings, alles wird wieder- und wiederverwendet, so lange, bis es aufgelöst ist,
geistiger Historismus, Eklektizismus[1], alles war schon mal da, aber das liegt nicht an

1 Historismus (griech.-lat.): Geschichtsbetrachtung, die alle Erscheinungen aus ihren geschichtlichen
Bedingungen heraus versteht und erklärt; Eklektizismus (griech.-lat.): unoriginelle, von den Ideen anderer das Passende herausgreifende Arbeitsweise bzw. Weltanschauung

uns, das war vor unserer Zeit, alles wird in uns hineingestopft, ausgelutscht, unverdaut wieder herausgewürgt, ausgekotzt, ausgeschissen. Der Spiegel schreibt, daß die Mode gerade dabei ist, die Neunziger wiederzuentdecken. Wir tragen alte Hüte und blankgewichste, fabrikneue Werftarbeiterschuhe, die in unserem Marokkourlaub 45 das erste Mal auf einer Kaimauer standen. Wir lesen Bukowski[2] und regen uns auf, wenn in der Kneipe auf dem Klo das Lokuspapier alle ist. Wir schwelgen in Kulten, die wir nicht leben müssen, Lebensgefühle aus Kultbüchern, Kultfilmen, Kultfestivals, okkulten[3] Subkulturen, ein Punk hört keine Abba-Platten, oder gerade jetzt doch? Unsere Mythen, die RAF, die bessere DDR, Kalifornien, Adolf Hitler und 50 die 68er, kennen wir nur vom Hörensagen, sie sind selbstgemacht und beliebig formbar, denn wir waren keine Augenzeugen. Unsere Tanzreligion versetzt uns in Ekstase, wir werden besessen vom deus ex machina[4], aus dem Synthesizer, aus dem Drumcomputer, das goldene Kalb, das wir umtanzen, sind wir selbst. Wer kann uns heutzutage noch eine moralische Autorität sein? Wo sollen wir eine Ethik lernen? 55 Und von wem? Und warum? Warum sollen wir nicht machen, was möglich ist? Warum sollen wir uns nicht verhärten lassen in dieser harten Zeit? Wenn es doch nützt?

Aus: Peter König: Wir Vodookinder. In: Kursbuch. H. 113. September 1993.

Arbeitsvorschläge

1. Formulieren Sie mit Ihren Worten, welches Bild von der Jugend Peter König entwirft.

2. Der Text wird mit der Aufforderung: „Versucht nicht, uns zu verstehen", eingeleitet. Inwiefern kann man diesen imperativen Satz als „Leitsatz" des Textes bezeichnen?

3. Diskutieren Sie, gegen wen bzw. gegen was sich König wendet bzw. wofür er plädiert.

4. König argumentiert häufig antithetisch. Zeigen Sie dies an einigen Textstellen, und erläutern Sie, welche Absicht er damit verfolgen könnte.

5. Zeigen Sie, in welchem jeweiligen Kontext die Texte 4 und 5 stehen und auf welche Weise dieser Kontext die Textsorte jeweils mit bestimmt.

6. Entwerfen Sie eine Abiturrede, in der Sie unter Berücksichtigung der Fakten und Meinungen aus den Texten 1–5 zum Thema „Wertediskussion und Wertewandel in der modernen Gesellschaft" Stellung beziehen. Klären Sie zuvor in einem Gespräch in Ihrem Kurs, in welchem Kontext eine solche Abiturrede steht und wie dieser die Konzeption einer solchen Rede bestimmt.

2 Charles Bukowski (1920–1994): Kultschriftsteller der amerikanischen Underground-Literatur und der Jugendszene bzw. der Protestbewegung seit dem Beginn der 70er Jahre; beschreibt in drastischer Sprache die Schattenseiten der US-Gesellschaft
3 okkult (lat.): verborgen, geheim, übersinnlich
4 deus ex machina (lat.): der Gott aus der Theatermaschine, d. h. (im griechischen Theater) von der Höhe herabschwebend; eine unerwartete, überraschende Hilfe aus einer Notlage

1.2 Erörtern im Anschluß an Texte

Aus den vorangegangenen Jahrgangsstufen wissen Sie, daß es beim Erörtern einer Reihe von Überlegungen inhaltlicher und methodischer Art bedarf, um ein Thema gedanklich und sprachlich überzeugend auszuführen und dabei die eigene Urteilsfähigkeit zu entwickeln. Das Einüben von Argumentieren und Erörtern ist darüber hinaus eine Vorbereitung auf Hochschule und Beruf und auf die selbständige, kritische Teilnahme an den verschiedenen Diskursen des gesellschaftlichen Lebens. Deshalb begegnen Ihnen in den Jahrgangsstufen 12 und 13 zunehmend Themen, die sich nicht mehr nur unmittelbar auf das Fach Deutsch und dessen Thematik beziehen, sondern fächerübergreifendes bzw. fächerverbindendes Reflektieren über Grundfragen des individuellen und gesellschaftlichen Lebens unter den unterschiedlichsten Gesichtspunkten erfordern. Gerade solche anspruchsvollen Themen verlangen vom Erörternden eine besondere Sorgfalt und Exaktheit in der Begrifflichkeit, geht es doch häufig schon in der Themenstellung um Begriffe, die äußerst komplex, umstritten oder vom allzu sorglosen, häufigen Gebrauch abgegriffen erscheinen („Moral", „Freiheit", „Kommunikation", „Mediengesellschaft", „Werte" u. ä.).

Beim Erörtern im Anschluß an Texte gibt es verschiedene Abstufungen und gelegentlich fließende Übergänge zur nicht-textgebundenen Erörterung (Problemerörterung); im einzelnen hängt dies mit den Erörterungsaufträgen bzw. der Funktion des Textes in der Themenformulierung zusammen.

Folgende Möglichkeiten kommen häufig vor:

– Die Untersuchung des Textes erstreckt sich auf eine zusammenfassende Wiedergabe der wesentlichen Gesichtspunkte in diesem Text, an denen der Erörternde dann mit seiner Argumentation anknüpft. Hier bleibt er relativ eng am Text.
– Einige (wesentliche) Aussagen des Textes werden herausgearbeitet; der Erörternde entfaltet eine Argumentation, die deutlich über das im Text zum Thema bzw. Problem Gesagte hinausreicht, so daß der Text lediglich in wenigen Aspekten Bezugs- bzw. Ausgangspunkt der eigenen Erörterung bleibt.
– Ein Text oder auch mehrere Texte, beispielsweise aus dem Bereich der gedanklichen Prosa, bilden Anstoß, Arbeitsgrundlage für die Erörterung und werden lediglich punktuell als Verweis oder Zitatmaterial einbezogen, sie sind jedoch nicht Gegenstand einer genaueren Betrachtung oder zusammenfassenden Wiedergabe; gleichwohl sind sie Grundlage des Wissens bzw. der Vorerfahrung für die eigene Argumentation. Bei dieser Form der Erörterung sind die Übergänge zur nicht-textgebundenen Erörterung (Problemerörterung) fließend.

Auch bei der Untersuchung eines Textes bzw. seiner „Verarbeitung" im erörternden Teil gibt es verschiedene Möglichkeiten, die von der Aufgabenstellung abhängen: Zum einen kann die inhaltliche Seite des Textes im Vordergrund der Analyse bzw. Auseinandersetzung stehen, zum anderen kann auch die Gestaltung (Argumentationstechnik, Satzbau, Wortwahl, Sprechhandlungen u. ä.) in den Mittelpunkt rücken.

Schließlich sei noch darauf hingewiesen, daß es zwei Möglichkeiten des Vorgehens beim Aufbau einer Erörterung gibt: die einfachere Form, bei der die zusammenfassende Wiedergabe der wesentlichen Aussagen, also der analytische Teil, vorangestellt wird und danach der erörternde Teil folgt. Diese Form tritt in den Jahrgangsstufen 12 und 13 zurück zugunsten der schwierigeren integrativ angelegten Form, in der man Analyse und Erörterung (souverän) miteinander verknüpft und auch methodisch differenzierter verfährt.

Die folgenden Texte dienen als Ausgangspunkt bzw. Grundlage für die verschiedenen Formen der Erörterung.

Text 1

ZYGMUNT BAUMAN: Die Moral im Zeitalter der Beliebigkeit (1993)

Je freier die Entscheidung ist, desto weniger wird sie als Entscheidung empfunden. Jederzeit widerrufbar, mangelt es ihr an Gewicht und Festigkeit – sie bindet niemanden, auch nicht den Entscheider selbst; sie hinterläßt keine bleibende Spur, da sie weder Rechte verleiht noch Verantwortung fordert und ihre Folgen, als unangenehm empfunden oder unbefriedigend geworden nach Belieben kündbar sind. Freiheit gerät zur Beliebigkeit; das berühmte Zu-allem-Befähigen, für das sie hochgelobt wird, hat den postmodernen Identitätssuchern alle Gewalt eines Sisyphos verliehen. Die Postmoderne ist jener Zustand der Beliebigkeit, von dem sich nun zeigt, daß er unheilbar ist. Nichts ist unmöglich, geschweige denn unvorstellbar. Alles, was ist, ist bis auf weiteres. Nichts, was war, ist für die Gegenwart verbindlich, während die Gegenwart nur wenig über die Zukunft vermag. 5

Heutzutage scheint alles sich gegen ferne Ziele, lebenslange Entwürfe, dauerhafte Bindungen, ewige Bündnisse, unwandelbare Identitäten zu verschwören. Ich kann nicht langfristig auf meinen Arbeitsplatz, meinen Beruf, ja nicht einmal auf meine eigenen Fähigkeiten bauen; ich kann darauf wetten, daß mein Arbeitsplatz wegrationalisiert wird, daß mein Beruf sich bis zur Unkenntlichkeit verändert, daß meine Fähigkeiten nicht länger gefragt sind. Auch auf Partnerschaft oder Familie ist Zukunft nicht mehr zu gründen; im Zeitalter dessen, was Anthony Giddens „confluent love" nennt, währt das Beisammensein nicht länger als die Befriedigung eines der Partner, die Bindung gilt von vornherein nur „bis auf weiteres", die intensive Bindung von heute macht Frustrationen von morgen nur um so heftiger. 15 / 20

Die Zeit, man sieht es, ist dem puritanischen Pilger nicht günstig, einem Leben, gelebt in der Pilgerschaft. Die Andachtsbilder wechseln mit dem Tag, sofortiger Verschleiß ist eingebautes Merkmal jedes Fahrzeugs; welcher vernünftige Mensch würde da schon zu Beginn der Lebensreise sein Ziel festlegen und an der schrumpfenden Distanz zu ihm seinen Fortschritt messen? Nicht die Pilger, so scheint es, sondern die Landstreicher und die Touristen reagieren vernünftig auf die Chancen unserer Zeit und die Fußangeln, die sie auslegt. 25

Zunächst zum Landstreicher. Er weiß nicht, wie lange er dort, wo er ist, noch bleiben wird, und zumeist ist nicht er es, der über die Dauer seines Aufenthalts befindet. Unterwegs wählt er sich seine Ziele, wie sie kommen und wie er sie an den Wegweisern abliest; aber selbst dann weiß er nicht sicher, ob er an der nächsten Station Rast machen wird, und für wie lange. Er weiß nur, daß seines Bleibens sehr 30

wahrscheinlich nicht lange sein wird. Was ihn forttreibt, ist die Enttäuschung über
35 den Ort seines letzten Verweilens sowie die nie versagende Hoffnung, der nächste
Ort, von ihm noch nicht besucht, oder vielleicht der übernächste möchte frei sein
von den Mängeln, die ihm die bisherigen verleidet haben.

Und nun der Tourist! Wie der Landstreicher, weiß der Tourist, daß er dort, wo er
gelandet ist, nicht lange bleiben wird. Und wie der Landstreicher, hat auch er nur
40 die eigene biographische Zeit, um die Orte aufzureihen, die er besucht hat; es gibt
offenbar nichts anderes, um sie zu ordnen oder über ihre Abfolge zu entscheiden.
Diese Gewohnheit gerinnt zur Erfahrung einer äußersten Fügsamkeit des Raumes:
Es ist in das Belieben der Touristen gestellt, jegliche Bedeutung der von ihm
besuchten Stätten, ihren „natürlichen" Platz in der „Ordnung der Dinge", zu igno-
45 rieren und an sich nur herankommen zu lassen, was er in seine Welt hereinnehmen
will. Es ist sein ästhetisches Vermögen – seine Neugier, sein Vergnügungsbedürfnis,
der Wille und die Fähigkeit, neuartige, angenehme, und angenehm neuartige Erfahrungen zu machen –, was ihm die nahezu totale Freiheit verleiht, seine Lebenswelt
zu strukturieren.

50 In der postmodernen Welt sind der Landstreicher und der Tourist nicht länger marginale Menschen oder marginale Zustände. Sie werden zu Gußformen, dazu
bestimmt, die Totalität des Lebens, das Ganze der Alltäglichkeit zu umfassen und
auszubilden; die Muster, an denen jegliche Praxis gemessen wird. Der Chor der
kommerziellen Nutzer und Medienschmeichler hebt sie in den Himmel. Sie setzen
55 den Maßstab für Erfolg und glückliches Leben überhaupt. Tourismus ist nicht länger das, was man tut, wenn man Urlaub hat. Das normale Leben, wenn es ein gutes
Leben sein soll, sollte (besser) ein ständiger Urlaub sein.

(…)

Es ist an der Zeit, nach den ethischen Konsequenzen der Postmoderne zu fragen.
60 Hat die Moral Zukunft in dieser Welt, die bevölkert ist von Landstreichern, die sich
nach der Geborgenheit am Stammeslagerfeuer sehnen, und von Touristen, die amü-
siert das Schauspiel ergötzlicher Stammessitten verfolgen?

Manche sagen, die Moral habe keine Zukunft, freuen sich ob dieser Aussicht und
wollen, daß wir uns mit ihnen freuen. Vielleicht ist das wirklich der Fall: das Ende
65 der Moral, wie wir sie kennen. Genauer gesagt: wie wir alle gelernt haben, sie zu
verstehen. Die Philosophie der Ethik im Verein mit einer moralfördernden Praxis,
setzt seit jeher Moral mit dem von außen etablierten und fixierten Über-Ich gleich;
alle ethischen Schulen, ungeachtet ihrer Unterschiede, stimmten in der These überein, daß jede Moral etwas von außen Aufgezwungenes ist und daß nur göttliche
70 oder rationale, stets aber überindividuelle Prinzipien, getragen von heiligen oder
weltlichen, immer aber überindividuellen Instanzen, die Herrschaft der Moral über
die ungebärdigen und wesentlich unmoralischen, menschenfeindlichen Triebe des
Menschen sichern können. Kein Wunder, daß der schwindende Glaube an universa-
le Prinzipien und die abbröckelnde Geltung universaler Autoritäten weithin als
75 Ende der Moral wahrgenommen werden. Nachdem wir uns einmal die Überzeugung gebildet haben, moralisches Verhalten müsse „gegründet" sein und universalen „Regeln" folgen, fällt es uns schwer, eine Moral ohne Grundlagen und ohne uni-
versal anerkannten Code zu konzipieren.

(...)

Und so bleibt uns kaum etwas anderes übrig, als unser Heil dort zu suchen, wo die 80
letzte Chance der moralischen Gemeinschaft – aus der erstürmten Trutzburg verjagt
und die trügerische fliehend – Zuflucht gefunden hat: in der moralischen Fähigkeit
des Ichs statt in den gesetzgeberischen und politischen Fähigkeiten überindividuel-
ler Mächte; in dem wunderbaren Geschenk der Soziierung statt in der erzwungenen
Begabung der Sozialisation. Das – warnt man uns – könnte der Weg zur Hölle sein. 85
Aber es kann auch die Entdeckungsreise des moralischen Menschen zu sich selbst
sein.

Aus: Süddeutsche Zeitung, 16./17. 11. 1993.

Eine Aufgabenstellung zu diesem Text könnte sein:
– Zeigen Sie, welche Entwicklungen der Verfasser in der Gegenwartsgesellschaft
  sieht und welche Überlegungen er daraus ableitet.
– Erörtern Sie die Positionen Baumans.

Der analytische Teil (erster Spiegelstrich) verlangt eine zusammenfassende Wiedergabe der zentralen Gedanken und erfordert daher eine recht intensive Auseinandersetzung mit dem Text. Dazu können folgende Überlegungen sinnvoll sein:
– die Zweiteilung des Textes erkennen und festhalten: Beschreibung des Ist-
  Zustandes der Gesellschaft (bis Z. 57), Frage nach der Moral und ihrer Zukunft
  (ab Z. 59);
– den ersten Teil des Textes systematisch nach seinen Schlüsselbegriffen abschrei-
  ten;
– ausgewählte Lebensbereiche/Beispiele festhalten;
– im zweiten Teil des Textes (ab Z. 59) die Schlüsselbegriffe und deren Bezug zum
  ersten Teil herausarbeiten und auf Baumans (vorsichtig formulierte) Lösung, auf
  die „moralische Fähigkeit des Ich" hinweisen;
– den gesamten Text nach formalen Gesichtspunkten untersuchen (Argumentationstechnik, Wortwahl, Eigenarten der Beispielwahl) und dabei These(n), Argumente, Belege, Beispiele und Folgerungen markieren;
– das eigene Verständnis verschiedener Schlüsselbegriffe klären und gegebenenfalls in entsprechenden philosophischen Nachschlagewerken nachlesen; mögliche
  Abweichungen gegenüber dem Verständnis des Textautors formulieren.

Von solchen Überlegungen aus kann der Übergang zum erörternden Teil erfolgen,
indem man nach den Prämissen, dem Kontext, nach der Tragweite, Gültigkeit, Vollständigkeit und Darstellung fragt und von dort aus die eigene Argumentation entwickelt. Dies heißt, eigene, die Lektüre des Textes ergänzende bzw. erweiternde
Überlegungen und Kenntnisse schriftlich festhalten, eine sachgerechte Gliederung
entwerfen und den Zusammenhang zwischen Analyse und Erörterung herstellen.
Je nach der Art des Textes bzw. der Problemstellung kann man schon in der Einleitung auf die Aktualität bzw. die Einbettung des Themas in einen größeren, den
Text übersteigenden Rahmen verweisen. Auch am Schluß zeigt der Erörternde
u. U. Engagement und ein vertieftes Verständnis für die Thematik, wenn es ihm

gelingt, auf weitere Aspekte oder andere, weiterreichendere Lösungsansätze zu verweisen.

Fertigen Sie eine Analyse des Bauman-Textes nach folgendem Auftrag an: „Zeigen Sie, welche Entwicklungen der Verfasser in der Gegenwartsgesellschaft sieht und welche Überlegungen er daraus ableitet" (vgl. S. 281, erster Spiegelstrich).

Ein anderes Beispiel für eine Aufgabenstellung zu diesem Text könnte lauten:
– Zeigen Sie, warum und auf welche Weise der Verfasser den traditionellen Moralbegriff in der Gegenwartsgesellschaft in Frage gestellt sieht.
– Erörtern Sie diese Position, und entwickeln Sie Ihre Vorstellungen über die Zukunft moralischen Verhaltens der Menschen.

1. Vergleichen Sie diese Themenstellung mit der ersten (vgl. S. 281), indem Sie die unterschiedlichen Forderungen in beiden Arbeitsaufträgen detailliert herausarbeiten.

2. Fertigen Sie eine Erörterung auf der Grundlage der zweiten Themenstellung an (s. o.). Verfahren Sie dabei, wenn es Ihnen möglich und sinnvoll erscheint, nach der integrativen Methode (vgl. S. 279).

JOSÉ ORTEGA Y GASSET: Die Herrschaft der Massen* (1930)

Wir leben unter der brutalen Herrschaft der Massen. Ausgezeichnet (…) Wenn ich an dieser Stelle das Thema verließe und meine Untersuchung ohne weiteres abbräche, bliebe dem Leser sehr zu Recht der Eindruck, daß mir das fabelhafte Heraufkommen der Massen an die Oberfläche der Geschichte nichts als ein paar
5 übellaunige und verächtliche Vokabeln, ein Quentchen Abscheu und ein wenig Widerwillen entlockte, mir, der bekanntlich für eine radikal aristokratische Deutung der Geschichte eintrat. Radikal aristokratisch; denn ich habe nicht gesagt, daß die menschliche Gesellschaft aristokratisch sein soll. Ich habe vielmehr gesagt und halte mit immer stärkerer Überzeugung daran fest, daß die menschliche Gesellschaft, ob
10 sie will oder nicht, durch ihr Wesen selbst aristokratisch ist, und das so unentrinnbar, daß sie genau so sehr Gesellschaft ist, wie sie aristokratisch ist, und aufhört es zu sein, in dem Maße, wie sie diesen Charakter verliert. (…)
Ich lehne darum jede Interpretation unserer Zeit, die den positiven Sinn hinter der Herrschaft der Massen übersieht, genau so ab wie alle jene Deutungen, welche die-
15 se Herrschaft friedlich und unbesorgt ohne einen Schauder des Entsetzens hinnehmen. Jedes Schicksal ist in seinem tiefsten Grund spannungs- und leidvoll. Wem nicht die Gefahr der Zeit auf den Nägeln gebrannt hat, der ist nicht ins innere Gehäuse des Schicksals gedrungen, er hat nur seine kränkliche Wange berührt. Uns bedroht die moralische Erhebung der Massen, die hemmungslos, gewalttätig,
20 unlenkbar und zweideutig ist wie jedes Schicksal. Wohin führt sie uns? (…)
Die Tatsache, die wir sezieren müssen, läßt sich unter folgenden zwei Gesichtspunkten betrachten: Erstens, die Lebensmöglichkeiten, die heute den Massen offenstehen, decken sich zum großen Teil mit denen, die früher ausschließlich den wenigen

vorbehalten schienen. Zweitens, gleichzeitig lassen sich die Massen von den Eliten nicht mehr führen, sie verweigern ihnen Gehorsam, Gefolgschaft, Respekt, sie tun 25 sie ab und nehmen selbst ihren Platz ein. (...)

Im 18. Jahrhundert machten gewisse kleine Gruppen die Entdeckung, daß jedes menschliche Wesen vermöge der bloßen Tatsache seiner Geburt und ohne die Notwendigkeit irgendwelcher besonderen Befähigung gewisse grundlegende politische Rechte, die sogenannten Menschen- und Bürgerrechte, besitze und daß streng 30 genommen diese allen gemeinsamen Rechte die einzigen seien, die es überhaupt gebe. Jedes andere Recht, das sich an besondere Gaben heftet, wurde als Vorrecht verdammt. Es war dies zunächst ein bloßer Lehrsatz und Einfall einiger weniger, dann begannen diese wenigen, von ihrer Idee praktischen Gebrauch zu machen, sie durchzusetzen und besagte Rechte zu beanspruchen; es handelte sich um die vor- 35 nehmsten Eliten. Für das Bewußtsein der Masse jedoch waren jene Rechte während des ganzen 19. Jahrhunderts, wenn sie sich auch mehr und mehr dafür als für ein Ideal begeisterte, nichts, was ihr zukam; sie übte sie nicht aus und machte sie nicht geltend; ihr Leben und ihr Gefühl von sich selbst blieb unter den demokratischen Gesetzgebungen dasselbe wie unter dem alten Regime. Das Volk – wie man es 40 damals nannte – das Volk wußte, daß es souverän war, aber es glaubte nicht daran. Heute ist jenes Ideal Wirklichkeit geworden, noch nicht in den Gesetzgebungen, die äußerliche Schemata des öffentlichen Lebens sind, aber im Herzen jedes einzelnen, wie er immer stehen möge, einschließlich des Reaktionärs; *das heißt selbst für denjenigen, welcher die Institutionen verletzt und mit Füßen tritt, in denen jene Rechte* 45 *anerkannt werden.* Wer die wunderliche sittliche Lage der Massen nicht erfaßt hat, kann nach meiner Meinung nichts von dem verstehen, was heute in der Welt geschieht. Die Souveränität des unqualifizierten Individuums, des Menschen als solchen, die früher eine Idee oder ein legislatives Ideal war, ist jetzt als wesentlicher Inhalt in das Bewußtsein des Durchschnittsmenschen eingegangen. Und man merke 50 wohl: wenn etwas, das ein Ideal war, zum Bestandstück der Wirklichkeit wird, hört es unerbittlich auf, Ideal zu sein. Die Würde und magische Höhe, welche Attribut des Ideals ist und ihm seine Macht über den Menschen gibt, verfliegt. Die gleichmachenden Rechte, die jene großherzige demokratische Erleuchtung entdeckte, sind aus Zielen und Idealen Ansprüche und unbewußte Voraussetzungen geworden. 55

Nun wohl, jene Rechte hatten nur den einen Sinn: die Menschenseelen ihrer inneren Knechtschaft zu entreißen und in ihnen ein Gefühl der Freiheit und Würde aufzurichten. War es nicht dies, was man wollte? Dem Durchschnittsmenschen das Bewußtsein geben, daß er Herr seiner selbst und seines Lebens sei? Man hat es erreicht. Warum beklagen sich die Liberalen, die Demokraten, die Fortschrittler 60 von vor dreißig Jahren? Sollten sie etwa wie Kinder die Sache gewollt haben, aber nicht ihre Folgen? Man wollte den Durchschnittsmenschen zum Herrn machen. Dann darf man sich nicht wundern, wenn er nach seinem eigenen Gutdünken handelt, wenn er alle Genüsse verlangt, entschlossen seinen Willen durchsetzt, jede Unterordnung verweigert und auf niemanden hört, wenn er seine Person und seine 65 Liebhabereien pflegt und sich sorgfältig kleidet; es sind dies einige der ständigen Begleiterscheinungen des Herrenbewußtseins. Jetzt finden wir sie in dem Durchschnittsmenschen wieder.

Aus: José Ortega Y Gasset: Der Aufstand der Massen. Stuttgart 1931.

Text 3   SIGMUND FREUD: Der Mensch als Gemeinschaftswesen* (1930)

Als letzten, gewiß nicht unwichtigsten Charakterzug einer Kultur haben wir zu würdigen, in welcher Weise die Beziehungen der Menschen zueinander, die sozialen
Beziehungen, geregelt sind, die den Menschen als Nachbarn, als Hilfskraft, als
Sexualobjekt eines anderen, als Mitglied einer Familie, eines Staates betreffen. Es
5 wird hier besonders schwer, sich von bestimmten Idealforderungen freizuhalten und
das, was überhaupt kulturell ist, zu erfassen. Vielleicht beginnt man mit der
Erklärung, das kulturelle Element sei mit dem ersten Versuch, diese sozialen Beziehungen zu regeln, gegeben. Unterbliebe ein solcher Versuch, so wären diese Beziehungen der Willkür des Einzelnen unterworfen, d. h. der physisch Stärkere würde
10 sie im Sinne seiner Interessen und Triebregungen entscheiden. Daran änderte sich
nichts, wenn dieser Stärkere seinerseits einen einzelnen noch Stärkeren fände. Das
menschliche Zusammenleben wird erst ermöglicht, wenn sich eine Mehrheit zusam-
menfindet, die stärker ist als jeder Einzelne und gegen jeden Einzelnen zusammen-
hält. Die Macht dieser Gemeinschaft stellt sich nun als „Recht" der Macht des Ein-
15 zelnen, die als „rohe Gewalt" verurteilt wird, entgegen. Diese Ersetzung der Macht
des Einzelnen durch die der Gemeinschaft ist der entscheidende kulturelle Schritt.
Ihr Wesen besteht darin, daß sich die Mitglieder der Gemeinschaft in ihren Befrie-
digungsmöglichkeiten beschränken, während der Einzelne keine solche Schranke
kannte. Die nächste kulturelle Anforderung ist also die der Gerechtigkeit, d. h. die
20 Versicherung, daß die einmal gegebene Rechtsordnung nicht wieder zu Gunsten
eines Einzelnen durchbrochen werde. Über den ethischen Wert eines solchen
Rechts wird hiermit nicht entschieden. Der weitere Weg der kulturellen Entwicklung scheint dahin zu streben, daß dieses Recht nicht mehr der Willensausdruck
einer kleinen Gemeinschaft – Kaste, Bevölkerungsschicht, Volksstammes – sei, wel-
25 che sich zu anderen und vielleicht umfassenderen solchen Massen wieder wie ein
gewalttätiges Individuum verhält. Das Endergebnis soll ein Recht sein, zu dem alle
– wenigstens alle Gemeinschaftsfähigen – durch ihre Triebopfer beigetragen haben
und das keinen – wiederum mit der gleichen Ausnahme – zum Opfer der rohen
Gewalt werden läßt.
30 Die individuelle Freiheit ist kein Kulturgut. Sie war am größten vor jeder Kultur,
allerdings damals meist ohne Wert, weil das Individuum kaum imstande war, sie zu
verteidigen. Durch die Kulturentwicklung erfährt sie Einschränkungen und die
Gerechtigkeit fordert, daß keinem diese Einschränkungen erspart werden. Was sich
in einer menschlichen Gemeinschaft als Freiheitsdrang rührt, kann Auflehnung
35 gegen eine bestehende Ungerechtigkeit sein und so einer weiteren Entwicklung der
Kultur günstig werden, mit der Kultur verträglich bleiben. Es kann aber auch dem
Rest der ursprünglichen, von der Kultur ungebändigten Persönlichkeit entstammen
und so Grundlage der Kulturfeindseligkeit werden. Der Freiheitsdrang richtet sich
also gegen bestimmte Formen und Ansprüche der Kultur oder gegen Kultur über-
40 haupt. Es scheint nicht, daß man den Menschen durch irgendwelche Beeinflussung
dazu bringen kann, seine Natur in die eines Termiten umzuwandeln, er wird wohl
immer seinen Anspruch auf individuelle Freiheit gegen den Willen der Massen verteidigen. Ein gut Teil des Ringens der Menschheit staut sich um die eine Aufgabe,

einen zweckmäßigen, d. h. beglückenden Ausgleich zwischen diesen individuellen und den kulturellen Massenansprüchen zu finden, es ist eines ihrer Schicksalspro- 45 bleme, ob dieser Ausgleich durch eine bestimmte Gestaltung der Kultur erreichbar oder ob der Konflikt unversöhnlich ist.

(…)

Aus: Sigmund Freud: Gesammelte Werke. Bd. 14. Frankfurt/M. [5]1976.

Arbeits-vorschläge

1. Welche Überlegungen veranlassen Ortega dazu, von der „brutalen Herrschaft der Massen" zu schreiben? Welche Bedeutung hat für ihn der Begriff „Masse"?

2. Erläutern Sie, was Ortega damit meint, wenn er auf den ideellen Ursprung der Massengesellschaft im 18. bzw. beginnenden 19. Jahrhundert verweist.

3. Welche Auswirkungen hat nach Ortega diese Herrschaft der Massen?

4. An einer anderen Stelle seines Aufsatzes resümiert Ortega: „Es gibt keine Helden mehr; es gibt nur noch den Chor." Diskutieren Sie, ob in dieser Feststellung auch die Annahme eines Werteverfalls in der Massengesellschaft enthalten ist.

5. Welchen Kulturbegriff entfaltet Freud (Text 3) in seinen Ausführungen?

6. Was leistet bzw. bewirkt nach Freud die Kultivierung der menschlichen Beziehungen im Hinblick auf das Individuum?

7. Diskutieren Sie über Freuds Feststellung: „Die individuelle Freiheit ist kein Kulturgut" (Z. 30). Informieren Sie sich dazu auch in einem geeigneten Nachschlagewerk über die Bandbreite des Begriffs „Kultur".

8. Die Texte von Ortega und Freud sind etwa zur gleichen Zeit geschrieben bzw. publiziert worden. In welchem (kultur-)geschichtlichen Kontext stehen sie?

9. Stellen Sie die jeweils unterschiedlichen Auffassungen und Bewertungen des Begriffs „Masse" der beiden Autoren kontrastiv einander gegenüber. Welcher der beiden Positionen können Sie eher zustimmen? Begründen Sie Ihre Entscheidung.

10. Fertigen Sie unter Berücksichtigung des bisher zu beiden Texten Erarbeiteten eine Erörterung zu folgender Themenstellung an:
– Zeigen Sie, welche Perspektiven für die kulturelle Entwicklung Ortega und Freud im Verhältnis von Individuum und Masse im 20. Jahrhundert erkennen.
– Erörtern Sie diese Positionen, und entwickeln Sie Ihre Vorstellungen von der Funktion und Wertigkeit des Individuums in der modernen Massengesellschaft.

Während Sie in diesem Kapitel bisher verschiedene Formen der Texterörterung geübt und dabei verschiedene Aspekte und Schreibweisen zum Thema „Wertediskussion und Wertewandel in der modernen Gesellschaft" kennengelernt und in Ihre Argumentation einbezogen haben, bietet es sich an, am Ende einer solchen Textreihe eine Art Zusammenfassung des Werte-Themas zu leisten. Dafür eignet sich am besten die „freie" Erörterung, d. h. in unserem Fall die Problemerörterung. Sie wird zwar durch die Lektüre von verschiedenen Texten zu einem Thema „angestoßen", läßt sich jedoch nicht konkret auf einzelne Texte ein. Am Beginn dieses Kapitels (vgl. S. 278) wurde schon darauf hingewiesen, daß es fließende Übergänge zwischen einer solchen Problemerörterung und der Erörterung im Anschluß an Texte gibt; beiden ist gemeinsam, daß anspruchsvolle Probleme zu behandeln sind, deren Thematik sich häufig im Zusammenhang mit der Lektüre gedanklicher Prosa herauskristallisiert und zumeist ein hohes Maß an Abstraktionsfähigkeit und gedanklicher Klarheit vom Erörternden erfordert, verbunden mit einem soliden Wissens- und Erfahrungsstand.

Arbeits-vorschlag Fertigen Sie eine Erörterung zu folgender Themenstellung an:
„Wir sind das Produkt unserer Zeit. Wir sind eine Protestgeneration, wir verweigern nicht mehr den Konsum, wir verweigern eure Werte. Wir sind die passive Konterrevolution." (P. König)
Erörtern Sie diese Aussage Königs über die gegenwärtige Jugend, und setzen Sie sich mit dem häufig geäußerten Vorwurf auseinander, die moderne Gesellschaft sei einem voranschreitenden Werteverfall ausgesetzt.

2. Erschließen, Beschreiben und Interpretieren literarischer Texte

2.1 Interpretieren von Gedichten

„Der Laie hat für gewöhnlich, sofern er ein Liebhaber von Gedichten ist, einen lebhaften Widerwillen gegen das, was man das Zerpflücken von Gedichten nennt, ein Heranführen kalter Logik, Herausreißen von Wörtern und Bildern aus diesen zarten blütenhaften Gebilden." Eine Ablehnung des erschließenden und interpretierenden Umgangs mit Lyrik, wie sie in dieser Notiz Bertolt Brechts aus den 30er Jahren deutlich wird, läßt sich auch heute noch häufig feststellen, und zwar nicht nur bei Gedichtliebhabern, sondern auch bei Schülern. Solche Abwehrhaltungen gegen das „Zerpflücken" sind teilweise die Folge einseitiger oder falscher Vorstellungen von dem, was Gedichte sind und wie man als Leser mit ihnen umgehen sollte. Wer in der Lyrik vor allem einen Ausdruck persönlicher **Gefühle** oder **Stimmungen** sieht, begnügt sich oft damit, diese im Lesen nachzuempfinden und sperrt sich deshalb gegen eine rationale Erschließung der **Gestaltungsmittel**, mit denen der Autor solche Stimmungen oder Gefühle darstellt und beim Leser erzeugt. Nur wer etwas vom Handwerkszeug des Lyrikers versteht, von den rhythmischen Möglichkeiten der Metrik, den Reim- und Strophenformen, den Mitteln bildlicher Darstellung (Vergleiche, Metaphern, Chiffren) etc., wird aber ein Gedicht darüber hinaus als künstlerisches Gebilde verstehen und wertschätzen können. „In der Anwendung von Kriterien liegt ein Hauptteil des Genusses. Zerpflücke eine Rose, und jedes Blatt ist schön", heißt es am Ende von Brechts Notiz.

Interpretation von Gedichten in der Schule kann dann mehr Freude bereiten, wenn beim Erschließen und Beschreiben nicht schematisch ein Pflichtpensum erledigt wird, sondern mit dem eingeübten Handwerkszeug ein **individueller Zugang** zu den Texten möglich wird, indem man je nach Einfühlungsvermögen, Kenntnissen und Beobachtungen **Schwerpunkte** setzt, die das eigene Sinnverständnis verdeutlichen. Um eine solche Selbständigkeit zu ermöglichen, wird in der Oberstufe die Erschließung und Interpretation durch Vorgaben in den Aufgabenstellungen weniger gelenkt. Gerade dadurch wird es aber notwendig, den Blick für das **Besondere** und **Wesentliche** zu schärfen, interpretatorisch ergiebige Aspekte der Erschließung zu erkennen und nach einem überlegten Plan vorzugehen. Dieses Kapitel möchte Ihnen dabei helfen, solche Aspekte bewußtzumachen, das Handwerkszeug an gattungspoetischen Kenntnissen zu wiederholen und zu vertiefen und methodisches Vorgehen zu trainieren.

Eine günstige Möglichkeit, die Sensibilität für das Spezifische eines Textes zu entwickeln und die Wahrnehmungsfähigkeit zu fördern, ist der **Gedichtvergleich**. In der vergleichenden Erschließung und Interpretation können sowohl Unterschiede in der Behandlung eines Themas oder Motivs aufgezeigt, epochentypische Sehweisen und Gestaltungsmittel verdeutlicht als auch durch den Kontrast das jeweils Besondere eines Textes stärker ins Blickfeld gerückt werden. Wie Sie bei solchen Gedichtvergleichen vorgehen können, welche Betrachtungsaspekte sich dabei lohnen, wie man die Darstellung aufbaut u. a., soll in diesem Kapitel exemplarisch aufgezeigt werden. An einem Barockgedicht werden zunächst noch einmal die wichtigsten Erschließungsaspekte und Beschreibungsmöglichkeiten lyrischer Texte bewußtgemacht, die beim Interpretieren notwendig und hilfreich sind.

Erschließungsaspekte und Beschreibungskategorien

Es gehört zum Wesen lyrischer Texte, daß sie – im Vergleich mit anderen Gattungen – durch ihre Kürze einerseits leicht überschaubar sind, durch die Dichte ihrer poetischen Gestaltung und durch ihre zum Teil verschlüsselte Bildlichkeit andererseits eine schrittweise Näherung durch genaue Wahrnehmung und ein tieferes Eindringen vom Leser fordern. Natürlich kann man bei einer solchen Näherung nach einem bestimmten **Schema** vorgehen, wie Sie es teilweise seit der Mittelstufe kennen: Vom Erfassen des Themas und des Motivs über die Frage nach dem lyrischen Ich und seiner Einstellung und Perspektive, über den Aufbau und die Bildlichkeit bis zu den lyrischen Formelementen (Strophenformen, Metrum, Reim, Klanggestalt) und der sprachlichen Gestaltung. Es ist auch sinnvoll, wenn man einen **systematischen Überblick** über solche Erschließungsaspekte und Beschreibungskategorien im Kopf hat, den das Schaubild (S. 291) erleichtern soll.

Nicht alle diese **Erschließungsaspekte** sind aber bei jedem Text gleich ergiebig, ja die Anwendung eines systematischen Rasters kann sogar den Blick für das Spezifische verstellen oder erschweren. Es ist deshalb günstiger, vom ersten Sinnverständnis und von auffallenden Signalen oder Merkmalen auszugehen und sich **textspezi-**

fisch zu nähern. Ein Zugang für die genauere Betrachtung kann je nach Gedicht durch verschiedene „Türen" erfolgen: von der Klanggestalt, einem zentralen Bild oder einer Chiffre, der Zuspitzung auf eine Pointe hin, einer antithetischen, reihenden oder kreisförmigen Struktur, einer besonderen Sprechhaltung des lyrischen Ich, einem epochentypischen Motiv etc. Wie hilfreich die Suche nach geeigneten „Türöffnern" sein kann, soll im folgenden an Hofmannswaldaus Gedicht „Vergänglichkeit der Schönheit" (vgl. S. 191) deutlich werden.

Arbeits-
vorschläge **1.** Sprechen Sie über die Assoziationen, die dieser Titel bei Ihnen auslöst. Welche Thematik, Motive und welche Art von Lyrik erwarten Sie?

2. Lesen Sie den folgenden Text, und vergleichen Sie Ihren ersten Eindruck mit Ihren Erwartungen.

> Schon der Titel des Gedichts scheint das **Thema** zu nennen, und nach dem genaueren Lesen zeichnet sich bereits ein auf den ersten Blick griffiges **Sinnverständnis** ab: In drastischen Bildern wird einem offensichtlich weiblichen Du die Vergänglichkeit ihrer Schönheit bewußtgemacht und dieser Vergänglichkeit des Körpers die Beständigkeit des Herzens gegenübergestellt. Wer auch nur grobe Vorstellungen von der **Epoche** hat, in der das Gedicht entstand, wird sich an das beherrschende **Motiv** der **vanitas** und die **Sprechhaltung** des **memento mori** erinnern. Die Botschaft des Textes scheint gefunden, und es ginge in der weiteren Erschließung nur noch darum, die Mittel zu untersuchen, mit denen diese in barocker Manier dem Leser wirkungsvoll verdeutlicht wird.
>
> Wer an dieser Stelle des Sinnverständnisses beginnt, den Text nach dem systematischen Raster weiter aufzuschließen, läuft Gefahr, Wesentliches zu übersehen. Auffallend ist, daß das Gedicht in seiner **Komposition**, d.h. der Grundidee des Aufbaus, auf die letzten beiden Verszeilen zielt, in denen die Beständigkeit des Herzens betont wird, das die „natur aus diamant gemacht" hat. Anders als in den bekannten vanitas-Gedichten eines Andreas Gryphius fehlt hier die Blickrichtung auf die Ewigkeit, das Jenseits, dem sich das Du, die Schönheit mißachtend, mit der Beständigkeit eines gläubigen Herzens zuwenden soll. Es lohnt also, dem Bedeutungsgehalt der **Metapher** vom Herz aus „Diamant" noch etwas genauer auf die Spur zu kommen. Die wesentliche Eigenschaft des Diamanten ist seine Härte; Härte des Herzens kann aber nicht nur – im Kontext des memento mori – positiv als Beständigkeit verstanden werden, sondern auch als Unempfindlichkeit. Hinter dem scheinbaren Lob wird die Kritik des Sprechers an der Unempfindlichkeit des Du sichtbar. Wir haben deshalb Anlaß, an der memento-mori-Botschaft zu zweifeln, die unser erstes Sinnverständnis bestimmt hat.
>
> Was aber hat der Sprecher an dem unempfindlichen Herzen des weiblichen Du auszusetzen? Die letzte Verszeile des ersten Terzetts macht der Dame deutlich, daß dann, wenn die Schönheit des Körpers „zu staub" geworden ist, „keiner mehr der gottheit" ihrer „pracht" opfert. Sie wird mit diesen Worten daran erinnert, daß sie in ihrer Schönheit ein Gegenstand männlicher Anbetung und

körperlichen Begehrens ist. Diese erotische Dimension wird bereits in der ersten Strophe deutlich, wenn der Tod als (letzter) Liebhaber auftritt, der um ihre „brüste streichen" wird. Bringt man diese Hinweise auf das männliche Begehren mit der Unempfindlichkeit des Herzens zusammen, so liegt die **Deutung** nahe, daß der Sprecher nur deshalb die Vergänglichkeit der Schönheit vor Augen führt, um die Angesprochene aufzufordern, dem Begehren nachzugeben und auf dem Altar der sinnlichen Liebe zu opfern, so lange es noch Zeit ist. Wer einige Liebesgedichte des Barock kennt, wird sich an das **Motiv** des **carpe diem** erinnern, das hier bei genauerer Betrachtung als tiefere **Bedeutungsschicht** sichtbar wird.

Warum aber kleidet der Sprecher seine Botschaft des carpe diem in eine Argumentation, die zunächst auf die Aufforderung zur tugendhaften Beständigkeit zielt? Es bietet sich im nächsten Schritt an, die **Sprechhaltung** des (impliziten) lyrischen Ich genauer zu untersuchen. Hier klagt kein individuelles Ich, das von der Angebeteten nicht erhört wird, sondern der Autor führt ein literarisch und kulturell geprägtes Rollenverhalten vor: die Rolle der stolzen, sich verweigernden Schönen; die Rolle des begehrenden Liebhabers, der zum Genuß auffordert, indem er an die Vergänglichkeit erinnert. Da die Aufforderung des carpe diem nicht ausgesprochen wird, kann man die letzten beiden Zeilen, wie es der Germanist Stöcklein getan hat, auch als geistreich witzige Pointe lesen, in der die Unempfindlichkeit der Dame, die so stolz auf die „pracht" ihrer „schönheit" zu sein scheint, im rhetorischen Gewand eines Tugendlobs verspottet wird.

Die Konzeption auf die Pointe hin zeigt sich auch im **Aufbau** des Gedichts. In den beiden Quartetten werden zunächst im wiederholten Wechsel des Blicks zwischen Körper und Kopf die einzelnen Reize (Brüste – Lippen – Schultern – Augen – Hand – Haar – Fuß), einem epochentypischen Schönheitskatalog folgend, reihend aufgelistet und antithetisch ihrer Vernichtung durch den Tod gegenübergestellt. Das erste Terzett geht von der statuarischen Beschreibung der einzelnen schönen Körperteile über zur Wirkung des Körpers in seiner Bewegung („Der wohlgesetzte fuß / die lieblichen gebärden") und zeigt das Begehren, das diese bei den Betrachtern auslöst, verbunden mit dem Hinweis, daß auch dieses Begehren enden wird. Die erotische Dimension, die im Bild des Todes als galantem Liebhaber in den ersten beiden Verszeilen sichtbar war, dann aber von der Memento-mori-Thematik völlig überlagert wurde, wird damit als Botschaft des carpe diem wieder aufgegriffen. Das letzte Terzett greift in der ersten Verszeile als scheinbares Resümee die Memento-mori-Thematik wieder auf, stellt in der zweiten Verszeile der Vergänglichkeit der Reize die Beständigkeit des Herzens gegenüber, die in der abschließenden Pointe als törichte Sprödigkeit der Geliebten verspottet wird.

Auf der Grundlage des bisher erreichten Sinnverstehens können nun auch die **Mittel der sprachlichen Gestaltung** und die **lyrischen Formelemente** genauer untersucht werden. Um die Schönheit des weiblichen Körpers vor Augen zu führen, greift Hofmannswaldau auf das Arsenal epochenspezifischer **Metaphorik** zurück („corall der lippen", „der schultern warmer schnee"), in der Elemente der unbelebten Natur dem Lebendigen zu seinem Glanz verhelfen. Daß es dabei nicht um individuelle, sondern um eine exemplarische Schönheit geht, zeigt auch die Verwendung epochentypischer Epitheta wie „lieblich", „süß", „wohlgesetzt", die zugleich der stärkeren Kontrastierung von Schönheit und Tod dienen, von der die Bildlichkeit geprägt ist. Anders als bei vielen Sonetten des Gryphius wird diese Kontrastierung aber nur in *einer* Verszeile durch die **antithetische Struktur** des Alexandriners verstärkt („Der schultern warmer schnee wird werden kalter sand"), der Kontrast von Leben und Tod wird syntaktisch wesentlich variabler gestaltet. Die Antithetik steht hier nicht im Dienst einer pathetisch-religiösen memento-mori-Botschaft, sondern ist Teil eines kunstvollen Spiels mit zeitgenössischen Motiven und Formelementen.

Arbeits-
vorschläge

1. Untersuchen Sie genauer die Bildlichkeit des Gedichts, und erläutern Sie deren Zusammenhang mit dem Sinn.

2. Zeigen Sie auf, wie Sonettform und Reimschema zum Aufbau des Textes beitragen.

Das Gedicht in seinen Kontexten

Gedichte, wie sie Ihnen in den Schulbüchern oder auch in Anthologien begegnen, sind in der Regel herausgelöst aus den Kontexten ihrer Entstehung und ihrer zeitgenössischen Rezeption. Sie verdanken ihr Weiterleben und ihre Wirkung oft gerade der Überzeugung, daß ihr Sinn auch ohne diese Kontexte erschließbar sei. Dabei besteht freilich die Gefahr, daß die **Differenzen** zwischen Erfahrungen, Bewußtsein und Wertvorstellungen der Menschen in den Epochen, in denen die Gedichte entstanden sind, und den Vorstellungen des heutigen Lesers verwischt werden. Das Wissen um die Kontexte macht solche Differenzen bewußt und kann Zugänge zu einem **historischen Verständnis** von Lyrik öffnen.

Zu den **Kontexten**, die für den Zugang zu einem Gedicht bedeutsam sein können, gehören

a) das Umfeld seiner **Publikation** (Erstdruck in einer Zeitschrift, einer Gedichtsammlung etc., Gedicht als Teil eines Zyklus oder eines epischen und dramatischen Werks);

b) die Stellung des Textes im **Gesamtwerk** des **Autors** und seiner Biographie;

c) die **Gattungstradition**, die Vorbilder des Autors, das Umfeld der zeitgenössischen Lyrikproduktion;

d) die **Epoche** (Welt- und Menschenbild, Dichtungsauffassung, Thematik, Motive, Stilrichtungen etc.);

e) der **historisch-gesellschaftliche Rahmen** (Stellung des Autors, Rolle und Funktion der Literatur, politische und soziale Verhältnisse etc.).

Nicht alle diese Kontexte sind für das Verständnis eines Gedichts in gleicher Weise relevant und interpretatorisch ergiebig. Während für Goethes frühe Liebeslyrik, wie „Willkommen und Abschied" oder „Mailied", der biographische Kontext aufschlußreich ist, wird Hofmannswaldaus Sonett vor allem durch die Kenntnis epochenspezifischer Themen, Motive und Gestaltungsmittel leichter zugänglich. Für das Verständnis politischer Lyrik ist dagegen oft eine genauere Kenntnis der historisch-gesellschaftlichen Verhältnisse und politischen Vorgänge notwendig, auf die der Autor reagiert. Manche Kontexte, wie literarische Vorbilder oder das Umfeld der zeitgenössischen Lyrikproduktion, sind teilweise nicht unbedingt für das Sinnverständnis eines Gedichts notwendig, sie ermöglichen aber eine genauere Ortsbestimmung des Textes in der literaturgeschichtlichen Entwicklung.

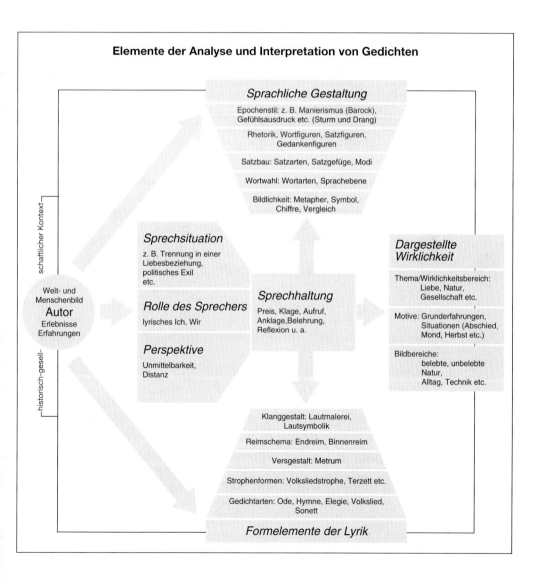

Die Kenntnis von Kontexten kann auch eine wichtige Rolle spielen, um das Textverständnis und die Interpretation argumentativ abzusichern. So haben Fachwissenschaftler bei der Deutung von Hofmannswaldaus „Vergänglichkeit der Schönheit" auf andere Gedichte dieses Autors verwiesen, in denen die Metapher des Herzens aus Diamant ganz offensichtlich auf die Unzugänglichkeit der Dame gegenüber dem männlichen Begehren zielt. Viele solcher Informationen sind oft nur durch das Studium **fachwissenschaftlicher Literatur** zugänglich und können im Unterricht meist nur in begrenztem Umfang berücksichtigt werden, z. B. bei der Facharbeit, bei Referaten sowie bei dem schwerpunkthaften Erarbeiten einzelner Autoren oder Themen. Der Literaturgeschichtsunterricht der Oberstufe ermöglicht es Ihnen aber, auch bei der Interpretation von Texten in Schulaufgaben und im Abitur Ihr im Unterricht erworbenes **Grundwissen** über die einzelnen Epochen, Ihre Informationen über einen Autor, Ihre Gattungskenntnisse oder Ihren Überblick über den Wandel der historisch-gesellschaftlichen Verhältnisse bei der Deutung eines Gedichts heranzuziehen.

Arbeitsvorschläge

1. Informieren Sie sich in Ausgaben der Werke Heines und Benns, wann die Gedichte „Ich lag und schlief" (S. 192) und „Untergrundbahn" (S. 195) entstanden sind, wo sie publiziert wurden und in welchem Werkkontext sie jeweils stehen.

2. Klären Sie im Gespräch, wo Sie auf Grund Ihrer literaturgeschichtlichen Epochenkenntnisse die beiden Gedichte einordnen können. Ziehen Sie gegebenenfalls literaturgeschichtliche Darstellungen zu Rate.

3. In Monographien kann man sich über die äußeren Lebensumstände, Erfahrungen und Denkweisen von Schriftstellern in einer bestimmten Phase ihres Schaffens informieren. Referieren Sie über Kontextinformationen, die für das Verständnis der beiden Gedichte hilfreich sein können.

Arbeitsschritte bei der Gedichtinterpretation

Überzeugend wird eine Interpretation nicht bereits durch die Summe einzelner genauer Beobachtungen und Beschreibungen, sondern durch die **Plausibilität der Gesamtdeutung**, die dem Leser den Sinn des Textes aufschließt. Eine solche Deutung ist das Ergebnis eines hermeneutischen Prozesses, in dem sich der Blick auf das Ganze und die Wahrnehmung des einzelnen wechselseitig ergänzen und erhellen. Ausgangspunkt kann der erste Gesamteindruck und das unmittelbare Sinnverständnis sein, aus dem sich **Fragen an den Text** ergeben, die zu verschiedenen Erschließungsmöglichkeiten führen und damit zu einer detaillierten Untersuchung, die das erste Sinnverständnis modifizieren oder auch korrigieren kann. Die schriftliche Darstellung der Deutung sollte nach einem überlegten **Schreibplan** erfolgen, der dem individuellen Textverständnis entspricht, dem jeweiligen Text angemessen ist und Schwerpunktsetzungen verdeutlicht. Am Beispiel von Bachmanns Gedicht „Nebelland" (S. 197) sollen die möglichen **Arbeitsschritte** vom ersten Sinnverständnis bis zur schriftlichen Darstellung erläutert werden.

a) Vom ersten Sinnverständnis zur Interpretationshypothese

Was es heißt, ein Gedicht zu „verstehen", wird uns vor allem dann bewußt, wenn sich unsere Eindrücke beim Lesen zunächst nicht zu einem Sinnganzen zusammenfügen. Ein Gedicht wie Bachmanns „Nebelland" wirkt hermetisch, es scheint sich der Deutung vor allem durch die **chiffrenhafte Bildsprache** zu entziehen. Gerade bei solchen Texten kann es hilfreich sein, Auffälliges zu markieren, auch wenn wir es noch nicht in einen Zusammenhang einordnen können (z. B. die Verwandlungen der Geliebten etc.). Immerhin gewinnt man den Eindruck, daß es um die Reflexion eines lyrischen Ich geht, das über die Beziehung zu seiner „Geliebten" nachdenkt; diese entzieht sich ihm in verschiedenen Verwandlungen immer wieder, und er bleibt aus deren Leben ausgeschlossen. Ein solches Verständnis kann als **Interpretationshypothese** Ausgangspunkt für eine genauere Erschließung sein.

Arbeits-
vorschläge

1. Halten Sie fest, was Ihnen nach mehrmaligem genauen Lesen des Bachmann-Gedichts auffällt, und vergleichen Sie Ihre Ergebnisse.

2. Formulieren Sie Ihr erstes Sinnverständnis.

3. Sprechen Sie über Fragen und Verständnisprobleme, die sich beim Lesen des Gedichts ergeben, und diskutieren Sie über Erschließungsaspekte, die Sie für ergiebig halten.

b) Auswahl interpretatorisch ergiebiger Erschließungsaspekte

Der Titel des Gedichts und die letzte Strophe enthalten die zentralen **Chiffren**, die bereits beim ersten Sinnverständnis Fragen aufwerfen und die zugleich den Fluchtpunkt einer Erschließung bilden können. Statt direkt nach ihrer begrifflich fixierbaren Bedeutung zu fragen, kann es hilfreich sein, zunächst die **Bildlichkeit** des Gedichts und einzelne **Motive** genauer zu betrachten, mit denen die Beziehung zwischen dem lyrischen Ich und seiner Geliebten verdeutlicht wird. Auf der **Wortebene** werden Entsprechungen („zurückmuß", „heimgejagt" u. a.) und Gegensätze („hörig" ↔ „treulos"; Natur ↔ Stadt u. a.) sichtbar, welche die Situation des lyrischen Ich und seine „Liebe" konkretisieren. Eine Untersuchung auf der **Satzebene** zeigt Grundstrukturen der Beziehung des lyrischen Ich zur Geliebten, die sich in den einzelnen Strophen jeweils verwandelt. Der **Aufbau** spiegelt den Reflexionsprozeß eines Ich, der in der Erkenntnis der Schlußstrophe gipfelt, die allerdings nur als Chiffre formulierbar ist.

Arbeits-
vorschläge

1. Untersuchen Sie, wie durch die Bildlichkeit die Geliebte charakterisiert und die „Liebe" des lyrischen Ich dargestellt wird.

2. Beschreiben Sie den Aufbau des Gedichts, und zeigen Sie auf, wie dieser durch Gestaltungsmittel auf der Satzebene verdeutlicht wird.

3. Überprüfen Sie, inwieweit andere Gestaltungsmittel (vgl. Schaubild S. 291) für eine Beschreibung und Deutung ergiebig sind.

c) Ordnung der Untersuchungsergebnisse und Schreibplan (Gliederung)

Grundsätzlich gibt es zwei Möglichkeiten, die Ergebnisse der Erschließung als eine Art Stoffsammlung festzuhalten:

– **textbegleitend**, d. h. den Strophen bzw. einzelnen wichtigen Verszeilen zugeordnet,
– **systematisch** nach Aspekten (z. B. Thema, Motiv, Aufbau etc.) mit textspezifischer Schwerpunktsetzung.

Aufgabe einer solchen Stoffsammlung ist es, die Textnähe der Beschreibung zu sichern und das Material für die Begründung der Deutung durch Belegstellen zu liefern. Eine textbegleitende Anordnung ist vor allem dann sinnvoll, wenn Sie auch bei der Ausführung so vorgehen, d. h. das Gedicht Strophe für Strophe interpretieren. Die Gefahr besteht dabei allerdings darin, daß sich der Blick zu sehr auf die Deutung der einzelnen Zeilen richtet, der Text paraphrasiert wird und Strukturen und Zusammenhänge nicht genügend deutlich werden. Die systematische Anordnung der Untersuchungsergebnisse nach den gewählten Aspekten bietet dagegen gute Voraussetzungen für eine Darstellung, in der Ihre Fähigkeit der Schwerpunktsetzung und des textadäquaten Zugriffs deutlich wird. Der **Aufbau** Ihrer Interpretation muß in einem **Schreibplan (Gliederung)** deutlich werden, der so detailliert sein sollte, daß die ausgewählten Erschließungsaspekte, die Einordnung in Kontexte und die zentralen Interpretationsergebnisse sichtbar werden.

Beispiel eines Schreibplans für die Interpretation von Bachmanns Gedicht „Nebelland"

Einleitung: Ingeborg Bachmann – Vorläuferin der Frauenliteratur oder Klassikerin der modernen hermetischen Lyrik?

Hauptteil:

 I. Thema: Problematik der Liebe

 II. Situation des lyrischen Ichs
   – Unfaßbarkeit der Geliebten hinter den Verwandlungen
   – Hörigkeit
   – Ausgeschlossenheit und Isolation

III. Aufbau
   – Die Wiederholung der Grundstruktur von Annäherung und Zurückweisung in den Strophen eins bis fünf
   – Bewußtwerdung und Wissen als Prozeß der Gesamtkomposition

IV. Bildlichkeit
   – Die Frau als Naturwesen
   – Der Bildbereich des Winters
   – Der Bildbereich der Erotik
   – Die zentralen Chiffren

 V. Rhythmus und Sprechhaltung

Schluß: Problematik der Liebe als Spiegel der modernen Existenz?

1. Diskutieren Sie die Auswahl der Aspekte und die Schwerpunktsetzung, die in diesem Schreibplan erkennbar sind. Schlagen Sie ggf. Alternativen vor.

2. Skizzieren Sie Ihren Schreibplan für eine Interpretation von Hofmannswaldaus „Vergänglichkeit der Schönheit".

d) Ausführung

Es liegt im Wesen poetischer Texte und ihrer Bedeutungsvielfalt, daß Interpretationen nicht nach dem Kriterium objektiver Richtigkeit beurteilt werden können, sondern nach der **Plausibilität, Schlüssigkeit** und **Ergiebigkeit der Deutung.** Auch die Überzeugungskraft einer schriftlichen Erschließung und Interpretation eines Gedichts wird nach solchen Maßstäben beurteilt. Es kommt dabei im einzelnen an auf

– die textadäquate Schwerpunktsetzung bei der Auswahl von Aspekten, die bereits im Schreibplan deutlich werden sollte,
– die Genauigkeit der Erschließung und Beschreibung des Textes (Textbelege),
– die schlüssige Verknüpfung der einzelnen Erschließungsergebnisse zu einer Gesamtdeutung,
– die Stützung der Deutung durch Kontextinformationen,
– klare Gedankenführung und sachlichen Stil (Fachtermini, präzise Begriffe, Distanz).

An einem Ausschnitt aus einer Interpretation von Hofmannswaldaus „Vergänglichkeit der Schönheit" soll gezeigt werden, wie ein Wissenschaftler solchen Anforderungen gerecht zu werden versucht.

Text 1 „(…) Ein klares Spiel der Kontraste und Steigerungen herrscht allenthalben: Die kalte Hand auf der warmen Haut, der „bleiche Tod" vor dem leuchtenden Korall der Lippen, der verbleichen wird („Lieblich" bedeutet in der galanten Sprache vielfach: liebreizend, zärtlich), und schließlich – eine Steigerung – der Glanz der Frauenschultern, deren helle, warme Haut in ein kennerisches Oxymoron („warmer 5 Schnee") gefaßt ist, plötzlich verwandelt in pulvis et cinis[1]; dabei noch der meisterliche Kontrast: „warmer Schnee", „kalter Sand". Aber nichts ist bloßer Schmuck, schmückendes Anhängsel. Alles hat seine Funktion im künstlerischen Gefüge. Kernworte dieses Gefüges (nicht Randworte) treten in die Reime: Hand, Streichen, Verbleichen, Sand usw. Begegnet man nach dem trüben Strophen-Ausklang „kalter 10 Sand" dem neuen, heftigen Einsatz: „Der Augen süßer Blitz" (ein noch stärkeres Oxymoron, zumal da die beiden Worte damals noch weniger abgegriffen gewesen sind als heute), so weiß der Kenner, was mit dem genannten Kontrast- und Steigerungsspiel gemeint ist, und es wird nicht mehr nötig sein, die weiteren Einzelheiten dieses Spiels durch das ganze Gedicht zu verfolgen. (…) 15

Wohl jedes barocke Gedicht besitzt eine rationale Disposition, zumindest ein Rückgrat verstandesklaren Gedankengangs. So sind hier z. B. in der erotischen Aufzählung die statuarischen Einzelheiten von den bewegten unterschieden. Erst mit dem

1 Staub und Asche

ersten Terzett beginnen die bewegten: der Gang, das Gebärdenspiel, das anbetende
20 Herzudrängen der Verehrer. Dies im Sinne der Steigerung. Auch sonst könnte man
solche verstandesklaren Steigerungen feststellen. Die statuarischen Vorzüglichkei-
ten gipfeln in „des Goldes Glanz". Die abschließende Gebärde, der abklingende
Rhythmus der darauffolgenden Zeile „Tilgt endlich ..." markiert ein Ende, nämlich
den bekannten Einschnitt zwischen den Quartetten und den Terzetten. Nach dieser
25 Pause wird das Tempo bewegter. – Das *letzte* Terzett beginnt mit gespielter Trocken-
heit – ein Resümee des Ganzen. (…)"

Aus: Paul Stöcklein: Hofmannswaldau und Goethe: „Vergänglichkeit" im Liebesgedicht. In: Wege zum
Gedicht. Hrsg. v. Rupert Hirschenauer und Albrecht Weber. München und Zürich 1956.

**Arbeits-
vorschläge** **1.** „Kühle Architekten" hat der Verfasser von Text 1 die Barockpoeten genannt.
Klären Sie im Gespräch, inwieweit der abgedruckte Ausschnitt eine solche Auffassung stützen kann.

2. Untersuchen Sie, auf welche Beobachtungen der Verfasser seine Beschreibung
stützt und wie er diese in die Deutung einbezieht.

3. Führen Sie Punkt IV des Schreibplans (vgl. S. 294) zu Bachmanns Gedicht
„Nebelland" aus, und achten Sie dabei auf die hier skizzierten Anforderungen an
die Darstellung.

Vergleichende Interpretation von Gedichten

In der 13. Klasse und in der schriftlichen Abiturprüfung wird von Ihnen eine
Erschließung und Interpretation lyrischer Texte meist in Form eines **Gedichtver-
gleichs** verlangt. Oft handelt es sich bei den vorgelegten Texten um motivgleiche
oder -ähnliche Gedichte aus verschiedenen Epochen oder aus verschiedenen Schaf-
fensperioden eines Autors, die sich im Welt- und Menschenbild, im Dichtungsverständnis, in der lyrischen Formensprache und in der Intention unterscheiden. Bei
einem Gedichtvergleich kommt es deshalb nicht nur auf eine genaue Beschreibung
und plausible Deutung der jeweiligen Texte an, sondern auch darauf, daß durch die
Herausarbeitung des Gemeinsamen und der Unterschiede sich die beiden Texte
wechselseitig erhellen, da das jeweils Spezifische durch die **Kontrastierung** deutlicher hervortritt. Noch mehr als bei der Interpretation eines einzelnen Gedichts ist
es folglich notwendig, ergiebige Erschließungsaspekte auszuwählen und für den
Vergleich relevante Schwerpunkte zu setzen. Aus der Formulierung der Aufgabenstellung können Sie dabei oft schon erkennen, welche Vergleichsaspekte berücksichtigt werden müssen und wie groß der Freiraum bei Ihrer Interpretationsaufgabe
ist. Das genaue **Erfassen der Aufgabenstellung** ist also ein erster wichtiger Arbeits-
schritt beim Gedichtvergleich.

Beispiele für Aufgabenstellungen:

A) Heine: „Ich lag und schlief" – Benn: „Untergrundbahn" (vgl. S. 192, 195)

    a) Beschreiben Sie Inhalt und Aufbau der beiden Gedichte, und zeigen Sie, mit welchen formalen und sprachlich-stilistischen Mitteln jeweils das Thema gestaltet wird.

    b) Vergleichen und interpretieren Sie die unterschiedlichen Bilder des Weiblichen, und gehen Sie dabei auch auf deren epochenspezifische bzw. zeittypische Ausprägung ein.

B) Joseph v. Eichendorff: Treue – Günter Eich: An die Lerche (vgl. S. 300)

    Interpretieren Sie, von Ihrem Gesamteindruck ausgehend, die beiden Gedichte im Vergleich.

Arbeits-
vorschläge

1. Vergleichen Sie die beiden Aufgabenstellungen im Hinblick auf Vorgaben und Spielräume für eigene Schwerpunktsetzungen.

2. Klären Sie im Gespräch, welche Erschließungsaspekte sich aus der Aufgabenstellung bei Thema A ergeben und welche Konsequenzen das für den Schreibplan hat.

Wie Sie bei einem Gedichtvergleich vorgehen können, soll im folgenden am Beispiel der Aufgabenstellung von Thema A durch Skizzierung der **Arbeitsschritte** gezeigt werden.

a) K o n t r a s t i v e L e k t ü r e u n d V e r g l e i c h s h y p o t h e s e

Wie bei der Interpretation eines einzelnen Gedichts sollten Sie zunächst einmal jeden der beiden Texte genau lesen, um dadurch zu einem ersten Sinnverständnis zu gelangen. Bereits in dieser Phase ist aber der Blick auf **Vergleichsmöglichkeiten** zu richten, um durch kontrastive Lektüre zu einer Vergleichshypothese zu gelangen, die Ausgangspunkt der weiteren Erschließung sein kann. In unserem Fall kann der relativ leicht zugängliche Inhalt des Heine-Gedichts, die traumhafte erotische Begegnung mit einem verführerisch schönen weiblichen Gespenst, durchaus ein „Türöffner" für das Gedicht Benns sein, das sich durch die Fülle scheinbar zusammenhangloser Bilder zunächst dem Verständnis sperrt.

Arbeits-
vorschläge

1. Lesen Sie die Texte zunächst einzeln und dann kontrastiv. Sprechen Sie über Ihr erstes Sinnverständnis.

2. Notieren Sie, was Ihnen an Gemeinsamkeiten und Unterschieden auffällt.

3. Vergleichen Sie die beiden Texte im Hinblick auf die Situation des lyrischen Ich und den Verlauf der Begegnung. Formulieren Sie eine Vergleichshypothese.

4. Klären Sie im Gespräch, welche Erschließungsaspekte Sie aufgrund Ihrer Vergleichshypothese für ergiebig halten und welche durch die Aufgabenstellung gefordert werden.

b) Untersuchung des Aufbaus

Aufbau und Strukturmerkmale von Gedichten können auf verschiedenen Schichten oder Ebenen des Textes untersucht werden:

– als **äußerer Aufbau**, der geprägt wird durch die Strophengliederung und die Reimbindungen,
– als **innerer Aufbau**, der sich in der rhythmischen Bewegung, im Ablauf eines Vorgangs oder Geschehens, im Zusammenhang der Bilder und Motive oder auch in der rhetorisch-argumentativen Struktur (z. B. Barocklyrik, Gedankenlyrik) zeigt.

Die strukturelle Einheit von lyrischen Texten ist dann besonders auffallend, wenn gleiche Aufbauprinzipien in den verschiedenen Ebenen realisiert werden (Steigerung, Kontraste, Reihung, Kreisbewegung, Montage). Bei der vergleichenden Betrachtung von Gedichten sollten Sie vor allem auf Gemeinsamkeiten oder Unterschiede bei diesen inneren Aufbauprinzipien achten und klären, wie diese jeweils mit dem Sinngehalt oder der Aussageabsicht der Texte zusammenhängen.

**Arbeits-
vorschläge**

1. Vergleichen Sie, aus welcher Perspektive der Vorgang der erotischen Begegnung in den beiden Gedichten dargestellt ist.

2. Erläutern Sie, wie dieser Vorgang jeweils aufgebaut ist. In welchem Verhältnis steht diese Struktur zum äußeren Aufbau?

3. Untersuchen Sie vergleichend die Bildlichkeit. Wie hängt diese jeweils mit dem inneren Aufbau zusammen?

c) Erschließung des Bedeutungsgefüges im historisch-kulturellen Kontext

Wörter oder **Bilder** in lyrischen Texten haben oft ein Bedeutungspotential, das nicht isoliert betrachtet werden kann, sondern in seiner **Vernetzung** auf der Sinnebene des Textes erschlossen werden muß. Die Verszeile „Ein armer Hirnhund, schwer mit Gott behangen" macht die Gespaltenheit des lyrischen Ich (d. h. des modernen Intellektuellen) zwischen der kulturell geprägten Vernunft und Moral („Hirn-", „mit Gott behangen") und seiner Triebnatur („-hund") deutlich. Sie verweist auf die Grundopposition des Gedichts, den Gegensatz zwischen Intellekt und Sinnlichkeit, Geist und Trieb, Kultur und Natur. Ein solches Bedeutungsgefüge steht meist in einem engen Zusammenhang mit dem Menschen- und Weltbild des Autors sowie epochenspezifischen Denkmustern und Normen. Dies ermöglicht dem Interpreten, den Text in seine geschichtlichen Kontexte einzuordnen.

**Arbeits-
vorschläge**

1. Ergänzen Sie das Bedeutungsgefüge in Benns „Untergrundbahn" durch weitere Belege für die Grundopposition von Natur und Geist. Welche Position des lyrischen Ich wird dabei deutlich?

2. Untersuchen Sie, inwiefern Heines Gedicht durch eine ähnliche oder unterschiedliche Grundopposition gekennzeichnet ist.

3. Vergleichen Sie die Bilder des Weiblichen, die in beiden Texten sichtbar werden.

4. Diskutieren Sie über die männlichen Wünsche und Phantasien, die in diesen Gedichten zum Ausdruck kommen.

d) Formelemente und sprachliche Gestaltung

Im Unterschied zur Einzelinterpretation geht es in einem Gedichtvergleich bei der Untersuchung der Formelemente und der sprachlichen Gestaltung weniger darum, die künstlerische Einheit des Textes im Zusammenspiel von Form und Inhalt aufzuzeigen, sondern die epochenspezifischen **Differenzen**, die unterschiedliche Behandlung des Themas oder Motivs, die für den Autor charakteristischen Sprechweisen oder Stile zu verdeutlichen. Schon aus Zeit- und Umfangsgründen kommt es beim Gedichtvergleich als schriftlicher Aufsatzart darauf an, sich auf das besonders **Charakteristische** zu beschränken und deutliche **Schwerpunkte** zu setzen.

Arbeits-
vorschläge

1. Vergleichen Sie die Sprechhaltung des lyrischen Ich in den beiden Gedichten (Heine, Benn), und zeigen Sie, wie diese in den sprachlich-stilistischen Mitteln zum Ausdruck kommt.

2. Untersuchen Sie, wie durch Wortwahl und Satzbau jeweils die Phantasien des lyrischen Ich gestaltet werden.

3. Welche Einflüsse des jeweiligen Zeitstils werden in der Verwendung von gattungsspezifischen Formelementen deutlich?

e) Möglichkeiten des Aufbaus

Grundsätzlich bieten sich bei einem Gedichtvergleich folgende Möglichkeiten des Aufbaus an:
- die **getrennte** Erschließung und Deutung der beiden Texte und der **anschließende Vergleich** mit ausgeprägter Schwerpunktsetzung,
- die relativ **umfassende Erschließung eines** der beiden Texte, dem der andere Text unter Auswahl relevanter Aspekte anschließend **vergleichend gegenübergestellt** wird,
- der **systematische Vergleich** der Texte unter ergiebigen Erschließungsaspekten (Inhalt, Thema, Aufbau, Bildlichkeit etc.).

Bei der Entscheidung für eine der Aufbaumöglichkeiten sollten Sie nicht nur davon ausgehen, was Ihnen leichter fällt, sondern auch die jeweiligen Anforderungen der Aufgabenstellung und die Zielsetzungen Ihres Vergleichs berücksichtigen.

Arbeits-
vorschläge

1. Klären Sie im Gespräch, welchen Aufbau die Aufgabenstellung bei Thema A (vgl. S. 297) nahelegt.

2. Entwerfen Sie einen Schreibplan (Gliederung) für die Behandlung dieses Themas.

f) Ausführung

Im Unterschied zu einer Einzelinterpretation kommt es bei einem Gedichtvergleich neben den bereits dargestellten Anforderungen (vgl. S. 295 ff.) darauf an, daß die Gemeinsamkeiten und Unterschiede auch in der Darstellungsweise (Gedankenführung, sprachliche Mittel des Vergleichens) genügend deutlich werden. An dem folgenden Ausschnitt aus einem Abituraufsatz können Sie die Technik und Überzeugungskraft der vergleichenden Gegenüberstellung überprüfen.

Text 1   *Thema:*

JOSEPH VON EICHENDORFF: Treue (1830)

Wenn schon alle Vögel schweigen
In des Sommers schwülem Drang,
Sieht man, Lerche, dich noch steigen
Himmelwärts mit frischem Klang.

5 Wenn die Bäume all' verzagen
Und die Farben rings verblühn,
Tannbaum, deine Kronen ragen
Aus der Öde ewiggrün.

Aus: Joseph von Eichendorff: Werke. München 1966.

Darum halt' nur fest die Treue,
Wird die Welt auch alt und bang,   10
Brich den Frühling an aufs neue,
Wunder tut ein rechter Klang!

GÜNTER EICH: An die Lerche (1948)

Da schon das Gras zu Staub zertreten ist,
die Wüste unter unsern Füßen wächst,
da schon die Apfelbäume, die entrindeten,
zweiglos wie gelb gebleichte Baumskelette
5 geschändet stehen: Ach, da fliehen uns
die bunten Vögel. Keine Kehle sänge
den Mai uns vor, den schallenden von Liedern,
bliebst du nicht, Lerche, Vogel der Gefangenen.

Du graues Wesen, wie dein einfach Lied
10 hoch über unsern Häuptern jubiliert,
als wäre der steinern trockne Lehm ein Kornfeld,
als wären wir nicht dürr und unfruchtbar,
als solle Saat und Halm aus uns entsprießen
und unser Los gediehe noch zur Ähre.

15 Oh sing uns keinen falschen Schlummertrost,
sei uns Prophet und sing die kalte Zukunft,
die jubelnde!

Aus: Günter Eich: Gesammelte Werke. Bd. 1. Frankfurt 1989.

Arbeitsanweisung   Interpretieren Sie, von Ihrem Gesamteindruck ausgehend, die beiden Gedichte im Vergleich.

Ausschnitt aus einer Schülerarbeit:
Die beiden vorliegenden Gedichte von Eichendorff und Günter Eich sind durch ihre inhaltliche Bezugnahme auf ein und dasselbe literarische Topos für einen Vergleich geradezu prädestiniert, mutet doch das Eichsche Gedicht wie eine Antwort

unter den Vorzeichen des 20. Jahrhunderts auf das romantische Gedicht des 19. Jahrhunderts an. Das beiden gemeinsame Symbol ist die Lerche.

(...)

Die beiden ersten Strophen in „Treue" sind parallel gebaut nach dem Prinzip These-Antithese. Beide Strophen werden mit der Konjunktion „wenn" eingeleitet. Der hierauf folgende Nebensatz geht in beiden Fällen über zwei Verse und wird durch die Antithese des Hauptsatzes beantwortet. Dadurch erhält die Sprache Eichendorffs eine überraschende Dynamik: da im Nebensatz jeweils die inhaltlich negative Seite der behandelten Sache zum Tragen kommt und im Hauptsatz die positive antwortet, empfindet der Leser eine doppelte Auflösung einer Dissonanz. Eichendorff vermittelt ihm ein positives Weltbild: das Schweigen der übrigen Vögel in der Sommerhitze wird wettgemacht durch die „frisch" aufsteigende Lerche, die herbstliche Farben- und Blütenlosigkeit durch das Grün der Tannen. So ist jeder Anlaß zur Resignation eingebettet in einen Grund zur Hoffnung. Dieser Gegensatz wird in der letzten Strophe beinahe vollständig gelöst, da er hier in die ersten zwei Verse gebannt ist und den guten Zuspruch, die „Treue" zu „halten" und den „Frühling anzubrechen", kaum noch zu trüben vermag: das Verzagen der Welt wird eher zu Anlaß und Bestätigung des eigenen Tatendrangs zur Überwindung äußerlicher Mißlichkeiten.

Auch Eich bedient sich zu Beginn seines Gedichtes des konjunktionalen Nebensatzes als einem Mittel zur Spannungserzeugung. Doch löst sich inhaltlich die Mißstimmung nicht parallel zur grammatikalischen, denn sie mündet vielmehr in den Höhepunkt der ausschließlich negativ belasteten Naturbeschreibung: „Ach, da fliehen uns die bunten Vögel". Genau wie Eichendorff spricht Eich die zwei Seiten der Natur gleichermaßen an, die Flora wie die Fauna. Gleichfalls redet Eich nach romantischem oder klassischem Muster die Natur als eine personifizierte an. Aber die Dissonanz, die Eich noch viel härter als Eichendorff aufbaut, indem er die Natur als tot erlebte, als schon gestorbene beschrieb („Gras zu Staub zertreten", „Wüste", „Baumskelette"), beginnt sich auch viel später und viel unvollkommener zu lösen, Zeichen eines Risses in der Welt, wie er aus der Literatur des 20. Jahrhunderts nicht wegzudenken ist. Eich führt die durchaus auch bei ihm zunächst positive Gestalt der Lerche wie nebenbei ein, mit Konjunktiv noch dazu. „Vogel der Gefangenen" nennt Eich sie. Das war sie auch schon für die Romantiker, für Eichendorff: für die ans Irdische sich zu sehr gebunden fühlenden, für die „Gefangenen" ihrer unerfüllbaren Sehnsucht gewissermaßen. Eich spricht hier von „Gefangenen" in einem viel konkreteren Sinn: Kriegsgefangenen, Gefangenen der zerbombten Städte, eines im Kriege auf Null zurückgeworfenen Landes. Immerhin singt die Lerche noch, auch innerhalb dieser zerstörten und verfallenen Natur. Dennoch führt sie im Gedicht Eichs nicht die positive Wendung herbei, wie sie das noch bei Eichendorff tut. Gleich am Anfang der zweiten Strophe wird sie mit „Du graues Wesen" angeredet, im starken Kontrast zu den fliehenden „bunten Vögeln" der ersten Strophe. Diese Titulierung weist auf einen Umschwung hin, der dann auch prompt folgt: das Jubilieren der Lerche wird nicht wie in „Treue" in Analogie zur inneren Situation der Menschen gesehen, nicht einmal zur übrigen Verfassung der Umgebung, sondern im vollkommenen Widerspruch dazu. Die Einheit aller Dinge, die Einheit von

Subjekt und Objekt ist für Eich nicht mehr zu diagnostizieren. Die Lerche bei Eich singt, „jubiliert" und tut so „als ob", als wenn alles um das Individuum herum nicht „unfruchtbar" und ausgetrocknet, als wenn es selbst nicht so wäre. Die Lerche Eichendorffs „steigt himmelwärts", reißt die romantische Seele mit sich mit in die Höhe, über das Trostlose der irdischen Umgebung hinaus. Bei Eich ist sie dazu nicht mehr imstande, denn sie befindet sich „hoch über unseren Häuptern", ist abgeschnitten von den menschlichen Individuen und der restlichen toten oder dahinsiechenden Natur. Natur und Mensch bei Eich sind gleichermaßen unfähig, etwas Neues, etwas Hoffnungsvolles aufzubauen, Fruchtbares und Wachsendes, eine aufgehende Saat sind nicht mehr aufzufinden.

Doch beläßt es Eich nicht bei diesen Aussagen. In der dritten Strophe ereignet sich der zweite Ausruf des Gedichtes, der ebenso wie der erste klar an klassische Vorbilder denken läßt. „Oh sing uns keinen falschen Schlummertrost", das ist nun keine verzweifelt-schmerzliche Aussage wie in der ersten Strophe, sondern ein inständiges Bitten: es impliziert, daß das lyrische Ich gerne der Lerche Glauben schenken würde, wenn es nur wüßte, daß ihr Singen keine unbegründete Hoffnung verheißt. Es würde gerne die Lerche als Propheten innerhalb der Schrecken der Realität ansehen. Daß es dies schafft, darauf weist den Leser das merkwürdige und überraschende Ende hin. Eich verläßt Metrum und Verslänge, bricht anscheinend ab. Im vorangehenden Vers noch spricht das lyrische Ich von der „kalten Zukunft", die mit dem seltsam abgehackten Ende – der Schlußzeile – in eine „jubelnde" verkehrt wird. So zeigt letztlich das lyrische Ich doch noch ein Einverständnis mit dem Gesang der Lerche, die Überzeugung äußernd, daß das Kommende „jubilierend" verheißen wird, also auch nur „jubelnd" sein kann.

Wie oben bereits angedeutet, fällt hieran auf, daß das lyrische Ich sich zu dieser Gewißheit erst durchringen muß, während es diese bei Eichendorff von Anfang an besitzt. So läßt sich festhalten, daß Eichendorffs Gedicht insgesamt eher statischen Charakters ist, wobei die Schlußstrophe einen verallgemeinernden, abstrahierenden und resümierenden Charakter zeigt. Eichs Gedicht dagegen durchläuft verschiedene Stadien einer Entwicklung, die von sich verändernden Beziehungen von Subjekt und Objekt gekennzeichnet ist. Der Prozeß bei Eich läßt sich eindeutig an der sich verringernden Strophenlänge erkennen, der auf ein allmähliches Verstummen hindeutet, das Abgebrochene und Fragmentarische der Schlußstrophe auf eine bleibende Ungewißheit, die Unfähigkeit abzurunden, wie es noch die Romantiker konnten. Die Anknüpfung an romantische Themen und Symbole ist in der frühen Periode des Schaffens von Eich, der das vorliegende Gedicht zugeordnet werden kann, des öfteren anzutreffen, wodurch Eich es schafft, die veränderten Bedingungen aufzuzeigen, unter denen Leben und Dichten heute im Gegensatz zu früher stattfindet. So fällt auf, daß in beiden Gedichten der „Klang" allgemein, aber insbesondere der der Lerche eine zentrale Rolle spielt, ist er doch in beiden der einzige Laut, der das sonstige Schweigen bricht. Auffällig auch die Entsprechung einzelner Symbole zwischen Eichendorff und Eich: was in „Treue" „Frühling" ist, ist in „An die Lerche" der „Mai", die „Öde" bei dem einen ist bei dem anderen die „Wüste".

Bezeichnend für die unterschiedliche Intention beider Gedichte sind die Titel. Eichendorffs Anliegen ist die „Treue", also die Hoffnung nach dem Prinzip der

Kontinuität: Hoffnung ist immer möglich, auf jeden Winter folgt „treu" ein Frühling, „Treue" ist also auch der sich nie endigende Kreislauf von Entstehen und Vergehen, Geben und Nehmen. Dagegen ist Eichs Gedicht „An die Lerche" gerichtet, also nicht an eine abstrakte Theorie, ein ideales Denkmodell, das den desillusionierten Überlebenden des Chaos des Zweiten Weltkrieges nicht hätte zu helfen vermögen. Der Mensch, der diesen Wirrnissen zu entrinnen vermochte, kann erst zaghaft wieder lernen, konkrete Fingerzeige eines „Prinzips Hoffnung" (Bloch) zu erkennen und für sich neu zu deuten. Das hat Eichs Gedicht im Sinn. Es zeigt, daß eine heile Welt nach Hiroshima ohne ästhetische Bedenken nicht mehr möglich ist.

Michael K.

Arbeits-
vorschläge

1. Überprüfen Sie, unter welchen Aspekten die beiden Text in der Schülerarbeit verglichen werden, und diskutieren Sie Auswahl und Ergiebigkeit dieser Aspekte.

2. Untersuchen Sie die Gedankenführung und die sprachlichen Mittel der vergleichenden Gegenüberstellung.

3. Schreiben Sie eine vergleichende Interpretation von Heines „Ich lag und schlief" und Benns „Untergrundbahn" (vgl. Aufgabenstellung S. 297).

4. Interpretieren Sie Georg Heyms „Der Krieg" (S. 26) und Peter Huchels „Chausseen" (S. 132) im Vergleich. Arbeiten Sie dabei besonders den zeitgeschichtlichen Kontext und die epochenspezifischen Gestaltungsmittel heraus.

2.2 Erschließen und Interpretieren von Romanausschnitten

„Der „Genius der Epik (…) ist ein gewaltiger und majestätischer Geist, expansiv, lebensreich, weit wie das Meer in seiner rollenden Monotonie, zugleich großartig und genau, gesanghaft und klug-besonnen; er will nicht den Ausschnitt, die Episode, er will das Ganze, die Welt mit unzähligen Episoden und Einzelheiten, bei denen er selbstvergessen verweilt, als käme es ihm auf jede von ihnen besonders an." (Thomas Mann)

Eine Kunst des Romans, wie Thomas Mann sie in diesen Sätzen charakterisiert, fordert vom Leser zweierlei: zum einen die Geduld und Ausdauer, sich auf eine solche Breite der Einzelheiten einzulassen, zum anderen die Fähigkeit, sich nicht in den Details zu verlieren und den Blick auf das Ganze, die Struktur und Komposition zu richten. Bei der **Lektüre** von Romanen als **Ganzschriften** in der Oberstufe haben Sie gelernt, wie man das komplexe Gefüge solcher Texte erschließen kann und wie eine solche Erschließung zu einer Gesamtinterpretation beitragen kann. Dabei spielen vor allem auch die Gestaltungsmittel des Erzählens eine wichtige Rolle, die in der Untersuchung epischer Texte (z. B. Kurzgeschichten) eingeübt und in Band B12 am Beispiel einer Novelle systematisch dargestellt wurden.
Um sich ein genaueres Bild von Literaturepochen machen zu können oder einen Überblick über die **geschichtliche Entwicklung** des Romans und die verschiedenen

Ausprägungen dieser Literaturgattung zu gewinnen, müssen Romane häufig in **Ausschnitten** behandelt werden. Auch an Ausschnitten kann deutlich werden, wie sich die dargestellten Themen und Probleme, Menschenbild und Wirklichkeitsauffassung in der geschichtlichen Entwicklung wandeln, wie sich unterschiedliche Typen der Gattung „Roman" herausbilden und Erzähltechniken verändern. Ausschnitte ermöglichen aber meist keinen Einblick in das komplexe Gefüge des Romans, seine Handlungsstruktur, die Personenkonstellation, Zeit- und Raumgestaltung, Motivverknüpfungen u. a. Besonders ergiebig für eine Erschließung sind **Romananfänge** (vgl. Kap. 6.1, S. 161 ff.), die bereits Aufschluß geben über die Erzählform (Ich-, Er/Sie-Form), das Erzählverhalten (auktorial, personal, neutral), Standort und Perspektive des Erzählers sowie die Wahl bestimmter Darbietungsformen (Beschreibung, szenische Darstellung etc.). Thema, Problemgehalt und Gestaltungsweise weisen oft bereits auf den Epochenkontext hin und ermöglichen damit eine **geschichtliche Einordnung**.

Im Rückgriff auf bereits eingeübte Erschließungsfähigkeiten sowie **gattungspoetologische und literaturgeschichtliche Kenntnisse** (Hilfen hierzu bietet das Glossar) soll in diesem Kapitel gezeigt werden, wie man bei der schriftlichen Erschließung und Interpretation von Romananfängen und -ausschnitten in Schulaufgaben und im Abitur vorgehen kann. Am Beispiel des Erzählanfangs von Frischs „Stiller" soll zunächst sichtbar gemacht werden, welche Möglichkeiten der Untersuchung, Beschreibung und Deutung sich aus dem Ausschnitt selbst, ohne Kenntnis des Romanganzen, ergeben. Anschließend soll an einem Ausschnitt aus Hesses „Steppenwolf" (vgl. S. 178) deutlich werden, wie bei der Interpretation des Ausschnitts – bei entsprechenden Kenntnissen – verschiedene Kontexte (zeittypische Denkmuster und Auffassungen, gesellschaftliche Verhältnisse etc.) berücksichtigt werden können. An diesem Roman werden auch Erschließungsmöglichkeiten, die zur Gesamtinterpretation beitragen können, exemplarisch vorgestellt.

Der Romananfang als Erzähltext –
Möglichkeiten der Erschließung und Beschreibung

Text 2   Max Frisch: Stiller (1954)

Ich bin nicht Stiller! – Tag für Tag, seit meiner Einlieferung in dieses Gefängnis, das noch zu beschreiben sein wird, sage ich es, schwöre ich es und fordere Whisky, ansonst ich jede weitere Aussage verweigere. Denn ohne Whisky, ich hab's ja erfahren, bin ich nicht ich selbst, sondern neige dazu, allen möglichen guten Einflüssen zu
5 erliegen und eine Rolle zu spielen, die ihnen so passen möchte, aber nichts mit mir zu tun hat, und da es jetzt in meiner unsinnigen Lage (sie halten mich für einen verschollenen Bürger ihres Städtchens!) einzig und allein darum geht, mich nicht beschwatzen zu lassen und auf der Hut zu sein gegenüber allen ihren freundlichen Versuchen, mich in eine fremde Haut zu stecken, unbestechlich zu sein bis zur

Grobheit, ich sage: da es jetzt einzig und allein darum geht, niemand anders zu sein 10
als der Mensch, der ich in Wahrheit leider bin, so werde ich nicht aufhören, nach
Whisky zu schreien, sooft sich jemand meiner Zelle nähert. Übrigens habe ich
bereits vor Tagen melden lassen, es brauche nicht die allererste Marke zu sein,
immerhin eine trinkbare, ansonst ich eben nüchtern bleibe, und dann können sie
mich verhören, wie sie wollen, es wird nichts dabei herauskommen, zumindest 15
nichts Wahres. Vergeblich! Heute bringen sie mir dieses Heft voll leerer Blätter: Ich
soll mein Leben niederschreiben! wohl um zu beweisen, daß ich eines habe, ein
anderes als das Leben ihres verschollenen Herrn Stiller.
„Sie schreiben einfach die Wahrheit", sagt mein amtlicher Verteidiger, „nichts als
die schlichte Wahrheit. Tinte können Sie jederzeit nachfüllen lassen!" 20

Heute ist es eine Woche seit der Ohrfeige, die zu meiner Verhaftung geführt hat. Ich
war (laut Protokoll) ziemlich betrunken, weswegen ich Mühe habe, den Hergang zu
beschreiben, den äußeren.
„Kommen Sie mit!" sagte der Zöllner.
„Bitte", sagte ich, „machen Sie jetzt keine Umstände, mein Zug fährt jeden Augen- 25
blick weiter –"
„Aber ohne Sie", sagte der Zöllner.
Die Art und Weise, wie er mich vom Trittbrett riß, nahm mir vollends die Lust, seine
Fragen zu beantworten. Er hatte den Paß in der Hand. Der andere Beamte, der die
Pässe der Reisenden stempelte, war noch im Zug. Ich fragte: 30
„Wieso ist der Paß nicht in Ordnung?"
Keine Antwort.
„Ich tue nur meine Pflicht", sagte er mehrmals, „das wissen Sie ganz genau."
Ohne auf meine Frage, warum der Paß nicht in Ordnung sei, irgendwie zu antwor-
ten – dabei handelt es sich um einen amerikanischen Paß, womit ich um die halbe 35
Welt gereist bin! – wiederholte er in seinem schweizerischen Tonfall:
„Kommen Sie mit!"
„Bitte", sagte ich, „wenn Sie keine Ohrfeige wollen, mein Herr, fassen Sie mich
nicht am Ärmel; ich vertrage das nicht."
„Also vorwärts!" 40
Die Ohrfeige erfolgte, als der junge Zöllner, trotz meiner ebenso höflichen wie
deutlichen Warnung, mit der Miene eines gesetzlich geschützten Hochmuts behauptete, man werde mir schon sagen, wer ich in Wirklichkeit sei. Seine dunkelblaue
Mütze rollte in Spirale über den Bahnsteig, weiter als erwartet, und einen Atemzug
lang war der junge Zöllner, jetzt ohne Mütze und somit viel menschlicher als zuvor, 45
dermaßen verdutzt, auf eine wutlose Art einfach entgeistert, daß ich ohne weiteres
hätte einsteigen können. Der Zug begann gerade zu rollen, aus den Fenstern hingen
die Winkenden; sogar eine Wagentüre stand noch offen. Ich weiß nicht, warum ich
nicht aufgesprungen bin. Ich hätte ihm den Paß aus der Hand nehmen können, glaube ich, denn der junge Mensch war derart entgeistert, wie gesagt, als wäre seine See- 50
le ganz und gar in jener rollenden Mütze, und erst als sie zu rollen aufgehört hatte,
die steife Mütze, kam ihm die begreifliche Wut. Ich bückte mich zwischen den Leuten, beflissen, seine dunkelblaue Mütze mit dem Schweizerkreuz-Wäppchen wenig-

stens einigermaßen abzustauben, bevor ich sie ihm reichte. Seine Ohren waren
55 krebsrot. Es war merkwürdig; ich folgte ihm wie unter einem Zwang von Anstand.
Durchaus wortlos und ohne mich anzufassen, was gar nicht nötig war, führte er mich
auf die Wache, wo man mich fünfzig Minuten lang warten ließ.

Aus: Max Frisch: Gesammelte Werke in zeitlicher Folge. Sechs Bde. Bd. III. Frankfurt/M. 1976.

Beim Vergleich verschiedener Romananfänge (vgl. Kap. 6, S. 161 ff.) fällt auf, daß es
nicht nur unterschiedliche Techniken gibt, mit denen der Erzähler die Handlung
beginnen läßt, den Leser einstimmt, das Geschehen einbettet, beglaubigt etc., sondern daß diese Typen des Eingangs auch einem geschichtlichen Wandel unterliegen.
Wenn der Ich-Erzähler in Christian Reuters „Schelmuffsky" (S. 161) seine „curiose
und sehr gefährliche Reiße-beschreibung" dem „GROSSEN MOGOL" widmet, sich
nicht nur in einer Vorrede an diesen „hochgeborene(n) Potentate(n)", sondern in
einer zweiten auch noch an den „kuriosen Leser" wendet, seine Erzählung von
Lügengeschichten abgrenzt und beteuert, daß „nicht ein einziges Wort erlogen" sei,
so verweist eine solche ironische Übertreibung zeittypischer Formen der Kommunikation mit dem Leser bereits auf den Typus eines satirischen Schelmen- und Abenteuerromans der Barockzeit. Die landschaftlich-geografische Einbettung in Fontanes „Stechlin" (S. 165) ist dagegen typisch für das realistische Erzählen, das die
Fiktion auf dem Boden der Wirklichkeit historischer, sozialer oder geografischer
Fakten ansiedelt. So spiegeln Romananfänge den geschichtlichen Wandel der Strategien und Techniken des Erzählens, der selbst wiederum mit den Veränderungen
des Welt- und Menschenbildes, der Auffassungen von der Wirklichkeit und den Ein-
schätzungen von den Aufgaben und Möglichkeiten des Erzählens zusammenhängt.

„Ich bin nicht Stiller!" Mit dieser kategorischen Behauptung eines Ich-
Erzählers beginnt Frischs Roman, dessen Titel eben den Namen jener Figur
nennt, mit der dieser Erzähler versichert, nicht identisch zu sein. Diese
Behauptung bildet aber zugleich den Anfang des ersten Teils des Romans, der
mit „Stillers Aufzeichnungen im Gefängnis" überschrieben ist, so daß der
Leser guten Grund hat, den Ich-Erzähler trotz dessen Behauptung mit Stiller
zu identifizieren. Mit dem ersten Satz ist damit bereits die Identitätsproblema-
tik des Erzählers angesprochen, auf die auch bereits die als Motto vorange-
stellten Zitate aus Kierkegaards „Entweder-oder" hinweisen. Das Erzähler-
Ich, seit einer Woche in Untersuchungshaft, wehrt sich in dem inneren
Monolog des Romananfangs dagegen, die von der Umwelt erwartete „Rolle
zu spielen" (Z. 5), in „eine fremde Haut" gesteckt zu werden (Z. 9), zuzuge-
ben, daß er der „verschollene Bürger" (Z. 6 f.) ist, für den ihn die Umwelt hält.
Ironisch-distanziert reflektiert der Ich-Erzähler über den Versuch dieser
Umwelt, ihn durch das Aufschreiben seiner Lebensgeschichte zur Preisgabe
seiner Identität zu zwingen. Während sich die Umwelt von dieser Lebensgeschichte ein Beweismittel für die Identifizierung des Ich-Erzählers als Stiller
erhofft, glaubt dieser durch Alkohol sich beim Schreiben gerade davor schützen zu müssen, den „guten Einflüssen" (Z. 4) zu erliegen, die Identifizierung

mit Stiller zu akzeptieren. Der „sozialen Rolle", dem Produkt der Vorstellungen und Erwartungen der Umwelt, stellt das Erzähler-Ich eine subjektive Identität gegenüber, die es zu bewahren gilt: „niemand anders zu sein als der Mensch, der ich in Wahrheit leider bin" (Z. 10 f.). Der Gegensatz zwischen der „schlichten Wahrheit" (Z. 20) der Fakten und Daten, welche die Umwelt von seinen Aufzeichnungen erwartet, und der behaupteten „Wahrheit" der subjektiven Ich-Gewißheit wirft damit bereits am Anfang die Frage auf, worin die „wahre" Identität eines Individuums besteht.

Die Modernität dieses Romananfangs liegt nicht nur in dem Problem, das schon in dem inneren Monolog sichtbar wird, sondern auch in der Strategie und Technik des Erzählens. Im Gegensatz zum realistischen Erzähleingang des 19. Jahrhunderts, in dem durch genaue landschaftliche, geographische und zeitliche Einbettung des Geschehens sowie detaillierte Beschreibung von Gegenständen eine Fiktion des Wirklichen aufgebaut wird, ist hier „das Ich der einzige Fixpunkt. Es braucht nicht erst über bestimmte Orts- und Zeitverhältnisse legitimiert zu werden. Auf sich selbst gestellt, beginnt es seine Lage zu orten" (Hermann Piwitt). Kein auktorialer Erzähler, der aus olympischer Warte das Geschehen überblickt und ins Innere jeder Figur hineinsehen kann, vermittelt dem Leser ein Bild von der wahren Identität dieses Ich, sondern dieser muß, wie die Erzählstruktur des Romans zeigt, sich selbst ein Bild machen aus den partiellen, subjektiven Wahrheiten, die durch die Figuren ins Spiel kommen, mit denen das Ich konfrontiert wird, um seine Identität zu beweisen.

**Arbeits-
vorschläge**

1. Ergänzen Sie die hier skizzierten Hinweise zu einer Interpretation des Romaneingangs von Frischs „Stiller" durch weitere Beobachtungen zur Erzähltechnik und zu den Gestaltungsmitteln.

2. Stellen Sie Ihrem Kurs in einem Referat die Erzählstruktur des Ersten Hefts der Aufzeichnungen Stillers vor. Arbeiten Sie dabei vor allem die Funktion der von der Hauptfigur erzählten Geschichte heraus, und zeigen Sie, wie das erzählende Ich jeweils aus der Perspektive der anderen Figuren dargestellt wird.

3. Erschließen und beschreiben Sie einen der in diesem Buch (S. 161 ff.) abgedruckten modernen Romananfänge mit Hilfe der Aspekte und Kategorien der Analyse von Erzähltexten (Erzählform, Erzählverhalten, Perspektive, Erzählhaltung, Darbietungsformen).

Der Ausschnitt im Kontext des Romans und der Epoche

Im Unterschied zu Romananfängen, die ein strukturell wichtiger Bestandteil der Komposition und der Erzählstrategie des Autors sind, handelt es sich bei Romanausschnitten, die in Anthologien und Schulbüchern abgedruckt sind oder als Schulaufgaben zur Interpretation vorgelegt werden, um die Auswahl eines Segments durch Herausgeber oder Lehrer. Anfang und Ende sowie Umfang des Ausschnitts werden dabei oft so gewählt, daß bestimmte thematische oder problembezogene Aspekte, Verhaltensweisen oder Charaktereigenschaften von Figuren, charakteristische Gestaltungsweisen etc. deutlich werden, die auch bei einer Erschließung und Interpretation den Schwerpunkt bilden sollten. So zeigt z. B. der Ausschnitt aus Hesses „Steppenwolf" (S. 178) das Verhältnis des „heimatlose(n) Steppenwolf(s)" zur „kleinbürgerlichen Welt" (Z. 4 f.), das in den Reflexionen des Erzähler-Ich auf dem kurzen Weg von einer Mansarde über die „durch und durch bürgerlichen, gebürsteten, sauberen Treppen eines hochanständigen Dreifamilienmiethauses" (Z. 2 f.) zur Haustür sichtbar wird.

Der Blick auf den Romankontext kann bestätigen, daß bereits in diesem Textausschnitt der Grundkonflikt Harry Hallers zwischen seiner Verachtung der bürgerlichen Welt, seinem Haß auf „diese Zufriedenheit, diese Gesundheit, diese fette gedeihliche Zucht des Mittelmäßigen, Normalen, Durchschnittlichen" (S. 36)[1] und einer regressiven Sehnsucht nach einer in der Kindheit erlebten „Heimat" (Z. 12), bürgerlicher Ordnung, Geborgenheit und „Pflichterfüllung" sichtbar wird. Aus der Perspektive des „Herausgebers" erfährt der Leser bereits in dessen Vorwort von dieser Sehnsucht, die den Steppenwolf beim Vorbeigehen an diesem „Paradies von Reinlichkeit und abgestaubter Bürgerlichkeit" (S. 22) immer wieder befällt, und im „Traktat vom Steppenwolf" wird dieser Grundkonflikt aus kritischer Distanz vor dem Hintergrund einer Zeitdiagnose thematisiert. Harry Haller wird hier als „charakteristisches Beispiel" jener „starken und wilden Naturen" gesehen, die „dem Bürgertume zwar entwachsen und für ein Leben im Unbedingten berufen" wären, aber durch „infantile Gefühle" an das „schwere mütterliche Gestirn des Bürgertums gebannt" bleiben (S. 70 f.) und damit gerade zur Aufrechterhaltung der bürgerlichen Gesellschaft beitragen.

Arbeits-
vorschläge

1. Untersuchen Sie mit Hilfe einer genauen sprachlichen Analyse, wie das Verhältnis des Steppenwolfs zur bürgerlichen Welt im Romanausschnitt dargestellt wird.

2. Zeigen Sie in einem Referat auf, welche Kritik im „Traktat vom Steppenwolf" an diesem Verhältnis geübt wird.

---

1 Zitiert nach H. Hesse: Der Steppenwolf. Frankfurt [34]1992.

Der Roman als komplexes Gebilde – gattungsspezifische Erschließungsmöglichkeiten im Überblick

a) Die Vielfalt des Genres

„Unter allen Wesenszügen des Romans ist die variable Art des Erzählens vielleicht die wichtigste", meinte der Literaturwissenschaftler Wolfgang Kayser. Die Spannweite der **Erzählmöglichkeiten** reicht vom auktorialen Erzählen im Barock bis zu modernen Techniken der *Montage*, der *Mehrperspektivik*, des *stream of consciousness* u. a., die sich im 20. Jahrhundert unter dem Einfluß der modernen Medien und veränderter Bewußtseins- und Wahrnehmungsformen herausgebildet haben. Gewandelt haben sich dabei auch die Stoffe, Themen und Probleme, die dargestellt werden, und die Auffassung, worin das Wesen des Romans besteht und welche Aufgabe er erfüllen soll. Das Bewußtsein, daß die zunehmende Komplexität der modernen Lebenswelt nicht mehr mit tradierten Strukturen und Techniken des Erzählens darstellbar sei, führte dabei zu einer „Krise des Romans" und zur Entwicklung neuer Formen, die man zum Teil auch als „Anti-Romane" bezeichnet hat.

Hesse hat bei der Erstausgabe seines „Steppenwolf", der heute meist dem Genre des Romans zugeordnet wird, eine Gattungsbezeichnung vermieden und 1928 bemerkt, seine großen Prosadichtungen („Steppenwolf", „Demian", „Siddharta") seien „in Wirklichkeit (…) keineswegs Romane". Es handle sich dabei um „Seelenbiographien, (…) nicht um Geschichten, Verwicklungen und Spannungen", sie seien „im Grunde Monologe, in denen eine einzige Person (…) in ihren Beziehungen zur Welt und zum eigenen Ich betrachtet wird." Für die Neuausgabe des „Steppenwolf" von 1942 wählte Hesse dann die Genrebezeichnung „Erzählung".

Arbeitsvorschläge

1. Klären Sie unter Verwendung von Fachlexika die Begriffe „Erzählung" und „Roman".

2. Klären Sie im Gespräch, von welcher Auffassung vom Wesen des Romans Hesse ausgeht, wenn er behauptet, seine Prosadichtungen seien „keineswegs Romane".

3. Informieren Sie sich in Nachschlagewerken über Einteilungsmöglichkeiten und Typen des Romans, und ordnen Sie einige Romane, die Sie kennen, solchen Romantypen zu.

b) Der Romanheld im Wandel

Die Wandlungen des Romans zeigen sich vor allem auch in den Veränderungen der Hauptfiguren. Auf einen moralisch vorbildlichen, heroisch handelnden „Helden", wie er für den Barockroman kennzeichnend ist, verzichtet schon weitgehend der bürgerliche Roman des 18. und 19. Jahrhunderts, der den Protagonisten als individuellen Charakter in seiner Beziehung zur Welt zeigt. Die Idee der Humanität und das Wissen um die Grenzen der Autonomie des Individuums führen im „Bildungsroman" zum Modell der Entwicklung des Helden, in der die individuellen Anlagen und Fähigkeiten in der Auseinandersetzung mit den Realitäten der Lebenswelt zur Entfaltung gelangen.

Je mehr sich allerdings im Laufe des 19. Jahrhunderts der Blick auf die Macht gesellschaftlicher Verhältnisse richtet, um so problematischer erscheint die Vorstellung einer Harmonisierung von Individualitätsanspruch und gesellschaftlicher Ordnung. Aber erst mit den Bewußtseins- und Wahrnehmungsveränderungen um die Jahrhundertwende wird die Idee der Personalität und Identität des Ich selbst problematisch, die der Konzeption des Helden im bürgerlichen Roman zugrundelag. „In Wirklichkeit (…) ist kein Ich (…) eine Einheit, sondern eine höchst vielfältige Welt, ein kleiner Sternenhimmel, ein Chaos von Formen, von Stufen und Zuständen, von Erbschaften und Möglichkeiten", heißt es im „Traktat vom Steppenwolf".

Wie der „Held" im Roman gestaltet ist, hängt also ab von dem Welt- und Menschenbild der jeweiligen Epoche: vom Glauben an die Möglichkeit des Individuums, sein Leben und seine Umwelt handelnd zu gestalten, über das Bewußtsein von der Determination durch gesellschaftliche Verhältnisse bis zum Zweifel an der Einheit des Ich. Kennzeichnend für die **Figurenkonzeption** im modernen Roman ist die Auflösung der Ganzheit der Person, die Konstruktion „synthetischer Figuren (…), die vielerlei Geschehenszüge und Geschehensschichten simultan und modellhaft zusammenfassen können" (E. v. Kahler), die Reduzierung und Verfremdung des Helden. An der **Figurenkonstellation** kann man erkennen, in welcher Beziehung der Held zu seiner Umwelt steht (vgl. die Kontakte des Außenseiters Harry Haller zu Hermine, Maria und Pablo), aus der Art der **Charakterisierung** (direkt durch andere Figuren oder den Erzähler, indirekt durch Äußeres, Verhaltensweisen usw.) wird deutlich, ob die Figur auf einen Typus festgelegt ist oder als individueller Charakter gezeichnet wird, ob sie als Person psychologisch verstehbar ist oder nur in einzelnen Zügen deutlich wird.

**Arbeits-
vorschläge** **1.** Vergleichen Sie die Formen der Figurencharakterisierung in den Ausschnitten aus Novalis' „Heinrich von Ofterdingen" (S. 164), Hesses „Steppenwolf" (S. 178) und Johnsons „Mutmaßungen über Jakob" (S. 179).

2. Zeigen Sie, welche unterschiedlichen Figurenkonzeptionen bereits in den Ausschnitten deutlich werden.

3. Untersuchen Sie an einem Roman des 19. Jahrhunderts, den Sie in der Klasse gelesen haben, die Figurenkonstellation. Erläutern Sie, wie diese mit dem Welt- und Menschenbild zusammenhängt.

c) Strukturen des Romans

Veränderte Denkmuster, Wahrnehmungsweisen und Vorstellungen von der Wirklichkeit führten in der Moderne zur Transformation der tradierten Romanform, die in den Strategien und Techniken des Erzählens sowie den Strukturen von Handlung, Zeit und Raum zum Ausdruck kommt. Vor dem Hintergrund solcher Veränderungen im 20. Jahrhundert stellt sich für den Autor die Frage, wie er von der „Seelenkrankheit" des Harry Haller erzählen kann, der aus dem „Gefängnis" seiner

Persönlichkeitsvorstellung befreit werden soll. Er könnte, wie Joyce im „Ulysses", diesen Prozeß ganz verinnerlichen, im „stream of consciousness" immer neue, bruchstückartige Reflexionen und psychische Vorgänge sichtbar machen. Oder er könnte, wie Döblin in „Berlin Alexanderplatz", durch Zitat und Montage die verschiedenen Wirklichkeiten verdeutlichen, die den Prozeß der Selbsterfahrung beeinflussen. Hesse ist in seinem „Steppenwolf" solche Wege nicht gegangen, sondern hat herkömmliche Techniken der Perspektivierung (der ambivalente Blick des Bürgers im „Vorwort des Herausgebers", die distanziert-analytische Sicht des „Traktats"), traditionelle Erzählweisen und tiefenpsychologisch beeinflußte Symbolik verbunden.

Interpretatorisch ergiebig wird die Untersuchung von Romanstrukturen dadurch, daß man **Handlungsmuster** (linear, einsträngig-mehrsträngig, episodisch etc.), **Zeitgestaltung** (Raffung, Dehnung, Aussparung, Vorausdeutung, Rückblende) und **Raumdarstellung** (Milieu, Atmosphäre und Kulisse, Symbolik etc.) nicht nur beschreibt, sondern nach ihrem Zusammenhang mit dem Problemgehalt, der Wirklichkeitsauffassung und dem Menschenbild fragt. In Dos Passos' „Manhattan Transfer" (vgl. S. 173) z. B. wird die Stadt selbst zum „Helden" des Romans, als Drehscheibe und Umschlagplatz der Personen und ihrer zerstückelten Erfahrungen, die durch Collage, Polyperspektivik, Simultantechnik und inneren Monolog sichtbar gemacht wird. Wo der Rhythmus der Metropole das Bewußtsein und Verhalten der Menschen formt, kann es keine lineare Handlung mehr geben, sondern nur noch montierte Episoden und Realitätsfragmente.

**Arbeits-
vorschläge**

1. Stellen Sie Hesses „Steppenwolf" in einem Referat vor, und erläutern Sie dabei die Erzählstruktur und deren Funktion.

2. Thomas Mann lobte die „experimentelle Gewagtheit" von Hesses „Steppenwolf". Diskutieren Sie im Anschluß an das Referat diese Auffassung.

3. Untersuchen Sie Handlungsmuster, Zeitgestaltung und Raumdarstellung in einem Roman des 20. Jahrhunderts, den Sie im Unterricht gelesen haben. Zeigen Sie auf, wie diese Strukturen mit dem Problemgehalt des Werks zusammenhängen.

Arbeitsschritte bei der Erschließung eines Romanausschnitts

a) Analyse der Aufgabenstellung

Voraussetzung einer differenzierten Erschließung und Interpretation von Romanausschnitten ist, wie bei allen poetischen Texten, eine genaue Untersuchung der Aufgabenstellung. Aus ihr ergeben sich meist konkrete Hinweise auf Erschließungsaspekte und Fragestellungen, unter denen der Text zu interpretieren ist.

Beispiele:

Thema 1

Robert Musil, Der Mann ohne Eigenschaften, Romananfang (Leistungskurs-Abitur 1989)

a) Untersuchen Sie, wie Robert Musil im folgenden Eingangskapitel seines Romans „Der Mann ohne Eigenschaften" mit den Erwartungen des Lesers spielt! Analysieren Sie dazu den gedanklichen Aufbau, die Erzähltechnik und auffällige sprachlich-stilistische Mittel des Romananfangs!

b) Zeigen Sie, inwieweit dieses Eingangskapitel auf moderne Formen und Inhalte des Romans verweist.

Thema 2

Hermann Hesse, Der Steppenwolf, Romanausschnitt (Grundkurs-Schulaufgabe im Anschluß an die Lektüre als Ganzschrift)

a) Ordnen Sie den vorliegenden Ausschnitt aus Hesses „Steppenwolf" in den Aufbau und den Problemzusammenhang des Romans ein.

b) Untersuchen Sie Aufbau, Erzähltechnik und sprachliche Gestaltungsmittel des Romanausschnitts, und zeigen Sie, wie diese mit der Thematik und dem Problemgehalt des Romans zusammenhängen.

c) Erläutern Sie, wie das Verhältnis des Steppenwolfs zur bürgerlichen Welt durch die Komposition des Romans gestaltet wird. Erörtern Sie, inwieweit man hier von typisch „modernen" Strukturen sprechen kann.

Arbeits-vorschläge

1. Vergleichen Sie die beiden Aufgabenstellungen im Hinblick auf:

– vorgegebene Erschließungsaspekte,

– vorausgesetzte Kenntnisse und Fähigkeiten,

– erwartete methodische und interpretatorische Eigenständigkeit der Schüler/innen.

2. Skizzieren Sie einen Plan für die Erschließung und Untersuchung des Romanausschnitts, der sich aus der zweiten Aufgabenstellung ergeben könnte.

b) Vom ersten Sinnverständnis zur text- und aufgabengerechten Erschließung

Das genaue Erfassen der Erwartungen und Anforderungen, die eine Aufgabe zu einem Romanausschnitt an Sie stellt, darf nicht dazu verleiten, daß Sie den Text von Anfang an nur unter dem Raster vorgegebener Aspekte betrachten. Um zu einer zusammenhängenden, in sich stimmigen Interpretation zu gelangen, sollten Sie zunächst versuchen, den Text in seiner Gesamtheit zu erfassen und dann zu einem ersten Ergebnis kommen, das durch die weitere Untersuchung differenziert oder auch korrigiert werden kann. Dadurch können Sie der Gefahr entgehen, die einzelnen Erschließungsaspekte zu isolieren und unverbunden aneinanderzureihen. Am Beispiel des Ausschnitts aus Seghers „Transit" (vgl. S. 90) soll im folgenden diese Verbindung von Sinnverständnis des Ganzen und Erschließung einzelner Aspekte gezeigt werden.

Beispiel:

Thema 3

a) Untersuchen Sie, wie in dem Ausschnitt aus Seghers „Transit" die Situation der Flüchtlinge und das Verhalten der Menschen dargestellt werden. Gehen Sie dabei vor allem auch auf Erzähltechnik, Figurengestaltung und sprachliche Mittel ein.

b) Ordnen Sie den Romanausschnitt in den historischen Kontext ein.

Arbeits-
vorschläge

1. Lesen Sie den Romanausschnitt genau, und notieren Sie Ihnen wichtig erscheinende Textstellen (Zeilenangabe). Sprechen Sie in der Klasse über Ihr erstes Sinnverständnis.

2. Vergleichen Sie die in der Aufgabenstellung genannten Betrachtungsaspekte mit Ihrem eigenen Sinnverständnis.

3. Skizzieren Sie die Untersuchungsaspekte, die sich aus Ihrem Sinnverständnis ergeben.

Vom Problemgehalt des Textausschnitts ausgehend, den Schwierigkeiten und Veränderungen der Menschen in der Situation der Flucht vor dem Faschismus, können sich folgende Fragen und Untersuchungsaspekte ergeben:
– Situation im „unbesetzten Frankreich";
– Verhalten der Beamten und Behörden;
– Verhalten der Flüchtlinge und Exilanten;
– Wahrnehmung der Situation und der Verhaltensweisen durch den Ich-Erzähler;
– Einschätzung und Bewertung der Situation und der Verhaltensweisen durch den Ich-Erzähler.
Fragen nach den Gestaltungsmitteln ergeben sich nicht nur aus der Aufgabenstellung, sondern auch aus dem Problemgehalt: die Situation wird aus der Perspektive eines Flüchtlings geschildert, der Betroffener und kritischer Beobachter zugleich ist und damit unsere Wahrnehmung als Leser beeinflußt.

Arbeits-
vorschläge

1. Untersuchen Sie den Textausschnitt unter den inhaltlichen Aspekten, die der Problemgehalt nahelegt (Situation, Verhalten, Wahrnehmung und Bewertung).

2. Beschreiben Sie die Erzähltechnik (Erzählform, Erzählverhalten, Perspektive, Erzählhaltung, Darbietungsform), und überlegen Sie, wie diese mit dem Problemgehalt zusammenhängt.

3. Untersuchen Sie die Mittel der Figurengestaltung und ihre Funktion.

4. Charakterisieren Sie den Stil des Erzählens.

c) Aufbaumöglichkeiten und Schreibplan
Auch wenn Aufgabenstellungen relativ genaue Angaben über die erwarteten Untersuchungsaspekte enthalten, ist damit meist der Aufbau der Erschließung und Interpretation noch nicht vorgegeben. Überzeugend wirkt ein Aufbau dann, wenn er dem Leser ermöglicht, den Gedankengang der Interpretation klar nachzuvollziehen und einen Zusammenhang zwischen den einzelnen Aspekten zu erkennen.

Beispiel:

> A) Flucht und Exil als Thema der Literatur
> B) Problemgehalt und Gestaltungsweise des Romanausschnitts
>   I. Flucht als Auflösung und Deformation
>   1. Die Situation im unbesetzten Frankreich
>   2 Das Verhalten der Beamten und Behörden
>   3. Das Verhalten der Flüchtlinge
>   II. Die kritische Perspektive des Ich-Erzählers
>   1. Wahrnehmungsweise und Beurteilung
>   2. Figurencharakterisierung
>   III. Erzählweise und Stil
>   1. Erzähltechnik
>   2. Sprachliche Gestaltung
> C) Der kritische Blick der Autorin: Flucht als Scheinlösung, Widerstand als
>   Möglichkeit der Bewahrung von Identität

Arbeits-
vorschläge
1. Beurteilen Sie auf der Grundlage Ihrer Erschließung des Themas und Ihrer eigenen Untersuchungsergebnisse das Gliederungsbeispiel im Hinblick auf
– den gedanklichen Aufbau,
– Wahl und Formulierung der Untersuchungsaspekte,
– die Einleitungs- und Schlußgedanken.

2. Bearbeiten Sie schriftlich Thema 3 (Seghers) auf der Grundlage des abgedruckten bzw. von Ihnen veränderten Schreibplans.

3. Literarische Erörterung

Die Auseinandersetzung über die Aufgabe der Literatur, die Diskussion gattungspoetischer Fragen und Darstellungsmöglichkeiten sowie die Beurteilung der Qualität einzelner Werke ist seit dem 18. Jahrhundert ein wichtiger Bestandteil einer **kulturellen Öffentlichkeit**. Immer wieder ist es dabei auch zu großen Kontroversen gekommen, in denen unterschiedliche Normen, Wertvorstellungen und Erwartungshaltungen aufeinanderprallten. Ein Beispiel aus der jüngsten Zeit ist der heftige Streit um Christa Wolf (vgl. S. 223 ff.), in dem es nicht nur um den Rang ihres literarischen Werkes und die Beurteilung ihrer politischen Haltung ging, sondern auch um unterschiedliche Auffassungen von der Funktion der Literatur, der Rolle des Schriftstellers in der Gesellschaft und nicht zuletzt um die Frage der Bewertung der DDR-Literatur im vereinten Deutschland.
Die Diskussion über Literatur, wie sie in solchen brisanten **Kontroversen**, aber auch in den vielen Kritiken und Rezensionen geführt wird, kann dem Leser neue Sehweisen, Einblicke und Beurteilungsmöglichkeiten eröffnen, dieser kann sich aber auch

auf Grund seiner eigenen Leseerfahrungen, Wertvorstellungen und Wirklichkeitserfahrungen mit dem öffentlichen Meinungsstreit kritisch auseinandersetzen. Einen Beitrag zu solcher **Urteils- und Kritikfähigkeit** leistet in der Schule die literarische Erörterung, in der Sie sich mit den in der Literatur behandelten Themen, dargestellten Menschenbildern und Wirklichkeitsauffassungen, Fragen nach den unterschiedlichen Gestaltungsweisen sowie mit Problemen des literarischen Lebens auseinandersetzen. Während der Schwerpunkt bei der Einübung der literarischen Erörterung in der 11. und 12. Jahrgangsstufe auf Aspekten und Themen lag, die sich aus der Erschließung und Interpretation einzelner literarischer Werke ergaben, soll nun in der 13. Jahrgangsstufe die Auseinandersetzung mit werkübergreifenden **Fragen des literarischen und kulturellen Lebens** im Mittelpunkt stehen. Da Sie aber sowohl in den Schulaufgaben als auch im schriftlichen Abitur durchaus mit unterschiedlichen Formen von Aufgabenstellungen konfrontiert werden, sind im folgenden die **Grundtypen** der literarischen Erörterung noch einmal in einem **Überblick** zusammengestellt.

3.1 Arten und Formen der literarischen Erörterung

> 1. Erörterung im Anschluß an die Erschließung und Interpretation eines poetischen bzw. die Analyse eines nichtpoetischen Textes

Thema 1

Georg Büchner: Dantons Tod, Szene I, 6 (Grundkurs-Abitur 1988)
a) Arbeiten Sie aus dem vorliegenden Szenenausschnitt die Ziele und Standpunkte der beiden Hauptfiguren heraus, und erläutern Sie, wie der Autor Dialog und Monolog zur Verdeutlichung des dramatischen Konflikts einsetzt.
b) Beschreiben Sie auffällige rhetorische Mittel des Textes in ihrer jeweiligen Funktion.
c) Zeigen Sie in einem Vergleich, wie das Verhältnis von Macht und Moral in einem anderen literarischen Werk behandelt wird.

Thema 2

Günter Kunert: Der Sturz vom Sockel. Zum Streit der deutschen Autoren, FAZ
v. 3. 9. 1990 (Grundkurs-Abitur 1991)
a) Arbeiten Sie die wesentlichen Thesen des folgenden Textes heraus und schließen Sie aus der Argumentationsweise auf die Intentionen des Verfassers.
b) Diskutieren Sie die Auffassung des Autors von der künftigen Rolle des Schriftstellers in Deutschland.

> 2. Erörterung eines vorgegebenen literarischen Werkes unter besonderer Berücksichtigung eines thematischen Aspekts, eines Problems oder der Gestaltungsweise

Thema 3   Uwe Johnson: Mutmaßungen über Jakob (Leistungskurs-Abitur 1991, Baden-Württemberg)

Uwe Johnsons „Mutmaßungen über Jakob" durften in der DDR bis 1989 nicht veröffentlicht werden.

Dem Autor wurde vorgeworfen, sein Roman richte sich gegen die DDR.

Erörtern Sie, ausgehend von der Hauptfigur Jakob, die Stichhaltigkeit solcher Vorwürfe.

> 3. Vergleichende Erörterung der Behandlung eines Themas oder Problems in zwei Werken (meist aus verschiedenen Epochen)

(Leistungskurs-Abitur 1990)

Thema 4   Scheiternde Helden sind in der epischen und dramatischen Dichtung aller Zeiten zu finden. Untersuchen Sie an zwei geeigneten literarischen Werken verschiedener Epochen die Gründe für das Scheitern der Hauptfigur, gehen Sie auf die von ihr dabei gezeigte Haltung ein, und erörtern Sie, inwiefern hierbei jeweils zeit- und epochentypische Züge zur Geltung kommen!

> 4. Auseinandersetzung mit der Beurteilung oder Deutung eines literarischen Werkes

(Grundkurs-Schulaufgabe)

Thema 5   Thomas Mann schrieb 1948, daß Hesses „Steppenwolf" anderen modernen Romanen „an experimenteller Gewagtheit (…) nicht nachsteht."

Setzen Sie sich mit diesem Urteil auf der Grundlage einer Untersuchung von Problemgehalt, Komposition und Erzähltechnik auseinander.

> 5. Erörterung von Themen und Problemen aus dem Bereich des literarisch-kulturellen Lebens oder sprach- und literaturtheoretischer Fragen

(Leistungskurs-Abitur 1990)

Thema 6   „In der Tat kann keine Literatur auf Dauer ohne Kritik bestehen." (Friedrich Schlegel)

Erörtern Sie die verschiedenen Funktionen der Literaturkritik, und diskutieren Sie die Aussage Schlegels im Hinblick auf die heutige Situation.

(Leistungskurs-Abitur 1985)

Thema 7 „Das Engagement zielt zweckbetont auf die Veränderung der gesellschaftlichen Wirklichkeit, während ein Zweck für die Kunst ein Unding wäre. Sie ist nicht ernst und nicht direkt, das heißt auf etwas gerichtet, sondern eine Form und auf nichts gerichtet, höchstens ein ernsthaftes Spiel." (Peter Handke)
Diskutieren Sie diese von Peter Handke in bezug auf die Literatur formulierte Position! Berücksichtigen Sie dabei auch Aussagen über Literatur und ihre Wirkungsmöglichkeiten aus früheren Epochen!

Diese verschiedenen Grundtypen stellen an den Bearbeiter durchaus **unterschiedliche Anforderungen** im Hinblick auf genaue Werkkenntnis, themabezogene Erschließung, literaturgeschichtliche Kenntnisse, literaturtheoretisches Verständnis u. a. Bei der Wahl eines Themas sollten Sie sich deshalb über die aufgabenspezifischen Anforderungen im klaren sein.

Arbeits-
vorschläge
1. Untersuchen Sie die Aufgabenstellungen im Hinblick auf
– die jeweiligen Kenntnisse und Fähigkeiten, die Ihrer Meinung nach für eine angemessene Bearbeitung notwendig sind,
– die erforderliche Materialbasis (literarische Werke, literaturtheoretische Positionen, Kritiken und Rezensionen usw.),
– die Art der geforderten Behandlung (Erörtern eines thematischen Aspekts, vergleichende Gegenüberstellung, Darstellung von Sachverhalten und Zusammenhängen, Auseinandersetzung und Diskussion).

2. Klären Sie im Gespräch, worin Sie jeweils die aufgabenspezifischen Schwerpunkte und Schwierigkeiten sehen.

3.2   Arbeitsschritte

Wie Sie bei der Bearbeitung eines Themas einer literarischen Erörterung vorgehen müssen, haben Sie in den beiden vorangehenden Jahrgangsstufen an werkbezogenen Aufgabenstellungen geübt. Am Beispiel von Aufgabenstellungen zum Typus „Erörterung von Themen und Problemen aus dem Bereich des literarisch-kulturellen Lebens oder literatur- und sprachtheoretischer Fragen" (Themen 6 und 7) sollen nun die **Arbeitsschritte** unter besonderer Berücksichtigung der **aufgabenspezifischen Anforderungen** dargestellt werden.

Erschließung des Themas

Aufgabenstellungen beginnen häufig mit **Zitaten**, in denen bestimmte Auffassungen von Literatur und Sprache, Positionen oder Urteile pointiert zum Ausdruck kommen. Um den Sinn und den Bedeutungsgehalt solcher Zitate möglichst genau zu erfassen, müssen zunächst die **zentralen Begriffe** geklärt werden, wobei auch zeitbedingte Bedeutungsunterschiede berücksichtigt werden müssen. Für ein literatur- und kulturgeschichtlich tieferes Verständnis kann es auch sinnvoll sein, nach dem **Kontext** der Zitate zu fragen, d. h. nach der Theorie oder der Position des Verfassers, dem Diskussionszusammenhang, der zeit- und epochenspezifischen Frage- und Problemstellung.

Die **Aufgabenstellungen** enthalten in der Regel **Angaben und Anweisungen** zu

– dem **Gegenstand** oder **Stoff** der Erörterung (eines oder mehrere Werke, Thema und Problem, Sachgebiet, Literaturauffassung etc.);

– **Aspekten**, unter denen die Gegenstände erörtert werden (z. B. „Problemgehalt", „Konflikt", „Funktion" etc.);

– der **Art der Erörterung** (Vergleich, Auseinandersetzung usw.).

Bei der Entscheidung für eine Aufgabe sollten Sie prüfen, ob Sie über die zu erörternden Gegenstände bzw. Sachgebiete (z. B. Literaturkritik, literatur- oder sprachtheoretische Positionen) genügend genau informiert sind sowie Zusammenhänge und Probleme überblicken.

**Arbeits-
vorschläge**

1. Klären Sie die zentralen Begriffe des Handke-Zitats in Thema 7, und formulieren Sie thesenartig das Literaturverständnis, das hier sichtbar wird.

2. Das o. g. Zitat ist dem 1966 veröffentlichten Essay „Die Literatur ist romantisch" von Peter Handke entnommen. Referieren Sie über diesen Essay in Ihrem Kurs, und zeigen Sie dabei, gegen welche Auffassung von Literatur sich Handke damit wendet. Informieren Sie sich über den literaturgeschichtlichen Kontext, in dem der Essay entstand.

3. Untersuchen Sie die Angaben und Anweisungen der Aufgabenstellung bei Thema 7. Welche Kenntnisse und Fähigkeiten setzt eine Bearbeitung voraus?

4. Üben Sie die Techniken der Erschließung an Thema 6.

Gegenstandserschließung und Stoffsammlung

Im Unterschied zu vielen werkbezogenen Aufgabenstellungen sind bei Themen aus dem Bereich des literarischen Lebens oder der Literaturtheorie und Sprachbetrachtung die Aspekte der Erschließung oft nicht genau vorgegeben, damit Ihnen ein größerer **Spielraum** für eine **persönliche Auseinandersetzung** bleibt. Allerdings sollten Sie auch dabei zentrale und **wesentliche Aspekte** des Gegenstands oder Sachgebiets berücksichtigen. Bereits bei der Vorbereitung auf eine Schulaufgabe oder auf das Abitur (vgl. auch S. 345 ff.) ist es deshalb sinnvoll, das im Unterricht erworbene fachliche Wissen systematisch zu ordnen, um wichtige Aspekte nicht zu übersehen. Bei der **Erschließung** können darüber hinaus die bei der Problemerörterung eingeübten Fragetypen und Kategorien (Begriffe, Ursachen, Wirkungen usw.) hilfreich sein. In einer **Stoffsammlung** sollten Sie dann, nach Aspekten übersichtlich gegliedert, die Ergebnisse Ihrer Erschließung festhalten.

Arbeitsvorschläge

1. Vergleichen Sie den persönlichen Spielraum bei der Auswahl von Aspekten der Erschließung, der Ihnen bei den Themen 5 und 7 gegeben ist.

2. Klären Sie im Gespräch, welche Literaturauffassungen der Zeit nach 1945 und früherer Epochen der Position Handkes ähneln, welche ihr widersprechen. Ziehen Sie dabei auch Texte aus diesem Buch heran.

3. Erläutern Sie den epochenspezifischen Kontext dieser Literaturauffassungen.

4. Skizzieren Sie, wie Sie selbst die Aufgabe der Literatur im Spannungsfeld von Zweckfreiheit und Engagement sehen, und diskutieren Sie im Kurs die verschiedenen Positionen.

5. Üben Sie die Möglichkeiten der Gegenstandserschließung an Thema 6.

Aufbau und Gliederung

Die Bearbeitung von Aufgabenstellungen der literarischen Erörterung verlangt von Ihnen in der Regel einen **eigenständigen gedanklichen Aufbau**, der den aufgabenspezifischen Anforderungen gerecht wird und die relevanten Aspekte des Gegenstands berücksichtigt. Je offener das Thema gestellt ist, desto mehr sind Sie aufgefordert, aus der Kenntnis des Gegenstands, der Einsicht in Zusammenhänge und Ihrer persönlichen Auseinandersetzung heraus die Arbeit zu strukturieren. Beim Aufbau können Sie sich an zwei **Grundmustern** orientieren, die Ihnen aus der Einübung der Problemerörterung bekannt sind:

– dem **steigernden Aufbau** nach wichtigen Aspekten des Gegenstands oder Problems;

– dem **dialektischen Aufbau**, der vor allem dann sinnvoll ist, wenn Sie zu einer Auseinandersetzung aufgefordert sind.

Bei Themen, die aus mehreren Aufgabenteilen bestehen (vgl. Thema 2), kann die Bearbeitung der einzelnen Aufgaben durchaus nach verschiedenen Mustern gegliedert sein.

Beispiel einer Gliederung zu Thema 7:

A) Einleitung: Handkes Position als Antwort auf die Politisierung der Literatur in den 60er Jahren

B) Hauptteil: Auseinandersetzung mit dem Selbstverständnis und der Aufgabe der Literatur zwischen Engagement und Zweckfreiheit

  I. Die Problemstellung im literaturgeschichtlichen Rückblick

    1. Positionen einer engagierten Literatur

      a) Aufklärung durch Literatur

      b) Literatur als politische Waffe

    2. Positionen einer zweckfreien Literatur

      a) Ästhetizismus und „l'art pour l'art"

      b) Literatur als Form

  II. Gefahren einer engagierten Literatur

    1. Abhängigkeit des Schriftstellers von Ideologien

    2. Verkürzung der Literatur zum politischen Instrument

    3. Verlust an ästhetischer Qualität

  III. Problematik der Auffassung von Literatur als „zweckfreiem Spiel"

    1. Ignorieren der gesellschaftlichen Bedingtheit von Literatur

    2. Verkürzung der Literatur auf Form und ästhetisches Spiel

  IV. Engagement und Zweckfreiheit sind keine absoluten Gegensätze

    1. Forderung nach Autonomie als Reaktion auf politisch-gesellschaftliche Verhältnisse

    2. Zusammenhang zwischen Form und geschichtlich-gesellschaftlicher Wirklichkeit

C) Schluß: Auffassungen von Wesen und Funktion der Literatur unterliegen einem geschichtlichen Wandel.

**Arbeits-
vorschläge**

1. Klären Sie im Gespräch, welche unterschiedlichen Gliederungsmöglichkeiten die Aufgabenstellungen der Themen 1 bis 7 jeweils nahelegen bzw. verlangen.

2. Untersuchen Sie die Gliederung zu Thema 7 im Hinblick auf die

– Wahl des Aufbauschemas,

– Überzeugungskraft der Argumente,

– literaturgeschichtlichen Bezüge,

– Deutlichkeit der persönlichen Stellungnahme.

3. Entwerfen Sie eine Gliederung zu Thema 6.

Ausführung

Es gehört zu den besonderen Anforderungen der Aufsatzart „literarische Erörterung", daß hier sowohl Fähigkeiten des Umgangs mit Texten verlangt werden als auch, wie bei der Problemerörterung, Techniken der Argumentation beherrscht werden müssen. Die Aufgabenstellungen unterscheiden sich dabei auch im Hinblick auf das Gewicht, das diesen Fähigkeiten jeweils zukommt. In werkbezogenen Themen mit klar vorgegebenen Untersuchungsaspekten wird der Schwerpunkt meist auf der Erschließung, Beschreibung und Interpretation liegen, in offen gestellten Themen zur literarischen Kultur dagegen auf der argumentativen Auseinandersetzung mit Positionen und in der Begründung eines eigenen Standpunkts. Aus den unterschiedlichen Typen der literarischen Erörterung ergeben sich damit auch verschiedene Anforderungen an die Darstellungsweise, von der Verwendung von Zitaten, Textbelegen und Fachbegriffen bis hin zur klaren Formulierung persönlicher Leseerfahrungen und Meinungen.

Ausschnitt einer Schülerarbeit zum Thema:

Text 8

„Ich glaube, man sollte überhaupt nur solche Bücher lesen, die einen beißen und stechen"
(Franz Kafka)
Erörtern Sie diesen Gedanken Kafkas, indem Sie Ihre eigenen Lektüreerfahrungen mit Kafka und anderen Autoren in Ihre Überlegungen einbeziehen.

Jedes Buch, jedes literarische Zeugnis bewegt seinen Leser in irgendeiner Weise mehr oder weniger stark. Kann man aber z. B. bei einem Groschenroman, der vorwiegend Emotionen und „Pseudoprobleme" anspricht, bereits von „beißen und stechen" sprechen? Wohl kaum – dort geht es viel eher darum, Scheinrealitäten und billige Lösungen anzubieten, die vom wirklichen Leben und vom Nachdenklichwerden ablenken.
Unter einem „beißenden und stechenden" Buch verstehe ich einen Text, der den Leser in Atem hält, ihn nicht zur Ruhe kommen läßt, ihn zur (länger andauernden) Auseinandersetzung mit den literarischen Figuren zwingt, ihn zu eigenen Lösungsansätzen ermuntert, kurz: ihn provoziert, irritiert und vielleicht auch verletzt.
Dies läßt sich m. E. sehr nachdrücklich z. B. an Kafkas Roman „Der Proceß" belegen. Der Autor läßt seinen Helden an der Ungewißheit über die Dauer und den Ausgang des von vornherein dubiosen, nicht nachvollziehbaren Prozesses zugrunde gehen: Josef sehnt sich schließlich selbst den Tod herbei, vermeintlich schuldig geworden.
Kafka nennt seinen Helden Josef K. – eine erste Irritation des Lesers ist schon in der ersten Zeile des Romans vorprogrammiert: K. wie Kafka? Oder bedeutet das unbestimmte K. die Austauschbarkeit des Helden? Die Vorstellung, einmal selbst in einen die Existenz zerstörenden „Fall" verwickelt werden zu können, ist naheliegend und trifft den Leser hart. Sie ist für ihn fast undenkbar und hängt dennoch wie ein Damoklesschwert über ihm. Er ist entsetzt über das schreckliche Schicksal K.s

und spürt damit gleichzeitig, daß hier nicht der Einzel-, der Ausnahmefall verhandelt wird, sondern prinzipielle Fragen nach dem Sinn menschlichen Daseins und menschlicher Schuld gestellt werden.

Diesen Roman kann man auf keinen Fall zur reinen Unterhaltung lesen. Ein Leser, der rein unterhaltende Bücher oder Bücher, in deren Helden man sich zwecks Abenteuererlebnis hineinversetzen kann, gewohnt ist, wird den „Proceß" nach wenigen Seiten Lektüre gelangweilt weglegen – die Monotonie der Sprache und Handlung, die vielen Unbestimmbarkeiten und Ungewißheiten werden ihn abstoßen. Nur wenn man das bequeme Leseerlebnis ablehnt, wenn man beim Lesen gefordert werden will, wird der Roman Kafkas zum Abenteuer: Verlangt wird der mutige Leser, der, indem er dem Titelhelden auf seinem dunklen und quälenden Weg folgt, dieses „Beißen und Stechen" sowohl in der Sprache als auch in der Gesamtanlage und -aussage des Romans spüren will. Der Roman stellt viele (quälende) Fragen an den Leser und gibt keine Antworten – aber gerade dies hat mich als Leser dazu „verführt", selbst Fragen an mich und meine Lebenswelt zu stellen und nach Antworten zu suchen.

(…)

Die angeführten Literaturbeispiele erfüllen also nach meinem Dafürhalten Kafkas Forderung, die jedoch grundsätzlich diskutiert werden muß: Problematisch wird der Satz nämlich durch die beiden Adverbien „überhaupt nur" – sie definieren eine Ausschließlichkeit, die zu hinterfragen ist. Zunächst einmal nehme ich ein Buch zur Hand, wenn ich sowohl Zeit als auch Neugier und Interesse für die jeweilige Lektüre aufbringen kann. Auf der anderen Seite spielen die Pflichtlektüren im gymnasialen Oberstufenunterricht eine weitere wichtige Rolle für meine Auseinandersetzung mit Literatur (wie dies etwa bei der Kafka-Lektüre der Fall gewesen ist), so daß Kafkas Forderung auch in diesem Bereich seine Gültigkeit haben muß. Doch zurück zur „freiwilligen" Lektüre: Sie findet in meiner Freizeit statt, und da habe ich meist das Bedürfnis, mich zu entspannen. Genau das aber verhindern die Bücher, die Kafka als ausschließliche Lektüre vorschlägt: ein Roman, ein Gedichtzyklus, die vor allem anderen „beißen und stechen", sind für ein entspannendes Lesen denkbar ungeeignet. Keinem Leser aber kann m. E. auf Dauer zugemutet werden, sich nur mit „brisanter" Literatur zu beschäftigen. Ich meine, daß damit ein großes Stück Lesevergnügen verlorenginge oder auch eine Übersättigung des Lesers mit (bedrückenden) Problemen eintreten könnte, so daß er das „Beißen und Stechen" gar nicht mehr als solches erfährt. Ich möchte daher Kafkas Forderung, die mir zu kategorisch formuliert ist, abwandeln: „Ich glaube, man sollte *immer wieder* solche Bücher lesen, die einen beißen und stechen." (…)

Arbeits-vorschläge

1. Klären Sie im Gespräch, inwieweit die Darstellungsweise in dieser Schülerarbeit dem Erörterungstyp angemessen ist.

2. Untersuchen Sie, wie es dem Schreiber gelingt, „eigene Lektüreerfahrungen" überzeugend darzustellen.

3. Skizzieren Sie, soweit es dieser Ausschnitt ermöglicht, die Gedankenführung, und diskutieren Sie deren Folgerichtigkeit und Überzeugungskraft.

Hinweise zur Abiturvorbereitung

Im Vergleich zu den schriftlichen und mündlichen Leistungserhebungen während der vier Ausbildungsabschnitte (Kurshalbjahre) hat für Sie die **Abiturprüfung** sowohl durch das Gewicht der Note als auch durch den Stoffumfang eine besondere Bedeutung, so daß es naheliegt, sich überlegt, umsichtig und konsequent vorzubereiten. Erfolgreiches Abschneiden bei der mündlichen und schriftlichen Prüfung im Fach Deutsch ist zum großen Teil abhängig von einer kontinuierlichen **Vorbereitung und Mitarbeit** im Unterricht, der genauen **Lektüre** der Texte und der sorgfältigen Bearbeitung der **schriftlichen Aufgaben** in den vier Kurshalbjahren. Nur auf diese Weise gewinnen Sie zum einen breite und zugleich differenzierte Kenntnisse auf den Gebieten der Literaturgeschichte, der Poetik und Literaturtheorie, des literarischen Lebens und der Sprachbetrachtung, zum anderen die notwendige Sicherheit und Gewandtheit im mündlichen und schriftlichen Ausdruck. Durch gezielte und gut organisierte **Vorbereitung in den letzten Wochen** vor der Abiturprüfung können Sie allerdings die Chancen eines erfolgreichen Abschneidens noch deutlich verbessern. Neben der individuellen Arbeitsorganisation hat sich dabei in der Praxis auch die gemeinsame Vorbereitung in **Gruppen** bewährt, in denen Sie Kenntnisse arbeitsteilig reorganisieren und aufbereiten, Lücken schließen, Übersichten erstellen und im Gespräch Probleme und Zusammenhänge klären können. Was Sie dabei beachten sollten und wie Sie dabei vorgehen können, ist im folgenden in einem knappen **Überblick** zusammengefaßt.

1. Die Vorbereitung auf das Colloquium und die mündliche Prüfung

Es gehört zu den wesentlichen Merkmalen mündlicher Prüfungen, daß es dabei nicht nur auf Ihre fachlichen Kenntnisse und Fähigkeiten, sondern auch auf Ihr **Gesprächs- und Kommunikationsverhalten** ankommt. Im Colloquium, einer besonderen Form der mündlichen Prüfung im bayerischen Abitur, werden beide Beurteilungsbereiche bei der Notenbildung sogar gleich gewichtet. Es ist bei der Vorbereitung deshalb sinnvoll, solche Gesprächsfähigkeiten, z. B. durch Zusammenarbeit mit anderen Schülern, bewußt zu trainieren.

Im Unterschied zur schriftlichen Prüfung haben Sie beim Colloquium die Möglichkeit einer **Schwerpunktbildung**, die in der Wahl eines bestimmten Themenbereichs aus dem Stoffgebiet eines Ausbildungsabschnitts (Kurshalbjahres) besteht, aus dem Ihnen dann bei der Prüfung das Thema Ihres **Kurzreferats** vorgelegt wird. Auch wenn Ihnen solche Themenbereiche erst zwei oder drei Wochen vor dem Prüfungstermin bekanntgegeben werden, können Sie sich bereits vorher darüber Gedanken machen, welche Stoffgebiete, Unterrichtseinheiten und Themenkomplexe für Sie bei der Schwerpunktbildung in Frage kommen. Mögliche **Entscheidungskriterien** für die Wahl des **Prüfungsschwerpunkts** können dabei sein:

– persönliches Interesse an Stoffgebieten, Themen, Problemstellungen; gegebenenfalls Kenntnisse von Fachliteratur im Zusammenhang mit der Vorbereitung eines Referats,
– Erfolgserlebnisse und positive Erfahrungen im Unterricht,
– bereits vorhandene breite und differenzierte Kenntnisse sowie Verständnis wichtiger Zusammenhänge,
– gute Kenntnis der behandelten Texte und Ganzschriften,
– Kenntnisse aus anderen Kursfächern (z. B. Geschichte, Kunsterziehung), die für den gewählten Schwerpunkt nützlich sein können.

Bei der Vorbereitung auf den von Ihnen gewählten Schwerpunkt sollte Ihnen bewußt sein, daß mit der Möglichkeit der Spezialisierung auch **höhere Anforderungen** verbunden sind. Deshalb ist es meist sinnvoll, daß Sie über die Wiederholung des im Unterricht Behandelten hinaus bei der Vorbereitung Nachschlagewerke und geeignete Fachliteratur heranziehen.

Am **Beispiel** des Themenbereichs aus dem Ausbildungsbereich 12/1 „Welt- und Menschenbild der Weimarer Klassik" sollen Möglichkeiten und Schritte einer gezielten Vorbereitung kurz skizziert werden:

– reorganisierende **Zusammenstellung** der im Unterricht zu diesem Thema gelesenen Texte, der ausgeteilten Materialien und Ihrer Unterrichtsaufzeichnungen;
– nochmalige **genaue Lektüre der Texte** und stichwortartiges Festhalten von Themen, Problemstellungen, Kernaussagen etc. unter Verwendung Ihrer Aufzeichnungen vom Unterricht;
– intensive Lektüre der zu diesem Themenbereich gelesenen **Ganzschrift** (klassisches Drama) im Hinblick auf das Welt- und Menschenbild; Herausschreiben von Kernstellen und Zitaten, stichwortartige Notizen zum Menschenbild (Harmonie von Vernunft und Sinnlichkeit, Autonomie, Bildungsidee, Ausgleich von individuellem Anspruch und Anerkennung übergeordneter Gesetze u. a.) unter Verwendung Ihrer Aufzeichnungen;
– ergänzende Lektüre von Texten aus Ihrem **Schulbuch**, die für das Thema relevant sind, im Unterricht aber nicht berücksichtigt wurden;
– Wiederholung **zentraler Begriffe** (z. B. Bildung, Autonomie, Humanität, Harmonie etc.), die Sie im Glossar Ihres Schulbuchs, in Fachlexika und Enzyklopädien nachlesen können, um den Überblick zu sichern und den Einblick in Zusammenhänge zu vertiefen;
– Vertiefung Ihres **Verständnisses der Epoche** durch verarbeitendes Lesen von einschlägigen Kapiteln in einer Literaturgeschichte für den Schulgebrauch oder anderen geeigneten Nachschlagewerken.

Damit die Ergebnisse Ihrer Vorbereitung gut im Gedächtnis haften bleiben und Sie jederzeit auf diese zurückgreifen können, sollten Sie, geordnet nach zentralen

Aspekten, das Wichtigste schriftlich in übersichtlicher Form festhalten. Ein Austausch mit Schülern, die den gleichen Schwerpunkt gewählt haben, in Arbeitsgesprächen kann der Ergänzung und Differenzierung Ihrer Ergebnisse dienen.

Durch eine solide Vorbereitung, wie sie eben skizziert wurde, sind Sie für das Kurzreferat (erster Prüfungsteil) fachlich gut gerüstet. Neben gründlichen Kenntnissen und dem Verständnis für Zusammenhänge kommt es dabei aber auch darauf an, ein Thema in einem vorgegebenen zeitlichen Rahmen (10 Minuten) mit dem Blick für das Wesentliche **gedanklich klar** und **sprachlich differenziert** darzustellen. Ein gelungenes Kurzreferat ist auch eine kommunikative Leistung, bei der die Art des Vortrags, das begründete Setzen von Schwerpunkten, der übersichtliche Aufbau u. a. bewertet werden. Die Vorbereitungszeit von 30 Minuten sollten Sie neben der inhaltlichen Bearbeitung des Themas auch für überlegte Planung und Gestaltung Ihres Vortrags nützen. Folgende Schritte sind dabei sinnvoll:

- genaues Lesen der **Aufgabenstellung** und Anwendung der Ihnen bekannten Möglichkeiten der **Themaerschließung**;
- schriftliche Fixierung der zentralen **thematischen Aspekte** und **Problemstellungen**, die sich aus der Aufgabenstellung ergeben;
- **systematische Erschließung** unter den für das Thema relevanten Aspekten (Stoffsammlung);
- übersichtliche stichwortartige **Fixierung** Ihrer **Erschließungsergebnisse**;
- Entwurf einer **Gliederung** und eines **Stichwortblatts**, das den gedanklichen Aufbau und die inhaltlichen Kernpunkte enthält, als Grundlage Ihrer mündlichen Ausführungen.

Sowohl der Charakter des Referats als mündlicher Vortrag als auch die zur Verfügung stehende Vorbereitungszeit legen es nahe, daß Sie großen Wert auf ein durchdachtes Stichwortblatt legen und nicht versuchen, den Vortrag schriftlich auszuformulieren. Achten Sie bei Ihrem Vortrag auf

- Verdeutlichung und Begründung Ihrer **Vorgehensweise** und **Schwerpunktsetzung**,
- klaren und logischen **Aufbau**,
- Behandlung des **Wesentlichen**,
- schlüssige **Gedankenführung**,
- überzeugende **Belege** für Ihre Ausführungen und differenzierte **Begründung** Ihrer Urteile,
- differenzierte **Begrifflichkeit** und sinnvolle Verwendung von **Fachterminologie**,
- angemessenes **Sprechtempo** und klare **Artikulation**.

Beispiel einer Themenstellung

Vorgelegter Text: Max Frisch, Stiller (Romananfang, vgl. S. 304 ff.)
Aufgabenstellung:
1. Erschließen Sie Problemgehalt und Erzähltechnik des Romananfangs.
2. Erläutern Sie, inwiefern Inhalt und Darstellungsweise typisch sind für den modernen Roman.

Arbeitsschritte:
- Erschließung des Themas; Klärung der zentralen Begriffe; Festhalten der wichtigen thematischen Aspekte;
- Untersuchung des Romananfangs im Hinblick auf Problemgehalt und Erzähltechnik; Festhalten der Ergebnisse in übersichtlicher Form;
- Klärung der Wesensmerkmale des modernen Romans; Vergleich mit den Ergebnissen der Texterschließung; Beantwortung der Frage nach der Typik des Romananfangs;
- Entwurf eines Stichwortblatts, das es Ihnen auch durch die graphische Anlage erleichtert, systematisch vorzugehen und die wesentlichen Fragen zu behandeln.

Beispiel für ein Stichwortblatt (Ausschnitt)

A) Hinführung zur Themafrage und Problemstellung
- bereits im ersten Satz Problemgehalt des Romans angesprochen: Identität
- Romananfang thematisiert die Situation des Ich-Erzählers zwischen Identitätszuschreibung durch seine Umwelt und dem Insistieren auf der „Wahrheit"
- These: Problemgehalt und Erzähltechnik sind typisch für den modernen Roman

B) Erschließung des Romananfangs
   1. Problemgehalt
- Ich wehrt sich, die von der Umwelt erwartete „Rolle zu spielen" → Spannung zwischen Rollenerwartungen und subjektiver bzw. individueller Auffassung des wahren Selbst
- Versuch der Umwelt, das Ich durch Aufschreiben der Lebensgeschichte zur „Wahrheit" zu zwingen
   ⇒ Problem/Spannung: „Wahre" Identität des Ich-Erzählers
   ⇒ Fragwürdigkeit der „schlichten und puren Wahrheit"
   (...)

Im Unterschied zu Ihrem Prüfungsschwerpunkt werden von Ihnen im **zweiten Prüfungsteil** (Gespräch über Fragen und Problemstellungen zu zwei weiteren Ausbildungsabschnitten) weniger eingehende und vertiefte Kenntnisse und Einsichten erwartet. Es kommt deshalb bei der Vorbereitung vor allem darauf an, das im Unterricht Behandelte zu wiederholen und Ihre Kenntnisse so zu organisieren, daß Sie einen guten **Überblick** gewinnen. Im einzelnen empfiehlt es sich dabei
- **Aufzeichnungen** und **Unterrichtsmitschriften** durchzuarbeiten,
- größere Wissenslücken durch **Nachlesen** und **Nachschlagen** (Lehrbuch, Nachschlagewerke) zu beheben,

–   sich einen **Überblick** über die **gelesenen Texte** zu verschaffen (bei längeren Ganzschriften auch Inhaltsangaben in Nachschlagewerken heranziehen),
–   sich mögliche **Fragen** und **Problemstellungen** bewußt zu machen (z. B. Zusammenhang zwischen der Form des klassischen Dramas und dem Welt- und Menschenbild).

Bei der Vorbereitung der **Begleitlektüre** kommt es vor allem auf ein selbständiges Erfassen von Fragestellung, Kernaussagen, gedanklicher Entwicklung und Position des Verfassers an. Sie sollten deshalb

–   den Text durch mehrmaliges Lesen durcharbeiten (Verwendung der eingeübten Techniken),
–   wichtige Begriffe, Fachtermini und eventuell Ihnen unbekannte Fremdwörter durch Nachschlagen klären,
–   Thema, Problemstellung, Gedankengang, Kernaussagen und Position des Verfassers stichpunktartig festhalten.

Der Erfolg bei **Prüfungsgesprächen** hängt neben den notwendigen Kenntnissen und Einsichten auch von der Fähigkeit der **sprachlichen Kommunikation** ab. Achten Sie deshalb auf

–   genaues Erfassen der **Prüfungsfragen**,
–   Eingehen auf **Hilfen** und **Impulse**,
–   bündige, konzentrierte **Beantwortung** der Fragen, die zeigt, daß Sie einen Blick für das **Wesentliche** haben,
–   klare **Gedankenführung** bei längeren Antworten,
–   klare und genaue **Begrifflichkeit** (Floskeln und Leerformeln vermeiden).

2.   Die Vorbereitung auf die schriftliche Prüfung

Die schriftliche Abiturprüfung ist wesentlich dadurch geprägt, daß die **Aufgaben zentral gestellt** werden, also nicht auf den Unterricht des jeweiligen Kurses zugeschnitten sind. Während die Themen und Aufgabenstellungen der Schulaufgaben in der Regel eng mit dem vorausgehenden Unterricht zusammenhängen, müssen Sie bei Abituraufgaben damit rechnen, daß Ihnen dabei z. T. auch völlig unbekannte Texte vorgelegt werden oder Sie mit Themen und Fragestellungen konfrontiert werden, die in Ihrem Unterricht weniger ausführlich behandelt wurden. Im Unterschied zur mündlichen Abiturprüfung, bei der Sie erwarten können, daß Sie über den im Unterricht behandelten Stoff geprüft werden, scheint deshalb die Vorbereitung auf die schriftliche Prüfung auf den ersten Blick wesentlich schwieriger zu sein. Im folgenden soll gezeigt werden, wie man sich aber auch auf die zentral gestellten Aufgaben systematisch und zielstrebig vorbereiten kann.

Voraussetzung für eine sinnvolle Vorbereitung ist zunächst, daß Sie sich genau über die **Art und Zahl der Aufgaben** informieren, mit denen Sie im Grund- oder Leistungskurs-Abitur zu rechnen haben. Mit Hilfe von Sammlungen der Abituraufgaben aus den vergangenen Jahren kann man sich ein deutliches Bild der Aufgabenarten und der **Fragestellungen** machen, an dem sich die Vorbereitung dann orientieren kann. Es handelt sich dabei um folgende **Aufgabenarten**:

a) **Erschließung und Interpretation** eines **poetischen Textes** (aus dem Zeitraum von der Aufklärung bis zur Gegenwart) bzw. vergleichende Erschließung zweier poetischer Texte aus verschiedenen Epochen;

b) **Analyse** eines **nichtpoetischen Textes** in Verbindung mit einem **Erörterungsauftrag**;

c) **Erörterung** literarischer und kultureller Themen oder grundsätzlicher (auch philosophischer) Probleme.

Was bei diesen verschiedenen Aufgabenarten von Ihnen verlangt wird, wissen Sie aus dem Unterricht und den Schulaufgaben. Positive oder negative Erfahrungen mit den verschiedenen Aufgabenarten werden möglicherweise im Abitur Ihre **Themenwahl** bestimmen. Sie sollten aber vermeiden, sich allzu speziell auf eine Aufgabenart vorzubereiten, damit Sie sich im Falle eines für Sie schwer zugänglichen Textes oder einer schwierigen Fragestellung die Wahl eines anderen Aufgabentyps offenhalten können.

a) Erschließung und Interpretation poetischer Texte

Zu dieser Aufgabenart werden zur Zeit im Grund- und Leistungskursabitur drei Themen gestellt, welche die drei **Gattungen** der Literatur berücksichtigen: Drama, Epik, Lyrik. Während bei lyrischen Texten in der Regel zwei Gedichte vergleichend interpretiert werden müssen, wird bei dramatischen und epischen Texten meist ein Ausschnitt aus einem Werk vorgelegt. Die Aufgabenstellungen beziehen sich in der Regel auf folgende **Aspekte**:

– Inhalt, Thematik, Problemgehalt;
– gattungsspezifische Bauelemente und Gestaltungsmittel;
– sprachlich-stilistische Mittel;
– Epochenkontext.

Die Bearbeitung von Themen zu diesem Aufgabentypus verlangt also von Ihnen einerseits bestimmte **Erschließungs- und Beschreibungsfähigkeiten**, andererseits genauere literaturgeschichtliche **Kenntnisse** über die einzelnen **Epochen**. An diesen Anforderungen sollten Sie sich bei Ihrer Vorbereitung orientieren. Dabei empfiehlt es sich

– das Instrumentarium zur **Erschließung und Beschreibung gattungsspezifischer Merkmale** zu wiederholen und zu vertiefen (z. B. Erzählverhalten, erlebte Rede, lyrisches Ich, Chiffre etc.);

– Möglichkeiten der **Analyse und Beschreibung sprachlich-stilistischer Gestaltung** sich bewußtzumachen (Satzbau, Wortwahl, Stilebene, rhetorische Figuren etc.);

– ein **Überblickswissen** über die **Epochen** der Literatur zu sichern (epochenspezifische Themen, Motive, Gestaltungsmittel, Welt- und Menschenbild, geistesgeschichtliche und gesellschaftliche Voraussetzungen).

Um Ihre Kenntnisse aufzufrischen, zu vertiefen und Lücken zu schließen, sollten Sie
- die entsprechenden Kapitel über die Erschließung und Interpretation poetischer Texte in Ihrem Schulbuch nachlesen,
- zentrale Begriffe und Kategorien des Beschreibungsinstrumentariums klären (Glossar in Ihrem Schulbuch, Fachlexika),
- knappe Epochendarstellungen in Schulliteraturgeschichten und Nachschlagewerken (z. B. dtv-Atlas zur deutschen Literatur u. a.) durcharbeiten.

b) Analyse eines nichtpoetischen Textes in Verbindung mit einem Erörterungsauftrag

Aufgabenstellungen, in denen die Analyse eines nichtpoetischen Textes aus den Bereichen des geistig-kulturellen Lebens verlangt wird, sind in der Abiturprüfung in der Regel mit einem Erörterungsauftrag verbunden. Die Formulierung des Themas ist meist zweiteilig und erwartet von Ihnen
- eine **Analyse des Textes unter vorgegebenen Aspekten** (gedanklicher Aufbau, thesenartige Zusammenfassung, Argumentationsweise, auffallende sprachlich-stilistische Mittel und ihre Wirkung);
- eine **Auseinandersetzung mit dem Problemgehalt** des Textes unter einer vorgegebenen **Schwerpunktsetzung**.

Eine solche Aufgabenstellung erfordert neben einem differenzierten Verständnis des vorgegebenen Textes **Kenntnisse und Einsichten in den Problemkontext**, der in dem jeweiligen Text zur Sprache kommt. Es handelt sich dabei meist um Problemstellungen und Fragen, die im Rahmen des Deutschunterrichts mehr oder weniger ausführlich behandelt wurden, z. B. die Entwicklung der Buchkultur im Medienzeitalter, die Aufgabe des Schriftstellers, Möglichkeiten und Grenzen der Literaturverfilmung, Rolle der Literaturkritik, Sprachkritik etc. Gedanklich anspruchsvoll und sachlich differenziert wird Ihre Auseinandersetzung vor allem dadurch, daß Sie Ihre Kenntnisse und Einsichten, die Sie im Unterricht erworben haben, in den Problemzusammenhang gezielt einbringen. Bei einer Entscheidung für ein Thema sollten Sie deshalb selbstkritisch prüfen, ob Ihre Kenntnisse und Einsichten genügend differenziert sind, um der Gefahr einer oberflächlichen Auseinandersetzung zu entgehen.

Bei der Vorbereitung für eine solche Aufgabenart können Sie sich zunächst einen **Überblick** über die im Unterricht behandelten nichtpoetischen Texte aus den Bereichen des geistig-kulturellen Lebens und die darin angesprochenen Themenkomplexe und Problemstellungen verschaffen. Arbeiten Sie auf der Grundlage Ihrer Aufzeichnungen und Unterrichtsmitschriften die gelesenen Texte noch einmal gründlich durch, notieren Sie sich Meinungen und Positionen der Autoren, und halten Sie die behandelten Aspekte der verschiedenen Themen und Probleme jeweils in einer **Überblicksskizze** fest. Das Verfassen dieser Skizze trägt zur Verfestigung Ihrer Kenntnisse und Einsichten bei.

c) Erörterung literarischer und kultureller Themen oder grundsätzlicher (auch philosophischer) Probleme

Die im Abitur gestellten Erörterungsthemen lassen sich im allgemeinen drei **Aufgabentypen** zuordnen:

– **Literarische Erörterung im Anschluß an die Erschließung und Interpretation** eines vorgegebenen Ausschnitts aus einem **poetischen Text**: die Aufgabenstellung verlangt meist die vergleichende Erörterung der Darstellung eines Themas oder Problems in dem vorgegebenen Text und in einem anderen Werk Ihrer Wahl.

– Die **literarische Erörterung im engeren Sinn**, bei der Sie darlegen müssen, wie ein Thema oder Problem (Rolle der Frau, scheiternde Helden etc.) in zwei oder mehreren Werken aus verschiedenen Epochen, die Sie selbst auswählen können, behandelt wird; teilweise wird dabei auch eine Auseinandersetzung mit den unterschiedlichen Darstellungsweisen sowie der epochenspezifischen Sicht des Problems bzw. Themas gefordert.

– Eine auf die Themen und Gegenstände des Deutschunterrichts Bezug nehmende **Problemerörterung** (Sprachtheorie, literarisches Leben etc.)

Die Behandlung eines Themas der **literarischen Erörterung** in der Abiturprüfung setzt voraus, daß Sie im Unterricht Werke behandelt haben, in denen die vorgegebene Problemstellung eine zentrale Rolle spielt, und daß Sie gute Kenntnisse über Inhalt und Darstellungsweise dieser Werke besitzen. Bei einer Vorbereitung auf die literarische Erörterung sollten Sie deshalb

– Ihre Kenntnisse über die **gelesenen Werke** wiederholen und vertiefen,

– sich **Thema, Problemgehalt** und **epochenspezifische Gestaltungsweise** auf der Grundlage Ihrer Unterrichtsmitschriften noch einmal bewußtmachen und in Überblicksskizzen festhalten.

Durch diese Vorbereitung gewinnen Sie einen klaren Überblick über Themen, Frage- und Problemstellungen der gelesenen Werke, so daß Sie in der Prüfungssituation rasch erkennen, ob Sie ein vorgegebenes Thema auf der Grundlage Ihrer Lektüre behandeln können. Oft lassen sich die gelesenen Werke durchaus zur Behandlung verschiedener Themen heranziehen, z. B. Hebbels „Maria Magdalena" für die Problemstellung „Rolle und Selbstverständnis der Frau" wie auch „Bürgertum" oder „scheiternde Helden" etc.

Ebenso wie beim Aufgabentyp „Erörterung im Anschluß an einen Text" (vgl. b) setzt die Behandlung eines Themas der **Problemerörterung** Kenntnisse und Einsichten in bestimmte Sachgebiete und Gegenstände des Deutschunterrichts voraus. Bei der Vorbereitung kann es sinnvoll sein, vor allem die Themenkomplexe und Problembereiche noch einmal gründlich durchzuarbeiten, die im Unterricht etwas ausführlicher und auf der Grundlage einer breiteren Textbasis behandelt wurden. Da Sie in der Prüfungssituation in relativ kurzer Zeit entscheiden müssen, welche **Aspekte** für eine Themenstellung relevant sind, welche Kenntnisse Sie dabei heranziehen können, empfiehlt es sich, sich **Überblicksskizzen zu den einzelnen Themenkomplexen** anzufertigen, in denen die gelesenen Texte und die im Unterricht erworbenen Sachinformationen und Einsichten nach Aspekten überschaubar zusammengestellt sind.

Eine der wichtigsten Voraussetzungen für ein erfolgreiches Abschneiden bei der schriftlichen Prüfung ist jedoch die **überlegte Themenwahl**, für die Sie sich etwa eine halbe Stunde Zeit nehmen sollten. Lassen Sie sich dabei nicht nur von positiven Erfahrungen mit bestimmten Aufgabenarten und Ihrer Schwerpunktsetzung bei der Vorbereitung leiten, sondern

- lesen Sie den oder die **Texte** sowie die **Aufgabenstellung** des Themas, das Sie ins Auge gefaßt haben, mit großer Sorgfalt,
- prüfen Sie **selbstkritisch**, ob Sie alle **Teilaufgaben** aufgrund Ihrer Kenntnisse und Fähigkeiten bearbeiten können,
- überlegen Sie, falls Sie Schwierigkeiten mit einer wichtigen Teilaufgabe bzw. zentralen Aspekten haben, ob nicht ein **anderes Thema** auf Ihre Vorbereitung und Ihren Kenntnisstand besser zugeschnitten ist.

Auf die **Entscheidungssituation** in der schriftlichen Abiturprüfung können Sie sich dadurch vorbereiten, daß Sie Abituraufgaben früherer Jahre auf deren Anforderungen hin untersuchen und überlegen, welches Thema Sie aufgrund Ihrer Kenntnisse und Fähigkeiten gewählt hätten.

Abschließend sei noch darauf hingewiesen, daß mehrere Verlage auch spezielle **Lernhilfen** für die Abiturprüfung anbieten, die Sie bei der Vorbereitung in Stoffgebieten, in denen Sie sich weniger sicher fühlen oder wo Sie Ihre Kenntnisse noch weiter vertiefen wollen, heranziehen können.

Viel Erfolg!

Glossar

Antike   Philosophie, Literatur und Kunst des griechischen und römischen Altertums gehören zum großen kulturellen Erbe des Abendlandes, das seit dem Mittelalter in Klöstern, Schulen und Universitäten bewahrt und studiert wurde, das man als Vorbild nachahmen wollte oder mit dem man sich produktiv auseinandersetzte. Bis ins 18. Jahrhundert behauptete das Lateinische seine zentrale Rolle als Wissenschafts- und Bildungssprache; in Literatur und Kunst wurden Stoffe und Gestalten aus der antiken Mythologie und Geschichte immer wieder neu gestaltet; Bauformen und Verssprache der antiken Lyrik, Epik und Dramatik wurden in manchen Epochen zum normativen Stilideal (Klassizismus). In der zweiten Hälfte des 18. Jahrhunderts verschob sich das Interesse von der römischen auf die griechische Antike, in die man auch Sehnsüchte nach Schönheit und Ganzheit projizierte (Winckelmann), die aus dem Leiden an der eigenen Zeit entsprangen.

Akt   (lat. Aufzug) größere Handlungseinheit im Drama. Im griechischen Drama zunächst ohne Wechsel des Ortes, seit dem 18. Jahrhundert ist Szenenwechsel üblich geworden.

Allegorie   (gr. bildlicher Ausdruck) bildhaft belebte Darstellung eines abstrakten Begriffs, der in eine sinnlich faßbare Körperwelt gesetzt wird; z. B. der Sensenmann als Allegorie des Todes, die Figur der Justitia als Allegorie der Gerechtigkeit; Höhepunkt der allegorischen Dichtung im Barock.

Argument   eine begründete Aussage, die den Adressaten von der Richtigkeit von Behauptungen und der Gültigkeit von Urteilen überzeugen bzw. Handlungen rechtfertigen soll. Argumente begründen das „Umstrittene", indem sie es in einen Zusammenhang mit Sachverhalten, Normen, Zielen etc. bringen, über die Konsens besteht. Die Überzeugungskraft von Argumenten kann erhöht werden, wenn man diese durch Belege (Fakten, Zahlen etc.) stützt, durch Vergleiche absichert und durch Beispiele konkretisiert.

Aufklärung   1. Geisteshaltung, die mit den Mitteln des autonomen, kritischen Verstandes gegen Vorurteile, Aberglauben und überkommene Autoritätshaltung angeht. In diesem Sinne ist A. ein in der Geistesgeschichte immer wieder vorherrschendes Denken gewesen, z. B. in der Sophistik der Antike, der italienischen Renaissance oder der Philosophie des 17. und 18. Jahrhunderts in West- und Mitteleuropa; 2. Weltanschauliches Programm und auch Epochenbezeichnung im späten 17. und 18. Jahrhundert, begründet in den Religionskämpfen des 17. Jahrhunderts, der zunehmenden Bedeutung der Erfahrungswissenschaften (Empirie, Naturwissenschaften) sowie im politischen und gesellschaftlichen Aufstieg des Bürgertums, der dadurch zugleich gefördert worden ist. Ein grundlegend optimistisches Vertrauen auf die Macht der autonomen menschlichen Vernunft und die Schärfe der menschlichen Sinne fördert die Auffassung, daß aufklärerisches Denken alle religiösen, gesellschaftlichen, politischen, wirtschaftlichen und wissenschaftlichen Probleme fortschreitend lösen und traditionelle Bindungen weltanschaulicher bzw. politischer Art beseitigen könnte. Ziel der A., die in England, Frankreich und Deutschland durchaus eigenständige Ausformungen findet, ist die Selbstverwirklichung der Menschheit in einer herrschaftsfreien, bürgerlichen Gesellschaft, getragen von unveräußerlichen Menschenrechten, Toleranz und dem Prinzip der Gleichheit aller (vgl. die Leitbegriffe der Französischen Revolution: liberté, égalité, fraternité).
Die deutsche A. des 18. Jahrhunderts ist in besonderer Weise gekennzeichnet von Fortschrittsgläubigkeit, aber auch von einem ausgeprägten bürgerlichen Wert- und Tugendsystem, das gegen höfisch-ständisches Denken gestellt wird.

Autor   Verfasser eines Textes. Seit der Renaissance und vor allem seit der Epoche des ➜ Sturm und Drang (➜ Genie) Bezeichnung für den selbstbewußt auftretenden „Schöpfer" eines künstlerischen Werkes.

Bewußt-seinskrise Bis zum Ende des 19. Jahrhunderts ist das abendländische Denken von der Überzeugung geprägt, daß Verstand und Sinneswahrnehmungen des Menschen die Grundlage von Ich-Erfahrung und Welterkenntnis darstellen. Um die Jahrhundertwende gerät diese Auffassung durch wissenschaftliche Erkenntnisse und Theorien in eine fundamentale Krise: Während das Ich bisher als feste Größe verstanden wurde (Descartes' „Cogito ergo sum"), zerfällt es nach der psychologischen Vorstellung der Jahrhundertwende in vorübergehende Empfindungen und Eindrücke (→ Impressionismus). Die Psychoanalyse (Sigmund Freud) entdeckt die Kräfte des → Unbewußten, die unser Verhalten beeinflussen; die moderne Physik revolutioniert tradierte Vorstellungen von Materie, Raum und Zeit. Auf diese Wahrnehmungs- und Bewußtseinskrise um 1900 antworten viele Schriftsteller mit modernen Darstellungstechniken wie → innerer Monolog, → erlebte Rede, → Montage und Perspektivenwechsel.

Biedermeier ursprünglich in der Zeit nach der Revolution von 1848 abwertend gemeinte Bezeichnung für Spießertum und Philistertum in der Lebenswelt des städtischen Bürgertums. In unserem Jahrhundert hat die Literaturwissenschaft die auf das Zeitalter der Romantik folgende Generation mit dem Begriff B. benannt und ihre Zeit als eine Phase der unpolitisch-beschaulichen Lebenswelt im Zeitalter der politischen Restauration beschrieben.

Bild 1. umfassend gebrauchte Bezeichnung für anschaulich-gegenständliche dichterische Stilmittel wie z. B. Gleichnis, Symbol, Metapher, Allegorie etc.
2. szenenartige dramatische Einheit im modernen Drama, vor allem im epischen Theater, die einen hohen Grad von Selbständigkeit besitzt und mit anderen Bildern zu einem „szenischen Bilderbogen" erweitert wird.

Bildung Die Vorstellung, daß der Mensch ein auf Vervollkommnung hin angelegtes Wesen ist, gehört zu den Grundideen der Aufklärung, an die auch die Weimarer Klassik anknüpft. Vor allem unter dem Eindruck der Französischen Revolution glaubten Goethe und Schiller aber weniger an die zivilisierende Macht einer Verstandeskultur, sondern hofften auf eine Humanisierung des Menschen durch die harmonische Entfaltung seiner verschiedenen Kräfte. Eine zentrale Aufgabe bei dieser Bildung kam dabei der Kunst zu, in der Sinnliches und Geistiges eine Einheit bilden und die deshalb, nach Schillers Überzeugung, den Menschen zur Humanität erziehen kann. Im Bildungsroman wird diese Entwicklung der Persönlichkeit als Prozeß der Entfaltung der inneren Anlagen in der Auseinandersetzung mit den Anforderungen der Gesellschaft dargestellt.

Chanson (franz. Lied) ursprünglich ein in der jeweiligen Volkssprache gesungenes Strophenlied, meist zum Vortrag mit instrumentaler Begleitung. Mit der Entstehung des Kabaretts (Paris 1881, dann auch in Berlin und München) Wendung ins Politisch-Satirische. Häufig Solovortrag mit Musikbegleitung als aktuelles Gesellschaftslied (gesellschaftskritisches C.). Blüte im Berliner Kabarett der zwanziger Jahre.

Chiffre (franz. Ziffer, Zahl) Stilfigur der modernen Lyrik. Einfache, oft bildhafte Wörter oder Wortkombinationen sind ihrem üblichen Bedeutungsgehalt entnommen und erhalten ihre Sinnbezüge nun in einem vom Autor selbst bestimmten Zeichensystem. Vgl. → Allegorie, → Symbol.

Couplet (franz. Pärchen, d.h. Zweizeiler) kleine Liedform, zurückgehend auf das ältere Tanzlied. Das C. fand als knappes Lied mit pointiertem Refrain zur musikalischen Auflockerung von Possen Eingang in das Volkstheater des 19. Jahrhunderts. Später wie das → Chanson eine beliebte Darstellungsform in Kabaretts und Kleinkunstbühnen, häufig mit politisch-satirischem Zuschnitt.

Dadaismus internationale avantgardistische Bewegung in der Kunst, die sich in Zürich 1916 aus Flüchtlingen und Kriegsgegnern aus ganz Europa konstituierte und sich bald, vor allem nach dem Ersten Weltkrieg, in vielen Städten Europas, aber auch in den USA und der UdSSR verbreitete. Eines der Hauptziele des D. war der Kampf gegen Formen und Institutionen der bürgerlichen Kunst, der mit provokativen, oft spontanen Aktionen entgegengetreten wurde. Im Deutschland der Nachkriegszeit verband sich der D. in seinen Zentren – Köln, Hannover, vor allem Berlin – mit linksbürgerlichen und sozialistisch-anarchistischen Zielen in der

Politik. Künstlerisch wirksam wurde der D. vor allem durch neue Darstellungsformen wie ➜ Montage und Collage.

Deismus Religionsphilosophische Anschauung, die aus Vernunftgründen („natürliche Religion") einen Weltschöpfer zwar anerkennt, aber ein weiteres Einwirken Gottes auf die geschichtlichen Abläufe für ausgeschlossen hält.

Dialog (gr. Zwiegespräch) Wechselrede zwischen zwei oder mehreren Personen, wichtiges Kunstmittel im Drama zur Entfaltung von Handlung und Charakteren.

Diskurs Teilsystem der gesellschaftlichen Kommunikation, das sich inhaltlich, funktional und sprachlich abgrenzen läßt. Institutionalisierte Teilsysteme wie z.B. „Wissenschaft", „Religion", „Literatur", „Politik", „Justiz" etc. werden als „Diskurswelten" bezeichnet, in denen mehr oder weniger fest geregelt ist, wer (Fachleute, „Laien" etc.), wo (Zeitschriften, Medien etc.), worüber (Themen, Probleme etc.), mit welcher Absicht (Unterhaltung, Information, Sinnorientierung etc.) und mit welchen Mitteln (poetisch, journalistisch, wissenschaftlich etc.) redet oder schreibt.

Dorfnovelle Bereits im Mittelalter gab es eine Dorf- und Bauernliteratur. Doch erst im Zeitalter der Verstädterung und der Industrialisierung entwickelte sich das Genre des Dorfromans und der Dorfnovelle. Die Intention der Autoren reicht von der ungeschönten Darstellung dörflicher Konflikte (Keller, Anzengruber) über eine Immunisierungsabsicht der dörflichen Bevölkerung gegen das Vordringen der städtischen Zivilisation (Gotthelf) bis zur Verklärung einer im Zeitalter der Industriellen Revolution bereits verschwundenen Lebenswelt (Rosegger, Ganghofer). Im außerdeutschen Sprachraum finden sich viele wichtige literarische Zeugnisse der Dorfliteratur, vor allem in Nord-, Ost- und Südosteuropa.

Drama aus Gesang und Tanz des altgriechischen Kultus stammende künstlerische Darstellungsform, in der auf der Bühne im klar gegliederten Dialog ein Konflikt und seine Lösung dargestellt wird. Neben Epik und Lyrik ist die Dramatik eine der drei Grundformen (Gattungen) der Dichtung. ➜ Komödie ➜ Tragikomödie ➜ Tragödie ➜ Trauerspiel ➜ geschlossene Form ➜ offene Form.

Drehbuch ➜ Exposé

Einheiten, drei Die aristotelische Dramentheorie fordert die Einheit der Handlung, der Zeit und des Ortes, um den Eindruck einer nachgeahmten Handlung (➜ Mimesis) beim Zuschauer zu intensivieren. Was bei Aristoteles teils nur als Empfehlung gemeint und auch nur indirekt formuliert worden war, hat die Nachahmungspoetik seit der Renaissance zu einem Normenkanon verfestigt. So spielten die E. eine wichtige Rolle im französischen Drama des 17. und 18. Jahrhunderts und auch im deutschen Drama der Aufklärung (Gottsched). Lessing polemisierte gegen die mechanische Anwendung der drei E., berief sich dabei auf die Theaterpraxis Shakespeares und entwarf ein eigenes Modell des bürgerlichen Trauerspiels (➜ Trauerspiel).

Empfindsamkeit Grundsätzlich vertraut die ➜ Aufklärung auf die positiven Möglichkeiten des menschlichen Verstandes zur Lebensbewältigung; daher wird zum mutigen Gebrauch des Verstandes, zur Überwindung von Vorurteilen und zur Selbstverwirklichung aufgefordert. Vorzugsweise in der mittleren Phase dieser Epoche entwickelt sich eine aufklärerische Haltung, die sich betont dem eigenen Ich, seiner Empfindungswelt und seinem Triebleben zuwendet. In der Erforschung dieser Innenwelt hofft die Aufklärung, die „guten Affekte" (z. B. Mitleid, Freundschaft, Sympathie) zu stärken, um den Menschen moralisch zu stabilisieren und zu seiner Zufriedenheit beizutragen. So entsteht in der Mitte des 18. Jahrhunderts eine ausgeprägte Gefühlskultur, die in verschiedene Lebensbereiche (z. B. Freundschaftszirkel, Lesegesellschaften) hineinwirkt und auch ein gesteigertes Naturempfinden hervorruft. In der Dichtung werden Briefe, Prosa- und Versidylle, Freundschaftslied, Tagebuch und psychologisierender Roman beliebte Darstellungsformen. Goethes „Werther" ist Höhepunkt und zugleich Kritik der empfindsamen Dichtung. Die Betonung des subjektiven Erlebens in der E. hat aus dem ➜ Pietismus wichtige Anregungen empfangen.

Empirismus	(von gr. empeiria „Erfahrung") Philosophie oder Wissenschaft, die als einzige Quelle unseres Wissens die Erfahrung und als Methode das Ausgehen von der Beobachtung oder vom Experiment gelten läßt.
Enjambement	(franz.) Übergreifen des Satzes bzw. Sinnzusammenhang in einem Gedicht über das Verszeilenende hinaus in den folgenden Vers, so daß der Vers „gebrochen" wird. Im Deutschen auch Zeilensprung genannt.
Epik	(gr.-lat.) Sammelbezeichnung für alle erzählenden und berichtenden Dichtungsformen. Typisch ist die breite Darstellung aus der distanzierten Position eines Erzählers. In der modernen Epik vielfältige Übergänge zu dramatischen und lyrischen Darstellungsformen.
epischer Bericht	➜ Erzählrede
episches Theater	Dramen- und Theaterform, die Brecht seit 1926 in deutlicher Abgrenzung vom aristotelischen Theater (Illusionstheater) entwickelt hat. Das e. T. zielt nicht auf das Miterleben der Zuschauer und das Erregen von Affekten („Einfühlung"), sondern auf die zugleich emotionale und rationale Aktivierung eines kollektiven Theaterpublikums mit der Absicht, das Dargestellte aus kritischer Distanz zu bewerten und dabei seine Veränderbarkeit zu erkennen. So ist das e. T. eindeutig politisches Weltanschauungstheater, das sich epischer Darstellungsmittel bedient, z. B. durch Kommentierung der Bühnenhandlung, durch Songs, Chöre, Spruchbänder, und auch durch lockere Aneinanderreihung der Einzelszenen („Bilder"). Im Dramenschluß entwirft der Autor keine Lösung des dargestellten Problems, sondern er hält den Schluß offen, d. h., er entläßt die Zuschauer mit der Aufgabe, eine Lösung selbst zu finden. Mehrfach hat Brecht für sein e. T. die Darstellungsform des Parabelstücks gewählt.
Epoche	(gr. Haltepunkt) in der ursprünglichen Wortbedeutung der Zeitpunkt eines wichtigen Ereignisses („epochemachend", „epochal"). Später Bezeichnung für einen Zeitraum bzw. eine Periode der geschichtlichen Entwicklung in Kunst, Gesellschaft und Politik. Von einheitlichen Literaturepochen spricht man vor allem dann, wenn die Werke eines Zeitraums viele gemeinsame Merkmale (Weltbilder, Denkmuster, Themen, Strukturen, Stile etc.) aufweisen. Bereits in der zweiten Hälfte des 18. Jahrhunderts, vor allem aber in der ➜ Moderne stehen verschiedene Richtungen und Strömungen nebeneinander, so daß Epochenbezeichnungen teilweise problematisch sind und für die Zeit nach dem Ersten Weltkrieg häufig durch historisch-politische Periodisierungen ersetzt werden („Literatur im Dritten Reich").
Epos	Frühe erzählerische Großform in Vers- und/oder Strophenform und in gehobener Kunstsprache, die von einem Rhapsoden (wandernder berufsmäßiger Vortragskünstler) öffentlich vorgetragen wird und zumeist von Göttern, Mythen und historisch bedeutsamen Ereignissen bzw. Persönlichkeiten handelt. In seiner Breite („epische Breite") und Tendenz zur Wiederholung von Formulierungen und ganzen Szenen zielt das Epos im Gegensatz zum Roman auf das Überindividuelle, Allgemeine, das in den einzelnen Figuren und Ereignissen abgebildet erscheint und Typisierungen erfordert. Die Zuhörer erfahren die Welt des Epos als eine Form ihrer eigenen, in der Fiktion idealisiert erscheinenden Geschichte und Lebenserfahrung. Im Laufe der literarhistorischen Entwicklung wird das Epos von der Prosaform des Romans abgelöst, dessen Rezeption weitgehend von der individuellen (privaten) Form des Lesens bestimmt ist und der seit der Wende vom 18. zum 19. Jahrhundert zur wichtigsten epischen Großform wird.
erlebte Rede	Stilmittel des ➜ modernen Erzählens, das im Zusammenhang mit dem Interesse an psychischen Vorgängen um die Jahrhundertwende an Bedeutung gewinnt. Gedanken und Empfindungen einer literarischen Figur werden vom Erzähler nicht in direkter oder indirekter Rede, sondern in der 3. Person (meist Präteritum) wiedergegeben. („Sollte er heute abend ins Theater gehen?"). Die e. R. ermöglicht unmittelbare Übergänge vom Erzählbericht zur Perspektive einer Figur, ohne daß der Erzähler – wie im ➜ inneren Monolog – völlig hinter dieser Figur verschwindet.

Erzähler	eine vom Autor gewählte Rolle, die dem Leser das Erzählte vermittelt und dessen Leseweise lenkt. Während der Ich-Erzähler als fiktive Figur in das Geschehen einbezogen ist, dient der Er-Erzähler als Medium der epischen Darbietung, der Erzählstrategie. Die Lenkung des Lesers erfolgt vor allem durch den Standort und die Sehweise des Erzählers (➜ Erzählperspektive), die Haltung, die er gegenüber dem Geschehen einnimmt (➜ Erzählhaltung), und sein ➜ Erzählverhalten.
Erzähl-verhalten	Bei der Gestaltung der Erzählerrolle kann man drei Grundtypen des Erzählverhaltens unterscheiden, die manchmal auch als **Erzählersituationen** bezeichnet werden: **auktorial, personal** und **neutral**. Tritt der Erzähler durch Kommentierung, Reflexion, Dialoge mit dem Leser deutlich in Erscheinung und führt in der Organisation des Geschehens bewußt Regie, so spricht man von einem auktorialen Erzähler (auctor = Schöpfer, Urheber). Verschwindet der Erzähler hinter den Figuren und wählt deren Sehweise und Optik, so liegt ein personales (persona = Maske, Rolle) Erzählverhalten vor. Beim neutralen Erzählverhalten wird das Geschehen aus der Distanz eines Beobachters dargestellt. Alle drei Verhaltensweisen sind sowohl beim Ich-Erzähler als auch in der Er-Form möglich.
Erzähl-gedicht	moderne Form lyrischen Sprechens, bei der ein Handlungsablauf dargestellt wird. Hat in der modernen Lyrik die Ballade weitgehend abgelöst.
Erzähl-haltung	die Einstellung des Erzählers zu erzählten Vorgängen, dargestellten Personen etc. Sie prägt vor allem die Erzählweise und den Erzählstil und kann durch Ironie, Humor, Parodie, Distanz, Sachlichkeit etc. gekennzeichnet sein.
Erzähl-perspektive	durch den Standort des Erzählers gegebene Sehweise bzw. Blickpunkt (point of view), aus dem das Geschehen dargestellt wird. Der Erzähler kann die Vorgänge aus der Nähe oder Ferne darstellen, die Figuren entweder nur von außen (Außenperspektive) sehen oder auch über innere Vorgänge informieren (Innenperspektive), das Geschehen mit einem allwissenden Überblick (olympischer Erzähler) gestalten oder aus der Optik der Figuren. Charakteristisch für das Erzählen in der Moderne sind Wechsel und Vielfalt der Perspektiven.
Erzählrede	(Erzählbericht, epischer Bericht) In dieser Form werden diejenigen Teile einer Erzählung wiedergegeben, die nicht an die Figurenrede gebunden sind.
Erzählung	Darstellung des Verlaufs von wirklichen oder erdachten Geschichten; im eigentlichen Sinne epische Kleinform. Sonderformen: Vers-E., Rahmen-E., chronikalische E.
Erzählzeit, erzählte Zeit	Ersteres ist die Zeit, die das Erzählen bzw. Lesen eines Textes in Anspruch nimmt, letzteres die im Werk dargestellte Zeitspanne. Die Gestaltung des Verhältnisses zwischen Erzählzeit und erzählter Zeit bestimmt das Zeitgerüst des Erzählers. Der Erzähler kann große Zeiträume durch Aussparungen knapp behandeln (Zeitraffung), kurze Zeitspannen z. B. durch den Bewußtseinsstrom dehnen (Zeitdehnung) oder durch szenische Darstellung zeitdeckend erzählen.
Erzähl-weisen	auch Darbietungs- oder Redeformen genannt: Sammelbezeichnung für die verschiedenen Möglichkeiten des Erzählers, das Erzählte darzustellen, wie Bericht, Beschreibung, szenische Darstellung, Kommentierung, Reflexion sowie die Personenrede (direkte und indirekte Rede, erlebte Rede, innerer Monolog, Bewußtseinsstrom).
Essay	(engl./franz. Probe, Versuch) Als eine freie, nicht systematisierte Form des subjektiven Nachdenkens über kulturelle oder gesellschaftliche Probleme erfährt der E. eine erste Blüte im 18. Jahrhundert, in Deutschland vor allem bei Lessing, Herder und Schiller. Im 19. Jahrhundert werden – etwa bei Heine und Nietzsche – vor allem kunsttheoretische und kunstkritische Themen behandelt. Das 20. Jahrhundert hat man auch das „essayistische Zeitalter" genannt, weil eine große Zahl von Stellungnahmen zu politischen, gesellschaftlichen, wirtschaftlichen und kulturellen Sachverhalten in der Form des E.s vorgelegt worden sind. Theodor W. Adorno fordert vom E. das Zusammenspiel von Freiheit der Gedankenführung mit einer strengen

Form. Im modernen ➜ Roman, etwa bei Musil und Broch, finden sich neben fiktiven auch immer wieder essayistische Passagen; der Schriftsteller weist sich als „poeta doctus" aus. Berühmte kulturpolitische E.s entstanden in der Weimarer Republik (Döblin, Feuchtwanger, von Hofmannsthal, Tucholsky, A. Zweig).

Exposé   1. Bericht, Darlegung, zusammenfassende Übersicht; 2. schriftliche Ausarbeitung einer Film-idee, woraus Thematik, Hauptfiguren und der dramaturgische Aufbau der Handlung in groben Zügen erkennbar sind. In der nächsten Stufe, im „treatment", wird die Handlung dann detaillierter entfaltet, während im darauf folgenden „Szenarium" die filmischen Mittel, etwa die Einteilung in Szenen und Sequenzen, hinzukommen. Die letzte Stufe bildet schließlich das (eigentliche) „Drehbuch", das als Arbeitsgrundlage bei den Dreharbeiten alle wichtigen Details zu Bild, Zeitspanne, Sprache, Ton und Drehort (häufig in zwei Parallelspalten angeordnet) enthält.

Exposition   (lat.) Einführung in die Problemstellung (Situation, Handlung, Stimmung) eines literarischen Textes; häufig sind damit die ersten Szenen in einem Drama oder auch die ersten Seiten eines Romans gemeint.

Expressio-nismus   (engl./franz. Ausdruck) zunächst Bezeichnung der anvantgardistischen Malerei um 1910 in Deutschland, die sich deutlich gegen den französischen ➜ Impressionismus stellte. Der E. steht in allen Künsten in Opposition zur wilhelminischen Staatskunst und dem Großmachtstreben des zweiten Kaiserreichs, aber auch gegen die akademisch-bürgerliche Kunst, wie sie in Schule und Hochschule als vorbildlich gelehrt wurde. Die Expressionisten forderten, den „Geist" zur „Tat", d.h. zur politischen Aktivität zu bringen, indem sie die bisherige, „bürgerliche" Welt als dem Untergang geweiht darstellten. Hiermit sollte Platz geschaffen werden für den „neuen Menschen", der als Außenseiter aus den bisher gültigen Normen ausbricht. Ethischer Rigorismus, Pathos des Ausdrucks und der Wille, die Innenwelt der Natur und des Menschen zur Darstellung zu bringen, „auszudrücken" – dies sind allgemein Kennzeichen einer Kunstphase (ca. 1910 bis 1920), die in verschiedenen Gruppen (z.B. „Die Brücke" in Dresden), Zeitschriften („Die Aktion", „Der Sturm") und Verlagen (Kurt Wolff, Gustav Kiepenheuer) repräsentiert wurde.

Fabel   1. lehrhafte Form der epischen Dichtung (häufig als Tierfabel) ➜ Lehrdichtung
2. Handlungskern (im Englischen der „plot")

Figur   jede Person, die in einem ➜ fiktionalen Text vorkommt. Zur Unterscheidung von „natürlichen" Personen spricht man oft auch von „literarischen Figuren".

Fiktion, fiktionaler Text   (lat.) die erfundene, nichtwirkliche Welt der Dichtung im Gegensatz zur naturgegebenen Welt unserer Beobachtungen und Erfahrungen. Vom fiktionalen Text, der eine neue, mögliche Welt entwirft, muß der nichtfiktionale (expositorische) Text unterschieden werden, der z. B. einen beobachtbaren und nachprüfbaren Sachverhalt darstellt bzw. erklärt (Nachricht, Kommentar, Bericht, Reportage u. a.).

Futurismus   (von lat. futurum = Zukunft) in Italien und Rußland entstehende und dann über Frankreich nach Deutschland hineinwirkende avantgardistische Kunstrichtung, deren wichtigster Programmatiker der Italiener Marinetti war (Manifest du futurisme, 1909). Der F. will die Belastungen durch die Tradition mittels eines radikalen Bruchs mit dem Bisherigen und einer dynamisch-zukunftsorientierten Ausrichtung überwinden. Er setzt auf den technischen Fortschritt, auf die Notwendigkeit kämpferischer Aktivitäten (Nähe zur faschistischen Kriegsverherrlichung!) und die Zerstörung der gewohnten Sprache (z. B. in der Überwindung der Syntax in einer neuen „Wortkunst"). Der F. wirkte intensiv auf Surrealismus und ➜ Dadaismus.

Gattung   In der Dichtungslehre (➜ Poetik) und Literaturwissenschaft werden damit sowohl die drei Grundformen der Dichtung, Epik, Dramatik und Lyrik, bezeichnet als auch Untergruppen wie ➜ Tragödie, Novelle, Ballade usw. Gattungsspezifische Strukturen, Bauelemente und Darstellungsmittel (Gattungsmerkmale) sind einerseits durch die literarische Tradition festgelegt, unterliegen andererseits aber auch einem geschichtlichen Wandel, in dem sich die Gattungsgrenzen zunehmend verwischen.

Gebrauchs-
lyrik

Bei den Versuchen, in der Literatur der Weimarer Republik den Rezeptionsgewohnheiten und Interessen der Massengesellschaft, die durch die Weimarer Verfassung in Deutschland erstmals politisch festgeschrieben worden war, in neuen Kunstformen und einer veränderten Definition der Gattungen Rechnung zu tragen (so im → epischen Theater), wurde auch die traditionell gegenüber Epik und Dramatik als stärker gesellschafts- und politikfern angesehene Lyrik von Bestrebungen erfaßt, dem Lesepublikum im Zeitalter der Massenmedien entgegenzukommen. Brecht, Kästner und Tucholsky forderten eine G., die nicht feierlich und ehrfürchtig aufgenommen, sondern für seelische Hygiene und politische Zwecke benutzt werden sollte. Brecht („Hauspostille", 1927) und Mehring („Das Ketzerbrevier", 1921) parodierten hierzu Andachtsbücher der christlichen Tradition, Kästner („Doktor Erich Kästners lyrische Hausapotheke", 1936) arbeitete auf eine neue Lyrik zum Zwecke seelischer Gesundung hin.

Gedichte

Sammelbegriff für verschiedene Ausdrucks- und Darstellungsformen des Lyrischen (z. B. Ichgedicht, Erzählgedicht, Preisgedicht etc.)

Gegen-
warts-
sprache

die heute gehörte und gelesene, gesprochene und geschriebene deutsche Sprache, die in bezug auf Wortwahl, Lautung, grammatische Formen und syntaktische Verknüpfungen einheitlich von der Mehrzahl der Sprachteilnehmer zur Verständigung benutzt wird.

Genie

Gegen die Vernunftbetontheit („Witz") des aufklärerischen Schriftstellers, der den Regelkanon erfüllt, wird mit dem Begriff G. auf den naturverwandten (lat. ingenium = Natur, Begabung), gottähnlichen Schöpfer hingewiesen, der sich die Regeln seiner künstlerischen Schöpfung selbst gibt („Originalgenie").
Beiname des Zeitalters → Sturm und Drang: „Geniezeit".

geschlossene
Form

kennzeichnet den Bau eines dichterischen Werkes, in dem die Handlungsteile streng aufeinander bezogen sind. So entsteht der Eindruck des Überschaubaren und Geordneten. Von g. F. spricht man beispielsweise beim Drama der Aufklärung und der Klassik. → offene Form, → Drama.

Geschmack

Sinn für Kultur, Urteilsfähigkeit in künstlerischen Fragen. Im 18. Jahrhundert die ausgebildete Fähigkeit, die Kunstnormen in Werken aufzuspüren bzw. sie als „Künstler von Geschmack" im Kunstwerk zu verwirklichen.

Gesell-
schaftsstück

dramatische Form, die das Alltagsleben der sogenannten höheren Gesellschaft zum Gegenstand hat: Das G. wird auch als Konversationsstück oder Salonstück bezeichnet. Die Dialoge sind häufig von witzig-elegantem Charakter. Nach englischen und französischen Vorbildern hat sich das G. vor allem im Wien des späten 19. und frühen 20. Jahrhunderts ausgebildet (Schnitzler, Hofmannsthal).

Grammatik

Beschreibung des Aufbaus einer Sprache und der Funktion der einzelnen Elemente und Formen. Die Einteilung in Lautlehre (Phonetik), Wortarten und Satzlehre (→ Syntax) geht teilweise bis in die Spätantike zurück. In der normativen Grammatik geht es vor allem um die Darstellung der Regeln des korrekten Gebrauchs einer Sprache, historische Grammatiken beschreiben die geschichtliche Entwicklung. Um die Entwicklung adäquater Kategorien und Modelle der Beschreibung von Sprache als System bemühen sich vor allem moderne Grammatiktheorien, die teilweise auch eine Erklärung funktionaler Zusammenhänge der einzelnen Elemente liefern (z. B. Valenzgrammatik, generative Transformationsgrammatik).

Groteske

(ital. Verzerrtes, Wunderliches) ursprünglich eine Bezeichnung für Wandmalereien in den antiken Thermen und Palästen in der Form von Ornamenten aus zusammengesetzten Pflanzen-, Tier und Menschenteilen. Seit der Renaissance Sammelbegriff für die Darstellung des Monströs-Grausigen, aber auch Komischen in Kunst und Literatur. Allgemein Bezeichnung für die Verbindung von scheinbar Unvereinbarem, mit dem in der Moderne häufig Phänomene des Formverlustes und der Entfremdung gestaltet werden. Manche Gegenwartsautoren halten die G. für die einzig zutreffende Darstellungsform in einer grotesk, d. h. undurchschaubar und sinnlos gewordenen Welt.

Gruppe 47 Hans Werner Richter und andere Mitarbeiter der Nachkriegszeitschrift „Der Ruf" gründeten am 10.9.1947 in München für die jüngere Autorengeneration einen Schriftsteller- und Kritikerkreis, der sich als offener und lockerer Zusammenschluß verstand. Von 1947 bis 1955 tagte man halbjährlich, von 1956 bis 1968 jährlich. Auf diesen Tagungen lasen sich die Autoren gegenseitig aus ihren noch unveröffentlichten Manuskripten vor. In kurzer Zeit avancierte die „Gruppe 47", deren Treffen im Laufe der Jahre zu kulturellen, auch von den Medien wahrgenommenen Großereignissen heranreiften, zur bedeutendsten literarischen Gruppierung in der Bundesrepublik Deutschland. Immer wieder bezog man kritisch Stellung zu wichtigen (welt-) politischen Themen und sozialen Entwicklungen in Deutschland und wurde deswegen häufig der Einseitigkeit bezichtigt und von verschiedenen Seiten angegriffen. Dieser Gruppierung gehörten bis zur letzten Tagung, 1977 in Saulgau, die bekanntesten deutschsprachigen Autoren an: Ilse Aichinger, Alfred Andersch, Heinrich Böll, Paul Celan, Günter Eich, Hans Magnus Enzensberger, Günter Grass, Peter Härtling, Martin Walser, Peter Weiss, Gabriele Wohmann und andere.

Handlung Abfolge der Geschehnisse, vor allem in Drama und Epik. Der eigentliche Handlungskern kann dabei von zusätzlichen Handlungssträngen begleitet werden (Haupt- und Nebenhandlung). Man unterscheidet auch äußere Handlung (beobachtbare Geschehnisse) und innere Handlung (Vorgänge im Geistigen, Seelischen oder Psychischen der dargestellten Figuren), Binnenhandlung (das eigentliche erdichtete Geschehen) und Rahmenhandlung (die dieses Geschehen umschließt und vom Autor zum Anlaß der Binnenhandlung genommen wird).

Hermeneutik (gr. Erklärung, Auslegung) ursprünglich vor allem eine Anweisung zum richtigen Übersetzen der Texte, dann zunehmend als Lehre der „richtigen" Auslegung von wissenschaftlichen, religiösen und künstlerischen Texten verstanden. Als hermeneutischen Zirkel bezeichnet man ein Deutungsverständnis, nach dem „Verstehen" sowohl aus dem Werk selbst als auch aus der Psyche des Autors gewonnen werden kann (Schleiermacher). Dilthey hat H. weniger als objektiviertes Textverständnis, sondern als Akt der Einfühlung beschrieben.

Herz im späten 18. Jahrhundert wichtige, oft emphatisch gebrauchte Bezeichnung für die Fähigkeit des Menschen, die Gesamtheit und Einheit der Welt und sich selbst als ein Teil von ihr zu fühlen. Als Gegenbegriff zu ➔ Vernunft gebraucht.

Humanität (von lat. humanitas „Menschlichkeit"). In der lateinischen Sprache Übersetzung des griechischen Begriffs „philanthropia", womit ursprünglich das Wohlwollen der Götter gegenüber den Menschen, später das der Menschen untereinander bezeichnet wurde. Im Zeitalter der Aufklärung wurden solche Vorstellungen aktualisiert und in die Erziehungslehren der Zeit aufgenommen (Basedow gründete 1714 in Dessau das „Philanthropin", „die Schule der Menschenfreunde"). Humanität wird zum zentralen Ziel der Menschenbildung in der ➔ Klassik mit dem Ziel einer allseitigen und harmonischen Entfaltung der Menschheit im menschlichen Individuum, in der Persönlichkeit.

Hymne (gr.-lat.-nlat.) bei den Griechen ursprünglich ein Preisgesang zu Ehren der Götter; in der deutschen Literatur Lob der Natur und des Lebens im Tone feierlicher Begeisterung.

Idealismus bedeutende Strömung der deutschen Philosophie, die mit Kants Vernunftkritik (1781) beginnt und im philosophischen System Hegels ihren Höhepunkt erreicht. In den Schriften Kants, Fichtes, Schellings und Hegels, welche auch die literarischen, ästhetischen, ethischen und politischen Ideen der Zeit beeinflußten, erlangte die deutsche Philosophie zugleich europäischen Rang. Ihr Einfluß beruht auf dem emphatischen Anspruch, durch die autonome Vernunft des Individuums die gesamte Wirklichkeit zu begreifen und die Gegensätze zwischen religiösem Glauben und rationaler Erkenntnis, Philosophie und empirischer Wissenschaft zu überwinden, die im 18. Jahrhundert ins Bewußtsein getreten sind. Philosophie tritt mit dem Anspruch auf, selbst die höchste Stufe von Wissenschaft zu sein, indem das Denken sich seiner selbst bewußt wird und damit Grundlage aller Erkenntnis ist.

Idylle (gr. kleines Bild) Dichtung, die eine Situation heiterer Beschaulichkeit und Geborgenheit darstellt (in der Antike oft als Hirtendichtung). In der galanten Zeit (Barock, Rokoko) häufig als

Schäferdichtung gebraucht, später unter dem Einfluß Rousseaus als Utopie einer künftigen Menschheit, in der Natur und Kultur eine Einheit bilden.

Impressio-
nismus

(von lat. impressio = Eindruck) ursprünglich eine Richtung in der französischen Malerei im späten 19. Jahrhundert, die an die Stelle der Atelier- die Freilichtmalerei setzte. Der Versuch, Sinneseindrücke und flüchtige Stimmungen im Kunstwerk festzuhalten, findet sich ebenso in literarischen Werken zwischen 1890 und 1910. Insofern wendet sich der I. von den auf objektivierbaren Beobachtungen beruhenden Darstellungen des → Naturalismus deutlich ab. Verfeinerungen der Ausdrucksmöglichkeiten, z. B. durch Lautmalerei, dienen der Darstellung von Seelenzuständen und Nuancen in der Natur. Die impressionistische Literatur ist gekennzeichnet durch weitgehenden Verzicht auf äußere Handlung und differenziert die Wiedergabe psychischer Vorgänge. Bevorzugte Darstellungsformen waren Gedichte und Prosaskizzen.

Innere
Emigration

von Frank Thieß 1933 geprägter Begriff für eine Haltung, die sich dem Gewaltregime des Nationalsozialismus zwar nicht durch Flucht ins Exil entzog, aber die Distanz zur herrschenden Macht und der von ihr vertretenen Weltanschauung durch Rückzug in eine „innere", passive Opposition zu artikulieren versuchte, beispielsweise durch die verfremdende Darstellung autoritärer Herrschaft bzw. durch die Sympathie mit Werten wie Toleranz, Rücksicht und Friedensbereitschaft. Gelegentlich spricht man auch vom „inneren Exil". Die verschlüsselten Botschaften wurden in „verdeckter Schreibweise" an das Lesepublikum gerichtet.

innerer
Monolog

Erzähltechnik, entwickelt im späten 19. Jahrhundert. Der i. M. wurde u. a. von Proust, Joyce und Döblin systematisch verwendet, um eine moderne Erfahrung, die nicht mehr eindeutig erfahrbare Trennung von Subjekt und Objekt, darzustellen. Ohne Ankündigung einer Rede oder eines Gedankens begegnet der Leser dem Bewußtseinsstrom einer erzählten Figur. Mit der ähnlich subjektbezogenen → erlebten Rede steht diese Erzähltechnik gegen den objektivierenden „epischen Bericht".

Inszenie-
rung

alle Maßnahmen zur Realisierung eines Theaterstücks auf der Bühne, meist unter der Leitung eines Regisseurs. Im einzelnen gehören dazu meist die Bühnenbearbeitung des Dramentextes, die Festlegung der Dekoration und der Kostüme, der weiteren bühnentechnischen Hilfsmittel (wie Beleuchtung), besonders aber die Fixierung der Aussageabsicht der geplanten Aufführung. Zur Inszenierung zählt die Probenarbeit mit den Schauspielern (Einstudierung) mit der Absicht, die vorab oder auch während der Probenarbeit ins Auge gefaßte Umsetzung des Textes als Spiel auf der Bühne möglichst vollständig zu erreichen.

Ironie

(gr. Verstellung) ursprünglich ein rhetorisches Mittel zur Abwertung eines Anspruchs oder Arguments, indem scheinbar ernsthaft darauf eingegangen wird. I. arbeitet häufig mit dem Mittel der Über- und Untertreibung. Eine spezifische Form ist die sokratische I. , die sich selbst unwissend gibt und Fragen stellt, um Scheinwissen als hohl zu entlarven. Mit romantischer I. bezeichnet man eine Haltung zur Wirklichkeit, in der das Ich sich absolut setzt und vorgegebene Normen (z. B. der Moral, der Staatslehre oder der Religion) als scheinhaft erkennt (→ Romantik). Die Poesie wird hier zum Spielfeld der Phantasie, der Spontaneität und der subjektiven Stimmung. Heine nahm dies auf und wendete die I. ins Politische (Kampfmittel gegen die Zustände im Deutschland der Restaurationszeit).

Jugendstil

kunsthistorischer Begriff für den in England herausgebildeten Versuch, die Trennung von Kunst und Kunsthandwerk aufzuheben (seit etwa 1860). Nach 1890 eine gesamteuropäische Erscheinung, die durch die Pariser Weltausstellung (1900) populär wurde. 1896 wurde in München die Zeitschrift „Jugend" gegründet, in der ehemalige Naturalisten, aber auch Hofmannsthal, Rilke und Schnitzler mitarbeiteten. Die Vorliebe für das Ornamentale, die Arabeske in der bildenden Kunst zeigte auch Rückwirkungen auf die Literatursprache, vor allem in der Lyrik. Dennoch blieb der Begriff J. in der Literatur bis heute umstritten, obwohl in den alltagsfernen und apolitischen Sujets der Dichtung um 1900 eine deutliche Abkehr vom → Realismus und → Naturalismus festzustellen ist. Verwandte, gelegentlich synonym gebrauchte Begriffe sind „Stilkunst um 1900" und „Ästhetizismus". → L'art pour l'art-Prinzip

Junges Deutschland	literarische Bewegung mit zeitkritischer Tendenz im Zeitraum zwischen 1820 und der Märzrevolution von 1848. Die wichtigste Phase des. J. D. liegt in der Zeit der Julirevolution (1830) und dem sogenannten Bundestagsbeschluß, durch den viele Schriftsteller, die sich bei allen persönlichen Differenzen durch Antiaristokratismus und Eintreten für eine republikanische Verfassung, Kampf für die Emanzipation der Frau, Presse- und Meinungsfreiheit verbunden wußten, in den Untergrund oder ins Ausland getrieben wurden. Die Vertreter des J. D. entwickelten einen geistvoll-aggressiven literarischen Journalismus und pflegten in besonderer Weise Darstellungsformen wie das Feuilleton, die Reiseskizze und den Reisebrief.
Kalendergeschichte	unterhaltsam-belehrende Erzählung, ursprünglich zum Abdruck in volkstümlichen Kalendern bestimmt.
Katastrophe	(gr. Umkehr, Untergang) im Drama die entscheidende Veränderung des Handlungsablaufs, welche die mit der → Peripetie eingeleitete Lösung des Grundkonflikts herbeiführt, z. B. den Untergang des Helden in der → Tragödie, die komische Verwicklungsauflösung in der → Komödie. Nach Gustav Freytag stellt die K. den wichtigsten Teil im letzten Aufzug des fünfaktigen Dramas dar.
Katharsis	(gr. Reinigung) Nach Aristoteles bewirkt die Tragödie „Jammer und Schrecken" beim Zuschauer und hierdurch eine „Reinigung" von Affekten, d. h. von psychischen Erregungszuständen. Dies wird vom Zuschauer als Lustgewinn erlebt. Aristoteles begreift demnach die Wirkung des Dramas in einem psychologischen und psychotherapeutischen Sinne. In der Renaissance und dann verstärkt in der französischen Tragödientheorie des 17. Jahrhunderts (Racine) wird die K. ins Ethische umgedeutet: der Zuschauer wird von seinen Leidenschaften gereinigt, wenn er das Schicksal des Tragödienhelden gleichsam miterlebt. Für Lessing ist dies nur möglich, wenn die dargestellte Person ein „mittlerer Charakter" ist, also den Menschen im alltäglichen Leben entspricht. Neuerdings wird in der Wissenschaft wieder stärker die Wirkungsvorstellung der Antike hervorgehoben.
Klassik	Bezeichnung einer Epoche der Kunst und Literatur, die in späteren Zeiten als Blüte und Gipfel einer Entwicklung aufgefaßt wird. Klassische Epochen der europäischen Kultur sind die griechisch-römische Antike (oder einzelne Höhepunkte wie die Zeit des Perikles und Augustus), die italienische Renaissance (von Dante bis Tasso), das 16./17. Jahrhundert in Spanien (Cervantes, Calderon), das Elisabethanische Zeitalter in England (Shakespeare), das Zeitalter Ludwigs XIV. in Frankreich (Corneille, Racine, Molière) und die Jahrzehnte um 1800 in Deutschland (Weimarer Klassik). Seit der Renaissance orientierte sich die Vorstellung von Klassizität (klassisch) an den großen Leistungen der → Antike, die man als Kunst- und Stilideal entweder nachahmen wollte (Klassizismus) oder die man als Vorbild und Maßstab künstlerischer Gestaltung betrachtete (Harmonie, Geschlossenheit, Einheit usw.). Die Vorstellung einer deutschen Klassik entstand in der Literaturgeschichtsschreibung des 19. Jahrhunderts in den Auseinandersetzungen über den Weg Deutschlands von der Kulturnation zum Nationalstaat. Während die Literaturwissenschaft früher die deutsche Klassik als eine Überwindung des einseitigen Rationalismus und der übersteigerten Gefühlskultur des Sturm und Drang auffaßte, sieht die jüngere Forschung die Weimarer Klassik (1786–1805) als Antwort Goethes und Schillers auf Erfahrung einer politisch-gesellschaftlichen und kulturellen Krise (Französische Revolution).
klassisch, Klassiker	Der lat. Begriff „classicus" meinte zunächst den römischen Bürger, der zur höchsten Steuerklasse gehörte. Er wurde im 2. Jahrhundert n. Chr. dann zur Bezeichnung eines bedeutenden, mustergültigen Schriftstellers verwendet (scriptor classicus) und in der Renaissance auf die Kultur und Kunst der Antike bezogen (vgl. heute noch „klassische Sprachen", „klassische Philologie", „klassische Altertumswissenschaft"). Am Ende des 18. Jahrhunderts wurde der Begriff neben dieser Gleichsetzung mit der Antike und der Bezeichnung des Vorbildlichen, Musterhaften auch als Stilbegriff gebraucht (Abgrenzung des Klassischen und Romantischen) und im 19. Jahrhundert auf die Bezeichnung von kulturellen Höhepunkten ausgedehnt. Im heutigen Sprachgebrauch stehen diese verschiedenen Bedeutungen, die sich in der Geschichte des Begriffs entwickelt haben (historisch, normativ, stiltypologisch, epochenbezogen)

nebeneinander (z. B. „klassische Bildung", „klassisches Drama", d. h. ein Drama der „Klassik" oder ein Drama, das dem „klassischen" Dramastil entspricht).

Ähnliche Bedeutungsebenen besitzt auch das Substantiv „Klassiker", das einmal die antiken Schriftsteller und ihre Werke, andererseits weltliterarisch bedeutsame, kanonisch gewordene Autoren (Kafka und Brecht als „Klassiker der Moderne") und die Dichter der klassischen Epoche der Nationalliteraturen (Calderon, Shakespeare etc.) bezeichnen kann.

Knittelvers (auch Knüttel- oder Knüppelvers) vierhebiger Vers der frühen Neuzeit, häufig mit freier Versfüllung, stets paarweise gereimt. Wegen einer gewissen Holprigkeit wurde ihm seit dem Zeitalter des Barock sein abschätzig gemeinter Name gegeben. Goethe hat den K. zur Kennzeichnung eines altertümlichen Kolorits in verschiedenen Werken verwendet.

Kommunikation im weitesten Sinne die Verständigung durch Übertragung von Information mit Hilfe von Zeichen. Während die Informationstheorie vor allem die Bedingungen der Übermittlung von Nachrichten untersucht, fragen Kommunikationspsychologie und -soziologie nach den individuellen und gesellschaftlichen Voraussetzungen zwischenmenschlicher Verständigung, erforschen die Regeln sprachlichen Handelns und entwickeln ein Instrumentarium zur Beschreibung von Kommunikationsvorgängen. Dabei werden auch die Ursachen von Kommunikationsstörungen sichtbar, die in der Beziehung zwischen den Sprechern, ihren Erfahrungen, Intentionen und Erwartungen oder in gesellschaftlichen Faktoren (Rollenverteilung, Normen) liegen können.

Komödie neben der Tragödie seit dem Ursprung des Dramas im griechischen Theater immer wieder benutzte Dichtungsform, in der menschliche Schwächen humorvoll entlarvt und die sich daraus ergebenden Konflikte heiter gelöst werden.

Kriegsroman Teil der Kriegsliteratur, die in der Zeit der Weimarer Republik die teils überwältigende, teils verstörende Erfahrung des modernen Massenvernichtungskriegs literarisch zu verarbeiten suchte. Mit A. Zweigs „Streit um den Sergeanten Grischa" setzte eine umfangreiche Romanproduktion ein, teils mit pazifistischen, teils mit nationalistisch-kriegsverherrlichenden Zügen. Auch nach dem Zweiten Weltkrieg erschienen zahlreiche Romane, nun fast stets als Teil einer Anti-Kriegsliteratur.

Kurzgeschichte Am Ende des 19. Jahrhunderts begannen Zeitungen in den USA, Short Stories zu veröffentlichen, kurze Prosatexte, die für den knappen Raum in der Tagespresse gedacht sind und auf den flüchtigen Leser zielen. Nach 1945, als zunehmend amerikanische Autoren wie Hemingway, Faulkner oder Steinbeck in Deutschland gelesen wurden, übernahm man diese Prosaform als K. Kennzeichnend sind die Beschränkung auf wenige Personen, deren Leben in einem knappen, entscheidenden Abschnitt skizziert wird. Kurzgeschichten beginnen häufig ohne Hinführung und enden auch offen, so daß der Leser über den Schluß des Textes hinaus zum Nachdenken über das dargestellte Geschehen angeregt wird. Seit den siebziger Jahren hat sich in der Literatur eine neue Form, die Kürzestgeschichte, zunehmend eingebürgert.

L´art pour l´art-Prinzip (franz. Kunst um der Kunst willen) bereits im 19. Jahrhundert geprägte Bezeichnung für eine Kunstauffassung, die den Wert und die Bedeutung der Kunst in ihr selbst sieht und die Bewertung von außerkünstlerischen Positionen aus ablehnt. Diese Haltung förderte die Herausbildung einer poésie pure im → Symbolismus und lehnte den bürgerlichen Kunstbetrieb und seine Marktgesetze ebenso ab wie die sozialistische Forderung nach der Politisierung der Kunst.

Lehrdichtung Künstlerische Darstellung zu didaktischen Zwecken. Ziel ist beispielsweise die veranschaulichende Vermittlung von Einsichten. Im Zeitalter der → Aufklärung besonders geschätzt und in verschiedenen Gattungsformen (→ Fabel, → Parabel, Aphorismus, Epigramm und Lehrgedicht) weiterverarbeitet.

Lehrstück Typus der dramatischen Gestaltung innerhalb der → Lehrdichtung, der gegen Ende der zwanziger Jahre in der Sowjetunion und in Deutschland entwickelt worden ist. Theoretisch fundiert und auch in der Bühnenpraxis erfolgreich wurde das L. vor allem durch die Arbeit Brechts

(→ episches Theater), welcher das Lehrstück insofern als lehrreich vor allem für die Spieler (und nicht so sehr für die Zuschauer) begriff, als hierbei politisches Denken und Verhalten eingeübt werden sollte. Die Entwicklung des L. steht in engem Zusammenhang mit den sozialistischen Versuchen zum Aufbau eines eigenen Arbeitertheaters.

Leitmotiv bewußte Wiederholung gleichartiger Wörter, Redewendungen, Sätze und Gegenstände, ein formelhaft wiederkehrendes Motiv.

Leserevolution Mit der beginnenden Durchsetzung einer allgemeinen Schulpflicht ändert sich im 18. Jahrhundert zunehmend das Leseverhalten von der „intensiven Lektüre" weniger Schriften (z. B. der Bibel, die der Hausvater abschnittsweise vorlas) zur „extensiven Lektüre" vieler Bücher durch die einzelnen Individuen. Als Folge ergibt sich ein rasch wachsender Bedarf an Lesestoffen.

Lied lyrische Form, die sprachlich und musikalisch in Strophen angelegt ist. Häufig findet man eine schlichte Darstellungsweise.

Literaturgesellschaft etwa seit der Mitte des 18. Jahrhunderts entwickelte sich aufgrund der schrittweise einsetzenden Schulpflicht und damit der Lesefähigkeit in breiteren Kreisen die neue Form des „literarischen Marktes", für den der „freie Schriftsteller" arbeitete, indem er seine Werke einem → Verlag anbot. Die Literaturkritik entwickelte sich als wichtige Institution in der L. Besondere Antriebe erhielt die L. durch die Philosophie der Aufklärung und der Forderung der deutschen Klassik nach einer humanen Gesellschaft der Gebildeten, die die politischen Grenzen sprengen und die verschiedenen Nationalliteraturen verbinden sollte. Heute meint L. vor allem die verschiedenen Institutionen des Marktes der gedruckten und audiovisuellen Medien.

Lyrik seit dem 18. Jahrhundert Bezeichnung für die dritte Hauptgattung der Poesie neben Epik und Dramatik. Die frühere Wesensbestimmung als unmittelbarer Ausdruck von Gefühlszuständen, Stimmungen und Erlebnissen eines Ich (Stimmungs- und Erlebnislyrik) wird heute als zu eng betrachtet. Lyrische Formen werden auch in der Lehrdichtung (Spruchdichtung), in der religiösen und politischen Dichtung oder auch zur Darstellung von Reflexion (Gedankenlyrik) verwendet. Der Sprecher in Gedichten, das lyrische Ich, darf nicht einfach mit dem Autor gleichgesetzt werden, sondern ist ein Teil der poetischen Fiktion. Kennzeichnend sind immer wieder verwendete Bauelemente wie Strophe, Metrum, Reim und vor allem die Bildlichkeit (Metaphern, Symbole, Chiffren).

Massenmedien Bezeichnung für Kommunikationstechniken zur Verbreitung von Informationen und Unterhaltung in Wort und Bild in breite Bevölkerungsschichten. Zu ihnen zählen die Druckmedien (Presse, Comics usw.) und audiovisuelle Medien (Rundfunk, Platte, Kassette, CD, Film, Fernsehen, Video, Bildplatte u. a.). Mittel der Speicherung spielen eine große Rolle, ebenso Apparaturen zur öffentlichen Verbreitung (z.B. in den Rundfunkanstalten und im Kino). M. dienen den verschiedenen Zwecken der Massenkommunikation. Von den traditionellen Künsten in der Regel zunächst als „unkünstlerische" Konkurrenz abgelehnt, wurden sie doch von ihnen genutzt; es entwickelten sich medienspezifische Formen der Literatur (Hörspiel, Fernsehspiel, Verfilmung literarischer Werke usw.), die die allgemeinen Produktions- und Rezeptionsgewohnheiten zunehmend veränderten. Wegen des hohen technischen Aufwands für Produktion und Verbreitung spricht man auch von „technischen Medien".

Materialismus Lehre, nach der es keine andere Wirklichkeit als die der Materie gibt; auch Seele, Geist und Verstand werden als Kräfte oder Bewegungen der Materie verstanden. Die Grundansichten des M. wurden aus naturwissenschaftlichen Erkenntnissen (Physik, Chemie) abgeleitet. Marx hat darauf seine Geschichtskonstruktion des historischen M. aufgebaut.

Metrum Versmaß, das Schema der Abfolge betonter und unbetonter Silben in einer Verszeile. Wichtige Versmaße der deutschen Literatur (Vorbilder in der Antike und in den romanischen Sprachen) sind der Blankvers (fünfhebige reimlose Jamben), der Alexandriner (sechshebige Jamben mit Zäsur nach der dritten Hebung), der Hexameter (sechshebige Daktylen und Trochäen) und der jambische oder trochäische Vierheber.

Metapher (gr.-lat. Übertragung) Stilfigur aus der Rhetorik, bestehend aus einem Wort oder einer Wortgruppe, im übertragenen, bildlichen Sinne gebraucht („auf der Höhe des Lebens", „Haupt der Familie"). Die poetische M. deckt Zusammenhänge auf oder stellt Beziehungen her.

Mimesis (gr. Nachahmung) von Aristoteles gebrauchte Bezeichnung für die angeborene Fähigkeit des Menschen, in den Werken der Kunst die Natur nachzuschaffen. So bezeichnete er die Tragödie als „nachahmende Darstellung einer Handlung" zum Zwecke der inneren Läuterung der Zuschauer (➔ Tragödie ➔ Katharsis). Seit der Renaissance ein in der Poetik immer wieder diskutierter Begriff (z. B. in der Dramentheorie bei Gottsched, Lessing, Schiller), aber auch im ➔ Realismus und im ➔ Naturalismus.

Mittelalter Orientierte sich die Weimarer Klassik in ihrem Dichtungsverständnis und Menschenbild am Idealbild der griechischen Antike, so begeisterten sich die Romantiker an der Welt des Mittelalters. Unter dem Eindruck des zerfallenden deutschen Kaiserreichs, der Auflösung der tradierten gesellschaftlichen Ordnung in der Französischen Revolution, der zunehmenden Verweltlichung des Denkens entdeckten die Romantiker das Mittelalter als utopisches Gegenmodell: als eine einheitliche, versöhnte, geordnete Welt, die vom christlichen Glauben als der Sinnmitte aller Lebensbereiche geprägt war. In Romanen wie Novalis' „Heinrich von Ofterdingen" wurde diese Welt ebenso heraufbeschworen wie in der Sammlung und Veröffentlichung literarischer, kultureller und geschichtlicher Zeugnisse (Nibelungenlied, Minnelyrik etc.). Aus dieser Begeisterung an der Vergangenheit entstand auch die Wissenschaft der Germanistik, die diese Zeugnisse dem „Volk" als Ausdruck seiner kulturellen Identität vor Augen führen wollte.

Moderne (franz. moderne = neu) Anfang des 18. Jahrhunderts als Fremdwort vom Spätlateinischen übernommen.
1. kultur- und gesellschaftsgeschichtlicher Begriff für die Zeit von der europäischen Aufklärung bis zur Gegenwart, die durch die Entwicklung der Natur- und Gesellschaftswissenschaften, Technisierung der Lebenswelt und Säkularisierung der Werte (u.a.) gekennzeichnet ist. 2. kunst- und literaturgeschichtlicher Begriff für die Zeit von 1850/1890 bis zum frühen 20. Jahrhundert, in der verschiedene Antworten (Naturalismus und Gegenströmungen, Expressionismus, Neue Sachlichkeit) auf Entwicklungstendenzen der M. gegeben werden, die durch ein vertieftes Krisenbewußtsein, Kritik der Tradition und Experimentieren gekennzeichnet sind. Die Auffassungen vom Sinn der Literatur bewegen sich zwischen der Haltung des „l'art pour l'art" und der Verpflichtung der Kunst auf die Veränderung der Lebenspraxis (littérature engagée). Literaturproduktion und -distribution werden beeinflußt durch die Professionalisierung der Schriftstellerei, den Literaturmarkt, die Institutionalisierung der Literaturkritik und die allmähliche Entwicklung von Film und Radio. Das ständige Suchen führt schließlich zur Wiederholung des schon Dagewesenen (sichtbar z. B. in der Bezeichnung Neoavantgarde), zur Position des „déjà vu" und zur Postmoderne (Nach-Moderne), die (verstärkt seit Beginn der 80er Jahre) die M. ablöst, deren Erneuerungsimpulse sich anscheinend erschöpft haben.

modernes Erzählen Die seit dem Ende des 19. Jahrhunderts veränderten Auffassungen vom Menschen und der Welt (➔ Bewußtseinskrise) haben auch eine Krise des traditionellen Erzählens zur Folge, in der Grundelemente wie Handlung, Held, Trennung zwischen innerem und äußerem Geschehen und zeitliche Kontinuität problematisch werden. Auf diese Krise antworten manche Schriftsteller – auch in der Auseinandersetzung mit den Entwicklungen der neuen Medien Film und Rundfunk – mit neuen Erzählweisen wie dem ➔ inneren Monolog, der ➔ erlebten Rede und dem „stream of consciousness" (Bewußtseinsstrom), der ➔ Montage- und Simultantechnik, dem Perspektivenwechsel und der Reflexion des Erzählens.

moderne Lyrik 1. allgemein die ➔ Lyrik vom Beginn der ➔ Moderne bis zur Gegenwart. 2. lyrische Texte, die sich vor allem durch ihre Formsprache von der traditionellen Erlebnis- und Stimmungslyrik des 18. und 19. Jahrhunderts unterscheiden. Als Kennzeichen solcher Modernität hat man das Eindringen des Häßlichen und Disharmonischen, die Deformation der vertrauten Wirklichkeit, paradoxe Zusammenfügung verschiedener Realitätsbereiche und ➔ Montage,

Spannung zwischen Abstraktem und Konkretem, dunkle und teilweise hermetische Bildlichkeit (➜ Chiffren), Dissonanzen etc. aufgefaßt.

moderne Parabel

Während sich in der traditionellen ➜ Parabel der Sinn und die Lehre aus der klaren Zuordnung von Bildebene (z. B. die Ringe in Nathans Erzählung) und Sachebene (Religionen) ergeben, bleibt in manchen modernen Parabeln der Sinn offen, so daß der Leser zum Finden eigener Antworten herausgefordert wird. Setzt die traditionelle Parabel verbindliche Auffassungen vom Menschen und der Welt voraus, so entspricht gerade die Offenheit der modernen Parabel dem Zerbrechen solcher Auffassungen im 20. Jahrhundert, der Komplexität der Realitätserfahrung und der Pluralität der Denkmuster.

Monolog

(gr. alleine + Rede) Selbstgespräch: im Drama häufig zur Beschreibung einer nicht darstellbaren Situation oder als deutende Aussage der Figuren zur Lage.

Montage

aus dem Bereich der Filmtechnik und dann auch aus der modernen Kunst übernommene Bezeichnung für eine Darstellungstechnik, bei der unterschiedliche Wirklichkeits-, Bild- und Sprachfragmente zusammengefügt werden, um befremdliche Wirkungen zu erzielen bzw. um das Undurchschaubare der Wirklichkeit zu verdeutlichen. M. wird oft mit Collage (Kombination heterogenen Materials in der bildenden Kunst) gleichgesetzt.

Moral

Gegen die galanten Sitten der Hofwelt wird im bürgerlichen Denken des 18. Jahrhunderts eine aufklärerisch bestimmte, bürgerliche Welt mit festen ethischen Prinzipien gestellt, die beispielsweise in den „Moralischen Wochenschriften" popularisiert wird.

Motiv

(lat.) Beweggrund für eine Haltung oder Handlung des Menschen. In der Dichtung ein häufig verwendetes Darstellungselement, das entweder eine ➜ Situation (z. B. Vater-Sohn-Konflikt, feindliche Brüder), eine bestimmte raumzeitliche Bedingung (z. B. Ruine bei Vollmond) oder einen bestimmten Personentyp (z. B. schwärmerischer Jüngling, geiziger Alter) kennzeichnet und das mit dem Kenntnisreichtum des Lesers oder Zuschauers rechnet. Es gibt auch Gattungsmotive, d. h. Motive, die vorzugsweise im Roman, im Volkslied, in der Komödie etc. eingesetzt werden.

Mythos

(gr. Wort, Erzählung) ursprünglich mündlich, später auch literarisch überlieferte Form von Erlebnissen, Erfahrungen und Ereignissen, aber auch von Erzählungen aus der Welt der Dämonen, Götter und Helden. Der M. ist ein Versuch, die Welt kultisch-religiös zu deuten; er behandelt häufig ihre Entstehung, die Welt der Götter und ihre Taten, aber auch bestimmte Naturerscheinungen (Feuer, Gewitter, Sturmflut).

Nation

Lebensgemeinschaft von Menschen mit dem Bewußtsein gleicher politisch-kultureller Vergangenheit und dem Willen zum gemeinsamen Staat. Das literarische und kulturelle Leben war in Deutschland bis ins 18. Jahrhundert geprägt von der territorialen Zersplitterung, dem Fehlen eines politisch-gesellschaftlichen Zentrums und den partikularen Interessen der Fürsten und Mäzene. Zwar gab es bereits im Humanismus und im Barock Stimmen, welche die nationale Besonderheit und den Eigenwert der deutschen Sprache und Literatur betonten, aber ein Bewußtsein der Gemeinsamkeit als Kulturnation bildete sich erst in der bürgerlichen Öffentlichkeit des 18. Jahrhunderts heraus (Idee eines deutschen Nationaltheaters). Vor allem Herders Auffassung von Sprache und Literatur als charakteristischen Ausdrucksweisen des Wesens der verschiedenen Völker trug zur Entstehung eines nationalen Kulturbewußtseins bei, das aber vor allem in der Weimarer Klassik sich mit den weltbürgerlichen Ideen der Aufklärung verband. Unter der napoleonischen Herrschaft und in den „Befreiungskriegen" entwickelte sich aus diesem Kulturbewußtsein ein politisches Nationalgefühl, das zeitweise bei manchen Schriftstellern (Arndt, Kleist) militante Züge annahm. Auch die vielen populären und wissenschaftlichen Darstellungen der Geschichte der deutschen „Nationalliteratur" wollten dazu beitragen, das nationale Selbstbewußtsein und den Wunsch nach einem Nationalstaat zu stärken.

Natur	Während N. in der frühen Aufklärung vorzugsweise als von Menschen gestaltete Wirklichkeit geschätzt wurde (z. B. im französischen Park), setzte mit der Empfindsamkeit eine neuartige Wertschätzung der Natur als Welt des Ursprünglichen, Unverbildeten, Originären ein, für die die Künstler des späten 18. Jahrhunderts schwärmen und in die sie sich eingebunden fühlen. N. war den Künstlern im Gegensatz „natürlich" – „künstlich" auch ein vorbildhafter Gestaltungsbegriff. Im Gegensatz zum Sturm und Drang sahen die Klassiker Goethe und Schiller in der Natur eine gesetzhafte Ordnung, die in der Kunst als Idee oder Symbol aufscheint, in die sich das Individuum im Prozeß der Bildung einfügt. In der Romantik wurde Natur einerseits der Gegenstand großer philosophischer Entwürfe (Schelling), andererseits ein Reich voller Poesie, die durch den Dichter zum Sprechen gebracht wird.
Naturalis-mus	literarische Epoche zwischen ca. 1870 und 1900, in der unter dem Einfluß des naturwissenschaftlichen Denkens und der Suche nach den „Gesetzen" individueller Entwicklung und menschlichen Zusammenlebens (Determination durch Vererbung und Milieu) eine möglichst genaue Darstellung der Wirklichkeit gefordert wird. Als ➜ „modern" verstehen sich die Naturalisten sowohl durch die Wahl ihrer Themen (Technik, Großstadt, soziale Probleme) als auch durch ihre Darstellungsmittel (Experimentalroman, Auflösung der geschlossenen Dramenform, „Sekundenstil", Dialekt u. a.).
Neue Sach-lichkeit	gegenüber den expressionistischen Visionen suchten viele Künstler der zwanziger Jahre nach stärker auf die gesellschaftliche Wirklichkeit der Gegenwart blickenden Darstellungsweisen und -formen. 1925 gab eine Gemäldeausstellung in Mannheim der N.S. den Namen, welcher sich später als Sammelbezeichnung für die Gesamtheit künstlerischer Aktivitäten zwischen etwa 1923 und 1930 einbürgerte, also in etwa für die Zeit der „Stabilisierungsphase" der Weimarer Republik. Auffallend ist der Versuch, ➜ Massenmedien und ihre Formen zu nutzen, z.B. in der Reportageliteratur, die Dokumentarmaterial in fiktionale Texte einmontiert. Weiterhin besteht ein enger Zusammenhang zwischen der positiven Einschätzung von Massenphänomenen in der Großstadtkultur und der N.S.
Novelle	(ital. Neuigkeit) in der Renaissance entwickelte und gegen die gelehrte humanistische Tradition gerichtete kürzere Erzählung mit oft volkstümlich-derbem Inhalt. Goethe kennzeichnete die N. als „sich ereignete unerhörte Begebenheit" und schuf eine Reihe von modelhaften N.n, die diese Erzählform in der deutschen Literatur populär machten. Eine einzelne Begebenheit oder ein einzelner Konflikt wird in geraffter, geradliniger Form dargestellt. Im ➜ Realismus findet sich häufig die Teilgattung der Rahmennovelle (➜ Rahmen), bei der die zentrale Erzählung in einem Erzählrahmen eingespannt ist, der der historischen oder lokalen Beglaubigung des Dargestellten dient. In dieser Epoche entstand auch die ➜ Dorfnovelle.
Ode	(gr. Gesang, Lied) feierliches und erhabenes Lied von anspruchsvollem, hohem Stil und strenger Form.
Öffentlich-keit	zentrale Forderung der Philosophie und Politik des Bürgertums im 18. Jahrhundert, hinter der der Vernunftsanspruch der Aufklärung stand. Ö. spielte bei der Diskussion und der politischen Durchsetzung der Ideale der Aufklärung (z. B. in der Französischen Revolution) eine bedeutende Rolle. Aus der Forderung nach Ö. entstanden viele Institutionen, in denen das gebildete Publikum verkehrte (öffentliche Zeitung, Bibliothek, Theater usw.) und in denen die ständischen Begrenzungen aufgehoben waren. Heute wird Ö. in den demokratischen Gesellschaften als Kontrollmöglichkeit und damit Garant der Rechtsstaatlichkeit von politischen Entscheidungsprozessen angesehen. Hierbei spielt die „öffentliche Meinung" eine wichtige Rolle.
offene Form	kennzeichnet den Bau eines dichterischen Werkes, in dem die Handlungsteile in einem eher locker wirkenden Zusammenhang stehen. Auch das Handlungsergebnis ist nicht immer eindeutig festgelegt („offener Schluß"). Die Bezeichnung o. F. wird gelegentlich auch in der Lyrik verwendet z. B. bei Gedichten in freien Rhythmen oder im modernen Zeilenstil. ➜ geschlossene Form ➜ Szene ➜ Drama.

Parabel	(gr. Vergleich, Gleichnis) ähnlich der epischen Kurzform der ➜ Fabel eine gleichnishafte Darstellung, in der dem Zuhörer oder Leser ein Gedanke veranschaulicht wird. Während ein Gleichnis durch Analogieschluß entsteht, bei dem zwei Vorgänge aus dem gleichen Objektbereich verknüpft werden, vermittelt die P. Einsichten, indem sie einen Sachverhalt durch ein analoges Geschehen aus einem anderen Gegenstandsbereich erhellt. Seit jeher in der lehrhaften Dichtung beliebt, z. B. in der Epoche der ➜ Aufklärung, aber auch in der Literatur des 20. Jahrhunderts. ➜ Lehrdichtung, ➜ moderne Parabel.
Parodie	(gr. Gegengesang) ursprünglich eine neuartige, da gesprochene Vortragsweise des Epos gegenüber der traditionellen, die gesungen wurde. Daraus hat sich die umfassende Bezeichnung für literarische Werke entwickelt, in denen ein allgemein bekanntes Werk in polemischer oder satirischer Absicht so nachgeahmt wird, daß die Formmittel beibehalten, die inhaltliche Zielrichtung aber umgekehrt wird. Durch dieses Auseinanderfallen von Form und Aussage entsteht die komische oder satirische Wirkung. ➜ Groteske ➜ Travestie.
Peripetie	(gr. plötzlicher Umschwung) im dramatischen oder epischen Werk der entscheidende Wendepunkt als plötzlicher Umschwung im Schicksal des Helden.
Pietismus	seit etwa 1680 einsetzende Bewegung im Protestantismus, die bis in die Zeit des späten 18. Jahrhunderts eine von persönlichen Empfindungen (➜ Empfindsamkeit) getragene Frömmigkeit gegen die traditionelle Amtskirche ausspielt und auch als Teil eines Gefühlskultes gegen die aufklärerische Vernunftreligion zu sehen ist. ➜ Vernunft.
Poesie	im allgemeinen Bezeichnung für Dichtung aller Gattungen, im engeren Sinne für rhythmisch gebundene Versdichtung. Im Zeitalter des ➜ Sturm und Drang wird durch Herder der Begriff einer als anonym angenommenen Volkspoesie geläufig, in der sich in unterschiedlichen Formen (➜ Volkslied, Volksballade, Volksmärchen) der „Volksgeist" dichterisch verwirklicht (➜ Volk). Der „Kunstpoesie" werden demgegenüber die Werke namentlich bekannter Autoren zugeordnet.
Poetik	die Lehre von der Dichtkunst, d. h. die Lehre vom Wesen, den Gattungen und Formen der Literatur. Im 20. Jahrhundert stärker auf ein Literaturprogramm verengt, häufig formuliert in einem literarischen Manifest. Die erste und bis in die Gegenwart der europäischen Literatur folgenreichste Poetik hat Aristoteles um 330 v. Chr. verfaßt.
Positivismus	(von lat. „positum" gegeben) von Comte in die Philosophie und Wissenschaft eingeführter Begriff zur Beschränkung auf die Beobachtung und Analyse des Gegebenen, Tatsächlichen, und zwar in der Form einer Wirklichkeitsbeschreibung. Die wissenschaftlichen Schwerpunkte des P. liegen in den Naturwissenschaften, der Psychologie und der Soziologie. Der literarische P. wollte der Literaturwissenschaft eine feste, an die naturwissenschaftliche Methodik angelehnte Basis geben und bevorzugte die Methoden des Sammelns, Beschreibens und Klassifizierens.
Pragmatik	Teildisziplin der Sprachwissenschaft, welche die Verwendung sprachlicher Zeichen untersucht. Sie fragt nach den Bedingungsfaktoren (Situation, Intention etc.) und beschreibt Konventionen, Normen und Muster, die das sprachliche Handeln regeln.
Rahmen	Einkleiden von Erzählungen (Binnenerzählungen) oder ➜ Novellen durch eine umschließende Geschichte, die entweder mehrere solcher Erzählungen miteinander verbindet oder einen gewissen Abstand zur Binnenerzählung schafft.
Realismus	(von lat. „res" Sache, Ding, Wirklichkeit) In der Erkenntnistheorie der neueren Philosophie bezeichnet R. den Standpunkt (und dies im Gegensatz zum ➜ Idealismus), daß es eine von uns unabhängige Wirklichkeit gibt, die wir durch unsere Sinne und unseren Verstand erkennen können. In der Kunsttheorie wird mit dem Begriff R. die Art und Weise der Beziehung zwischen der beobachtbaren Wirklichkeit und ihrer künstlerischen Darstellung bezeichnet. Im frühen 19. Jahrhundert begann die französische Literatur die Bezeichnung R. als Oppositionsbegriff gegen die idealistisch-romantische Kunstauffassung zu verwenden. Daraus hat sich der

Epochenbegriff R. entwickelt, der schließlich auf eine Stilepoche der Literatur zwischen etwa 1830 und 1880 festgelegt worden ist, obwohl eine eindeutige Epochendefinition wegen der zahlreichen nationalen Unterschiede und auch wegen der vielfältigen antirealistischen Kunstströmungen in dieser Zeit (z. B. in der Oper oder im Drama) trotz ausführlicher Theoriediskussionen nicht gefunden werden konnte. Auch im 20. Jahrhundert werden Fragen einer realistischen Kunst (beispielsweise für den Bereich des sozialistischen Realismus in der marxistischen Literaturtheorie) immer wieder neu aufgenommen.

In der Epoche des R. ist, ausgehend von Frankreich, eine zunehmend antiillusionistische und gesellschaftskritische Darstellungshaltung der Literatur zu beobachten, Gesellschaftsroman und zeitkritische Novelle werden besonders häufig verwendete Darstellungsformen der Literatur. Im deutschen Sprachraum war in dieser Epoche die oft idyllisierend-harmonistische ➜ Dorfnovelle beliebt, aber auch der historische Roman und die historische Novelle. Aus der Betonung der damals künstlerisch dominierenden Gesellschaftsschicht ist der Begriff bürgerlicher R., aus der Akzentuierung der Notwendigkeit einer genuin künstlerischen Gestaltung der beobachteten Wirklichkeit der Begriff poetischer R. abgeleitet.

Rede   für den mündlichen Vortrag bestimmter Gebrauchstext, mit dem ein Sprecher in einer bestimmten ➜ Situation vor einem Publikum Sachverhalte erläutert, zu Problemen Stellung nimmt, Maßnahmen rechtfertigt oder fordert, zu Handlungen aufruft etc. Im Unterschied zum Vortrag zielt die Rede nicht nur auf sachlich-rationale Überzeugung der Zuhörer, sondern will diese oft durch appellative Mittel überreden und beeinflussen. In der antiken ➜ Rhetorik unterschied man drei Gattungen der Rede: die Festrede (genus demonstrativum), die Gerichtsrede (genus iudicale) und die politische Rede (genus deliberativum). Eine besondere Form der Rede im religiösen Bereich stellt die Predigt dar.

Regelkunst   künstlerische Äußerungen, die nach formal, sprachlich und inhaltlich festgelegten Gesetzen gestaltet sind. Die Dichtung der frühen ➜ Aufklärung erhält in Gottscheds „Versuch einer kritischen Dichtkunst" ein bedeutendes, allerdings bereits von Lessing heftig kritisiertes Regelwerk.

Reim   sprachliches Stilmittel, das in der Literatur nahezu aller Sprachen und in den verschiedenen Gattungen gebraucht wird. Am häufigsten findet sich der Endreim (Gleichklang von Wörtern vom letzten betonten Vokal ab). Im Laufe der Sprachgeschichte haben sich die Ansprüche an die „Reinheit" des Reims gesteigert, vor allem in der Lyrik.

Reime kann man nach Reimform oder Reimstellung in verschiedene Gruppen einteilen. Im Stabreim der germanischen Versdichtung werden bedeutungtragende Wörter gleichen Anlauts aus dem Versfluß hervorgehoben.

Reise-literatur   umfassender Begriff, der unterschiedliche Gattungen oder Formen wissenschaftlicher, allgemeinbildender, unterhaltender oder künstlerischer Literatur umfaßt. Robinsonaden, Utopien und Formen der Sience Fiction sind Randbereiche der eigentlichen R., die von der Odyssee bis zu den Reisetagebüchern moderner Autoren (z. B. Böll, Koeppen, Kunert) reicht. Das 18. Jahrhundert entwickelte spezifische Formen der wissenschaftlichen Reisebeschreibung (z. B. bei A. von Humboldt), das ➜ Junge Deutschland die neue Form des Reisefeuilletons, des Reisebriefes und der Reiseskizze mit politischem Anspruch (Heine, Börne). Eine Neuentwicklung des 20. Jahrhunderts ist die Reisereportage (E.E. Kisch).

Rezension   (lat. recensio Prüfung) kritische Würdigung (Besprechung) eines Werks oder einer Theateraufführung. Die R. spielt für den wissenschaftlichen Fortschritt (spezielle Rezensionszeitschriften!) eine ebenso wichtige Rolle wie im allgemeinen kulturellen Leben (Presserezensionen). Aus R.en läßt sich häufig die Wirkungsgeschichte eines Werks im nachhinein erschließen.

Rhetorik   im engeren Sinne seit der Antike die Lehre und Kunst der wirkungsvollen Gestaltung öffentlicher Reden, heute auch die wissenschaftliche Untersuchung und praktische Einübung aller Formen sprachlichen Handelns, mit denen man Standpunkte überzeugend vertreten und Adressaten beeinflussen kann. Die R. liefert damit Kategorien für die Analyse sowie ein Inventar gedanklicher Muster und sprachlich-stilistischer Techniken für die Gestaltung.

Rhythmus	(gr.-lat.) Gliederung des Sprachstroms nach individuellen Prinzipien des jeweiligen Werks; im Gegensatz zum Takt (lat.), der in Lyrik und Drama die Abfolge von betonten und unbetonten Silben regelt.
Rokoko	ursprünglich Bezeichnung für zierliche Bauformen des Spätbarock. Im 18. Jahrhundert in die Dichtung übernommen und als Bezeichnung für heitere, galante Formen der Gesellschaftsdichtung gewählt.
Rollen-gedicht	Die Aussage erfolgt aus der Perspektive einer literarischen Figur.
Roman	wichtigste, formenreichste und variabelste dichterische Darstellungsform innerhalb der → Epik von oft breiter Ausführlichkeit der Darstellung. So kann die Handlung episodisch gereiht (z. B. im Gesellschafts- und Zeitraum), kaleidoskopartig aufgesplittert oder auf ein bestimmtes Handlungsziel hin erzählt sein (z. B. auf ein bestimmtes Lebensdatum des Helden im Entwicklungs- und im Bildungsroman). Nach Hegel ist der R. die epische Nachfolgegattung des antiken Epos in einer „zur Prosa geordneten Wirklichkeit". Innerhalb des R.s gibt es eine Reihe von Untergattungen, beispielsweise den historischen R., in dem geschichtliche Figuren oder geschichtliche Ereignisse Gegenstand der Darstellung sind, oder auch den Künstlerroman, in dem am Beispiel einer Künstlerfigur Fragen der Künstlerexistenz oder auch der Rolle der Kunst in der Gesellschaft behandelt werden. Seit dem späten 18. Jahrhundert wurden Lebensweg und Bildungsgang des Romanhelden immer ausführlicher psychologisch motiviert (psychologischer Roman), im 20. Jahrhundert finden sich zunehmend Romane, in denen die Hauptfigur als ein in gesellschaftlichen Zwängen eingebundener „negativer Held" gesehen wird oder in denen sie sich als „Antiheld" versucht, den geltenden Normen zu entziehen und eine eigene Gegenwart aufzubauen.
Romantik	Der Begriff romantisch, im 18. Jahrhundert meist abwertend zur Bezeichnung romanhafter, phantastischer Darstellungsweisen oder Stoffe verwendet, wurde vor allem in den Schriften der Brüder Schlegel und Novalis zum zentralen Begriff einer Reflexion über die Möglichkeiten einer „modernen" Kunst, die sowohl die Grenzen zwischen den verschiedenen Künsten, den traditionellen Gattungen und zwischen Religion, Philosophie und Kunst überwinden sollte. In der ersten Hälfte des 19. Jahrhunderts setzt sich „Romantik" als Epochenbegriff durch, der die verschiedenen Strömungen und Richtungen romantischer Literatur von ca. 1795 bis 1830 umfaßt. Im Hinblick auf Entwicklungsphasen kann man dabei Frühromantik, Hochromantik und Spätromantik unterscheiden, nach den verschiedenen Zentren eine Jenaer, Heidelberger, Berliner und eine schwäbische Romantik. Zu den Grunderfahrungen der Romantiker gehört die Diskrepanz zwischen der bürgerlichen Alltagswelt und einer tieferen Wirklichkeit, die in der Volkspoesie, der geistigen Welt des → Mittelalters, in der → Natur oder in der traumhaften Innenwelt zu sprechen scheint. In den geselligen Zirkeln und Freundschaftskreisen spielten Frauen wie Caroline Schlegel, Dorothea Veit, Bettina v. Arnim u. a. eine bedeutende Rolle. Unter dem Eindruck des Zerfalls der alten Ordnungen in den napoleonischen Kriegen versuchten manche Romantiker (Arndt, Fichte), das Nationalgefühl zu mobilisieren und die kulturelle Identität des → Volkes in den Zeugnissen der Vergangenheit (Sagen, Volksbücher, Sprachgeschichte, Literatur des Mittelalters) sichtbar zu machen.
Satire	Die S. ist keine literarische Gattung, sondern eine Haltung, die sich mit den verschiedenen Formen verbinden kann, mit dem Ziel, die verkehrte Welt bloßzustellen oder zu entlarven, um sie zu verbessern. S. kann je nach Haltung des Autors und der gewählten Tonlage heiter, liebenswürdig, komisch, aber auch pathetisch, bissig und zornig sein und ruft dabei stets den Leser zum Richter über die dargestellten Sachverhalte oder Personen auf. Häufig wird die Kritik nicht direkt, sondern in Sprachbildern oder ironischen Brechungen vorgetragen.
	Sie stellt ein wichtiges Instrument literarischer Gesellschaftskritik dar, und dies bereits seit ihrem römischen Ursprung (Ennius, Lucilius, Horaz). Berühmte Beispiele für die S. finden sich in den politischen Sprüchen W. von der Vogelweide, in der Narrenliteratur der Reformationszeit (Murner, Luther), in den Polemiken gegen die Überfremdung deutscher Sprache und Sitten des 17. Jahrhunderts (Logau) und in den aufklärerischen Schriften gegen Aberglaube und Unvernunft. Goethe und Schiller grenzten sich in den „Xenien" gegen ihre literarischen

Zeitgenossen ab, die Romantiker wiederum in vielerlei Formen (Komödie, Märchen) gegen die bürgerliche Klassikerverehrung. Als Meisterwerk politischer S. gilt Heines „Deutschland. Ein Wintermärchen". Nicht weniger bekannt wurden H. Manns satirischer Roman „Der Untertan" oder K. Tucholskys literarische Beiträge in der „Weltbühne" gegen die Aushöhlung der Demokratie nach 1918.

Sekundenstil Bezeichnung für eine Darstellungstechnik im historischen ➜ Naturalismus des späten 19. Jahrhunderts, mit der auch kleinste Handlungen, Geräusche, Bewegungen oder Gespräche möglichst genau beschrieben wurden. Mit dem S. wurde dem Leser suggeriert, die erfahrbare Wirklichkeit unmittelbar vor Augen zu haben und zu erleben, indem ➜ erzählte Zeit und ➜ Erzählzeit zu einer vollkommenen Deckung gebracht werden. Die daraus sich ergebende notwendige Beschränkung auf kleinste Wirklichkeitsausschnitte bringt den S. in die Nähe des Pointillismus der impressionistischen Kunst.

Semantik Teildisziplin der Sprachwissenschaft, welche die Bedeutung der Wörter im Sprachsystem und in ihrer Verwendung in Texten untersucht. Während die ältere Sprachwissenschaft vor allem den Aufbau des Wortschatzes (Wortfamilien, Wortfelder) und den geschichtlichen Bedeutungswandel untersuchte, analysiert die neuere Sprachwissenschaft die Zusammensetzung der Wortbedeutung aus einzelnen Bedeutungselementen, den Zusammenhang zwischen der Struktur von Sätzen und ihrer Bedeutung und in jüngster Zeit auch das Zusammenwirken verschiedener Bauelemente bei der Bedeutung von Texten.

Situation die Gesamtheit der Bedingungen sprachlicher Handlungen, also äußere Gegebenheiten, soziale Rollen, Intentionen und Erwartungen der Sprecher, soziale Normen etc. Durch diese Bedingungen ist auch ein unterschiedlicher Spielraum für das sprachliche Handeln vorgegeben.

Sonett (ital. kleiner Tonsatz) besonders verbreitete Gedichtform italienischer Herkunft mit festgefügter Form (14 Verszeilen, je zwei Quartette und Terzette). Das S. wurde in verschiedenen Reimvarianten von Dante und Petrarca entwickelt und von Shakespeare verändert (drei Quartette und ein abschließendes Reimpaar). In Deutschland spielte das S. als lyrische Form eine wichtige Rolle im Barock (Gryphius, Opitz, Fleming) und dann wieder im 20. Jahrhundert (z. B. bei Rilke, Haushofer, Becher).

Song (engl. Lied) Gesangsnummer im Kabarett der zwanziger Jahre, Verwendung von Darstellungselementen des Bänkelsongs, Jazz und der populären Tanzmusik. Brecht benutzte den S. häufig als verfremdende Unterbrechung der Handlung in seinen Stücken.

Soziales Drama Bereits in den frühen Formen der ➜ Komödie und im ➜ Trauerspiel des 18. Jahrhunderts wurden gesellschaftliche Verhältnisse der niederen sozialen Schichten behandelt. Als s. D. im eigentlichen Sinne bezeichnet man das Drama, das in engem Zusammenhang mit der Sozialen Frage in der Industriellen Revolution des 19. Jahrhunderts steht, vor allem das Mitleidsdrama des ➜ Naturalismus. Die Grenze zur sozialistischen Dramatik nach der Jahrhundertwende ist fließend.

Sprachkrise Zweifel an der Möglichkeit, durch das Medium der Sprache in adäquater Weise das Innere des Individuums oder die äußere Realität darstellen zu können. Die Ursache der Sprachkrise um die Jahrhundertwende liegt in der Diskrepanz zwischen der Exaktheit wissenschaftlicher Erkenntnisse und der Ungenauigkeit und Unschärfe der Sprache, in der Banalität und Phrasenhaftigkeit der Kommunikation und in der verschärften Trennung zwischen Poesie und Normalsprache. Diese S. ist Teil einer umfassenden ➜ Bewußtseinskrise.

Sprachkritik an sprachlichen und kulturellen Normen orientierte Auseinandersetzung mit dem Sprachgebrauch einer Zeit und Tendenzen des ➜ Sprachwandels. Die Kritik richtet sich dabei entweder gegen eine Überfremdung der Sprache (Sprachgesellschaften im Barock, Fremdwortdiskussion), gegen tatsächliche oder vermeintliche Erscheinungen eines Verfalls der Sprachkompetenz, gegen einen ideologischen und manipulativen Sprachgebrauch (z. B. Sprache des Nationalsozialismus) oder gegen bestimmte Entwicklungstendenzen (Nominalisierung, Wissenschaftssprache etc.). Sprachkritik ist dabei oft Teil einer Ideologie-, Kultur- und Gesellschaftskritik, die den Sprachgebrauch als Symptom für Veränderungen des politisch-gesellschaftlichen und kulturellen Lebens betrachtet. Die Normen und Maßstäbe, von denen Sprachkritik ausgeht, sind selbst geschichtlich bedingt und Gegenstand der Auseinandersetzung.

Sprachnorm

Gesamtheit der Vorschriften und Regeln, die den Sprachgebrauch steuern. Die Kenntnis der Sprachnormen wird beim Spracherwerb vermittelt, wobei der einzelne zugleich erfährt, wie die Kommunikationspartner auf die Verletzung von Regeln reagieren (von der schlechten Deutschnote bis zu den Karrierechancen). Die Normierung erstreckt sich von der Vereinheitlichung der Schreibweise (Orthographie, Zeichensetzung) über die Kodifizierung der im Sprachsystem angelegten Regeln (Flexion, Satzbau etc.) bis zu Anweisungen darüber, wie man sach-, adressaten-, situations- und textsortengerecht redet oder schreibt. Über Sinn und Berechtigung solcher Normierung wird in der Fachwissenschaft und teilweise auch in der Öffentlichkeit immer wieder diskutiert.

Sprachphilosophie

Seit der griechischen Antike (Platon: Kratylos) sind Fragen nach dem Ursprung der Sprache, dem Zusammenhang von Wort und Wirklichkeit sowie der Bedeutung der Sprachfähigkeit und Verständigung für das Wesen des Menschen Gegenstand philosophischer Reflexion. Seit dem 18. Jahrhundert (Herder, Humboldt) war das Nachdenken über die Leistung der Sprache bei der Wahrnehmung und Strukturierung der Wirklichkeit, d.h. der Entwicklung des jeweiligen Weltbildes, von zentraler Bedeutung. Im 20. Jahrhundert wurde vor allem über Zusammenhänge zwischen Sprache und Logik nachgedacht und über die Übersetzbarkeit natürlicher in künstliche Sprachen (formale Sprachen, Computersprachen).

Sprachtheorie

Sammelbegriff für wissenschaftliche Erklärungen und Modelle für das Funktionieren der Sprache als Zeichensystem, deren Entwicklung und ihren Gebrauch. Besonders intensiv diskutiert wurden Theorien im Bereich der Grammatik und Semantik sowie zur Erklärung von Kommunikationsvorgängen (➜ Kommunikation, ➜ Pragmatik). Verhaltensforscher diskutieren über die Grenzziehung zwischen den Signalsystemen der Tiere und der menschlichen Sprache, Biologen untersuchen die Grundlagen der Sprechfähigkeit, Psychologen erforschen die Phasen des Spracherwerbs, Linguisten fragen nach gemeinsamen Eigenschaften aller natürlichen Sprachen (Universalien).

Sprachvarianten

Ausprägungen und Teilsysteme einer Sprache, die sich im Hinblick auf Aussprache, Wortschatz, Satzbau, Grad der Normierung und Verwendungsweisen unterscheiden. Im Gegensatz zu den regionalen Varianten (Mundarten, Dialekte), die vor allem in der mündlichen Kommunikation eine Rolle spielen, ist die Hochsprache eine verbindliche Verkehrssprache für die öffentliche und schriftliche Kommunikation, deren korrekter Gebrauch durch Vorschriften geregelt ist. Die Gliederung der Gesellschaft in soziale Schichten spiegelt sich auch in den schichtspezifischen Sprachformen (Soziolekte), deren Abweichung von der Hochsprache eine Benachteiligung der Sprecher bewirken kann (Sprachbarrieren). In Teilbereichen der Gesellschaft (Politik, Wirtschaft etc.) und in der Kommunikation bestimmter gesellschaftlicher Gruppen haben sich Fach- und Sondersprachen herausgebildet.

Sprachwandel

Veränderungen in der geschichtlichen Entwicklung der deutschen Sprache (Sprachgeschichte) von ihren indoeuropäischen Wurzeln über das Althochdeutsche, Mittelhochdeutsche, Frühneuhochdeutsche und Neuhochdeutsche bis zur Gegenwartssprache. Dabei wandeln sich Laute, Wortformen, Wortbedeutungen (Semantik), Wortschatz (Lexik), Satzbau (Syntax) und Rechtschreibung. Ursachen des S. – ein Prozeß, der sich immer weiter fortsetzt – können Einflüsse fremder Sprachen, Entwicklung und Wandlung der Lebensverhältnisse und sprachökonomische Bedürfnisse (z. B. Vereinfachung des Formenbestandes) der Sprachbenutzer sein.

Sprechhandlung

sprachliche Äußerung, mit der man eine soziale Handlung vollzieht (z. B versprechen, warnen, bitten etc.). Die Handlungsabsicht des Sprechers kann durch entsprechende Verben direkt zum Ausdruck kommen, muß aber häufig aus der Situation oder der sprachlichen Form (Satzart, Intonation etc.) erschlossen werden. Bestimmte Sprechhandlungen sind einander zugeordnet und bilden Sequenzen (z. B. fragen – antworten).

Stände-klausel Im Zeitalter des Absolutismus (17. und 18. Jahrhundert) erhobene Forderung, die Personen im Drama und ihre Standeszugehörigkeit den dramatischen Gattungen zuzuordnen: Könige, Fürsten und Adel zur Tragödie, Bürgertum und Volk zur Komödie, wobei man sich auf die aristotelische Poetik berief. Im frühen 18. Jahrhundert, als bereits im englischen Drama die starre S. zunehmend aufgegeben wurde, versuchte sie Gottsched noch einmal als feste Norm auf der deutschen Bühne durchzusetzten, was freilich angesichts des wachsenden bürgerlichen Selbstbewußtseins nicht mehr ganz gelang und dann im bürgerlichen → Trauerspiel Lessings aufgegeben wurde.

Stil Begriff der Literatur- und Kunstwissenschaft, mit dem das spezifische Gestaltungsprinzip, das Grundmuster in der Formsprache von → Epochen (Epochenstil), von Dichtern oder einzelnen Werken bezeichnet wird. Stilmerkmale literarischer Texte lassen sich auf der Wortebene (z. B. Nominal-Verbalstil), der Satzebene (parataktischer, hypotaktischer Stil), anhand von rhetorischen Figuren und Bildlichkeit untersuchen.

Strophe (gr. Wendung beim Tanz) metrische Einheit aus mehreren Lang- oder Kurzzeilen (→ Vers). Durch die Reimstellung kann die Bindung der Verszeilen verstärkt werden. Im gesungenen → Lied wird Einheit und auch Gliederung der S. durch die Melodie ausgedrückt, einfache S.n. haben sich im → Volkslied bis in die Neuzeit erhalten. Seit dem 18. Jahrhundert ist die Lyrik gekennzeichnet durch den zunehmenden Gebrauch der freien S., aber auch durch die Wiederbelebung antiker, romanischer und populärer Strophenformen.

Sturm und Drang Nach dem Schauspiel „Sturm und Drang" (1777) des Friedrich Maximilian Klinger hat man innerhalb der Gesamtepoche → Aufklärung eine literarische Strömung benannt, in der eine junge Generation, angeregt von Gedanken der → Empfindsamkeit, gegen Regelpoetik, Fortschrittsoptimismus und die Betonung des Rationalismus opponiert und im Vorfeld der Französischen Revolution Kritik an den Konventionen der Ständegesellschaft übt. Gegen die einseitige Betonung des Verstandes wird der Wert des individuellen Gefühls, der Sinnlichkeit und einer intensiven Begegnung mit der ursprünglichen → Natur betont (→ Genie, → Regelpoetik). Homer und Shakespeare werden als Prototypen des Genies verehrt: Herder, der wichtige Anregungen für diese kurze → Epoche gibt, lenkt die Aufmerksamkeit auf die verschiedenen nationalen Formen der Volkspoesie. Auf die in Deutschland ungebrochene Macht der Fürsten und der Ständeordnung reagieren die Stürmer und Dränger mit verbalradikalen Angriffen oder auch mit Resignation und melancholischen Untergangsphantasien. In dieser Zeit werden neue dichterische Haltungen und Formen (z. B. Erlebnislyrik, → Hymnen in freien Rhythmen, → Tragikomödie, → offene Form des Dramas, fiktive Autobiographie) entwickelt und häufig gebraucht.

Symbol (gr. Kennzeichen, die durch Zusammenfügen der Teile Wiedererkennen und Identität ermöglichten) ursprünglich ein konkretes Erkennungszeichen, später ein bildhaftes Zeichen, das über sich hinausweist und geistige Zusammenhänge und Ideen veranschaulicht. „Die Symbolik verwandelt die Erscheinung in Idee, die Idee in ein Bild, und so, daß die Idee im Bild immer unendlich wirksam und unerreichbar bleibt und, selbst in allen Sprachen ausgesprochen, selbst unaussprechlich bliebe" (Goethe). In manchen Werken bilden einzelne Gegenstände als „Dingsymbole" den zentralen Integrationspunkt (z. B. die Buche in A. v. Droste-Hülshoffs „Die Judenbuche").

Symbolismus (von gr. symbolon, Merkmal) am Ende des 19. Jahrhunderts von Frankreich ausgehende Kunstströmung, die – vor allem in der Lyrik – gegen die „littérature engagée" – eine zweckfreie, nicht an der beobachtbaren Wirklichkeit orientierte Kunst forderte, in der dem Leser durch die poetische Sprache die Welt symbolhaft dargestellt wird. Klänge, Rhythmen, aufgebrochene Syntax u. a. wurden benutzt, um den geheimen und vieldeutigen Zusammenhang alles Seienden zu zeigen. Der literarische S. erlebte seinen frühen Höhepunkt in der Lyrik der sogenannten „Symbolisten" in Frankreich: Mallarmé, Baudelaire, Rimbaud. In Deutschland enge Beziehungen und Überschneidungen mit dem → Jugendstil.

Syntax 1. Satzbau. 2. Teildisziplin der Sprachwissenschaft, welche die Baupläne von Sätzen beschreibt und die Regeln untersucht, welche die Bildung von Sätzen ermöglichen.

Szene (gr. Zelt, Bühne) zunächst das Spielpodium des antiken Theaters, später Bezeichnung für den Schauplatz der Handlung im Drama. Am gebräuchlichsten ist die Bezeichnung für eine Einheit innerhalb eines Dramenakts (Aufzugs). S. wird daher oft mit Auftritt gleichgesetzt (nach dem Auf- und Abtreten der Bühnenfiguren). Im Drama der → offenen Form kann mit S. ein eigenständiger Abschnitt des Theaterstücks bezeichnet werden (→ Bild).

Tendenz-dichtung (von lat. „tendere" nach etwas streben) Mit dem Begriff T. lassen sich alle Formen der Literatur umgreifen, die sich nicht als zweckfrei verstehen, sondern auf Fragen und Probleme der menschlichen Existenz in verschlüsselt-symbolischer oder auch direkter, z. B. lehrhafter Weise eingehen und Lösungswege weisen. Im engeren Sinne ordnet man in die T. Autoren und Werke ein, die künstlerische Darstellungsformen und -weisen für religiöse, politische, soziale oder wirtschaftliche Absichten einsetzen, den Kunstcharakter des Werkes also ganz in den Dienst der Beeinflussung der Leser oder Hörer stellen. → Satire, → Lehrstück und politisches Gedicht sind typische Darstellungsformen der T.

Tragik (gr. Kunst der Tragödie) grundlegender Begriff und Bezeichnung für den Untergang dargestellter Personen (auf der Bühne oder in einem Werk der Epik) im Widerstreit gleichberechtigter Werte oder Wertvorstellungen, aus der eine Erschütterung des Zuschauers erfolgen soll (→ Katharsis). Voraussetzung für diese Erschütterung ist die charakterliche und seelische Größe der dargestellten Person. Schiller, Hegel und Hebbel haben u. a. Probleme der T. (vorzugsweise am Beispiel des → Dramas) erörtert. → Tragödie.

Tragi-komödie Schauspiel, das im Komischen Tragisches mitgestaltet bzw. die → Tragödie mit grotesk-komischen Zügen durchsetzt. In der Poetik des Sturm und Drang, die die klare Trennung Gottscheds zwischen Tragödie und Komödie (Ständeklausel) aufbrechen wollte, eine vor allem von Jakob Michael Reinhold Lenz mehrfach benutzte Dramenform. Büchner (Leonce und Lena) hat die T. wieder aufgegriffen und mit zusätzlichen grotesken Elementen versehen (→ Groteske). Die moderne Wirklichkeit wird in der T. als zugleich übermächtig, den Menschen deformierend, aber auch als banal-lächerlich erfahren, deshalb wird die T. in der Dramatik seit dem Ende des 19. Jahrhunderts häufig benutzt (Tschechow, Pirandello, Shaw, Wedekind, Sternheim, Dürrenmatt, Hacks).

Tragödie zentrale Form des Dramas in der europäischen Geschichte der Literatur, durch die poetologischen Forderungen des Aristoteles über lange Zeit in Form, Darstellungsmitteln und Wirkungsabsicht (Affektläuterung durch die Erweckung von Jammer und Schrecken, die sog. → Katharsis) festgelegt. Gottsched fordert die Bindung an das „klassische Drama" Frankreichs (tragédie classique) und die traditionelle Ständeklausel, die die T. für die Darstellung des Schicksals von Königen, Fürsten und Personen hohen Standes vorbehält. Lessing überwindet diesen Regelkanon im → bürgerlichen Trauerspiel. → Trauerspiel → Tragikomödie.

Trauerspiel Seit dem Barock ist T. ein deutschsprachiges Synonym für → Tragödie. Lessing entwickelt in Auseinandersetzungen mit Gottsched und auf der Grundlage seiner Shakespeare-Bewunderung eine Dramenform, in der tragisches Geschehen am Beispiel bürgerlicher Figuren gezeigt wird (bürgerliches Trauerspiel). Diese dramatische Teilgattung wird als Element des bürgerlichen Kampfes um Gleichberechtigung im 18. Jahrhundert gesehen.

Travestie (lat. Verkleidung) Wie in der → Parodie wird ein allgemein bekanntes Werk in polemischer und satirischer Absicht nachgeahmt. Der Inhalt bleibt unangetastet. Sprache und Form jedoch werden verändert (z.B. Übertragung in eine niedrige Stillage). → Groteske.

Tugend Bereits die antike Philosophie entwirft und beschreibt einen Katalog vorbildlicher Denk- und Verhaltensweisen des Menschen. Dieser Tugendkatalog wird im Laufe der Geschichte immer wieder neu gefaßt und modifiziert (z. B. im Christentum). In der Aufklärung gelten Bändigung der Triebe sowie vernunftgeleitetes und zweckbewußtes Handeln als wichtige Tugenden, doch bereits im → Sturm und Drang opponieren viele Künstler und Philosophen gegen diese Festlegung und fordern den „natürlichen Menschen", bei dem sich Verstandeswelt und Gefühlshaushalt in Harmonie befinden (→ Natur).

Un-bewußtes   Der vor allem von Sigmund Freud entdeckte Bereich des Seelenlebens, in dem die vom Bewußtsein verdrängten Triebimpulse und Wünsche (das „Es") wirken, die psychische Krankheiten (Neurosen, Psychosen) hervorrufen können. Viele Schriftsteller der ➜ Moderne haben sich mit Freud und der von ihm begründeten Psychoanalyse auseinandergesetzt und in ihren Werken unbewußte Vorgänge des Seelenlebens dargestellt.

Verlag   Unternehmen zur Herstellung und zum Vertrieb von Druckerzeugnissen (Bücher, Zeitschriften, Zeitungen, Broschüren). Das V. swesen hat sich seit dem späten 16. Jahrhundert (voraus ging die Erfindung des Buchdrucks mit beweglichen Lettern um 1450) in West- und Mitteleuropa ausgebildet und breitete sich dann in Europa mit dem Anspruch auf ➜ Öffentlichkeit vor allem im 18. Jahrhundert aus, wobei viele Verleger die politischen Ziele bürgerlicher Autoren unterstützten (z. B. Nicolai, Göschen, Cotta, Campe, Reclam). Heute haben sich die meisten Verlage spezialisiert, z. B. auf schöngeistige, juristische, germanistische oder medizinische Literatur, oder auch auf die Herstellung und den Vertrieb von Schulbüchern. Seit der 2. Hälfte des 19. Jahrhunderts haben sich einzelne Verlage auch auf Herstellung und Vertrieb broschierter Schriften bzw. Taschenbücher spezialisiert. Kennzeichnend für das 20. Jahrhundert ist die Konzentration in Medienkonzernen, in denen das Buch nur noch ein Produkt unter anderen ist.

Vernunft   ➜ Aufklärung

Vers   (lat.) metrisch gegliederte Zeile in Lyrik, Epos und Drama.

Versfuß   kleinste, im Vers sich wiederholende Einheit aus regelmäßig aufeinanderfolgenden Silben, die in der deutschen Sprache nach ihrem Gewicht (Betonung) unterschieden werden. Häufig vorkommende Versfüße: Anapäst ∪ ∪ –, Daktylus – ∪ ∪, Jambus ∪ –, Trochäus – ∪ (– = betont, ∪ = unbetont).

Volk   Im ➜ Sturm und Drang (Herder) und später in der Romantik entwickelt und verbreitet sich die (heute überwundene) Vorstellung, daß die frühe Kunst aus dem jeweiligen Volk entstanden, von seinem „Volksgeist" geprägt sei und so eine spezifisch nationale Ausrichtung erhalten habe. Im späten 18. Jahrhundert beginnt man deshalb, die Gattungen der „Volksdichtung" (➜ Volkslied, ➜ Volksbuch, Volksmärchen, Volkssage etc.) zu sammeln (➜ Poesie).

Volksbuch   in Prosa gehaltenes Literaturwerk, vorwiegend aus dem 15. und 16. Jahrhundert und aus der volkstümlichen geistlichen Prosa oder Legendenliteratur, gelegentlich aber auch aus der weltlichen Prosa (Traum-, Rätsel- und Reiseliteratur) stammend. Viele V. haben eine lange mündliche und schriftliche Tradition: ihre Autoren gerieten in Vergessenheit, und die Werke wurden immer wieder neu bearbeitet und gedruckt. Als Stoffgrundlage hat man mittelalterliche Epen, lateinisch geschriebene Legenden oder auch französische Liebesromane nachgewiesen. Das V. wurde zunächst in kostbaren Drucken für den Adel gefertigt, später aber auch in vielfältigen preiswerten Ausgaben als Lesestoff für die bürgerlichen Schichten seit dem 17. Jahrhundert gedruckt. Erst Herder und die Romantiker entdeckten den kulturgeschichtlichen Wert des V. und begannen, die Volksbücher zu sammeln.

Volkslied   bereits im späten Mittelalter benutzte sangbare lyrische Form: charakteristisch sind einfacher Bau, formelhafte Sprache und die Darstellung von menschlichen Grundsituationen. Der Name Volkslied wird durch Herder in Anlehnung an den englischen Begriff popular song eingebürgert.

Volksstück   Unter dem Einfluß italienischer Komödianten (commedia dell'arte) entstand im süddeutsch-österreichischen Raum ein volkstümliches Theater (Volkstheater) für das bürgerliche und bäuerliche Publikum. Im V. wurden auf heitere Weise menschliche Schwächen dargestellt und belächelt. Berühmt wurden die Wiener Vorstadtbühnen, für die Schikaneder/Mozart die „Zauberflöte" und später Nestroy seine musikalischen Possen schrieben. Im späten 19. Jahrhundert wurden im V. zunehmend soziale Probleme dargestellt (Anzengruber, L. Thoma). Hieran knüpften später Horváth, Brecht, Fleißer und nach dem Zweiten Weltkrieg Autoren wie Kroetz, Sperr, Kusz an. Dieses „Neue V." sollte die Klischees des kleinbürgerlichen Alltags und die Fassadenhaftigkeit der bürgerlichen Moral entlarven.

Wirklichkeit alles, was in Natur, Gesellschaft und im Menschen tatsächlich existiert, also real gegeben ist, im Unterschied zum nur Vorgestellten, Gedachten oder der dichterischen ➜ Fiktion. Die Auffassung davon, was „wirklich" ist, hat sich im Laufe der geschichtlichen Entwicklung durch Veränderungen der Weltbilder und durch wissenschaftliche Erkenntnisse erheblich gewandelt. Kennzeichnend für die Wirklichkeitsauffassung im 20. Jahrhundert, welche sich auch in der Literatur der ➜ Moderne widerspiegelt, sind Erweiterung der Realitätsbereiche (z. B. Entdeckung des Unbewußten), zunehmende Komplexität der Zusammenhänge (in Politik und Wirtschaft), Verlust der Anschaulichkeit unserer Vorstellungen (moderne Physik) u.a.

Zeichen Signale, die dadurch eine Verständigung ermöglichen, daß an einen materiellen Zeichenkörper (Ausdruck, Signifikant) eine Bedeutung (Signifikat, Inhalt) geknüpft ist. Für das Verstehen von sprachlichen Zeichen in ihrer Verwendung genügt nicht immer diese begrifflich fixierbare denotative Bedeutung, sondern man muß auch die Vorstellungen kennen, welche ein Sprecher aufgrund seiner Erfahrungen mit einem Zeichen verbindet (konnotative Bedeutung).

Zeilensprung ➜ Enjambement

Verfasserverzeichnis

Stadler, Ernst: *Der Aufbruch S. 27

Stramm, August: *Patrouille S. 28

Seghers, Anna: Transit S. 90 f.

Strauss, Botho: Paare, Passanten S. 148 f. – Der junge Mann S. 181 ff.

Strittmatter, Erwin: Ole Bienkopp S. 107 f.

Trakl, Georg: *Grodek S. 28

Tucholsky, Kurt: Wir Negativen S. 42 f. – *An den Deutschen Mond S. 65

Unger, Sabrina. *Deux nuits entières S. 139

Wallraff, Hans-Günter: *Hier und Dort S. 109

Walser, Martin: Der Dialekt als Prüfstein*. In: Heimatkunde S. 264 f.

Walther von der Vogelweide: *Si wunderwol gemachet wip... S. 189 f. – *Ir sult sprechen willekomen:... S. 199 f.

Wandruszka, Mario: Vielfalt und Gemeinsamkeiten der Sprachen*. In Interlinguistik. Umrisse einer neuen Sprachwissenschaft S. 262 f.

Weckherlin, Georg Rudolf: *Sonnet. An das Teutschland S. 200 f.

Weiss. Peter: Die Ermittlung S. 111 ff. – Notizen zum dokumentarischen Theater S. 114 f.

Wellershoff, Dieter: Unzuverlässige Wirklichkeit*. In: Fiktion und Praxis S. 171 ff.

Wessel, Horst: *Die Fahne hoch S. 72

Whorf, Benjamin L.: Bestimmt die Sprache unser Weltbild?* In: Sprache, Denken, Wirklichkeit S. 254 ff.

Wohmann, Gabriele: Schöne Ferien S. 145 f.

Wolf, Christa: Nachdenken über Vergangenheit und Gegenwart *FR Nr. 33, 8. 2. 1990 S. 152 f. – Kassandra S. 168 f.

Zweig, Arnold: Der Streit um den Sergeanten Grischa S. 48 ff.

Register

Textquellen

Hier nicht aufgeführte Texte sind Originalbeiträge der Verfasser

S. 8–10: Mann, Thomas: Buddenbrooks. Frankfurt (Fischer) 1965 – *S. 11–13:* Schnitzler, Arthur: Leutnant Gustl. Frankfurt (Fischer) 1962 – *S. 13/14:* Hofmannsthal, Hugo von: Wir sind aus solchem Zeug. In: Hofmannsthal, Hugo von: Gesammelte Werke in zehn Einzelbänden. Gedichte und lyrische Dramen. Frankfurt (Fischer) 1979 – *S. 14:* George, Stefan: Wir schreiten auf und ab. In: George, Stefan: Sämtliche Werke in 18 Bänden. Band 4: Das Land der Seele. Stuttgart (Klett-Cotta) 1982 – *S. 14:* Rilke, Rainer Maria: Abend. In Rilke, Rainer Maria: Gesammelte Gedichte. Frankfurt (Insel) 1962 – *S. 16:* Hoddis, Jakob van: Weltende. In: Hoddis, Jakob van: Gesammelte Dichtungen. Zürich (Arche) 1958 – *S. 16–18:* Benn, Gottfried: Morgue II. In: Benn, Gottfried: Sämtliche Werke. Stuttgarter Ausgabe. Band II: Gedichte 2. Stuttgart (Klett-Cotta) 1986 – *S. 18/19:* Hofmannsthal, Hugo von: Ein Brief. In: Hofmannsthal, Hugo von: Gesammelte Werke. Frankfurt (Fischer) 1979 – *S. 19–21:* Nietzsche, Friedrich: Wahrheiten sind Illusionen. In: Nietzsche, Friedrich: Werke. Bd. III. Frankfurt (Ullstein) 1972 – *S. 22/23:* Kafka, Franz: Der Proceß. Frankfurt (Fischer) 1946 – *S. 23–25:* Kafka, Franz: Notate über das Schreiben. In: Kafka, Franz: Tagebücher 1910–1923. Frankfurt (Fischer) 1964; Briefe 1902–1924. Frankfurt (Fischer) 1966; Briefe an Felice. Frankfurt (Fischer) 1967 – *S. 26:* Heym, Georg: Der Krieg. In: Heym, Georg: Dichtung und Schriften. Bd. 1. München (Beck) 1964 – *S. 27:* Stadler, Ernst: Der Aufbruch. In: Pinthus, Kurt: Menschheitsdämmerung, Neuausgabe. Hamburg (Rowohlt) 1959 – *S. 28:* Stramm, August: Patrouille. In: Stramm, August: Das Werk. Wiesbaden (Limes) 1963 – *S. 28:* Trakl, Georg: Grodek. In: Trakl, Georg: Dichtungen und Briefe. 2. Aufl. Salzburg (Otto Müller) 1987 – *S. 29–31:* Pinthus, Kurt: Vorwort zu „Menschheitsdämmerung". Neuausgabe. Hamburg (Rowohlt) 1959 – *S. 31/33:* Marinetti, Filippo Tommaso: Manifest des Futurismus. In: Baumgarth, Christa: Geschichte des Futurismus. Reinbek (Rowohlt) 1966 – *S. 33–35:* Dadaistisches Manifest. In: Dada. Eine literarische Dokumentation. Reinbek (Rowohlt 1966) – *S. 35/36:* Schwitters, Kurt: An Anna Blume, Merzgedicht 1. In: Schwitters, Kurt: Anna Blume und ich. Zürich (Arche) 1965 – *S. 36/37:* Morgenstern, Christian: Das Mondschaf. In: Die deutsche Literatur, Band VII. 2. Aufl. München (Beck) 1988 – *S. 40–42:* Kellermann, Bernhard: Der Schriftsteller und die deutsche Republik. In: Kaes, Anton (Hrsg.): Manifeste und Dokumente zur deutschen Literatur 1918–1933. Stuttgart (Metzler) 1983 – *S. 42/43:* Tucholsky, Kurt: Wir Negativen. In: Tucholsky, Kurt: Gesammelte Werke. Bd. 2. Reinbek (Rowohlt) 1975 – *S. 44/45:* Jünger, Ernst: Mut. In: Jünger, Ernst: Der Kampf als inneres Erlebnis. Sämtliche Werke. Bd. III. Stuttgart (Klett-Cotta) 1980 – *S. 46:* Kraus, Karl: Reklamefahrten zur Hölle. In: Die deutsche Literatur. Bd. VII. 2. Aufl. Frankfurt (Suhrkamp) 1988 – *S. 48–50:* Zweig, Arnold: Der Streit um den Sergeanten Grischa. Frankfurt (Fischer) 1972 – *S. 51/52:* Pfemfert, Franz: Kino als Erzieher. In: Kaes, Anton (Hrsg.): Kino-Debatte. Texte zum Verhältnis Literatur und Film 1909–1929. Tübingen (Niemeyer) 1978 – *S. 52/53:* Behne, Adolf: Buch und Film. In: Kaes, Anton (Hrsg.): Manifeste und Dokumente zur deutschen Literatur 1918–1933. Stuttgart (Metzler) 1983 – *S. 54/55:* Ihering, Herbert: Film und Radio. In: Hay, Gerhard (Hrsg.): Literatur und Rundfunk 1923–1933. Hildesheim (Gerstenberg) 1975 – *S. 55/56:* Goebbels, Joseph: Der Rundfunk als politisches Lenkungsinstrument. In: Wulf, Joseph (Hrsg.): Kultur im Dritten Reich. Bd. 1: Presse und Funk. Frankfurt (Ullstein) 1989 – *S. 59/60:* Döblin, Alfred: Berlin Alexanderplatz. Olten und Freiburg (Walter) 1961– *S. 61–63:* Aus dem Filmdrehbuch „Berlin Alexanderplatz". In: Prangel, Matthias (Hrsg.): Materialien zu Alfred Döblin „Berlin Alexanderplatz". Frankfurt (Suhrkamp) 1975 – *S. 63/64:* Fassbinder, Rainer Werner: Die Städte des Menschen und seine Seele. In: Fassbinder, Rainer Werner/Baer, Harry: Der Film „Berlin Alexanderplatz". Frankfurt (Zweitausendeins) 1980 – *S. 65:* Tucholsky, Kurt: An den Deutschen Mond. In: Tucholsky, Kurt: Gesammelte Werke. Bd. 2. Reinbek (Rowohlt) 1975 – *S. 66/67:* Mehring, Walter: Heimat Berlin. In: Mehring, Walter: Die Chronik der Lustbarkeiten I. Frankfurt (Ullstein) 1983 – *S. 67:* Kaléko, Mascha: Großstadtliebe. In: Kaléko, Mascha: Das lyrische Stenogrammheft. Verse vom Alltag. Reinbek (Rowohlt) 1990 – *S. 68–70:* Kästner, Erich: Prosaische Zwischenbemerkung. In: Kästner, Erich: Lärm im Spiegel. Zürich (Atrium) 1963 – *S. 72:* Wessel, Horst: Die Fahne hoch. In: Fingerhut, Karl-Heinz/Hopster, Norbert (Hrsg): Politische Lyrik. Frankfurt (Diesterweg) 1981 – *S. 73:* Johst, Hanns: Dem Führer. In: Wulf, Joseph (Hrsg) Kultur im Dritten Reich. Bd. 2: Literatur und Dichtung. Frankfurt (Ullstein) 1989 – *S. 74/75:* Benn, Gottfried: Der neue Staat und die Intellektuellen. In: Benn, Gottfried: Gesammelte Werke. Bd. 4. 7. Aufl. Stuttgart (Klett-Cotta) 1992 – *S. 75–77:* Langhoff, Wolfgang: Die Entstehung des Lieds „Die Moorsoldaten". In: Schöfer, Erasmus (Hrsg.): Der rote Großvater erzählt. Frankfurt (Fischer) 1974 – *S. 78–80:* Schneider, Reinhold: Las Casas vor Karl V. Frankfurt (Insel) 1990 – *S. 83:* Kraus,

Karl: Man frage nicht. In: Die Fackel Nr. 888 (1933) – *S. 83/84:* Brecht, Bertolt: Über die Bedeutung des zehn-
zeiligen Gedichtes in der 888. Nummer der Fackel. In: Brecht, Bertolt: Gesammelte Werke. Bd. 9. Frankfurt
(Suhrkamp) 1967 – *S. 85–87:* Mann, Klaus: Brief an Gottfried Benn: In: Kißling, Walter: Deutsche Dichtung in
Epochen. Stuttgart (Metzler) 1989 – *S. 88/89:* Mann, Thomas: Brief an den Dekan der Philosophischen Fakultät
der Universität Bonn. In: Mann, Thomas: Briefe 1937–1947. Frankfurt (Fischer) 1963 – *S. 90/91:* Seghers, Anna:
Transit. Berlin (Aufbau) 1951 – *S. 92/93:* Feuchtwanger, Lion: Der Schriftsteller im Exil. In: Feuchtwanger,
Lion: Ein Buch nur für meine Freunde. Frankfurt (Fischer) 1984 – *S. 94:* Sahl, Hans: Vom Brot der Sprache. In:
Emmerich, Wolfgang/Heil, Susanne (Hrsg.): Lyrik des Exils. Stuttgart (Reclam) 1985 – *S. 94/95:* Brecht, Bertolt:
Deutschland. In: Brecht, Bertolt: Gesammelte Werke. Bd. 8 Frankfurt (Suhrkamp) 1967 – *S. 95:* Lasker-
Schüler, Else: Mein blaues Klavier. In: Lasker-Schüler, Else: Sämtliche Gedichte. München (Kösel) 1977 –
S. 99/100: Sachs, Nelly: Chor der Geretteten. In: Sachs, Nelly: Ausgewählte Gedichte. 5. Aufl. Frankfurt (Suhr-
kamp) 1972 – *S. 100–102:* Borchert, Wolfgang: Generation ohne Abschied. In: Borchert, Wolfgang: Das
Gesamtwerk. Hamburg (Rowohlt) 1959 – *S. 102:* Eich, Günter: Inventur. In: Eich, Günter: Abgelegene Ge-
höfte. Gedichte. Frankfurt (Suhrkamp) 1968 – *S. 103–105:* Böll, Heinrich: Bekenntnis zur Trümmerliteratur. In
Böll, Heinrich: Essayistische Schriften und Reden 1. 1952–1963. Hrsg. v. Bernd Balzer. Köln (Kiepenheuer und
Witsch) 1979 – *S. 105–107:* Bräunig, Werner: Greif zur Feder, Kumpel! In: Sachs, Heinz (Hrsg.): Im Querschnitt Werner Bräunig. Ein Kranich am Himmel. Unbekanntes und Bekanntes. Halle und Leipzig (Mitteldeut-
scher Verlag) 1981 – *S. 107/108:* Strittmatter, Erwin: Ole Bienkopp (Aufbau) 1963 – *S. 109:* Wallraff, Hans-Günter: Hier und Dort. In Morawitz, Kurt (Hrsg.): Deutsche Teilung. Ein Lyrik-Lesebuch. Wiesbaden (Limes)
1966 – *S. 111–113:* Weiss, Peter: Die Ermittlung. Oratorium in 11 Gesängen. Reinbek (Rowohlt) 1986 –
S. 114/115: Weiss, Peter: Notizen zum dokumentarischen Theater. In: Weiss, Peter: Rapporte 2. Frankfurt
(Suhrkamp) 1971 – *S. 115–118:* Kroetz, Franz Xaver: Oberösterreich, In: Kroetz, Franz Xaver: Oberösterreich
u. a. Frankfurt (Suhrkamp) 1974 – *S. 118/119:* Kroetz, Franz-Xaver: Die Schwierigkeiten des einfachen Mannes.
In: Kroetz, Franz Xaver: Weitere Aussichten ... Ein Lesebuch. Köln (Kiepenheuer und Witsch) 1976 –
S. 119/120: Braun, Volker: Schmitten. In: Braun, Volker: Stücke. Berlin (Henschel) 1983 – *S. 121/122:* Braun,
Volker: Die Schaubühne nicht als eine moralische Anstalt betrachtet. In: Braun, Volker: Es genügt nicht die
einfache Wahrheit. Notate. Frankfurt (Suhrkamp) 1976 – *S. 123–125:* Müller, Harald: Totenfloß. Ein Stück.
In: Theater heute. 27. H. 7. (Velber) 1986 – *S. 126/127:* Müller, Harald: Grundstimmung Angst. In: Theater
heute. 27. H. 7. (Velber) 1986 – *S. 129/130:* Celan, Paul: Todesfuge. In: Celan, Paul: Gedichte in zwei Bänden.
Bd. 1. Frankfurt (Suhrkamp) 1977 – *S. 130:* Benn, Gottfried: Ein Wort. In: Benn, Gottfried: Sämtliche Werke.
Bd. 1. Hrsg. v. Gerhard Schuster. Stuttgart (Klett-Cotta) 1986 – *S. 131:* Bachmann, Ingeborg: Anrufung des
Großen Bären. In: Bachmann, Ingeborg: Anrufung des Großen Bären. Gedichte. München (Piper) 1961 –
S. 132: Huchel, Peter: Chausseen. In: Huchel, Peter: Gesammelte Werke in zwei Bänden. Bd. 1 Frankfurt (Suhr-
kamp) 1984 – *S. 132/133:* Benn, Gottfried. Probleme der Lyrik. In: Benn, Gottfried: Sämtliche Werke in vier
Bänden. Hrsg. von Dieter Wellershoff. Band 1: Essays, Reden, Vorträge. 8. Aufl. Stuttgart (Klett-Cotta) 1994 –
S. 134: Enzensberger, Hans Magnus: an alle fernsprechteilnehmer. In: Enzensberger, Hans Magnus: Landessprache. Gedichte. Frankfurt (Suhrkamp) 1969 – *S. 135:* Fried, Erich: Gründe. In: Fried, Erich: und Vietnam
und. Einundvierzig Gedichte. Berlin (Wagenbach) 1966 – *S. 136:* Kirsch, Sarah: Besinnung. In: Kirsch, Sarah:
Katzenkopfpflaster. Gedichte. München (dtv) 1978 – *S. 136/137:* Enzensberger, Hans Magnus: Scherenschleifer
und Poeten. In: Enzensberger, Hans Magnus: Erinnerung an die Zukunft. Poesie und Poetik. Leipzig (Reclam)
1988 – *S. 138:* Brinkmann, Rolf Dieter: Oh, friedlicher Mitttag. In: Brinkmann, Rolf Dieter: Westwärts 1 & 2.
Gedichte. 1. Aufl. Reinbek (Rowohlt) 1976 – *S. 139:* Becker, Jürgen: Vor dem weiteren Leben. In: Becker, Jür-
gen: In der verbleibenden Zeit. Gedichte. Frankfurt (Suhrkamp) 1979 – *S. 139/140:* Unger, Sabrina: Deux nuits
entières. In: Ivancsics, Karin (Hrsg.): schräg eingespielt. Texte und Bildmaterial von Frauen. Wien (Wiener
Frauenverlag) 1967 – *S. 140/141:* Brinkmann, Rolf Dieter: Notiz. In: Brinkmann, Rolf Dieter: Die Piloten. Neue
Gedichte. Köln (Kiepenheuer und Witsch) 1968 – *S. 142:* Heißenbüttel, Helmut: ungerade. In: Heißenbüttel,
Helmut: textbuch 3. Olten und Freiburg (Walter) 1962 – *S. 142:* Jandl, Ernst: schtzngrmm. In: Jandl, Ernst:
Gesammelte Werke. Bd. 1. Darmstadt und Neuwied (Luchterhand) 1985 – *S. 143:* Garbe, Burckhard: statt pla-
nung. In: Garbe, Burckhard und Gisela: Status Quo: Ansichten zur Lage. Visuelle texte und collagen.
1972–1982. Göttingen (Edition Herodot) 1982 – *S. 144:* Gomringer, Eugen: konkrete dichtung. In: Gomringer,
Eugen: konkrete poesie. deutschsprachige autoren. anthologie. Stuttgart (Reclam) 1972 – *S. 145/146:* Woh-
mann, Gabriele: Schöne Ferien. In: Wohmann, Gabriele: Ausgewählte Erzählungen aus zwanzig Jahren. Bd. II.
Darmstadt (Luchterhand) 1979 – *S. 147/148:* Schädlich, Hans Joachim: Apfel auf silberner Schale. In: Schädlich,
Hans Joachim: Versuchte Nähe. Reinbek (Rowohlt) 1977 – *S. 148:* Strauß, Botho: Paare, Passanten. 7. Aufl.
München (Hanser) 1984 – *S. 149/150:* Rauert, Annette: Das Jahr „danach". In: Weigand, Ingeborg und
Rodja (Hrsg.): Tee und Butterkekse. Prosa von Frauen. Schwifting (Schwiftinger Galerie) 1982 – *S. 152/153:*
Wolf, Christa: Zwischenbilanz. Rede in Hildesheim. In: Frankfurter Rundschau. Nr. 33. 8. 2. 1990 – *S. 153/154:*
Maron, Monika: Stille Zeile Sechs. Frankfurt (Fischer) 1991 – *S. 155:* Enzensberger, Hans Magnus: Aufbruch-

stimmung. In: Enzensberger, Hans Magnus: Zukunftsmusik. Frankfurt (Suhrkamp) 1991 – S. *155:* Kunert, Günter: Achtzeiler. In: Kunert, Günter/Uzzell, Glyn: Mondlandschaft. Gedichte und Bilder. Göttingen (Edition Lutz Arnold im Steidl) 1991 – S. *161–163:* Reuter, Christian: Schelmuffsky. In: Reuter, Christian: Werke in einem Band. Berlin (Aufbau) 1965 – S. *164:* Novalis: Heinrich von Ofterdingen. In: Novalis: Schriften. Die Werke Friedrich von Hardenbergs. Hrsg. v. Paul Kluckhohn/Richard Samuel. Erster Bd. Stuttgart (Kohlhammer) 1960 – S. *165/166:* Fontane, Theodor: Der Stechlin. In: Fontane, Theodor: Werke, Schriften und Briefe. Abt. I. Fünfter Band. Sämtliche Romane, Erzählungen, Gedichte des Nachlasses. 2. Aufl. München (Hanser) 1980 – S. *166/167:* Mann, Thomas: Der Zauberberg. Bd. 1. Frankfurt (Fischer) 1967 – S. *168/169:* Wolf, Christa: Kassandra. Darmstadt und Neuwied (Luchterhand) 1986 –S. *169–171:* Feuchtwanger, Lion: Der Roman von heute ist international. In: Feuchtwanger, Lion: Ein Buch nur für meine Freunde. Frankfurt (Fischer) 1974 – S. *171–173:* Wellershoff, Dieter: Fiktion und Praxis. In: Literatur und Veränderung. Versuche zu einer Metakritik der Literatur. Köln und Berlin (Kiepenheuer und Witsch) 1969 – S. *173–175:* Dos Passos, John: Manhattan Transfer. Hamburg (Rowohlt) 1966 – S. *176/177:* Reger, Erik: Union der festen Hand. Roman einer Entwicklung. Reihe Q. Quellentexte zur Literatur- und Kulturgeschichte. Bd. 3. Kronberg (Scriptor) 1976 – S. *178/179:* Hesse, Hermann: Der Steppenwolf. In: Hesse, Hermann: Gesammelte Werke in 12 Bdn. Siebter Bd. Frankfurt (Suhrkamp) 1987 – S. *179/180:* Johnson, Uwe: Mutmaßungen über Jakob. Frankfurt (Insel) 1974 – S. *181–183:* Strauß, Botho: Der junge Mann. München (Hanser) 1984 – S. *183–185:* Kluge, Alexander: Der Angriff der Gegenwart auf die übrige Zeit. Das Drehbuch zum Film. Frankfurt (Syndikat) 1985 – S. *189/190:* Walther von der Vogelweide: Gedichte. Hrsg. v. Hermann Paul. In der 10. Aufl. besorgt v. Hugo Kuhn. Tübingen (Niemeyer) 1965. Übersetzt von Max Wehrli. In: Die deutsche Lyrik des Mittelalters. 2. Aufl. Zürich (Manesse) 1962 – S. *191:* Hofmann von Hofmannswaldau, Christian: Sonnet. Vergänglichkeit der Schönheit. In: Hey, Gerhard/Steinsdorff, Sibylle von (Hrsg.): Deutsche Lyrik vom Barock bis zur Gegenwart. München (dtv) 1980 – S. *191:* Goethe, Johann Wolfgang: Jägers Nachtlied. In: Goethe, Johann Wolfgang: Gedichte. München (Beck) 1988 – S. *192/193:* Heine, Heinrich: „Ich lag und schlief ...". In: Heine, Heinrich: Werke. Bd. 1. Frankfurt (Insel) 1968 – S. *193:* Baudelaire, Charles: A une passante. In: Baudelaire, Charles: Les Fleurs du Mal. Die Blumen des Bösen. Übers. v. Friedhelm Kemp. Frankfurt und Hamburg (Fischer) 1962 – S. *194:* George, Stefan: Einer Vorübergehenden. In: George, Stefan: Werke. Ausgabe in zwei Bänden. Hrsg. von Robert Boehringer. 4. Aufl. Stuttgart (Klett-Cotta) 1984 – S. *195:* Benn, Gottfried: Untergrundbahn. In: Benn, Gottfried: Gesammelte Werke Bd. 1. 8. Aufl. Stuttgart (Klett-Cotta) 1994 – S. *195/196:* Brecht, Bertolt: Entdeckung an einer jungen Frau. In: Brecht, Bertolt: Gesammelte Werke Bd. 8. Frankfurt (Suhrkamp) 1967 – S. *197:* Bachmann, Ingeborg: Nebelland. In: Bachmann, Ingeborg: Anrufung des Großen Bären. München (Piper) 1956 – S. *198:* Kiwus, Karin: Lösung. In: Kiwus, Karin: Angenommen später. Gedichte. Frankfurt (Suhrkamp) 1979 – S. *199/200:* Walther von der Vogelweide „Ir sult sprechen willekomen ...". In: Walther von der Vogelweide: Gedichte. Mittelhochdeutscher Text und Übertragung. Frankfurt und Hamburg (Fischer) 1962 – S. *200/201:* Weckherlin, Georg Rodolf: Sonnet. An das Teutschland. In: Hay, Gerhard/Steinsdorff, Sybille von: Deutsche Lyrik vom Barock bis zur Gegenwart. München (dtv) 1980 – S. *201/202:* Körner, Theodor: Aufruf. In: Körner, Theodor: Sämtliche Werke. Berlin (Nicolai) 1834 – S. *202:* Heine, Heinrich: Anno 1839. In: Heine, Heinrich: Werke. Bd. 1. Frankfurt (Insel) 1968 – S. *204:* Brecht, Bertolt: Deutschland 1952. In: Brecht, Bertolt: Gesammelte Werke. Bd. 10. Frankfurt (Suhrkamp) 1967 – S. *204:* Kaschnitz, Marie Luise: Mein Land und Ihr. In: Marawietz, Kurt (Hrsg.): Deutsche Teilung. Ein Lyrik-Lesebuch. Wiesbaden (Limes) 1956 – S. *205:* Biermann, Wolf: Das Hölderlin-Lied. In: Biermann, Wolf: Für meine Genossen. Berlin (Wagenbach) 1972 – S. *206/207:* Herder, Johann Gottfried: Volkslieder. In: Herder, Johann Gottfried: Sämtliche Werke. Hrsg. v. Bernhard Suphan. Berlin (Weidmann) 1877–1913 – S. *208–210:* Hofmannsthal, Hugo von: Das Gespräch über Gedichte. In: Hofmannsthal, Hugo von: Ausgewählte Werke in zwei Bänden. 2. Bd. Frankfurt (Fischer) 1957 – S. *210/211:* Brecht, Bertolt: Die Lyrik als Ausdruck. In: Brecht, Bertolt: Gesammelte Werke. Bd. 18. Frankfurt (Suhrkamp) 1967 – S. *212/213:* Kirsch, Sarah: Ein Gespräch mit Schülern. In: Kirsch, Sarah: Erklärung einiger Dinge. München (Langewiesche-Brandt) 1978 – S. *216/217:* Hesse, Hermann: Über gute und schlechte Kritiker. In: Die neue Rundschau. H. 12. 1930 – S. *217–219:* Kesser; Armin: Ein Berliner Roman. In: Die Welt am Abend 7. Nr. 242. 1929 – S. *219/220:* Neukrantz, Klaus: Berlin Alexanderplatz. In: Die Linkskurve 1. Nr. 5. 1929 – S. *224/225:* Greiner, Ulrich: Mangel an Feingefühl. In: DIE ZEIT 45. 1.6.1990 – S. *226/227:* Corino, Karl: Gegen eine Große unerbittlich? In: Frankfurter Allgemeine Zeitung. 13.6.1992 – S. *227–229:* Schriftsteller in der DDR. Aus einer Umfrage. In: Süddeutsche Zeitung. 25.6.1990 – S. *230/231:* Goethe, Johann Wolfgang: Aus meinem Leben. Dichtung und Wahrheit. In: Goethe, Johann Wolfgang: Sämtliche Werke. Bd. 16. München (Hanser) 1985 – S. *231/232:* Döblin, Alfred: Staat und Schriftsteller. Aufsätze zur Literatur. Olten und Freiburg (Walter) 1963 – S. *233/234:* Böll, Heinrich: Ende der Bescheidenheit. In: Böll, Heinrich: Essayistische Schriften und Reden 2. Köln (Kiepenheuer und Witsch) o. J. – S. *235–239:* Mayer, Dieter: Vom Lesen und vom Leser. Originalbeitrag unter Verwendung der Untersuchung von Reinhard Wittmann: Geschichte des deutschen Buchhandels. München (Beck) 1991 – S. *240/241:* Möller, Johann Michael: Eines Sommers Blüte. Beobachtungen auf dem

Buchmarkt. In: Frankfurter Allgemeine Zeitung. 9.10.1989 – *S. 242/243:* Postman, Neil: Wir informieren uns zu Tode. Übersetzt von Reinhard Kaiser. In: DIE ZEIT. 2.10.1992 – *S. 243/244:* Kunert, Günter: Warum lesen wir? In: Frankfurter Allgemeine Zeitung. 5.5.1984 – *S. 249/250:* Jonas, Doris F./Jonas, A. David: Das erste Wort. Wie die Menschen sprechen lernten. Hamburg (Hoffmann und Campe) 1979 – *S. 250–252:* Plessner, Helmuth: Conditio humana. In: Mann, Golo/Heuß, Alfred (Hrsg.): Propyläen Weltgeschichte. 1. Bd. Frankfurt und Berlin (Ullstein) 1961 – *S. 253/254:* Eco, Umberto: Die Welt als Buch. In: Eco, Umberto: Der Name der Rose. München (Hanser) 1984 – *S. 254–256:* Whorf, Benjamin L.: Bestimmt die Sprache unser Weltbild? In: Whorf, Benjamin L.: Sprache, Denken, Wirklichkeit. Reinbek (Rowohlt) 1963 – *S. 257/258:* Heisenberg, Werner: Sprache und Wirklichkeit in der modernen Physik. In: Heisenberg, Werner: Sprache und Wirklichkeit. Essays. München (dtv) 1967 – *S. 260–262:* Bierwisch, Manfred: Strukturalismus. Geschichte, Probleme und Methoden. In: Kursbuch 5. 1966 – *S. 262/263:* Wandruszka, Mario: Vielfalt und Gemeinsamkeiten der Sprachen. In: Wandruszka, Mario: Interlinguistik. Umrisse einer neuen Sprachwissenschaft. München (Piper) 1971 – *S. 264/265:* Walser, Martin: Der Dialekt als Prüfstein. In: Walser, Martin: Heimatkunde. Aufsätze und Reden. Frankfurt (Suhrkamp) 1968 – *S. 266/267:* Pusch, Luise F.: Die Zukunft ist weiblich? In: Pusch, Luise F.: Das Deutsche als Männersprache. Frankfurt (Suhrkamp) 1984 – *S. 270–272:* Aus der „Shell-Jugendstudie" vom 1991. In: Jugend '92. Lebenslagen, Orientierungen und Entwicklungsperspektiven im vereinigten Deutschland. Hrsg. v. Jugendwerk der Deutschen Shell. Bd. 1. Opladen (Leske und Budrich) 1992 – *S. 273/274:* Riehl-Heyse, Herbert: Optimistisch, aber kaum belastbar. Die Shell-Jugendstudie warnt von den Folgen der Desillusionierung besonders im Osten. In: Süddeutsche Zeitung. 4.11.1992 – *S. 276/277:* König, Peter: Wir Vodookinder. In: Kursbuch. H. 113. September 1993 – *S. 279–281:* Bauman, Zygmunt: Die Moral im Zeitalter der Beliebigkeit. In: Süddeutsche Zeitung. 16./17.11.1993 – *S. 282/283:* Ortega Y Gasset, José: Die Herrschaft der Massen. In: Ortega Y Gasset, José: Der Aufstand der Massen. 1. Aufl. Stuttgart (DVA) 1931 – *S. 284/285:* Freud, Sigmund: Der Mensch als Gemeinschaftswesen. In: Freud, Sigmund: Gesammelte Werke. Bd. 14. 5. Aufl. Frankfurt (Fischer) 1976 – *S. 295/296:* Stöcklein, Paul: Hofmannswaldau und Goethe: „Vergänglichkeit" im Liebesgedicht. In: Hirschenauer, Rupert/Weber, Albrecht (Hrsg.): Wege zum Gedicht. München und Zürich (Schnell & Steiner) 1956 – *S. 300:* Eichendorff, Joseph von: Treue. In: Eichendorff, Joseph von: Werke. Hrsg. v. Wolfdietrich Rasch. München (Hanser) 1966. – *S. 300:* Eich, Günter: An die Lerche. In: Eich, Günter: Gesammelte Werke. Bd. 1 Frankfurt (Suhrkamp) 1989 – *S. 304–306:* Frisch, Max: Stiller. In: Frisch, Max: Gesammelte Werke in zeitlicher Folge. Sechs Bände. Bd. III. Frankfurt (Insel) 1976.

Bildquellen

Umschlagfotos: Links: Ludwig Meidner. Bombardement einer Stadt (1913) © Berlinische Galerie. Museum für moderne Kunst, Photographie und Architektur; Mitte: Ingeborg Bachmann. © Süddeutscher Verlag, Bilderdienst; rechts: Umschlag der Erstausgabe 1929 von Kurt Tucholsky (Montage von John Heartfield). Aus: Beutin, W. u.a. (Hrsg.): Deutsche Literaturgeschichte. Stuttgart (Metzler) 1979. S. 279 – *Seite 5:* Richard Riemerschmid. Titelblatt der Zeitschrift Jugend © VG Bild-Kunst. Bonn 1994. Otto Dix. Der Krieg (1919) © Kunstmuseum. Düsseldorf – *Seite 9:* Zeichnung von E. Weiner im „Simplizissimus" vom November 1897 © SZ–Archiv. München – *Seite 13:* Peter Behrens. Der Kuß (1898) © VG Bild-Kunst. Bonn 1994/Foto: Artothek. Peissenberg – *Seite 22:* Handzeichnung Franz Kafkas zum „Proceß" © Ullstein-Bilderdienst. Berlin – *Seite 28:* Conrad Felixmüller. Soldat im Irrenhaus (1918). Aus: Kolb/Roters/Schmid: Kritische Graphik der Weimarer Zeit © Klett Cotta. Stuttgart 1985 – *Seite 32:* Titelblatt von Carlo Carrà zu F.-T. Marinetti: Futuristische Dichtungen © Marbacher Katalog 42/2 – *Seite 36:* Kurt Schwitters: Kotsbild (Collage 1920) © Sprengel Museum. Hannover – *Seite 38:* Ludwig Meidner. Ich und die Stadt (1913) © Privatbesitz. Georg Grosz: Die Großstadt © Sammlung Thyssen-Bornemisza. Lugano – *Seite 45:* Titelblatt zu Ernst Jünger: In Stahlgewittern. Aus: Literatur im Industriezeitalter. © Ausstellungskatalog des Deutschen Literaturarchivs im Schiller-Nationalmuseum Marbach 1987. S. 428 – *Seite 47:* Zeitung. Aus. Killy, Walter (Hrsg.): Die deutsche Literatur VII. Texte und Zeugnisse 1880–1933. München (Beck) 1967. S. 791 – *Seite 52:* Filmplakat zu „Metropolis" © Stiftung Deutsche Kinemathek. Berlin – *Seite 54:* Werbungen. Aus: Marbacher Katalog 42/2 – *Seite 58:* Wochenmarkt auf dem Alexanderplatz um 1885 und Luftaufnahme des Platzes um 1933. Aus: Lemmer, Klaus.: Alexanderplatz. Ein Ort deutscher Geschichte. Berlin (Rembrandt) 1991 – *Seite 61:* Filmplakat. Aus: Illustrierter Film-Kurier. Jg. 13 (1931). Nr. 1652 – *Seite 65:* Titelblatt von Tucholskys erstem Gedichtband (1919) – *Seite 71:* Leni Riefenstahl. Triumph des Willens (1935) © Stiftung Deutsche Kinemathek, Berlin-Foto – *Seite 72:* Albert Speer: Modell der Versammlungshalle auf dem „Großen Platz" in Berlin © Bildarchiv Preußischer Kulturbesitz. Berlin – *Seite 77:* Reproduktion einer Original-Handschrift aus Börgermoor. Aus: Der rote Großvater erzählt. Fischer Tb 1445 © Werkkreis Literatur der Arbeitswelt. Köln – *Seite 81:* Felix Nußbaum. Angst (1941) © Leihgabe der Niedersächsischen Sparkassen-Stiftung im Kulturgeschichtlichen Museum Osnabrück/Foto Strenger, Osnabrück; Christian Grovermann – *Seite 86:* Exil-Zeitschriften. Aus: Kaufmann, Hans (Hrsg.): Geschichte der deutschen Literatur Band 10. Volk und Wissen. Berlin 1973 – *Seite 94:* Dr. Hans Sahl flieht mit dem Zug nach Prag © Zeitspiegel, Waiblingen/Foto: Jochen Strobel – *Seite 97:* Dali. Raffaels Kopf zerborsten © National Galleries of Scotland. Edinburgh – *Seite 99:* Gruppe 47 im Jahre 1949 © Heinz H. Naumann, Marktbreit/Main – *Seite 106:* Willi Sitte. Arbeitertriptychon (1960) © VG Bild-Kunst. Bonn 1989 – *Seite 111:* Szenenfoto zu Peter Weiss: Die Ermittlung © Theaterwissenschaftliche Sammlung der Universität zu Köln/Foto AFD. Köln – *Seite 118:* Franz Xaver Kroetz © Isolde Ohlbaum. München – *Seite 124:* Titelblatt von „Theater heute" © Friedrich Verlag. Seelze/Foto: dpa. Frankfurt – *Seite 135:* Erich Fried © Isolde Ohlbaum. München – *Seite 136:* Sarah Kirsch © Isolde Ohlbaum. München – *Seite 151:* Wiedervereinigungseuphorie © dpa. Frankfurt/Main – *Seite 155:* Dresden '91 © Christian Borchert. Berlin – *Seite 158:* Collage: Auguste Renoir. Lesendes Mädchen © Städtische Galerie im Städelschen Kunstinstitut Frankfurt/Foto: Artothek. Peissenberg – G.F. Kersting. Der elegante Leser © Kunstsammlungen zu Weimar/Fotothek Siegel – *Seite 186:* Matthias Prechtl. Heinrich Heine, Loreley & Liberté © Matthias Prechtl. Nürnberg – *Seite 191:* Hans Baldung Grien. Der Tod und das Mädchen (Federzeichnung 1515). Aus: Gedichte und Interpretationen Band 1: Renaissance. Reclam. Stuttgart – *Seite 194:* René Magritte. Der vollendete Frühling © Giraudon.Vauves – *Seite 215:* Bücherbuden auf dem Markt (um 1790). Aus: Wittmann, Reinhard: Geschichte des deutschen Buchhandels. München (Beck) 1991 – *Seite 230:* Der Fabrikautor. Kupferstich von Friedrich Jacob Tromlitz nach Karl Moritz Bergold. Aus: Voigt, Christian Friedrich Traugott (Hrsg.): Triumph des deutschen Witzes in einer Sammlung der stechendsten Sinngedichte und witzigsten Einfälle deutscher Köpfe. Leipzig 1800 – *Seite 236:* Titelblatt „Kinder beim Soldatenspiel", handcolorierter Kupferstich aus „Kleines ABC- und Lese-Buch". Aus: Halberg, Hans Adolf (Hrsg.): Museum der Bücher. Harenberg. Dortmund 1986 – *Seite 246:* Carrà, Carlo: Manifestazione interventista (1914) © VG Bild-Kunst. Bonn 1914/Foto: Giraudon. Vauves – *Seite 269:* Graphik von Burkhard Mohr. Aus Gerhardt, Gerd (Hrsg.): Grundkurs Philosophie. Bd. 2. Ethik Politik. München 1992 © Burkhard Mohr. Bonn.